རྟ་ཚག་ཡེ་ཤེས་བློ་བཟང་བསྟན་པའི་མགོན་པོའི་

རྣམ་ཐར།

སྨད་ཆ།

བོད་ལྗོངས་བོད་ཡིག་དཔེ་རྙིང་དཔེ་སྐྲུན་ཁང་།

图书在版编目(CIP)数据

第八世达擦・益西洛桑丹贝衮波传 ：上、下 ：藏文/（清）洛桑赤列朗杰著. -- 拉萨 ：西藏藏文古籍出版社,2021.10

ISBN ISBN 978-7-5700-0551-2

Ⅰ. ①第… Ⅱ. ①洛… Ⅲ. ①达擦・益西洛桑丹贝贡布(1760-1810)

-传记-藏语 Ⅳ. ①B949.92

中国版本图书馆 CIP 数据核字(2022)第 050870 号

第八世达擦・益西洛桑丹贝衮波传（上 下册）

作　　者	洛桑赤列朗杰
责任编辑	索朗次旦
出　　版	西藏藏文古籍出版社
发　　行	西藏新华书店
印　　刷	成都高瑞印务有限公司
开　　本	850×1168 1/32
印　　张	23.875
版　　次	2022 年 5 月第 1 版
印　　次:	2022 年 5 月第 1 次印刷
书　　号	ISBN 978-7-5700-0551-2 民文(藏)
印　　数	1-3,000
定　　价	54.00 元（上下）

༈ དེ་ནས་བག་ཡོད་ཅེས་པ་ཆུ་མོ་གླང་གི་ལོའི་གདོང་པད་གསར་དུ་བཞད་པའི་དུས་ཀྱི་རྟེན་འབྲེལ་བཟང་པོའི་མཛད་པ་དང་དགྱེས་སྟོན་སྤྱི་སྒེར་ལ་རོལ་བ་དང་། ༧རྒྱལ་དབང་མཆོག་ལ་ལེགས་སྐྱེས་ཀྱི་དངོས་འབུལ། རྟེན་གསུམ་ཁག་ལ་མཆོད་འབུལ་སྙན་ཤལ། ཚེ་བཅན་སེར་སྐྱ་རྣམས་ལ་མཇལ་ཕྱག་སོགས་སྔར་ལམ་ལྟར་སྒྲུལ། ཆོས་ལྷུའི་ཉིན་ཀྲུང་ཐང་ཆེན་པོ་ནས་མཆོད་ཡོན་ལྷན་རྒྱས་ཀྱི་དབུང་དུ་མགྲོན་གཉེར་ཤུ་ཕུ་ཡེ་ཆེད་གཏོང་གི་ཐོག །ད་ལན་སྨོན་ལམ་གྱི་སྐབས་འདིར་ཀྲུང་ཐང་རང་གི་ཡུམ་གྱི་སྐུ་རིམ་དུ་པོ་ཏ་ལར་དགེ་འདུན་བརྒྱ་ཕྲག་ཁ་ཤས་ཤིག་ཚོགས་ཏེ་ཏཱ་ལའི་བླ་མ་ཚོགས་དབུས་གདན་ཞུ་ཚོག་པ་དང་། དེ་མཚུངས་ལྷ་སར་ཡང་དགེ་འདུན་བརྒྱ་ཕྲག་ཁ་ཤས་ཇུར་ཚོགས་ཀྱི་ཐོག་རྗེ་དྲུང་ཏུ་ཐོག་ཕྲུ་ཚོགས་དབུར་ཕེབས་ཐུབ་པ་ཞིག་དང་། རིམ་གྲོ་སོགས་ཀྲུང་ཧེ་དགོས་ཏཱ་ལའི་བླ་མའི་དགོངས་དཔྱད་དགོས་ཚུལ་ཞུས་པར་མཆོད་ཡོན་རྣམ་གཉིས་བཀའ་མོལ་ཞིབ་ལྷིངས་མཛད་བསྟུན་ཕྱིར་ཕེབས་སུ། དེང་སང་སྨོན་ལམ་ཆེན་མོའི་སྐབས་འདིར་པོ་ཏ་ལར་གྲྭ་པ་ཧ་ཅང་མང་བ་ཚོགས་སྒྲོལ་མེད་པ་བཅས་དེས་ན་རྣམ་པར་རྒྱལ་བ་ཕན་བདེ་ལེགས་བཤད་གླིང་པའི་འདུས་གྲྭ་རྣམས་ཚོགས་ཏེ་སྒྲོལ་དཀར་གྱི་སྒོ་ནས་ཚེ་སྒྲུབ་བྱེད་རྒྱུ་དང་། ལྷ་སར་ཇུར་ཚོགས་ཐོག་རྗེ་དྲུང་ཏུ་ཐོག་ཕྲུ་ཕེབས་ཏེ་སྨན་བླ་དང་། རྣམ་རྒྱལ་མའི་ཆོ་ག་བཅས་གནད་སྨིན་སྒྲུབ་འཁྲུས་ཡོང་ཚུལ་ཕེབས་དོན་བཞིན་༧སྐྱབས་མགོན་ཉིད་ལྷ་ལྷན་དུ་ཇུར་ཚོགས་ཀྱི་ཚོགས་དབུར་བྱོན་ནས་མིའི་དབང་པོའི་དགོངས་བཞེད་ལྟར་གྱི་སྐུའི་རིམ་གྲོ་རྣམས་འགྲོ་ཆེ་གནད་སྨིན་དུ་བཀའ་དྲིན་བསྐྱངས་ཏེ་རེ་བ་དོན་ལྡན་དུ་མཛད་པར་ཀྲུང་ཐང་ཆེན་པོའང་སྔར་ལས་ལྷག་པའི་དད་གུས་དང་དགྱེས་སྤྲོ་ཚད་མེད་པ་འཁྲུངས་ཏེ་གཏང་རག་ལེགས་འབུལ་སོགས་ཀྱང་རྒྱ་

ཆེར་སྤེལ། མི་རིང་བར་ཀྲུང་ཐང་ཆེན་པོ་བོད་ཀྱི་ལས་དོན་མཛད་འོས་རྣམས་ལེགས་པར་གྲུབ་པས་མྱུར་བར་དབང་ཕྱོགས་གསེར་གྱི་རྒྱལ་ཁབ་ཆེན་པོར་ཕེབས་རྗེས་ལ་ཕེབས་རྫོངས་སུ་མི་དབང་འདི་ཉིད་ཞྭ་སེར་གྱི་བསྟན་ལ་སྲིད་ཞུ་དང་གུས་འདུད་ཆེ་ཞིང་རྣམ་དཀར་ཆོས་ལྡན་གྱི་བྱ་བར་ཤིན་ཏུ་བརྩོན་པ་སོགས་ཐུགས་བསྐྱེད་དང་ལྷག་བསམ་སྤེལ་དུ་ཕྱིན་པ་ཞིག་ཡིན་པས། ད་དུང་ཡང་སྐུ་ཚེ་བརྟན་ཅིང་ཆོས་མཐུན་གྱི་མཛད་པ་ཡར་ལྡན་དུ་འགྱུར་བ་སོགས་ཀྱི་རྟེན་འབྲེལ་གོང་འཕེལ་དུ་འགྱུར་ཕྱིར། གསེར་ཟངས་རྙིང་མ་ལས་གྲུབ་པའི་ཚེ་མཐའ་ཡས་པའི་སྐུ་བརྙན་ཁྲི་སྟྲགས་ཀྱི་དཔངས་སུ་སྐྱེང་ཁྲུ་དོ་ཡོད་པ་རིན་པོ་ཆེ་རིན་ཐང་གཞལ་བར་དཀའ་བ་དུ་མའི་སྦྲ་ཆོམ་གྱིས་སྤྲུག་པ་གཅིག །རྒྱུ་གོང་མཚུངས་ཀྱི་ཚེ་བུམ། བཟང་གོས་ལས་གྲུབ་པའི་སྟོད་གཡོགས་དང་། སྨད་གཡོགས། གནས་བཅུའི་སྐུ་ཐང་། གསང་བདེ་འཇིགས་གསུམ། མགོན་པོ། ལྕམ་སྲིང་། ལྷ་མོ། རྣམ་སྲས་སོགས་ཀྱི་སྐུ་ཐང་གྲ་མཚུངས་སོགས་དང་། གཞན་ཡང་ཟང་ཟིང་གི་དངོས་པོའི་འབུལ་སྐྱེས་བཟང་ཞིང་གྱ་ནོམས་པ་སྤེལ་བར་མཛད་ཐོག །མི་དབང་ཆེན་པོ་ཉིད་ནས་སྔར་ཕན་ཡང་༸གོང་མ་ཆོས་ཀྱི་རྒྱལ་པོ་དང་། ཏཱ་ལའི་བླ་མའི་དགོངས་བཞེད་དང་མཐུན་པར་བོད་གངས་ཅན་གྱི་བསྟན་འགྲོ་ཐུགས་ལ་བཞག་སྟེ་སྒོ་གསུམ་ཆིག་བསྒྲིལ་གྱི་ཐབས་མཁས་བླ་ན་མེད་པས་བསྟན་དགྲ་རྣམས་ཚམས་ལ་འབེབས་རྒྱུས་མཚོན། རིས་མེད་བསྟན་པ་སྤྱི་དང་། བྱེ་བྲག་ཞྭ་སེར་གྱི་རིང་ལུགས་དེ་འཛིན་དང་བཅས་པའི་དབུ་འཕང་གཟེངས་སུ་བསྟོད་ཅིང་། དགའ་ལྡན་ཕོ་བྲང་པའི་ཆབ་སྲིད་མངའ་ཐང་ཡར་རྒྱས་དང་། སྐྱེ་འགྲོ་ཐམས་ཅད་བདེ་སྐྱིད་ཀྱི་དཔལ་ལ་འགོད་པ་སོགས་ཀྱི་མཛད་པ་ཕྲུག་རིས་བརྗོད་ཀྱིས་མི་ལངས་པ་འདི་ལྟ་བུ་སྟུལ་བ་ནི་ཐུགས་ལ་

བཏགས། ད་དུང་ཡང་དབང་ཕྱོགས་རྒྱལ་པོའི་ལྗོངས་སུ་བཞུགས་ནའང་རྣམ་
པ་ཀུན་ཏུ་ཞྭ་སེར་གྱི་བསྟན་པ་དང་འགྲོ་བ་ཐུགས་ཡུལ་ནས་མི་འདོར་བར་སྐུ་
གསུང་ཐུགས་ཀྱི་མཛད་པ་ཕལ་མོ་ཆེ་བོད་ལྗོངས་བསྟན་འགྲོའི་གསོས་སུ་སྨིན་པ་
ཞིག་མཛད་དགོས་ཚུལ་སོགས་ཀྱི་བཀའ་སློབ་སྩལ་བར། མི་དབང་མཆོག་ཀྱང་
མཉེས་ཤིང་གུས་པའི་རྣམ་འགྱུར་ལྷུར་བླངས་ནས་དེ་དེ་བཞིན་དུ་སྒྲུབ་པའི་
བཀའ་བཞེས་དང་རྗེ་དྲུང་ཧུ་ཐོག་ཐུ་ཉིད་ནས་ཀྱང་༧འཛམ་དབྱངས་གོང་མ་
ཆེན་པོ་དང་ཏྭ་ལའི་བླ་མའི་ཞབས་འདེགས་བོད་ཀྱི་ལས་དོན་སོགས་མཛད་སྒོ་
གང་ཅིར་སྤྱར་ལུས་ཡར་ལྡན་དུ་བཀའ་དྲིན་ཆེ་དགོས་ཚུལ་སོགས་ཀྱི་བསླབ་དོན་
སྩལ་བར་མཛད་དེ། དེས་ན་མི་ཡི་དབང་པོ་འདི་ནི་གདུལ་བྱའི་མོས་ངོར་ཐ་
མལ་པའི་ཟློལ་འཛིན་པ་ཙམ་ལས་ངེས་དོན་དུ་སྙིགས་དུས་ཉམ་ཐག་གི་འགྲོ་
ཚོགས་དབུགས་འབྱིན་པའི་སླད་དུ་བསམ་བཞིན་དུ་སྲིད་པའི་རོལ་པ་འཛིན་པ་
སར་གནས་སེམས་དཔའི་སྐུ་འཕྲུལ་ཞིག་ཡིན་པར་གདོན་མི་ཟ་བ་ཉིད་དོ། །

གཞན་ཡང་ཧེ་གུང་། ཅང་ཧུན། ཅོང་ཐུ་སོགས་རྒྱ་དཔོན་ཆེ་ཆུང་དང་།
དམག་མིའི་མགོ་བྱེད་དམངས་དང་བཅས་པ་མཐའ་དག་ལ་ཡང་ཐོན་ཕྱུག་
གསོལ་རས་གནང་བྱིན་དཔངས་མཐོ་བ་དང་། དབུགས་དབྱུང་གཟེངས་སུ་
བསྟོད་པའི་བཀའ་སློབ་སོགས་མཐར་ཕྱིན་དུ་བསྐྱངས་པས་དེ་ཐམས་ཅད་ཀྱི་
ཡིད་ཀྱི་བུང་བ་དགའ་བ་དང་གུས་པའི་འཕུར་ལྡིང་ཅི་དགར་རྩེན་པའི་དཔལ་ལ་
སྤྱོར་བར་མཛད། འདི་ལོའང་འབྲུམ་ཐོག་བབ་ཀྱིས་མཆོད་ཡོན་ལྷན་རྒྱས་སྨོན་
ལམ་ཆེན་མོའི་ཚོགས་དབུར་ཕེབས་མ་ཐུབ་ཀྱང་དེ་གོང་ནས་སྨོན་ལམ་ཚོགས་
གདོང་བླ་མ་ལས་སྣེ་ལྷ་རམས་གྲྭ་སྐོར་བ། སྤྱི་ཁྱབ་པ་སོགས་ལས་བྱེད་ཆེ་ཆུང་
ཀུན་ལ་མཛལ་ཁ་དང་། དགེ་བསྐོས་སོགས་ལ་སྒྲིག་ལམ་གྱི་སྐོར་སྤྱི་དང་།

གསུང་ཆོས་སྨོན་ལམ་དམ་བཅའ་སོགས་ལ་དོ་དམ་གང་ཆེ་བྱེད་དགོས་ཚུལ། དེས་མཚོན་ཏེ་ལས་བྱེད་སོ་སོར་གང་འཁྲིས་ཀྱི་བགྱི་བ་མཐའ་དག་འཐུས་ཤོར་མེད་པ་ལ་འགྲིག་འཐུས་ཚང་དགོས་པའི་བཀའ་ཁྱབ་དང་། སྨོན་ལམ་ཆེན་མོར་མང་འགྱེད་སྤྱི་འབུལ་སོགས་ཀྱང་སྔར་བཞིན་རྒྱས་པ་དང་། ༧རྒྱལ་དབང་མཆོག་ལའང་རབ་དཀར་ལྷ་རྫས་དྲི་བྲལ། ཞིང་ཁམས་རྒྱ་མཚོའི་བཀོད་པ། རྟེན་གསུམ་སོགས་ཀྱིས་སྣ་དྲངས་པའི་དངོས་བཤམས་ཀྱི་མཆོད་སྤྲིན་བཟང་ཞིང་གཙོས་ཆེ་བ་སྤྲོ་བར་མཛད། བཀའ་བློན་ལྷ་ལྡིང་པ་དཔོན་འཁོར་ཀྱང་ཐང་ཕྱིར་ཕེབས་ཀྱི་གྲ་སྒྲིག་ལ་ཐོན་རྒྱུར་ཐོན་ཕྱུག་དང་། ལས་དོན་རྣམས་ཀྱི་ནར་མ་ཤོར་བར་ལྷག་བསམ་ཡར་ལྡན་དུ་དགོས་ཚུལ་གྱི་བཀའ་ཁྱབ་གནང་སྦྱིན་དང་བཅས་པ་སྩལ། དེ་ལ་སོགས་པ་གཞན་ཡང་གཞུང་དྲུང་སེར་སྐྱ་སོགས་ཕྱོགས་ཀྱི་ལས་དོན་ལ་ཐོན་མི་མང་པོར་ཐོན་གནང་བཀའ་སློབ་དང་། དད་འདུས་སྦྱིན་བདག་སོགས་སེར་སྐྱ་ཕོ་མོ་སྟོང་ཕྲག་མང་པོར་ཞལ་མཇལ་ཕྱག་དབང་སོགས་ཀྱང་རིམ་སེལ་དུ་བསྐྱངས། ལ་དྭགས། འབྲུག་པ་སོགས་ཕྱོགས་མཐའི་རྒྱལ་ཁག་རིགས་ནས་ལོ་གསར་མཇལ་འབུལ་ཞུ་མི་སོགས་ལའང་སོ་སོར་གང་འཚམས་ཀྱི་གནང་སྐྱེས་དང་རྒྱལ་ཁག་སོ་སོར་བཀའ་ལན་རྟེན་ཆས་སོགས་ཀྱང་སྔར་ལམ་ལྷུར་སྩལ། སྨོན་ལམ་གྲོལ་བསྟུན་བླ་མ་ལས་སྣེ་སོགས་ལ་མཆོད་ཡོན་ལྷན་རྒྱས་ནས་མཇལ་ཁ་དང་། དགེ་བསྐོས་སོགས་ལ་གནང་སྦྱིན། གྲྭ་སྐོར་བ་རྣམས་ལ་སོ་སོའི་བློ་གྲོས་ཀྱི་རྩལ་ལས་འོང་པའི་ལུང་རིགས་ཀྱི་སྐྱེས་དང་བསྟུན་པའི་གནང་སྦྱིན་གཟེངས་བསྟོད་སོགས་མཛད་དེ་མདོར་ན་ལོ་གསར་དང་ཚོགས་སྨོན་སོགས་ཀྱི་སྐོར་འདི་དག་ཕལ་མོ་ཆེ་སྔར་ལམ་བཞིན་དུ་བཀའ་དྲིན་བསྐྱངས་པ་ཡིན་ནོ། །

དེ་ནས་ཟླ་བ་གཉིས་པའི་ནང་སྟོ་སོར་༸གོང་མས་གསོལ་རས་སྩལ་བ་བཞིན་ཡངས་ཅན་དགོན་སྡེ་འཛིན་ཡོངས་དང་བཅས་པ་རྩིས་ལེན་པར་ཐོན་མི་རྣམས་ལ་ཐོན་གནང་དང་། རྩིས་ལེན་སྐོར་སོགས་ཀྱིས་མཚོན་བགྱི་བ་སྤྱི་དང་ནང་ཚན་ཕྱིན་ཆད་ཞྭ་སེར་རིང་ལུགས་འཛིན་པའི་འདུས་སྡེ་གསར་འཛུགས་ཀྱི་དགོངས་བཞེད་གཏད་པ་བཞིན་འཕྲུལ་ཡུན་དུ་ལེགས་ཚོགས་གོང་འཕེལ་དུ་འགྱུར་ཕྱིར་རྟེན་འབྲེལ་བཟང་པོའི་བྱེད་སྒོ་ཚང་མར་འདི་དང་འདི་བགྱིས་ཀྱི་བཀའ་སློབ་མཐར་ཕྱིན་དུ་སྩལ། ཆོས་ཉེར་ལྔའི་ཉིན་༸གོང་ས་རྒྱལ་དབང་མཆོག་གི་ཞབས་ཕྱིར་ཕྱིན་པ་དང་ཆབས་ཅིག་ཀྲུང་ཐང་ཆེན་པོའི་ཕེབས་སྐྱེལ་དུ་ཕྱིན་ཐོག །༸གོང་མ་ཆེན་མོར་འཚམས་ཞུ་དང་། ཀྲུང་ཐང་དཔོན་འཁོར་ལ་ཕེབས་དར་སོགས་འབུལ་གནང་གི་ཐོག་བཀའ་མཆིད་ཞིབ་རྒྱས་སུ་མཛད། ཆོས་ཉེར་དྲུག་ནས་༸རྒྱལ་དབང་མཆོག་བཅད་རྒྱུར་བཞུགས་གདོང་ལྷན་རྒྱས་རྒྱུན་རིང་ཙམ་གནང་ནས་ཆོས་དང་འབྲེལ་བའི་གསུང་མོལ་དང་ལས་དོན་སྐོར་གྱི་བཀའ་བགྲོས་སོགས་རྒྱས་པར་མཛད། ཟླ་བ་གསུམ་པའི་ནང་སྐུ་བཅར་མཆོད་དཔོན་མཁན་པོ་ནས་རྒྱལ་དབང་མཆོག་ལ་བརྟན་བཞུགས་འབུལ་བ་དང་ཆབས་མཚུངས་མགོན་པོ་ཉིད་ལའང་ཞབས་བརྟན་གྱི་འབུལ་བ་མཛད་པ་བདག་གིར་དུ་བཞེས་ཤིང་གསོལ་བ་བཏབ་པའི་འདོད་དོན་རྣམས་ལྷུན་གྲུབ་ཏུ་འགྱུར་བའི་ཐུགས་སྨོན་རྒྱ་ཆེར་བསྐྱངས། གོང་ཟླའི་ཚེས་བརྒྱད་ཀྱི་ཉིན་ལྷ་ལྡན་དུ་གནས་གཟིགས་ལ་ཆིབས་བསྒྱུར་ཐོག་འཕྲལ་དང་ཡུན་དུ་བསྟན་འགྲོའི་ཕན་བདེ་སྤེལ་བའི་ཐུགས་བསྐྱེད་རྒྱ་ཆེན་པོས་ཀུན་ནས་བསླངས་ཏེ། ཇོ་ཤཀ་རྣམ་གཉིས་སོ་སོར་བརྒྱ་མཆོད་དང་། ཇོ་བོ་ཤཀྱ་མུ་ནེར་ཟངས་ཚག་གསེར་མའི་རྡོ་རྗེ་རྒྱ་གྲམ་པད་སྤྱུངས་མ་དང་། བཟང་གོས་རིན་ཐང་ཅན་ཤ་སྟག་ལས་གྲུབ་

པའི་སྟོད་གཡོགས། ཟར་བབ་སོགས་ལས་གྲུབ་པའི་པང་ཁེབས། དེ་བཞིན་དུ་ཐུགས་རྗེ་ཆེན་པོ་དང་། བྱམས་པ་ཆོས་འཁོར་མ། བྱམས་པ་ཁྲིམ་སྐོར་མ། སྒྲོལ་མ་དར་ལེན་མ་སོགས་སྣང་བརྙན་བྱིན་ཅན་ཕལ་མོ་ཆེར་གོས་བཟང་ལས་གྲུབ་པའི་སྟོད་གཡོགས་སྨད་གཡོགས་སོགས་རང་འགྲིག་དང་སྙན་ཞལ། རྗེ་ཙོང་ཁ་པའི་སྐུ་བརྙན་སོགས་ལ་ལེང་སེར་གྱི་སྣམ་སྦྱར་སྣམ་ཐྲབ་ཞེར་ལྷུ་པ། ར་ཆེ་ཇོ་བོར་ཡང་སྟོད་གཡོགས་དང་སྨད་གཡོགས་པང་ཁེབས་སོགས་དང་། མཆོད་ཁང་ཆེ་ཆུང་ཐམས་ཅད་དུ་སྙན་ཞལ་མཆོད་འབུལ་སོགས་རྒྱ་ཆེའི་ཐོག་ཐུབ་བསྟན་དར་ཞིང་། དེ་འཛིན་རྒྱལ་དབང་ཡབ་སྲས་སོགས་ཞབས་པད་བརྟན་པ། གངས་ལྗོངས་སྐྱེ་འགྲོ་མཐའ་དག་ནད་མཚོན་མུ་གེའི་འཇིགས་ལས་གྲོལ་ཏེ་བདེ་སྐྱིད་རྫོགས་ལྡན་གསར་པའི་དཔལ་ལ་སྤྱོད་པ་སོགས་ཀྱི་ཐུགས་སྨོན་མཚམས་སྦྱོར་རྒྱ་ཆེ་གནང་སྨིན་དུ་མཛད། འདི་སྐབས་ཚེ་མཆོག་གླིང་དུ་ཡོངས་འཛིན་པཎྜི་ཏ་ཆེན་པོ་སྙུན་བབ་ལྷི་ཙམ་བཞེས་ཚུལ་གསན་པར་འཚམས་ཞུ་འབུལ་མི་ཆེད་གཏོང་གི་ཐོག ༧ཞབས་པད་ཡུན་བརྟན་དགོས་པའི་གསོལ་འདེབས་ཀྱང་ཞུ་བར་མཛད། ས་ག་ཟླ་བའི་ནང་གསང་ཡིབ་སྡུག་ཏུ་འབྲུམ་པའི་ནད་ཀྱིས་མནར་བའི་སྐྱེ་བོ་རྣམས་ལ་བདག་བས་གཞན་གཅེས་ཀྱི་ཐུགས་བསྐྱེད་བཟང་པོས་ཀུན་ནས་བསླངས་ཏེ་དངུལ་སོགས་ཀྱི་སྦྱིན་གཏོང་རྒྱ་ཆེན་པོ་ཆེད་དམིགས་ཀྱིས་སྩལ། རྒྱ་ནག་མཁན་ནང་དང་དེས་མཚོན་པའི་དབང་ཕྱོགས་སུ་བསྐྱོད་མིའི་ཚོང་པ་སོགས་ལ་གོ་བབ་ལྟར་གྱི་ཐོན་གནང་གསོལ་རས་བཀའ་སློབ། རྟེན་ཆས་ཞུ་འཕྲིན་གནང་འོས་སོགས་ཀྱང་ཚད་ལུས་མེད་པ་རིམ་སེལ་དུ་ཟིན་པར་མཛད། སྐྱབས་མགོན་རྒྱལ་དབང་མཆོག་ཐུགས་དམ་བཅུད་རྒྱ་ལས་བཞེངས་པར་མཇལ་ཕྱག་དང་ལེགས་དར་འབུལ་གནང་ཐོག་བསྟན་སྲིད་ལར་

རྒྱའི་སྐོར་སོགས་ཀྱི་བཀའ་མཆིད་ཞིབ་རྒྱས་དང་། མི་རིང་བར་དགའ་ཤར་ཛ་སག་བླ་མ་ཇོ་གཡོག་ཁམས་ཕྱོགས་སུ་སུན་ཀྱང་ཐང་སོགས་ཕྱིར་ཕེབས་ཀྱི་གྲ་སྒྲིག་ལ་ཕེབས་གཏོང་ཐོན་གནང་བཀའ་སློབ་སོགས་དང་། གཞན་ཡང་རྣམ་པ་ཐམས་ཅད་དུ་གཞུང་སའི་ལས་ཁུངས་མཐའ་དག་ནས་སྐན་ཞུ་དང་། དམ་འཕེབས་བསྐྱངས་འོས་ཀྱི་བཀའ་ཁྱབ་སོགས་སྲིད་ཀྱི་བྱ་གཞག་ཕལ་མོ་ཆེ་མ་ལུས་པ་ཞར་དང་ཞོར་ལ་གྲུབ་ཅིང་ཚགས་སུ་ཚུད་པར་མཛད། ཟླ་བ་ལྔ་པའི་ནང་ཡོངས་འཛིན་པཎྜི་ཏ་ཆེན་པོ་སྟན་ཐེ་ལོད་དུ་གྱུར་ཏེ་ཆོས་ཉེར་བདུན་གྱི་ཉིན་དགོངས་རྫོགས་ཕྱི་རྗེས་ཀྱི་རིམ་པ་མཛད་འོས་སོགས་ཀྱི་བཀའ་སློབ་མཐར་ཕྱིན་དུ་སྩལ་ནས་རེ་ཞིག་སྐུ་དངོས་ཀྱི་གདུལ་བྱ་ཛོགས་ཤིང་རྟག་འཛིན་ཅན་རྣམས་ཆོས་ལ་བསྐུལ་ཕྱིར་གཟུགས་སྐུ་རགས་པའི་ཟ་མ་ཏོག་ཆོས་ཀྱི་དབྱིངས་སུ་བསྡུ་བའི་ཚུལ་བསྟན་པའི་གཏམ་གསན་མ་ཐག་སྐྱིགས་དུས་ཀྱི་འགྲོ་བའི་ཉི་མ་ཆེན་པོ་ནུབ་རིའི་ཕྲག་ཏུ་གཞོལ་བས་ཐུགས་ཁྲལ་ཅི་ཆེར་གྱུར་ཏེ་གསོལ་བ་འདེབས་པ་དང་རྟེན་གསུམ་ལ་མཆོད་པ་འབུལ་བ་སོགས་བླ་མའི་བཀའ་དྲིན་རྗེས་དྲན་གྱིས་པས་ཐུགས་དགོངས་མྱུར་རྫོགས་ཀྱི་མཛད་པ་རླབས་པོ་ཆེ་རྩོམ་པར་མཛད། ཆོས་ཉེར་བརྒྱད་ཀྱི་ཉིན་ཚེ་མཆོག་གླིང་དུ་གདུང་མཇལ་ལ་ཆེད་དམིགས་ཀྱིས་ཆིབས་བསྒྱུར་མཛད་ནས། སྐུ་གདུང་ལ་སྙན་ཤལ། མཎྜལ་རྟེན་གསུམ་བརྒྱ་མཆོད་སོགས་ཀྱི་མཆོད་སྤྲིན་བཟང་ཞིང་རྒྱས་པ། འདུས་གྲྭ་རྣམས་ལ་མང་འགྱེད་སོགས་གཏོས་ཆེ་བའི་ཐོག་ཚོ་རབ་ཏུ་རྗེས་འཛིན་གྱི་ཐུགས་སྨོན་དང་མཆོག་སྤྲུལ་མྱུར་འབྱོན་སོགས་ཀྱི་གསོལ་འདེབས་གདུང་ཤུགས་དྲག་པོའི་སྒོ་ནས་མཛད་ཅིང་། ཕྱག་མཛོད་སོགས་ལ་མྱ་ངན་དང་འགྱོད་པ་སེལ་བའི་གནང་སྐྱེས་བཀའ་སློབ་བཟང་པོ་དང་། ཕྱི་རྗེས་སྐྱོང་ཚུལ་སོགས་འཕྲལ་ཕུགས་ཀུན་ཏུ

དགེ་བའི་བཀའ་བཟང་ཞིབ་ཅིང་རྒྱས་པར་མཛད། དེ་མཚུངས་ཕྱིར་ཐེབས་བསྟུན་༧རྒྱལ་དབང་ཐམས་ཅད་མཁྱེན་གཟིགས་མཆོག་ཀྱང་གང་གི་རིགས་ཀྱི་ཚོད་པན་འགྲན་ཟླ་མ་མཆིས་པར་སོང་བས་ཐུགས་ལས་ཤིན་ཏུ་ཆེ་བའི་ཚུལ་བསྟན་པ་ལ་དེ་ལྟར་མི་མཛད་པར་གསོལ་བའི་སྐད་དུ་དངོས་འབྱོར་གྱི་འབུལ་ཕྱིན་དང་ཆབས་ཅིག་པར་གསོལ་བ་ནན་ཆེར་འདེབས་པར་མཛད་ཅིང་། སྐར་ཡང་དྲུག་པ་ཆོས་བཞིའི་ཉིན་ཡོངས་འཛིན་རིན་པོ་ཆེའི་སྐུ་གདུང་ཞུགས་འབུལ་མཛད་སྐབས་སྟན་ཤལ་དང་། བརྒྱ་མཆོད་སོགས་དང་། གསུང་ཆོག་པ་འདུས་པ་རྣམས་ལ་བསྙེན་བཀུར་མང་འགྱེད་སོགས་འབུལ་མི་ཆེད་གཏོང་དུ་མཛད་པར་སྣང་ལ། དེས་ན་ཚུལ་དེ་ལྟ་བུ་ནི་བདེ་ལེགས་ཐམས་ཅད་ཀྱི་འབྱུང་གནས་བླ་མ་ཡིན་པས་ན་དེ་ཉིད་བསྟེན་ཚུལ་རྣམ་པར་དག་པ་དགོས་ཚུལ་མདོ་རྒྱུད་མན་ངག་ཀུན་ནས་མགྲིན་གཅིག་དབྱངས་གཅིག་གིས་ལན་གཅིག་མིན་པར་གསུངས་པ་རྣམས་ཚིག་ཙམ་དུ་མ་ལུས་པར་ངེས་པར་ཕྱག་ལེན་དུ་ཐེབས་པ་དང་། དེ་ཡང་ལན་རེ་ལན་གཉིས་ཙམ་མིན་པར་རྫོམ་པ་མཐར་འདོན་དུ་མཛད་པ་སྟེ་དམ་པའི་རྣམ་ཐར་ངོ་མཚར་རྨད་དུ་བྱུང་བའི་གནས་ཡིན་པས་རྗེས་འཇུག་ཆོས་སྤྱོད་ཀྱི་སྐྱེ་བོ་རྣམས་ཀྱིས་ཀྱང་རྣམ་པར་ཐར་པ་འདི་ལྟ་བུའི་རྗེས་སུ་རྩལ་ཅི་ཡོད་ཀྱིས་བསླབ་པ་ལ་འབད་པར་བྱའོ། །ཟླ་བ་འདི་ནང་ལྷོ་ཁ་ཁུལ་གྱི་གནས་ཆེན་ཁག་བསམ་ཡས། ཁྲ་འབྲུག །ཤེལ་བྲག །ཡུམ་བུ་བླ་མཁར་སོགས་ཕལ་ཆེ་བ་ཀུན་ཏུ། སྟོང་མཆོད་དང་། བརྒྱ་མཆོད། སྟན་ཤལ། རྟེན་གསུམ་ཁག་ལ་ན་བཟའ་ཐུགས་སྨོན་ཅན་སོགས་འབུལ་མི་ཆེད་གཏོང་དང་། རྩེ་ཚོགས་པ་སོགས་ལྷོ་ཁ་ཕྱོགས་ཀྱི་འདུས་སྡེ་རྣམས་སུ་འང་མང་འགྱེད་ཀྱི་བསྙེན་བཀུར་སོགས་རྣམ་དཀར་དགེ་བའི་མཛད་པ་རླབས་ཆེན་བསམ་པའི་ར་བ་ལས་

འགོངས་པར་མཛད། ཆོས་བཅུ་སྐོར་ཞིག་ལ་སྤྱི་ལོ་སེར་འབྲས་རྣམས་སུ་ནད་དོག་གི་བབ་ཀྱིས་སྤྱོངས་རྒྱུར་དང་འབྲེལ་བའི་ཞབས་བརྟན་ཆེན་མོ་འབུལ་བཞེས་མ་ཐུབ་པར་འདི་ལོ་འབུལ་རྗེས་ལ་ཚོམས་ཆེན་དུ་མཆོད་ཡོན་ལྷན་རྒྱས་ཐོག་ཉིན་དང་པོར་འབྲས་སྤུངས་བླ་མ་ལས་སྣེ་སྤྲུལ་སྐུ། དཔོན་ཆོས་མཛད་གྲྭ་དམངས་དང་བཅས་པའི་ཞབས་བརྟན་མཇལ་ཞུ་དང་། དེའི་ཕྱི་ཉིན་སེ་རའི་བླ་གྲྭ་ལས་སྣེ་སོགས་ཚང་མས་ཞབས་བརྟན་མཇལ་ཕྱག་ཞུས་པ་རྣམས་ལ་རེ་འདོད་དང་འཚམས་པ་ལེགས་པར་སྩལ། དེ་ནས་རྒྱལ་དབང་མཆོག་ནོར་གླིང་བསྐལ་བཟང་ཕོ་བྲང་དུ་ཆབ་བཞེས་ཕེབས་སྐབས་ལྷན་རྒྱས་ཆིབས་བསྒྱུར་གྱིས་རེ་ཞིག་བར་སྐུའི་འཁྲོད་བཞེས་སྨན་ཆབ་ཀྱི་ཐུགས་སྐྱོར་བཞུགས་མུས་ཀྱི་ངང་ནས་སྲིད་ཀྱི་མཛད་སྒོ་མང་པོའང་དུས་དེ་དང་དེར་གྲུབ་པར་མཛད། ཟླ་བ་བདུན་པ་གསར་འཕྲུལ་བསྟན་གླིང་མཆོག་སྤྲུལ་རིན་པོ་ཆེ་དང་། བཀའི་གུང་བློན་སོགས་དང་། རྣམ་རྒྱལ་གྲྭ་ཚང་བཅས་སོ་སོ་ནས་སྐྱབས་མགོན་ལྷན་རྒྱས་སུ་དཀར་སྤྲོ་སོགས་ཀྱི་བསྙེན་བཀུར་ཞུས་པ་རྣམས་ལ་དགྱེས་རོལ་དང་། ལྷག་པར་བསྟན་གླིང་མཆོག་སྤྲུལ་རིན་པོ་ཆེ་དང་གསོལ་ཚོགས་ལྷན་རྒྱས་མཛད་ནས་ཆོས་དང་འབྲེལ་བའི་བཀའ་མཆིད་རྒྱུན་རིང་པོར་མཛད། དེ་སྐབས་སྤྱི་སོར་གོར་ཁ་ནས་གོང་མ་ཆེན་པོར་ཆབ་འབངས་སུ་གཏོགས་པར་ཞུ་བའི་གནས་ཚུལ་རྟེན་ཆས་འབུལ་མི་ཀ་ཙི་ཇྷེ་བ་ཐར་སོགས་དབང་ཕྱུགས་སུ་ཕྱིན་པ་རྣམས་ཕྱིར་འཁོར་དང་། སྣེ་ཤན་བཙོང་ཡེ་ཞིག་ཀྱང་ཆེད་མངགས་མཛད་པ་རྣམས་འགྱུར་པར་མཇལ་ཁའི་ཐོག་དབང་ཕྱུགས་ཀྱི་སྐོར་སོགས་བཀའ་འདྲི་ཞིབ་ཏུ་སྩལ། བལ་པོ་ཀ་ཙི་ནས་ཁོ་རང་གི་ཡུལ་ལུགས་ཀྱི་གར་གྱི་གཟིགས་མོའང་རྒྱས་པར་ཕུལ་བ་དེ་དག་སོ་སོར་གོ་བབ་ཀྱི་གནང་སྦྱིན་མཛད། ཆོས་ཉེར་གཅིག་ཉིན་གསོལ་ཚོགས་

གྲུབ་བསྟན་མཆོད་ཡོན་ཉི་ཟླ་ཟུང་འབྲེལ་སྟོན་འཁོར་ཚེབས་རྟག་སའི་རིགས་པ་ལྔ་བུས་མཐའ་བསྐོར་ཞིང་། ཞལ་དཀྱིལ་མངོན་མཆོད་ཀྱི་སྐལ་བཟང་སྨིན་བར་འདོད་པའི་སྐྱེ་བོའི་ཚོགས་དུ་མ་ཕེབས་ལམ་གྱི་ཁོར་ར་ཁོར་ཡུག་ཕྱོགས་དང་ཕྱོགས་མཚམས་ཀུན་ཏུ་བར་མཚམས་མེད་པར་འཁོད་པ་རྣམས་ཀྱིས་དད་གུས་ཀྱི་རྒྱང་སྒྲུ་དར་དེར་དུ་སྒྲོག་པས་མཆོད་བཞིན་པར་གྲུ་འཛིན་གཉིས་པའི་ཕོ་བྲང་དུ་བདེ་བར་ཕྱག་ཕེབས་ཤིང་། གནམ་གང་ཉིན་འབྲས་སྤུངས་ཚོགས་ཆེན་ནས་སྦྱོངས་རྒྱུར་དང་འབྲེལ་བའི་འཆར་ཅན་གྱི་ཞབས་བརྟན་དང་གྲྭ་དམངས་ཀྱི་མཇལ་ཁ། ཟླ་བ་བརྒྱད་པའི་ཚེས་གཅིག་ཉིན་སེ་ར་ཐེག་ཆེན་གླིང་གི་བླ་གྲྭ་ཚང་མས་ཞབས་བརྟན་མཇལ་ཁ་བཅས་ཞུས་པ་རྣམས་ལ་རྒྱལ་དབང་མཆོག་དང་ལྷན་རྒྱས་ཀྱིས་མཇལ་ཕྱག་སོགས་རྒྱས་པར་སྩལ་བས་འདུས་པ་མཐའ་དག་དགའ་བ་དང་དད་པའི་མེ་ཏོག་གྱེན་དུ་འཛུམ་པར་མཛད། བཀྲས་ལྷུན་མཁན་ནང་བོད་དུ་འབྱོར་གདོང་༧གོང་མ་བདག་པོ་ཆེན་པོ་ནས་སྔར་ལམ་གྱི་གནང་རྟེན་དང་འབྲེལ་བར་གསེར་གྱི་བཀའ་ལུང་བཟང་པོ་ཡང་སྩལ། དེ་ནས་༧རྒྱལ་སྲས་རྡོ་རྗེ་འཆང་ཆེན་པོ་ནས་༧གོང་ས་ཡས་ཕྱིན་ལྷན་རྒྱས་ཞབས་ཟུང་རྡོ་རྗེའི་ཁམས་སུ་བརྟན་པར་གསོལ་བའི་འབུལ་སྒྲིན་རྒྱ་ཆེན་པོའི་ཐོག་དྲང་སྲོང་བདེན་པའི་ཚིག་གིས་གསོལ་འདེབས་མཛད་པར་བླ་མའི་བཀའ་ལུང་སྤྱི་བོར་བཀོད་པའི་སྒོ་ནས་དེ་དེ་བཞིན་དུ་འགྲུབ་པའི་བཀའ་བཞེས་མཛད། ཞབས་བརྟན་སོགས་འབུལ་བཞེས་གྲུབ་ནས་༧རྒྱལ་སྲས་རིན་པོ་ཆེ་དང་ལྷན་རྒྱས་འགོལ་ལྷིངས་སུ་མཛད་ནས་མདོ་སྔགས་ཀྱི་དཀའ་བའི་གནས་སོགས་ལས་བརྩམས་པའི་ཆོས་ཀྱི་བཀའ་མཆིད་འཕེལ་གཏམ་བཟང་པོས་འདའ་བར་མཛད་ཅིང་། གཞན་ཡང་ཤངས་དགའ་ལྡན་ཆོས་འཁོར་བ་སོགས་དགོན་སྡེ་ཁག་འགའ་ཞིག་

གི་ཞབས་བརྟན་འབུལ་བཞེས་དང་། དེ་དག་གི་གྲྭ་རིགས་ཀྱིས་མཚོན་པའི་སེར་སྐྱ་མཆོག་དམན་ཚན་པོ་ཆེར་མཇལ་ཁ། གཞུང་སའི་ལས་ཚན་པ་བརྗེ་ལེན་རིགས་ལ་གསར་བཀོད་བཀའ་བསྐུར་དང་། བར་མཚམས་རྣམས་སུ་སེར་འབྲས་ཀྱི་བླ་མ་ལས་སྡེ་རྣམས་ལ་བླ་མཇལ་དང་། ཆོས་རའི་མཇལ་ཁ་སོགས་བསྐྱངས་ཕྱོག་གདན་ས་སོ་སོའི་འཆད་ཉན་སྒྲིག་ལམ་སྐོར་སོགས་ཀྱི་བཀའ་སློབ་ཞིབ་རྒྱས་སྩལ། བླ་བ་དགུ་པའི་ནང་རྒྱལ་དབང་འཇིག་རྟེན་གསུམ་མགོན་མཆོག་ནས་ཚེ་ལྷ་སྐོར་གསུམ་གྱི་སྣང་བརྙན་མི་ཚད་མ་རེ་གསར་བཞེངས་བཀའ་དྲིན་བསྐྱངས་པ་གཟུངས་འབུལ་སོགས་ཀྱང་ལེགས་པར་གྲུབ་སྟེ་རབ་ཏུ་གནས་པའི་ཆོ་ག་རྒྱ་ཆེར་མཛད་སྐབས་རབ་སྟོན་གཏང་རག་གི་ཚུལ་དུ་༸སྐྱབས་མགོན་ཉིད་ནས་སྔོན་ཚོག་གི་ལམ་ལས་དྲངས་པའི་དོན་བཟང་རྨད་དུ་བྱུང་བ་དང་ལྡན་པའི་མཇལ་གྱི་གསུང་བཤད་དང་བཅས་ཏེ་རབ་དཀར་ལྷ་རྫས་གངས་རིའི་མདངས་ལྡན། རིན་ཆེན་གཉིས་པ་ལས་གྲུབ་པའི་ཞིང་ཁམས་རྒྱ་མཚོའི་བཀོད་པ། སྐུ་གསུང་ཐུགས་རྟེན་སོགས་ཀྱིས་སྤྲ་དྲངས་པའི་འབུལ་ཚན་བསམ་ལས་འདས་པ་ཕུལ་བའི་སྒོ་ནས་༸ཞབས་པད་བསྐལ་པ་ནས་བསྐལ་པའི་བར་དུ་བརྟན་པར་གསོལ་བ་རྩེ་གཅིག་ཏུ་འདེབས་པར་མཛད་པ་ན་༸གོང་ས་མཆོག་ནས་ཀྱང་དགྱེས་པའི་འཛུམ་ཞལ་གསལ་པོར་བསྟན་ཏེ་ཇི་ལྟར་གསོལ་བཏབ་ཀྱི་རེ་འབྲས་རྣམས་དོན་དུ་སྨིན་པར་རྡོ་རྗེའི་ཚིག་བསླུ་བ་མེད་པས་ཞལ་གྱིས་བཞེས་པར་གྱུར། དེ་མཚུངས་གསུང་ཆོག་པ་དང་། ཞབས་གྲས་སོགས་ཀུན་ལའང་འགྱེད་དང་གནང་སྦྱིན་སོགས་དཔངས་མཐོ་བར་སྩལ། དེ་ནས་ཕོར་གོད་ཀྱི་རྒྱལ་ཁག་མི་འདྲ་བ་དུ་མ་ནས་ལྷན་རྒྱས་སུ་ཞབས་བརྟན་འབུལ་བཞེས་དང་། སྐུ་སྲེར་གྱི་མཇལ་ཁ་སོགས་ཀྱང་འདོད་མོས་ལྟར་གནང་། གཞན་ཡང་ཨ་རིག་

བླ་མ་བྱམས་པ་ཡེ་ཤེས། ཆོས་འཁོར་རྒྱལ་གྱི་འདུས་གྲྭ་ཚང་མ། རི་རྒྱ་མངའ་རིས་སྤྱིལ་སྐྱ་སོགས་ནས་རིམ་པ་བཞིན་ཞབས་པད་བརྟན་པར་གསོལ་བ་འདེབས་པའི་ལེགས་སྐྱེས་རྟེན་འབྲེལ་གྱི་སྒོ་བརྒྱ་ཡངས་པོར་འབྱེད་ཅིང་། ལྷ་མཆོད་ཀྱི་ཉིན་༸གངས་ཅན་མགོན་དང་ལྷན་ཅིག་རྟེན་གསུམ་ཁག་ལ་གནས་གཟིགས་མཆོད་འབུལ། སྐན་ཤལ་ཐུགས་སྨོན་ལེགས་པར་བསྐྱངས། ལྷ་མཆོད་ཐོན་འཕྲུལ་༸གོང་ས་མཆོག་བཅད་རྒྱར་བཞུགས་གདོང་ལྷན་རྒྱས་རྒྱུན་རིང་པོའི་ཐོག་ཆོས་སྲིད་ཀྱི་ལེགས་ཚོགས་སྤེལ་བའི་གསུང་མོལ་ཞིབ་ལྷིངས་སུ་མཛད། མི་རིང་བར་མགོན་པོ་ཉིད་ཀྱང་བཅད་རྒྱར་བཞུགས་ཏེ་རིམ་གཉིས་ཟབ་མོའི་ཐུགས་དམ་ཆུ་བོའི་རྒྱུན་གྱི་རྣལ་འབྱོར་གྱི་ངང་དུ་འཚོ་ཞིང་གཞེས་སོ། །འདི་སྐབས་སྐྱབས་མགོན་ཕྱག་ན་པདྨོ་ཕྱི་ལོ་དགུང་སྐེག་གི་ཐོག་ཏུ་ཕེབས་པར་༸གཞུང་ས་མཆོག་ནས་གདན་ས་གསུམ་གྱིས་གཙོ་མཛད་པའི་མཐའ་དབུས་ཀྱི་འདུས་སྡེ། རི་ཁྲོད་ཁག །གནས་ཆེན་སོགས་ཐམས་ཅད་དུ་༸ཞབས་བརྟན་རླབས་པོ་ཆེ་སྒྲུབ་དགོས་ཀྱི་བཀའ་ཁྱབ་དང་། ༸སྐྱབས་རྗེ་རང་ཉིད་ནས་ཀྱང་ཞལ་འདེབས་སུ་དངུལ་སྲང་སྟོང་ཕྲག་ཏུ་ལོངས་པ་འབུལ་བར་མཛད། གཞན་ཡང་ལོ་འདིའི་སྤྱི་ཕྱི་ཅི་རིགས་པ་ཐམས་ཅད་དུ་གཙོ་བོར་༸རྒྱལ་དབང་མཆོག་གི་ཞབས་བརྟན་དང་། རྗེ་ཉིད་ཀྱི་སྐུ་ཚེ་མཛད་འཕྲིན་ལ་འགལ་རྐྱེན་ཞི་བ། རྒྱལ་བསྟན་དར་ཞིང་འགྲོ་ཀུན་ཕན་བདེས་འཚོ་བ་སོགས་ཀྱི་ཆེད་དུ་སྐུ་སྐེར་ནས་རིས་མེད་ཀྱི་འདུས་སྡེ་ཆེ་ཆུང་། རི་ཁྲོད་སྒྲིང་བ་པ། མཐའ་དབུས་ཀྱི་གནས་ཆེན་ཁག །མཆོད་ཁང་དང་མགོན་ཁང་ཁག་སོགས་མདོར་ན་དབུས་གཙང་དྭགས་ཀོང་ཁམས་སོགས་ཀྱི་ཡུལ་གྲུར་མཆིས་པའི་མཆོད་འོས་ཀྱི་གནས་མ་ལུས་ཤིང་ལུས་པ་མེད་པ་ཐམས་ཅད་དུ་མང་འགྱེད། མཆོད་འབུལ། སྐན་ཤལ། འཕྲིན་

བཅོལ། བཀའ་བསྟན་སོགས་གསུང་སྒྲོག །རྒྱུད་སྡེའི་ཚོ་ག །ཆོ་སྒྲུབ་སོགས་མཐའ་ཀླས་པ་བློའི་ཡུལ་ལས་འགོངས་པ་ཞིག་མཛད་འདུག་ཀྱང་རེ་རེ་ནས་འགོད་པར་མ་ནུས་ལ། དེས་ན་ཟང་ཟིང་གི་དངོས་པོ་མཐའ་དག་དཀོན་མཆོག་ལ་མཆོད་འབུལ། དགེ་འདུན་ལ་བསྙེན་བཀུར་བ་སོགས་རྣམ་དཀར་འབའ་ཞིག་གི་རྒྱུར་སྨིན་པར་མཛད་པ་ནི་རྒྱལ་བའི་སྲས་ཀྱི་མཛད་པ་རླབས་ཆེན་སྨད་དུ་བྱུང་བའི་གནས་ཡིན་ནོ། །དེ་ནས་ཟླ་བ་བཅུ་གཉིས་པའི་ནང་བཅད་རྒྱ་བཞེངས་ཏེ་སྨོན་ལམ་གྱི་ཐོ་སྒྲིག་སོགས་གལ་ཆེ་དམིགས་བསལ་གྱི་མཛད་དགོས་རྣམས་རིམ་སེལ་དུ་བསྐྱངས། ཆོས་ཉེར་བརྒྱད་ཀྱི་ཉིན་༧རྒྱལ་དབང་མཆོག་ཐུགས་དམ་རྡོ་རྗེའི་རྒྱ་ལས་བཞེངས་པར་མཇལ་ཕྱག་ཏུ་ཕྱིན་ནས་ལྷན་རྒྱས་རྒྱུན་རིང་པོར་མཛད་དེ་ཆོས་ཀྱི་གསུང་གླེང་དང་། དེ་ནས་རིམ་པར་ལོ་མཇུག་གི་དུས་གཏོར་གྱི་རིམ་པར་གཟིགས་རྟོག་སོགས་སྤྱར་ལམ་ལྟར་བསྐྱངས་སོ། །

འདིར་སྨྲས་པ། མི་འཇིགས་བཞི་ལྡན་མཁྱེན་རབ་གསེར་གྱི་རི། །ཚད་མེད་བཞི་ཡི་བང་རིམ་རྣམ་པར་བཀྲ། །བསྡུ་བ་རྣམ་བཞིས་སྐལ་ལྡན་སྐྱེ་བོའི་ཚོགས། །སྐུ་བཞིའི་ས་ལ་འགོད་མཛད་ཨེ་མ་ཧོ། །རྣམ་མང་འཕྲོ་ཚོགས་ཁམས་དང་བསམ་པའི་མཚོར། །རྣམ་མང་མཛད་པའི་ཟླ་གཟུགས་འབུམ་འཆར་བས། །རྣམ་མང་ཉོན་མོངས་དྲི་མ་དྲུང་ཕྱུང་སྟེ། །རྣམ་མང་ལུང་རྟོགས་འོད་ཀྱི་བསིལ་བ་སྦྱིན། །ལྷ་ལྡན་སྙིགས་མའི་མྱ་ངམ་ཐང་ཆེན་པོ། །ལོག་སྤྱོད་ཚ་བའི་རེག་བྱས་ཉམ་ཐག་འདི། །རྒྱལ་གཞན་ཕལ་གྱིས་དོར་ཡང་ཁྱོད་ཉིད་ནི། །ལྷག་པར་བརྩེ་བའི་ཤུགས་ཀྱིས་བདག་གིར་མཛད། །བསོད་ནམས་མ་ཡིན་ལས་ཀྱི་འདམ་ཁྲོད་དུ། །ཉོན་མོངས་དུག་ལྔའི་དྲི་མས་ཀུན་ཏུ་སྦགས། །ནད་མཚོན་མུ་གེས་མནར་བའི་སྙིགས་དུས་འགྲོ། །གང་གི་ཐུགས་རྗེས་བདེ་བར་དབུགས་

ཀྱང་ཕྱིན། །བརྩེ་ཆེན་ཐུགས་རྗེའི་སྤྱན་རས་སྟོང་ཕྲག་གིས། །ཏག་པར་གདུལ་བྱར་གཟིགས་པ་ཁྱོད་མཐོང་ཚེ། །སྲིད་འདིར་མིག་སྟོང་ཅན་དུ་གྲགས་དེའང་། །ཞུམ་ཞིང་དུལ་བས་ཞབས་སེན་སྤྱི་བོར་ནོད། །ཡངས་པའི་རྒྱལ་ཁམས་ཆེ་འདི་ཆོས་ལྡན་གྱིས། །བསྐྱངས་པར་བྱ་ཞེས་ཐུགས་དམ་ལེགས་བཅས་པའི། །བཞེད་དོན་སྨོན་པའི་ཡུལ་དུ་མ་ལུས་པར། །ངེས་པར་མངོན་དུ་གྱུར་འདི་བསྔགས་པའི་འོས། །རྣམ་དཀར་དགེ་བཅུའི་ཁྲིམས་ཀྱི་ར་བ་ལས། །འདར་མི་རུང་ཞེས་བཀའ་རྟགས་ཕྱག་རྒྱ་ཡིས། །མངོན་པར་བཏབ་པའི་རྒྱ་ལས་སྐད་ཅིག་ཀྱང་། །འགོངས་མི་ནུས་པའི་དགེ་མཚན་ལྷ་ན་འབར། །མང་པོས་བཀུར་དང་ང་ལས་ནུ་ལ་སོགས། །ནྲ་ཛའི་མཆོག་ཏུ་ཀུན་གྱིས་བསྔགས་མོད་ཀྱང་། །ས་གསུམ་ཆོས་ཀྱི་འཁོར་ལོ་ཆེར་བསྐྱུར་བ། །ཁྱོད་ཀྱི་དཔེ་ཟླར་འོས་པ་དཀའ་བའི་གནས། །བྱང་ཆུབ་ཕྱོགས་ཀྱི་འཁོར་ལོ་ཁམས་གསུམ་དུ། །བསྐྱུར་བའི་རྒྱལ་པོ་ཁྱོད་འདྲ་མཆིས་བཞིན་དུ། །བརྒྱུད་ཁྲི་མན་ཆད་འཁོར་བསྐྱུར་མི་འབྱུང་ཞེས། །སྔོན་ཆད་གྲགས་པའི་ཚིག་འདི་རྫུན་དུ་ཟད། །སྡོམ་བརྩོན་རྒྱལ་པོའི་ཚུལ་དུ་ལེགས་བཞེངས་ནས། །དཔག་ཡས་མཛད་པ་སྟོན་པའི་ངོ་མཚར་ཀུན། །གླིང་བར་ནུས་མེད་འོན་ཀྱང་འགའ་ཞིག་ཙམ། །སྐལ་བཟང་གདུལ་བྱའི་སྙིང་ལ་འགོད་ཕྱིར་བྲིས། །ཞེས་པ་ནི་བར་སྐབས་འདིར་ཚིགས་སུ་བཅད་པའི་འཕྲེང་བའོ། །

དེ་ནས་ཀུན་དགའ་ཞེས་པ་ཤིང་ཕོ་སྟག་གི་ལོ་གསར་དུ་ཚེས་པའི་དགྱེས་ཞལ་ཕྱོག་མར་ངོམས་པའི་ཉིན་དཔལ་ལྡན་དམག་ཟོར་གྱི་རྒྱལ་མོར་ཚེས་གཏོར། ༧རྒྱལ་དབང་ཐམས་ཅད་མཁྱེན་གཟིགས་ཆེན་པོར་ལོ་གསར་གྱི་ལེགས་སྐྱེས། རྒྱ་བོད་ཧོར་གསུམ་གྱི་མི་དྲག་དུ་མ་དང་ལྷན་ཅིག་པར་དགྱེས་སྟོན་ཉིན་སྔ་ཕྱིར་

རོལ་བ་དང་། དེ་དག་སོ་སོ་ནས་གནམ་ལོ་གསར་ཆོས་ཀྱི་མཇལ་དར་དང་།
ལེགས་སྐྱེས་ཀྱི་འབུལ་ཕྱིན་སྤྲོ་བ་རྣམས་ལ་མཇལ་ཕྱག་སོགས་ལུགས་གཉིས་རྟེན་
འབྲེལ་བཟང་པོའི་མཛད་སྒོ་མཐའ་དག་སྔར་ལྷག་ཡར་ཟླའི་དཔལ་ལ་འགྲན་
བཟོད་པར་མཛད། འདི་ལོ་གོང་ས་རྒྱལ་དབང་མཆོག་དགུང་སྐེག་ཏུ་སོན་པར་
ངེས་པའི་དོན་དུ་སྐུ་འཆི་བགྲེས་རྒྱུད་ཀུན་སྤངས་དག་པ་གཉིས་ལྡན་ཟུང་འཇུག
རྡོ་རྗེའི་གོ་འཕང་བརྙེས་ཟིན་པར་མ་ཟད་དྲང་དོན་གདུལ་བྱའི་སྣང་ཚུལ་དུའང་
སྐག་གེགས་སོགས་ཀྱི་མཚན་མ་ངན་པས་རེག་ཚུལ་ཆ་ཙམ་ཡང་མི་སྟོན་པར་
གསོལ་བ་འདེབས་པའི་སླད་དུ་ཚེ་འཕྲུལ་གྱི་དུས་ཆེན་ཁྱད་པར་ཅན་དང་འབྲེལ་
བའི་དཀར་ཕྱོགས་ཀྱི་དགའ་བ་གཉིས་པ་ཆོས་དྲུག་གི་ཉིན་རྣམ་པར་རྒྱལ་བ་ཕན་
བདེ་ལེགས་བཤད་གླིང་པའི་འདུས་གྲྭ་བདུན་ཅུ་དོན་ལྔ་ནས་རྣམ་རྒྱལ་མའི་
གསུང་ཆོག་དང་འབྲེལ་པའི་བརྟན་བཞུགས་ཀྱི་ཐོག་༧མགོན་པོ་ཉིད་ནས་མོས་
གུས་གདུང་ཤུགས་དྲག་པོ་ཚད་མེད་པས་ཀུན་ནས་བསླངས་ཏེ་འཕགས་མཆོག
ཕྱག་ན་པདྨོ་ཉིད་སྟོན་གྱི་དུས་སུ་ཕྱོགས་བཅུའི་རྒྱལ་བ་སྲས་བཅས་དཔང་དུ
བཞག་ནས་ཉམ་ཐག་གི་འགྲོ་བ་སྤྱི་དང་། ནང་ཚན་མི་མཇེད་འཇིག་རྟེན་གྱི་
ཁམས་ཀྱི་སྙིགས་མའི་གདུལ་བྱ་རྣམས་དང་ལྷག་པར་བོད་ཁ་བ་ཅན་གྱི་སྐྱེ་འགྲོ
མཐའ་དག་འདུལ་བའི་ཕྱག་མཚན་དུ་བཞེས་པའི་དམ་བཅའ་ཇི་ལྟར་མཛད
ཚུལ། དེའི་སླད་དུ་ཞིང་འདིར་སྐྱེས་རབས་ཀྱི་འཕྲེང་བ་ཇི་ལྟར་འཛིན་ཚུལ
སོགས་ཀྱིས་གླེང་བསླངས་ཏེ་དེང་གི་དུས་སུ་སྙིགས་མ་ལྔ་ཆེ་ཆེར་བདོ་བ་རྒྱུ་རྐྱེན
མ་རུང་ཞིང་འདུལ་བར་དཀའ་བ་འདི་དག་གིས་ཐུགས་འབྱུང་བར་མི་མཛད
པར་སྟོན་གྱི་ཐུགས་བསྐྱེད་དང་དམ་བཅའི་དོན་བཞིན་ཞབས་ཟུང་ཕྱི་མའི་
མཐར་ཐུག་གི་བར་དུ་ངེས་པ་ལྔ་ལྡན་གྱི་ངོ་བོར་བརྟན་ཅིང་། ལྷག་པར་འདི་ལོ་

གདུལ་བྱའི་སྣང་ངོ་ཙམ་དུ་དགུང་སྐེག་ཏུ་ཕེབས་ཚུལ་བསྟན་པ་འདི་རིགས་ལ་མི་མཐུན་ཉེར་འཚོས་རིག་པའི་ཆ་ཕྲ་མོ་ཙམ་ཡང་བཞེས་ཚུལ་མི་སྟོན་པ་དང་། མཛད་འཕྲིན་མཐའ་དག་སྲས་བཅས་རྒྱལ་བའི་རྣམ་ཐར་གཅིག་ཏུ་བསྡུས་པ་ལྟ་བུར་རྒྱུན་མི་ཆད་དུ་སྟོན་དགོས་ཚུལ་སོགས་ཚིག་དོན་ཕུན་སུམ་ཚོགས་པའི་རྒྱུད་མང་མོས་གུས་གདུང་ཤུགས་དྲག་པོའི་སོར་མོས་ཉེ་བར་བསྐུལ་བའི་གསོལ་འདེབས་ཀྱི་མེ་ཏོག་ལན་བརྒྱར་འཐོར་བ་དང་ཆབས་ཅིག་པར། རབ་དཀར་ལྷ་རྫས་གངས་རིའི་མདངས་ཅན་སྲིད་དུ་རིང་བ་དཀྱིལ་འཁོར་རྒྱ་མཚོའི་བཀོད་པ་ཚར་དུ་དངར་བ། སྐུ་གསུང་ཐུགས་ཀྱི་རྟེན། ན་བཟའ་ཉེར་སྤྱད། རིན་ཆེ་གཉིས་པའི་ཁམས་ལས་གྲུབ་པའི་བཀྲ་ཤིས་པའི་རྫས་བཏགས་བརྒྱད། རྒྱལ་སྲིད་སྣ་བདུན། སྨན་གྲགས་ཕྱོགས་བཅུར་རྒྱས་བྱེད་དུང་དཀར་དཔྱལ་ཤོག་མ། ཆོས་ཀྱི་འཁོར་ལོ་བསྐོར་བར་གསོལ་བ་འདེབས་ཕྱིར་རིན་གཉིས་ལས་གྲུབ་པའི་འཁོར་ལོ་རྩིབས་བརྒྱད་པ། རིན་ཆེན་དང་པོ་བརྒྱད་རྡོ་གསུམ། རིན་གཉིས་སྲང་ལྔ་བརྒྱ་སྐོར་སོགས་ཀྱིས་གཙོས་པའི་དངོས་བཤམས་ལེགས་སྐྱེས་ཀྱི་མཆོད་སྤྲིན་བཟང་ཞིང་ཚར་དུ་དངར་བ་ཀུན་ཏུ་བཟང་པོའི་སྨོན་ལམ་ལས་བྱུང་བའི་བཀོད་པའི་ཁེངས་པའང་ཐུང་ངུར་བྱེད་ཅིང་། ངལ་བསོས་བུའི་བང་མཛོད་ལའང་སྐྱེངས་པ་སྐྱེར་བར་བྱེད་པ་མཐའ་ཀླས་པ་དུ་མ་ཞིག་འཕྲེང་བར་སྤེལ་ཏེ་ཕངས་མེད་དུ་འབུལ་བར་མཛད་པ་ན། གང་གི་ཐུགས་བསྐྱེད་དང་དད་གུས་ཀྱི་གདུང་ཤུགས་ཚད་མེད་པས་གསོལ་བ་བཏབ་པའི་མཐུ་ལས་ ༄རྒྱལ་དབང་མཆོག་ཀྱང་ཟག་མེད་ཐུགས་ཀྱི་མེ་ཏོག་དགྱེས་པའི་གེ་སར་རབ་ཏུ་གཡོ་བ་དང་ལྷན་ཅིག་པར་བོད་ལྗོངས་བསྟན་འགྲོའི་མགོན་དུ་༄ཞབས་ཟུང་རྟག་བརྟན་རྡོ་རྗེའི་ངོ་བོར་ལྷུན་ཆགས་པར་ཞལ་གྱིས་བཞེས་པར་མཛད་དོ། །

རྒྱལ་ཀུན་ཐུགས་རྗེའི་རང་གཟུགས་མགོན་པོ་དེ། །རྒྱུད་བྲལ་ཆོས་སྐུའི་གོ་འཕང་བརྙེས་ཟིན་ཀྱང་། །ད་དུང་འགྲོ་བའི་མོས་ངོར་བགྲེས་རྒྱུད་ཀྱི། །སྣང་ཚུལ་ཙུང་ཟད་སྟོན་པའང་སྲིད་པ་ཙམ། །འོན་ཀྱང་གདུལ་བར་བྱ་བའི་མོས་གུས་ཀྱི། །གདུང་བ་དྲག་པོས་སྙིང་ནས་གསོལ་འདེབས་ན། །རྒྱལ་བའི་ཐུགས་རྗེ་དུས་ལས་མི་ཡོལ་ཕྱིར། །འདོད་དོན་མངོན་སུམ་ཉིད་དུ་སྟོན་པར་ངེས། །དེ་ཕྱིར་མགོན་དེའི་འཕྲིན་ལས་སྤྱེལ་བ་ལ། །རིང་ནས་སྨོན་པའི་མཐུ་གྲུབ་རྗེ་ཁྱོད་ཀྱིས། །ཚིག་ཙམ་མིན་པའི་གསོལ་འདེབས་དྲི་ཟའི་དབྱངས། །སྤྱེལ་ཞིང་དངོས་བཤམས་མཆོད་པས་མཁའ་སྲིད་འགེངས། །ཚུལ་དེར་སྙིང་རྗེའི་ལྷ་མཆོག་དམ་པ་ཡང་། །དགྱེས་པའི་ཐུགས་ཀྱི་པདྨོ་འཛུམ་བྱས་ཏེ། །བསྐལ་པར་འཚོ་ཞིང་གཞེས་པའི་བཀའ་བཟང་གི། །རིན་ཆེན་ཅོད་པན་གང་གི་ལན་བུར་བཅིངས། །དེས་ནི་ལྷར་བཅས་ཡིད་ཅན་མ་ལུས་པ། །སྡུག་བསྔལ་རྒྱུ་བཅས་འདམ་ལས་གྲོལ་གྱུར་ཏེ། །འགོག་པ་ཞི་བ་རིང་མིན་ཐོབ་འགྱུར་ཞེས། །མངོན་ཤེས་དྲུག་ལྡན་ཚོགས་ཀྱིས་དབྱངས་སུ་ལེན། །ཟག་མེད་ཆོས་སྐུའི་ཀློང་དུ་རོ་གཅིག་ཀྱང་། །སྣང་ཚུལ་ཙམ་དུ་སོ་སོར་བསྟན་བྱས་ཏེ། །བསྐུལ་ཞིང་གསོལ་བ་འདེབས་དང་ཞལ་བཞེས་སོགས། །ཐབས་མཁས་སྒྱུ་འཕྲུལ་སྟོན་འདི་ཨེ་མ་རྨད། །ཅེས་ཀྱང་བྱའོ། །

དེ་ནས་རིམ་པ་བཞིན་དུ་༧མི་རྗེ་རྗེ་རིང་སྟོན་འཁོར་རྣམས་དང་། བཀའི་གུང་བློན་ཆེན་པོ་ཛ་སག་བླ་མ་བྱམས་པ་སྟོབས་ལྡན། རྩེ་ཕྲག་མཛོད་ཟུར་པ་ཏེའོ་ཐབས་མཁས་སོགས་དང་། དབང་ཕྱུགས་བསྟན་པའི་སྒྲོན་མེ་སྤྱན་གཡས་མཁན་པོ་ནས་ཀྱང་མི་སྣ་ཆེད་གཏོང་དང་། བཀའི་བློན་ཆེན་བཤད་སྒྲ་འོག་པ། ལྷ་ཀླུ་དཀར་ཚལ་བ། བཀའ་བློན་པ་ལྷ་བ། བཀའ་བློན་ལྷ་ལྡིང་།

ཧོར་ཁང་ཛ་སག་སོགས་མདོར་ན་གཞུང་སའི་མི་དྲག་ཕལ་མོ་ཆེ་མཐའ་དག་སོ་སོ་ནས་༸རྒྱལ་དབང་མཆོག་ལ་དགུང་སྐེག་གི་ཐོག་ཏུ་ཕེབས་པའི་ཞབས་བརྟན་དང་། དེ་མཚུངས་མགོན་པོ་མཆོག་ཀྱང་༸གོང་ས་ཐམས་ཅད་མཁྱེན་པའི་འཕྲིན་ལས་ཀྱི་བྱེད་པོར་ཞབས་ཟུང་ཡུན་དུ་བརྟན་པའི་ཆེད་དུ་དངོས་འབྱོར་བཟང་ཞིང་མཐའ་གླས་པའི་འབུལ་བ་དང་བཅས་ཏེ་མཆོད་ཡོན་ཉི་ཟླ་ཟུང་འབྲེལ་ཇི་སྲིད་འགྲོ་ཀུན་ཇོ་རྗེའི་ས་ལ་མ་བཞུགས་པ་དེ་སྲིད་དུ་ཞབས་པད་ཆེ་མཐའ་ཡས་པའི་ངོ་བོར་བརྟན་པར་སྙིང་ཐག་པ་ནས་གསོལ་བ་འདེབས་པའི་རྟེན་འབྲེལ་ལེགས་ཚོགས་ཀྱི་སྒོ་འཕར་རིམ་པ་བཞིན་དུ་འབྱེད་པ་དེ་ཐམས་ཅད་ཀྱི་ཚོགས་དབུར་ཕྱིན་ནས་ཇི་ལྟར་སྨོན་པའི་འདོད་དོན་ཡིད་བཞིན་དུ་འགྲུབ་པའི་ཐུགས་སྨོན་བདེན་ཚིག་སོགས་རྒྱ་ཆེར་མཛད། ལྷག་པར་བདེ་ལྡན་ཞིང་མགོན་ཀུན་གཟིགས་པཎ་ཆེན་ཐམས་ཅད་མཁྱེན་པ་ཆེན་པོས་ཀྱང་མགྲོན་གཉེར་ཆེད་གནང་གི་ཐོག་རྣམ་རྒྱལ་གྲྭ་ཚང་གི་གསུང་ཚིག་པ་དང་བཅས་ཏེ་མཆོད་ཡོན་ལྷན་རྒྱས་སུ་ཞབས་བརྟན་དངོས་འབུལ་བདེན་ཚིག་དང་བཅས་པ་ཕུལ་བར་མཛད་པ་རྣམས་གུས་པས་སྤྱི་བོར་བཞེས་ཏེ་༸རྒྱལ་དབང་ཡབ་སྲས་ཀྱི་དགོངས་བཞེད་ཇི་བཞིན་དུ་འགྲུབ་པའི་ཐུགས་སྨོན་དང་། དེ་མཚུངས་འདི་ལོ་སྒྲུབ་རིགས་བསྟན་པའི་གསལ་བྱེད་འབྲུག་པ་ཐམས་ཅད་མཁྱེན་པ་ཆེན་པོའང་དབུས་ཕྱོགས་ཕེབས་བསྐྱོད་ཐོག་མཇལ་ཞུ་དང་། ལྷག་པར་༸རྒྱལ་དབང་མཆོག་དགུང་སྐེག་ཏུ་ཕེབས་པའི་ཞབས་བརྟན་དང་འབྲེལ་བར་མཆོད་ཡོན་ལྷན་རྒྱས་སོ་སོར་དངོས་འབུལ་གྱི་རིམ་པ་རྒྱ་ཆེན་པོ་དང་བཅས་ཏེ་སྐུ་ཚེའི་རྒྱལ་མཚན་མི་ནུབ་ཡུན་དུ་བརྟན་པར་གསོལ་བ་འདེབས་པར་མཛད་པ་སོགས་ཀྱི་མགོན་དུ་ཕྱིན་ནས་ཐུགས་བཞེད་ཡོངས་སུ་སྐོང་བར་མཛད། སྨོན་ལམ་ཆེན་

སོར་ཆོས་བརྒྱད་ཀྱི་ཉིན་དགེ་འདུན་ཉིས་ཁྲིར་ཡོངས་པ་རྣམས་ལ་མང་འགྱེད་སྤྱི་འབུལ་གྱི་བསྙེན་བཀུར་དང་། རོགས་བྱེད་ཞབས་ཞུ་བ་སོགས་ཡའང་གོ་བབ་བཞིན་གྱི་གནང་སྦྱིན་སོགས་གཟབ་རྒྱས་སུ་བསྒྲུབ། ཆོས་བཅོ་ལྔའི་ཉིན་ཚེ་མཆོག་གླིང་བླ་བྲང་ནས་ཡོངས་འཛིན་པཎྜི་ཏ་ཆེན་པོའི་དགོངས་རྫོགས་སུ་སྨོན་ལམ་ཆེན་མོར་མང་འགྱེད་ཉིན་འཁྱོངས་ཀྱི་བསྙེན་བཀུར་དང་འབྲེལ་བར་༸སྐྱབས་མགོན་ཡབ་ཕྱིན་དུ་ཡང་ཞབས་བརྟན་འབུལ་མཚོན་རྒྱ་ཆེར་སྤེལ་ཐོག་ཕྱག་མཛོད་ཆེན་མོ་ཉིད་ནས་གསོལ་འདེབས་བརྟན་བཞུགས་དང་། སྤྱོང་བ་པའི་འདུས་སྡེ་དམངས་ནས་གསུང་ཆོག་བཅས་གནང་སྦྱིན་དང་ལྡན་པའི་སྒོ་ནས་ཕུལ་ཞིང་། གཞན་ཡང་ཐོར་རྐོད་རྒྱལ་པོ་ཕང་གི་ཞབས་བརྟན་དང་། ཐོར་རྐོད་ཚེ་རིང་ནུ་བ་ཤིང་སོགས་མཐའ་མི་དད་ཅན་དུ་མ་ནས་ཀྱང་ཞབས་བརྟན་ལེགས་སྐྱེས་རིམ་པར་ཕུལ་བ་རྣམས་དགྱེས་བཞེས་སུ་མཛད། འདི་ལོ་གནམ་གྱི་ལྷ་འཛམ་དབྱངས་ཆོས་ཀྱི་རྒྱལ་པོ་ནས་མདོ་སྔགས་གཞུང་ལུགས་ཀྱི་གནས་ལ་གསན་བསམ་མཐར་ཕྱིན་པ་གྲགས་པ་དོན་ལྡན་གྱི་བླ་མ་གཉིས་གཏོང་དགོས་ཕེབས་དོན་བཞིན་༸རྒྱལ་དབང་མཆོག་དང་གསུང་མོལ་གྱིས་རྒྱུད་སྟོད་མཁན་པོ་དང་། འབྲས་ཤག་སྒོར་མཁན་པོ་གཉིས་ལ་ལྷན་རྒྱས་ནས་བཀའ་བསྒྱུར་སྩལ། གཞན་ཡང་གོང་དུ་སྨོན་ལམ་དང་ཚོགས་མཆོད་ཀྱི་སྐོར་གྱི་མཛད་སྒོ་གང་ཅི་ལོ་ལྟར་སྟར་ལམ་བཞིན་བསྐྱངས་པས་ཏ་ཅང་ཞིབ་ཏུ་བྲིར་མ་དགོས་ལ། ཟུར་ཙམ་ནི་འོག་ཏུའང་རིམ་པར་བརྗོད་པར་བྱའོ། །ཟླ་བ་གསུམ་པའི་ནང་དེ་མོ་ནོ་མི་ཧན་མཆོག་སྤྲུལ་རིན་པོ་ཆེ་གཙོ་བོར་གྱུར་པའི་བསྟན་གླིང་འདུས་པ་ཚོགས་ཡོངས་ནས་ལྷན་རྒྱས་སུ་ཞབས་བརྟན་ལེགས་འབུལ་དཔངས་མཐོ་བའི་ཐོག་སྤྲུལ་སྐུ་རིན་པོ་ཆེ་ཉིད་ནས་མཚལ་གྱི་གསུང་བཤད་རྒྱས་པ་དང་།

ཚོགས་པ་དམངས་ནས་བརྟན་བཞུགས་ཀྱི་ཞལ་འདོན་སོགས་ཟབ་ཅིང་རྒྱ་ཆེ་བའི་སྒོ་ནས་འབུལ་བར་མཛད། དེ་ནས་འབྲུག་པ་ཐམས་ཅད་མཁྱེན་པ་སྟོན་འཁོར་སོགས་ལ་ཐོན་གནང་གི་ཐོག་འགྲོ་བའི་བདེ་སྐྱིད་སྤེལ་བའི་ཐུགས་བསྐྱེད་མཛད་འཕྲིན་རྒྱ་གང་ཆེ་དགོས་པའི་བཀའ་མཆིད་སོགས་རྒྱས་པར་སྩལ། གཞན་ཡང་ཐོར་རྐོད་དང་། ཧུན་གར་གྱི་མི་སྣ་སོགས་ལའང་ཐོན་ཕྱག་དང་གནང་སྦྱིན་སོགས་རྒྱས་པར་སྩལ་བསྟུན་འདི་ཕྱི་རྣམ་ཀུན་དགེ་བའི་བཀའ་སློབ་སྙིང་ལ་སིམ་ཞིང་རྣ་བའི་བཅུད་དུ་འབབ་པ་དག་སྩལ་བར་མཛད། གཞན་ཡང་སྟེ་ཐང་ར་བ་སྟོད་པ་དང་། དགོན་པ་གསར་ལ་སོགས་པ་ཉེ་འཁོར་གྱི་རི་ཁྲོད་ཁག་དང་། རྫོར་བྲག་སྤྲུལ་སྐུ་སོགས་རིས་སུ་མ་མཆིས་པའི་བསྟན་འཛིན་འདུས་སྡེ་དང་བཅས་པ་དུ་མ་དང་། མཐའ་དབུས་ཀྱི་འཁོར་ལྡན་དད་ཅན་སེར་སྐྱ་ཕོ་མོ་སོགས་དུ་མ་ཞིག་ནས་༧ཞབས་བརྟན་འབུལ་བ་དང་མཇལ་ཕྱག་ཞུ་བ་སོགས་ཇེ་སྙེད་གངྒཱའི་རྡུལ་གྲངས་དང་མཉམ་པ་མཐའ་དག་ལའང་སྐལ་བ་ཇི་ལྟ་བ་བཞིན་གྱི་འདོད་པ་ཡོངས་སུ་བསྐོང་བའི་བཀའ་དྲིན་བླ་ན་མ་མཆིས་པར་བསྐྱངས་སོ། །

འདི་ལོ་ཀུན་གཟིགས་པཎ་ཆེན་ཐམས་ཅད་མཁྱེན་གཟིགས་ཆེན་པོའང་བཅུ་གསུམ་གྱི་དགུང་སྐེག་ཏུ་སོན་པར་སྤྱན་གསལ་གྱིས་ཞབས་བརྟན་འབུལ་མི་ཆེད་རྫོངས་ཀྱི་གདོང་། ལྷ་རྫས་ནང་མཛོད། མཇལ་རྟེན་གསུམ། ན་བཟའ་ཉེར་སྤྱད་དོད་རིན་གཉིས་སྲང་ལྔ་བཅུ། གསེར་སྲང་གསུམ། རིན་གཉིས་སྲང་ལྔ་བརྒྱ་སྐོར། བཟང་གོས་ཡུག་བཅུ་ལ་སོགས་པའི་ལེགས་སྐྱེས་གཏོས་ཆེ་བའི་ཐོག་གདུལ་བྱའི་སྣང་ངོར་སྨན་བཞེས་ལ་སོགས་པ་ཉེར་འཚོས་གོས་ཚུལ་ཅུང་ཟད་ཀྱང་མི་སྟོན་པར་བདེ་ལྡན་ཞིང་མགོན་སྣང་མཐའ་ཡས་དངོས་ཡིན་ལ་ཡིན་

བཞིན་པའི་ངང་ཚུལ་ཀུན་ལ་གསལ་པོར་བསྟན་པའི་སྒོ་ནས་བསྐལ་བརྒྱར་ཞབས་པད་བརྟན་ཅིང་སྲས་བཅས་རྒྱལ་བའི་མཛད་བཟང་བདག་གིར་བཞེས་དགོས་ཚུལ་སོགས་ཀྱི་བརྟན་བཞུགས་གསོལ་འདེབས་ཀྱི་རིམ་པ་ཞུ་འཕྲིན་གྱི་ལམ་ནས་འབུལ་བར་མཛད་པ་ལས། པཎ་ཆེན་མཆོག་ནས་ཀྱང་མགོན་པོ་མཆོག་གིས་ཇི་ལྟར་བཀའ་སྩལ་བའི་དོན་ལས་ནམ་ཡང་མི་འདའ་བར་ཞལ་གྱིས་བཞེས་པའི་གསུང་འཕྲིན་གནང་སྐྱེས་བཟང་པོ་དང་བཅས་པ་འབུལ་བར་མཛད། འདི་ལོ་ཀློང་རྗོལ་གྲུབ་དབང་རིན་པོ་ཆེ་ཐ་མལ་སྣང་ངོར་སྐུ་སྟུང་ཚུལ་བསྟན་པར་ཞབས་པད་ཡུན་བརྟན་དགོས་ཚུལ་གྱི་ཕུར་ཚུགས་གསོལ་འདེབས་དང་ཆབས་ཅིག་པར་རྟེན་འབྱུང་ལེགས་སྐྱེས་ཀྱི་རིམ་པའང་མི་དམན་པར་བསྐྱངས་སོ། །དེ་ལྟར་རྒྱལ་དབང་ཡབ་སྲས་སོགས་བདག་ཉིད་ཆེན་པོ་ཀུན་ལ་དངོས་འབྱོར་ཕངས་མེད་ཀྱི་ཚུལ་དུ་ཕུལ་ཏེ་མྱ་ངན་ལས་མི་འདའ་བར་གསོལ་བ་སྙིང་ཐག་པ་ནས་འདེབས་པར་མཛད་པའི་ཚུལ་འདི་ལྟ་བུ་ནི་དེང་དུས་ཀྱི་སྐྱེ་བོ་ཅོལ་ཆུང་གཡམ་རྒྱུག་གྲགས་པ་ཙམ་གྱི་རྗེས་སུ་འབྲང་བ་དག་དང་། རང་དོན་ཞི་ཕྱོགས་སུ་བཙུག་པའི་གཡོ་སྒྱུས་ཀུན་ནས་བསླངས་ཏེ་མཛེས་མཛེས་ལྟ་བུའི་ཕྱིར་དུ་མིང་ཞབས་བརྟན་དུ་བཏགས་པ་རྣམས་ཀྱི་བྱེད་སྤྱོད་དང་ཆ་ཤས་ཙམ་ཡང་མཚུངས་པ་མ་ཡིན་ཏེ། སྐྱེས་བུ་དམ་པ་འདི་འདྲ་བའི་དགོངས་བཞེད་ནི་བདག་ཉིད་ཆེན་པོ་དེ་རྣམས་ཞིང་གཞན་དུ་བྱོན་ན་ཤུལ་དུ་མཆིས་པའི་འགྲོ་བ་འདི་དག་མགོན་སྐྱབས་དང་བྲལ་བར་འགྱུར་བ་དང་། བསྟན་པའང་རིམ་གྱིས་ཇེ་ཉམས་སུ་འགྲོ་བ་སོགས་ཐུགས་ཀྱིས་མ་བཟོད་པར་གཅིག་ཏུ་གཞན་ཕན་བསམ་པ་འབའ་ཞིག་གིས་མཛད་པ་ཡིན་པའི་ཕྱིར་རོ། །དེ་ནས་མི་རིང་བར་སེར་འབྲས་སོ་སོའི་གྲྭ་ས་དང་གྲྭ་ཚང་ཁག་བཅས་ནས་ཀྱང་སྙུན་གསལ་འཕར་

མའི་ཞབས་བརྟན་དང་། དེ་བཞིན་དུ་རྒྱུད་གྲྭ་སྟོད་སྨད། སྨེ་རུ་བཞི་སྡེ་སོགས་གསེར་མདོག་ཅོད་པན་འཆང་བའི་འདུས་སྡེ་མཐའ་དག་ནས་ཀྱང་མཆོད་ཡོན་རྣམ་གཉིས་ལྷར་བཅས་འགྲོ་བའི་བསོད་ནམས་ཀྱི་མཆོད་སྡོང་ཆེན་པོར་བསྔལ་པ་བྲེ་བའི་བར་བཞུགས་སུ་གསོལ་བའི་རྟེན་འབྲེལ་རྒྱ་ཆེར་བསྒྲིགས་པ་ཀུན་འབུལ་བཞེས་ཐོབ། །སོ་སོར་སློག་ཆ་སོགས་ཀྱང་གང་འོས་སུ་བསྐྱངས། ས་ག་ཟླ་བའི་ནང་རྟེན་གསུམ་ཁག་ལ་མཆོད་འབུལ་དང་། ངན་སོང་ལ་སྦྱིན་གཏོང་སོགས་གཏན་པ་མེད་པའི་མཆོད་སྦྱིན་གྱི་སྒོ་བརྒྱ་འབྱེད་པར་མཛད། མི་རིང་བར་ནོར་བུ་གླིང་དུ་ཆར་འབེབས་དང་། ཆབ་བཞེས་ཕྱོགས་མཚུངས་སུ་ཞག་འགའ་ཕྱིན་བཞུགས་ཀྱིས་སྙིགས་མའི་སེམས་ཅན་རྣམས་ལ་བརྩེ་བ་ཆེན་པོས་ཀུན་ནས་བསླངས་ཏེ་མཆོག་གསུམ་གྱི་ཐུགས་རྗེས་བསྐུལ་བའི་སྒོ་ནས་ཆར་འབེབས་གནད་སྐབས་དུ་མཛད་པར་ཐུགས་རྗེའི་ཆུ་འཛིན་འབུམ་དུ་འཁྲིགས་པ་ལས་ཕྱིན་རླབས་ཀྱི་ཆར་རྒྱུན་ཚད་མེད་མྱུར་དུ་བབ་པས་སྐྱེ་རྒུ་རྣམས་ཡིད་ཀྱི་ངལ་བསོ་བླ་མེད་ཐོབ་པར་གྱུར། དེ་ནས་སྔ་སོར་བསྒོ་བཞག་བསྐྱངས་པའི་རྒྱ་ནག་བླ་མ་ཟྭང་སྤྲེལ་ཕྱིར་ཐོན་ངོ་གཡོག་རྣམས་ལ་ཐོན་ཕྱག་དང་། གནང་སྦྱིན་བཀའ་སློབ་སོགས་ཀྱང་རྒྱ་ཆེན་བསྐྱངས་ཤིང་། གོང་མ་ཆེན་མོས་གཙོ་མཛད་པའི་ཚེ་བརྩན་ཁག་ལ་ཞུ་འཕྲིན་གནས་ཚུལ་སོགས་ཀྱང་འཆམ་མེད་གནང་ཁྲབ་མཛད། འོན་ཆོས་སྡིངས་སུ་སྐུ་ཚ་ལྷ་དབང་ཕེབས་བསྐྱོད་གདོང་༧རྒྱལ་སྲས་རྡོ་རྗེ་འཆང་ཆེན་པོར་གནས་ཚུལ་ཞུ་འཕྲིན་ཞིབ་རྒྱས་རྟེན་བཟང་དང་བཅས་པ་དང་། དཔལ་མགོན་ཞལ་དང་ལྷུམ་སྲིང་སོགས་ལ་བསྐང་འཕྲིན་གཟབ་རྒྱས་གནད་སྐབས་དང་། རྟེན་གསུམ་ཁག་ལ་མཆོད་སྨོན། འདུས་སྡེ་རིན་པོ་ཆེར་བསྙེན་བཀུར་སོགས་རྒྱ་ཆེར་དགོས་པའི་བཀའ་སློབ་མཐུན་རྐྱེན་བཅས་སྩལ་

ཞིང་། འདི་དག་གི་སྔ་ཕྱི་ཀུན་ཏུ་གནས་ཆུང་དང་། གུང་ཐང་ཕྱོག །བསམ་ཡས་སོགས་སུ་ཆོས་སྐྱོང་རྣམས་ལ་གཟབ་གསོལ་འཕྲིན་བཅོལ་གནང་སྐྱིན། སེར་འབྲས་དགེ་གསུམ་གྱིས་མཚོན་པའི་འདུས་པ་རྣམས་ལ་མང་ཇ་སོགས་ཀྱི་བསྙེན་བཀུར་དང་། བར་མ་རི་བརྟན་བཞུགས་ལྷ་ཁང་གསར་རྒྱག་མཛད་མུས་ཀྱི་རྡོ་དམ་རིགས་བྱེད་བཟོ་པ་ཞུལ་མི་དང་བཅས་པ་རྣམས་ལ་སྦྱིན་གསལ་གྱི་གསོལ་རས་གནང་སྦྱིན། སྟོན་མོ་སོགས་ཟམ་མི་ཆད་ལྟ་བུ་ལོ་སྔ་མ་དང་འདི་ལོ་བཅས་སུ་རྒྱུན་ཆགས་སུ་བསྐྱངས། ཟླ་བ་འདི་ནང་བསྟན་འགྲོའི་གེགས་ཆགས་བདེ་བས་གློང་རྗོལ་གྲུབ་པའི་དབང་ཕྱུག་ཆེན་པོ་གཟུགས་སྐུ་ཆོས་དབྱིངས་སུ་ཐིམ་ཚུལ་གསན་པ་ན། ཀྱེ་མ་སྙིགས་དུས་ཀྱི་འགྲོ་བའི་མགོན་སྐྱབས་དཔུང་གཉེན་མཐའ་དག་ནམ་ཡང་སྐར་མ་བཞིན་དུ་ཡལ་བར་གྱུར་པ་འདི་འདྲ་བ་ནི་ཤིན་ཏུ་སྐྱོ་ཞིང་སེམས་ཕམ་པའི་གནས་སོ་ཞེས་སྤྱན་ཆབ་ཚད་མེད་པ་འབྱིན་ཅིང་། འོན་ཀྱང་ད་ནི་ཐུགས་དགོངས་རྫོགས་ཐབས་ཀྱི་རིམ་པར་འབད་པ་དང་། བླ་མའི་བཀའ་དྲིན་བསབ་ཕྱིར་ཕྱི་རྗེས་རྣམ་ཐར་སྐྱོང་བ་སོགས་ལ་འབུང་གསུམ་འདོན་པ་ལས་གཞན་དུ་བྱ་ཐབས་ཀྱིས་དབེན་པར་དགོངས་ནས་རིང་མིན་མྱུར་དུ་སྐུ་གདུང་རིན་པོ་ཆེར་མཆོད་པ་སྣ་ལྔ་བརྒྱ་ཚར་དང་། སྨན་ཞལ་ཐུགས་སྨོན་ཅན་སོགས་ཆེད་དམིགས་ཀྱིས་འབུལ་བར་གཏོང་གནང་མཛད་ཅིང་། གཞན་ཡང་རྟེན་གསུམ་ཁག་ལ་བརྒྱ་མཆོད་ཐུགས་སྨོན་སྨན་ཞལ་སོགས་དང་ལྷ་ལྡན་དཀྱིལ་འཁོར་སྡིངས་སུ་སེར་འབྲས་ཀྱི་དགེ་འདུན་སུམ་བརྒྱ་ནས་ཉིན་འཚོངས་མཆོད་སྨོན་འབུལ་དུ་འཇུག་པར་མཛད་ཅིང་། དེ་དག་ལ་བསྙེན་བཀུར་ཡོན་སོགས་ཀྱང་དཔངས་མཐོར་སྤྲུལ་བ་སོགས་དགོངས་པ་ཟབ་མོ་མྱུར་རྫོགས་ཀྱི་ཐབས་ལ་སྒོ་དུ་མ་ནས་འབད་པར་མཛད་པ་དང་། གཞན་ཡང་རྣམ་

པ་ཐམས་ཅད་དུ་བཀའ་དྲིན་རྗེས་དྲན་གྱིས་གསོལ་བ་འདེབས་པ་དང་། མཆོད་པ་འབུལ་བ་སོགས་ལ་རྒྱུན་ཆགས་སུ་བརྩོན་པ་ལྟར་ལེན་པར་མཛད། ལོ་སྔ་ཕྱི་འདི་དག་ཏུ་ལྷ་ལྡན་སོགས་ཀྱི་སྐྱེ་བོ་རྣམས་ནད་རིམས་ཀྱི་ཉེ་བར་འཚེ་བས་ཉམ་ཐག་པར་གྱུར་པ་ལ་བརྩེ་བ་ཞས་མི་བཟོད་པས་མྱུར་དུ་རྒྱུན་ཆད་པར་བྱ་ཕྱིར་རིམ་གྲོ་སོགས་མཐའ་ཀླས་བསྒྲུབ་དགོས་ཀྱི་བཀའ་ཁྱབ་ཀྱང་སྩལ་བར་མཛད་དོ། །དེ་ནས་ཇི་སྐད་དུ་རྗེ་ཉིད་ཀྱི་གསུང་ལས། འཕགས་མཆོག་གྲུ་འཛིན་མགོན་པོ་ཡི། །ལྷུགས་ཀྱི་པདྨོའི་བཀོད་པ་ཡིས། །ཁྱབ་པར་མཛད་ཅིང་མགོན་དེ་ཡི། །འཕྲིན་ལས་ཤིང་རྟ་འདྲེན་བྱེད་དུ། །བཀའ་ཡི་གཉའ་ཤིང་ཁུར་ལྡེ་བ། །རྟ་ཚོགས་སྐྱེ་སྲིད་མིང་འཛིན་པས། །མཐུན་པར་འགྱུར་བའི་རྐྱེན་དང་བཅས། །ཡོངས་འཛིན་ལོ་ཏུ་མགོ་བཙམས་ནས། །རྐང་པས་འཐུང་ཁམས་བྱཱ་སྐྲའི་ལོར། །ཡོངས་སུ་རྫོགས་པ་ལེགས་པར་གྲུབ། །ཅེས་གསུངས་པ་ལྟར་སྔ་སོར་བར་མ་རེར་རྒྱའི་དཔོན་ཁག་རྣམས་ནས་ལྷ་ཁང་གསར་བཞེངས་ཀྱི་རྒྱུ་དངོས་གོང་གསལ་ལྟར་འབོར་ཆེ་སྦྱར་ཐོག ༧སྐྱབས་མགོན་ཉིད་སྐུ་སྒེར་ནས་ཀྱང་རྒྱ་འགྲོ་ཆེ་ཕྲ་ཡུལ་སྒྲོལ་ལྟར་གྱི་ཐང་གཞིར་སྐོར་ཏེ་དངུལ་ཐོག་ཏུ་ཕབ་པར་སྲང་དགུ་སྟོང་སུམ་བརྒྱ་སྐོར་གསར་བསྣན་དང་བཅས་ཏེ་འཇམ་དབྱངས་ལྷ་ཁང་རྒྱན་གསུམ་པ་དང་། མནྜ་ཙོ་ནའི་དགྲ་ལྷ་ཀྭན་ཡུན་ཚང་གི་ལྷ་ཁང་རྒྱན་གསུམ་པ་དང་། བོད་ཀྱི་ལྷ་ཁང་བརྟན་བཞུགས་ཆོས་འཁོར་གླིང་གཙང་ཁང་ཀ་བཞིའི་ནང་དུ་རྗེ་རིན་པོ་ཆེ། ཐུབ་པ། ཚེ་དཔག་མེད། སྨན་བླ། ཀུན་རིག །གཙུག་ཏོར་རྣམ་རྒྱལ་མ། གདུགས་དཀར། སྒྲོལ་ལྗང་བཅས་དང་། མགོན་ཁང་ཀ་གཉིས་མར་འཇིགས་བྱེད་མགོན་ཆོས་སོགས་དང་། འདུ་ཁང་ཀ་བ་བཅུ་དྲུག་སྒོ་འཕྱུར་སྟེང་ཤོད། རབ་གསལ། བླ་བྲང་། ཕྱག་མཛོད། གྲྭ་ཤག །

རྡུང་ཁང་། ར་བ་སྣོ་འཕྱིག་དང་བཅས་པ་རྣམས་ཆབས་ཅིག་ཏུ་བཞེངས་རྒྱུའི་
དགོངས་བཞེད་གཏད་དེ་ཆུ་བྱི་ལོ་ནས་དབུ་ཚུགས་པ་བཞིན། ལོ་འདི་ནང་དུ་
ལེགས་པར་ཚགས་སུ་ཚུད་པར་གྱུར་པ་དང་༸སྐྱབས་མགོན་རྒྱལ་བའི་དབང་པོ་
ཐམས་ཅད་མཁྱེན་གཟིགས་མཆོག་ནས་དགོན་པའི་མཚན་ཡང་བརྟན་བཞུགས་
ཆོས་འཁོར་གླིང་ཞེས་གཟེངས་སུ་བསྟོད་པའི་བཀས་མངགས་པ་འདི་ཉིད་ཇེ་
སྲིད་བྱམས་མགོན་ཉིན་བྱེད་དབང་པོ་དབུས་འགྱུར་རྡོ་རྗེ་གདན་གྱི་སྦྱོ་ལ་མངོན་
སངས་རྒྱས་ཚུལ་མ་བསྟན་གྱི་བར་དུ་མི་ཉམས་གོང་ནས་གོང་དུ་འཕེལ་རྒྱས་
གནས་པར་བྱ་ཕྱིར་རབ་ཏུ་གནས་པའི་རིམ་པ་རྒྱ་ཆེར་མཛད་པའི་དུས་ལ་བབ་
པ་ན་དུས་ཀྱི་ཁྱད་པར་མཆོག་ཏུ་དགེ་བ་སྟོན་པ་ཐུབ་པའི་དབང་པོས་ཡུལ་ཝཱ་རཱ་
ཎ་སཱིར་བདེན་བཞིའི་ཆོས་འཁོར་བསྐོར་བའི་དུས་ཆེན་དྲུག་པ་ཚེས་བཞིའི་ཉིན་
༸སྐྱབས་མགོན་ཆེན་པོ་ཉིད་དཀྱིལ་འཁོར་གྱི་གཙོ་བོར་བཞུགས་པའི་ཐོག །
བསྟན་གླིང་མཆོག་སྤྲུལ་རིན་པོ་ཆེ་དང་། རི་རྒྱ་མདའ་རིས་སྤྲུལ་སྐུ། བསྟན་
གླིང་དགེ་འདུན་ལྔ་བཅུ་སྐོར། རང་ཡོངས་གྲྭ་རིགས་དང་བཅས་པ་རྣམས་
འཇིགས་མཛད་རྡོ་རྗེའི་རྣལ་འབྱོར་སྔོན་དུ་འགྲོ་བའི་སྒོ་ནས་རབ་གནས་དགེ་
ལེགས་ཆར་འབེབ་ནང་བཞིན་གྱི་ཕྱག་ལེན་རྒྱས་པ་ཉིན་གསུམ་གྱིས་སྒྲུབ་དངོས་
རྗེས་གསུམ་ཚང་བར་མཛད་ཐོག་ཡོན་བསྔོའི་སྐབས་སྟོན་བྱུང་ལོ་རྒྱུས་དང་
འབྲེལ་བའི་ལྷུགས་བཤད་སོགས་ཀྱང་རྒྱས་པར་མཛད། དེ་སྐབས་གཙོ་བོར་
༸གོང་ས་ལྔ་མའི་འདྲེན་མཆོག་ཆེན་པོ་ནས་རབ་སྟོན་དངོས་འབུལ་གྱི་རིམ་པ་
དང་གྲྭ་ཚང་ལ་སྐུ་ཡོན་རྒྱ་ཆེ་བ་དང་། གཞན་ཡང་བསྟན་གླིང་མཆོག་སྤྲུལ་རིན་
པོ་ཆེ། བཀའ་བློན་གུང་ཛ་སག་སོགས་མི་དྲག་དུ་མ་དང་། འཁོར་ལྡན་དད་
ཅན་ཁག་ནས་ཀྱང་རྗེ་ཉིད་ལ་དངོས་འབུལ་དང་། གསུང་ཚོག་པ་ཀུན་ལ་སྐུ་

འགྱེད་སོགས་ཇི་ལྟར་མགོན་མེད་ཟས་སྦྱིན་གྱི་ཆོས་སྟོན་དང་མཚུངས་པའི་དགའ་སྟོན་རྒྱ་ཆེན་པོ་སྤེལ་བ་དང་། ཨམ་པན་ལྷན་རྒྱས་ནས་ཀྱང་ལེགས་དར་སོགས་ཀྱི་མཆོད་སྦྱིན་མངོན་མཐོར་སྨྲོ་བ་སོགས་ལེགས་ཚོགས་ཀྱི་མཛད་པ་དཔྱར་གྱི་ཆུ་གཏེར་གྱི་དཔལ་ལ་འགྲན་བཟོད་པར་གྱུར་ཏོ། །

འདིར་སྨྲས་པ། བོད་ཡུལ་ས་ཡི་ཐིག་ལེའི་ནོར་འཛིན་མང་ལ། །ཐུབ་བསྟན་ཁུར་གྱིས་མངོན་པར་མཐོ་བའི་ལྗིད། །མ་བཟོད་ཕན་དང་བདེ་བའི་རྟལ་ཆུའི་རྒྱུན། །འགོག་མེད་ཕྱོགས་བཅུ་ཀུན་ཏུ་འཇག་པར་གྱུར། །སྐྱེ་རྒུའི་བསོད་ནམས་མ་ཟད་ཟོང་གིས་ནི། །ལེགས་བསྒྲུན་དགེ་འདུན་འདུ་བའི་ཀུན་དགའ་ར། །མཐོང་བས་ཡིད་ལ་དགའ་བ་བསྐྱེད་པའི། །བསྔགས་འོས་ངོ་མཚར་ཕུལ་འདི་དེང་འདིར་འགྲུབ། །གང་དེ་ནམ་ཞིག་རྗེ་རྗེའི་གདན་གྱི་དཔུས། །བྱམས་མགོན་ཉིན་བྱེད་ཐུགས་རྗེའི་འོད་སྣང་གིས། །འཛམ་གླིང་སྣང་བར་བྱས་མིན་དེ་སྲིད་དུ། །མི་ཉམས་ཡར་རྒྱས་ཡུན་དུ་གནས་པའི་ཕྱིར། །མཆོག་གསུམ་བཀའ་སྟོད་སྲུང་མར་བཅས་པ་ཡི། །ཐུགས་རྗེ་བསྐུལ་བའི་བདེན་ཚིག་འབྲུག་སྒྲའི་དབྱངས། །སྒྲོག་དང་ལྷན་ཅིག་དགེ་ལེགས་ཆར་ཆེན་གྱིས། །གཞོམ་བྲལ་རྡོ་རྗེའི་ཁམས་སུ་བརྟན་པར་བྱས། །དེ་ཚེ་ལེགས་ཚོགས་བྱེ་བའི་སྒོ་ཆེན་ཀུན། །དུས་གཅིག་དབྱེ་བའི་དགའ་སྟོན་སྟོན་མེད་ཕུལ། །སྲིད་ཞིའི་ཕུན་ཚོགས་མགྲོན་དུ་འགུགས་འདྲ་བའི། །མགོ་དགུའི་དཔལ་འབྱོར་ཁོར་མོ་ཡུག་ཏུ་འཁྱིལ། །བསྔགས་འོས་རྒྱན་གྱིས་སྤྲུག་པའི་གཙྙོ་ལ། །བྱིན་རླབས་ནོར་བུའི་བ་གམ་རྣམ་པར་བཀྲ། །ཐེག་པ་མཆོག་གི་རྒྱལ་མཚན་ཕྱོགས་ཀུན་ཏུ། །བསྒྲེངས་དེད་སྲིད་པ་གསུམ་གྱི་བླ་ན་འཕགས། །ཐུབ་བསྟན་ཡོན་འགྲོ་བའི་བདེ་ལེགས་ཀྱི། །རྩ་བར་ངེས་པའི་ཡིད་ཆེས་ཀྱིས་དྲངས་

པས། །ལྷ་མིའི་དཔལ་འབྱོར་ཀུན་ཀྱང་ཕངས་མེད་དུ། །ནམ་དཀར་ཕུང་པོར་བསྒྱུར་འདི་ཆེས་ངོ་མཚར། །མཆོག་གསུམ་བརྟན་པར་བཞུགས་པའི་བསྟི་གནས་འདི། །མགོན་པོ་ཁྱོད་ཀྱི་ཐེག་མཆོག་ཆོས་ཚུལ་གྱི། །འཁོར་ལོས་བསྒྱུར་བའི་གླིང་དུ་ཡོངས་གྲུབ་པའང་། །གང་གི་ཐུགས་རྗེའི་མཐུ་ལས་གཞན་ན་གང་། །ཞེས་པ་ནི་བར་སྐབས་ཀྱི་ངལ་བསོའི་ཚིགས་བཅད་དོ། །

འདི་དག་གི་སྟེ་སྒོང་ཙམ་ནས་གྲུ་འཛིན་པོ་བྲང་དུ་བཞུགས་སྐབས་ཟླ་གཅིག་ལྷག་ཙམ་གྱི་རིང་དུ་དཀྱིལ་འཁོར་རྒྱ་མཚོའི་མངའ་བདག་མཁན་ཆེན་རྡོ་རྗེ་འཆང་རྒྱ་མཚོ་མཐའ་ཡས་པ་རིགས་ཀྱི་ཙོད་པན་དུ་གདན་དྲངས་ནས་རིན་འབྱུང་བརྒྱ་རྩའི་དབང་རྗེས་གནང་དང་བཅས་པ་རྣམས་བུམ་པ་གང་བྱོའི་ཚུལ་དུ་གསན་ཅིང་། གཞན་ཡང་ཧ་མགྲིན་ཡང་གསང་གི་དབང་དང་རྫོང་ཚུང་ཚེ་དབང་སོགས་ཟབ་ཆོས་ཀྱི་རིམ་པ་དུ་མ་ཞིག་ཀྱང་གསན་བཞེས་མཛད། མི་རིང་བར་ཡངས་ཅན་དགོན་དགའ་ལྡན་བཀྲ་ཤིས་ཐེག་ཆེན་གླིང་འདི་ཉིད་སྟེ་སོར་ཀར་དགོན་རྙིང་ཁུངས་སུ་སོང་བ་དང་། ཆོས་སྒྲུང་ཡང་བཀའ་གཉན་དུ་མ་གནས་པ་བཅས་དེ་དག་གི་འཁྲུ་ལྡོག་སོགས་མི་འབྱུང་བའི་སླད་དུ་དགོན་དེར་སྟེར་རྟེན་ཆོས་སྒྲུང་རྙིང་པ་རྣམས་ཀྱི་བསྐང་འཕྲིན་སོགས་བཀའ་རྫོམ་མཛད་ནས་ཕྱོགས་དེའི་འདུས་གྲྭར་གསར་འཛུགས་མཛད་རྒྱུ་སོགས་ཀྱི་བཀའ་ཁྲབ་ཀྱང་མཐར་ཕྱིན་དུ་སྩལ། སློང་རྡོལ་གྲུབ་དབང་རིན་པོ་ཆེའི་དགོངས་རྫོགས་སྐུ་འབུམ་གསར་བཞེངས་སྐབས་ཀྱང་བླ་མའི་བཀའ་དྲིན་གསབ་ཕྱིར་ལས་བྱེད་ཀུན་ལ་སྟོན་མོ་དང་གནང་སྦྱིན་གཟབ་རྒྱས་དང་། སྐུ་འབུམ་རིན་པོ་ཆེར་སྣན་ཞལ་མཆོད་འབུལ་སོགས་རྒྱ་ཆེན་དུ་སྒྲོ་བར་མཛད། ཧོར་ཟླ་བདུན་པའི་ནང་

བརྟན་བཞུགས་ཆོས་འཁོར་གླིང་དུ་གནས་ཚུང་སྒྲ་དབྱངས་གླིང་པ་ཚོགས་ཡོངས་ནས་གཟབ་གསོལ་ཉིན་གསུམ་དང་། དེ་མཚུངས་སྤྲུལ་པའི་ཆོས་སྐྱོང་ཆེན་པོ་སྐུ་ཁོག་ཏུ་སྤྱན་དྲངས་ཐོག་གནས་གཞི་གཙུག་ལག་ཁང་ལེ་ལག་དང་བཅས་པ་ལེགས་པར་འགྲོངས་པའི་འཕྲིན་ལས་གཡེལ་མེད་དུ་སྒྲུབ་པའི་གཏང་རག་ཏུ་སྟན་ཞལ་མཛོད་བཏགས་སྣ་ལྔ། ཞལ་ཟ། གསེར་ཕུད། གོས་ནེ་མེ་སེ་སྒྲིམ་བཏགས་དམར་པོའི་དབུ་ཐུམ་མིག་ལྡན། ཐུགས་གསལ་མེ་ལོང་སོགས་རྟེན་རྫས་ལེགས་སྐྱེས་ཀྱི་མཆོད་སྤྲིན་རྒྱ་ཆེ་བ་འབུལ་གནང་གི་ཐོག་ད་དུང་ཡང་གཙུག་ལག་ཁང་རྟེན་དང་བརྟེན་པར་བཅས་པའི་སྲུང་སྐྱོབ་དང་། ལྷག་པར་དགེ་འདུན་གྱི་སྡེ་གསར་དུ་འཛུགས་རྒྱུས་མཚོན་རྣམ་བཞིའི་འཕྲིན་ལས་མཐའ་དག་འབད་མེད་དུ་སྒྲུབ་པར་གསོལ་བའི་སླད་དུ་འཕྲིན་བཅོལ་བཀའ་རྫོམ་འདི་ལྟར་དུ་མཛད་དེ། ཨེ་མ་ཧོ། ཕྱོགས་བཅུ་དུས་གསུམ་གྱི་རྒྱལ་བ་ཞི་ཁྲོ་རབ་འབྱམས་མ་ལུས་པའི་རྣམ་པ་ཐམས་ཅད་ཀྱི་ཡེ་ཤེས་ཆེན་པོ་དེ་ཉིད་ལ་ཕྱོག་ཆའི་སྒོ་ནས་རྣམ་པ་ལྔར་དབྱེ་བ་རྣམས་གདུལ་བྱ་མཆོག་གི་ངོར་རིགས་ལྔ་རྒྱལ་བའི་ངོ་བོར་ཤར་ཞིང་ཚུར་མཐོང་གདུལ་དཀའི་འགྲོ་ལ་དྲེགས་པའི་ཡང་རྗེ་རྒྱལ་པོ་སྡེ་ལྔའི་རྣམ་པར་སྣང་བ་ལས། གསུང་གི་རིགས་ཀྱི་ཆོས་རྒྱལ་ཆེན་པོ་དགྲ་ལྷ་སྐྱེས་གཅིག་ཐུགས་ཀྱི་དགྱེས་སྟེར་མཛེས་བྱེད་པདྨ་སྐྱེས་གཙོ་འཁོར་ཐ་དད་དུ་སྣང་ཡང་ཐ་མི་དད་དུ་གནས་པ་སློན་པོ་རྡོ་རྗེ་གྲགས་ལྡན་སྣང་སྲིད་དྲེགས་པ་ཡོངས་ཀྱི་རྗེ་བོ་རེས་འགའ་རབ་ཏུ་ཞི་བའི་རྣམ་འགྱུར་གྱིས་སྒྲུབ་པ་པོ་ཡི་བར་ཆད་སེལ་ཞིང་། ལ་ལར་བརྗིད་བག་མཚུངས་པ་མེད་པས་ཚེ་བསོད་ནོར་གྱི་ཆར་འབེབ་པ་སྐབས་འགར་རབ་དམར་མཛེས་པའི་ཉམས་ཀྱིས་བརྟན་གཡོ་མཐའ་དག་རང་དབང་མེད་པར་དབང་དུ་མཛད་ཅིང་། གཞན་དུ་དྲག་ཤུལ་བཟོད་པར་

དཀའ་བ་གནམ་ས་གདངས་པ་ལྟ་བུའི་ཞལ་དུ་ཞིང་བཅུ་ཚང་བ་མཐའ་དག་ཅིག་ཆར་དུ་བསྒྲལ་བའི་སྙིང་ཁྲག་གཏྣའི་རྒྱུན་ལྟར་འབབ་ཀྱང་ཐུགས་མཆོག་སྙིང་རྗེ་ཆེན་པོའི་ངང་ལས་གཡོ་བ་མེད་པ། འཛམ་གླིང་འདིའི་གཙུག་ལག་ཁང་དང་དགེ་འདུན་གྱི་སྡེ་དཀོན་མཆོག་གི་རྟེན་ཇི་སྙེད་པ་རེ་རེའི་དྲུང་དུ་དེ་སྙེད་ཀྱི་གང་ལ་གང་འདུལ་གྱི་སྐུར་སྤྲུལ་ནས་བསྲུང་ཞིང་སྐྱོང་བར་མཛད་པ་སྟོན་གྱི་སློབ་དཔོན་པདྨ་འབྱུང་གནས་དང་། སྭ་ཐུར་སྐུབས་མྱུང་སོགས་རིགས་སྔགས་འཆང་བ་ཆེན་པོ་རྣམས་དང་། ཁྱད་པར་ཆེས་ཆེར་སྙིགས་མའི་དུས་སུ་པད་དཀར་འཆང་བ་རིམ་བྱོན་སྤྱི་དང་བྱེ་བྲག་ཏུ་ཀུན་གཟིགས་ཟིལ་གནོན་བཞད་པ་རྩལ་གྱི་བཀའ་དང་དམ་ལ་གནས་ནས་དགའ་ལྡན་བསྟན་སྲིད་ཡོངས་ཀྱི་དགྲ་ལྷ་ཆེན་པོར་གྱུར་ཅིང་། རྣལ་འབྱོར་པའི་ཐ་ཤལ་བདག་གི་རེ་གནས་གཅིག་ཆོག་བསླུ་བ་མེད་པ་ཉིད་ལ་ཞུ་ཞིང་གསོལ་བ་ནི། སྙིགས་མའི་རང་གདང་ལྷག་པར་བདོ་བའི་དུས་འདིར་སྟོན་དུ་རྩ་བརྒྱུད་བླ་མའི་བཀའ་དང་དམ་ལ་བཞག་པ་ལྟར། སངས་རྒྱས་ཀྱི་བསྟན་པ་རིན་པོ་ཆེ་སྤྱི་དང་བྱེ་བྲག་འཛམ་མགོན་བླ་མའི་རིང་ལུགས་དྲི་མ་མེད་པ་རྣམས་སྲུངས་ཤིག །སྤེལ་ཅིག །ཡུན་དུ་གནས་པར་མཛོད་ཅིག །བསྟན་དང་འགྲོ་བའི་ཉེར་འཚོར་གྱུར་པའི་སྐྱེས་ཆེན་དམ་པ་རྣམས་ཀྱི་སྐུ་ཚེ་མཛད་འཕྲིན་མཐའ་དག་རྒྱས་པར་མཛོད་ཅིག །བཤད་སྒྲུབ་བསྟན་པའི་འབྱུང་གནས་དགེ་འདུན་གྱི་སྡེ་རྣམས་ཐུགས་མཐུན་ཁྲིམས་གཙང་བཤད་སྒྲུབ་འཕེལ་ཞིང་བར་ཆད་ནད་གདོན་ཉེར་འཚེ་མཐའ་དག་ཞི་བར་མཛོད་ཅིག །འཛམ་དབྱངས་གོང་མ་ཆོས་ཀྱི་རྒྱལ་པོ་སོགས་བསྟན་པའི་སྦྱིན་བདག་རྣམས་སྐུ་ཚེ་ཆབ་སྲིད་བརྟན་ཅིང་མཆོག་གསུམ་ལ་གུས་འདུད་ལྷུར་ལེན་པ་དང་། ནག་ཕྱོགས་བདུད་རིགས་ཀྱི་དབང་དུ་མི་འགྲོ་བར་མཛོད་ཅིག །གངས་ཅན་གྱི་

སྔོངས་འདིར་རྡོ་རྗེའི་ཚེར་མ་ནད་ཡམས་དང་དུས་འཁྲུག་མུ་གེ་མི་མཐུན་རྒྱུད་པའི་མིང་ཡང་མེད་ཅིང༌། ཆོས་སྲིད་ཀྱི་འཁོར་པ་དང༌། ཁྱད་པར་གནམ་བསྐོས་དགའ་བ་བརྒྱ་ལྡན་གྱི་ཆབ་སྲིད་མངའ་ཐང་ཐམས་ཅད་ཡར་ངོའི་ཟླ་བ་ལྟར་རྒྱས་པར་མཛོད་ཅིག །ཡང་སྐོས་རྟག་ཏུ་གུས་ཤིང་བློ་གཏད་འཆའ་བའི་ཕྱགས་བན་བདག་ཅག་ལྟོས་པར་བཅས་པ་དང༌། གཙུག་ལག་ཁང་གསར་དུ་བསྐྲུན་པ་འདི་ཉིད་རྟེན་དང་བརྟེན་པ་ཡོངས་གཏོགས་དང་བཅས་པ། སྤྱིར་བསྟེན་ཅིང་མཆོད་པའི་སྲུང་མ་སྤྱི་དང༌། ཁྱད་པར་དགྲ་ལྷའི་རྒྱལ་པོ་ཉིད་དང༌། དམ་ཅན་བརྫ་ཐིག་ལེ་རྩལ། བསྟན་མ་ཆེན་མོ་གཡུ་དྲག་རྣམ་པ་གཉིས་དང་བཅས་པ་རྣམས་ལ་བཅོལ་ཞིང་གཉེར་དུ་གཏད་པ་ལགས་ན། འགལ་རྐྱེན་བར་གཅོད་ཆགས་ཆེ་ཉམ་ང་སོགས་མི་འདོད་པའི་ཉེར་འཚེ་མཐའ་དག་ཞི་བར་མཛོད་ཅིག །ཚེ་དང་བསོད་ནམས་བཤད་སྒྲུབ་ཀྱི་བྱ་བ་དགེ་འདུན་གྱི་སྡེ་མི་ནོར་ཕྱུགས་གསུམ་དཔལ་འབྱོར་སྙན་གྲགས་སོགས་ལེགས་ཚོགས་མཐའ་དག་རྒྱས་པར་མཛོད་ཅིག །མི་དང་མི་མིན། གནས་གསུམ་གྱི་མཁའ་འགྲོ་འདོད་རྒྱུའི་འཁོར་པ་སོགས་སྣང་སྲིད་བརྟན་གཡོ་མཐའ་དག་དབང་དུ་བསྡུས་ཤིག །ལོག་པར་ལྟ་བའི་དགྲ་བགེགས་བདུད་རིགས་ལོག་འདྲེན་མཐའ་དག་དྲག་པོའི་ཚད་པས་ཚར་བཅད་ནས་ནམ་ཡང་ལྷང་དུ་མེད་པར་མཛོད་ཅིག །མདོར་ན་ཉིན་གྱི་དུས་སུ་བྱ་ར། མཚན་གྱི་དུས་སུ་མེལ་ཚེ། ཡོ་སྲོང་འགྲོལ་སློང་ཚད་པ་ཐུད། བརྗོད་པ་བསྐུལ་སོགས་རྟག་ཏུ་བློ་གཏད་པ་ནམ་ཡང་བསླུ་བ་མེད་པར་གང་ལ་གང་འཚམས་ཀྱི་འཕྲིན་ལས་རྣམ་པ་བཞིའི་སྒོ་ནས་རྟག་ཏུ་སྐྱོང་དུ་གསོལ། རྟག་ཏུ་སྐྱོང་དུ་གསོལ། རྟག་ཏུ་སྐྱོང་དུ་གསོལ། ཞེས་སྙིང་ནས་གསོལ་བ་འདེབས་ཤིང༌། མཐུན་པའི་མཆོད་རྫས་དངོས་བཤམས་ཡིད་ཀྱིས་སྤྲུལ་པའི

དངོས་པོ་རྣམས་རིག་འཛིན་འདུས་པའི་ཚོགས་ཀྱི་ལྕགས་ཀྱུ་ཏིང་ངེ་འཛིན་གྱིས་སྤེལ་ཏེ་འབུལ་བ་དང་ཆབས་ཅིག་དངོས་འགྱུར་གྱི་མཐུན་རྫས་བཀྲ་ཤིས་པའི་ལྷ་གོས་སྣ་ལྔ། ཞལ་ཇ། གསེར་ཕུད། གོས་ནི་མེ་སེ་སྒྲིམ་བཏགས་ཚལ་ཀའི་དབུ་ཐྲམ་སྤྱན་གསུམ་འབྱར་བ་ནང་ལྡན། ཐུགས་གསལ་མེ་ལོང་མཐའ་ཕྱུལ་ཚོ་གསེར་མ། འཛར་མཐོང་ཟར་སྒྲིབ་གསེར་གཞི་མ་དང་མཐའ་འཛའ་བཟང་གོས་གསེར་མ་དམར་སེར་དཀར་སྔོ་བཅས་སྒྲིག་པ་སྟོང་སྐུད་ཀྱི་འཛར་ལྡན་རྒྱབ་སྒྲིག་འབྱར་བ། རྒྱ་སེར་དམར་པོའི་འཛམ་ཚས་གོས་ལྷོང་གི་ནང་ལྡན། གོས་ཡུག་གསུམ། ཇ་འཁོར་དྲུག་གཅིག །ཤིང་འབྲས་ལྷང་གཅིག །ཐ་གོ་གཅིག །འབྲུ་དཀར་ལྷང་གིས་གཙོས་པའི་དགུ་ཚན་གསུམ་དང་བཅས་པ་གུས་པ་ཆེན་པོས་འབུལ་བ་ལགས་ན་གོང་དུ་གསོལ་བ་བཏབ་པ་ལྟར་འགྲུབ་པའི་འཕྲིན་ལས་མཛད་པའི་ཞལ་བཞེས་བཟང་པོས་བདག་སོགས་མོས་ལྡན་རྣམས་དབུགས་དབྱུང་བར་མཛད་དུ་གསོལ། མཛད་དུ་གསོལ། མཛད་དུ་གསོལ། ཅེས་གསུང་ངག་རྡོ་རྗེའི་ཚིག་ཟབ་ཅིང་བརླིང་བའི་སྒོ་ནས་འཕྲིན་བཅོལ་གཉེར་དུ་གཏད་པར་མཛད་པ་ན་ཆོས་སྐྱོང་ཆེན་པོས་ཀྱང་དམ་ཚིག་འགྱུར་བ་མེད་པ་ཐུགས་ལ་བརྣག་པས་གང་གིས་ཅི་བགྱིས་བཀའ་བསྒོས་པ་ཐམས་ཅད་དགྱེས་པ་ཆེན་པོ་དང་བཅས་ཏེ་སྒྲུབ་པར་ཞལ་གྱིས་བཞེས་ཤིང་བླང་དོར་གྱི་བཀའ་ལུང་སོགས་ཀྱང་གསལ་པོར་ཕེབས། དེ་ནས་ནོར་གླིང་དུ་ཆབ་བཞེས་སོགས་ཀྱང་སྔར་ལམ་ལྟར་བསྐྱངས་ཤིང་། མི་རིང་བར་ཟླ་བ་བརྒྱད་པའི་ནང་རྒྱ་ནག་མཁན་ནང་འགྱུར་གདོང་གྲུ་འཛིན་གཞལ་མེད་ཁང་གི་ཚོམས་ཆེན་དུ་༧རྒྱལ་དབང་མཆོག་དང་གསེར་ཞལ་ལྷན་རྒྱས་ཐོག་༧གོང་ས་ཆོས་ཀྱི་རྒྱལ་པོའི་གནང་སྐྱེས་དང་བཀའ་བཟང་ཕེབས་པ་སོགས་བདག་གིར་དུ་བཞེས་ཤིང་། གསོལ་

སྨོན་སོགས་ལུགས་གཉིས་ཀྱི་དགའ་སྟོན་རྣམས་ལའང་ལེགས་པར་དགྱེས་རོལ་མཛད། བཀྲས་ལྷུན་ནས་༧པཎ་ཆེན་ཐམས་ཅད་མཁྱེན་གཟིགས་མཆོག་གིས་ཀྱང་བརྟན་བཞུགས་ཆོས་འཁོར་གླིང་གསར་འདེབས་བགེགས་མེད་ལྷུན་གྲུབ་ཀྱི་ལེགས་སྐྱེས་འབུལ་མི་ཆེད་གནང་གི་གདོང་བཀའ་མཆིད་དང་དངོས་སྐྱེས་དཔངས་མཐོ་བར་སྩལ་བ་རྣམས་དགྱེས་བཞིན་ཀྱིས་བཀའ་ལན་ཀྱང་འབུལ་བར་མཛད། སེར་འབྲས་དགེ་གསུམ་སོགས་འདུས་སྡེ་ཁག་ནས་ཀྱང་ལེགས་སྐྱེས་འབུལ་བ་སོགས་ལ་མཇལ་ཁ་ཕྱག་དབང་བཀའ་མཆིད་གནང་སྦྱིན་སོགས་རྒྱས་པར་སྩལ་ཞིང་། ར་ཉག་སྤྲུལ་སྐུ། རྒྱལ་སྟོན་སྤྲུལ་སྐུ་སོགས་ཕྱོགས་མཐའི་བླ་སྤྲུལ་ཁག་ཕེབས་མི་རྣམས་ལའང་མཇལ་ཕྱག་ཟུར་གསོལ་སོགས་རྒྱ་ཆེར་གནང་བ་དང་། གཞན་ཡང་བསྟན་པའི་སྦྱིན་བདག་ཕལ་མོ་ཆེ་ཀུན་ལའང་སོ་སོའི་རེ་འདོད་དང་འཚམས་པའི་ཆོས་དང་ཟང་ཟིང་གི་བཀའ་དྲིན་བར་མ་ཆད་དུ་བསྐྱངས། ༸བླ་བ་དགུ་པའི་ནང་བསྟན་འགྲོའི་ཕན་བདེའི་གསོས་སུ་དགོངས་ཏེ། བརྟན་བཞུགས་ཆོས་འཁོར་གླིང་དུ་རིག་གྲོལ་གཉིས་ལྡན་གྱི་འདུས་སྡེ་གསར་འཛུགས་མཛད་དེ་སློབ་དཔོན་དབུ་ཆོས་སོགས་བསྐོ་བཞག་བསྐྱངས་ཐོག་གྲིག་ལམ། ཚོ་ག་ཕྱག་ལེན་སོགས་གང་ཅིར་སྐལ་ལྡན་དང་བ་འདྲེན་པའི་མིག་རྒྱན། འབྱོར་ལྡན་བསོད་ནམས་གསོག་པའི་ཞིང་སར་འགྱུར་ངེས་པའི་སྒོ་ནས་འཇམ་མགོན་བསྟན་པའི་བཙས་སུ་སྨིན་པ་ཞིག་དགོས་པའི་བཀའ་ཁྲབ་ཀྱི་འཁོར་ལོ་ལྷིད་དུ་སྨིན་པ་རིམ་པར་དུ་སྩལ་བར་མཛད། དེ་ལ་སོགས་པ་གཙོ་བོར་བསྟན་པར་སྨན་པའི་མཛད་པ་ཕོ་ན་ལྟར་བཞིན་ཀྱི་ཐོག །བར་སྐབས་རྣམས་སུ་གཞུང་སའི་ལས་ཁུངས་སོ་སོ་ནས་སྙན་ཞུ་སོགས་ཀྱི་བཀའ་ལན་དང་། དམ་ཞུ། ལས་བྱེད་པ་རྣམས་ལ་གཞུང་བསྟན་སྲིད་ལ་རྒྱུར་ལྷག་བསམ་དང་བྱེད་

སྒྲ་བཟང་ངན་གྱི་དབྱེ་བས་ཚར་གཅོད་རྗེས་འཛིན་གྱི་བཀའ་ཁྱབ། སྐྱེ་མི་སེར་རྣམས་ནས་བླང་དོར་བྱེད་འོས་ཀྱི་བཀའ་རྒྱ་དང་ཚིག་གཞུང་སྙེར་གྱི་ལས་དོན་ལ་ཐོན་མི་གཞུང་དྲུང་སེར་སྐྱ་མང་པོར་འགྱོར་ཕྱུག་དང་ཐོན་གནང་། ཆོས་སྡེ་ཁག་གི་བླ་མ་ལས་སྡེ་སོགས་ལ་མཇལ་ཁ་དང་བཀའ་ཁྱབ། ལས་ཚན་གསར་བསྐོས་རིགས་ཀྱི་བཀའ་བསྐྱུར་སོགས་མདོར་ན་སྲིད་སྐྱོང་གི་བྱ་གཞག་ལྷབས་པོ་ཆེ་ཐམས་ཅད་ཀྱང་སྐད་ཅིག་དང་སྐད་ཅིག་ལ་ཟིན་པར་མཛད་མོད་ཀྱང་མཐའ་དག་རེ་རེ་ནས་འགོད་པར་མ་ནུས་སོ། །

འདི་ལོ་ལྷ་མཆོད་ཐོན་ནས་རྒྱལ་དབང་མཆོག་ཐུགས་དམ་བཅུད་རྒྱུར་བཞུགས་འཕྲལ་༸སྐྱབས་མགོན་ཉིད་ཀྱང་དགོངས་གཞི་ཁྱད་པར་ཅན་ལ་གཟིགས་ཏེ་དགུན་གྱི་བཅུད་རྒྱ་བརྟན་བཞུགས་ཆོས་འཁོར་གླིང་དུ་མཛད་དེ་ཡུན་རིང་པོའི་བར་དུ་རིམ་གཉིས་ཀྱི་རྣལ་འབྱོར་ལས་སྐད་ཅིག་ཀྱང་གཡོ་བ་མེད་པར་བཞུགས་ཤིང་། གཞན་ཡང་ལོ་འདི་གསར་ནས་མཇུག་མ་རྫོགས་ཀྱི་བར་སྐབས་ཐམས་ཅད་དུ་༸གཙོ་བོར་རྒྱལ་དབང་མཆོག་དགུང་སྐྱིག་ལ་ཕེབས་པའི་ཞབས་བརྟན། གཞུང་བསྟན་སྲིད་ལས་རྒྱུའི་ལེགས་ཚོགས་གོང་སྤེལ། མགོན་པོ་ཉིད་ཀྱི་ཐུགས་བཞེད་བགེགས་མེད་ལྷུན་འགྲུབ་འབྱུང་ཕྱིར་སོགས་ལ་དམིགས་ཏེ། ཆོས་སྡེ་ཁག་དང་། རི་ཁྲོད་པན་ཚུན། མདོ་སྔགས་ཀྱི་དགོན་སྡེ་ཆེ་ཆུང་། གནས་ཆེན་ཁག །ཆོས་སྐྱོང་སོ་སོའི་བསྟི་གནས་དང་བཅས་པ་རྣམས་སུ་མང་འགྱེད་སྤྱི་འབུལ། བསྐང་འཕྲིན་དང་འཛུགས་གཏོར་གསར་བརྗེ་སོགས་ལན་གཅིག་མིན་པར་རྒྱུན་མི་ཆད་དུ་སྩལ་བ་རྣམས་ཀྱང་མ་ལུས་པ་འགོད་པར་མ་ལངས་ཏེ་རྣམ་དཀར་དེ་དག་གི་རྒྱུ་སོང་གི་ཁྱད་པར་མཐའ་དག་ནི་ཚངས་པའི་བློ་གྲོས་ཀྱིས་ཀྱང་བགྲང་བར་མི་ནུས་པ་ལྟ་བུར་སྣང་ངོ་། །དེ་

ནས་ལོ་མཇུག་ཏུ་སོན་པ་ན་༸གོང་ས་ཐམས་ཅད་མཁྱེན་གཟིགས་བཅད་རྒྱ་བཞེངས་གནང་༸སྐྱབས་མགོན་ཉིད་ཀྱང་ཐུགས་དམ་གྱི་རྒྱ་ལས་གྲོལ་ཏེ་གྲུ་འཛིན་པོ་བྲང་དུ་ཕྱིན་ནས་མཆོད་ཡོན་ལྷན་རྒྱས་མཇལ་འཛོམས་ཐོག་ཤིང་ཡོས་སྨོན་ལམ་ཆེན་མོའི་ཐོ་སྒྲིག་སོགས་ལས་དོན་སྐོར་གྱི་གསུང་མོལ་དང་། ལོ་མཇུག་དུས་གཏོར་གྱི་རིམ་པ་སོགས་སྔར་སྲོལ་ལྟར་བསྐྱངས་སོ། །

༈ དེ་ནས་སྤྲེན་བུ་ཞེས་པ་ཤིང་མོ་ཡོས་ལོའི་བཞིན་གྱི་ཟླ་བ་གསར་དུ་ཚེས་པའི་དུས་ཀྱི་རྟེན་འབྲེལ་བཟང་པོའི་མཛད་པ་སྤྱི་དང་། དགྱེས་སྟོན་ལ་རོལ་བ་སོགས་སྔར་ལོ་ལྟར་བསྐྱངས་ཟིན་བསྟུན་རྟེན་གསུམ་ཁག་ལ་གནས་གཟིགས་དང་མཆོད་འབུལ་རླབས་པོ་ཆེའི་ཐོག་བསྟན་པ་དང་སེམས་ཅན་ལ་ཕན་བདེ་གོང་འཕེལ་དུ་འགྱུར་བའི་ཐུགས་སྨོན་དང་སྨོན་ལམ་ཆེན་མོའི་འདུས་པ་རྣམས་ལ་མང་འགྱེད་སོགས་ཀྱང་སྔ་ལོ་ལྟར་སྩལ་ཞིང་། ༸གོང་ས་མཆོག་ལའང་མཇལ་འབུལ་སོགས་དཔངས་མཐོ་བར་འབུལ་བར་མཛད། སྨོན་ལམ་ཆེན་མོའི་མང་འགྱེད་སོགས་ཀྱི་སྦྱིན་བདག་འབྱོར་ལྡན་དད་ཅན་རྣམས་ལ་མཇལ་ཁ་དང་། རྣམ་དཀར་དགེ་བ་སྒྲུབ་པར་དགའ་བ་གོང་དུ་སྤེལ་བའི་བཀའ་སློབ་དང་གནང་སྦྱིན་གསོལ་རས་སོགས་གྱུ་ནོམས་པར་སྩལ་བས་ཡིད་ཀྱི་ལང་ཚོ་བརྟས་པར་མཛད། གཞན་ཡང་ཕྱོགས་མཐའ་དབུས་ཀྱི་དད་འདུས་སེར་སྐྱ་ཁྲི་ཕྲག་དུ་མ་མཇལ་ཁར་བཅར་བ་རྣམས་ལའང་སྐྱུ་ངལ་ལ་མ་ལྟོས་པར་མཇལ་ཕྱག་སྩལ་ཏེ་འབྲེལ་ཚད་དོན་དང་ལྡན་པའི་དཔལ་ལ་འགོད་པར་མཛད། གསང་ཡིབ་སོགས་སུ་འབྲུམ་བུའི་ནད་ཀྱི་ཉེར་འཚེས་བཏབ་པའི་སྐྱེ་བོ་བརྒྱ་སྐོར་དུ་ལོངས་པ་རྣམས་ལ་དངུལ་དང་རྩམ་པ་སོགས་ཀྱི་སྦྱིན་གཏོང་ཚད་མེད་པར་བསྐྱངས་པས་ཉམ་ངའི་གནས་ལས་དབུགས་དབྱུང་བར་མཛད། ༸པཎ་ཆེན་ཐམས་ཅད

མཁྱེན་གཟིགས་དང་། ར་སྒྲེང་ཁྲི་ཆེན་རྡོ་རྗེ་འཆང་། གྲུབ་དབང་སྟག་ཕུ་རིན་པོ་ཆེ་སོགས་བདག་ཉིད་ཆེན་པོ་རྣམས་ནས་ལོ་གསར་ཞབས་བརྟན་དང་འབྲེལ་བའི་འཚམས་ཞུ་འབུལ་གནང་ཀུན་ལ་བཀའ་བཟོས་ཆེན་པོས་བཀའ་ལན་ཀྱང་སོ་སོར་འཚེམ་མེད་དུ་འབུལ་བར་མཛད། གཞན་ཡང་འབྲུག་པ། ལ་དྭགས་ལ་སོགས་ཕྱོགས་མཐའི་རྒྱལ་ཁབ་རྣམས་ནས་ལོ་གསར་གྱི་ལེགས་སྐྱེས་འབུལ་མི་རྣམས་ལའང་མཇལ་ཕྱོན་དང་བཀའ་ལན་གནང་སྐྱེས་སོགས་རྒྱ་ཆེར་སྩལ། ལྷ་ལྡན་སྨོན་ལམ་ཆེན་མོ་དང་ཚོགས་མཆོད་སྐོར་གྱི་མཛད་འོས་རྣམས་ཀྱང་སྔར་བཞིན་བསྐྱངས། ཚོགས་མཆོད་གྲོལ་འཕྲལ་དགའ་ལྡན་ཁྲི་རིན་པོ་ཆེས་གཙོ་མཛད་པའི་དགའ་ལྡན་པའི་འདུས་པ་ཚང་མ་ནས་ལོ་ལྟར་འཆར་ཅན་གྱི་ཞབས་བརྟན་དང་མཇལ་ཕྱག་ཞུས་པ་རྣམས་སྔར་ལམ་ལྟར་སྩལ་བར་མཛད། འདི་ལོ་སྐྱབས་མགོན་ཉིད་འོལ་ཁ་ཕྱོགས་སུ་ཆབ་ཚན་ཞིག་ལ་ཕེབས་བཞེད་ཀྱིས་ཧོར་ཟླ་གསུམ་པའི་དམར་ཕྱོགས་ཚེས་ཉེར་དགུའི་ཉིན་གཞུང་སའི་མི་དྲག་སོགས་ནས་སྔར་ལམ་ལས་ལྷག་པའི་ཕེབས་སྐྱེལ་གཏོས་ཆེ་བ་དང་བཅས་ནས་ཆིབས་བཏེགས་ཏེ་བདེ་ཆེན་དང་མལ་གྲོ་སོགས་བརྒྱུད་ནས་ཕྱིན་པའི་ལམ་བར་རྣམས་སུ་དགོན་སྡེ་དག་ལ་བསྙེན་བཀུར་དང་། རྟེན་གསུམ་རྣམས་ལ་མཆོད་སྨོན། དད་འདུས་ཀྱི་སྐྱེ་བོ་རྣམས་ལ་མཇལ་ཕྱག་སོགས་རང་གཞན་གྱི་དོན་རྒྱ་ཆེར་མཛད་བཞིན་པའི་ངང་ནས་ཕྱིན་ཏེ་རིམ་གྱིས་འོལ་ཁ་རྗེང་ཕྱེར་ཕེབས་ཏེ་དེར་འདུས་པ་རྣམས་ལ་མང་འགྱེད་དང་། བྱམས་མགོན་གྱི་སྐུར་གོས་བཟང་ལས་གྲུབ་པའི་སྣམ་སྦྱར། ཁ་ཐི་དམར་པོའི་ཕན། ཟླ་བྲེ་སོགས་མཆོད་རྫས་བཟང་ཞིང་ཚར་དུ་དངར་བ་དུ་མ་དང་། མཆོད་པ་སྣ་ལྔ་རྒྱ་ཆེ་བ་སྙན་ཤལ་སོགས་འབུལ་གནང་གིས་གནས་གཟིགས་ཐུགས་སྨོན་སོགས་རྒྱ་ཆེར་མཛད། དེ་

བཞིན་དུ་བསམ་གཏན་གླིང་དུ་ཕྱིན་ནས་རྗེ་ཙོང་ཁ་པའི་སྒྲུབ་ཕུག་སོགས་རྟེན་གནས་ངོ་མཚར་ཅན་རྣམས་ལ་ཞིབ་མཇལ་སྲིད་ཞུ་དང་། དེ་ནས་རིམ་གྱིས་ལྷ་སྟེ་མི་སྟེ་ཀུན་གྱིས་བཀུར་སྟིས་ཞབས་ནས་བཏེག་བཞིན་པར་ཆོས་འཁོར་རྒྱལ་ལེགས་བཤད་སྒྲོག་པའི་དགའ་ཚལ་དུ་ཕེབས་ནས་གནས་གཟིགས་མཆོད་སྨོན། དགེ་འདུན་རྣམས་ལ་མང་འགྱེད་སོགས་རྒྱ་ཆེར་མཛད། རྒྱལ་ལྷ་ཐོག་དང་། ལྷ་མོའི་བླ་མཚོ་སོགས་རྒྱལ་གྱི་གནས་ཆེན་མཐའ་དག་ཞིབ་མཇལ་བསྐྱངས་ནས། སླར་ཚུར་ཕྱིན་ཏེ་འོལ་ཁ་ཆུ་བཟང་དགོན་དང་། ལྷ་སྟེང་། རྒྱ་སོག་ཕུག་སོགས་འོལ་ཁ་ཕྱོགས་ཀྱི་སྒྲུབ་གནས་དང་། དགོན་སྡེ་ཕལ་མོ་ཆེ་རྣམས་སུ་ཞབས་སོར་བཀོད་དེ་རྗེ་ཐམས་ཅད་མཁྱེན་པའི་སྒྲུབ་གནས་སོགས་ལ་གནས་གཟིགས་དང་། རྟེན་གསུམ་ཁག་ལ་མཆོད་སྨོན། འདུས་སྡེ། སྦྱོང་བ་པ་སོགས་ལ་མང་འགྱེད་སོགས་ཀྱི་བསྙེན་བཀུར་དང་། འདོད་ཆོས་སོགས་ཆོས་དང་ཟང་ཟིང་གི་བཀའ་དྲིན་རླབས་པོ་ཆེ་སྩལ་ཏེ་ངལ་བ་དོན་དང་ལྡན་པར་མཛད། དེ་ནས་འོལ་ཁ་ཆུ་ཚན་དུ་ཕྱིན་ནས་རེ་ཞིག་བར་སྐུའི་འཕྲོད་རྟེན་ཆབ་བཞེས་སོགས་ཀྱི་ངང་དུ་བཞུགས། དེ་ནས་རིན་ཆེན་སྒང་སོགས་དགོན་གནས་རྣམས་སུ་རིམ་པར་ཞབས་ཀྱིས་བཅགས་བཞིན་པར་འོན་ཆོས་སྡིངས་སུ་རྒྱལ་སྲས་རྡོ་རྗེ་འཆང་ཆེན་པོའི་ཞབས་དྲུང་དུ་ཕྱིན་ནས་ཕེབས་སྐྱེས་ཀྱི་ཉོམས་པ་དང་བཅས་ཏེ་མཇལ་འཛོམ་དང་། དེའི་དགེ་འདུན་རྣམས་ལ་མང་འགྱེད་སོགས་སྩལ། ཞག་ཤས་བཞུགས་འཛགས་ཀྱིས་ཆོས་དང་འབྲེལ་བའི་བཀའ་མཆིད་བསྟན་པར་སྨན་པ་དུ་མ་དང་། བཀའ་ཆོས་འགའ་ཞིག་ཀྱང་གསན་བཞེས་སུ་མཛད། ཆིབས་བསྐྱོད་གདོང་༧རྒྱལ་སྲས་རྡོ་རྗེ་འཆང་ཆེན་པོ་ནས་ཀྱང་ཕེབས་རྫོངས་ལེགས་འབུལ་སོགས་གཏོང་ཆེ་བ་འབུལ་བར་མཛད། དེ་ནས་རྩེ་ཐང་བརྒྱུད་ཡར་ལུང་

ཁྲ་འབྲུག་ཏུ་ཕྱིན་ནས། གནས་གཟིགས། སྐོང་མཆོད། མཆོད་རྫས་འབུལ་སྦྱོར་སོགས་གནང་སྨིན་ཞིབ་རྒྱས་སུ་མཛད་ཟིན་ནས་རིམ་གྱིས་ལྷ་མི་ཀུན་གྱིས་སྲིད་ཞུ་ཚད་མེད་པས་མཆོད་པ་དང་བཅས་ཏེ་འཕྱོང་རྒྱས་བརྒྱུད་གདང་པ་གྲུ་ཐོན་ནས་བསམ་ཡས་སུ་ཕྱིན་ཏེ་རྗེ་བོ་བྱང་ཆུབ་ཆེན་པོར་སྐོང་མཆོད་དང་། ན་བཟའ། མཆོད་རྫས་སོགས་ཀྱི་འབུལ་སྦྱོར་ཚད་མེད་པ་དང་། རབ་བྱུང་གྲྭ་ཚང་བར་མང་འགྱེད་ཀྱི་བསྙེན་བཀུར། པེ་ཧར་ལྕོག་ཏུ་གཟབ་གསོལ་སྤྱན་འདྲེན། རྟེན་གསུམ་ཁག་མ་ལུས་པར་མཆོད་སྨོན་དང་སྤྱན་གཟིགས་འབུལ་སྦྱོར་སོགས་ཞིབ་ལྷིངས་སུ་མཛད་ཐོག་བསྟན་པ་རྒྱས་པ་དང་འགྲོ་བ་བདེ་བ་འབའ་ཞིག་གི་ཐུགས་སྨོན་མཚམས་སྦྱོར་རྒྱ་ཆེ་བར་མཛད་ལ། དེ་ཡང་ལྷོ་ཁ་ཕྱོགས་ཀྱི་དགོན་གནས་འདི་དག་གི་ཞིབ་ཆ་འོག་ཏུ་ཁྲ་འབྲུག་རབ་གནས་ཀྱི་ཆིབས་བསྒྱུར་རྗེས་མའི་སྐབས་སུ་བརྗོད་པར་བྱ་བས་འདིར་རགས་བསྡུས་ཀྱི་ཚུལ་དུ་བཀོད་པ་སྟེ། མདོར་ན་འདི་སྐབས་ལྷོ་ཁ་ཕྱོགས་ཀྱི་དགོན་གནས་མཐའ་དག་ཏུ་ཐེབས་བཞུད་ཀྱིས་ལུགས་གཉིས་ཀྱི་འབྲེལ་བཟང་རླབས་པོ་ཆེ་འཛོམ་པའི་བཀའ་དྲིན་སྐྱོལ། དགོན་སྡེ་ཁག་སོགས་ཀྱི་འདུས་པ་དང་། གཞན་ཡང་མི་དྲག་ཆེ་བཙན། དད་འདུས་སེར་སྐྱ་ཕོ་མོ་སོགས་ཕྱོགས་དེ་དག་ཏུ་འཁོད་པའི་མཆོག་དམན་བར་མ་ཐམས་ཅད་ནས་མཇལ་ཕྱག་དང་། དངོས་འབུལ། གསོལ་ཞབས་བསྙེན་བཀུར་སོགས་རང་རང་གི་འབྱོར་ཚོགས་དང་བསྟུན་པའི་བཀུར་བསྟི་དང་ཕུ་དུད་གོང་ན་མེད་པར་ཞུས་ཏེ་བསོད་ནམས་ཀྱི་ལས་རླབས་པོ་ཆེ་གསོག་པར་གྱུར་ལ། ཆིབས་བསྒྱུར་སྐུ་ཕྲེ་འདི་དག་གི་སྐབས་ཐམས་ཅད་དུའང་ཞབས་གྲས་མཆོག་དམན་འབྲིང་གསུམ་ཚང་མར་བཀའི་འཁོར་ཡོལ་ཁྲབ་པར་མཛད་པའི་མཐུ་ལས་སྐྱེ་མི་སེར་སོགས་ལ་བརྡབ་གསིག་མནར་གཅོད་

སོགས་ཕྲ་མོ་ཙམ་ཡང་མ་བྱུང་ཁར་མི་སེར་ཉམ་ཐག་རྣམས་ལ་གསོལ་རས་གནང་སྦྱིན་སོགས་ཀྱང་ཚད་མེད་པར་སྤྲུལ་ཞིང་འདི་ཕྱིར་དགེ་བའི་བཀའ་སློབ་སོགས་ཀྱང་ཕེབས་ཏེ་ཚང་མ་རྫོགས་ལྡན་གྱི་དུས་ལ་སྤྱོད་པ་ལྷ་བུའི་དགའ་བ་བརྒྱ་ལྡན་གྱི་སྐལ་བཟང་ཉམས་སུ་མྱོང་བར་གྱུར་ཏོ། །དེ་ལྟར་སྔོ་ཁ་ཕྱོགས་སུ་བསྟན་པ་དང་གདུལ་བྱའི་དོན་རྒྱ་ཆེན་པོར་མཛད་ཟིན་ནས་མི་རིང་བར་བསམ་ཡས་ནས་ཆིབས་ཀྱི་ཁ་ལོ་བསྒྱུར་ཏེ་རིམ་གྱིས་ཧོར་ཟླ་ལྔ་པའི་ཚེས་བཞིའི་ཉིན་༧རྒྱལ་དབང་མཆོག་གི་སྐུ་ཚབ་དང་། གཞུང་དྲུང་མི་དྲག །གྲྭ་སའི་མཁན་སློབ་ལས་སྡེ་སོགས་ཀྱི་ཆིབས་བསུས་ཞབས་ནས་མངོན་པར་བརྟེགས་བཞིན་པར་གྲུ་འཛིན་གཉིས་པའི་ཕོ་བྲང་དུ་ཕྱག་ཕེབས་འཕྲལ་༧སྐྱབས་མགོན་ཕྱག་ན་པདྨོར་མཇལ་ཞུའི་ཐོག་ལྷན་རྒྱས་རྒྱུན་རིང་པོར་གནང་སྟེ་གཞིས་བྱེས་སྐོར་གྱི་གསུང་མོལ་སོགས་ཞིབ་རྒྱས་སུ་སྤྲུལ་ཞིང་། ཨམ་བན་སོགས་དང་ཡང་མཇལ་འཕྲད་མཛད། དེའི་སང་ཉིན་ནས་མཇལ་ཞུ་བ་དྲག་འབྲིང་དུ་མར་འདུས་པ་རྣམས་ལའང་རེ་བ་བཞིན་གྱི་མཇལ་ཁ་སོགས་སྤྲུལ་བ་དང་། བསྟན་སྲིད་ཡར་རྒྱས་ཀྱི་མཛད་སྒོ་རྣམས་ཀྱང་རིམ་སེལ་དུ་བསྐྱངས་བཞིན་པར་བཞུགས་སོ། །དེ་ནས་པི་ཅིང་མཁན་ནང་ཟུང་འབྲེལ་ཁྲོན་གཏོང་༧གོང་མ་ཆེན་པོས་གཙོ་མཛད་པའི་དཔོན་ཆེན་ཁག་དང་། ཧུ་ཁྲོག་ཐུ་སོགས་ལ་ཞུ་འཕྲིན་རྟེན་ཆས་སོགས་འབུལ་སྐྱེས་དང་། མཁན་ནང་ཇོ་གཡོག་སོ་སོར་ཁྲོན་གནང་གསོལ་རས་བཀའ་སློབ་སོགས་མཐར་ཕྱིན་དུ་བསྐྱངས། བརྟན་བཞུགས་ཆོས་འཁོར་གླིང་གི་གཙྙ་ལའི་ཡང་སྟེང་དུ་གསེར་ཟངས་ལས་གྲུབ་པའི་གཉྫི་ར་དང་གསེར་ཟངས་ཀྱི་རྒྱལ་མཚན་སོགས་གསར་འཛུགས་དགོངས་བཞེད་གཏད་པ་ལེགས་པར་གྲུབ་པས་གཟུངས་འབུལ་སོགས་ཕྱག་ལེན་ཕྲ་ཞིབ་ལྟར་གནད་སྨིན་དུ་བསྐྱངས་ནས་གཟའ་སྐར་

དུས་ཆེས་མཆོག་ཏུ་དགེ་བའི་ཉིན་ཉི་མའི་སྙིང་པོ་ལྷ་བུའི་གཟི་བྱིན་ཀུན་ཏུ་འབར་བཞིན་པར་ཡང་ཐོག་ཏུ་འཛུགས་གནང་ཐོག་རབ་གནས་སོགས་ཀྱང་ལེགས་པར་མཛད་དེ་བཀྲ་ཤིས་པའི་དགེ་མཚན་གྱིས་ཡུལ་ཁམས་ཡོངས་སུ་ཁྱབ་པར་མཛད། དེ་བཞིན་དུ་བསྟན་པའི་བདག་པོ་ཐུབ་པའི་དབང་པོ་དང་ཇོ་ཅོང་ཁ་པ། སྒྲོལ་མ། ལྟུང་སྐུ་ཐམས་ཅད་མཁྱེན་པ་བཅས་ཀྱི་སྣང་བརྙན་རིན་པོ་ཆེ་ལས་གྲུབ་པ་ཆེ་ལེགས་བཟོ་ཁྱད་ཀྱི་བཀོད་པས་མཛེས་པ་གསར་བཞེངས་མཛད་པ་རྣམས་ལའང་། སྲིད་ན་དགོན་པའི་བྱིན་རྟེན་གྱི་རིགས་གྱུར་དུ་མ་དང་བཅས་པའི་གཟུངས་འབུལ་དང་རབ་ཏུ་གནས་པའི་ཆོ་ག་སོགས་ཕྱག་ལེན་ལྷུར་སླ་ཆོས་སུ་མ་སོང་བར་ཟབ་ཅིང་རྒྱ་ཆེ་བར་བསྒྲུངས་ཏེ་བྱིན་རླབས་ཀྱི་གཏེར་མཛོད་ཆེན་པོར་ཡོངས་སུ་གྲུབ་པར་མཛད་ཅིང་། དད་ལྡན་དང་བ་བསྐྱེད་ཕྱིར་དཀར་ཆག་གི་རིམ་པའང་གསར་བསྒྲིགས་བཀའ་རྩོམ་མཛད། ཟླ་བ་བདུན་པའི་ནང་༧རྒྱལ་དབང་འཇིག་རྟེན་གསུམ་མགོན་མཆོག་དང་ལྷན་རྒྱས་ནོར་གླིང་བསྐལ་བཟང་པོ་བྲང་དུ་སྨན་ཆབ་ཁྲུས་ཀྱི་རྗེང་བུར་ཆབ་བཞེས་ལ་ཕེབས་བསྐྱོད་ཀྱིས་བདུན་ཁ་ཤས་བཞུགས་འཛགས་ཐོག་བཀའི་བློན་ཆེན་རྣམས་དང་རྣམ་རྒྱལ་གྲྭ་ཚང་པ་སོགས་སྐྱེ་སྐོར་དུ་མ་ནས་དཀར་སྒྲོ་གསོལ་ཞབས་སོགས་ཕུལ་བ་རྣམས་དགྱེས་བཞེས་ཐོག་སོ་སོར་གང་འཚམས་ཀྱི་འབུལ་སློག་ཀྱང་གྱ་ནོམས་སུ་སྩལ། གོང་མའི་བཀས་མངགས་པོད་བཞུགས་སྲུང་ཨམ་བན་དང་། ཧོ་ཨམ་བན་གཉིས་ཀྱིས་གཙོ་མཛད་པའི་རྒྱའི་དཔོན་ཆེན་ཁག་རྣམས་ལ་ལུགས་སྲོལ་དང་མཐུན་པའི་སྟོན་མོའི་རིམ་པ་རྒྱ་ཆེར་སྤྲོས་པས་ཡིད་མགུ་བར་མཛད། འདི་ལོ་གནམ་བསྐོས་གོང་མ་ལྷ་སྐྱོང་ཆེན་པོ་རྒྱལ་པོའི་གསེར་ཁྲི་བཞོལ་ཏེ་གང་གི་རིགས་སྲས་ཀྱི་ཐུ་བོ་བཅའ་ཆེན་ཆེན་པོ་༧གོང་མའི་རྒྱལ་སར་ཕེབས་པར་གཞུང་

ས་མཆོག་ནས་སྒྲ་ཡེར་འབུལ་མི་ཆེད་དུ་མངགས་པའི་གཏོང་། གོང་མ་ཡབ་སྲས་སོ་སོར་སྒྲ་ཡེར་གྱི་འཚམས་ཞུ་དང་། ལེགས་སྐྱེས་ཀྱི་དངོས་པོ་གནོས་ཆེ་བ་འབུལ་བར་མཛད་ཅིང་། སྒྲ་ཡེར་མཁན་པོ་ངོ་གཡོག་རྣམས་ལའང་ཐོན་གནང་གསོལ་རས་བཀའི་བསླབ་བྱ་སོགས་མཐར་ཕྱིན་དུ་སྩལ། ཟླ་བ་བརྒྱད་པ་གསར་མཚམས་སེར་འབྲས་ཀྱི་འཆར་ཅན་ཞབས་བརྟན་འབུལ་བཞེས་དང་། བཀའ་བློན་བཤད་སྒྲུབ་དཔོན་འཁོར་ཁམས་ཕྱོགས་སུ་ལས་དོན་ལ་བསྐྱོད་གཏོང་ཐོན་ཕྱག་གི་མཇལ་ཁ་དང་ལས་དོན་སྐོར་རྣམས་འཕྲུས་ཚང་གཏན་གླིང་གང་ཆེ་དགོས་པའི་བཀའ་ཁྲབ་དང་། དཔོན་གཡོག་ཀུན་ལ་གོ་བབ་ལྟར་གྱི་གནང་སྦྱིན་སོགས་གཟབ་རྒྱས་བསྐྱར། ལྷ་ལྡན་སྨོན་ལམ་ཆེན་མོའི་ཚོགས་ཁྲི་འགའ་ཞིག་ལོ་མང་བསྐྱལ་ཟད་ལ་བརྟེན་འདི་ལོ་གསར་བླུགས་མཛད་བཞེས་ཀྱིས་དོ་དམ་པ་དང་ལུག་པ་སོགས་མཁས་ཤིང་ཡིད་གཞུངས་པ་དག་ལ་བསྒོ་བཞག་གི་བཀའ་བསྒྱུར་དང་། ལས་ཁུངས་རྣམས་སུ་ཡང་རྒྱུ་དངོས་སོགས་གང་ཅི་ཁམ་བུད་དུ་མ་སོང་བ་དགོས་ཚུལ་གྱི་བཀོད་འདོམས་མཐར་ཕྱིན་བསྐྱངས་ཤིང་། སྐུ་སྒེར་ནས་ཀྱང་གསེར་དངུལ་སོགས་ཀྱི་ཞལ་འདེབས་དཔངས་མཐོ་བ་དང་། ལས་བྱེད་པ་རྣམས་ལ་བཟོ་སྙོན་གྱི་ནོམས་པ་སྩལ་བར་མཛད། སྟོན་མཚམས་སུ་དགའ་ལྡན་བརྟན་བཞུགས་ཆོས་འཁོར་གླིང་གི་དགེ་འདུན་རྣམས་ཀྱི་ བླང་དོར་མཛད་འོས་ཀྱི་རིམ་པ་འཕྲེང་བར་བསྒྲིགས་པའི་བཅའ་ཡིག་རིན་པོ་ཆེ་དག་བྱེད་བདུད་རྩིའི་མཆོད་ཡོན་གསར་རྩོམ་མཛད་ཐོག་ཕྱིན་ཆད་ཆོས་སྲྱིད་ཀྱི་མཛད་པ་མཐའ་དག་དེ་དོན་སོར་གནས་དགོས་ཚུལ་ལས་སྣེ་གྲྭ་དམངས་སོགས་ལ་བཀའ་འདོམས་མཐར་ཕྱིན་དུ་སྩལ་ཏེ་རྒྱལ་བསྟན་གྱི་ཉི་མ་སྣར་ཡང་གསལ་བར་མཛད། དེ་མཚུངས་མཐའ་དབུས་ཀྱི་འཇིག་རྟེན་ཡོངས་ཀྱི་ནད་མུག་འཁྲུག་རྩོད་ཞི་ཕྱིར་

དང་། ལྷག་པར་བོད་ཡུལ་ཆོས་ལྡན་གྱི་ཞིང་མཆོག་འདིར་གནོད་ཅིང་འཚེ་བའི་མཐའ་འདྲེ་གདུག་རྩུབ་ཅན་རྣམས་ཀྱི་བསམ་སྦྱོར་ངན་པའི་འབྲས་བུ་རྡུལ་དུ་རློག་ཕྱིར་གནོད་སྦྱིན་ཆེན་པོ་ཀླུ་ཏ་པ་ལའི་སྒོ་ནས་འཕངས་པའི་ལས་མཐའ་མཐའ་འདྲེའི་སྟོབས་འཇོམས་གསར་དུ་བཀའ་རྩོམ་མཛད་དེ་བརྟན་བཞུགས་ཆོས་འཁོར་གླིང་དུ་གསར་འཛུགས་དང་། གཞན་ཡང་དད་ལྡན་མཆོག་དམན་དུ་མས་ཞུས་ངོར་བཀའ་རྩོམ་གྱི་རིགས་གྱུར་མཐའ་ཀླས་པ་ཞིག་ཀྱང་ཞར་བྱུང་གི་ཚུལ་དུ་བསྩལ་བར་མཛད། འདི་དག་གི་སྔ་ཕྱི་ཞིག་ཏུ་སྐྱབས་མགོན་ཆེན་པོ་ཉིད་ཀྱི་མནལ་ལམ་དུ། མྱུར་མཛད་ཡེ་ཤེས་ཀྱི་མགོན་པོ་ཕྱག་དྲུག་པ་ཡོངས་གྲགས་ལྟར་ལ་བཞེངས་པ་སྟག་ལ་ཆིབས་པ་ཞིག་གསལ་བར་བྱུང་ཞེས་སྐུ་བཅར་ཞབས་གྲས་པ་དག་ལ་བཀའ་སྩལ་ཞིང་ཕྱག་བྲིས་སུ་ཡང་བཏབ་པར་མཛད་སྔང་སྐེ་འདི་ཡང་མནལ་ལམ་དུ་བསྙད་པ་ཙམ་ལས་དོན་དུ་དང་ཁའི་གཟིགས་ངོར་མྱུར་མཛད་ཡེ་ཤེས་ཀྱི་མགོན་པོའི་ཞལ་མངོན་སུམ་དུ་བསྟན་ནས་མཆོག་ཐུན་གྱི་དངོས་གྲུབ་སྩོལ་བའི་གདོང་གྲོགས་མཛད་པར་སོམ་ཉི་མི་མངའོ། །དེ་ལ་སོགས་པའི་ངོ་མཚར་བའི་མཛད་པ་སྤྱི་དང་ལྷག་པར་དགའ་ལྡན་ཕོ་བྲང་ཕྱོགས་ཐམས་ཅད་ལས་རྣམ་པར་རྒྱལ་བའི་ཆོས་དང་སྲིད་ཀྱི་བགྱི་བ་རླབས་པོ་ཆེ་དང་། ཡངས་པའི་ས་ཆེན་པོ་འདི་ཉིད་ཆོས་བཞིན་དུ་སྐྱོང་བའི་མཛད་པའི་སྒོ་སོ་མཐའ་ཀླས་པ་ཞིག་སྐད་ཅིག་དང་སྐད་ཅིག་ལ་སྟོན་པར་མཛད་བཞིན་པའི་ངང་ནས་དགུན་ཐོག་ཏུ་སོན་པ་ན་ཐུགས་དམ་བཅད་ཀྱུར་རྒྱུན་རིང་པོར་བཞུགས་ཏེ་བཅོམ་ལྡན་འདས་འཇིགས་མཛད་རྡོ་རྗེའི་རྣལ་འབྱོར་གྱི་སྒོ་ནས་ལྷུགས་བསྙེན་དང་། ཕྱི་ལོ་དགུང་སྐེག་ཏུ་སོན་པའི་སྐུ་ཚེའི་བར་དུ་གཅོད་པ་སོགས་ཞི་ཕྱིར་བཅོམ་ལྡན་ཡིད་བཞིན་འཁོར་ལོའི་སྒོ་ནས་ཚེའི་སྒྲུབ་པ་སོགས་གནད་སྨིན་དུ་

བསྐྱངས་ཤིང་། མི་རྗེ་ཕྲུག་མཛོད་ཆེན་མོ་སོགས་ནས་ཀྱང་དགུང་སྐྱེག་གི་ཞབས་བརྟན་དུ་དམིགས་ཏེ། ལོ་ལྟར་འཆར་ཅན་གྱི་ཞབས་བརྟན་ཐོག་སྤྱན་གསལ་གྱི་སྐུའི་རིམ་གྲོར། སེར་འབྲས་དགེ་གསུམ་གྱི་ཚོགས་ཆེན་དང་གྲྭ་ཚང་ཁག་སོ་སོར་མང་ཇ་གཏོས་ཆེ་བ་དང་། རྒྱུད་སྟོད་སྨད་ཚོགས་ཡོངས་སུ་མང་འགྱེད། གུང་ཐང་ཕྱོག་དང་། གནས་ཆུང་བསམ་ཡས་སོགས་སུ་བསྐང་འཕྲིན་དང་། འདུས་པ་རྣམས་ལ་བསྙེན་བཀུར། གཞན་ཡང་ཟླ་ཧུ་བཞི་སྟེ། ལྕགས་པོ་རི། ཚེ་མཆོག་གླིང་། དགེ་འཕེལ་སོགས་འདུས་སྡེ་དང་རི་ཁྲོད་ཁག་ཚང་མར་མང་འགྱེད་སོགས་མཐའ་ཀླས་པའི་ཐོག །ལྷ་བླ་མའི་ལུང་བརྟགས་ཞུའི་དགོངས་དོན་དང་། སྐྱབས་མགོན་ཉིད་ཀྱི་དགོངས་དཔྱད་ཀྱི་ཞབས་བརྟན་རིམ་གྲོ་མཛད་འོས་མ་ལུས་པ་ལྷག་དང་བཅས་པ་སྒྲུབ་པར་མཛད། འདི་ལོ་བསྟན་གླིང་དེ་མོ་མཆོག་སྤྲུལ་རིན་པོ་ཆེ་སྔོན་ལམ་མཚན་བཏགས་མཛད་བཞེད་ཀྱི་ཟླ་བ་བཅུ་གཅིག་པའི་ནང་འབྲས་སྤུངས་སུ་དགུན་ཆོས་ཆེན་མོའི་ཐོག་དམ་བཅའ་མཛད་སྐབས་ལེགས་སྐྱེས་འབུལ་མི་སྐུ་ཚབ་ཆེད་གནང་གིས་རབ་དཀར་ལྷ་རྫས་སྲིད་རིང་། རྒྱ་བཟོའི་སྤྱན་རས་གཟིགས་ཀྱི་སྐུ་བརྙན། དབུ་པཎ་ཌ་རིང་སོགས་ཀྱིས་གཙོས་པའི་དངོས་འབྱོར་གྱི་སྐྱེས་བཟང་གྲུ་ནོམས་པ་དང་བཅས་ཏེ་མཚན་བཏགས་ཀྱིས་མཚོན་པའི་གསང་གསུམ་མཛད་འཕྲིན་མཐའ་དག་འཛམ་མགོན་བླ་མའི་བསྟན་པའི་སྨན་ཡོན་དུ་འགྱུར་བའི་ཐུགས་བསྐྱེད་རྒྱ་གང་ཆེ་དགོས་ཚུལ་སོགས་ཀྱི་བཀའ་མཆིད་ཀྱང་སྩལ། བཀྲ་ཤིས་ལྷུན་པོར་ལོ་ལྟར་འཆར་ཅན་གྱི་ལོ་གསར་འབུལ་མི་གཞུང་གཟིམས་འགག་པའི་གདོང་ཀུན་གཟིགས་པཎ་ཆེན་རིན་པོ་ཆེར་ཞུ་འཕྲིན་འཚམས་ཞུ་དང་། ལོ་གསར་གྱི་ཞབས་བརྟན་ལེགས་སྐྱེས་སོགས་རྒྱ་ཆེར་འབུལ་བར་མཛད། ལོ་མཇུག་ཏུ་སོན་པ་ན་ཐུགས་དམ་བཅད་རྒྱ་

གྲོལ་ཏེ་ཁ་སྐོང་གི་སྤྲིན་སྲེག་སོགས་ཀྱང་གནང་སྨིན་ལེགས་པར་མཛད་ནས་༧རྒྱལ་དབང་མཆོག་དང་གསེར་ཞལ་ལྷན་རྒྱས་ཐོག་སྲིད་དོན་བྱ་གཞག་སྐོར་གྱི་བཀའ་མོལ་གསུང་བགྲོས་ཞིབ་ལྷིངས་དང་། ཆོས་དང་འབྲེལ་བའི་གསུང་གླེང་སོགས་བསྐྱངས་ཤིང་། གཞན་ཡང་ལོ་མཇུག་གི་མཛད་འོས་ཀྱི་རིགས་ཡུར་མཐའ་དག་ཀྱང་རིམ་སེལ་དུ་བསྐྱངས་སོ། །

འདིར་སྨྲས་པ། འཇམ་མགོན་རིང་ལུགས་པ་རྣོའི་ཚལ་ཆེན་པོ། །སྙིགས་འགྲོའི་ལོག་སྤྱོད་གཉིས་ཐུང་སྣ་ཞགས་ཀྱིས། །བཅོམ་པར་ཉེ་ཚེ་ཐུགས་རྗེའི་ལྕུགས་ཀྱུ་ཡིས། །བཟློག་པར་མཛད་ལ་གཞན་གྱི་དྲིང་མི་འཇོག །སྟོན་ཕྲན་ཆོས་ཀྱི་རྒྱལ་པོའི་སྲོལ་བཟང་ཀུན། །འཛིན་ཅིང་སྤེལ་བའི་མཛད་བཟང་ཀུནྡའི་རྒྱུ། །རྣམ་པར་གྲོལ་ལས་བདེ་སྐྱིད་ཟིལ་མངར་རྒྱུན། །ལུས་ཅན་བུང་བའི་ཚོགས་ལ་བགོ་བཤར་འགྱེད། །ལུགས་གཉིས་ཁྲིམས་ཀྱི་བཀའ་ལུང་བཙན་པོའི་བརྟེད། །མཆོག་དམན་ཡོངས་ཀྱི་གཉའ་བར་རབ་ལྷི་བས། །ཉེས་པར་སྤྱོད་པའི་མིང་ཙམ་འཇིག་རྟེན་འདིར། །གྲགས་ནུས་མེད་ན་སྤྱོད་པར་སུ་ཡིས་ནུས། །ཆོས་དང་སྲིད་ཀྱི་མཛད་པ་མ་ལུས་པ། །དགེ་བཅུའི་རྒྱ་ལས་འགོངས་མེད་ལན་བརྒྱའི་བར། །བརྟགས་ཤིང་དཔྱད་མཐར་འཇུག་ལྡོག་བླང་དོར་གྱི། །བཀའ་མཆིད་བཟང་པོས་འགྲོ་དགུགས་འཁྲིད་པར་མཛད། །པད་དཀར་འཆང་བའི་འཕྲིན་ལས་ལྷ་ཡི་རྫིང་། །མཛད་བཟང་འོད་དཀར་སྟོང་གིས་དགེར་མཛད་པའི། །ཕུན་ཚོགས་ཀུན་གྱི་འབྱུང་གནས་ཟླ་བ་ཁྱོད། །བོད་ཁམས་ཀུ་མུད་གཉེན་དུ་མངོན་པར་གསལ། །གནའ་བོའི་ལུགས་སྲོལ་བཟང་པོས་འཇིག་རྟེན་ཁྱོན། །འགེངས་དང་ལྷན་ཅིག་ཆབ་འབངས་སྐྱེ་བོ་ཀུན། །ཆོས་བཞིན་སྐྱོང་བའི་སྦྱོར་བ་འབའ་ཞིག་གིས། །རྟག་པར་རྒྱུན་དུ་ཡོངས་སུ་

འདའ་བར་གྱུར། །དམ་པ་ཁྱོད་ཀྱིས་བགྱི་བ་གང་རྫོམ་ཡང་། །དམ་པའི་ཚུལ་ལས་སྐད་ཅིག་མི་འདའ་བས། །དམ་པ་ལས་ཀྱང་དམ་པ་ཡོ་ན་ཞེས། །དམ་པའི་སྐྱེས་བུ་རྣམས་ཀྱིས་ལྷག་པར་བསྔགས། །ཞེས་པ་ནི་བར་སྐབས་ཀྱི་ཚིགས་སུ་བཅད་པའོ། །

༈ དེ་ནས་སྟོད་འགྲེལ་གྱི་སྐད་དུ་མེ་ཞེས་སུ་འབོད་ཅིང་། ལྗོངས་འདིར་དབང་ཐང་དང་བསྟུན་པའི་མིང་མེ་ཕོ་འབྲུག་ཏུ་གྲགས་པའི་གནམ་ལོའི་རྒྱལ་པོའི་བཞིན་གྱི་ཀུནྡ་གསར་དུ་འཛུམ་པའི་ཉིན་སྒྲུ་སྦེར་གཟིམ་ཚུང་དུ། འདོད་ཁམས་དབང་མོར་གཏོར་སྐྱོང་དང་། ༉རྒྱལ་དབང་མཆོག་དང་ལྷན་རྒྱས་ཐོག་ཕན་བདེ་ལེགས་བཤད་གླིང་པ་རྣམས་དང་བཅས་ཏེ་ཆོས་གཏོར་འབུལ་བ་སོགས་སྔ་ལོ་བཞིན་བསྐྱངས་ཤིང་། གསོལ་སྟོན་ཆེན་མོའི་ཐོག་ཨམ་བན་ལྷན་རྒྱས་༉མཆོད་ཡོན་རྣམ་གཉིས་ཀྱི་དབུང་དུ་ཕེབས་པར་༉གོང་མ་བཅའ་ཆེན་ཁྲིར་ཕེབས་ཀྱི་དགའ་སྟོན་སྤྲ་ཡེར་དུ་ཨམ་བན་སོ་སོར་ལྷ་ཛས་ནང་མཛོད་རེ། ལོ་སྒྲུ་ཉིང་མ་རེ་སོགས་ཀྱི་གནང་སྐྱེས་སྩལ། དེ་ནས་ཚོམས་ཆེན་དུ་གསོལ་སྟོན་ཉིན་དང་གཉིས་རྣམས་ལ་ཕེབས་བསྐྱོད་སོགས་ཀྱང་སྔར་བཞིན་མཛད། སྨོན་ལམ་ཚོགས་དཔོན་སེར་འབྲས་དགེ་གསུམ་གྱི་ལས་སྣེ་རྣམས་དང་། གྲྭ་སྐོར་བ་བཅས་ལ་མཇལ་ཁ་དང་བྱེད་སྒོ་གང་ཅིར་ལེ་ཤོར་དུ་མ་སོང་བར་ཡར་ལྡན་དགོས་པའི་བཀའ་བགོད་མཐིལ་ཕྱིན་དང་། གཞན་ཡང་བླ་སྤྲུལ་ཁག་སོགས་ལོ་གསར་གྱི་མཇལ་དར་འབུལ་མི་ཚན་ཆེ་བ་རྣམས་ལ་མཇལ་ཁ་དང་། དཀར་སྤྲོ་སོགས་རྒྱས་པར་སྩལ། སྨོན་ལམ་ཆེན་མོའི་འདུས་པ་ཁྲི་ཕྲག་ཏུ་མར་ལོངས་པ་རྣམས་ལ་མང་འགྱེད་སོགས་སྔ་ལོ་ལྟར་བསྐྱངས་ཤིང་། འདི་ལོ་༉རྒྱལ་དབང་ཐམས་ཅད་མཁྱེན་གཟིགས་སྨོན་ལམ་ཆེན་མོའི་ཚོགས་དབུར་ཕེབས་བཞེད་ཀྱིས་དུས་

ཆོས་དགེ་བའི་ཉིན་པོ་བྲང་རི་བོ་གྲུ་འཛིན་ནས་མཆོད་ཡོན་ལྷན་རྒྱས་ཆིབས་ཀྱི་ཁ་ལོ་བསྒྱུར་ཞིང་། གཞུང་སའི་ལས་ཚན་པ་མཆོག་དམན་ཚང་མ་དང་། གདན་ས་གསུམ་གྱི་བླམ་ལས་སྣེ། བླ་སྤྲུལ། སྨོན་ལམ་ཚོགས་དབུའི་སྦྱིན་བདག ། ཁ་ཆེ་བལ་པོ་སོགས་མདོར་ན་ལྗོངས་འདིར་ཆེ་ཞིང་མཐོ་བའི་སེར་སྐྱ་བགྲང་བ་ལས་བརྒྱལ་བ་ཉི་ཟེར་གྱི་རྡུལ་འཁྲིགས་པ་ལྟ་བུའི་ཆིབས་ཧྲག་དང་། འདུས་པ་དམངས་ནས་སེར་སྤྲེངས། ཕྲ་གཞས་པ་རྣམས་ནས་གླུ་གར་གྱི་མཆོད་པ་སོགས་དང་། སེར་སྐྱ་འབུམ་ཕྲག་ཏུ་མར་ལོངས་པ་རྣམས་ཕེབས་ལམ་གྱི་ཕྱོགས་མཚམས་ཀུན་ཏུ་འཁོད་ནས་དམ་པ་རྣམ་གཉིས་ཀྱི་ཞལ་བཟང་མངོན་སུམ་དུ་མཐོང་བའི་དགའ་སྟོན་ལ་སྤྱོད་བཞིན་པར་ལྷ་ལྡན་སྤྲུལ་པའི་གཙུག་ལག་ཁང་དུ་ཞབས་སེན་གྱི་པདྨོ་རྣམ་པར་བཀོད་ཅིང་། ཨེ་ཝཾ་དུ་གསོལ་སྟོན། གར་རོལ། ཚོགས་ལང་སོགས་ལུགས་གཉིས་ཀྱི་དགྱེས་སྟོན་ལ་རོལ་བར་མཛད་ཟིན་བསྟུན་རྗེ་ཕོད་གཟིམས་ཆུང་སོ་སོར་ཕྱིན་ཏེ་ཆོས་ལྡན་གྱི་མཛད་པ་བཟང་པོས་འདའ་བཞིན་པར་འཚོ་གཞེས་དང་། འདི་སྐབས་བསྟན་གླིང་དེ་མོ་མཆོག་སྤྲུལ་རིན་པོ་ཆེ་༧རྒྱལ་དབང་མཆོག་ལ་ཐུགས་རྫོགས་བཞེས་ཏེ་ངུར་སྨྲིག་འཛིན་པའི་མཆོག་ཏུ་བཞེངས་པར་ལེགས་སྐྱེས་སུ། ལྷ་གོས་གསེར་སྐུ་སྙིང་མ། རིན་འཕོར་སྤྲང་ལྷ་བཅུ་སོགས་སྩལ་བར་མཛད། བོད་ཁམས་སྐྱེ་འགྲོའི་ཕན་བདེ་ལེགས་ཚོགས་སྤེལ་ཕྱིར་དང་། རྒྱལ་དབང་ཡབ་སྲས་དང་སྐྱབས་མགོན་ཉིད་བཅས་ཀྱི་ཞབས་བརྟན་དུ་དགོངས་ཏེ་ལྷ་ལྡན་ཇོ་ཤཱཀྱ་རྣམ་གཉིས་དང་ཐུགས་རྗེ་ཆེན་པོ་སོགས་ཀྱིས་གཙོ་མཛད་པའི་མཆོད་ཁང་ཁག་གི་རྟེན་གསུམ་ཁྱད་པར་ཅན་མཐའ་དག་ལ་བཟང་གོས་རིན་ཐང་ཅན་ཤ་སྟག་ལས་གྲུབ་པའི་སྟོད་གཡོགས་སྨད་གཡོགས། པང་ཁེབས་སོགས་གསར་འབུལ་དང་། མཆོད་པ་སྣ་ལྔ། སྙན་ཤལ་སོགས་

གཏོར་ཆེ་བ་འབུལ་གནང་ཐོག་ཐུགས་སྨོན་རྒྱ་ཆེར་བསྐྱངས། བསྟན་གླིང་མཆོག་སྤྲུལ་རིན་པོ་ཆེ་ནས་མཁས་མང་འདུས་པ་རྒྱ་མཚོའི་དབུས་སུ་ལེགས་བཤད་ཀྱི་དགའ་སྟོན་འགྱེད་པའི་སྐད་དུ་ལྷ་རམས་པའི་མཚན་བཏགས་ཀྱི་དམ་བཅའ་ཆེན་མོ་མཛད་པར་ལེགས་སྐྱེས་ཀྱང་སྩལ་ཞིང་། ཆོས་བཅོ་ལྔའི་ཉིན་གོང་ས་ལྷ་མིའི་འདྲེན་མཆོག་གསུང་ཆོས་ལ་ཕེབས་པའི་ཞབས་ཕྱིར་ཕྱོན་ཏེ་ཆོས་ཀྱི་བདུད་རྩིར་རོལ་ཞིང་། གྲུང་ཚོགས་ཀྱི་ཚོགས་སུ་བསྟན་གླིང་མཆོག་སྤྲུལ་རིན་པོ་ཆེ་ནས་མཆོད་ཡོན་ལྷན་རྒྱས་ཚོགས་དབུས་སུ་གདན་དྲངས་ཐོག །༧ཞབས་པད་བརྟན་པར་གསོལ་བ་འདེབས་ཕྱིར་དངོས་བཤམས་ཀྱི་མཆོད་པའི་སྤྲིན་ཕུང་བཟང་ཞིང་ཚད་མེད་པ་དང་བཅས་ཏེ་དབྱངས་ཅན་རྒྱུད་མང་སྟོང་གི་ཁེངས་པའང་འཁྲོག་པར་ནུས་པའི་སྙན་ཚིག་གི་ལམ་ནས་དྲངས་པའི་མཎྜལ་གྱི་གསུང་བཤད་དང་འབྲེལ་བར་བརྟན་བཞུགས་ཀྱི་གསོལ་འདེབས་རྒྱ་ཆེར་མཛད་པ་རྣམས་ལ་མཆོད་ཡོན་ལྷན་རྒྱས་ནས་ཀྱང་དགྱེས་པ་ཆེན་པོས་བསྔགས་བརྗོད་ཟད་དུ་བྱུང་བས་སྟོན་བསུས་ཏེ་གསོལ་བཏབ་ཀྱི་དོན་རྣམས་ཇི་བཞིན་དུ་འགྲུབ་པའི་བཀའ་བཞེས་ཐུགས་སྨོན་སོགས་རྣམ་པར་དག་པར་བསྐྱངས་ཤིང་། དེ་མཚུངས་ཕྱི་དྲོ་རྒྱལ་དབང་མཆོག་སྨོན་ལམ་གྱི་ཚོགས་དབུས་སུ་ཕྱོན་པར་ཞབས་ཕྱིར་ཕེབས་ཏེ་འགྲོ་བའི་ཕན་བདེ་སྤེལ་བའི་ཐུགས་སྨོན་རྒྱ་ཆེན་པོར་མཛད། སྨོན་ལམ་གྲོལ་གདོང་གཏོར་རྒྱག་གི་གཟིགས་མོ་དང་། ལས་སྣེ་སོགས་ལ་མཇལ་ཁ། གྲྭ་སྐོར་བ་རྣམས་ལ་གནང་སྦྱིན་སོགས་སྩལ། དེའི་ཕྱི་ཉིན་བྱམས་པ་གདན་འདྲེན་གྱི་སྐབས་མཆོད་འབུལ་དང་ཐུགས་སྨོན། ཏ་རྒྱུག་མི་རྒྱུག་སོགས་སྒྱུ་རྩལ་གྱི་གཟིགས་མོ་རྣམས་ལ་ཐུགས་རྗེག་དང་། གཞན་ཡང་གོང་གསལ་སྨོན་ལམ་ཆེན་མོའི་སྐབས་སྐྱེ་བོ་བགྲང་བ་ལས་བརྒལ་བ་ལ་མཇལ་ཁ་དང་། དམ་

བཅའ་ཆེན་མོར་གཟིགས་རྟོག །སྤྱི་སྙེར་གྱི་ལུགས་གཉིས་ཀྱི་མཛད་པ་གཞན་དང་གཞན་དག་ཀྱང་བར་མ་ཆད་དུ་བསྐྱངས་ཤིང་། དེ་ནས་ཆོས་ཉེར་བདུན་གྱི་ཉིན་ལྷན་རྒྱས་ལྷ་ལྡན་ནས་ཆིབས་བཏེགས་ཏེ་ར་མོ་ཆེར་མཆོད་འབུལ་ཐུགས་སྨོན་གནང་སྨོན་མཛད་ཐོག་རིམ་གྱིས་ཕོ་བྲང་ཆེན་པོར་ཕྱག་ཕེབས་ནས་ཆོས་སྲིད་ཀྱི་མཛད་པ་བཟང་པོ་སྔར་ལྟར་བསྐྱངས་ཤིང་བཞུགས་སོ། །དེ་ནས་ཕྱོགས་མཐའི་སྦྱིན་བདག་སྟོང་འཁོར་དཔོན་པོ་དང་། འོར་དུ་སུ་ཨ་རྒན་པའི་སེ་སོགས་མང་པོ་ཞིག་ལ་མཇལ་ཁ་དང་། བཀྲས་ལྷུན་པོ་གསར་འབུལ་མིའི་གདོང་པ་ཆེན་ཐམས་ཅད་མཁྱེན་པར་འཚམས་ཞུ། བསམ་ཡས་ལྷོག་དང་། ཀུང་ཐང་། གནས་ཆུང་། དཔལ་ལྷ་སོགས་སུ་གཟབ་གསོལ་འཕྲིན་བཅོལ། གཞན་ཡང་དཀྱུང་སྐྱེག་གི་ཞབས་བརྟན་རིམ་གྲོ་སྤྱན་གསལ་སོགས་མཐའ་ཀླས་པ་སྒྲུབ་རྒྱུའི་བཀའ་ཁྱབ་སྩལ། ལྷག་པར་༧གོང་ས་མཆོག་དང་༧ཞབས་པད། གཞུང་དྲུང་མི་དྲག་སེར་སྐྱ། སེར་འབྲས་དགེ་གསུམ་སོགས་ནས་སྤྱན་གསལ་གྱིས་སྐུ་སྙེར་ལ་ཞབས་བརྟན་དངོས་འབུལ་རྒྱ་ཆེར་ཕུལ་བ་རྣམས་བདག་གིར་བཞེས་ནས་ཡུན་དུ་འཚོ་ཞིང་གཞེས་པའི་ཐུགས་སྨོན་དང་ཞལ་བཞེས་ཀྱང་གནང་སྨོན་མཛད། ཚོགས་མཆོད་ཆེན་མོའི་འདུས་པ་རྣམས་ལའང་མང་འགྱེད་སོགས་སྩལ་ཞིང་། ཚོགས་མཆོད་སེར་སྦྲེངས་ཀྱི་ཉིན་མཆོད་ཡོན་ལྷན་རྒྱས་པོ་བྲང་ཆེན་པོ་ནས་ཐུགས་ཞིབ་དང་། གོས་སྐུ་རིན་པོ་ཆེར་ཐུགས་སྨོན་སྣན་ཤལ། གནས་ཆུང་ཆོས་སྐྱོང་ཆེན་པོར་འཕྲིན་བཅོལ་སོགས་གནང་སྨོན་དུ་བསྐྱངས། ཚོགས་མཆོད་གྲོལ་ཕྲལ་དགའ་ལྡན་ཚོགས་ཡོངས་ནས་ཞབས་བརྟན་ཐོག །༧འཛམ་མགོན་བླ་མའི་རྒྱལ་ཚབ་ཁྲི་རིན་པོ་ཆེ་ནས་མཇལ་གསུང་བཤད་སོགས་མཛད་པར་ཐུགས་བཞེད་ཇི་བཞིན་དུ་འགྲུབ་པའི་ཐུགས་སྨོན་རླབས

ཆེར་བསྐྱངས། ས་ག་ཟླ་བའི་ནང་མཐའ་དབུས་ཀྱི་འདུས་སྡེའི་ཚོགས་ལ་བསླེན་བཀུར་གྱི་ཐོག་ཞབས་བརྟན་རླབས་ཆེ་བར་སྒྲུབ་གནང་དང་། བདག་ཉིད་ཆེན་པོ་དྲང་སྲོང་བདེན་ཚིག་འགྲུབ་པ་དག་ལ་སྐུ་ཚེའི་འགལ་རྐྱེན་ཞི་བའི་སྒྲུབ་པ་མཛད་རྒྱུ་དང་། ཆོས་སྐྱོང་ཁག་ལ་གཟབ་གསོལ་སྤྱན་འདྲེན་གྱི་ཐོག་བསྟན་སྲིད་སྤྱི་དང་སྐུ་སྒེར་བཅས་ལ་འབྱུང་འགྱུར་ལུང་བསྟན་གྱི་རིགས་ཞུ་བ་དང་། འཕྲིན་ལས་བཅོལ་བ་སོགས་གནད་སྨིན་དུ་མཛད། མི་རིང་བར་༧གོང་ས་མཆོག་དང་ལྷན་རྒྱས་ནོར་གླིང་དུ་ཆིབས་བསྒྱོད་ངོས་སྐུའི་འཕྲོད་བསྟེན་ཆབ་བཞེས་དང་། རྒྱལ་ཁམས་ཡོངས་ལ་བྱམས་བརྩེས་ཀུན་ནས་བསླངས་པའི་ཆར་འབེབས་སོགས་ཀྱང་གནད་སྨིན་དུ་བསྐྱངས་པར་རིང་པོར་མ་ལོན་པར་ཆར་གྱི་རྒྱུན་ཟད་མི་ཤེས་པ་བབས་པས་༧རྒྱལ་བ་མཆོད་ཡོན་རྣམས་ཀྱི་ཐུགས་རྗེ་དང་བྱིན་རླབས་ཀྱི་ཡུལ་ལ་ཤེས་པར་ལྡན་པ་མཐའ་དག་ཡིད་ཆེས་ཀྱི་ངེས་པ་སྐྱེད་པར་གྱུར། དེ་སྐབས་བསྟན་རྒྱས་གླིང་དང་དྲུང་སྤྱི། ཞབས་པད། རྣམ་རྒྱལ་གྲྭ་ཚང་པ་སོགས་ནས་ཀྱང་འཆར་ཅན་གྱི་དཀར་སྤྲོ་གསོལ་སྟོན་སོགས་ཀྱང་རྒྱས་པར་ཕུལ། སླར་ཡང་ཕོ་བྲང་ཆེན་པོར་ཕྱིན་ཏེ་གནའ་བོའི་ལུགས་སྲོལ་ཆོས་བཞིན་དུ་སྐྱོང་བའི་མཛད་པ་བཟང་པོ་ཟླ་ལྷག་ཏུ་སྤེལ་བཞིན་པར་འཚོ་གཞེས་མཛད། འདི་ལོ་ཆབ་མདོ་འཕགས་པ་ལྷའི་ཡང་སྲིད་ངོས་འཛིན་གྱི་སྐོར་ལ་༧གོང་མའི་བཀས་བཅད་བཞིན་གསེར་བུམ་དཀྲུགས་དགོས་ལ། གཟིམ་ཆུང་ས་གསུམ་རྣམ་རྒྱལ་དུ་གསེར་བུམ་སྤྱན་དྲངས་ཐོག །བསྟན་གླིང་མཆོག་སྤྲུལ་རིན་པོ་ཆེ་དང་། སེར་འབྲས་ཀྱི་བླ་མ་བཞི། རྣམ་རྒྱལ་གྲྭ་ཚང་པ་བཅུ་དྲུག་བཅས་ནས་ཉིན་ཞག་མང་པོའི་བར་དཀོན་མཆོག་ལ་ཐུགས་རྗེ་བསྐུལ་བའི་རིམ་གྲོ་གནད་སྨིན་དུ་སྒྲུབ་བསྟུན། གཟའ་ཚེས་མཆོག་ཏུ་དགེ་བའི་ཉིན་༧གོང་ས་

མཆོག་དང་། སྐྱབས་མགོན་ཉིད། ཨམ་བན་རྣམ་གཉིས་བཅས་ལྷན་རྒྱས་ཀྱི་དབུས་སུ་མཚན་བྱང་བཏོན་པར་ལི་ཐང་དུ་འཁྲུངས་པ་དེ་བཞིན་ཐོན་པ་ན་སྔ་སོར་ལྷ་བླ་མ་རྣམས་ཀྱི་ལུང་བརྟགས་ཞུའི་དོན་དང་། དཔྱོད་ལྡན་རྣམས་ཀྱི་རྟོགས་གནས་ཀྱི་གཞི་དང་། དུས་འདིར་དཀོན་མཆོག་གི་ཐུགས་རྗེ་བསྐུལ་ཞིང་བདེན་ཚིག་པོར་བའི་འབྲས་བུ་ཀུན་གཅིག་ཏུ་མཐུན་པར་གྱུར་པས་ཚང་མ་ཡིད་ཆེས་དང་དད་གུས་ཀྱི་སྤྲོ་སྙིང་ཆེ་ཆེར་དུ་གཡོས་པར་གྱུར་ཅིང་ཆབ་མདོ་བ་རྣམས་ནས་རྗེ་ཉིད་སོ་སོར་མཇལ་རྟེན་གསུམ་གྱིས་མཚོན་པའི་ལེགས་འབུལ་གྱི་སྐྱེས་བཟང་ཡང་གྱ་ནོམས་པར་ཕུལ། འདི་ལོ་རྒྱལ་དབང་མཆོག་ནས་དགོངས་བཞེད་ཟབ་མོས་གཟིམས་ཆུང་ཕུན་ཚོགས་འདོད་དགུ་འཁྱིལ་བ་གསར་བཞེངས་མཛད་པ་ལེགས་པར་གྲུབ་པའི་རབ་གནས་ཀྱི་ཉིན་རབ་སྟོན་དང་གཟིམས་ཆུང་གི་ཞལ་སྒྲོའི་རྟེན་འབྲེལ་སོགས་ལེགས་ཚོགས་སྤེལ་ཕྱིར་ཞིང་ཁམས་རྒྱ་མཚོའི་བཀོད་པ་རྟེན་གསུམ་སོགས་ཀྱིས་སྣ་དྲངས་པའི་དངོས་བཤམས་ཀྱི་འབུལ་ཚན་གཏོས་ཆེ་བ་དང་། གསུང་ཚིག་པ་རྣམས་ལའང་སྐུ་ཡོན་སོགས་གཟབ་པར་སྩལ། ༸གོང་ས་ཆེན་མོའི་བཀྲ་ཤིས་འཁྲུངས་སྐར་གྱི་ཐོག་གཞུང་ས་མཆོག་ནས་སེར་འབྲས་དགེ་གསུམ་གྱི་དགེ་འདུན་མཆོ་བསྡུས་ཀྱིས་གོང་མའི་ཞབས་བརྟན་ཚོགས་དབུས་སུ་༸གོང་ས་མཆོག་དང་ལྷན་རྒྱས་ཆིབས་བསྒྱུར་གྱི་ཐོག་༸གོང་མ་ཡབ་སྲས་ཞབས་ཟུང་ཁྲི་ཐོག་ཏུ་བརྟན་པའི་ཐུགས་སྨོན་མཚམས་སྦྱོར་རྒྱ་ཆེ་གནད་སྨིན་དུ་བསྐྱངས་ཤིང་འདུས་པ་རྣམས་ལ་མང་འགྱེད་སོགས་ཀྱི་བསྙེན་བཀུར་རྒྱ་ཆེ་བ་ཡང་སྩལ་བར་མཛད། དབང་ཕྱོགས་ནས་མཁན་ནང་འཁོར་གདོང་༸གོང་ས་མཆོག་ལ་༸གོང་མ་ཆོས་ཀྱི་རྒྱལ་པོ་བཅའ་ཆེན་ཁྲི་བཞུགས་དགུང་ལོ་དང་པོའི་དུས་གསེར་གྱི་བཀའ་ལུང་བཟང་པོ་དང་། ལོ་ལྟར་འཆར་

ཅན་གྱི་རྟེན་ཆས་ཁྱར་འདི་ལོ་སྦྲུལ་དཀར་པོ་བྱུབ་གཉིས་དང་། ཕན་ག་གེད་ཀོ། །
རྫོང་ཁྲིམ་ལས་གྲུབ་པའི་ཚེ་དཔག་ལྷ་དགུ་སོགས་ཕྱུལ་བར་སྐུ་སྐོར་ནས་ལེགས་
འབྱུལ་དུ་ལྷ་རྫས་སོགས་ཀྱི་དངོས་སྐྱེས་གྱུ་ནོམས་པར་འབྱུལ་བར་མཛད་ཅིང་།
དེ་བཞིན་དུ་༸སྐྱབས་མགོན་ཉིད་ལའང་༸འཛམ་དབྱངས་ཆོས་ཀྱི་རྒྱལ་པོ་ནས་
གསེར་གྱི་བཀའ་ལུང་དོན་བཟང་གི་ནོར་གྱིས་ཕྱུག་པ་དང་། དངོས་སྐྱེས་བཟང་
པོའི་གནང་སྦྱིན་འཕར་མ་དང་བཅས་པ་དང་། ལྷག་པར་སྤྱི་ལོ་༸གོང་མའི་
ཞབས་བརྟན་དུ་བརྟན་བཞུགས་ཆོས་འཁོར་གླིང་གསར་བསྐྲུན་མཛད་ཚུལ་སྙན་
ལམ་དུ་གསོལ་བར་འདི་ལོ་ཕྱིར་ཐེབས་སུ་དབུས་གཙང་ཀུན་བདེ་གླིང་ཞེས་པཎ་
བཟང་པོ་དང་། གྲྭ་པ་ལྔ་བཅུར་དུས་ཐེའི་བཀའ་ཤོག །མི་རྗེ་ཕྱག་མཛོད་ཆེན་
མོ་བསྟན་འཛིན་རྒྱ་མཚོར་ཇ་ཕུ་དྲ་བླ་མའི་ཚེ་ལོ་བཅས་སྐུལ་བ་སོགས་བདག་
རྐྱེན་གཟིགས་བསྐྱངས་ཚད་མེད་པ་བསྐུལ་དོན་བཞིན་གཟའ་སྐར་དུས་ཆོས་
ཕུན་སུམ་ཚོགས་པའི་ཉིན་ཀུན་གསལ་ལྷ་ལམ་ཡངས་པོར་ཉིན་བྱེད་འབུམ་གྱི་
འོད་སྟོང་གསལ་བར་འཆར་བ་ལྟ་བུའི་བཟོ་བཀོད་དང་གཟི་བྱིན་ཕུན་སུམ་
ཚོགས་པའི་པཎ་བཟང་པོ་གསར་དུ་འཛུགས་པར་མཛད་ལ་དེའི་ཚེ་གོང་ས་ལྷ་
མིའི་འདྲེན་པ་མཆོག་ནས་ཀྱང་སྐུ་ཚབ་ཆེད་གནང་གིས་ལེགས་སྐྱེས་བཟང་པོ་
དང་། བཀའི་གྲུང་སློན། ཇ་མདའ་རྫས་མགྲོན་སོགས་གཞུང་སའི་ལས་ཚན་པ་
ཆེ་ཆུང་། ཆོས་སྡེ་ཁག་སོགས་ཚང་མ་ནས་ཞིང་ཁམས་ཀྱི་བཀོད་པ་དང་། རྟེན་
གསུམ་ལྷ་རིག་སོགས་ཀྱིས་སྣ་དྲངས་པའི་དངོས་པོའི་འབྱོར་ཚོགས་ནོར་འཛིན་
འགེངས་པར་བྱེད་པ་དུ་མས་མདུན་བདར་བའི་ལེགས་སྐྱེས་ཀྱི་མཆོད་སྤྲིན་ཚད་
མེད་པ་སྤྲོ་བར་གྱུར་པ་དེ་དག་རྣམས་ལའང་གོ་བབ་ལྟར་གྱི་དཀར་སྤྲོ་དང་
གསོལ་སྟོན་གནང་སྐྱེས་སོགས་གྱི་ནོམས་པ་གཟབ་རྒྱས་སུ་བསྟར། དེའི་ཕྱི་ཉིན་

༸རྒྱལ་དབང་མཆོག་ལ་ལེགས་འབུལ་གྱི་སྐྱེས་བཟང་ཚད་མེད་པ་དང་བཅས་ཏེ་མཇལ་ཕྱག་དང་། ཨམ་བན་སོགས་ལའང་གནང་སྐྱེས་བཟང་པོས་ཚིམ་པར་མཛད་ཅིང་། མི་རིང་བར་གོང་མ་ཆོས་ཀྱི་རྒྱལ་པོར་ལེགས་འབུལ་གཏང་རག་གི་འཚམས་ཞུ་སོགས་ཀྱང་སྩལ་བར་མཛད་དོ། །

ཕུལ་བྱུང་མཁྱེན་སྤྱོད་འབུམ་གྱི་ཀློང་ཡངས་ནས། །བསྔུ་བའི་དངོས་པོ་བཞི་ཡི་དྲི་བསུང་གིས། །ཕུན་ཚོགས་རྐང་དྲུག་མགྲོན་དུ་འགུགས་པ་ཡིས། །གངས་ལྗོངས་མ་ལ་ཡ་འདི་མཛེས་པར་བྱས། །ཤར་ཕྱོགས་ནོར་འཛིན་སྐྱོང་བའི་བྱེད་པོ་དེས། །གསེར་གྱི་ལུང་དང་བཟང་པོའི་སྐྱེས་ཀྱི་འཕྲེང་། །ལན་གཅིག་མིན་པར་ཕྱོགས་འདིར་སྤེལ་བའང་། །གང་གི་མཛད་པས་ཡིད་རབ་འཕྲོག་པར་ངེས། །དབུས་གཙང་ལ་སོགས་འཛམ་གླིང་ཡུལ་གྲུ་ཀུན། །ཕན་བདེའི་དཔལ་ལ་སྤྱོར་བའི་གླིང་མཆོག་ཏུ། །ས་ཡི་ཚངས་པ་མཆོག་དེས་བསྐྱགས་པའི་གདངས། །ཁོར་ཡུག་སྲིད་པ་གསུམ་གྱི་ཁོངས་ན་སྣན། །སྔོན་དུས་གཡའ་བྲལ་དག་པའི་མཁའ་ཀློང་ངོས། །ཉིན་བྱེད་འབུམ་གྱི་འོད་སྟོང་ཤར་འདྲ་བའི། །མིག་གི་བདུད་རྩིར་ཆེ་འདི་ལྷ་དབང་གིས། །སྤྲུལ་ལམ་བི་ཤྭས་བྱས་སྣམ་འཕྱང་མོ་ཞུག །དེ་ཚེ་སྲིད་འདིར་ཆེ་བའི་སྐྱེ་བོ་ཀུན། །གཅེས་པངས་ནོར་གྱི་མཆོད་སྤྲིན་སྤེལ་བ་དང་། །ལྷན་ཅིག་གང་གི་ཞབས་སོར་བདུད་རྩིའི་ཐིགས། །རལ་པའི་རྒྱན་དུ་འགོད་ལ་རིངས་བཞིན་འདུ། །འཕགས་པའི་འཕྲིན་ལས་དུས་ལས་མི་ཡོལ་ཞེས། །ཀུན་ལ་གསལ་བར་མཚོན་པ་བྱ་ཕྱིར་དུ། །མ་འབད་པར་ཡང་ཕུན་ཚོགས་མ་ལུས་པ། །རང་གི་ངང་གིས་འདུ་འདི་ཨེ་མ་ཧོ། །

འདི་ལོ་དེ་གོང་ཏོར་ཟླ་བདུན་པའི་ནང་ཙམ་ནས་ཡར་ལུང་ཁྲ་འབྲུག་གི་
རྟེན་གསུམ་གཙུག་ལག་ཁང་དང་བཅས་པ་རྣམས་ལ་ཞིག་གསོའི་དགོངས་
གཏད་ཟབ་མོས་སྟེ་དྲུག་མཁན་ཟུར་ལེགས་བཤད་ཆེད་མངགས་ཀྱིས་བསྐྱོ་
བཞག་བསྐྱུངས་ཏེ། གཙུག་ལག་ཁང་རྟེན་དང་བརྟེན་པར་བཅས་པ་རྣམས་ལ་
ཉམས་གསོ་རྣམ་པར་དག་པ་དགོས་པའི་བཀའ་བཀོད་མཐིལ་ཕྱིན་དུ་བསྐྱུངས་
ཏེ་རྫོང་བཙ་མཛད། ཟླ་བ་དགུ་པའི་ཡར་ཚེས་ལ་༧གོང་མ་བཅའ་ཆེན་ཁྲི་
བཞུགས་ཀྱི་འཁྲུངས་སྐར་ཞབས་བརྟན་གྱི་ཚོགས་དབུར་ཕེབས་ཏེ་༧རྒྱལ་དབང་
མཆོག་དང་ལྷན་རྒྱས་ནས་ཐུགས་སྨོན་མཚམས་སྦྱོར་རྒྱ་ཆེན་པོ་དང་འདུས་པ་
རྣམས་ལ་མང་འགྱེད་སོགས་གཏོས་ཆེ་བའི་བཀའ་དྲིན་སྐྱལ་བར་མཛད། ལྷ་
བབ་དུས་ཆེན་གྱི་ཉིན་ལྷ་ལྡན་དཀྱིལ་འཁོར་སྡིངས་སུ་སྟོང་མཆོད་རྒྱས་པའི་ཐོག་
རྟེན་གསུམ་རྣམས་ལ་ན་བཟའ་སྙན་ཤལ། གསེར་གསོལ། ཐུགས་སྨོན།
གསུང་ཆོག་པ་རྣམས་ལ་བསྙེན་བཀུར་སྐུ་འགྱེད་སོགས་ཟླ་ལྷག་ཏུ་སྐྱལ། གཞན་
ཡང་སྐྱེ་འགྲོ་རྣམས་ལ་ནད་རིམས་ཀྱི་ཉེར་འཚེ་ཆེ་ཙམ་འདུག་པ་དེ་ཉིད་མྱུར་དུ་
ཞི་ཕྱིར་ལྷ་བླ་མའི་ཐུགས་བརྟག་དང་སྐྱབས་མགོན་ཉིད་ནས་དགོངས་དཔྱད་
ཀྱིས་རྣམ་དཀར་རིམ་གྲོའི་ཚོགས་ཀྱང་མཐའ་ཀླས་པ་སྒྲུབ་པར་མཛད། དེ་དག་
གི་བར་སྐབས་རྣམས་སུ་མཐའ་དབུས་ཀྱི་དད་འདུས་རྣམས་ལ་མཇལ་ཕྱག །
ལས་ཚན་པ་སོགས་བརྗེ་ལེན་གྱི་བསྐོ་བཞག །གཞུང་སྒེར་གྱི་ལས་དོན་གལ་ཆེར་
ཐོན་མི་རྣམས་ལ་ཐོན་ཕྱག་དང་། བཀའ་སློབ། ཆབ་འབངས་མི་སེར་རྣམས་
ཀྱི་ཁྲལ་རིགས་སྒྲུབ་ཆག་གི་སྙན་ཞུའི་བཀའ་ལན་དམ་འབེབ། རྫོང་གཞིས་
སོགས་སུ་ཞི་དྲག་གི་བླང་དོར་བགྱི་འོས་ཀྱི་བཀའ་རྒྱ་སྐྱལ་རྒྱུ་སོགས་སྲིད་དོན་བྱ་
གཞག་གི་རིགས་མཐའ་དག་འཐུས་ཤོར་མེད་པར་ཚགས་སུ་ཚུད་པར་མཛད་

ཏོ། །དེ་ནས་ལྷ་མཚོད་ཆེན་མོའི་ཉིན་༸རྒྱལ་དབང་མཆོག་དང་ལྷན་རྒྱས་
གསུང་མོལ་དང་། གནས་གཟིགས་ཐུགས་སྨོན། ཕྱི་ཏྲེ་གླིང་མེར་ཐུགས་ཞིབ་
སོགས་བསྐྱངས་ཤིང་། ཆོས་ཉེར་དྲུག་གི་ཉིན་སེར་འབྲས་ཀྱི་བླ་མ་ལས་སྡེ།
གཞུང་དྲུང་མི་དྲག་སེར་སྐྱ་རྣམས་ལ་དགུན་མཇལ་སོགས་སྐུལ་ནས་རིམ་གཉིས་
ཟབ་མོའི་ཐུགས་དམ་བཅད་རྒྱུར་བཞུགས། གནམ་གང་གི་ཉིན་ལྷ་ཞོལ་སོགས་
སུ་ངན་སློང་བརྒྱ་ཕྲག་དུ་མར་ཡོངས་པ་རྣམས་ལ་ཟས་གོས་སོགས་ཀྱི་སྦྱིན་གཏོང་
རྒྱ་ཆེན་པོ་སྩལ་ཏེ་ཉམ་ཐག་རྣམས་བདེ་སྐྱིད་ལ་སྦྱོར་བར་མཛད་ཐོག་དེ་ཐམས་
ཅད་ཀྱང་མ་འོངས་པ་ན་གང་གི་ཆོས་ཀྱི་བདུད་རྩི་ཐོག་མར་ནོད་པའི་གདུལ་
བྱར་འགྱུར་བའི་ཐུགས་སྨོན་གྱི་མཚམས་སྦྱོར་རྣམ་པར་དག་པ་མཛད། འོན་
ཆོས་སྡིངས་སུ་རྒྱལ་སྲས་རྡོ་རྗེ་འཆང་ཆེན་པོར་བཅད་རྒྱའི་ཡོངས་ནས་ཞུ་འཕྲིན་
སྐྱེས་དང་བཅས་པ་འབུལ་གནང་གིས་བསྟན་འགྲོའི་ཕན་བདེ་སྤེལ་ཐབས་ཀྱི་ངོ་
མཚར་བའི་བཀའ་མཆིད་དུ་མ་ཞིག་ཀྱང་སྩལ་ཚོད་དུ་སྣང་། ཉི་ཤོག་གི་གདོང་
སོགས་སུ་ཆོས་སྡེ་ཆེན་པོ་གསུམ་དང་། རྒྱུད་གྲྭ་རྣམ་གཉིས། མེ་གཞིས། རྣམ་
རྒྱལ་གྲྭ་ཚང་། བསྟན་རྒྱས་གླིང་། ཀུན་བདེ་གླིང་། ཚེ་མཆོག་གླིང་། དགེ་
འཕེལ། འོན་ཆོས་སྡིངས་སོགས་འདུས་སྡེ་དང་། རི་ཁྲོད་ཁག་རྣམས་ལ་མང་
འགྱེད་ཐོག་སྤྱན་གསལ་གྱི་ཞབས་བརྟན། ཆོས་སྐྱོང་ཁག་རྣམས་ལ་གཟབ་
གསོལ་ཉིན་སྤེལ་གྱི་ཐོག་འཕྲིན་བཅོལ། གཞན་ཡང་རྒྱུན་དང་འཕར་མའི་རིམ་
གྲོ་བསམ་ལས་འདས་པ་མཛད་པ་དེ་ཐམས་ཅད་ཀྱང་གཙོ་བོར་རྒྱལ་དབང་ཡབ་
སྲས་དང་༸གོང་མ་ཆོས་ཀྱི་རྒྱལ་པོའི་ཞབས་བརྟན། འཇམ་མགོན་བླ་མའི་
བསྟན་པ་འཕེལ་རྒྱས། དགའ་ལྡན་ཕོ་བྲང་པའི་ཆབ་སྲིད་ཡར་རྒྱས། གངས་
ལྗོངས་སྐྱེ་འགྲོ་རྣམས་ཀྱི་བདེ་ཐབས། ༸མགོན་པོ་ཉིད་ཀྱི་གསང་བ་གསུམ་གྱི་

འགལ་རྐྱེན་ཞི་བ་སོགས་ལེགས་ཚོགས་བླ་ན་མེད་པ་འབའ་ཞིག་གི་རྒྱུར་སྨིན་པར་མཛད། དེ་ནས་ཧོར་ཟླ་བཅུ་གཉིས་པའི་དམར་ཕྱོགས་ལ་བཅད་རྒྱ་ལས་བཞེངས་ཏེ་ལས་ཚན་པ་སོགས་ལ་མཇལ་ཁ་ཕྱག་དབང་སྩལ། དེ་ནས་རྒྱལ་དབང་མཆོག་གི་མཇལ་ཕྱག་ཏུ་ཕྱིན་ཏེ་གང་ཅིའི་གསུང་མོལ་ཞིབ་རྒྱས་སུ་བསྐྱངས་ཤིང་། བཀའ་བློན་ལྷ་ལྡིངས་པ་ཁམས་ཀྱི་ལས་དོན་ནས་འགྱུར་བ་སོགས་དང་། རྒྱ་བོད་ཧོར་གསུམ་ནས་འདུས་པའི་བསྟན་པའི་སྦྱིན་བདག་རྣམས་ལ་མཇལ་ཁ་དང་། བཀའ་འདྲི། ཟུར་ཆས་ཀྱི་གནང་སྦྱིན་སོགས་གང་འོས་སུ་སྩལ། གཞན་ཡང་སྨོན་ལམ་མང་ཇའི་ཕོ་སྦྲིག་དང་། སེར་ཕྲེས་ཀྱི་ནང་རྟེན་གྲུབ་ཆེན་མདའ་ཆར་བའི་ཕུར་པའི་རྟེན་མཇལ། ལོ་མཇུག་གི་དུས་གཏོར་འཆམ་གཟིགས་སོགས་ཀྱི་མཛད་འོས་གང་ཅི་སྔར་ལམ་ལྟར་བསྐྱངས་སོ། །

དེ་ནས་དམར་སེར་ཅན་ཞེས་མེ་མོ་སྦྲུལ་ལོ་གསར་ཚེས་ཀྱི་རྟེན་འབྲེལ་བཟང་པོའི་མཛད་པ་སྤྱི་དང་། ༧གོང་ས་མཆོག་ལ་ལོ་གསར་གྱི་མཇལ་འབུལ། དགྱེས་སྟོན་ཉིན་སྔ་ཕྱིར་རོལ་བ་སོགས་སྔར་ལམ་ལྟར་བསྐྱངས་ཤིང་། མི་ཛེ་རྗེ་རིང་སོགས་ནས་འཆར་ཅན་ལོ་གསར་གྱི་དགར་སྟོ་འབུལ་བཞེས་སོགས་ཀྱང་སྤར་ཞུས་དང་། ལྷ་ལྡན་སྨོན་ལམ་ཚོགས་གདོང་སེར་འབྲས་དགེ་གསུམ་གྱི་ལས་སྣེ་སོགས་ལ་མཇལ་ཕྱག་དང་དགེ་བསྐོས་སོགས་ལ་སྒྲིག་ལམ་གྱིས་མཚོན་པའི་བྱེད་སྒོ་གང་ཅིར་འཐུས་ཤོར་མེད་པ་དགོས་པའི་བཀའ་ཁྱབ་ཀྱང་སྩལ། སྨོན་ལམ་ཆེན་མོའི་འདུས་པ་རྣམས་ལ་སྐུ་སྐྱེར་ནས་མང་འགྱེད་ཀྱང་གཏོས་ཆེ་བ་བཀྱེ་བར་མཛད། འདི་ལོ་ཆུ་བཟང་ཏུ་ཐོག་ཐུའི་དགོངས་རྫོགས་སུ་སྨོན་ལམ་ཆེན་མོར་མང་འགྱེད་སྤྱི་འབུལ་དང་༧སྐྱབས་མགོན་རྗེ་ཤོད་རྣམས་ལ་ཚོགས་དབུའི་འབུལ་སྐྱེས་རྒྱ་ཆེ་བ། དེ་མཚུངས་ལྷ་ཀླུ་དགའ་ཚལ་ནས་ཡུམ་དབྱངས་ཅན་

དཔལ་མོ་འདས་ཆེད་དུ་སྨོན་ལམ་མང་འགྲེད་དང་མཆོད་ཡོན་རྣམ་གཉིས་སུ་འབུལ་སྐྱེས། བྲག་གཡབ་ཆུང་ཚང་སྤྲུལ་སྐུ་ནས་ཀྱང་སྨོན་ལམ་མང་འགྲེད་དང་ཚོགས་དབུའི་འབུལ་བ་བཅས་ཕུལ་བ་རྣམས་ལ་སོ་སོར་གོ་བབ་ལྟར་གྱི་མཇལ་ཕྱག་གནང་སྦྱིན་སོགས་ཀྱང་ཚད་མེད་པའི་བཀའ་དྲིན་སྐྱལ་ཞིང་སྦྱིན་བདག་རྣམས་ཀྱི་རེ་བ་ཡིད་བཞིན་དུ་སྐོང་བའི་ཐུགས་སྨོན་སྐྱབས་འཇུག་སོགས་རྒྱ་ཆེ་གནད་སྨིན་དུ་བསྐྱངས་ཏེ་རྒྱུ་སོང་གི་འབྲས་བུ་དོན་དང་ལྡན་པར་མཛད། ཧོར་ཟླ་དང་པོའི་ཚེས་བཅུའི་ཉིན་འཇིག་རྟེན་གསུམ་མགོན་རྒྱལ་དབང་ཕྱག་ན་པདྨོར་བཅོམ་ལྡན་འདས་མགོན་པོ་ཚེ་དཔག་ཏུ་མེད་པའི་སྒོ་ནས་ཚེའི་དབང་བསྐུར་ཞུ་བར་མཛད་ཅིང་གཏང་རག་གི་སྐུ་ཡོན་སོགས་ཀྱང་རྒྱ་ཆེར་ཕུལ། གནས་ཆུང་ཆོས་སྐྱོང་ཆེན་པོ་ཁོག་ཀློམས་སྤྱན་འདྲེན་གྱི་ཐོག་སྐན་ཤལ་སྣ་ལྔ་དང་། ཞལ་ཛ་གསེར་ཕུད་སོགས་མཆོད་ཚོགས་རྒྱས་པར་སྦྲོས་ཏེ་ལས་བཞིའི་འཕྲིན་ལས་མི་གཡེལ་བར་སྒྲུབ་དགོས་པའི་འདོད་གསོལ་ནན་ཏན་ཏུ་བསྐྱངས། གཞན་ཡང་སྨོན་ལམ་ཆེན་མོའི་སྦྱིན་བདག་སོགས་དད་འདུས་ཁྲི་ཕྲག་མང་པོར་མཇལ་ཕྱག་སོགས་བར་མ་ཆད་པ་དང་། སྨོན་ལམ་གྲོལ་བསྡུན་ལས་བྱེད་པ་སོགས་ལ་མཇལ་ཁ་སྩལ། བསྟན་སྲིད་བདེ་ཐབས་ཀྱི་རིམ་གྲོ་དང་རྒྱལ་དབང་མཆོག་གི་ཞབས་བརྟན་དུ་དགོངས་ཏེ་རྣམ་དཀར་དགེ་སྒྲུབ་ཀྱི་རིམ་པ་མཐའ་ཀླས་པ་སྒྲུབ་རྒྱུ་གཞུང་ལས་ཁུངས་སོགས་ལ་བཀའ་ཁྱབ་དང་། སྐུ་སྐྱེར་ནས་ཀྱང་ཞབས་བརྟན་གཟབ་རྒྱས་ཕན་བདེའི་གསོལ་སུ་སྨིན་པ་སྒྲུབ་པར་མཛད། ལྷ་ལྡན་ཚོགས་མཆོད་ཆེན་མོའི་བགྲེ་འོས་རྣམས་ཀྱང་སྔར་ལམ་ལྟར་འཐུས་ཚང་དགོས་པའི་བཀའ་འཁོར་གྱིས་ཁྱབ་པར་མཛད་ཅིང་། ཟླ་བ་གསུམ་པའི་ཚེས་གཅིག་གི་ཉིན་ཀུན་བདེ་གླིང་དུ་གནས་ཆུང་ཆོས་སྐྱོང་ཆེན་པོ་སྤྱན་འདྲེན་གྱི་ཐོག་

སྙེ་དགོན་འདི་ཉིད་ཇེ་སྲིད་རྒྱལ་བསྟན་ནམ་གནས་ཀྱི་བར་དུ་མི་ཉམས་གོང་འཕེལ་ཡར་ཟླ་ལྟར་རྒྱས་པའི་འཕྲིན་བཅོལ་ནན་ཏན་དུ་བསྐྱངས། རྣམ་རྒྱལ་གྲྭ་ཚང་པན་བདེ་ལེགས་བཤད་གླིང་པ་འདུས་སྤྱི་ནས་མཆོད་ཡོན་ལྷན་རྒྱས་ཞབས་ཟུང་རྡོ་རྗེའི་ངོ་བོར་བརྟན་པར་གསོལ་བ་འདེབས་པའི་རྟེན་འབྱུང་བཟང་པོའི་མཆོད་སྤྲིན་འགྱེད་པའི་ཚོགས་དབུར་སྦྱོན་ཏེ་དད་ལྡན་རྣམས་ཀྱི་ཡིད་ལ་སྨོན་པ་ཇི་བཞིན་དུ་འགྲུབ་པའི་ཐུགས་སྨོན་སྩལ། བརྒྱུད་གཏོར་སྐབས་གཞུང་དྲུང་མི་དྲག་སོགས་ལ་མཇལ་ཁ་དང་། མི་རིང་བར་རྣམ་རྒྱལ་གྲྭ་ཚང་པས་དུས་ཀྱི་འཁོར་ལོའི་མཆོད་གར་གྱི་གཟིགས་མོ་སོགས་ཀྱང་སྔར་ལམ་ལྟར་བསྐྱངས། ཟི་ལིང་སྐར་དཔོན་སོགས་ཚོང་པ་ཁག་དང་ཕྱུགས་འགྲུལ་ཕོན་མིའི་རིགས་རྣམས་ལ་ཕོན་ཕྱུག་དང་གནང་སྦྱིན་སྩལ་དགོས་སོགས་ཀྱི་ཐུགས་བྲེལ་ཀྱང་རིམ་སེལ་དུ་བསྐྱངས། ཧོར་ཟླ་བཞི་པ་གསར་འཕྲུལ་ལྷ་ལྡན་དུ་ཇོ་ཤཱཀྱ་ཡིད་བཞིན་ནོར་བུར་སྟོང་མཆོད་རྒྱས་པའི་ཐོག་ཇོ་བོ་རིན་པོ་ཆེར་སྟོད་གཡོགས་ཕོང་རྗེར་སྲུང་དམར་པོ། མཐའ་འཇའ་གན་རྟུས་ལྷུང་ཁུ་སོགས་ཀྱིས་བྱས་པ་དང་སྐུ་པང་ཕོང་ཟར་བབ། མཐའ་ལེབ་རྟུས་གན་གོས་སྟོན་པོས་བྱས་པ་དང་། དེ་བཞིན་དུ་ཐུགས་རྗེ་ཆེན་པོ། སྒྲོལ་མ་དར་ལེན་མ། རྗེ་ཙོང་ཁ་པ། བྱམས་པ་ཁྲུས་མཛད་མ། སྲུང་བཙན། དཔལ་ལྷ་དྲག་མོ་སོགས་རྟེན་གསུམ་ཕལ་མོ་ཆེ་མཐའ་དག་ལ་བཟང་གོས་འབའ་ཞིག་ལས་གྲུབ་པའི་སྟོད་གཡོགས་སྨད་གཡོགས་རང་འཁྲིག་དང་། སྣན་ཤལ་སོགས་མཆོད་པ་དང་སྲིད་ཞུ་རྒྱ་ཆེན་པོའི་སྒོ་ནས་འགྲོ་བ་མཐའ་དག་བྱང་ཆེན་གྱི་ལམ་བཟང་པོར་དགྲི་བའི་ཐུགས་སྨོན་དང་། རླབས་ཆེན་དགེ་བ་དེ་ཐམས་ཅད་ཀྱང་རང་བཞིན་མེད་རྟོགས་ཀྱི་ལྟ་བས་རྒྱས་འདེབས་པ་སོགས་འཁོར་གསུམ་རྣམ་པར་དག་པ་འབའ་ཞིག་ཏུ་འགྱུར་བར་མཛད། རྒྱ་

ནག་མཁན་ནང་གི་གདོང་གོང་མ་ཆོས་ཀྱི་རྒྱལ་པོ་སོགས་ལ་འཚམས་ཞུ་དང་། རྟེན་ཆས་འབུལ་རྒྱུ་སོགས་སྔར་ལམ་ལྟར་དང་། མཁན་ནང་སོ་སོར་ཐོན་ཕྱག་དང་གསོལ་རས་ཐོག་ཞབས་འདེགས་ཀྱི་རིམ་པ་མཐའ་དག་ལྷག་བསམ་ཆེ་བསྐྱེད་ཀྱིས་ལེ་ཉོར་མེད་པ་དགོས་པའི་བཀའ་ཁྱབ་ཀྱང་སྩལ། ས་ཟླའི་ཆོས་དགུའི་ཉིན་གྲུ་འཛིན་ཕོ་བྲང་དུ་གསེར་གདུང་རིན་པོ་ཆེ་འཛམ་གླིང་རྒྱན་གཅིག་གི་དྲུང་དུ་སྟོང་མཆོད་རྒྱས་པ་དང་སྨན་ཤལ་སྣ་ལྔ། འཕགས་པ་འཇིག་རྟེན་དབང་ཕྱུག་ལོ་ཀེ་ཤྭ་རའི་སྣང་བརྙན་ལ་བརྒྱ་མཆོད་དང་། བཟང་གོས་ལས་གྲུབ་པའི་སྟོད་གཡོགས་སྨད་གཡོགས། སྐུ་གཟན་དང་བཅས་པ་དང་སྒྲོལ་མ་གླིང་དགའ་མར་ཡང་སྟོད་གཡོགས་སྨད་གཡོགས། གཞན་ཡང་ཕོ་བྲང་ཆེན་པོའི་རྟེན་གསུམ་བྱིན་ཅན་མ་ལུས་པར་སྨན་ཤལ་མཆོད་འབུལ་སོགས་རྒྱ་ཆེན་པོ་དང་བཅས་ཏེ་རྒྱལ་བསྟན་དར་ཞིང་འགྲོ་ཀུན་བྱང་ཆུབ་ཀྱི་སེམས་ཀྱིས་རྒྱུད་ཡོངས་སུ་འབྱོངས་པའི་ཐུགས་སྨོན་རྣམ་པར་དག་པ་མཛད། མཆོད་འབུལ་བ་རྣམས་ལའང་བསྙེན་བཀུར་དང་ཡོན་སོགས་དཔངས་མཐོ་བར་སྩལ། འདི་ཟླའི་ཆོས་ལྔའི་ཉིན་དབུས་གཙང་ཀུན་བདེ་གླིང་དུ་བཅོམ་ལྡན་འདས་དཔལ་འཁོར་ལོ་བདེ་མཆོག་གི་སྒྲུབ་ཅིང་མཆོད་པའི་རིམ་པ་རྗེ་ཐམས་ཅད་མཁྱེན་པའི་བཞེད་སྲོལ་འཁྲུལ་མེད་བརྒྱུད་ལྡན་བླ་མ་དམ་པའི་ཕྱག་ལེན་རྣམ་དག་གི་དགོངས་དོན་བཞིན་གསར་དུ་འཛུགས་པར་མཛད་ཅིང་འདུས་པ་རྣམས་ལའང་བསྙེན་ཅིང་བཀུར་བའི་རིམ་པ་གཟབ་རྒྱས་སུ་བསྟར། འདི་ལོ་ཁམས་ཕྱོགས་སུ་ཆབ་མདོ་འཕགས་པ་ལྷའི་ཡང་སྲིད་མཆོག་སྤྲུལ་ངོས་འཛིན་གདན་ཞུ་གྲུབ་པའི་ཁྲི་འདོན་གྱི་སྐབས་ལེགས་སྐྱེས་འབུལ་མི་ཚེད་རྫོང་གི་གདོང་སྣན་ཚིག་གི་ལམ་ནས་དྲངས་པའི་ཞུ་འཕྲིན་དང་། རབ་དཀར་ནང་མཛོད། རིན་ཆེན་གཉིས་པ་

ལས་གྲུབ་པའི་ཞིང་ཁམས་རྒྱ་མཚོའི་བཀོད་པ་མཛོད་བཏགས་སྣ་ལྔའི་འདོགས་བཅས། སྐུ་གསུང་ཐུགས་རྟེན། དབུ་པཎ་ཇ་རིང་སོགས་ཀྱིས་མཚོན་པའི་དངོས་སྐྱེས་བཟང་ཞིང་ཀྱི་ནོམས་པ་འབུལ་བར་མཛད། བཀའི་ཀྲུང་བློན་བཤད་སྒྲ་འོག་པ་ནས་རྨད་བྱུང་ལྷག་བསམ་བཟང་པོས་ཀུན་ནས་བསླངས་ཏེ། གསེར་ཟངས་ལས་གྲུབ་པའི་མགོན་པོ་ཚེ་དཔག་མེད་ཀྱི་སྐུའི་སྣང་བརྙན་རྟེན་གཙོ་ཆེ་བ་ལྔ་དང་བཅས་པའི་སྟོང་ཚར་གཅིག་གསར་དུ་བཞེངས་ཏེ་རྒྱལ་དབང་མཆོད་ཡོན་ལ་རབ་གནས་ཞུ་བར་ཕོ་བྲང་དུ་གདན་དྲངས་པར་གཟའ་ཚེས་ཕུན་སུམ་ཚོགས་པའི་ཉིན་རྒྱལ་དབང་འཇིག་རྟེན་གསུམ་མགོན་དང་ལྷན་རྒྱས་ཚོགས་དབུས་སུ་ཕྱིན་ནས་རབ་ཏུ་གནས་པའི་རིམ་པ་རྒྱ་ཆེར་མཛད་དེ་བདེ་ལྡན་ཞིང་མགོན་ཚེ་མཐའ་ཡས་པ་དངོས་དང་རྣམ་དབྱེར་མ་མཆིས་པའི་བྱིན་རླབས་ཀྱི་གཏེར་མཛོད་ཆེན་པོར་གྲུབ་པར་མཛད་ཅིང་། བཀའ་བློན་པ་བུ་རྣམས་ནས་རབ་ཡོན་ལེགས་འབུལ་གྱི་མཆོད་ཕྲིན་ཀྱང་དཔངས་མཐོ་བར་འདེགས་པ་རྣམས་ལ་གང་འཚམས་ཀྱི་མཇལ་སློག་དང་། བྱས་བསགས་ཀྱི་དགེ་བ་རྣམས་ལ་ལྷག་སེམས་དང་བྲལ་བའི་དགའ་བ་གོང་དུ་འཕེལ་བའི་སླད་དུ་བཀའ་བཟང་གི་དབུགས་དབྱུང་ལ་སོགས་པའང་ལེགས་པར་སྩལ་ནས་གཟིངས་ཡོངས་སུ་བསྐྱོད་པར་མཛད། བཀྲ་ཤིས་ལྷུན་པོར་ཀུན་གཟིགས་པཎ་ཆེན་ཐམས་ཅད་མཁྱེན་གཟིགས་མཆོག་ནས་༧རྒྱལ་བའི་གཞུང་ལུགས་རབ་འབྱམས་ལ་ཐོས་བསམ་གྱིས་དཔྱད་པ་ཕུལ་ཕྱིན་དུ་མཛད་པའི་རང་རྟགས་ཀུན་ལ་མངོན་སུམ་དུ་གྱུར་ཕྱིར་རིགས་ཚུང་གི་ཚོགས་ལངས་མཛད་སྨྲ་སྐན་ལམ་དུ་སོན་པ་ན་རྟེན་འབྲེལ་བཟང་པོའི་སྒོ་བརྒྱ་འབྱེད་ཕྱིར་ལེགས་སྐྱེས་འབུལ་མི་ཆེད་གནང་གི་གདོང་ཞུ་འཕྲིན་འཚམས་ཞུ་དང་བཅས་ཏེ་སྔར་ཕན་ཀྱང་བསྟན་པ་རིན་པོ་ཆེ་ཐུགས་ལ་བརྒྱགས་

པས་འཇམ་མགོན་བླ་མའི་བསྟན་པ་གསེར་སྦྱངས་བཅོ་མ་ལྟ་བུ་ལ་ཐོས་བསམ་
སྒོམ་གསུམ་གྱིས་བྱི་དོར་འདི་ལྟ་བུ་མཛད་པ་ནི་བཀའ་དྲིན་ཀུན་གྱི་ནང་ནས་
རབ་དང་ཕུལ་དང་རྩེ་མོར་གྱུར་ཚུལ། ད་དུང་ཡང་ཁ་བ་རི་བའི་སྐྱེ་རྒུ་རྣམས་ཀྱི་
མགོན་སྐྱབས་དཔུང་གཉེན་དུ་ཞབས་ཟུང་ཡུན་དུ་བརྟན་ངོས་འཁོར་ལོ་གསུམ་
གྱི་མཛད་འཕྲིན་རླབས་ཆེ་ཁྱབ་གདལ་དུ་འགྱེད་པ་སོགས་གོང་མ་སྐུ་ཕྲེང་རིམ་
བྱོན་གྱི་རྣམ་ཐར་གཙང་མ་ཕྱག་མཚན་དུ་བཞེས་དགོས་ཚུལ་སོགས་ཀྱི་གསོལ་
འདེབས་དང་། དངོས་པོའི་འབྱོར་ཚོགས་ཀྱི་ལེགས་སྐྱེས་མཆོད་པའི་ཕུང་པོ་
བཟང་ཞིང་ཚར་དུ་དངར་བ་མཐའ་ཀླས་པ་འབུལ་བར་མཛད། འདི་ལོ་གོང་ས་
༸རྒྱལ་དབང་ཐམས་ཅད་མཁྱེན་ཅིང་གཟིགས་པ་ཆེན་པོ་ནས་༸གོང་མ་རྒྱལ་
མཆོག་ལྔ་པ་ཆེན་པོ་དང་། མི་དབང་སངས་རྒྱས་རྒྱ་མཚོ་སོགས་ཀྱི་དགོངས་
བཞེད་ཟབ་མོ་ཡོངས་སུ་བསྐངས་པའི་ཕྱིར་དང་། གངས་ལྗོངས་བསྟན་འགྲོ་
ཡོངས་ཀྱི་ཕན་བདེ་ལེགས་ཚོགས་ཡར་ཟླ་ལྟར་རྒྱས་པ་སོགས་ཀྱི་ཐུགས་བསྐྱེད་བླ་
ན་མེད་པས་ཀུན་ནས་བསླངས་ཏེ་གཟིམས་ཆུང་བཀའ་གདམས་འཁྱིལ་དུ།
མཉམ་མེད་རྗེ་བོ་ཆེན་པོ་ལས་བརྒྱུད་པའི་བྱང་ཆུབ་ལམ་གྱི་རིམ་པའི་བླ་མ་
བརྒྱུད་པ་རྣམས་ཀྱི་སྐུ་བརྙན་གསེར་ཟངས་ལས་གྲུབ་པ་དང་། དེ་མཚུངས་ཆེ་
དཔག་མེད་ཀྱི་སྐུ་བརྙན་སྟོང་ཚར། བཅུ་གཅིག་ཞལ་དཔལ་མོ་ལུགས།
གནས་བརྟན་བཅུའི་སྐུ་བརྙན་དང་བཅས་པ་རྣམས་གསར་བཞེངས་ཀྱི་དགོངས་
བཞེད་གཏད་དེ་འདོད་འཇོའི་དཔལ་འཁྱིལ་དུ་བཟོ་གྲྭ་ཚུགས་པར་དོ་དམ་བཟོ་
རིག་པ་སོགས་ལ་༸རྒྱལ་དབང་མཆོག་གི་དགོངས་བཞེད་དང་མཐུན་པར་བགྱི་
འོས་གང་ཅི་ལྷག་བསམ་ཆེ་བསྐྱེད་ཀྱིས་བཟོ་བཀོད་སོགས་ཕུལ་དུ་ཕྱིན་པ་དགོས་
རྒྱུའི་བཀའ་ཁྱབ་དང་། སྐུ་སྒེར་ནས་ཞལ་འདེབས་སུ་གསེར་དངུལ་ཟངས་

སོགས་གཏོར་ཆེ་བ་དང་། ལས་བྱེད་པ་རྣམས་ལ་བཟོ་སྟོན་སོགས་གཟབ་རྒྱས་སུ་ཕྱིར་སྤྲུལ་བར་མཛད། ཏོར་ཟླ་བདུན་པ་གསར་འཕྲུལ་༧རྒྱལ་དབང་མཆོག་དང་ལྷན་རྒྱས་ནོར་གླིང་དུ་ཆབ་བཞེས་ལ་ཆིབས་བསྒྱུར་བསྐྱངས་ཤིང་། དེ་སྐབས་ཀུན་བདེ་གླིང་བླ་བྲང་ནས་རྒྱལ་དབང་སྟོན་འཁོར་ཚང་མར་དཀར་སྒྲོ་གསོལ་སྟོན་སོགས་རྒྱ་ཆེ་བར་བཤམ་ཞིང་། དེ་མཚུངས་བསྟན་གླིང་། རྣམ་རྒྱལ་གྲྭ་ཚང་། ཞབས་པད་ལྷན་རྒྱས་སོགས་ནས་འཆར་ཅན་དཀར་སྒྲོ་སོགས་སྤར་ལམ་ལྟར་འབུལ་བཞེས་དང་། ཆོས་བཅུ་གཉིས་ཀྱི་ཉིན་པོ་བྲང་ཆེན་པོར་ཆིབས་ཀྱི་ཁ་ལོ་བསྒྱུར་ཏེ་ཆོས་སྲིད་ཀྱི་མཛད་ཕྲབ་བཟང་པོ་སྤྱི་དང་། ལྷག་པར་འདི་ལོ་ཁྲ་འབྲུག་ཏུ་རབ་གནས་ལ་ཕེབས་བསྐྱོད་མཛད་རྒྱུའི་གྲབས་ཡུལ་ལ་སོགས་པའི་ཐུགས་གཡེང་རྣམས་རིམ་སེལ་དུ་བསྐྱངས། ཏོར་ཟླ་བརྒྱད་པ་གསར་འཕྲུལ་སེར་འབྲས་ཀྱི་འཆར་ཅན་ཞབས་བརྟན་དང་། གྲིབ་ཚེ་མཆོག་གླིང་ནས་དབྱར་མཇལ་སོགས་ཀྱང་སྤར་ལམ་ལྟར་འབུལ་བཞེས་མཛད་དོ། །

འགྲོ་ཕན་ལྷག་བསམ་ལྷུ་ཁྱུད་ཀྱིས་མཛེས་ཤིང་། །རྨད་བྱུང་ངོ་མཚར་རྫིབས་སྟོང་རྣམ་པར་བཀྲ། དགེ་ལེགས་མགྲོན་དུ་འགུགས་པའི་གཟི་འོད་ཅན། །གང་གི་འཕྲིན་ལས་འཁོར་ལོ་སྒྲོངས་འདིར་བསྒྱུར། །མངོན་པར་མཐོ་དང་ངེས་པར་ལེགས་པ་ཡི། །ལམ་བཟང་གསེར་གྱི་ཐེམ་སྐས་མཛེས་པའི་གཞིར། །གདུལ་བར་བྱ་བའི་ཚོགས་རྣམས་འགོད་པ་ལ། །ངལ་བ་མི་མངའ་ཆོས་ཀྱི་རྒྱལ་པོ་ཁྱོད། །གཤེགས་དང་བཞུགས་སོགས་འགྲོ་འོང་གང་དུའང་། །དབུགས་རྒྱུའི་ཆ་ཤས་ཚུན་ཆད་སྐྱེ་རྒྱུ་ལ། །གཅིག་ཏུ་སྨན་པའི་ཚུལ་ལས་ནམ་དུ་ཡང་། །རང་དོན་ཡིད་བྱེད་དྲི་མས་གོས་མ་གྱུར། །ཇི་ལྟར་ཏ་རེའི་སྔོན་པ་གང་དུའང་། །བཟང་པོའི་བསུང་ཞིམ་འཕྱོ་དང་མི་འབྲལ་བཞིན། །མགོན་པོ་ཁྱོད་

ཀྱང་གནས་སྐབས་ཐམས་ཅད་དུ། །ཐེག་མཆོག་ཚུལ་ལས་རིང་བའི་སྐབས་མ་མཆིས། །རང་དོན་དོར་ནས་གཞན་དོན་འབའ་ཞིག་ལ། །སྤྱོད་འདི་བྱ་དཀའི་གནས་སུ་ཀུན་གླེང་ཡང་། །རིང་ནས་གོམས་པའི་བདག་ཉིད་ཆེ་རྣམས་ལ། །སླ་བ་ཀུན་གྱི་ནང་ནས་རབ་དང་ཕུལ། །གཞན་དག་གྲངས་མེད་བསྐལ་པར་འབད་དགོས་པའི། །ཕར་ཕྱིན་དྲུག་དང་བསྡུ་བའི་དངོས་པོ་སོགས། །གང་གི་མཁྱེན་བརྩེའི་ཐབས་མཁས་རྨད་པོ་ཆེས། །སྐད་ཅིག་རེ་རེ་བཞིན་ཡང་རྫོགས་པར་མཛད། །དེ་སོགས་གང་གི་གསང་བ་གསུམ་གྱི་ཚུལ། །ཅུང་ཟད་སྤྱི་བརྗོལ་བསྐྱེད་དེ་གླེང་འདིས་ཀྱང་། །བདག་སོགས་ཡིད་ཅན་མ་ལུས་རྒྱལ་སྲས་ཀྱི། །སྤྱོད་པ་བདག་གིར་བྱེད་པའི་རྒྱུ་རུ་སྨོན། །ཅེས་གླེང་ངོ་། །

དེ་ནས་གོང་ས་མཆོག་དང་ལྷན་རྒྱས་གསུང་མོལ་ཞིབ་ལྷིང་ཐོག་ཐོན་ཕྱག་སོགས་ཞུ་བར་མཛད་ནས་ཧོར་ཟླ་བརྒྱད་པའི་ཡར་ཚེས་གཟའ་སྐར་སྦྱོར་བྱེད་སོགས་ཕུན་སུམ་ཚོགས་པའི་ཉིན་སྔ་སོར་ནས་ཐུགས་ལ་དགོངས་པའི་དོན་ལྟར་ཁྲ་འབྲུག་གི་གནས་ཆེན་རྟེན་དང་བརྟེན་པར་བཅས་པ་རྣམས་ལ་རབ་ཏུ་གནས་པ་མཛད་པར་ཕེབས་བསྐྱོད་སྐབས། ཕྱོགས་འདིར་འཁོད་པའི་དྲིགས་ལྡན་ཆེ་རྒྱ་མཐའ་དག་གིས་སྲིད་ཞུ་དང་ཕུ་དུད་བླ་ན་མེད་པས་མངོན་པར་འདེགས་བཞིན་པར་གྲུ་འཛིན་གཉིས་པའི་ཕོ་བྲང་ནས་ཆིབས་ཀྱི་ཁ་ལོ་བསྒྱུར་ཏེ། བདེ་ཆེན་ནས། ལ་མོ་མལ་གྲུང་སོགས་བརྒྱུད་དེ་ཕེབས་ལམ་གྱི་གདུལ་བྱ་རྣམས་ལ་སྨིན་པ་དང་གྲོལ་བའི་དགའ་སྟོན་འགྱེད་བཞིན་པར་བྱོན་པའི་ལམ་ཞོར་མལ་གྲོ་གཟི་བྱིན་གྱི་མཚོ་ལ་བུམ་པ་དང་མཚོ་རྫས་སོགས་ཕུལ་ཏེ་འཇིག་རྟེན་གྱི་བདེ་སྐྱིད་གསོ་བར་མཛད། དེ་ནས་རིམ་གྱིས་འོལ་ཁ་རྫིང་ཕྱིར་ཞབས་སོར་བཀོད་ནས་དགེ་འདུན་རྣམས་ལ་མང་འགྱེད་སོགས་ཀྱི་བསྙེན་བཀུར་གྱི་ནོམས་པ་དང་།

བྱམས་མགོན་ཉིན་བྱེད་དབང་པོའི་སྣང་བརྙན་ལ་གོས་བཟང་གྲུབ་ཀྱི་ན་བཟའ་སྣམ་སྦྱར། ཟླ་ཐྲི། འཕན་སོགས་མཆོད་རྫས་ཁྱད་པར་དུ་འཕགས་པ་དུ་མ་དང་། མཆོད་པ་སྣ་ལྔ་བརྒྱ་ཚར། སྙན་ཤལ་སོགས་འབུལ་གནང་གི་ཐོག་འགྲོ་ཀུན་ཕན་བདེའི་དཔལ་ལ་འགོད་པའི་ཐུགས་བསྐྱེད་རྒྱ་ཆེན་པོ་མཛད་ཅིང་དད་འདུས་སེར་སྐྱ་རྣམས་ལ་མཇལ་ཕྱག་སོགས་ཀྱང་ཞིབ་ཏུ་སྩལ། བསམ་གཏན་གླིང་དུ་ཕེབས་ནས་འཇམ་མགོན་༧རྒྱལ་བ་གཉིས་པ་ཙོང་ཁ་པ་ཆེན་པོའི་སྐུ་ཕྱག་སོགས་གནས་ཆེན་ངོ་མཚར་ཅན་རྣམས་ལ་མཆོད་སྣོན་གནས་གཟིགས་སོགས་ཞིབ་ཏུ་བསྐྱངས་ཤིང་ཕེབས་ལམ་གྱི་གདུལ་བྱ་རྣམས་ཀྱང་སྨིན་གྲོལ་ལ་འགོད་པར་མཛད། དེ་ནས་ཇི་སྐད་དུ་བཀའ་གདམས་གླེགས་བམ་རིན་པོ་ཆེ་ལས། ངེད་མཁའ་འགྲོ་འབུམ་གྱི་དགའ་བའི་ཚལ། །ཉམས་བག་ཕེབས་དགའ་བར་སྐྱོང་བའི་ས། །ཞེས་པའི་ལུང་བསྟན་གྱིས་ཟིན་པ་མཁའ་འགྲོ་མ་བྱེ་བ་འབུམ་གྱི་བསྟི་གནས། དཔལ་ཨོ་ཊི་ཡ་ནའི་གནས་དང་གཉིས་སུ་མ་མཆིས་པ་ཆོས་འཁོར་རྒྱལ་ལེགས་བཤད་སྒྲོག་པའི་དགའ་བའི་ཚལ་དུ་རྒྱལ་སྒང་ལ་བརྒྱུད་ནས་ཕེབས་སྐབས་ཕྱོགས་དེར་འཁོད་པའི་བླ་མ་ལས་སྣེ་གཉེར་སྡོད་མི་དྲག་དང་བཅས་པ་རྣམས་ནས་ཆིབས་བསུ་དང་ཐབ་བསུ། འདུས་སྡེ་སོགས་ནས་སེར་ཕྲེངས། དར་འཕྱར། དུང་འབུད་ལ་སོགས་པའི་བཀུར་བསྟི་ཚད་མེད་པ་དང་བཅས་ཏེ་ཞབས་སོར་བཀོད་ཅིང་། དད་ལྡན་རྣམས་ནས་དཀར་སྤྲོ་དང་མཇལ་འབུལ་སོགས་ཀྱི་ནོམས་པ་དང་བཅས་ཏེ་མཇལ་ཕྱག་ཞུས་པ་རྣམས་ལ་རེ་འདོད་ཡིད་བཞིན་དུ་སྐོང་བའི་མཇལ་ཁ་སྩལ། རྟེན་གྱི་གཙོ་བོ་བྱམས་ཆེན་སོགས་རྟེན་གསུམ་ངོ་མཚར་ཅན་རྣམས་ལ་སྟོང་མཆོད་སོགས་ཀྱི་མཆོད་འབུལ། སྙན་ཤལ་དང་གོས་བཟང་ལས་གྲུབ་པའི་ན་བཟའ། མཆོད་པའི་བྱེ་བྲག་ཁྱད་དུ་འཕགས་

པ་དྲུ་མ་འཕྲུལ་སྒྲོར་ཐོག་ཐུགས་སྨོན་སོགས་རླབས་ཆེ་བར་མཛད། དཔལ་ལྡན་ལྷ་མོའི་གཟབ་གསོལ་གྱི་ཉེན་ཚོགས་དབུར་ཕྱོན་ཏེ་འདོད་ཁམས་དབང་མོར་མཐུན་རྫས་སྤྲིན་གཟིགས་སོགས་རྒྱ་ཆེན་པོ་དང་བཅས་ཏེ་ལས་བཞིའི་འཕྲིན་ལས་གནད་སྨིན་དུ་བཙོལ་བ་དང་། འདུས་པ་རྣམས་ལ་མང་འགྱེད་ཀྱི་འབུལ་སོགས་ཀྱི་བཀུར་བསྟི་རྒྱ་ཆེན་པོ་སྩལ། ཁྱད་པར་དུ་ཡང་ཇི་སྐད་དུ། ཚེ་དང་ཡེ་ཤེས་འབྱུང་བའི་རྒྱུད་ཅེས་བྱ་བ་ལས། བྱང་ཆུབ་སེམས་དཔའ་མཐའ་ཡས་རིགས་མཆོག་ཉོན་ཅིག །གངས་ཅན་གྱི་ཡུལ་དེར་ནི་བྱང་ཆུབ་སེམས་དཔའ་སྤྱན་རས་གཟིགས་ཀྱི་འདུལ་བའི་ཞིང་ཁམས། གངས་ཅན་ཡུལ་གྱི་ལྟེ་བ་རི་བོ་འཕགས་བྱེད་ཀྱི་ལྗོངས། དཔལ་གསང་བ་འདུས་པ་དང་། དཔལ་རྡོ་རྗེ་འཇིགས་བྱེད་ཀྱི་དཀྱིལ་འཁོར་ཡོངས་སུ་རྫོགས་པའི་གནས། ཡེ་ཤེས་ཀྱི་མཁའ་འགྲོ་མ་འདོད་ཁམས་ཀྱི་དབང་ཕྱུག་མ་ཆེན་མོ་བདུད་དང་སྲུ་སྐྱེགས་ཀྱི་གཡུལ་ལས་རྒྱལ་བ། དཔལ་ལྡན་གཙོ་མོ་དམག་གི་རྒྱལ་མོས་གནས་ཀྱི་སྲུང་མ་བྱེད་པ། དཔལ་རྡོ་རྗེ་འཇིགས་བྱེད་ཀྱི་གསུང་གི་དཀྱིལ་འཁོར། ཡུལ་གྱི་དབྱིབས་ནི་ཨཱ་ལས་ཆོས་ཀྱི་འབྱུང་གནས་ཀྱི་དབྱིབས་ཅན། གནས་དེར་འགྲོ་བ་གང་གིས་བགྲོད་པ་ཐམས་ཅད་ཉོན་མོངས་པ་བརྒྱད་ཁྲི་བཞི་སྟོང་གི་རྟོག་པ་འགགས་ཤིང་ཞི་བར་བྱེད་པ། ཡུལ་ནི་རིག་པ་དྭངས་ཤིང་ངོས་དཀར་བ། ཞི་གནས་དང་ལྷག་མཐོང་གི་བསམ་གཏན་འཕེལ་བ་ཞེས་སོགས་རྒྱ་ཆེར་ལུང་དུ་བསྟན་པ་ལྟར་ཐམས་ཅད་མཁྱེན་པ་དགེ་འདུན་རྒྱ་མཚོ་དཔལ་བཟང་པོས་གནས་སྒོ་འབྱེད་ཅིང་བདག་གིར་མཛད་པ། དཔལ་ལྡན་འདོད་པ་ཁམས་ཀྱི་དབང་ཕྱུག་མ་སྲིད་གསུམ་བདག་མོའི་བླ་མཚོ་མུ་ཁེ་དིང་གི་མཚོ་མཇལ་གནས་གཟིགས་ལ་ཆིབས་བསྒྱུར་བསྐྱངས་ཏེ། ལ་སྟེང་ནས་བླ་མ་ཡི་དམ་རྒྱལ་བ་སྲས་བཅས་ཉན་རང་

ཆོས་སྐྱོང་དཀར་ཕྱོགས་སྐྱོང་བའི་ལྷ་ཀླུ་གཞི་བདག་དང་བཅས་པ་སྤྱི་དང་། ལྷག་པར་དཔལ་ལྡན་དུང་སྐྱོང་དབང་མོར་བསང་དང་གསེར་སྐྱེམས་འཕྲིན་བཅོལ་བསྐང་བ་སོགས་གནད་སྨིན་དུ་བསྐྱངས་པ་ན་མཚོ་ཞལ་སྒྲིབ་མེད་དུ་ལེགས་པར་བསྟན་ཏེ། སྟོན་འཁོར་ཚང་མ་སོ་སོར་འབྱུང་འགྱུར་ལུང་དུ་བསྟན་པའི་གཟིགས་སྣང་ངོ་མཚར་ཅན་དུ་མ་མེ་ལོང་ནང་གི་གཟུགས་བརྙན་བཞིན་དུ་གསལ་ཞིང་རྫོགས་ལ་མ་འདྲེས་ལེགས་པར་འཆར་ཏེ་རྨད་དུ་བྱུང་བའི་དགའ་བ་རྒྱ་ཆེན་ཉམས་སུ་མྱོང་བར་མཛད། གཞན་ཡང་རྒྱལ་ལྷ་ཐོག་སྟེང་སོགས་ཉེ་འཁོར་གྱི་གནས་ཆེན་ངོ་མཚར་ཅན་ཐམས་ཅད་དུ་ཞབས་སོར་བསྐྱོད་དེ་གནས་གཟིགས་ཐུགས་སྨོན་རྣམ་པར་དག་པ་བསྐྱངས་པ་སོགས་ལེགས་ཚོགས་གོང་དུ་སྤེལ་བའི་ངང་དུ་གནས་དེར་བཞུགས་ཞག་བདུན་ཙམ་གྱི་བར་བཞུགས་སོ། ། དེ་ནས་སླར་ཡང་རྒྱལ་སྐྱང་ལ་བརྒྱུད་ནས་ཚུར་ཕྱིན་ཏེ་འོལ་ཁ་ཆུ་བཟང་དགོན་པ་དང་། ལྷ་ལྡིང་། རྒྱ་སོག་ཕུག །འོལ་ཁ་ཆོས་ལུང་རྣམས་སུ་བཞུགས་ཞག་དང་གསོལ་ཆ་ཅི་རིགས་པར་མཛད་ནས་རྗེ་ཙོང་ཁ་པའི་སྒྲུབ་གནས་དང་། རྟེན་གསུམ་བྱིན་རླབས་ཅན་རྣམས་ལ་གནས་གཟིགས་མཆོད་སྨོན་སོགས་ཞིབ་རྒྱས། སྤྱོང་བ་པའི་ཚོགས་ལ་མང་འགྱེད་ཀྱི་བསྙེན་བཀུར། དད་འདུས་མཆོག་དམན་རྣམས་ལ་མཇལ་ཁ་བྱིན་རླབས་སོགས་འདོད་མོས་ལྟར་བསྐྱངས་ཟིན་ནས་འོལ་ཁ་གྲབ་ལེ་ཆུ་ཚན་ཁར་ཕེབས་ཏེ་དེར་སྐུའི་འཕྲོད་བསྟེན་ཆབ་བཞེས་མཛད་དེ་ཞག་ཤས་བཞུགས་འཛགས་བསྐྱངས། དེ་ནས་འོལ་ཁ་རིན་ཆེན་སྒང་དུ་ཕེབས་ནས་མཁས་གྲུབ་ནོར་བཟང་རྒྱ་མཚོའི་འདྲ་སྐུ་དང་། ཕྱག་མཁར་བདུད་རྩི་མ་སོགས་རྟེན་ངོ་མཚར་ཅན་རྣམས་ཞིབ་མཇལ་མཛད་ནས་རིམ་གྱིས་འོལ་ཁ་སླི་ལུང་གི་མདའ་ཡར་བརྒྱུད་དུ་བཞུགས་ཞག་གནང་སྐབས་སྐྱབས་

མཆོག་རྗེ་དྲུང་རིན་པོ་ཆེ་དང་མཇལ་འཕྲད་གསུང་གླེང་ཞིབ་ཆ་མཛད། དེ་ནས་ཟངས་རི་ཁ་དམར་དུ་ཕེབས་ནས་རྒྱལ་ཡུམ་མ་གཅིག་ལབ་ཀྱི་སྒྲོལ་མའི་སྒྲུབ་ཕུག་སོགས་རྟེན་གནས་ཁྱད་འཕགས་རྣམས་ལ་གནས་གཟིགས་མཆོད་སྨོན་སོགས་རྒྱ་ཆེར་བསྐྱངས་ནས་ཟངས་རི་གླུ་སྡིང་དུ་བཞུགས་ཞག་མཛད་དེ་ཕྱོགས་དེའི་མི་དྲག་ཆེ་བཙན་དང་། སེར་སྐྱ་མཆོག་དམན་རྣམས་ལ་མཇལ་ཕྱག་སྩལ། རིམ་གྱིས་གདན་ས་ཐེལ་དུ་ཕེབས་ནས་མཆོད་ཁང་དང་ནང་རྟེན་ཁག་རྣམས་ལ་མཇལ་ཁ་མཆོད་སྨོན་སོགས་གནད་སྐྱེན་དུ་མཛད་ནས་བྲག་དགའ་གླུ་སྡིང་དུ་བཞུགས་ཞག་གནང་སྐབས་༸རྒྱལ་སྲས་རྡོར་རྗེ་འཆང་ཆེན་པོ་ཡང་ཕེབས་བསྐྱོད་ཀྱིས་ལྷན་རྒྱས་མཇལ་འཛོམས་ཐོག་༸རྒྱལ་སྲས་རིན་པོ་ཆེ་ནས་དཀར་སྒྲོ་སོགས་ཀྱི་མཇལ་འབུལ་དང་། དེ་མཚུངས་འོན་དགའ་ལྡན་ཆོས་སྡིངས་འདུས་སྡེ་ནས་ཀྱང་མཇལ་ཞུ་སོགས་ལེགས་པར་བསྟར། དེའི་སང་ཉིན་ནས་༸སྐྱབས་མགོན་རྣམ་གཉིས་ལྷན་རྒྱས་ཉང་པོ་གྲུ་ཁ་བརྒྱུད་ནས་ཆིབས་བསྐྱོད་དེ་རྩེ་ཐང་དགའ་ལྡན་ཆོས་འཁོར་དུ་ཕེབས། དགོན་དེའི་འདུས་པ་དང་རྩེ་ཐང་ལྷ་མཆོད་པ་སོགས་ནས་མཇལ་ཞུ་དང་། གཞན་ཡང་དད་འདུས་མང་པོར་མཇལ་ཁ་སོགས་འདོད་མོས་ལྟར་སྩལ། གནས་དེའི་རྟེན་གསུམ་ཁག་ལ་མཆོད་སྨོན་དང་། འདུས་པ་རྣམས་ལ་མང་འགྱེད་སོགས་ཀྱི་བསྙེན་བཀུར་རྒྱ་ཆེར་མཛད། དེ་ནས་སྐྱབས་མགོན་ལྷན་རྒྱས་ཁྲ་འབྲུག་ཏུ་ཞབས་པད་འགོད་དུ་ཉེ་བ་ན། ཡར་ལུང་བརྒྱུད་ཀྱི་སེར་སྐྱ་ཆེ་བཙན་ཐམས་ཅད་ནས་ཆིབས་བསུ་ཐབ་བསུ་སོགས་ཀྱི་སྲིད་ཞུས་མངོན་པར་འདེགས་བཞིན་པར་ཁྲ་འབྲུག་གི་གཙུག་ལག་ཁང་ཆེན་པོར་ཕེབས་ཤིང་། དེའི་རྟེན་གསུམ་ངོ་མཚར་རྨད་དུ་བྱུང་བ་རྣམས་ལ་སྟོང་མཆོད་དང་། ན་བཟའ། མཆོད་པའི་ཏྲེ་བྲག་ཚར་དུ་དངར་བ་དུ་མ་འབུལ་བ་སོགས

ཀྱི་བཀུར་བསྟི་རླབས་པོ་ཆེ་མཛད། རིང་པོར་མ་ལོན་པར་དུས་ཆེས་གཟའ་སྐར་ཕུན་སུམ་ཚོགས་པའི་ཉིན་༸སྐྱབས་མགོན་ཉིད་དང་༸རྒྱལ་སྲས་རྡོ་རྗེ་འཆང་རྣམ་གཉིས་དཀྱིལ་འཁོར་གྱི་གཙོ་བོར་བཞུགས་པའི་ཐོག །སྔེ་གདོང་རྩེ་ཚོགས་པའི་རིག་འཛིན་འདུས་གྲྭ་ལྔ་བཅུ་སྐོར་དང་བཅས་པ་ནས་རབ་གནས་ཀྱི་ཆོ་ག་དགེ་ལེགས་ཆར་འབེབ་ཀྱི་ཕྱག་ལེན་རྒྱས་པའི་སྒོ་ནས་རབ་ཏུ་གནས་པའི་རིམ་པ་གནང་སྐྱེན་གཟབ་རྒྱས་སུ་མཛད་དེ་གཙུག་ལག་ཁང་རྟེན་དང་བརྟེན་པར་བཅས་པ་རྣམས་ཇི་སྲིད་ནམ་མཁའི་ནོར་བུས་གླིང་བཞིའི་མུན་པ་བསལ་བར་བྱས་པ་དེ་སྲིད་དུ་འགྲོ་བའི་བསོད་ནམས་ཀྱི་མཆོད་སྡོང་དམ་པར་རྟག་བརྟན་གཞོམ་བྲལ་རྡོ་རྗེའི་ངོ་བོར་ལྷུན་ཆགས་པར་བྱིན་གྱིས་བརླབས་ཏེ་གངས་ཅན་བསྟན་འགྲོའི་བདེ་སྐྱིད་ཀྱི་གཞི་རྩ་རྒྱངས་ནས་གསོ་བར་མཛད། དེ་སྐབས་གཞུང་ས་མཆོག་གིས་གཙོས་པའི་ཆེ་བཙན་དུ་མ་ནས་༸སྐྱབས་མགོན་རྣམ་གཉིས་ཀྱིས་གཙོ་མཛད་པའི་རབ་གནས་མཛད་པ་པོ་ཀུན་ལ་རབ་སྟོན་སྐུ་ཡོན་གྱི་རིམ་པ་སོགས་རྒྱ་ཆེར་ཕུལ་ཞིང་། ༸སྐྱབས་མགོན་ཉིད་སྐུ་སྒེར་ནས་ཀྱང་རབ་སྟོན་མང་འགྱེད་སོགས་འབྱམས་ཀླས་སུ་སྤྲོ་བར་མཛད། གཞན་ཡང་དེ་སྐབས་རྩེ་ཚོགས་པའི་ནང་རྟེན་ཚང་མ་ཞིབ་མཇལ་དང་། ལྷ་ཆེན་ཚངས་པ་ཆེན་པོ་ཁོག་རླམས་སྤྱན་འདྲེན་གྱི་ཐོག་མཐུན་རྫས་སྤྱན་གཟིགས་སོགས་རྒྱ་ཆེར་ཕུལ་ཏེ་འཕྲིན་ལས་བཅོལ་བར་ཆོས་སྐྱོང་ཆེན་པོ་ནས་ཀྱང་དགྱེས་པ་ཆེན་པོས་ཞལ་བཞེས་བཀའ་ལུང་སོགས་གསལ་བར་ཕེབས། དེ་ལ་སོགས་པའི་མཛད་འོས་ཀྱི་རིམ་པ་ཕལ་མོ་ཆེ་ལེགས་པར་སྒྲུབ་ཟིན་ནས་༸རྒྱལ་སྲས་རྡོ་རྗེ་འཆང་ཆེན་པོར་ཕེབས་རྫོངས་གནང་སྐྱེས་སོགས་གཏོས་ཆེ་བ་དང་། བསྟན་འགྲོར་སྨན་པའི་བཀའ་མཆིད་སྩལ་རེས་སུ་མཛད་ནས་༸རྒྱལ་སྲས་རིན་པོ་ཆེ་ཆོས་སྡིངས་སུ་ཕྱིར་

ཕེབས་མཛད། ༧སྐྱབས་མགོན་སྟོན་འཁོར་རྣམས། ཡུམ་བུ་བླ་མཁར་དང་། ཐང་པོ་ཆེ་སོགས་དགོན་གནས་རྣམས་སུ་རིམ་པར་ཞབས་ཀྱིས་བཅགས་ཏེ་འཕྱོང་རྒྱས་རི་བོ་བདེ་ཆེན་དུ་ཕེབས་སུ་ཉེ་བ་ན་དགོན་དེའི་བླ་མ་ལས་སྣེ་དང་། ཉེ་འཁོར་གྱི་དྲག་བཙན་རྣམས་ནས་ཆིབས་བསུ་དང་ཐབ་བསུ། སེར་སྐྱ་དམངས་ནས་བྲོ་གཞས་སེར་སྦྲེང་སོགས་ཀྱི་མཆོད་སྤྲིན་དང་བཅས་བཞིན་པར་ཕེབས་བསྐྱོད་ཀྱིས་རི་བོ་བདེ་ཆེན་གྱི་གཙུག་ལག་ཁང་དུ་ཞབས་ཀྱི་འཁོར་ལོ་བཀོད་ཅིང་༧རྒྱལ་བའི་གཟིམས་ཆུང་དུ་བཞུགས་འཛགས་བསྐྱངས། དགོན་དེའི་མཆོད་ཁང་ཁག་དང་༧རྒྱལ་དབང་ལྔ་པ་ཆེན་པོའི་ཞབས་རྗེས་སོགས་རྟེན་གནས་ཁྱད་འཕགས་རྣམས་ལ་གནས་གཟིགས་མཆོད་འབུལ། ཐུགས་སྨོན་སོགས་ཞིབ་རྒྱས་དང་། འདུས་པ་རྣམས་ལ་མང་འགྱེད་སོགས་ཀྱི་བསྙེན་བཀུར་རྒྱ་ཆེར་སྩལ། གཞན་ཡང་བླ་གྲྭ་རྣམས་ཀྱིས་གསོས་པའི་ཕྱོགས་དེའི་དད་འདུས་མཐའ་དག་ནས་ཀྱང་མཇལ་འབུལ་བཀུར་བསྟི་སོགས་བླ་ལྷག་ཏུ་ཞུས་པ་རྣམས་བདག་གིར་དུ་མཛད་ཅིང་སོ་སོར་གང་ལ་གང་འཚམས་པའི་ཆོས་དང་ཟང་ཟིང་གི་བཀའ་དྲིན་ཀྱང་ལེགས་པར་སྩལ་བར་གྱུར། མི་རིང་བར་དད་ལྡན་རྣམས་ཀྱིས་ཆིབས་སྐྱེལ་ཐབ་སྐྱེལ་སོགས་ཀྱི་ཕྱུ་དྲུད་དང་བཅས་ཏེ་ཆིབས་བཏེགས་ནས་རིམ་གྱིས་དགོན་ཐང་འབུམ་མོ་ཆེ། ཚེ་ཆུ་འབུམ་པ། བཙན་ཐང་གཡུའི་ལྷ་ཁང་། རྣམ་རྒྱལ་ལྷ་ཁང་། བྲ་ས་ལྷ་ཁང་སོགས་སུ་ཕེབས་ཏེ་གནས་གཟིགས་མཆོད་སྨོན་སོགས་ཞིབ་པར་བསྐྱངས། དེ་ནས་གད་པ་གྲུ་ཐོན་ནས་བསམ་ཡས་སུ་ཕེབས་སུ་ཉེ་བ་ན། བསམ་ཡས་རྫོང་དཔོན་དང་། རབ་བྱུང་སློབ་དཔོན་སོགས་སྐྱ་སེར་དྲག་ཞན་དུ་མ་ནས་ཆིབས་བསུ་སོགས་ཀྱི་སྲིད་ཞུས་བླ་ན་མཆོད་བཞིན་པར་དཔལ་གྱི་བསམ་ཡས་མི་འགྱུར་ལྷུན་གྱིས་གྲུབ་པའི་གཙུག་ལག་ཁང་

ཆེན་པོར་ཕྱིན། དེར་རྗེ་བོ་བྱང་ཆུབ་ཆེན་པོའི་དྲུང་དུ་སྟོང་མཆོད་རྒྱས་པའི་ཐོག་གོས་བཟང་ལས་གྲུབ་པའི་སྣམ་སྦྱར་དང་། སྟོད་གཡོགས་དང་སྨད་གཡོགས་སྐན་ཤལ་སྣ་ལྷ་སོགས་ཀྱི་མཆོད་པའི་ཕྲིན་ཕྱུང་བཟང་ཞིང་ཚར་དུ་དངར་བས་མདུན་བདར་བའི་སྒོ་ནས་མཆོད་འབུལ་གཟབ་རྒྱས་དང་། བསྟན་པ་སྤྱི་དང་བྱེ་བྲག་འཇམ་མགོན་བླ་མའི་རིང་ལུགས་འཕེལ་རྒྱས་སུ་འགྱུར་བ། དེ་འཛིན་གྱི་སྐྱེས་བུ་རྣམས་ཞབས་བརྟན་མཛད་འཕྲིན་རྒྱས་པ་གངས་རིའི་ཁྲོད་ཀྱི་འགྲོ་བ་མཐའ་དག་བདེ་སྐྱིད་རྫོགས་ལྡན་དཔྱིད་ཀྱི་དགའ་སྟོན་ལ་རེག་པར་འགྱུར་བ་སོགས་ཀྱི་ཐུགས་སྨོན་མཚམས་སྦྱོར་གྱི་རིམ་པ་གནད་སྨིན་འབྲམས་སུ་གླུས་པར་མཛད། རབ་བྱུང་གྲྭ་ཚང་ལ་མང་འགྱེད་སོགས་ཀྱི་བསྙེན་བཀུར་དང་། དབུ་རྩེ་རིགས་གསུམ་རྗེ་མོ་གླིང་གསུམ་སོགས་ཀྱིས་མཚོན་པའི་ལྷ་ཁང་ཁག་ཐམས་ཅད་དུ་གནས་གཟིགས་མཆོད་སྨོན་སོགས་རྒྱ་ཆེན་པོས་རླབས་ཆེན་དགེ་ཚོགས་མཐའ་དག་ཅིག་ཆར་དུ་བསྟུད་པར་མཛད། པེ་ཧར་ལྷོག་ཏུ་ཆོས་སྐྱོང་ཆེན་པོར་གཟབ་གསོལ་དང་། ཕོག་རླམས་སྤྱན་འདྲེན་གྱི་ཐོག་དགྱེས་པ་བསྐྱེད་པའི་ཕྱི་ནང་གསང་བའི་མཆོད་རྫས་སྤྱན་གཟིགས་དུ་མ་འབུལ་གནང་གིས་རྣམ་བཞིའི་འཕྲིན་ལས་གཡེལ་མེད་དུ་སྒྲུབ་པར་གཉེར་དུ་གཏད་པ་ན་ཆོས་སྐྱོང་ཆེན་པོས་ཀྱང་གྲུས་པའི་སྒོ་ནས་འཕྲིན་ལས་སྒྲུབ་པའི་ཞལ་བཞེས་དང་། གླང་དོར་ལུང་བསྟན་གྱི་བཀའ་ལུང་སོགས་ཀྱང་གསལ་པོར་ཕེབས་ཤིང་། ཕྱག་མདུང་། ཕྱག་ཞགས་སོགས་ཀྱང་འབུལ་བར་མཛད། གཞན་ཡང་དད་འདུས་ཀྱི་སྐྱེ་བོ་ཀུན་ལའང་རེ་བ་དང་འཚམས་པའི་ལུགས་གཉིས་ཀྱི་བཀའ་དྲིན་ཚད་མེད་པ་སྩལ་བ་སོགས་མདོར་ན་ཆིབས་བསྒྱུར་སྔ་ཕྱི་འདི་དག་གི་སྐབས་སུ་ལྷོ་ཕྱོགས་ནོར་འཛིན་གྱི་ཁྱོན་ཀུན་ཕན་བདེའི་སྣང་བ་དཀར་པོའི་དགེ་མཚན་གྱིས་

ཡུགས་གཅིག་ཏུ་ཁྱབ་པར་མཛད་དོ། །དེ་ལྟ་བུའི་མཛད་པ་རྨད་དུ་བྱུང་བ་རྣམས་བསྐྱངས་ཟིན་ནས་རིམ་གྱིས་གོས་དཀར་ལ་བརྒྱུད་ནས་ཆིབས་ཀྱི་ཁ་ལོ་བསྒྱུར་ཏེ་ཕེབས་ལམ་རྣམས་སུ་འང་སྐྱ་འཁོར་ཚང་མ་ཉེས་མེད་བདེ་བགྲོད་ཀྱིས་ལྷ་ལྡན་གྱི་ལྗོངས་སུ་གཟུགས་སྐུའི་ཉིན་བྱེད་མངོན་པར་ཤར་བ་ན་གཞུང་ས་མཆོག་གིས་མཆོན་པའི་ཆེ་རྒུ་མཐའ་དག་གིས་ཆིབས་བསུ་དང་ཐབ་བསུ་ལ་སོགས་པའི་བཀུར་བསྟི་དང་སྲུ་དུད་རྨད་པོ་ཆེས་ཞབས་ནས་འདེགས་བཞིན་པར་གྲུ་འཛིན་གཞལ་མེད་ཁང་དུ་༸ཞབས་སེན་དག་པ་གཉིས་ལྡན་གྱི་འཁོར་ལོ་རྣམ་པར་བཀོད་པར་གྱུར། ༸དེ་ནས་གོང་ས་རྒྱལ་དབང་མཆོག་གི་མཇལ་ཕྱག་ཏུ་ཕྱིན་ཏེ་མཆོད་ཡོན་གསེར་ཞལ་ལྷན་རྒྱས་པའི་ཐོག་ཐུགས་ནང་ལྷག་པར་དུ་གཤིན་པའི་གསུང་མོལ་ཞིབ་ལྷིངས་སུ་མཛད་ཅིང་། གཞན་ཡང་རེ་ཞིག་གི་བར་དུ་རྣམ་དཀར་ཆོས་ལྡན་གྱི་མཛད་པ་སྤྱི་དང་། ཁྱད་པར་བསྟན་སྲིད་ཀྱི་གདུགས་དཀར་ཡར་རྒྱས་སུ་སྤེལ་བའི་མཛད་སྒོ་མཐའ་དག་འཆོམ་མེད་དུ་གྲུབ་པར་མཛད། ཧོར་ཟླ་བཅུ་པའི་ལྔ་མཆོད་ཀྱི་ཉིན་༸རྒྱལ་དབང་མཆོག་བཅད་རྒྱར་བཞུགས་གདོང་མཇལ་ཕྱག་མཛད་ཐོག་༸སྐྱབས་མགོན་ཉིད་ཀྱང་སྦྱར་བར་དབུས་གཙང་ཀུན་བདེ་གླིང་དུ་ཕྱིན་ནས་ཐུགས་དམ་བཅད་རྒྱ་དམ་པོར་བཞུགས་ཏེ་མདོ་སྔགས་བསྐྱེད་རྫོགས་ཀྱི་ཉམས་བཞེས་སྤྱི་དང་། ལྷག་པར་འདི་ལོ་རྟ་མགྲིན་དབང་གི་རྒྱལ་པོའི་ལྗགས་བསྙེན་འབྲུ་འབུམ་དུ་སོངས་པ་དང་། སྒྲོལ་དཀར་གྱི་སྒོ་ནས་སྐུ་ཚེའི་སྒྲུབ་པ་སོགས་གནད་སྨིན་དུ་བསྐྱངས་པའི་ངང་དུ་ཡུན་རིང་པོར་འཚོ་གཞེས་དང་། དེ་ནས་ཧོར་ཟླ་བཅུ་གཉིས་པའི་ཟླ་མཇུག་ཙམ་ལ་བཅད་རྒྱ་གྲོལ་ཏེ་ཁ་སྐོང་གི་སྦྱིན་སྲེག་སོགས་ཀྱང་གནད་སྨིན་དུ་མཛད་ནས་པོ་ཏ་ལར་ཕྱིན་ཏེ་ལོ་མཇུག་གི་མཛད་སྒོ་མཐའ་དག་ཀྱང་སྔར་ལམ་ལྟར

བསྐྱངས་སོ། །

འདིར་སྨྲས་པ། གངས་ཅན་ར་བ་དཀར་པོའི་ཁྱོན་ཡངས་འདིར། །བཟང་པོའི་མཛད་པའི་གར་སྟབས་འགྱུམ་བསྒྱུར་བའི། །ངོ་མཚར་རྣམ་པར་བཀྲ་བའི་གཟིགས་མོ་ལ། །སྲས་བཅས་རྒྱལ་བའི་ཚོགས་ཀུན་དགྱེས་རྒྱུར་རྟེན། །སར་གནས་འཕགས་པའི་སྤྱོད་ཚུལ་བཅོ་མའི་གསེར། །རྣམ་དག་བྱང་སེམས་ཞུགས་ཀྱིས་ལེགས་སྦྱངས་མཐར། །སྨིན་གྲོལ་ཐར་པའི་རྒྱན་དུ་བསྒྱུར་མཁས་པའི། །རྟོན་མེད་འཕྲུལ་གྱི་བཟོ་བོ་ཁྱོད་ལས་སུ། །སྔར་བྱོན་ཆོས་རྒྱལ་མེས་དབོན་རྣམ་གསུམ་ཞེས། །ས་སྐྱོང་རྒྱལ་པོའི་མཆོག་ཏུ་ཡོངས་གྲགས་ཀྱང་། །མགོན་པོ་ཁྱོད་དང་སྤྱི་ཕྱིའི་དུས་ཙམ་ལས། །རྣམ་ཐར་མཛད་པའི་ཚུལ་ལ་ཁྱད་པར་ཅི། །ཆོས་སྲིད་ཆབས་ཆེན་མཛད་པས་དུས་འདའ་ཡང་། །སྒོ་གསུམ་མི་མཐུན་སྤྱོད་པས་རབ་དབེན་ཕྱིར། །བསམ་མཐར་གནས་པའི་བརྟུལ་ཞུགས་མ་བཟུང་ཡང་། །རྣལ་འབྱོར་དབང་ཕྱུག་ཀུན་གྱི་རྗེ་མོར་སོན། །བྱམས་པའི་སྟོབས་ཀྱིས་འགྲོ་ཀུན་ལེགས་སྐྱོང་ཞིང་། །དམིགས་མེད་སྙིང་རྗེས་རྟག་པར་རྒྱུན་དུ་གཟིགས། །ཆོས་ལྡན་མཛད་པས་དྲང་པོའི་ལམ་བཟང་ལ། །འཇུད་པའི་མགོན་ཁྱོད་སྙིགས་འགྲོའི་གདུང་སེལ་སྐྱབས། །ཕྱག་ན་པདྨ་སྙིང་རྗེའི་རང་གཟུགས་དེས། །མཁའ་ཁྱབ་ལུས་ཅན་མ་ལུས་བྱང་ཆེན་ལ། །འགོད་པའི་བཞེད་དགོངས་མཐའ་དག་སྒྲུབ་པ་ལ། །ལྷག་པར་དཔའ་བའི་ཨེ་མ་སྙིང་སྟོབས་ཅན། །དེ་མཐུས་སྲིད་པའི་གནས་འདི་རིང་མིན་དུ། །སྟོང་པར་འགྱུར་ཞེས་ལུས་མེད་བདག་པོའི་ཚོགས། །ཤུགས་རིང་འཁྲིན་ཞིང་དཀར་པོའི་ལྷ་ཚོགས་རྣམས། །དགའ་བའི་རྒྱལ་མཚན་ཀུན་ཏུ་བསྒྲེངས་པར་གྱུར། །རྒྱལ་རྣམས་གདུལ་བྱའི་དོན་སྤྱོད་མཚུངས་མེད་ཀྱང་། །སྙིགས་མཐའི་རྒྱུད་པ་ཀུན

སེལ་ཕྱིར་འདྲ་བ། །དཀོན་ཕྱིར་དུས་གསུམ་གཤེགས་པ་གཞན་ཀུན་ཀྱང་། །ལན་ཅིག་མིན་པར་གང་གི་བསྔགས་པ་སྒྲོག །ལེགས་ཚོགས་བྱེ་བའི་ཆུ་ཀླུང་མ་ལུས་པ། །ལེགས་ཚོགས་མཛད་པའི་འབབ་སྟེགས་ཀྱིས་དྲངས་ཏེ། །ལེགས་ཚོགས་གདུལ་བྱའི་རྒྱ་མཚོར་སིམ་མཛད་འདི། །ལེགས་ཚོགས་གོ་འཕང་ཆེ་དེར་དགྲི་ཕྱིར་ངེས། །ཞེས་པ་ནི་བར་སྐབས་ཀྱི་ཚོགས་སུ་བཅད་པའི་འཕྲེང་བའི་རིམ་པ་མངོན་པར་སྤེལ་བའོ། །

༈ དེ་ནས་དུས་ཀྱི་ཕོ་ཉ་ཞེས་སུ་འབོད་པ་ས་ཧ་གནམ་ལོའི་རྒྱལ་པོའི་རང་ཞལ་གསར་དུ་ཚེས་པའི་དུས་ཀྱི་རྟེན་འབྲེལ་བཟང་པོའི་རིམ་པ་དང་། དགྱེས་དགུ་ཡོངས་སུ་སྤེལ་བའི་གསོལ་སྟོན་ཉིན་སྔ་ཕྱི་རྣམས་ལ་དགྱེས་རོལ། རྟེན་གསུམ་ཡེ་ཤེས་པ་དངོས་བཞུགས་རྣམས་ལ་མཆོད་འབུལ་ཐུགས་བསྐྱེད། ལོ་གསར་གྱི་མཇལ་འབུལ་ཞུ་མི་ཆེ་བཙན་སེར་སྐྱ་རྣམས་ལ་མཇལ་ཁ་སོགས་ལེགས་ཚོགས་གོང་སྤེལ་གྱི་མཛད་པ་མཐའ་དག་སྔར་ལམ་ལྟར་བསྐྱངས། ལྷ་ལྡན་སྨོན་ལམ་ཆོ་འཕྲུལ་ཆེན་མོའི་སྐོར་སོགས་ཀྱི་བཀའ་བཀོད་དང་། གཞན་ཡང་ལས་དོན་ཆེ་ཕྲ་མཐའ་དག་འཚམ་ལུས་མེད་པར་ལེགས་པར་གྲུབ་པར་མཛད། འདི་ལོ་སྨོན་ལམ་གྱི་མགོན་དུ་ཆིབས་བསྐྱོད་མ་མཛད་ཀྱང་འདུས་པའི་ཚོགས་རྣམས་ལ་མང་འགྱེད་སྤྱི་འབུལ་སོགས་ཀྱི་བསྙེན་བཀུར་སྔར་ལྟར་སྩལ་ཞིང་། དེ་བཞིན་དུ་ཇོ་ཤཱཀ་སོགས་ལ་ན་བཟའ་སྣན་ཤལ། མཆོད་པ་སྣ་ལྔ་སྟོང་ཚར་སོགས་འབུལ་གནང་གིས་ཕན་བདེའི་པདྨོ་སླར་ཡང་བཞད་པའི་ཐུགས་སྨོན་རྒྱ་ཆེར་བསྐྱངས། རྣམ་དཔྱོད་དང་གཏོང་ཕོད་ཀྱི་ནོར་གྱིས་ཕྱུག་པ་སྟེ་བསྐལ་བཟང་ཆོས་གྲགས་སོགས་མཐའ་དབུས་ཀྱི་འཁོར་ལྡན་དད་ཅན་རྣམས་ནས་སྨོན་ལམ་ཆེན་མོར་མང་འགྱེད་དང་འབྲེལ་བར་༧ཐམས་ཅད་མཁྱེན་གཟིགས་མཆོད་ཡོན་

རྣམས་ལའང་ཞབས་བརྟན་ལེགས་སྐྱེས་ཀྱི་མཆོད་སྦྱིན་སྤྲོས་པ་རྣམས་ལ་མཇལ་ཕྱག་དང་། གནང་སྦྱིན། དགེ་ཚོགས་ལ་སྤྲོ་བ་བསྐྱེད་པའི་བཀའ་སློབ་སོགས་མཐར་ཕྱིན་དུ་བསྐྱངས་ཏེ་དགེ་བའི་བློ་གྲོས་གྱེན་དུ་ཕྱུང་བར་མཛད། གཞན་ཡང་དད་ཅན་སྐྱེ་བོ་སེར་སྐྱ་ཁྲི་ཕྲག་མང་པོར་ཞལ་མཇལ་ཕྱག་དབང་སོགས་ཀྱང་བར་མ་ཆད་དུ་སྩལ་ཞིང་། སྨོན་ལམ་གྲོལ་སྐབས་སེར་འབྲས་དགེ་གསུམ་གྱི་བླ་མ་ལས་སྣེ། གྲྭ་སྐོར་བ། སྤྱི་ཁྲབ་པ་སོགས་ལ་མཇལ་ཁ་དང་། ༈འཛམ་མགོན་རྒྱལ་བའི་རྒྱལ་ཚབ་དགའ་ལྡན་ཁྲི་རིན་པོ་ཆེ་སོགས་བསྟན་འཛིན་བདག་ཉིད་ཆེན་པོ་རྣམས་དང་ལྷན་རྒྱས་ཀྱི་ཐོག་ཆོས་དང་འབྲེལ་བའི་གསུང་མོལ་དང་། ལྷག་པར་ཞྭ་སེར་གྱི་བསྟན་པ་མི་ཉམས་གོང་དུ་འཕེལ་བའི་ཐབས་ཚུལ་གྱི་བཀའ་སློབ་སྩལ་རེས་སུ་མཛད། ༈རྒྱལ་དབང་མཆོག་བཅད་རྒྱུར་བཞུགས་གདོང་ལྷན་རྒྱས་རྒྱུན་རིང་པོར་མཛད་དེ་བསྟན་སྲིད་སྐོར་གྱི་གསུང་མོལ་ཞིབ་ལྷིངས་སུ་བསྐྱངས། ༈གཞུང་ས་མཆོག་གི་ལས་དོན་སོགས་ལ་ཕྱོགས་ཐོན་བྱེད་མི་གཞུང་དྲུང་སེར་སྐྱ་སོགས་ལ་ཐོན་ཕྱག་གནང་སྦྱིན། ལས་ཁུངས་སོགས་ལ་བཀའ་ཁྲབ་དང་། བརྗེ་ལེན་གསར་བསྐོས། ༈ཞབས་བརྟན་རིམ་གྲོ་འཆར་འཕར་གྱི་རིགས་སོགས་མཛད་ངོས་ཆབས་ཆེན་མཐའ་དག་རིམ་སེལ་དུ་གྲུབ་པར་མཛད། ཧོར་ཟླ་གསུམ་པའི་ནང་རྒྱལ་དབང་མཆོག་ཐུགས་དམ་ལས་བཞེངས་པའི་མཇལ་ཕྱག་དང་། བརྒྱུད་གཏོར་གྱི་སྐབས་ལས་ཚན་པ་རྣམས་ལ་མཇལ་ཁ། གར་བསྟོད་པ་དང་། གོང་དཀར་ཆོས་སྡེ་སོགས་ཀྱི་ཞབས་བརྟན་འབུལ་བཞེས་དང་རྣམ་རྒྱལ་གྲྭ་ཚང་བའི་དུས་འཁོར་མཆོད་གར་གྱི་གཟིགས་མོ་སོགས་ལ་དྲི་མ་མེད་པའི་སྤྱན་རས་ཀྱིས་བཙའ་བར་མཛད། ཆོས་བཅོ་ལྔའི་ཉིན་རྩེ་ཤོད་ལྷན་རྒྱས་རྣམ་རྒྱལ་བའི་དུས་འཁོར་གྱི་ཚོ་གའི་ཚོགས་དབུས་སུ་ཕེབས་བསྐྱོད་ཐོག

འདུས་པ་རྣམས་ལ་མང་འགྱེད་ཀྱི་བསྙེན་བཀུར་དང་། ཕྱོགས་དུས་རྒྱལ་བའི་ཚོགས་ཀུན་དགྱེས་པ་བསྐྱེད་པའི་སྤྲིན་དམིགས་ཐུགས་སྨོན་སོགས་མཐའ་ཀླས་པར་བསྐྱངས། འདི་ལོ་སྤྱི་སོར་དཔའ་ཐོད་ཛ་སག་བླ་མ་བྱམས་པ་ཡེ་ཤེས་སྐུ་གཟུགས་གཅིང་བ་སོགས་ཀྱིས་དགོངས་པ་ཞུ་འཁྲིལ་དགོས་ཚུལ་༧གོང་ས་ཆེན་མོར་སྙན་ཞུ་ཕུལ་བའི་ཕྱིར་ཕེབས་སུ། དབུས་གཙང་ཀུན་བདེ་གླིང་གི་ཧ་ཐུ་ཏྲ་བླ་མ་ཕྱག་མཛོད་བསྟན་འཛིན་རྒྱ་མཚོར་ཛ་སག་བླ་མའི་གོ་ས་སྩལ་ཞིང་། དེར་བརྟེན་ཛ་སག་དཔོན་འཁོར་དཔའ་ཐོད་ཕྱོགས་སུ་ཕེབས་བསྐྱོད་མཛད་དགོས་བབ་ཀྱིས་འདི་ཁའི་ཕྱག་མཛོད་གསར་བསྐོས་མཛད་རྒྱུ་ལྷ་བླ་མ་རྣམས་ཀྱི་ལུང་བརྟགས་ཞུའི་དགོངས་དོན་དང་། ལྷག་པར་༧སྐྱབས་མགོན་ཉིད་ནས་སྒྲིབ་བྲལ་ཡེ་ཤེས་ཀྱི་གཟིགས་པས་དཔྱད་པ་ན་གང་གི་རླབས་ཆེན་འཕྲིན་ལས་སྤེལ་བ་ལ་སྨོན་ལམ་གྱི་མཐུ་ཐུལ་དུ་ཕྱིན་པ་དང་ལྡན་པར་གཟིགས་ནས་གསོལ་དཔོན་བློ་བཟང་དཔལ་ལྡན་ལ་ཕྱག་མཛོད་ཀྱི་ལས་ཁུར་གསར་དུ་བསྐོ་བཞག་བསྐྱངས། ས་ག་ཟླ་བའི་ནང་༧རྒྱལ་དབང་མཆོག་ནས་སྤྱི་ལོ་ཚེ་དཔག་སྟོང་སྐུ་སོགས་གསར་བཞེངས་མཛད་པ་ལེགས་པར་གྲུབ་ནས་པོ་བྲང་ཆེན་པོར་གདན་དྲངས་ཏེ་གཟིམས་ཆུང་བཀའ་གདམས་འཁྱིལ་བར་མཆོད་པའི་བྱེ་བྲག་དུ་མ་དང་བཅས་ཏེ་བཞུགས་སུ་གསོལ་ཞིང་གཟིམས་ཆུང་གི་མཚན་ཡང་བདེ་ལྡན་འཁྱིལ་བ་ཞེས་སུ་གསོལ་བར་མཛད་པ་སོགས་ཀྱི་དུས་༧སྐྱབས་མགོན་མཆོག་ལ་ལེགས་སྐྱེས་རྒྱ་ཆེན་པོ་དང་རྟེན་རྣམས་ལ་མཆོད་སྤྲིན་གྱི་ཕུང་པོ་བླ་མེད་དུ་འདེགས་པར་མཛད། དེ་ནས་ཟླ་བ་དེ་ཁའི་ཚེས་བཅུ་བཞིའི་ཉིན་རབ་གནས་ཀྱི་སྦྱོར་བ་དང་། བཅོ་ལྔའི་ཉིན་དངོས་གཞི། བཅུ་དྲུག་གི་ཉིན་མཇུག་ཚོག་དང་བཅས་པའི་རབ་ཏུ་གནས་པའི་རིམ་པ་རྒྱ་ཆེར་མཛད་སྐབས་༧གོང་ས་རྒྱལ་དབང་མཆོག་དང་

སྐྱབས་མགོན་ཉིད། བསྟན་གླིང་མཆོག་སྤྲུལ། རི་རྒྱ་མངའ་རིས་སྤྲུལ་སྐུ། མཁན་སྟེ་ཆེ་ཚང་། མཚན་ཞབས། ཕན་བདེ་ལེགས་བཤད་གླིང་པའི་འདུས་སྡེ་སོགས་གདན་འཛོམས་པའི་ཕྱོག་འཛིགས་མཛད་རྡོ་རྗེའི་རྣལ་འབྱོར་བདག་འཛུག་དང་བཅས་པ་སྔོན་དུ་འགྲོ་བའི་སྒོ་ནས་རྟེན་རྣམས་ལ་ཡེ་ཤེས་པ་དངོས་སུ་སྤྱན་དྲངས་ཏེ་བསྐྱེད་བསྡོམ་རྣམ་པར་དག་པར་མཛད་ནས་ཇི་སྲིད་མེ་ཆུ་རླུང་གསུམ་གྱིས་བསྐལ་པ་འཇིག་པར་མ་གྱུར་པ་དེ་སྲིད་དུ་འགྲོ་བའི་བསོད་ནམས་ཀྱི་མཆོད་སྡོང་ཆེན་པོར་བརྟན་པར་བྱིན་གྱིས་བརླབས་པར་མཛད། ཆོས་བཅུ་བདུན་ཉིན་ཚོམས་ཆེན་དུ་རབ་སྟོན་སྐབས་༸སྐྱབས་མགོན་རྒྱལ་དབང་ཐམས་ཅད་མཁྱེན་པར་གཞུང་ས་མཆོག་དང་སྐུ་སྒེར་སྤྱི་སོགས་ནས་ལེགས་འབུལ་གཏང་རག་གི་དངོས་སྐྱེས་ཚད་མེད་པའི་ཕྱོག་༸ཞབས་པད་བསྐལ་པ་རྒྱ་མཚོའི་བར་དུ་བརྟན་པར་གསོལ་བ་འདེབས་པའི་མཇལ་གསུང་བཤད་ཀྱི་རིམ་པ་སྙན་འགྱུར་འབུམ་སྡེའི་དཔལ་དང་ལྡན་པ་རྒྱུད་མང་སྟོང་གི་སྒྲ་འཁྲོལ་བའི། ལེགས་པར་བཤད་པའི་སྐྱེས་ཀྱིས་མཆོད་པར་མཛད་པ་ན་༸རྒྱལ་དབང་མཆོག་ནས་ཀྱང་དགྱེས་པའི་འཛུམ་ཞལ་པདྨའི་གེ་སར་གདུལ་བྱའི་ཚོགས་ལ་གསལ་པོར་བསྟན་ཏེ་ཇི་ལྟར་གསོལ་བ་བཏབ་པའི་དོན་རྣམས་རེ་འབྲས་ཡོངས་སུ་སྨིན་པའི་བཀའ་བཞེས་བཟང་པོས་དབུགས་དབྱུང་བར་མཛད། གཞུང་ས་མཆོག་གཙོར་གྱུར་གྱི་ཕྱོག་སྒེར་ཁག་ཆེ་བཙན་ཕལ་མོ་ཆེ་དང་། ཆོས་སྡེ་ཁག་སོགས་ནས་༸སྐྱབས་མགོན་རྗེ་ཉིད་སོ་སོར་གཏང་རག་ལེགས་འབུལ་གྱི་མཆོད་སྤྲིན་བར་མ་ཆད་དུ་སྤྲོས་པ་དེ་ཐམས་ཅད་ཀྱང་ཐར་པ་བླ་ན་མེད་པའི་རྒྱུ་ཚོགས་ཕོ་ནར་སྨིན་པའི་ཐུགས་བསྐྱེད་རླབས་པོ་ཆེས་རྒྱས་འདེབས་པར་མཛད་དོ། །

བདེ་ལྡན་ཞིང་གི་དབང་ཕྱུག་ཚེ་མཐའ་ཡས། །ཐ་མལ་མིག་ངོར་སྣང་

བརྟན་ཚུལ་བཟུང་བའི། །རང་གཟུགས་ཆུ་ཟླའི་རོལ་གར་འགྲོ་བ་ཡི། །བསོད་ནམས་མཆོད་སྟོང་མཆོག་ཏུ་མངོན་པར་གྲུབ། །དེ་ཚེ་སྲས་བཅས་རྒྱལ་བ་མ་ལུས་པ། །ཏིང་འཛིན་ཡེ་ཤེས་འཕྲུལ་གྱིས་སྤྱན་དྲངས་ཏེ། །མཆོད་ཚོགས་བདེ་སྟོང་རོལ་མོས་མཆོད་པ་དང་། །ལྷན་ཅིག་དམ་ཡེ་དབྱེར་མེད་བྱིན་གྱིས་བརླབས། །མཆོད་པའི་སྤྲིན་ཕུང་ཀུན་བཟང་སྨོན་ལམ་གྱི། །ཁེངས་པ་འཁྲིག་པའི་དབང་པོའི་གཞུ་རིས་ཀྱིས། །འཁོར་ཡུག་བར་མཚམས་མེད་པར་བཀང་བྱས་མཐར། །གསོལ་འདེབས་བདེན་པའི་ཚིག་གི་མེ་ཏོག་བཀྱེ། །གང་གི་གདུང་ཤུགས་དྲག་པོའི་ཤིང་རྟ་ཡིས། །ཉེ་བར་བསྐུལ་མཐུས་སྙིང་རྗེའི་ལྷ་མཆོག་ཀྱང་། །དགྱེས་འཛུམ་ཟླ་བའི་ཞལ་བཟང་ལེགས་བསྟན་ནས། །དབུགས་དབྱུང་འོད་ཀྱི་པ་ཏ་ཅི་ཡང་འགྱེད། །འདི་ལྟའི་རྣམ་ཐར་རྨད་བྱུང་ངོ་མཚར་ལ། །ནོར་འཛིན་སྐེག་མོའང་གུས་པས་ཉེར་བསྐུལ་བས། །འབུམ་ཕྲག་ཆུ་ཀླུང་མཆེ་མ་འཁྲུག་བཞིན་པར། །སྟོན་ཤིང་སོར་མོ་བསྐྱངས་ཏེ་ཐལ་སྦྱོར་བཞིན། །

དེ་ནས་ཆོས་ཉེར་ལྔ་ཉིན་རྫོང་རྒྱབ་ཀླུའི་ཕོ་བྲང་དུ་རྗེ་ཤོད་ལྷན་རྒྱས་ཚིབས་སྐྱུར་ཐོག་འཛམ་མགོན་བླ་མའི་རིང་ལུགས་ལས་འོངས་པའི་ཕྱག་ལེན་གཙང་མ་བསྲེ་ལྷད་མེད་པའི་སྒོ་ནས་ཆར་འབེབས་ཀྱི་རིམ་པ་རྒྱས་པར་མཛད་པས་ཡན་ལག་བརྒྱད་ལྡན་གྱི་གྲུ་ཆར་བཟང་པོས་འཛམ་གླིང་མཐའ་དབུས་ཀྱི་ཡུལ་གྲུར་འཁོད་པའི་སྐྱེ་འགྲོ་ཐམས་ཅད་དགྱེས་པ་མཆོག་གི་དཔལ་ལ་རེག་པར་མཛད། འདི་ལོ་གོང་མ་ཆོས་ཀྱི་རྒྱལ་པོ་ནས་མདོ་སྔགས་གཞུང་ལུགས་ཀྱི་ཡོན་ཏན་ཡོངས་སུ་རྫོགས་པའི་བླ་མ་བཟང་པོ་གཉིས་གཏོང་དགོས་ཞེབས་དོན་བཞིན་རྒྱལ་དབང་མཆོག་དང་གསུང་མོལ་གྱི་ཐོག་འབྲས་ཀྱོར་གཞུང་ལས་པ་

དང་། སྒོ་མང་ཞབས་དྲུང་གཉིས་སྤྱན་གསལ་གྱིས་བསྒོ་བཞག་བསྐྱངས། དེ་ནས་གསང་ཕུ་དབྱར་ཆོས་པ་དང་། རྩེ་ཏུ་གྲྭ་ཚང་སོགས་ནས་མཆོད་ཡོན་ལྷན་རྒྱས་སུ་༧ཞབས་བརྟན་གྱི་འབུལ་སྤྲིན་བཀྱེ་བ་རྣམས་བདག་གིར་དུ་བཞེས་ཤིང་ལེགས་ཚོགས་གོང་སྤེལ་གྱི་མཛད་པ་གཞན་དག་ཀྱང་བར་མ་ཆད་དུ་མཛད་ནས། མི་རིང་བར་ལྷན་རྒྱས་ནོར་གླིང་སྣན་ཆབ་ཀྱི་འཕྲོད་བཞེས་སུ་ཆིབས་བསྒྱིད་ཐོག་ཆབ་བཞེས་དང་དགྱེས་སྟོན་སོགས་ལ་རོལ་བཞིན་པར་རྒྱུན་རིང་ཙམ་བཞུགས་འཛགས་བསྐྱངས། ཧོར་ཟླ་བདུན་པའི་གནམ་གང་གི་ཉིན་ཆེ་རྒྱ་ཀུན་གྱི་གཙུག་གིས་མཆོད་བཞིན་པར་ཕོ་བྲང་ཆེན་པོར་ཞབས་ཟུང་འཁོར་ལོའི་རེ་ཁས་མཚན་པ་ལེགས་པར་བཀོད། སེར་འབྲས་ཀྱི་འཆར་ཅན་ཞབས་བརྟན་སོགས་འབུལ་བཞེས་དང་། ཕྱོགས་མཐའི་མི་སྣ་གསར་འགྱུར་རིགས་སོགས་ལ་མཇལ་ཕྱག་སྩལ། མཁན་ནང་འགྱུར་གདོང་གསོལ་སྟོན་དུ་ཆིབས་བསྒྱུར་ཐོག་༧གོང་མ་ཆོས་ཀྱི་རྒྱལ་པོའི་བཀའ་ཡིག་གསན་བཞེས་དང་། གནང་སྐྱེས་བཟང་པོ་རིན་ཐང་གིས་གཞལ་བར་དཀའ་བ་ཇི་སྙེད་ཅིག་སྩལ་བ་རྣམས་དགྱེས་པས་བདག་གིར་དུ་བཞེས་ཤིང་མཁན་ནང་ངོ་གཡོག་ཀུན་ལ་འགྱུར་ཕྱག་ཀྱང་ལེགས་པར་སྩལ། དེ་ནས་རིམ་པ་བཞིན་ལྕང་སྐྱ་མཆོག་སྤྲུལ་རིན་པོ་ཆེའི་སྐྱ་མཆེད་སྒོམ་ཞུ་ཞབས་དྲུང་དང་། ཁྲི་རྒྱ་ནག་པའི་མི་སྣ་ཨེམ་ཆེ་ངོ་གཡོག །ཟི་ལིང་སྣར་དཔོན། མཆོ་སྔོན་ངག་དབང་ཕང་གི་མི་སྣ། ཐལ་ཇེ་བྲམས་པ་དངོས་གྲུབ་སོགས་ཕྱོགས་འགྲུལ་གཏོས་ཆེ་བ་རྣམས་ལ་མཇལ་ཁ་དང་། ཟུར་ཆས་སོགས་གོ་བབ་ལྟར་སྩལ། འདི་ལོ་སྤྱ་སོར་ནས་གླིང་རྫོལ་དྲུང་ཡིག་དམ་ཆོས་ཡར་འཕེལ་སོགས་ནས་གསོལ་བ་བཏབ་པའི་དོན་བཞིན་གླིང་རྫོལ་གྲུབ་པའི་དབང་ཕྱུག་ཆེན་པོའི་རྣམ་པར་ཐར་པ་བཀའ་རྩོམ་མཛད་པ་ལེགས་པར་གྲུབ་པ་བླ་མའི་བཀའ་དྲིན་ལ་

དགོངས་ཏེ་པར་དུ་བརྐོ་བར་མཛད་བཞིན་གྱིས་དེ་དོན་བཀའ་ཁྱབ་ཀྱང་སྩལ། དེ་ལ་སོགས་པ་མཆོག་དམན་དུ་མ་ཞིག་གིས་ཞུས་ངོར་བཀའ་རྩོམ་གྱི་རིགས་ཀྱང་མཐའ་ཀླས་བཞིན་གནས་སྐབས་དེ་དག་ཏུ་མཛད་པར་སྣང་བ་ནི་ཞིབ་པ་གསུང་འབུམ་དུ་གསལ་བ་ལྟར་རོ། །གཞན་ཡང་ཆོས་སྡེ་ཁག་དང༌། རི་ཁྲོད་ཕན་ཚུན། གནས་ཆེན། ཆོས་སྐྱོང་ཁག་དང་བཅས་པ་རྣམས་སུ་སྤྱི་སྒེར་གྱི་ཞབས་བརྟན་རིམ་གྲོ་བསམ་གྱིས་མི་ཁྱབ་པ་རྒྱུན་མི་ཆད་དུ་སྒྲུབ་པར་མཛད། གདན་ས་ཆེན་པོ་གསུམ་སོགས་བསྟན་པའི་གཞི་མར་གྱུར་པའི་འདུས་སྡེ་རྣམས་སུ་འཆད་ཉན་སྒྲིག་ལམ་གྱིས་མཚོན་པ་གང་ཅིར་མི་ཉམས་ཡར་ལྡན་དུ་དགོས་པའི་བཀའ་ཁྱབ་སོགས་ཀྱང་ཆད་མེད་པར་བསྐྱངས་ཏེ་བསྟན་པའི་རྩ་བ་ཟུངས་ནས་གསོ་བ་དང༌། ལུགས་གཉིས་ཀྱི་བཀའ་ཁྲིམས་བཙན་པོའི་གདུགས་དཀར་མཆོག་དམན་ཡོངས་ཀྱི་སྣ་ན་མངོན་པར་མཐོ་བ་འཁོར་ཡུག་ཏུ་བསྒྲེངས་པར་མཛད་པས་ཆོས་ཀྱི་རྒྱལ་པོའི་གྲགས་པ་དོན་དང་ལྡན་པར་གྱུར། ལྔ་མཆོད་ཐོན་འཕྲུལ་དགུན་མཇུག་རིང་རིམ་གཉིས་ཟབ་མོའི་ཉམས་བཞེས་ཀྱི་བཅད་རྒྱུར་བཞུགས་འཇགས་དང༌། རྒྱུན་དང་འཕར་མའི་མཛད་པ་གཞན་དག་ཀྱང་རིམ་སེལ་དུ་སྐྱོང་བཞིན་པར་འཚོ་ཞིང་གཞེས་སོ། །

༈ དེ་ནས་དོན་གྲུབ་ཅེས་པ་ས་མོ་ལུག་ལོའི་རང་ཞལ་གསར་ཆོས་ཀྱི་གཏོར་སྐྱོངས་དང༌། གསོལ་སྟོན་སོགས་ལ་སྦྱར་བཞིན་དགྱེས་རོལ་དང༌། ཆོས་གསུམ་ཉིན་ཨམ་བན་ལྷན་རྒྱས་རྩེ་ཤོད་ཀྱི་སྐུ་མདུན་དུ་ཕེབས་པར་མཇལ་འཛོམས་དང་གསུང་མོལ་ཞིབ་ལྷིངས་ཐོག་གནང་སྐྱེས་སོགས་ཀྱང་རྒྱས་པར་སྩལ། ཆོས་ལྔ་ཉིན་རྣམ་འདྲེན་རྒྱལ་དབང་མཆོད་ཡོན་ལྷན་རྒྱས་སྨོན་ལམ་ཆེན་མོའི་མགོན་དུ་ཆིབས་ཀྱི་ཁ་ལོ་བསྒྱུར་ཏེ་ཨེ་ཤོད་དུ་གསོལ་སྟོན་སོགས་ལུགས་གཉིས་

ཀྱི་དཔལ་ལ་དགྱེས་པར་རོལ། རྒྱལ་དབང་མཆོག་གི་སྐུའི་གམ་བཅར་མཆོད་དཔོན་མཁན་པོ་དང་། དགའ་ཤར་མི་རྗེ་ཇོ་སག་བླ་མ་སོགས་འཁོར་ལྷན་སྦྱིན་བདག་རྣམས་ཀྱིས་གསོལ་བ་བཏབ་པའི་དོན་བཞིན་ཆོས་བཅུ་དང་བཅོ་ལྔ་སོགས་ལ་༸སྐྱབས་མགོན་ཕྱག་ན་པདྨོ་དང་ལྷན་རྒྱས་སྨོན་ལམ་གྱི་ཚོགས་དབུར་ཕེབས་བསྐྱོད་མཛད་པར་སྦྱིན་བདག་རྣམས་ནས་ཞབས་བརྟན་དངོས་འབུལ་གྱི་རིམ་པ་རྒྱ་ཆེར་བཀྱི་བ་རྣམས་ཀྱི་དགེ་ཚོགས་མཐའ་དག་རིང་མིན་བྱང་ཆེན་ཐོབ་པའི་རྒྱུ་འབའ་ཞིག་ཏུ་སྨོན་པར་མཛད། སྨོན་ལམ་ཆེན་མོའི་འདུས་པ་རྣམས་ལ་མང་འགྱེད་དང་རྟེན་གསུམ་བྱིན་རླབས་ཅན་རྣམས་ལ་མཆོད་སྨོན་གནས་གཟིགས་སོགས་ཀྱང་ཕྱར་ལྷག་ཏུ་བསྐྱངས། རྭ་སྒྲེང་ནོ་མི་ཧན་སོགས་བསྟན་འཛིན་བདག་ཉིད་ཆེན་པོ་རྣམས་དང་གསོལ་ཚོགས་ལྷན་རྒྱས་ཀྱི་ཐོག་བསྟན་པར་སྨན་པའི་གསུང་མཆིད་ཞིབ་རྒྱས་མཛད། ཁམས་གསུམ་དུ་ཐོ་སྒྲིག་པར་ཕེབས་བསྐྱོད་སྐབས་ལྷ་ས་མཚོ་སྐྱིའི་ཞབས་བརྟན་འབུལ་བཞེས་དང་། གཏོར་རྒྱག་དང་བྱམས་པ་གདན་འདྲེན་སོགས་ལ་གཟིགས་རྟོག་དང་ཐུགས་སྨོན་མཚམས་སྦྱོར་རྣམ་པར་དག་པ་བསྐྱངས། སྨོན་ལམ་གྲོལ་བསྡུན་རྗེ་ཤོད་ལྷན་རྒྱས་ལྷ་ལྡན་ནས་ཆིབས་བཏེགས་ཏེ་ར་ཆེར་གནས་གཟིགས་མཆོད་འབུལ་སོགས་རྒྱ་ཆེར་མཛད་ནས་ཕོ་བྲང་ཆེན་པོར་ཕྱག་ཕེབས་ཤིང་། ཟླ་བ་གཉིས་པའི་ཚེས་བཅུ་སྐར་ལ་དབང་ཕྱོགས་ནས་༸གོང་མ་ཡབ་རྗེ་རྒྱལ་པོ་ཞི་བར་གཤེགས་པའི་གནས་ཚུལ་གྲལ་རྩེའི་ལམ་ནས་ཡ་མོན་དུ་འཁོར་ཕྲལ་མི་རྗེ་བཀའི་གུང་བློན་རྣམས་ན་བཟའ་ཆས་གོས་དཀར་པོ་དང་བཅས་ཏེ་སྔན་ཞུར་ཕེབས་པར། དེ་འཕྲལ་སྟར་སྒྲོལ་གྱི་ལམ་རྣམས་ལ་ཐུགས་ཞིབ་ཀྱི་ཐོག་ཚེས་བཅུ་བཞིའི་ཉིན་སེར་འཕྲམས་ནས་དགེ་འདུན་ཁྱུ་བསྡུས་ཀྱིས་གྲངས་བདུན་བརྒྱ་སྐར་ལྷ་ལྡན་

ཁྲིམས་ར་ཆེན་མོར་དགོངས་རྫོགས་སུ་ཆེད་དམིགས་ཀྱིས་ཚོགས་རྒྱུ་དང་། དེ་མཚུངས་ར་ཆེར་དཔལ་ལྡན་སྟོད་རྒྱུད་གྲྭ་ཚང་དགེ་འདུན་སུམ་བརྒྱ་སྐོར་ཉིན་བདུན་གྱི་རིང་ཚོགས་རྒྱུའི་དཔྱད་ཁྲ་དང་། དོ་དམ་པ་བསྐོ་བཞག །རྗེར་གསེར་གདུང་རྣམ་གཉིས་དང་། འཕགས་པ་རིན་པོ་ཆེ། གོང་མའི་འདྲ་ཐང་བཅས་ཀྱི་སྐུ་མདུན་དུ་བརྒྱ་མཆོད། སེར་འབྲས་རྣམས་ལ་བཀའ་རྒྱ་སོགས་ཕྲལ་དུ་སྩལ་བར་མཛད། དེ་ཁའི་ཉིན་དགོང་ཇ་ཁ་ཙམ་ལ་གྲུ་འཛིན་པོ་བྲང་གི་རྟེན་གསུམ་ཁག་རྣམས་ལ་གནས་གཟིགས་ཐུགས་སྨོན་ལ་ཕེབས་བསྐྱོད་དང་། སང་ཉིན་ཚེས་བཅུ་བཞིའི་སྔ་ཆར་འདྲ་ཐང་གི་མདུན་དུ་༧སྐྱབས་མགོན་ཡས་ཕྱིན་ལྡན་རྒྱས་ཚོགས་དབུས་སུ་ཕེབས་ཤིང་། དེ་ཐོག་བསྟན་གླིང་མཆོག་སྤྲུལ་རིན་པོ་ཆེ་དང་། ར་སྒྲེང་ནོ་མི་ཧན་རིན་པོ་ཆེ། རྣམ་རྒྱལ་གྲྭ་ཚང་པ་ཉེར་གཅིག་བཅས་ནས་དཔལ་འཁོར་ལོ་སྡོམ་པའི་བདག་འཇུག་གི་རིམ་པ་གནད་སྨིན་དུ་མཛད་པའི་སར་༧གོང་མའི་བཀས་མངགས་ཨམ་བན་རྣམ་གཉིས་དང་། སྤྱུར་གོ་ཆེ། སྤྱི་ཆའི་ཆེ། གུང་བཀའ་མདའ་སོགས་རྒྱ་བོད་ཀྱི་མི་དྲག་ཚང་མ་ན་བཟའ་གོས་དཀར་མནབས་པའི་སྒོ་ནས་འདྲ་ཐང་ལ་ཕྱག་འཚལ་གནང་། དེ་དག་གྲུབ་བསྟན་༧གོང་མ་ཆོས་ཀྱི་རྒྱལ་པོར་ཡབ་རྗེ་ཞིང་དུ་གཤེགས་པར་ཐུགས་ངལ་མི་མཛད་པ་དང་། ཐུགས་དགོངས་རྫོགས་བྱེད་ཀྱི་རིམ་པ་འདི་ལྟར་མཛད་ཚུལ་དང་དགོངས་རྫོགས་ཀྱི་མཆོད་སྦྱིན་མཁན་པོ་ཆེད་གཏོང་ཚོགས་པ་སོགས་ཀྱི་གནས་ཚུལ་ཞུ་ཡིག་རྗེ་ཤོད་སོ་སོ་ནས་གྲལ་རྗེའི་ལམ་ནས་འབུལ་བར་མཛད། དེ་འཕྲལ་༧སྐྱབས་མགོན་ཉིད་སྐུ་སྒེར་ལྷ་ལྡན་ཇོ་ཤཱཀ་རྣམ་གཉིས་སོགས་རྟེན་གསུམ་ཁག་ལ་བརྒྱ་མཆོད་དང་། སྐན་ཞལ་ཐུགས་སྨོན་སོགས་མཛད་པར་ཆིབས་བསྐྱོད་དང་། དེའི་སང་ཉིན་ཚེས་བཅོ་ལྔའི་སྔ་ཆར་༧གོང་ས་མཆོད་ཡོན་

ལྷན་རྒྱས་ཧ་དར་དང་། རོལ་ཆ་སོགས་ཀྱི་སྒྲོས་པ་མཛད་པར་སྟོན་འཁོར་ཚང་མ་དབྱར་ཆས་ཀྱིས་ཆིབས་རྟག་ཀྱང་རགས་བསྡུས་མཛད་དེ་ཐོག་མར་ར་ཆེར་ཕེབས་བསྐྱོད་ངོས་ཐུགས་རྫོགས་ཐབས་ཀྱི་ཐུགས་སྨོན་རྒྱ་གང་ཆེ་དང་། དེ་ནས་ལྷ་ལྡན་དཀྱིལ་འཁོར་སྡིངས་སུ་ཚོགས་དབུས་སུ་ཕེབས་པར་ཨམ་བན་གཉིས་ཀྱང་བཅར་ཏེ་རྩེ་ཤོད་རྣམ་གཉིས་སུ་ལྷ་རྫས་ནང་མཛོད་དང་། གོས་ཁ་ཐི་ཡུགས་སོགས་ཀྱི་འབུལ་ཚན་གཏོས་ཆེ་བར་ཕུལ། སླར་ཡང་གནས་གཟིགས་ཐུགས་སྨོན་སོགས་ཞིབ་རྒྱས་བསྐྱངས་ཏེ་ཕོ་བྲང་དུ་ཆིབས་བསྐྱོད་མཛད། ཆོས་བཅུ་དྲུག་གི་ཉིན་ཚོགས་མཆོད་ཆེན་མོའི་ཐོ་སྒྲིག་དང་། ཆོས་བཅུ་དགུ་ནས་ཚོགས་མཆོད་ཆེན་མོ་ཉིན་གྲངས་སྤར་ཡོད་ཀྱི་ཐོག་༸ཡབ་རྗེ་རྒྱལ་བའི་དགོངས་རྫོགས་སུ་ཉིན་གསུམ་འཕར་མ་དང་བཅས་པ་ཚོགས་རྒྱུར་སེར་འབྲས་དགེ་གསུམ་གྱི་བླ་མ་ལས་སྣེ་སོགས་ལ་མཇལ་ཁ་དང་། ཚོགས་མཆོད་སྐོར་གྱི་བཀའ་ཁྱབ་སྤྱི་དང་ལྷག་པར་༸གོང་མའི་དགོངས་རྫོགས་ཀྱི་རིམ་པ་རྣམས་གནད་སྨིན་འཐུས་ཚང་དགོས་པའི་བཀའ་འདོམས་མཐར་ཕྱིན་དུ་སྩལ། ཆོས་ཉེར་གཅིག་ཉིན་༸གོང་མའི་དགོངས་རྫོགས་ཀྱི་ཚོགས་དབུས་སུ་ཕེབས་བཞེད་ཀྱིས་རྩེ་ཤོད་ལྷན་རྒྱས་སྤྱ་དྲོའི་ཆ་ལ་ཆིབས་རྟག་མདོར་བསྡུས་དང་བཅས་ཕོ་བྲང་གི་ལྷག་སྒོ་ནས་ཆིབས་བསྒྱུར་གྱིས་ལྷ་ལྡན་གཙུག་ལག་ཁང་དུ་ཞབས་སོར་བཀོད་ཅིང་། དེ་ཉིན་གུང་ཚོགས་ཀྱི་ཚོགས་དབུས་སུ་༸སྐྱབས་མགོན་ལྷན་རྒྱས་བྱོན་སྐབས་ཨམ་བན་རྣམ་གཉིས་ཀྱང་ཕེབས་ཏེ་མཇལ་དར་འབུལ་མཚོན་སོགས་ཕུལ། ཚོགས་ཁྲོལ་བསྟུན་ཡ་མོན་དུ་ཕེབས་ནས་༸ཡབ་རྗེ་རྒྱལ་པོའི་དགོངས་པ་མྱུར་རྫོགས་ཀྱི་ཞུགས་བསྔོ་སོགས་རྒྱས་པར་མཛད། གསོལ་ཚོགས་གྲུབ་བསྟུན་སྐྱབས་མགོན་ཉིད་སྨོན་ལམ་དང་དགོང་ཇ་བཅས་ཀྱི་ཚོགས་གཟིགས་ལ་ཕེབས་བསྐྱོད་དང་།

དེའི་ཕྱི་ཉིན་ཀྱང་ཚོགས་དབུས་སུ་སྤྱར་བཞིན་ཕྱིན་ཏེ་ཐུགས་དགོངས་རྫོགས་བྱེད་ཀྱི་བསྔོ་སྨོན་རྣམ་པར་དག་པས་རྒྱས་འདེབས་པར་མཛད་ཅིང་། གསོལ་ཚོགས་གྲུབ་བསྟན་ལྷན་རྒྱས་གནས་གཟིགས་ལ་ཕེབས་བསྐྱོད་ཀྱིས་མཆོད་འབུལ་སྙན་ཤལ་ཐུགས་སྨོན་སོགས་རྒྱ་ཆེན་པོར་བསྐྱངས། ཆོས་ཉེར་གསུམ་གྱི་ཉིན་ཀྱང་ཡས་ཕྱིན་ལྷན་རྒྱས་ཚོགས་དབུར་ཕྱིན་ཞིང་། དེ་ཉིན་༧སྐྱབས་མགོན་ཉིད་ནས་༧གོང་ས་མཆོག་ལ་མཇལ་རྟེན་གསུམ་སོགས་ཀྱིས་མཚོན་པའི་འབུལ་མཚོན་རྒྱས་པ་དང་། འདུས་པ་རྣམས་ལའང་མང་འགྱེད་སྤྱི་འབུལ་བཅས་ཀྱི་བསྙེན་བཀུར་གྱི་ནོམས་སུ་སྩལ། བཀས་མངགས་ཨམ་བན། ཕོགས་ཅོང་། སྤྱར་སྤྲི་སོགས་ནས་ཀྱང་ཡས་ཕྱིན་ལྷན་རྒྱས་སུ་ལེགས་འབུལ་གཏང་རག་གི་རིམ་པ་གཏོས་ཆེ་བར་ཕུལ་ཞིང་། དེ་ནས་གསོལ་ཚོགས་གྲུབ་བསྟན་ལྷན་རྒྱས་པོ་བྲང་ཆེན་པོར་ཆིབས་ཀྱི་ཁ་ལོ་བསྒྱུར་བར་མཛད་དོ། །

འདིར་སྨྲས་པ། གནམ་བསྐོས་ས་སྐྱོང་མི་ཡི་རྗེ་བོ་དེའི། །གཟུགས་སྐུའི་འཇའ་ཚོན་གྱང་དུ་ཡལ་བ་ན། །རྣམ་དཀར་མཛད་པའི་རི་མོ་ཁྱབ་གདལ་དུ། །འགྱེད་འདི་བྱས་པ་དྲིན་དུ་གཟོ་ཕྱིར་ཡིན། །ལྷུན་པོ་རིར་བཅས་བདག་གི་ཁུར་མིན་གྱི། །བྱས་པ་མི་གཟོ་ཁུར་ཆེན་ཉིད་ཡིན་ཅེས། །འདྲེན་པ་རྣམས་ཀྱིས་ལན་བརྒྱར་གསུངས་པ་ཡི། །བླང་དོར་ཚིག་ཏུ་མ་ལུས་ཉམས་སུ་བསྟར། །མཆོད་འོས་ཕྱུག་ཕྲའི་གནས་ཀུན་མ་ལུས་པ། །གཏན་པ་མེད་པའི་མགྲོན་དུ་འགུགས་བྱས་ཏེ། །བསྙེན་ཅིང་བཀུར་བའི་དགའ་སྟོན་ཆེར་འགྱེད་པའི། །དགེ་བའི་ཕུང་པོ་སུས་ཀྱང་གཞལ་ནུས་མིན། །གངས་ཅན་ཡབ་གཅིག་མཆོད་ཡོན་ཉི་ཟླ་ཟུང་། །ཞབས་སོར་བཀྲ་ཤིས་དགེ་མཚན་རྣམ་བཀྲ་བ། །འཕགས་ཆེན་འདུས་པའི་དབུས་སུ་འགོད་པའི་ཚེ། །ས་གསུམ་འཇིག་རྟེན་འདི་ཡང་

མངོན་པར་མཛེས། །ལྷུན་གྲུབ་རྒྱུན་ཆད་མེད་པའི་འཕྲིན་ལས་ཀྱི། །གཟུགས་མཚར་མཐའ་དག་འགྲོ་བློའི་ཨ་དཀྲར། །དུས་གཅིག་འཕོས་པའི་གཟིགས་མོར་རྒྱལ་བ་ཀུན། །གཡེངས་པས་འགྲོ་བའི་དོན་ཀྱང་གཡེལ་གྱི་དོགས། །བྱམས་དང་སྙིང་རྗེ་དགའ་བ་བཏང་སྙོམས་ཆེའི། །ཚད་མེད་བཞི་ལྡན་རྟ་བདུན་གྱིས་དྲངས་པའི། །འདྲེན་མཆོག་ནམ་མཁའི་ནོར་བུ་ཁྱོད་ཀྱིས་ནི། །འཆར་ནུབ་མེད་པར་སྐྱེ་རྒུའི་དོན་ལ་བརྩོན། །གཞན་གྱི་དོན་ལ་གོ་ཆ་ཆེར་བགོས་པའི། །བརྩོན་འགྲུས་རྣམ་པ་གསུམ་གྱི་ཐོག་མ་དེ། །ཐལ་མོ་ཆེ་ལ་རིང་དུ་གྱུར་མོད་ཀྱང་། །ཁྱེད་ལ་འབྲལ་བའི་གོ་སྐབས་ནམ་ཡང་དབེན། །མཆོག་ལ་བཀུར་ཞིང་དམན་ལ་བྱམས་པ་སོགས། །ཡ་རབས་འཕགས་པའི་ངང་ཚུལ་མ་ལུས་པ། །ཙན་དན་དང་ནི་དེ་ཡི་དྲི་བཞིན་དུ། །རང་ཆས་ཉིད་དུ་མངོན་སུམ་གྲུབ་འདི་མཚར། །བསྐལ་པ་བྱེ་བར་ལྕེ་སྟོང་བསྒྲོད་བྱས་ཀྱང་། །ཆ་ཙམ་འཇོད་པར་མི་ནུས་གང་གི་ཚུལ། །འདི་མཐོང་སྣར་ཡང་གུས་པའི་མེ་ཏོག་ནི། །ཡིད་ཆེས་གེ་སར་འཛུམ་ཞིང་རྒོད་པར་གྱུར། །ཅེས་པ་ནི་བར་སྐབས་ཀྱི་ཚིགས་སུ་བཅད་པ་དག་གོ །

དེ་ནས་ཚོགས་མཆོད་གྲལ་བསྟན་དགེ་ལྡན་པའི་ཞབས་བརྟན་འབུལ་བཞེས་དང་། དད་ལྡན་སེར་སྐྱ་ཡོངས་ལ་མཇལ་ཕྱག །བརྒྱུད་གཏོར་གྱི་མཇལ་ཁ་སོགས་སྔར་ལམ་ལྟར་སྩལ། ཆོས་དགུ་ཉིན་པོད་བཞུགས་ཨམ་བན་ལྷན་རྒྱས་༸གོང་མ་ཡབ་རྗེ་གཤེགས་པའི་དགུང་ཞག་མྱ་ངན་སངས་པས་འདྲ་ཐང་སྐུ་མདུན་དུ་ཕྱག་འཚལ་བར་བཅར་ཉིན་༸གོང་ས་ལྷན་རྒྱས་གསོལ་ཚོགས་སུ་བྱོན། ཨམ་བན་སོགས་ནས་ཕྱག་འཚལ་གྲུབ་བསྟན་མྱ་ངན་གྱི་གོས་དཀར་པོ་རྣམས་བཞག་ནས་རྒྱུན་གྱི་ཆ་ལུགས་ལ་ཞུགས་པར་ལྷན་རྒྱས་ནས་གནང་སྦྱིན་སོགས་

ཀྱང་རྒྱས་པར་སྤྲུལ་ཏེ་ཡིད་མགུ་བར་མཛད། དེ་སྐབས་བོད་བཞུགས་སྲུང་ཨམ་
བན་ལན་ཧྲུའི་ཙོང་ཐུར་གནས་འཕར་བས་པི་ཅིང་དུ་ཤེད་རྫོལ་གྱིས་ཕེབས་
དགོས་ལ་ཐོན་གནང་ཕེབས་རྗོངས་སོགས་དཔངས་མཐོ་བ་དང་། དེ་མཚུངས་
ཨམ་བན་གྱི་ཕེབས་སྐྱེལ་དུ་ཐོན་མི་བཀའ་བློན་དགའ་ཤར་ཛ་སག་བླ་མ་དང་།
ལས་བྱེ་ཞབས་པད་ལྷ་ལྡིང་བའི་སྲས། མགྲོན་གཉེར་གཉན་གྲོང་སྟོ་པ་ངོ་གཡོག་
སོགས་ལའང་ཐོན་ཕྱུག་དང་། སོ་སོར་གོ་བབ་ཀྱི་གནང་སྦྱིན་ཡང་སྤྲུལ། སྲུང་
ཨམ་བན་ཕེབས་སྐབས་གྲུ་ཁའི་བར་ཕེབས་སྐྱེལ་དུ་བྱོན་ནས་༧གོང་མར་
འཚམས་ཞུ་དང་། ཨམ་བན་ལ་ཕེབས་དར་སོགས་འབུལ་གནང་ཐོག་འདི་ཕྱིར་
དགེ་བའི་བཀའ་སློབ་མཐར་ཕྱིན་སྩལ་ཞིང་། ཨམ་བན་ནས་ཀྱང་རྣམ་ཀུན་
ཐུགས་ཡུལ་ནས་མི་འདོར་བའི་སྐྱབས་འཇུག་ཞུས་པར་བཀའ་བཞེས་བཟང་
པོའང་ཕེབས། དེ་འཕྲལ་སྲུང་ཨམ་བན་གྱི་བརྗེ་ཚབ་ཧོ་ཨམ་བན་ཀྱང་ཕེབས་
པར་མཇལ་འཕྲད་དང་། ཚུར་ལམ་ཡ་མོན་དུ་བྱོན་ནས་ཨམ་བན་གསར་པར་
ཐམ་ག་རྟེས་བཞེས་ཀྱི་སྣྲ་ཡེར་ཀྱང་འབུལ་བར་མཛད། དེ་སྐབས་ཀློང་རྡོལ་གྲུབ་
དབང་རིན་པོ་ཆེའི་རྣམ་ཐར་པར་བསྐོས་ཀྱི་པར་ཡིག་སོགས་སྤྱན་ཞུར་འབུལ་མི་
རྣམས་ལ་གནང་སྦྱིན་དང་བཀའ་འཁོར་གྱིས་ཁྱབ་པར་མཛད། དེ་ནས་ཕྱི་རྒྱ་
ནག་པའི་མི་སྣ་དང་། ཤར་སྲུ་མིའི་དྭ་བླ་མའི་མི་སྣ་སོགས་ཕྱོགས་འགྲུལ་ཁག་ལ་
ཐོན་གནང་སྩལ། ཧོར་ཟླ་གསུམ་པའི་ཚེས་ཉེར་ལྔ་ཉིན་༧རྒྱལ་སྲས་རྡོ་རྗེ་འཆང་
ཆེན་པོ་ཕེབས་སྐབས་མཇལ་འཛོམས་ལྷན་རྒྱས་ཀྱི་ཐོག་གཞིས་བྱེས་ཀྱི་གསུང་
མོལ་ཞིབ་པར་བསྐྱངས། ས་ག་ཟླ་བའི་ཚེས་ལྔའི་ཉིན་ལྷ་ལྡན་ཇོ་བོ་རིན་པོ་ཆེར་
སྟོང་མཆོད་རྒྱས་པ་དང་འབྲེལ་བའི་གནས་གཟིགས་ཐོག་རྟེན་གསུམ་ཁག་ལ་
གསེར་གསོལ། སྨན་ཤལ་སོགས་སྲིད་ཞུ་ཚད་མེད་པ་དང་། བསྟན་འགྲོའི་བདེ་

སྐྱིད་གོང་དུ་འཕེལ་བའི་ཐུགས་སྨོན་སོགས་རྒྱ་ཆེ་གནད་སྨིན་དུ་མཛད། ཕེ་ཅིང་དུ་ཐོན་མི་མཁན་ནང་ངོ་གཡོག་དྲུག་ཅུ་སྐོར་ལ་ཐོན་ཕྱུག་དང་སོ་སོར་གནང་སྦྱིན་བཀའ་སློབ་བཅས་སྩལ་ཞིང་། མཁན་ནང་གདོང་༧གོང་མ་ཆེན་པོས་གཙོ་མཛད་པའི་དབང་ཕྱུགས་ཀྱི་བླ་དཔོན་ཁག་ལ་འཚམས་ཞུ་དང་རྟེན་ཆས་སོགས་སྤར་ལམ་ལྷར་གནང་། ཟླ་བ་བཞི་པའི་ཚེས་བཅུ་གཅིག་ཉིན་སྤོ་སོར་གོང་མ་ཆེན་པོར་གནས་ཚུལ་གྲལ་རྩེ་ཕུལ་བའི་ཕྱིར་ཕེབས་སུ་དགྱེས་པའི་གསེར་གྱི་བཀའ་ལུང་བཟང་པོ་དང་། མུ་མེན་གྱི་བགྲང་ཕྲེང་། ཁུག་མ་ཆ་སོགས་ཀྱི་གནང་སྐྱེས་བཟང་པོ་ཕེབས། མི་རིང་བར་༧གོང་མ་ཡབ་རྗེ་རྒྱལ་པོ་གཤེགས་པའི་མཆོད་སྦྱིན་མཁན་པོ་ཆེད་མངགས་སུ་འབྲས་ཤར་སྒོར་བླ་མ་མགོན་པོ་དོན་གྲུབ་གཏོང་བཞེད་ཀྱིས་དེ་གོང་ནས་བཀའ་བསྒྱུར་མཛད་གྲུབ་པ་བཞིན་ངོ་གཡོག་ཉི་ཤུ་སྐོར་ལ་ཐོན་ཕྱུག་དང་། དེ་གདོང་གོང་མ་སོགས་ལ་འཚམས་ཞུ་རྟེན་ཆས་སོགས་ཀྱི་ནོམས་པར་སྩལ། ཚེས་བཅུ་གཉིས་ཀྱི་ཉིན་༧རྒྱལ་སྲས་རྡོ་རྗེ་འཆང་ཆེན་པོ་བརྟན་བཞུགས་ཆོས་འཁོར་གླིང་དུ་ཆེད་དམིགས་ཀྱིས་གདན་ཞུ་མཛད་དེ་ཉིན་གཉིས་ཀྱི་རིང་ཆོས་བཀའ་དུ་མ་ཞིག་གསན་བཞེས་དང་། གྲུབ་བསྟན་གཏང་རག་གི་ཡོན་འབུལ་སོགས་ཀྱང་རྒྱས་པར་མཛད་ཅིང་སྟོན་འཁོར་ཚང་མར་དཀར་སྒྲོ་སོགས་ཀྱི་བསྙེན་བཀུར་གཟབ་རྒྱས་སུ་བསྟར། སླར་ཡང་ཚེས་ཉེར་གཅིག་གི་ཉིན་ཀུན་བདེ་གླིང་དུ་གདན་ཞུ་མཛད་དེ་ཟབ་ཆོས་མང་དུ་གསན་བཞེས་བསྐྱངས་ཤིང་མི་རིང་བར་འོན་དུ་ཕེབས་བཞེད་ལ་ཐོན་ཕྱུག་གི་ལེགས་སྐྱེས་དང་། ཆིབས་བསྐྱོད་སྐབས་ཐབ་སྐྱེལ་སོགས་སྲིད་ཞུ་བླ་ལྷག་ཏུ་མཛད། དེ་མཚུངས་པཎ་ཆེན་ཐམས་ཅད་མཁྱེན་པ་ཆེན་པོར་༧གོང་མ་མཆོག་ནས་གསེར་གྱི་བཀའ་བཟང་དང་གནང་སྐྱེས་བཟང་པོ་ཕེབས་པར་སྦྲ་ཡེར་གྱི་

འཚམས་ཞུའང་འབུལ་བར་མཛད། ཆོས་ཉེར་ལྔ་ཉིན་༧རྒྱལ་དབང་མཆོག་དང་ལྷན་རྒྱས་ཀླུ་ཁང་དུ་ཆིབས་བསྐྱོད་དེ་ཆར་འབེབ་སོགས་ནན་ཆེར་བཀའ་དྲིན་བསྐྱངས། ཧོར་ཟླ་ལྔ་པའི་ཚེས་བཞིའི་ཉིན་ནས་བཟུང་ཉིན་གསུམ་གྱི་བར་དུ་ཀུན་བདེ་གླིང་གི་ཚོགས་དབུས་སུ་བྱོན་ནས་མགོན་པོ། ལྷ་མོ། ཆོས་རྒྱལ། དམ་ཅན་སྐུ་ལྔ་སོགས་ཀྱི་གཟབ་གསོལ་ལ་གནད་སྨིན་གྱིས་ཐུགས་བཞེད་མཐའ་དག་བགེགས་མེད་ལྷུན་གྱིས་འགྲུབ་པའི་འཕྲིན་བཅོལ་མཛད། ༧གོང་མའི་དགོངས་རྫོགས་སྒྲུབ་པར་མི་སྣ་ཆེད་ཕེབས་ཁག་གི་རྒྱང་བསུར་འགྲོ་མི་རྣམས་ལ་བཀའ་བསྒྱུར་དང་ཐོན་གནང་སྩལ། འདི་སྐབས་གློང་རྗོལ་གྲུབ་དབང་རིན་པོ་ཆེའི་རྣམ་ཐར་པར་དུ་བསྐྲུན་པ་ལེགས་པར་གྲུབ་པས་པར་ཕུད་གསར་འབུལ་སྐབས་དོ་དམ་པ་དབུ་ཆེ་ཆུང་སོགས་ལ་གནང་སྦྱིན་རྒྱས་པར་སྩལ་ཏེ་ཚང་མ་དགའ་མགུ་ཡི་རངས་པའི་དཔལ་ལ་སྤྱོར་བར་མཛད་ཅིང་། ཧོར་ཟླ་དྲུག་པའི་ཚེས་གཅིག་ནས་༧སྐྱབས་མགོན་ལྷན་རྒྱས་ནོར་གླིང་བསྐལ་བཟང་ཕོ་བྲང་དུ་ཆབ་བཞེས་ལ་ཆིབས་ཀྱི་ཁ་ལོ་བསྒྱུར་ཞིང་། དེ་སྐབས་བླ་བྲང་ཁག་དང་། ཞབས་པད་ལྷན་རྒྱས་སོགས་ནས་སྟེར་ཡམ་ལྷར་གྱི་གསོལ་སྟོན་དཀར་སྒྲོ་སོགས་ཀྱང་རྒྱས་པར་ཕུལ། གཞུང་ས་མཆོག་ནས་རྒྱལ་བའི་བཀའ་འགྱུར་རིན་པོ་ཆེ་གསར་བཞེངས་མཛད་སྐབས་སྐུ་སྒེར་ནས་ཀྱང་ཞལ་འདེབས་གཏོས་ཆེ་བ་དང་། བྲིས་པ་སོགས་ལ་སྟོན་མོ་གནང་སྦྱིན་སོགས་ཚད་མེད་པར་སྩལ། ཟླ་བ་འདིའི་ནང་ཆོས་སྐྱོང་ཁག་ཚང་མར་འཇིག་རྟེན་གྱི་ཁམས་སུ་ནད་རིམས་རྒྱུན་ཆད་པའི་གཏང་རག་ལེགས་འབུལ་དུ་གཟབ་གསོལ། སྨན་དར་སྤྱན་གཟིགས་སོགས་རྒྱས་པར་ཕུལ་ཏེ་བསྟན་སྲུང་རྣམས་ཀྱི་ཟག་མེད་ཀྱི་ཐུགས་ལ་དགྱེས་པ་དང་བདེ་བ་རྨད་པོ་ཆེ་བསྐྱེད་པར་མཛད། གློང་རྗོལ་གྲུབ་དབང་རིན་པོ་ཆེའི་ཞལ་སློབ

བླ་མ་དམ་ཆོས་ཡར་འཕེལ་དང་། འབུམ་རམས་པ། ཀུན་གླིང་སློབ་དཔོན་
སོགས་ལ་གྲུབ་དབང་དེ་ཉིད་ཀྱི་རྣམ་ཐར་བཀའ་རྩོམ་མའི་ལྷུགས་ལུང་ཡང་སྐྱོལ།
དགོང་གཞུང་ས་མཆོག་ནས་དགའ་ལྡན་ཚོགས་ཆེན་གྱི་ཞིག་གསོ་བསྐྱངས་པ་
འདི་དུས་ལེགས་པར་གྲུབ་པས་མཆོད་ཡོན་ལྷན་རྒྱས་སུ་གཏང་རག་ལེགས་
འབུལ་ཞུ་བར་དགའ་ལྡན་བླ་མ་ལས་སྡེ་རྣམས་ཞབས་དྲུང་དུ་བཅར་བར་མཇལ་
ཕྱག་དང་བཀའ་འདྲི་སོགས་ཞིབ་རྒྱས་དང་། མི་རིང་བར་ཧོར་ཟླ་བདུན་པ་
གསར་འཕྲུལ་པོ་བྲང་དུ་ཆིབས་ཞལ་བསྒྱུར་ཏེ་དད་ལྡན་རྣམས་ལ་མཇལ་ཕྱག་
དང་། གཞུང་དྲུང་སེར་སྐྱ་ལས་དོན་ལ་ཕྱོགས་ཐོན་བྱེད་མི་དང་། ཕྱིར་འཁོར་
སོགས་ལ་མཇལ་ཐོན་སོགས་རིམ་སེལ་དུ་བསྐྱངས། དེ་ནས་༧གོང་ས་ཡབ་རྗེ་
མཆོག་གི་དགོངས་རྫོགས་སྒྲུབ་མི་ཛ་སག་བླ་མ་ནམ་མཁའ་དང་། རིམ་པ་དང་
པོའི་ནང་བློན་བློ་བཟང་དར་རྒྱས། དྭ་བླ་མ་འཇམ་དབྱངས་སྨོན་ལམ་སོགས་
ཕེབས་སྐབས་༧སྐྱབས་མགོན་ཉིད་གསེར་ཡིག་གི་ཕེབས་བསུར་ཟུར་ཁང་གཡུལ་
ཁར་ཕྱིན་ཏེ་མི་སྣ་རྣམས་དང་མཇལ་འཕྲད་དང་། རྗེར་ཕེབས་བསྟུན་༧གོང་ས་
རྒྱལ་དབང་མཆོག་གི་ཞབས་ཕྱིར་ཚོམས་ཆེན་དུ་ཕྱིན་ནས་གསེར་ཡིག་གསན་
བཞེས་དང་༧གོང་མའི་གནང་སྐྱེས་སོགས་བདག་གིར་དུ་བཞེས་གྲུབ་བསྟུན་མི་
སྣ་རྣམས་ལ་མཇལ་ཁ་སྩལ་ཞིང་། གསོལ་སྟོན་གྱི་རིམ་པ་རྣམས་ལའང་དགྱེས་
པར་རོལ། ཛ་སག་དགེ་ལེགས་ནམ་མཁའ་དང་། དྭ་བླ་མ་འཇམ་དབྱངས་
སྨོན་ལམ་སོགས་ནས་སྙེར་མཇལ་ཞུས་པར་གསོལ་ཚོགས་ལྷན་རྒྱས་ཐོག་དབང་
ཕྱོགས་ཀྱི་སྐོར་སོགས་གང་ཅིར་བཀའ་མཆིད་ཞིབ་རྒྱས་སུ་མཛད། ༧གོང་མའི་
དགོངས་རྫོགས་སུ་རྗེ་ཚོམས་ཆེན་དང་། ལྷ་ལྡན་ཁྲིམས་ར། ར་མོ་ཆེ་བཅས་སུ་
སྤྱན་གསལ་ཟུར་ཚོགས་ཆེན་མོའི་སྐབས་༧སྐྱབས་མགོན་ཡས་ཕྱིན་ལྷན་རྒྱས་མི་

སྣ་རྣམས་དང་ལྷན་ཅིག་གོང་གསལ་གྱི་ཚོགས་དབུས་ཐམས་ཅད་དུ་ཕྱིན་ཏེ་༧ཡབ་རྗེ་རྒྱལ་པོའི་དགོངས་པ་རྫོགས་པ་དང་། གོང་མ་ཆེན་པོའི་བཞེད་དོན་འཕྲིན་ལས་རྒྱས་པ། རྒྱ་བོད་ཀྱི་བསྟན་འགྲོ་ཡོངས་ཀྱི་ཕན་བདེ་ལེགས་ཚོགས་གོང་དུ་འཕེལ་བ་སོགས་ཀྱི་བསྔོ་སྨོན་དང་ཐུགས་བསྐྱེད་ཀྱི་མཚམས་སྦྱོར་རྣམ་པར་དག་པར་མཛད་ཅིང་། རྟེན་གསུམ་ཁག་ལའང་གནས་གཟིགས་མཆོད་སྨོན་སོགས་རྒྱ་ཆེར་བསྐྱངས། འདི་ཟླའི་ཚེས་དྲུག་ཉིན་འབྲས་སྤུངས་སུ་མི་སྣ་རྣམས་དང་ལྷན་ཅིག་གོང་མའི་དགོངས་རྫོགས་སྒྲུབ་པར་ཕེབས་བསྐྱོད་སྐབས་བླ་གྲྭ་ཚང་མས་སྲིད་ཞུ་བཀུར་བསྟིའི་རིམ་པ་སྤར་ལྷག་དང་བཅས་པས་གདན་དྲངས་ཐོག་སྤྱི་སྐོར་སོ་སོ་ནས་དཀར་སྒྲོ། འབུལ་ཚན་སོགས་གཟབ་རྒྱས་སུ་ཕུལ་བ་རྣམས་ལ་གནང་ཆ་སོགས་ཀྱང་གོ་བབ་ལྟར་བསྐྱངས། དེ་ཉིན་ཚོགས་མཇལ་དང་མཆོད་ཁང་ཁག་ལ་གནས་གཟིགས། མཆོད་འབུལ། ཐུགས་སྨོན་དང་། ཆོས་སྐྱོང་ལ་འཕྲིན་བཅོལ། གསེར་སྐྱེམས་སོགས་རྒྱས་པར་མཛད་ནས་ཕྱིར་ཕེབས་བསྐྱངས་ཤིང་། དེའི་སང་ཉིན་སེ་ར་ཐེག་ཆེན་གླིང་དུ་བླ་གྲྭ་ཚང་མས་ཆིབས་བསུ་སོགས་སྲིད་ཞུས་ཞབས་ནས་འདེགས་བཞིན་པར་ཆིབས་ཀྱི་ཁ་ལོ་བསྒྱུར་སྐབས་ཚོགས་ཆེན་དང་། གྲྭ་ཚང་ཁག །བཤད་གླིང་བླ་བྲང་སོགས་ནས་གསོལ་ཞབས་དཀར་སྒྲོ་མཇལ་འབུལ་སོགས་ཕུལ་བ་རྣམས་ལ་གང་འོས་ཀྱི་གནང་སྦྱིན་སློག་ཆ་སྩལ། ཚོགས་མཇལ་དང་། གནས་གཟིགས། མཆོད་སྨོན། མགོན་ཁང་ཁག་ལ་འཕྲིན་བཅོལ་སོགས་གནད་སྨིན་དུ་བསྐྱངས་ནས་ཕྱིར་འཁོར་མཛད། དེ་ནས་མི་རིང་བར་རྒྱའི་བླ་དཔོན་ཁག་དང་ལྷན་ཅིག་གཙང་ཕྱོགས་སུ་༧གོང་མའི་དགོངས་རྫོགས་སྒྲུབ་པར་ཕེབས་རྒྱུའི་གྲ་སྒྲིག་སོགས་ཀྱི་ཐུགས་གཡེངས་དང་། ཆོས་སྡེ་ཕན་ཚུན། བླ་སྤྱིལ་ཁག །གཞུང་དྲུང་མི་དྲག་

སེར་སྐྱ། དད་ལྡན་གཞན་དག་སོགས་ནས་ཕེབས་རྫོངས་འབུལ་བར་བཅར་མི་མཐའ་ཀླས་པ་རྣམས་ལ་སོ་སོའི་འདོད་མོས་ལྟར་གྱི་མཇལ་ཁ་ཕྱག་དབང་སོགས་ཞིབ་རྒྱས་སུ་སྩལ། ཧོར་ཟླ་བརྒྱད་པ་གསར་འཕྲལ་སེར་འབྲས་ཀྱི་འཆར་ཅན་ཞབས་བརྟན་འབུལ་བཞེས་གྲུབ་བསྟུན་༸རྒྱལ་དབང་མཆོག་ལ་གཙང་ཕེབས་ཀྱི་ཐོན་ཕྱག་ཞུ་བར་མཛད་ཅིང་ལྷན་རྒྱས་ཡུན་རིང་གི་ཐོག་བཀའ་མཆིད་གསུང་མོལ་མཛད་འོས་མཐའ་དག་ཞིབ་ལྷིངས་སུ་བསྐྱངས། དེ་ནས་ཆོས་ལྷུའི་ཉིན་པོ་བྲང་ཆེན་པོ་ནས་ཆིབས་འདེགས་སྐབས་༸གོང་ས་མཆོག་གི་སྐུ་ཚབ། གཞུང་དྲུང་མི་དྲག །ཆོས་སྡེ་ཁག་གི་སློབ་དཔོན་ལས་སྡེ། བླ་སྤྲུལ་ཆེ་ཆུང་སོགས་ཀྱི་ཆིབས་སྐྱེལ་དང་བཅས་ཏེ་ཐོན་ཞིང་། སྐྱིད་ཚལ་ཀླུ་སྡིང་དུ་༸གཞུང་གི་ཐབ་སྐྱེལ་སར་མི་དྲག་ཕལ་མོ་ཆེས་ཕེབས་དར་ཕུལ། དན་འབག་གླིང་ནས་འབྲས་སྤུངས་བླ་གྲྭ་རྣམས་ཀྱིས་ཐབ་སྐྱེལ་ཞུས་ཤིང་སྟོད་ལུང་སྣང་ནས་ཕེབས་སྐྱེལ་བ་ཕྱིངས་ཆེ་རྣམས་ཀྱང་ཕྱིར་སློག་མཛད། དེ་ནས་རིམ་པར་ཕེབས་ལམ་རྣམས་སུ་འགྱུར་ལྡན་ཆེ་དགུ་དང་། དགོན་སྡེ་ཁག །སེར་སྐྱ་དམངས་སོགས་ཕྱོགས་དེ་དང་དེ་དག་ཏུ་འཁོད་པའི་གདུལ་བྱ་མཐའ་དག་གིས་གདན་ཞུ་ཆིབས་བསུ་སྐྱེལ། མཇལ་འབུལ། གསོལ་ཞབས་བསྙེན་བཀུར་སོགས་སྲིད་ཞུ་གུས་འདུད་ཚད་མེད་པར་ཞུས་པ་དེ་ཐམས་ཅད་ཡའང་གང་ལ་གང་འཚམས་པའི་ཟབ་ཟིང་གི་གནང་སྦྱིན་གྱིས་ཚིམས་པ་དང་། ཆོས་ཀྱི་སྦྱིན་པས་རྒྱུད་གྲོལ་བར་མཛད་པ་དང་། ལྷག་པར་དགོན་སྡེ་ཆེ་ཆུང་དང་གནས་ཆེན་ཁག་རྣམས་སུ་༸གོང་མའི་དགོངས་རྫོགས་དང་འབྲེལ་བར་མང་འགྱེད། མཆོད་སྟོན་སོགས་སོགས་རྒྱ་ཆེར་བསྐྱངས་ཏེ་ལེགས་ཚོགས་གོང་དུ་སྤེལ་བར་མཛད། དེ་ནས་བཀྲས་ལྷུན་དུ་ཕེབས་ཉེའི་སྐབས་ཀུན་གཟིགས་པཎ་ཆེན་ཐམས་ཅད་མཁྱེན་པ་མཆོག་ནས་སྐུ་

ཚབ་ཆེད་མངགས་ཀྱིས་རྒྱུད་བསྡུ་དང་། ཆོས་བཅོ་ལྔའི་ཉིན་བླ་བྲང་གྲྭ་ཚང་སོགས་ནས་ཆིབས་བསུ་དང་ཐབ་བསུ། སེར་སྦྲེངས་སོགས་ཀྱིས་སྤྲོད་ཞུ་རྒྱ་ཆེན་པོ་དང་བཅས་ཏེ་གདན་དྲངས་ཤིང་། ཕེབས་འཁྲུལ་དུ་༧པཎ་ཆེན་ཐམས་ཅད་མཁྱེན་པའི་མཇལ་ཕྱག་ཏུ་ཕྱིན་ཏེ་རབ་དཀར་ལྷ་གོས་ནང་མཛོད། རིན་ཆེན་གཉིས་པ་ལས་གྲུབ་པའི་ཞིང་ཁམས་རྒྱ་མཚོའི་བཀོད་པ། རྟེན་གསུམ། རིན་འཁོར་སྲུང་ལྔ་བཅུ་སོགས་ཀྱིས་གཙོས་པའི་མཇལ་འབུལ་གཏོས་ཆེ་བར་འབུལ་བར་མཛད་ཅིང་། ལྷན་རྒྱས་ཀྱང་རྒྱུན་རིང་པོར་མཛད་དེ། ཐུགས་ནང་དག་པའི་གསུང་མཆིད་ཞིབ་རྒྱས་སུ་བསྐྱངས། གཞན་ཡང་བཀྲས་ལྷུན་ཇ་སག་གིས་གཙོས་པའི་སྐུ་འཁོར་ཞབས་གྲས་རྣམས་དང་། བླ་མ་ལས་སྣེ། གྲྭ་རིགས། ཉེ་འཁོར་འཁྱེར་ལྷན་མི་དྲག་དུ་མ་སོགས་མཇལ་ཞུ་བ་བར་མ་ཆད་དུ་བྱུང་བ་རྣམས་ལ་མཇལ་ཁ་དང་གསོལ་རས་སོགས་གང་འོས་སུ་སྩལ། ཆོས་བཅུ་བདུན་ཉིན་ཀུན་གཟིགས་པཎ་ཆེན་རིན་པོ་ཆེར་ཕེབས་སྐྱེས་དང་ཞབས་བརྟན་ཕྱོགས་མཚུངས་སུ་དཀར་སྤྲོ་གྱ་ནོམས་པའི་ཐོག །མཎྜལ་རྟེན་གསུམ། ལྷ་རེག །ན་བཟའ་ཉེར་ཆས། བཀྲ་ཤིས་པའི་རྫས་རྟགས་བརྒྱད། རྒྱལ་སྲིད་སྣ་བདུན་གྱི་བཀོད་པ་སོགས་སྟོན་དུ་འགྲོ་བའི་དངོས་བཤམས་ལེགས་སྐྱེས་ཀྱི་མཆོད་པའི་ཕུང་པོ་བཟང་ཞིང་གཏོས་ཆེ་བ་དང་། དེ་མཚུངས་ཇ་སག་མེར་གན་མཁན་པོ། ཡོངས་འཛིན། སྐུ་ཞང་རྗེ་དྲུང་སོགས་སྐུ་འཁོར་ཆེ་ཆུང་དང་། ཟུར་བཞི་བླ་མ་སོགས་ཕལ་མོ་ཆེ་ཀུན་ལ་གོ་བབ་ཀྱི་ཕེབས་སྐྱེས་གནང་སྦྱིན་སྩལ། ༧གོང་མའི་དགོངས་རྫོགས་ཆེན་མོའི་ཉིན་དབང་ཕྱོགས་ཀྱི་མི་སྣ་ཁག་རྣམས་དང་ལྷན་ཅིག་ཏུ་ཚོགས་མཇལ་དང་། མཆོད་ཁང་ཁག་ལ་གནས་གཟིགས་མཆོད་སྣོན་སོགས་རྒྱ་ཆེར་བསྐྱངས། སྐུ་སྒེར་ནས་ཀྱང་བཀྲས་ལྷུན་ཚོགས་ཆེན་དུ་མང་ཇ། བཞེས་

ཐུག །དགེ་འདུན་རྣམས་ལ་ཏཾ་རེའི་འགྱེད། སྤྱི་འབུལ་སོགས་ཀྱི་བསྙེན་བཀུར་གྱི་ནོམས་པ་དང་། མཆོད་ཁང་ཁག་ལ་མཆོད་པ་སྣ་ལྔ་སྟོང་ཚར་དང་། བརྒྱ་ཚར། སྙན་ཤལ་སོགས་རྣམ་དཀར་མཛད་པའི་བ་དན་འཁོར་ཡུག་ཏུ་སྒྲེལ་བར་མཛད། བ་སོ་མི་ཚན་དང་། རྒྱ་ཁམས་ཚན་སོགས་སུ་ཡང་ཊོམས་ཛ་དང་། འགྱེད། གོས་བཟང་ལས་གྲུབ་པའི་ལྷ་བྲི་སོགས་ཀྱི་སྤྱི་འདུལ་བཅས་བསྙེན་བཀུར་རྒྱས་པར་སྩལ། སླར་ཡང་ཀུན་གཟིགས་པཎ་ཆེན་རིན་པོ་ཆེར་སྣེར་མཇལ་གྱི་ཐོག །རབ་དཀར་ནང་མཛོད། ཤེལ་དཀར་གྱི་བུམ་པ། གསེར་ཐུར་སྲང་བཅོ་ལྔ་ཡོད་པ་སོགས་ཀྱི་འབུལ་སྐྱེས་དང་། ལྷན་རྒྱས་རྒྱུན་རིང་པོར་མཛད་དེ་ཆོས་དང་འབྲེལ་བའི་བཀའ་མཆིད་བཟང་པོ་དང་བསྟན་འགྲོར་སྨན་པའི་མཛད་འཕྲིན་གོང་འཕེལ་དུ་དགོས་པའི་བཀའ་སློབ་སྩལ་རེས་སོགས་ཀྱིས་དུས་འདའ་བར་མཛད། དེ་ནས་མི་རིང་བར་ཆིབས་ཀྱི་ཁ་ལོ་བསྒྱུར་བཞེད་ལ་༧པཎ་ཆེན་མཆོག་ནས་ཀྱང་ཕེབས་རྫོངས་དངོས་འབུལ་དཀར་སྤྲོ་སོགས་གཏོང་ཆེ་བར་འབུལ་བར་མཛད་ཅིང་། ཛ་སག་མེར་ཆན་མཁན་པོ་སོགས་སྐུ་འཁོར་ཆེ་ཆུང་། གྲྭ་ཚང་གི་བླ་མ་ལས་སྣེ། ཉེ་འཁོར་གྱི་མི་དྲག་སེར་སྐྱ་སོགས་ཚང་མས་ཕེབས་རྫོངས་དང་། མཇལ་ཁ་ཕྱག་དབང་སོགས་ཞུས་སྩལ་གྱིས་རེ་བ་དོན་ལྡན་དུ་མཛད་ཅིང་། དངོས་གཞིའི་ཕེབས་བསྐྱོད་སྐབས་ཀྱང་གཞུང་སྣེར་མཐའ་དག་ནས་ཐབ་སྐྱེལ། ཆིབས་སྐྱེལ་སོགས་བཀུར་བསྟི་ཚད་མེད་པར་ཞུས་ཤིང་། རིམ་གྱིས་ཕེབས་ལམ་རྣམས་སུའང་གདུལ་བྱ་མཆོག་དམན་བར་མ་དཔག་ཏུ་མེད་པའི་དོན་མཛད་ཅིང་། དགའ་ཆོས་སོགས་འདུས་སྡེ་ཁག་དང་དད་ལྡན་མང་པོར་ཆོས་བཀའ་སོགས་ཀྱང་དུ་མར་སྩལ་བའི་སྒོ་ནས་ཚང་ལ་མ་ནོར་བའི་ལམ་བཟང་སྟོན་བཞིན་པར་བྱོན་ཏེ། ཏོར་ལྷ་བརྒྱད་པ་ཕྱི་མའི་ཚེས་

གཅིག་གི་ཉིན་༧རྒྱལ་དབང་མཆོག་གི་སྐུ་ཚབ། ཆོས་རྗེ་ཆེན་པོའི་བླ་མ་ལས་རྗེ། གཞུང་དྲུང་མི་དྲག་སོགས་སེར་སྐྱ་མཐའ་ཀླས་པས་ཆིབས་བསུ་སོགས་ཀྱིས་མདུན་བདར་བཞིན་པར་གྲུ་འཛིན་གཉིས་པའི་གཞལ་མེད་ཀྱི་ཁང་དུ་ཞབས་པད་འཁོར་ལོས་མཚན་པ་མངོན་པར་བཀོད་པར་གྱུར་ཏོ། །

འདིར་སྨྲས་པ། རབ་མཆོག་དགེ་བསྟུས་མཚན་པའི་ཡུལ་ལྗོངས་སུ། །རབ་མཛེས་ཞབས་སེན་གེ་སར་སྡོང་གི་རྫུལ། །རབ་དཀར་འཕྲིན་ལས་རོ་མངར་དང་འགྲོགས་ཏེ། །རབ་ཏུ་བཀོད་པའི་དགེ་མཚན་ཀུན་ཏུ་ཁྱབ། །པོད་ཁམས་ནང་ཚན་གཙང་ཡུལ་སའི་ཐིག་ལེར། །ཁྱོད་སྐུའི་ཟླ་སྣང་མངོན་པར་འཆར་བའི་མོད། །རྒྱུད་པའི་མུན་ཚོགས་ག་ཤེད་བྲོས་སོ་ཞེས། །ཀང་གཉིས་ཚོགས་རྣམས་དགའ་བ་དབྱངས་སུ་ལེན། །ངོ་མཚར་བཀྲ་ཤིས་རྒྱ་མཚོར་འཁྱིལ་བའི་དབུས། །རྗེ་བཞིས་མངོན་པར་མཐོ་བའི་ལྷུན་པོའི་སྟེར། །ཞབས་ཟུང་ཉི་འོད་རྩལ་དམར་ལྷུངས་པའི་མདངས། །ཕན་བདེའི་གཞི་ཕྱིན་འབར་བའི་ཕུང་པོར་གྲུབ། །བདེ་ལྡན་ཞིང་མགོན་མི་ཡི་ཟློལ་འཛིན་དེའི། །གཟུགས་སྐུའི་སྣང་བརྙན་ཐུགས་མཆོར་འཕོས་པའི་ཚེ། །སྨད་བྱུང་གུས་པའི་ཀུནྡ་རྟོད་པ་དང་། །ལྷན་ཅིག་བཟང་པོའི་སྐྱེས་ཀྱི་མཆོད་སྤྲིན་འགྱེད། །ཕན་ཚུན་བརྗེ་བས་འཕྲུད་པའི་བཀའ་མཆིད་དང་། །ལེགས་ལམ་སྒོ་བརྒྱ་འབྱེད་པའི་མཛད་བཟང་གིས། །འཁོར་ཡུག་འདའ་བའི་ངོ་མཚར་སྤྲིན་གྱི་སྒྲ། །ས་གསུམ་ལྷ་ཡི་ལམ་འདིར་དལ་བུར་སྒྲོག །སྐལ་བཟང་ཐར་འདོད་གདུལ་བྱའི་ཚོགས་ཀུན་ཀྱང་། །སྐལ་བ་མཆོག་གི་ལམ་ལ་རང་གིར་དུ། །སྤྱོད་པའི་དགའ་སྟོན་འགྱེད་འདི་རྒྱལ་སྲས་ཀྱི། །སྤྱོད་པ་ཀུན་གྱི་ནང་ནས་རབ་དང་ཕུལ། །འགྲོ་བའི་

ཁམས་དང་བསམ་པ་བག་ལ་ཉལ། །གཞན་སེམས་མཁྱེན་པའི་སྟོབས་ཀྱིས་གཞལ་བའི་མཐར། །གང་གང་འདུལ་བར་འོས་པའི་ཚོགས་ཀུན་ལ། །དེ་དེར་འཚམས་པའི་བདུད་རྩི་སྦྱིན་ལ་མཁས། །བསྔགས་པར་འོས་པའི་ཞིང་མཆོག་མ་ལུས་པར། །གྲུས་དང་སྲིད་ཞུའི་མཛད་པ་ལྷུར་བཞེས་འདི། །རིང་ནས་ཚོགས་གཉིས་རྒྱ་མཚོའི་མཐར་སོན་ཀྱང་། །གཞན་དག་ཚུལ་དེར་འཇུག་པའི་ཐབས་མཁས་ཡིན། །དེ་སོགས་མི་ཟད་རྒྱན་གྱི་འཁོར་ལོ་ཡི། །རྣམ་འཕྲུལ་ཐབས་ཀྱིས་འཇིག་རྟེན་དགེར་མཛད་ནས། །སླར་ཡང་དབུས་འགྱུར་ཆོས་ཀྱི་དགའ་ཚལ་དུ། །ཞུལ་བྱུང་གཟུགས་སྐུའི་ཟླ་ཆེས་འཛོམས་པར་གྱུར། །ཅེས་པ་ནི་བར་གྱི་ངལ་བསོའི་ཚིགས་བཅད་དོ། །

དེ་ནས་སྲིད་ཞིའི་གཙུག་རྒྱན་གོང་ས་རྒྱལ་དབང་ཐམས་ཅད་མཁྱེན་གཟིགས་ཆེན་པོར་མཇལ་ཕྱག་ཐོག་གསུང་མོལ་ཞིབ་ལྷིངས་དང་། པི་ཅིང་གི་མི་སྣ་རྣམས་གོང་མའི་བཀའ་བཞིན་འཕྲལ་དུ་ཕྱིར་ལོག་མཛད་དགོས་ཀྱིས། ཨམ་བན་གཉིས་དང་། ཇ་སག་ནམ་མཁའ། ཧྭ་བླ་མ་འཇམ་དབྱངས་སྨོན་ལམ་སོགས་ཇོ་གཡོག་རྣམས་ལ་ཐོན་ཕྱག་དང་། ཕེབས་རྗོངས་དངོས་སྐྱེས་སོགས་དཔངས་མཐོ་བར་སྩལ་ཏེ་གོང་མ་ཆོས་ཀྱི་རྒྱལ་པོའི་དགོངས་བཞེད་དང་མཐུན་པའི་མཛད་པ་དང་། ཞྭ་སེར་གྱི་བསྟན་པ་ཡར་རྒྱས་སུ་སྤེལ་བའི་ལྷག་བསམ་མི་དམན་པར་དགོས་ཚུལ་སོགས་ཀྱི་བཀའ་སློབ་དང་། གོང་མ་ཆེན་པོར་གནས་ཚུལ་ཞུ་ཡིག་རྟེན་ཆས་སོགས་ཀྱང་འབུལ་བར་མཛད། མི་སྣ་རྣམས་ཕེབས་ཉིན་དཔལ་ལྷའི་མཚོ་འཁོར་གྱི་ཐང་དུ་རྒྱའི་ཐབ་སྐྱེལ་གྱི་སའི་བར་ཕྱིན་ནས་བོད་ཀྱི་མི་དྲག་རྣམས་དང་ལྷན་ཅིག་གོང་མར་འཚམས་ཞུ་དང་། ཕེབས་མི་རྣམས་ལ་ཕེབས་དར་བཅས་སྩལ་ཞིང་། ཕྱིར་ཕེབས་སྐབས་ལམ་རྒྱུད་ཡ་མོན་

དུ་ཕྱིན་ནས་ཨམ་བན་རྣམས་ལ་གཙང་ནས་ཕྱིར་ཕེབས་ཀྱི་སྐྱོས་མ་འབུལ་བ་དང་ཚབས་ཅིག་ལྷན་རྒྱས་རྒྱུན་རིང་ཙམ་མཛད་ནས་ལས་དོན་སྐོར་སོགས་ཀྱི་གསུང་མོལ་ལྷིངས་ཆགས་སུ་བསྐྱངས། དེ་ནས་རྩེར་ཕྱིན་ཏེ་དཔལ་འབར་སྤྲུལ་སྐུ་སོགས་ལ་འགྲོར་ཕྱག་དང་། གཞན་ཡང་མི་དྲག་སེར་སྐྱ་དུ་མ་གཙང་ནས་ཕྱག་ཕེབས་ཀྱི་མཇལ་ཞུར་བཅར་མི་མང་ཙམ་བྱུང་བ་རྣམས་ལ་མཇལ་ཕྱག་སོགས་རིམ་པར་སྩལ། དེ་སྐབས་༧གོང་ས་རྒྱལ་དབང་མཆོག་ནས་བཀའ་འགྱུར་གསར་བཞེངས་གྲུབ་པས་རྫོན་འགྲོགས་རབ་གནས་མདོར་བསྡུས་སྩལ་ཉིན་སྐུ་སྐྱེར་ནས་ལེགས་འབུལ་དང་། མཚན་ཞབས། མཁན་སྡེ་ཆེ་ཆུང་སོགས་ཀུན་ལ་འགྱེད་སོགས་ཀྱི་གནང་སྦྱིན་ཀྱང་སྩལ། བསྟན་གླིང་མཆོག་སྤྲུལ་རིན་པོ་ཆེ་སྙན་འཁོར་དང་། སེར་འབྲས་བླ་མ་ལས་སྡེ་སོགས་མཇལ་ཞུར་བཅར་བ་རྣམས་ལ་མཇལ་ཕྱག་སྩལ་ཐོག་བཀའ་ཕེབས་གསུང་མཆིད་སོགས་ཀྱང་ཞིབ་རྒྱས་སུ་གནང་། དེ་ནས་ནོར་གླིང་དུ་ཆབ་བཞེས་ལ་ཕེབས་ཏེ་ཞག་བདུན་ཕྲག་ཙམ་བཞུགས་འཛུགས་མཛད་ནས་མི་རིང་བར་ཕོ་བྲང་དུ་ཕེབས་ཏེ་༧གོང་མ་བཅའ་ཆེན་གྱི་འབྲུངས་སྐར་གྱི་ཚོགས་ཕེབས་དང་། ཚོགས་པ་རྣམས་ལ་མང་འགྱེད་སོགས་རྒྱ་ཆེར་སྩལ། གཞན་ཡང་སེར་འབྲས་དགེ་གསུམ། རྒྱུད་གྲྭ་རྣམ་གཉིས། རྣམ་རྒྱལ་བ། བསྟན་གླིང་། ཀུན་བདེ་གླིང་། ཚེ་ཏྭ། བཞི་སྡེ་སོགས་དགོན་སྡེ་ཁག་དང་། བསམ་ཡས། གནས་ཆུང་། དཔལ་ལྷ་སོགས་ཆོས་སྐྱོང་ཁག་དང་བཅས་པ་རྣམས་སུ་སྤྱི་སྒེར་གྱི་ཞབས་བརྟན་རིམ་གྲོར་དམིགས་ཏེ་མང་འགྱེད། བསྐང་འཕྲིན་སོགས་རྒྱ་ཆེ་མཐའ་ཡས་པར་སྩལ་ཞིང་། ལྷག་པར་ཆོས་སྲིད་ཀྱི་མཛད་པ་རླབས་པོ་ཆེ་བསམ་ལས་འདས་པ་རྒྱུན་མི་ཆད་དུ་བསྐྱངས་ནས་ལྷ་མཆོད་ཐོན་འཕྲུལ་དགུན་མཚམས་བཅད་རྒྱུར་བཞུགས་ཏེ་ཐུགས་དམ་ཆུ་བོའི་

རྒྱན་གྱི་རྣལ་འབྱོར་ལ་ཆིག་བསྒྲིལ་དུ་གཞོལ་བར་མཛད། ལོ་འདི་མཇུག་ཀུན་བདེ་གླིང་དུ་དཔལ་གསང་བ་འདུས་པའི་སྒྲུབ་མཆོད་ཉིན་བདུན་རིང་གསར་འཛུགས་ཐོག་འདུས་པ་རྣམས་ལ་མང་འགྱེད་སོགས་ཀྱི་བསྙེན་བཀུར་གྱི་ཉོམས་པར་སྩལ། ཟླ་བ་བཅུ་གཉིས་པའི་ཟླ་མཇུག་ལ་བཅད་རྒྱ་བཞེངས་ཏེ་སྨོན་ལམ་ཆེན་མོའི་ཐོ་སྒྲིག་དང་། དུས་གཏོར་གྱི་འཆམ་གཟིགས་སོགས་སྔར་ལམ་ལྟར་བསྐྱངས་སོ། །

༈ དེ་ནས་དྲག་པོ་ཞེས་པ་ལྕགས་ཕོ་སྤྲེའུའི་ལོ་གསར་དུ་ཚེས་པའི་དུས་ཀྱི་གཏོར་སྐྱོང་དང་དགྱེས་སྟོན་ཉིན་དང་གཉིས་ལ་རོལ་བ་སོགས་སྔར་ལྟར་བསྐྱངས་ནས་ལྷ་ལྡན་སྨོན་ལམ་ཆེན་མོ་ཚོགས་གདོང་གདན་ས་གསུམ་གྱི་བླ་མ་ལས་སྣེ། གྲྭ་སྐོར་བ་སོགས་ལ་མཇལ་ཕྱག་སྩལ་ཏེ་སྨོན་ལམ་ཆེན་མོའི་སྒྲིག་ལམ་སྤྱི་དང་། ལྷག་པར་ཆོས་སྤྱོད་སྐོར་གྱི་བྱེད་སྒོ་གང་ཅི་འཐུས་ཚང་ལེ་འགྲིག་དགོས་པའི་བཀའ་ཁྱབ་ནན་ཆེར་དུ་སྩལ། ཆོས་བརྒྱད་ཀྱི་ཉིན་མཆོད་ཡོན་ལྷན་རྒྱས་སྨོན་ལམ་ཆེན་མོའི་མགོན་དུ་ཆིབས་ཞལ་བསྒྱུར་སྐབས་ཕྱོགས་འདིར་འཁོད་པའི་ལྷ་སྡེ་མི་སྡེའི་ཆེ་བཙན་སེར་སྐྱ་མི་རིགས་གཅིག་མིན་མཐའ་ཡས་པ་ཀུན་གྱིས་གཟབ་མཆོར་ཚད་མེད་པ་དང་བཅས་ཏེ་ཆིབས་བསུ་དང་། ལྷ་ལྡན་གྱི་ལྡོངས་རྣམས་སུ་ཛ་བརྡུངས་དར་འཕྱར་བསངས་རོལ་སོགས་ཀྱི་མཆོད་པའི་བྱེ་བྲག་གིས་ལྷ་ལམ་གཏིབས་བཞིན་པར་སྤྲུལ་པའི་གཙུག་ལག་ཁང་ལ་གཡས་སྐོར་གྱིས་ཞིང་རའི་ནང་བརྒྱུད་དེ་གཟིམས་ཆུང་དུ་ཕེབས་བསྐྱོད་དང་། དེ་འཕྲལ་ཨེ་ཕཾ་དུ་གསོལ་སྟོན་འབུལ་བཞེས་སོགས་ཀྱང་སྔར་ལྟར་བསྐྱངས། སྐུ་སྐེར་ནས་སྨོན་ལམ་ཆེན་མོའི་འདུས་ཚོགས་ཉེ་ཁྲིར་ལོངས་པ་རྣམས་ལ་མང་འགྱེད་སྤྱི་འབུལ་སོགས་ཀྱི་བསྙེན་བཀུར་རྒྱ་ཆེ་བ་དང་། དེ་དང་རྗེས་སུ་འབྲེལ་

བར་༧སྐྱབས་མགོན་རྒྱལ་དབང་མཆོག་ལའང་སྐུ་ཚེ་བསྐལ་བརྒྱར་བརྟན་པར་གསོལ་བ་འདེབས་ཕྱིར་༧མགོན་པོ་ཚེ་དཔག་ཏུ་མེད་པའི་གསུང་ཆོག་གི་སྒོ་ནས་བརྟན་བཞུགས་དང་། མཇལ་རྟེན་གསུམ་གྱིས་གཙོས་པའི་དངོས་འབུལ་གཏོས་ཆེ་བར་མཛད། ཆོས་བཅུ་བཅོ་ལྔ་རྣམས་སུ་སྐུ་བཙར་མཁན་པོ་རོང་པ་བློ་བཟང་བསྟན་དར་སོགས་ཀྱིས་ཡས་ཕྱིན་ལྷན་རྒྱས་ཚོགས་དབུས་སུ་གདན་འདྲེན་གྱིས་ཞབས་བརྟན་དང་འབྲེལ་བའི་འབུལ་ཚན་རྒྱ་ཆེན་པོ་དང་། འདུས་པ་རྣམས་ལ་མང་འགྱེད་སོགས་དགེ་བ་རླབས་ཆེན་དུ་བསགས་པར་དད་ལྡན་རྣམས་ཀྱི་དགེ་ཚོགས་བྱང་ཆུབ་ཀྱི་རྒྱུར་སྨོན་པའི་ཐུགས་བསྐྱེད་རྣམ་པར་དག་པར་མཛད། ལྷག་ཏུ་ཆོས་བཅོ་ལྔའི་ཉིན་༧གོང་ས་རྒྱལ་དབང་མཆོག་གསུང་ཆོས་དང་སྨོན་ལམ་བཅས་སུ་ཕེབས་བསྐྱོད་བཀའ་དྲིན་བསྐྱངས་པའི་ཞབས་ཕྱིར་ཕྱོན་ཏེ་མཆོག་གསུམ་རྒྱལ་བ་རྒྱ་མཚོའི་ཚོགས་ལ་མཆོད་པ་དང་། ཐུགས་སྨོན་རླབས་ཆེ་བ་བསྟན་འགྲོའི་བཙོས་སུ་སྨོན་ངེས་པར་བསྐྱངས་ཤིང་། གཞན་ཡང་བཤད་སྒྲུབ་གླིང་བླ་བྲང་སོགས་སྨོན་ལམ་མང་འགྱེད་ཀྱི་སྦྱིན་བདག་རྣམས་ལ་མཇལ་ཕྱག་དང་། བསྟན་གླིང་མཆོག་སྤྲུལ་རིན་པོ་ཆེ་སོགས་བདག་ཉིད་ཆེན་པོ་རྣམས་དང་མཇལ་འཛོམས་གསུང་གླེང་། སེར་སྐྱ་དད་འདུས་ཁྲི་ཕྲག་མང་པོར་ཞལ་མཇལ་ཕྱག་དབང་། གཞུང་ལས་ཁུངས་རྣམས་ནས་སྟན་ཞུ་སོགས་ལ་བཀའ་ཁྱབ། རྟེན་གསུམ་ཁག་ལ་མཆོད་སྨོན་གནས་གཟིགས་སོགས་ལུགས་གཉིས་ཀྱི་མཛད་བཟང་བར་མ་ཆད་དུ་བསྐྱངས་སོ། །འདི་ལོ་ཆབ་མདོ་ཞི་བ་ལྷ་མྱུ་ངན་ལས་འདས་པའི་དགོངས་རྫོགས་སྒྲུབ་མི་ཆེད་འབྱོར་རྣམས་ལ་མཇལ་ཕྱག་དང་། ཐུགས་དགོངས་མྱུར་དུ་རྫོགས་ཤིང་མཆོག་སྤྲུལ་རིང་མིན་ངེས་པ་རྙེད་པ་སོགས་ཀྱི་ཕྱིར་དུ་རྣམ་དཀར་གྱི་རིམ་པ་རྒྱ་ཆེན་པོར་མཛད། ཆོས་བཅུ་

དྲུག་ཉིན་༸གོང་ས་ཐམས་ཅད་མཁྱེན་གཟིགས་པོ་བྲང་དུ་ཆིབས་བསྐྱོད་མཛད་པར་ཆིབས་སྐྱེལ་དུ་ཕྱིན་ནས་སྐར་ཡང་༸སྐྱབས་རྗེ་ཉིད་ལྷ་ལྡན་དུ་ཕྱིན་ཏེ་སྨོན་ལམ་མ་གྲོལ་བར་བཞུགས་འཇགས་གནང་། བཀྲས་ལྷུན་ལོ་གསར་འབུལ་མིའི་གདོང་༸ཀུན་གཟིགས་པཎ་ཆེན་རིན་པོ་ཆེར་འཚམས་ཞུ་དང་། མི་སྣར་ཐོན་གནང་། དེ་བཞིན་དུ་ས་སྐྱའི་མི་སྣ་སོགས་ལའང་ཐོན་ཕྱག་དང་བདག་ཆེན་རིན་པོ་ཆེར་འཚམས་ཞུ་སོགས་སྤར་ལམ་ལྷར་སྐུལ། སྨོན་ལམ་གཏོར་རྒྱག་དང་། བྱམས་པ་གདན་འདྲེན། ཏ་མིའི་བང་རྩལ་གྱི་གཟིགས་མོ་སོགས་ལ་ཞིབ་གཟིགས་དང་། སྨོན་ལམ་གྲོལ་ཕྲལ་རྗེས་ཆིབས་བསྐྱོད་ཀྱིས་༸རྒྱལ་དབང་མཆོག་ལ་མཇལ་ཕྱག་ལྷན་རྒྱས་མཛད་ཅིང་། བླ་མ་ལས་སྣེ། སྤྱི་ཁྱབ་པ། ལྷ་རམས་པ་སོགས་ལ་མཇལ་ཁ་གནང་སྦྱིན་སོགས་སྐུལ། ༸རྒྱལ་སྲས་རྡོ་རྗེ་འཆང་ཆེན་པོར་འཚམས་ཞུའི་ཐོག་རྒྱལ་བསྟན་སྤྱི་དང་བྱེ་བྲག་ཞྭ་སེར་གྱི་རིང་ལུགས་འཛིན་སྐྱོང་སྤེལ་བའི་བྱེད་པོར་ཞབས་ཟུང་ཡུན་དུ་བརྟན་པའི་གསོལ་འདེབས་དང་། རྟེན་འབྲུང་ལེགས་སྐྱེས་རྒྱ་ཆེན་པོར་སྤྲོ་བར་མཛད་ཅིང་འདུས་སྡེ་དང་གནས་ཆེན་ཁག་སོགས་སུ་སྤྱི་སྒེར་གྱི་༸ཞབས་བརྟན་རིམ་གྲོ་སོགས་ཀྱང་རྒྱས་ཤིང་མཐའ་ཀླས་པར་སྒྲུབ་གནང་མཛད། ཧོར་ཟླ་གཉིས་པའི་ནང་༸རྭ་སྒྲེང་ཁྲི་ཆེན་རྡོ་རྗེ་འཆང་ཆེན་པོ་ནས་བཞི་སྡེ་དགའ་ལྡན་བསམ་གཏན་གླིང་དུ་སེར་འབྲས་དགེ་གསུམ་གྱི་འདུས་སྡེ་མཚོན་པའི་དོན་གཉེར་བ་སྟོང་ཕྲག་དུ་མར་ཡོངས་པ་རྣམས་ལ་བླ་མ་མཆོད་པའི་ཁྲིད་དང་། ལམ་རིམ་ཆེན་མོའི་ལུང་བཅས་སྐུལ་བའི་སེམས་བསྐྱེད་མཆོད་པའི་ཉིན་གཏང་རག་གི་ལེགས་སྐྱེས་འབུལ་བར་སྐུ་ཚབ་ཆེད་གནང་གི་ཐོག་མཇལ་རྟེན་གསུམ་སོགས་ཀྱིས་གཙོས་པའི་དངོས་འབུལ་དཔངས་མཐོ་བར་སྐུལ། ཚོགས་མཆོད་ཆེན་མོའི་སྐབས་

འདུས་པ་རྣམས་ལ་བསྙེན་བཀུར་དང་སེར་སྣྲེངས་ཀྱི་སྐབས་མཆོད་ཡོན་ལྷན་རྒྱས་གྲུ་འཛིན་པོ་བྲང་ནས་གཟིགས་རྟོག་དང་འབྲེལ་བར་ཉིང་འཛིན་ཡེ་ཤེས་ཀྱི་སྒྲུ་འཕྲུལ་ཆེན་པོས་མཆོད་ཚོགས་བདེ་སྟོང་གི་ངོ་བོར་བྱིན་གྱིས་བརླབས་ཏེ་ཕྱོགས་བཅུའི་རྒྱལ་བ་སྲས་བཅས་ཐམས་ཅད་མཉེས་པར་མཛད་ཅིང་། འཛིག་རྟེན་གྱི་ཁམས་སུ་ཕན་བདེ་རྒྱ་ཆེན་པོ་འབད་མེད་དུ་འབྱུང་བའི་ཐུགས་བསྐྱེད་དང་སྨོན་ལམ་རྣམ་པར་དག་པས་རྒྱས་འདེབས་པར་མཛད་དོ། །

འཇམ་མགོན་བླ་མའི་འཕྲིན་ལས་ཀྱིས་བསྐུན་པའི། །ངོ་མཚར་ཆོ་འཕྲུལ་སྨོན་ལམ་ཞེས་གྲགས་པ། །སྲིད་ཞུའི་མགྲོན་ཀུན་མཉེས་པའི་རླབས་ཆེན་དགེ །སྤེལ་བར་མཛད་ལ་གཞན་གྱི་དྲིང་མི་འཛོག །དེ་བཞིན་དགེ་ཚོགས་ཕུང་པོ་ཀུན་བསྡུས་པའི། །མཆོད་དང་སྦྱིན་པའི་ལས་སུ་བྱ་བ་ཀུན། །ཡར་གྱི་ཟླ་དང་དབྱར་མཚོའི་གང་བ་ལ། །འགྲན་སེམས་འཆང་བའི་ཚུལ་ལ་རྒྱུན་དུ་སྤྱོར། །ག་བུར་རྡུལ་བརྩེགས་མདངས་དང་ཀུནྡ་ལྟར། །རྣམ་པར་དཀར་བའི་ཐུགས་བསྐྱེད་ནོ་ལི་ཀ །བརྩེ་ཆེན་སྙིང་རྗེའི་སྲད་བུར་བརྒྱུད་པའི་ཕྲེང་། །གང་ཐུབ་མངོན་པར་མཛེས་པར་བྱས་པའི་མཐུས། །གཅིག་ཏུ་གཞན་ཕན་བརྩོན་པ་འབའ་ཞིག་གི །མཛད་པ་བཟང་པོའི་དར་ལྕེ་ལྷབ་ལྷུབ་ཏུ། །བར་མེད་བསྐྱོད་དང་ལྷན་ཅིག་ལུས་མེད་ཚོགས། །མི་བཟོད་ཁྱུན་བུ་འཕྱིན་ལ་གཡོལ་བར་གྱུར། །ལུས་ཅན་ཀུན་ལ་གནས་སྐབས་མཐར་ཐུག་གི །ཕན་བདེ་མ་ལུས་སྟོལ་བའི་ནོར་བུ་ཕྱིད། །ཟླ་བའི་མ་མའི་གློང་ནས་མ་འོངས་ཀྱང་། །རིན་ཆེན་དབང་གི་རྒྱལ་པོས་བསྒྲུན་ནུས་མིན། །

ཚོགས་མཆོད་གྲོལ་ནས་བརྒྱད་གཏོར་གྱི་མཇལ་ཁ་དང་། དུས་ཀྱི་འཁོར་ལོའི་མཆོད་གར་གྱི་གཟིགས་མོ། དུས་འཁོར་ཚོགས་དབུས་སུ་ཕེབས་བསྐྱོད་

སོགས་སྤྱར་མུས་དང་། པི་ཅིང་ཚོང་པ་རིན་ཆེན་དར་རྒྱས་ཀྱི་གདོང་དབང་
ཕྱོགས་ཀྱི་བླ་དཔོན་ཁག་ལ་འཚམས་ཞུ་དང་། ཁོ་པ་ངོ་གཡོག་ལ་ཐོན་གནང་།
གཞན་ཡང་གོས་གྲུབ་པ་དང་། འགའ་ཐར་མཁན་པོའི་མི་སྣ། མདོ་སྨར་
དཔོན་སོགས་ཕྱོགས་ཐོན་བྱེད་མི་རྣམས་ལ་ཐོན་ཕྱག་གནང་སྦྱིན་དང་། རྟེན་
ཆས་གནང་འོས་སོགས་སྤྱར་ལམ་ལྟར་སྩལ། ༧གོང་ས་མཆོག་ལ་༧འཇམ་
དབྱངས་ཆོས་ཀྱི་རྒྱལ་པོས་བཀའ་བཟང་ལེགས་སྐྱེས་བཅས་ཕེབས་པར་སྣ་ཡེར་
གྱི་འབུལ་བ་མཛད། ས་ག་ཟླ་བའི་ནང་ལྷ་ལྡན་ཇོ་བོ་རིན་པོ་ཆེར་མཆོད་པ་སྣ་ལྔ་
སྟོང་ཚར་རྒྱས་པའི་ཐོག་མཆོད་འབུལ་བ་ཀུན་གླིང་འདུས་པ་ཚོགས་ཡོངས་ལ་
མང་འགྱེད་བསྙེན་བཀུར་དང་། དེ་མཚུངས་གསེར་གདུང་རིན་པོ་ཆེ་འཛམ་
གླིང་རྒྱན་གཅིག་གི་དྲུང་དུའང་སྟོང་མཆོད་རྒྱས་པ་དང་འབྲེལ་བར་རྣམ་རྒྱལ་གྲྭ་
ཚང་ཚོགས་ཡོངས་ནས་གཙུག་ཏོར་རྣམ་པར་རྒྱལ་མའི་གསུང་ཆོག་མཛད་པར་
མང་འགྱེད་སོགས་ཀྱི་ཞབས་ཏོག་གཟབ་རྒྱས་སུ་བསྟར། འཕགས་པ་ལོ་ཀེ་ཤྭ་
རར་གོས་བཟང་ལས་གྲུབ་པའི་སྟོད་གཡོགས་སྨད་གཡོགས་སོགས་འབུལ་སྒྱུར་
དང་། གཞན་ཡང་མཆོད་ཁང་ཁག་ཚང་མར་མཆོད་འབུལ་སྣན་ཤལ་སོགས་
མཐའ་གླས་པ་དང་། ངན་སློང་རྣམས་ལ་ཟས་གོས་ཀྱི་སྦྱིན་གཏོང་སོགས་གཏན་
པ་མེད་པའི་མཆོད་སྦྱིན་གྱི་སྒོ་བརྒྱ་ཡོངས་སུ་འབྱེད་པར་མཛད། ༧གོང་ས་
སྐྱབས་མགོན་མཆོག་དང་ལྷན་རྒྱས་རྫོང་རྒྱབ་གླུའི་ཕོ་བྲང་དུ་ཕྱོན་ཏེ་སྐྱེ་འགྲོ་
ཡོངས་ལ་ལྷག་པར་བརྩེ་བའི་གཞན་དབང་དུ་གྱུར་པས་ཆར་འབེབ་སོགས་འགྲོ་
ཀུན་བདེ་དགེས་འཚོ་བའི་ཐབས་རྒྱ་ཆེན་པོ་ལ་འབད་པར་མཛད། ཏོར་ཟླ་ལྔ་
པའི་ནང་༧འབྲུག་པ་ཐམས་ཅད་མཁྱེན་པ་སྟོད་ལ་དྭགས་རྒྱལ་བློན་རྣམས་ནས་
གདན་ཞུས་ལྟར་འབྱོན་དགོས་ཀྱིས་༧ཡབ་ཕྱིན་ལ་མཇལ་ཞུར་ཕེབས་ཏེ་

༧ཞབས་བརྟན་དང་འབྲེལ་བའི་དངོས་འབུལ་དཔངས་མཐོ་བར་ཕུལ་ཞིང་། ཕར་ཡང་འབུལ་སྐྱོག་ཐོན་གནང་སོགས་རྒྱས་པར་སྤྲུལ། གཞུང་དྲུང་དྲག་ཞན་མང་པོ་ཕྱོགས་སུ་གཞུང་དོན་ལ་འགྲོ་མི་རྣམས་ལའང་ཐོན་གནང་གསོལ་རས་དང་། དགོན་ཁག་འགའ་ཞིག་ནས་འཆར་ཅན་གྱི་ཞབས་བརྟན་འབུལ་བཞེས་སོགས་སྟར་ལམ་ལྟར་བསྒྲུངས། དྲུག་པ་ཆོས་བཞིའི་ཉིན་ར་ཆེ་རྗེ་བོ་རིན་པོ་ཆེར་སྟོང་མཆོད་ཐོག །གནས་གཟིགས་ཐུགས་སྨོན་དང་། ལྷ་ལྡན་རྗེ་བོས་གཙོ་མཛད་པའི་སྣང་བརྙན་བྱིན་རླབས་ཀྱི་གཏེར་མཛད་ཀུན་ལ་སྣན་ཤལ། མཆོད་སྨོན། གསེར་གསོལ་སོགས་རྒྱས་པར་མཛད། ཆོས་དྲུག་གི་ཉིན་༧གཞུང་ས་མཆོག་ནས་ལྷ་ལྡན་གཙུག་ལག་ཁང་རྟེན་དང་བརྟེན་པར་བཅས་པ་རྣམས་ལ་རབ་ཏུ་གནས་པ་མཛད་རྒྱུའི་ཚོགས་དབུས་སུ་གདན་ཞུས་ལྟར་ཆིབས་བསྐྱོད་བཀའ་དྲིན་བསྒྲུངས་ཏེ་རབ་གནས་དགེ་ལེགས་ཆར་འབེབས་ཀྱི་ཕྱག་ལེན་རྒྱས་པ་སོར་བཞག་གིས་ཉིན་གསུམ་གྱི་རིང་སྦྱོར་དངོས་རྗེས་གསུམ་ཚང་བའི་སྒོ་ནས་རྒྱས་པར་མཛད་དེ་རྟེན་གསུམ་ལ་སོགས་པ་རབ་ཏུ་གནས་བྱ་མཐའ་དག་དག་པ་རབ་འབྱམས་ཀྱི་རོལ་པ་མཆོག་ཐུན་དངོས་གྲུབ་བདེ་བླག་ཏུ་སྩོལ་ནུས་ཀྱི་རྨད་བྱུང་བྱིན་རླབས་དང་ནུས་མཐུའི་ཕུང་པོ་ཆེན་པོར་གྲུབ་པར་མཛད་ཅིང་། རབ་སྟོན་གྱི་སྐབས་༧གོང་ས་རྒྱལ་དབང་མཆོག་ནས་ཀྱང་སྐུ་ཚབ་ཆེད་མངགས་ཀྱིས་ལེགས་འབུལ་དང་། གཞན་ཡང་གཞུང་དྲུང་ལས་ཚན་པ་སོགས་ཚང་མས་ལེགས་འབུལ་གྱི་མཆོད་སྤྲིན་གཏོས་ཆེ་བར་ཕུལ། ཆོས་བཅོ་ལྔ་བཅུ་དྲུག་སྐར་ལ་དབུས་གཙང་ཀུན་བདེ་གླིང་དུ་ཕྱིན་ནས་ཉིན་གསུམ་གྱི་རིང་ཚོགས་དབུར་ཕེབས་ཏེ་ཆོས་སྲུང་རྣམས་ལ་གཟབ་གསོལ་གནད་སྐྱེད་དུ་མཛད་དེ་བསྟན་འགྲོར་སྨན་པའི་ཐུགས་བཞེད་ཇི་བཞིན་དུ་འགྲུབ་པའི་ཐུགས་སྨོན་འཕྲིན་

བཅོལ་རྒྱུས་པར་མཛད། ཧོར་ཟླ་བདུན་པའི་ནང་༸སྐྱབས་མགོན་ཡས་ཕྱིན་
ལྷན་རྒྱས་ནོར་གླིང་དུ་ཆབ་བཞེས་ལ་ཕེབས་བསྐྱོད་སྐབས་བསྟན་གླིང་དང་།
ཞབས་པད་སོགས་ནས་སྤར་རྒྱུན་དཀར་སྤྲོ་གསོལ་སྟོན་སོགས་འབུལ་བཞེས
དང་། འདི་ཁ་བླ་བྲང་ནས་ཀྱང་༸རྒྱལ་དབང་སྟོན་འཁོར་ཚང་མར་དཀར་སྤྲོ་
གསོལ་སྟོན་ཞབས་ཏོག་སོགས་གཟབ་རྒྱས་སུ་བསྟར། ཧོར་ཟླ་བརྒྱད་པའི་ཚེས་
བཅུ་སྐོར་ལ་མཆོད་ཡོན་ལྷན་རྒྱས་གསོལ་དཔོན་ཆེན་མོ་རྗེ་དྲུང་དགེ་ལེགས་རྒྱལ་
མཚན་གྱིས་བྱམས་པའི་སྣང་བརྙན་ཆེ་ལེགས་གསར་བསྐྲུན་གྱི་རབ་གནས་ལ་
གདན་ཞུས་ལྟར་ནོར་གླིང་ནས་ཆིབས་བཏེགས་ཏེ་ལྷ་ལྡན་སྤྲུལ་པའི་གཙུག་ལག་
ཁང་དུ་༸ཞབས་སོར་བཀོད་ཅིང་། གཟུངས་འབུལ་སོགས་ལེགས་པར་གྲུབ་
ནས་ཆོས་བཅོ་ལྔ་ནས་བཟུང་ཉིན་གསུམ་གྱི་བར་དུ་༸གོང་ས་ཡས་ཕྱིན་ལྷན་རྒྱས་
དང་བསྟན་གླིང་མཆོག་སྤྲུལ་རིན་པོ་ཆེ། མཚན་ཞབས། རྣམ་རྒྱལ་གྲྭ་ཚང་གི་
འདུས་པ་དང་བཅས་པ་རྣམས་ནས་རབ་ཏུ་གནས་པའི་རིམ་པ་རྒྱ་ཆེར་མཛད་དེ་
གྲུས་བཅས་རྒྱལ་བ་རྒྱ་མཚོའི་མཁྱེན་བརྩེ་ནུས་གསུམ་གྱི་ཡོན་ཏན་མ་ལུས་པ་
ཡོངས་སུ་བཞུགས་པའི་བྱིན་རླབས་ཀྱི་ཕུང་པོ་ཆེན་པོར་གྲུབ་པར་མཛད། དེ་
སྐབས་སྐུ་སྣེར་ནས་རབ་སྟོན་དུ་༸རྒྱལ་དབང་ཐམས་ཅད་མཁྱེན་པ་ཆེན་པོར་
དངོས་བཤམས་ཀྱི་འབུལ་བ་དང་། བསྟན་གླིང་མཆོག་སྤྲུལ་རིན་པོ་ཆེར་ཡང་
ལེགས་སྐྱེས། གསུང་ཆོག་པ་བྱིངས་ལའང་སྐུ་འགྱེད་སོགས་དཔངས་མཐོར་
སྩལ། རབ་ཡོན་གྱི་ཚེ་གསོལ་དཔོན་རྗེ་དྲུང་དགེ་ལེགས་རྒྱལ་མཚན་ནས་མཆོད་
ཡོན་ལྷན་རྒྱས་སུ་གཏང་རག་གི་སྣོད་དུ་འབུལ་ཚན་རྒྱས་པ་དང་། བསྟན་གླིང་
མཆོག་སྤྲུལ་རིན་པོ་ཆེས་གཙོ་མཛད་པའི་རབ་གནས་མཛད་པ་པོ་ཀུན་ལ་སྐུ་ཡོན་
སོགས་གཟེངས་སུ་མཐོ་བར་ཕུལ་བ་རྣམས་ལ་འབུལ་སློག་གནང་སྦྱིན་དང་།

བླབས་ཆེན་དགེ་ཚོགས་གོང་དུ་སྤེལ་ཕྱིར་དགའ་བ་རྒྱ་ཆེར་བསྐྱེད་པར་མཛད། དེ་ནས་མི་རིང་བར་མཚོ་ཡོན་ལྷན་རྒྱས་གྲུ་འཛིན་གཉིས་པའི་ཕོ་བྲང་དུ་བྱོན་ནས་བསྟན་སྲིད་ཀྱི་མཛད་པའི་སྒོ་འཕར་བརྒྱ་ཕྲག་དུ་མ་དུས་གཅིག་ཏུ་འབྱེད་པ་དང་ལྷན་ཅིག་ཏུ་གདུལ་བར་བྱ་བའི་སྐྱེ་བོ་ཀུན་ཀྱང་ཕན་པ་དང་བདེ་བའི་རོ་ལ་གཅིག་ཏུ་གཞོལ་བའི་དགའ་སྟོན་ལ་སྤྱོར་བཞིན་པར་འཚོ་གཞེས་མཛད། ༸གོང་ས་རྒྱལ་དབང་མཆོག་ནས་ཐུབ་བསྟན་ཡུན་གནས་མཛད་རྒྱུའི་དགོངས་བཞེད་རླབས་ཆེན་ཐུན་མོང་མིན་པར་གཏད་དེ་རྒྱལ་བའི་བསྟན་འགྱུར་རིན་པོ་ཆེ་རིན་ཆེན་སྣ་བརྒྱད་ཀྱིས་གསར་བཞེངས་གནང་བའི་ལས་གྲྭའི་དབུ་འཛུགས་སྐབས། ངོ་དམ་པ་དང་ཡིག་མཁན་དབུ་མཛད་སོགས་ཀྱིས་གཙོ་བྱས་པའི་ལས་བྱེད་པ་ཀུན་ལ་སྟོན་མོ་དང་གསོལ་རས་གནང་སྐྱེས་སོགས་གྱ་ནོམས་སུ་སྩལ་ཞིང་། བྱེད་སྒོ་གང་ཅིར་རང་རང་གི་འདི་ཕྱིའི་དགེ་འབྲས་ལ་བསམ་སྟེ་༸རྒྱལ་དབང་ཐམས་ཅད་མཁྱེན་པའི་དགོངས་བཞེད་དང་མཐུན་ངེས་ཡོང་བ་ཞིག་སྒོ་གསུམ་རྩོལ་ཅི་ཡོད་ཀྱི་སྒོ་ནས་འབད་དགོས་ཚུལ་སོགས་ཀྱི་བཀའ་ཁྲབ་མཐིལ་ཕྱིན་དུ་བསྐྱངས། པི་ཅིང་ནས་མཁན་ནང་འཁྱོར་གདོང་ཚོམས་ཆེན་དུ་ཕེབས་ཏེ་༸ཡས་ཕྱིན་གསེར་ཞལ་ལྷན་རྒྱས་ཐོག་༸གོང་མའི་བཀའ་ལུང་དང་གནང་སྐྱེས་བཟང་པོ་རྣམས་བདག་གིར་དུ་བཞེས་ཤིང་། གསོལ་སྟོན་ལ་དགྱེས་རོལ་དང་། ཚོགས་ལང་། གར་གྱི་གཟིགས་མོ་སོགས་ལུགས་གཉིས་ཀྱི་དགའ་སྟོན་ལ་རོལ་བར་མཛད། ཧོར་ཟླ་བཅུ་པའི་ནང་༸གོང་མའི་འཁྲུངས་སྐར་གྱི་ཚོགས་སུ་ཕེབས་བསྐྱོད་ཐོག་ཐུགས་སྨོན་རླབས་ཆེ་བར་བསྐྱངས་ཤིང་འདུས་པ་རྣམས་ལའང་མང་འགྱེད་ཀྱི་བསྙེན་ཅིང་བཀུར་བ་རྒྱ་ཆེར་སྩལ། ༸གཞན་ཡང་ཉེ་ལོག་གི་༸ཞབས་བརྟན་དང་འབྲེལ་བར་མཐའ་དབུས་ཀྱི་འདུས་སྡེ་ཁག་དང་། རེ་

ཁྲིད་ཕན་ཚུན། རིས་མེད་ཀྱི་གནས་ཆེན་ཁག །ལས་བཞིའི་འཕྲིན་ལས་སྒྲུབ་པའི་དམ་ཅན་ཆོས་སྲུང་ཁག་དང་བཅས་པ་རྣམས་སུ་སོ་སོར་སྒྲུབ་འོས་ཀྱི་རྣམ་དཀར་དགེ་བའི་མཛད་པ་སོ་སྐྱོའི་བློས་དཔགས་པར་དཀའ་བ་དུ་མ་ཞིག་སྒྲུབ་པར་མཛད་ཅིང་། ལྷ་མཆོད་ཐོན་འཕྲུལ་ཐུགས་གཡེངས་གཞན་གྱིས་བར་མ་ཆོད་པར་བདེ་སྟོང་གཉིས་སུ་མེད་པའི་ཡེ་ཤེས་ཟུང་འཇུག་རྡོ་རྗེ་ལྟ་བུའི་ཏིང་ངེ་འཛིན་གྱི་ངང་དུ་ཐུགས་དམ་བཅད་རྒྱར་བཞུགས་འཇགས་མཛད། བཅད་རྒྱའི་ཡོངས་ནས་ཀྱང་ཐུགས་དམ་གྱི་སེང་བར་རྣམས་སུ་གཞན་ཕན་བསྟུ་བཞིའི་འོད་སྟོང་མཁའ་ཁྱབ་ཏུ་འགྱེད་པའི་མཛད་པ་ཡོ་ན་ལ་དངོས་བརྒྱུད་ཅི་རིགས་པའི་སྒོ་ནས་གཞོལ་བར་མཛད། ཟླ་བ་བཅུ་གཉིས་པའི་མཇུག་ཏུ་ཐུགས་དམ་ལས་བཞེངས་ཏེ་ཉིན་བཞིའི་བར་དུ་ཁ་སྐོང་གི་སྦྱིན་སྲེག་སོགས་གནད་སྨིན་དུ་བསྐྱངས། དེ་ནས་རྒྱལ་དབང་མཆོག་དང་གསེར་ཞལ་ལྷན་རྒྱས་ཀྱིས་ལས་དོན་སྐོར་གྱི་གསུང་མོལ་དང་། གཞུང་དྲུང་མི་དྲག་སེར་སྐྱ་དང་། དད་ལྡན་ཁག་ལ་མཇལ་ཕྱག །སྨོན་ལམ་ཆེན་མོའི་ཐོ་བསྒྲིགས། ལོ་མཇུག་གི་དུས་གཏོར་འཆམ་གཟིགས་སོགས་སྔར་སྲོལ་བཟང་པོ་ལྟར་བསྐྱངས་སོ། །

འདིར་སྨྲས་པ། ཡིད་བཞིན་ནོར་དང་དཔག་བསམ་ལྗོན་པ་དང་། །བུམ་པ་བཟང་པོ་བཞིན་དུ་དགེ་ལེགས་ཆར། །ངལ་མེད་རྒྱུན་དུ་འབེབས་དེས་སྐྱེ་བོ་ཀུན། །སྲིད་ཞིའི་རྒུད་པའི་ཚོགས་ལས་རིང་དུ་བྱས། །འཛད་མེད་ཡོན་ཏན་ཕུང་པོ་ཁྱོད་ཉིད་ནི། །ཚད་མེད་འགྲོ་བ་སྒྲོལ་ལ་མངོན་བརྩོན་པས། །ཟག་མེད་སྐུ་གསུམ་རྒྱལ་ཁམས་ཆེན་པོ་དེ། །བར་མེད་དོག་པོར་འགེངས་པར་ཅིས་མི་འགྱུར། །ད་དུས་ཆེར་རློམས་ཁེངས་ལྡན་མང་མོད་ཀྱང་། །བསྟན་འགྲོར་གཅིག་ཏུ་སྨན་པ་ཆེ་ཆེར་དཀོན། །འདབ་སྟོང་ཕལ་པས་སྐྱིད་ཚལ་

མཛེས་མོད་ཀྱང་། །ཨུ་དུམ་ཝ་རར་གྲགས་པ་སྲིད་མཐའ་ཙམ། །སྙིགས་མའི་ལོག་སྤྱོད་འཚུབ་མ་ཆེར་བདོ་ཡང་། །ཐུགས་བསྐྱེད་རི་དབང་རྩ་བ་ཙུང་ཟད་ཀྱང་། །གཡོ་མི་ནུས་འདི་རིང་ནས་བྱང་ཆུབ་ཀྱི། །སེམས་མཆོག་གོམས་པར་བྱས་པའི་རང་གཤིས་ཡིན། །ཕན་བདེའི་འབྱུང་གནས་རྒྱལ་བསྟན་རྫིང་བུ་འདི། །ལྷག་ཆུ་ཆད་པའི་ངང་ཚུལ་འཛིན་ཉེའི་ཚེ། །ཆོས་ལྡན་འཕྲིན་ལས་ལྷ་ཡི་གཉྫ་མོ། །འཕེབས་མཛད་ཁྱོད་ནི་མ་འདྲིས་སྐྱེ་བོའི་བཤེས། །དུག་ལྔའི་ཚང་གིས་མྱོས་པའི་སྙིགས་དུས་འགྲོ། །ལག་ལྡན་སྨྱོན་པའི་བརྟུལ་ཞུགས་འཛིན་པ་ཀུན། །ཐབས་མཁས་ཐུགས་རྗེའི་ལྕགས་ཀྱུས་དགེ་བཅུའི་སར། །མངོན་པར་བསྒྱུར་ལ་བརྩོན་པའི་ཁ་ལོ་བ། །འཁོར་ཡུག་ས་གསུམ་ཁྱོན་འདི་མ་ལུས་པ། །ཕན་བདེའི་འོད་སྣང་གཅིག་གིས་འགེངས་བྱེད་པའི། །རྣམ་འདྲེན་ཉི་མའི་མཆོག་ཁྱོད་མཆིས་བཞིན་དུ། །ཟོག་རྫུའི་མེ་འཁྱེར་སྐབས་སུ་འཛིན་རྣམས་བླུན། །འོན་ཀྱང་ནོར་བུ་དོར་ནས་འཆིང་བུ་འཚོལ། །རོ་བཅུའི་ཁ་ཟས་དོར་ནས་དུག་ཅན་བསྟེན། །དམ་པ་དོར་ནས་ལོག་བཤེས་བསྟེན་པ་རྣམས། །སྙིགས་འགྲོའི་རང་གཤིས་ཡིན་པས་བཅོས་སུ་དཀའ། །དེ་འདྲའི་ངང་ཚུལ་ཡང་ཡང་བསམ་པ་ན། །མཆི་མ་བཀྲུ་བའི་གནས་ལས་མ་འདས་ཙུང་། །བདག་འདུས་སྨྲས་ཀྱང་བྱ་རོག་དཀར་པོའི་རྒྱུ། །དེ་ཕྱིར་བཏང་སྙོམས་ངང་དུ་ཆམ་གྱིས་རོལ། །ཅེས་པ་ནི་བར་སྐབས་ཀྱི་ཚིགས་སུ་བཅད་པའི་འཕྲེང་བའོ། །

༈ དེ་ནས་སློང་ནན་ཅེས་པ་ལྕགས་མོ་བྱ་ལོའི་རང་ཞལ་གསར་དུ་ཆེས་པའི་དུས་ཀྱི་རྟེན་འབྲེལ་བཟང་པོའི་མཛད་པ་དང་། དགའ་སྟོན་གྱི་རིམ་པར་དགྱེས་པར་རོལ་པ་སོགས་སྤང་ལྷུར་བསྐྱངས། གཞན་ཡང་ཆེ་བཙན་ཁག་དང་མཐའ་དབུས་ཀྱི་སྦྱིན་བདག་སོགས་ལོ་གསར་གྱི་མཇལ་འབུལ་དུ་བཅར་མི་རྣམས་ལ་

མཇལ་ཕྱག་དང་བཀའི་ཕེབས་སྒོ་སོགས་ཞིབ་རྒྱས་སུ་སྩལ། འདི་ལོ་སྤྱི་སོར་ནས་༧འབྲི་ཆེན་ནོ་མི་ཧན་ཆེན་པོ་ངག་དབང་ཚུལ་ཁྲིམས་དཔལ་བཟང་པོའི་ཡང་སྲིད་མཆོག་སྤྲུལ་ངོས་འཛིན་གདན་ཞུ་བྱས་ཚོག་པ་དགོས་ཚུལ་བཀའ་སློན་ཇ་སག་བླ་མ་བྱམས་པ་སྟོབས་ལྡན་སོགས་ནས་མཆོད་ཡོན་ལྷན་རྒྱས་ལ་སྙན་ཞུ་ཕུལ་བ་ལྟར་༧གོང་མ་ཆེན་པོར་གནས་ཚུལ་གྲལ་རྗེ་ཕུལ་བའི་ཕྱིར་ཕེབས་སུ་ཡང་སྲིད་དོགས་གནས་ཡོད་རིགས་གཉིས་ལུགས་སྲོལ་ལྟར་མཆོག་གསུམ་ལ་དམོད་བཙུགས་ཏེ་གསེར་བུམ་དཀྲུགས་པར་ཙོ་ནེར་འཁྲུངས་པ་དེ་བཞིན་འཁྲུལ་བྲལ་ངེས་པ་རྙེད་པས་ད་ཆ་ངོས་འཛིན་གདན་ཞུ་འདོད་མོས་ལྟར་བྱས་ཚོག་ཚུལ་གསེར་གྱི་བཀའ་ལུང་བཟང་པོར་ཕེབས་དོན་བཞིན་གདན་ཞུར་ཐོན་མི་༧གོང་མའི་སྐུ་ཚ་ན་རེ་རྡྲའི་(ན་ལེ་རྡྲའི་) མཁན་པོ་ཆོས་མཛད་བསྟན་འཛིན་རྒྱ་མཚོ་དཔོན་འཁོར་རྣམས་ལ་ཐོན་ཕྱག་གནང་སྦྱིན་དང་། མཆོག་སྤྲུལ་གདན་ཞུའི་སྐོར་སོགས་ལ་འཐུས་ཚང་ཡར་ལྡན་དགོས་ཚུལ་གྱི་འཕྲུལ་ཕྱུགས་དགེ་བའི་བཀའ་སློབ་ཞིབ་རྒྱས་དང་། མཆོག་སྤྲུལ་རིན་པོ་ཆེར་ཡང་བོད་ཕྱོགས་སུ་ཕེབས་རྒྱུས་མཚོན་པ་གང་ཅིར་ཐུགས་བསྐྱེད་རྒྱ་ཆེར་དགོས་ཚུལ་གྱི་བཀའ་རྒྱ་གནང་རྟེན་དང་བཅས་པ་སྩལ། སློན་ལམ་ཆེན་མོའི་འདུས་པ་རྣམས་ལ་མང་འགྱེད་ཀྱི་བསྙེན་བཀུར་དང་། ཇོ་ཤཱཀ་རྣམ་གཉིས་སོགས་རྟེན་གསུམ་ཁག་ལ་མཆོད་སློན། ཆོས་སྐྱོང་ཡིད་བཞིན་ནོར་བུ་རྣམས་ལ་འཕྲིན་བཅོལ་གཟབ་གསོལ་སོགས་སྤར་ལྷག་རྒྱ་ཆེར་བསྐྱངས། བཀའ་སློན་ལྷ་སྡིང་པ་གཞུང་སའི་ལས་དོན་དགོངས་ཞུས་ཀྱིས་རྒྱལ་བའི་བསྟན་པར་རབ་ཏུ་བྱུང་ཚོག་པ་ཞུས་དོན་བཞིན་མཆོད་ཡོན་ལྷན་རྒྱས་ནས་ཀྱང་དགོངས་པ་འགྲོལ་བར་གཏང་རག་ལེགས་འབུལ་གྱི་དངོས་སྐྱེས་བཟང་པོ་དང་བཅས་ཏེ་མཇལ་ཞུར་བཅར་བར་ཕྱག་དབང་དང་། དཔེན་པའི་

རི་སུལ་དུ་སྒྲོང་བ་པའི་བརྟུལ་ཞུགས་བཟུང་ནས་ཞལ་འདོན་དགེ་སྦྱོར་སོགས་བརྩོན་པ་གང་ཆེ་བྱེད་དགོས་སོགས་ཀྱི་ཆོས་དང་འབྲེལ་བའི་བཀའ་སློབ་སྙིང་ལ་སིམ་ངེས་སུ་སྩལ། གཞན་ཡང་སྨོན་ལམ་གྱི་སྦྱིན་བདག་སོགས་ནས་མང་འགྱེད་ཀྱི་རྗེས་འབྲེལ་དུ་༸རྒྱལ་དབང་རྗེ་ཨོད་ལྡན་རྒྱས་སུ་ཞབས་བརྟན་མཇལ་འབུལ་ཞུས་པ་རྣམས་ལ་མཇལ་ཕྱག་དང་། སྨོན་ལམ་སྐོར་གྱི་མཛད་འཁོས་སོགས་མཐའ་དག་སྔར་ལམ་ལྟར་བསྐྱངས་ཤིང་། རྒྱལ་སྲས་རྡོ་རྗེ་འཆང་ཆེན་པོར་སྒྲོལ་དཀར་ཡིད་བཞིན་འཁོར་ལོའི་སྒོ་ནས་བརྟན་བཞུགས་ཀྱི་རིམ་པ་འབུལ་མི་ཆེད་གནང་གི་གདོང་ཞབས་ཟུང་ནམ་མཁའི་ནོར་བུའི་རྒྱུ་བ་མ་ཆད་ཀྱི་བར་དེ་སྲིད་དུ་བརྟན་པར་གསོལ་བ་འདེབས་པའི་ཞུ་འཕྲིན་དང་། མཇལ་རྟེན་གསུམ་སོགས་ཀྱིས་གཙོས་པའི་དངོས་སྐྱེས་བཟང་ཞིང་གཏོས་ཆེ་བ་བགྱི་བར་མཛད། རྒྱལ་དབང་འཇིག་རྟེན་གསུམ་གྱི་མགོན་པོ་མཆོག་ལའང་སྨོན་ལམ་མང་འགྱེད་ཀྱི་རྗེས་འབྲེལ་འབུལ་བ་དང་ཆབས་ཅིག་པའི་དངོས་བཤམས་ཀྱི་མཆོད་སྤྲིན་དང་བཅས་ཏེ་བདེ་ལྡན་ཞིང་མགོན་ཆེ་མཐའ་ཡས་པའི་ངོ་བོར་ཇི་སྲིད་འགྲོ་ཀུན་ཟུང་འཇུག་རྡོ་རྗེའི་ས་ལ་མ་བཞག་གི་བར་དུ་འཚོ་ཞིང་གཞེས་པར་གསོལ་བ་ཕུར་ཚུགས་སུ་འདེབས་པར་མཛད་པ་ན་ཕྱག་ན་པདྨོས་ཀྱང་རེ་བ་འབྲས་ལྡན་དུ་མཛད་པའི་བཀའ་བཞེས་བཟང་པོ་གང་གི་ཡན་ལག་མཆོག་མཛེས་པའི་རྒྱན་དུ་སྩལ་བར་གྱུར། ཚོགས་མཆོད་ཀྱི་སྐབས་དང་བརྒྱུད་གཏོར་གྱི་མཇལ་ཕྱག་སོགས་འཆར་ཅན་གྱི་མཛད་འཁོས་མཐའ་དག་ཀྱང་སྔར་ལྟར་འཆོམ་མེད་དུ་བསྐྱངས། འདི་ལོ་༸ཀུན་གཟིགས་པཎ་ཆེན་ཐམས་ཅད་མཁྱེན་པ་ཆེན་པོ་གོང་ས་མཆོག་གི་དྲུང་དུ་ཐུགས་རྫོགས་བཞེས་པར་འབྱོན་བཞེད་ལ་རྒྱལ་དབང་མཆོག་ནས་ཀྱང་ཞལ་བཞེས་བསྐྱངས་པ་ལྟར་རིང་མིན་དབུས་འགྱུར་གྱི་ཕྱོངས་

སྲུ་ཕེབས་རྒྱུར་གཞུང་ས་མཆོག་གི་ཕེབས་བསུར་ཐོན་མི་མགྲོན་གཉེར་ཚ་རོང་བ་དང་། གཤེར་དབང་པ་བཤད་སྒྲའི་སྲས་དོན་གྲུབ་ཀུན་དགའ་ངོ་གཡོག་རྣམས་ལ་ཐོན་གནང་དང་བགྱི་བ་གང་ཅིར་རྒྱལ་དབང་ཡབ་སྲས་ཀྱི་དགོངས་བཞེད་དང་མཐུན་པར་ལྷག་བསམ་ཆེ་བསྐྱེད་དགོས་པའི་བཀའ་ཁྱབ་ཀྱང་སྩལ། བོད་བཞུགས་ཧོ་ཨམ་བན་དབང་ཕྱོགས་སུ་ཕེབས་རྒྱུར་ཕེབས་རྫོངས་ཐོན་གནང་དང་། ༧གོང་མར་འཚམས་ཞུ་དང་ཨམ་བན་ཕེབས་སྐྱེལ་སོགས་ཀྱང་རིམ་སེལ་དུ་བསྒྲུངས། དེ་ནས་མི་རིང་བར་༧ཀུན་གཟིགས་པཎ་ཆེན་རིན་པོ་ཆེ་ཆིབས་བསྐྱོད་དུ་ཉེ་བ་ན་སྐུ་སྐྱེར་ནས་མི་རྗེ་ཕྱག་མཛོད་ཆེན་མོ་ཆེད་དམིགས་ཀྱིས་སྟོད་ལུང་སྣང་གི་བར་དུ་ཆིབས་བསུ་དང་འཚམས་ཞུར་གཏོང་གནང་མཛད་ཅིང་། བཀའ་བློན་སོགས་གཞུང་དྲུང་ལས་བྱེད་ཀུན་ལའང་༧པཎ་ཆེན་མཆོག་གངས་ལྗོངས་བསྟན་འགྲོ་ཡོངས་ཀྱི་མགོན་སྐྱབས་དཔུང་གཉེན་མཚུངས་ཟླ་མ་མཆིས་པ་ཡིན་པས་ཆིབས་བསུས་མཆོད་པའི་བཀུར་བསྟི་དང་སྲིད་ཞུ་བགྱི་འོས་མཐའ་དག་ཐར་ལྷག་ཡར་ལྡན་དུ་དགོས་པའི་བཀའ་ཁྱབ་མཐིལ་ཕྱིན་དུ་བསྒྲུངས་པར་མཆོག་དམན་ཚང་མ་དེ་དོན་ཇི་བཞིན་དུ་སྒྲུབ་པ་ལ་གཅིག་ཏུ་གཞོལ་བར་གྱུར། ཧོར་ཟླ་གསུམ་པའི་ཚེས་ཉེར་བརྒྱད་ཀྱི་ཉིན་༧སྐྱབས་མགོན་ཉིད་ཀུན་གཟིགས་པཎ་ཆེན་མཆོག་གི་ཆིབས་བསུར་འཁོར་ཚོགས་དུ་མ་དང་བཅས་ཏེ་སྐྱིད་ཚལ་ཀླུ་སྡིང་དུ་གཞུང་གི་ཐབ་བསུའི་བར་ཕྱོན་ཏེ་མཆོད་ཡོན་དགྱེས་པ་ཆེན་པོས་མཇལ་འཛོམས་དང་ཕན་ཚུན་ཐུགས་ཤིན་ཏུ་བརྩེ་བའི་བཀའ་མཆིད་སོགས་ཞིབ་ལྷོད་དུ་བསྒྲུངས་ཏེ་ལྷན་རྒྱས་ཆིབས་ཀྱི་ཁ་ལོ་བསྒྱུར་ནས་གྲུ་འཛིན་གཉིས་པའི་ཕོ་བྲང་གི་གཟིམས་ཆུང་ཉི་འོད་འཁྱིལ་བར་རྒྱལ་དབང་ཡབ་སྲས་གསེར་ཞལ་མངོན་པར་རྒྱས་པའི་སྐལ་བཟང་གི་དགའ་སྟོན་མཆོག་ལ་མངོན་སུམ་དུ་རེག་པར་

མཛད། དེ་ནས་ཡབ་སྲས་གསུམ་ཆར་ཚོམས་ཆེན་རྙིང་པར་ཕེབས་བསྐྱོད་ཀྱིས་༸ཐམས་ཅད་མཁྱེན་གཟིགས་རྣམ་གཉིས་གསེར་གྱི་ཁྲི་འཕང་མཐོན་པོར་ཞབས་སོར་འགོད་འཕྲུལ་༸སྐྱབས་མགོན་ཉིད་ནས་གུས་འདུད་ཆེན་པོས་ལྷ་ཕྱག་ཕེབས་པར་མཛད་པ་སྟོན་དུ་འགྲོ་བའི་སྒོ་ནས་ཡབ་སྲས་སོ་སོར་རབ་དཀར་ལྷ་རྫས་ནང་མཛོད་ཀྱི་མཎྜལ་དར་དང་བཅས་ཏེ་ཕྱིན་ལྷབས་ཞུ་བར་མཛད་ཟིན་འཕྲུལ་བསྟན་འཛིན་བདག་ཉིད་ཆེན་པོ་རྣམས་དང་། གདན་ས་གསུམ་གྱི་བླ་མ་ལས་སྣེ། བཀའི་གུང་བློན་རྣམས་དང་། ཇོ་སག །མདའ་དཔོན་སོགས་གཞུང་དྲུང་མི་དྲག་སེར་སྐྱ་ཀུན་གྱིས་མཎྜལ་དར་དང་། དེ་རྗེས་གསོལ་སྟོན་དང་། དཀར་སྤྲོ་རྒྱ་ཆེན་པོའི་ཐོག་གདན་ས་ཆེན་པོའི་དགེ་བའི་བཤེས་གཉེན་རྣམས་ཀྱིས་ལེགས་པར་བཤད་པའི་སྐྱེས་ཀྱི་མཆོད་སྤྲིན་དང་། གར་གྱི་གཟིགས་མོ་སོགས་དབང་པོ་ལྔའི་ཡུལ་དུ་གྱུར་པའི་དགའ་སྟོན་མཐའ་དག་བདག་གིར་དུ་བཞེས་ཤིང་། གསོལ་སྟོན་གྲུབ་བསྟུན་༸ཀུན་གཟིགས་པཎ་ཆེན་རིན་པོ་ཆེ་གཟིམས་ཆུང་བདེ་བ་ཅན་དུ་ཕེབས་ཟིན་འཕྲུལ་སྣར་ཡང་སྐྱབས་མགོན་ཉིད་སྣེར་མཇལ་དུ་ཕྱིན་ཏེ་མཎྜལ་རྟེན་གསུམ་དང་། རིན་ཆེན་དང་པོ་སོགས་ཀྱིས་སྔ་དྲངས་པའི་མཇལ་འབུལ་དཔངས་མཐོ་བར་མཛད་ཅིང་ལྷན་རྒྱས་ཀུང་རྒྱུན་རིང་པོར་བཞུགས་འཇགས་ཀྱིས་དམ་པའི་ཆོས་དང་འབྲེལ་བའི་གསུང་གླེང་ཞིབ་རྒྱས་སུ་གནང་། ཧོར་ཟླ་བཞི་པ་གསར་འཕྲུལ་པཎ་ཆེན་མཆོག་ནས་མཆོད་ཡོན་ལྷན་རྒྱས་སུ་གསོལ་སྟོན་དང་དཀར་སྤྲོ་མཇལ་འབུལ་སོགས་གཏོས་ཆེ་བར་བཀྱེ་ཐོག་མདོ་རྒྱུད་ཀྱི་ལམ་ནས་དྲངས་པའི་མཎྜལ་གྱི་གསུང་བཤད་ལ་སོགས་པ་ལུགས་གཉིས་ཀྱི་སྐྱེས་བཟང་རྒྱ་ཆེན་པོ་སྤྲོ་བར་མཛད། དེ་སྐབས་འཇམ་མགོན་བསྟན་པའི་སྒྲོན་མེ་མཚུངས་བྲལ་བླ་མ་མཆེས་པ་ར་སྒྲེང་ཁྲི་ཆེན་རྡོ་རྗེ་འཆང་ཆེན་པོ

ནས་ལྷ་ལྡན་བཞི་སྡེར་དད་འདུས་སྟོང་ཕྲག་མང་པོར་བྱུང་ཆུབ་ལམ་རིམ་ཆེན་མོའི་ཟབ་ཆོས་ཐང་མར་གདལ་བའི་སེམས་བསྐྱེད་མཆོད་པའི་སྐབས་སྐུ་ཚབ་ཆེད་སྤྲུལ་གྱིས་གཏང་རག་ལེགས་འབུལ་སོགས་དཔངས་མཐོ་བར་སྤྲུལ། དེ་ནས་ཆོས་བཅུ་གཅིག་གི་ཉིན་ཡབ་སྲས་མཆོད་ཡོན་གསུམ་ཆར་གྱུ་འཛིན་གཉིས་པའི་ཕོ་བྲང་ནས་ཆིབས་བསྐྱོད་སྐབས་ལྷ་སྡེ་མི་སྡེ་མཐའ་དག་གི་ཆིབས་བསུ་སེར་སྤྲེངས། དར་འཕྱར། དུང་འབུད་སོགས་ལྷ་མིའི་མཆོད་རྫས་ཀྱི་བཀོད་པ་མཐའ་ཀླས་པས་ས་དང་བར་སྣང་གི་ཁྱོན་ཀུན་ཡོངས་སུ་འགེངས་པའི་སྲིད་ཞུ་དང་བཅས་ཏེ་ལྷ་ལྡན་སྤྲུལ་པའི་གཙུག་ལག་ཁང་གི་གཟིམས་ཆུང་དགའ་ལྡན་ཡང་རྩེར་ཞབས་སོར་བཀྲ་ཤིས་པའི་རི་མོས་མཚན་པ་ལེགས་པར་བཀོད་ཅིང་། དེ་འཕྲུལ་ཁྲམས་ར་ཆེན་མོར་གཞུང་ས་མཆོག་གི་གསོལ་སྟོན་གྱི་སར་ཐེབས་བསྐྱོད་ཀྱིས་༸ཐམས་ཅད་མཁྱེན་པ་ཡབ་སྲས་རྣམ་གཉིས་སུ་མགོན་པོ་ཉིད་ཀྱིས་གཙོ་མཛད་པའི་དེར་འཁོད་མཆོག་དམན་ཚང་མས་ལེགས་སྐྱེས་མཇལ་དར་ཕྱུལ་རྗེས་དཀར་སྒྲོ་དང་གསོལ་སྟོན་སོགས་ལུགས་གཉིས་ཀྱི་དགའ་སྟོན་ཀུན་ལ་སྔར་བཞིན་རོལ་བར་མཛད། ཆོས་བཅུ་བཞིའི་ཉིན་མགོན་པོ་ཉིད་སྐུ་སྒེར་གནས་གཟིགས་ལ་ཆིབས་བསྒྱུར་བསྐྱངས་ཏེ་རྗེ་ཤཱ་ཡིད་བཞིན་ནོར་བུས་མཚོན་པའི་རྟེན་གསུམ་ཁག་ལ་མཆོད་སྨོན། སྙན་ཤལ། གསེར་ཆབ་གསོལ་བ་སོགས་བཀུར་བསྟི་དང་སྲིད་ཞུ་བསམ་ལས་འདས་པར་བསྐྱངས་ཤིང་། ཆོས་བཅོ་ལྔའི་སྤྱི་ཆར་ཀུན་གཟིགས་པཎ་ཆེན་ཐམས་ཅད་མཁྱེན་པ་ཆེན་པོར་ཐུགས་རྫོགས་འབུལ་བའི་དུས་ལ་ཉེ་བར་བབ་པ་ན་༸རྗེ་བོ་ཤཱཀྱ་མུ་ནེའི་སྤྱན་སྔར་ཀུན་ཏུ་བཟང་པོའི་སྨོན་པ་ལས་བྱུང་བ་དང་མཚུངས་པའི་མཆོད་པའི་ཁྱད་པར་ཚད་མེད་པ་དང་བཅས་ཏེ་ཐོག་མར་རྒྱལ་དབང་ཕྱག་ན་པདྨ་དང་། མགོན་པོ་ཉིད་

བཅས་ཀྱིས་གཙོ་མཛད་པའི་ལས་གྲལ་དེར་འཁོད་ཀྱི་དུར་སྨྲིག་འཛིན་པ་ཚང་མས་དུས་འཁྲིལ་གྱི་གསོ་སྦྱོང་རྣམ་པར་དག་པ་མཛད་ཟིན་བསྟུན་དངོས་གཞིའི་ཐུགས་རྫོགས་འབུལ་སྐབས། ངེས་པ་དོན་གྱི་ཐམས་ཅད་མཁྱེན་ཅིང་གཟིགས་པ་ཆེན་པོ་ལྷ་དང་བཅས་པའི་ལུས་ཅན་ཡོངས་ཀྱི་མགོན་སྐྱབས་དཔུང་གཉེན་མཚུངས་ཟླ་མ་མཆིས་པ་དོན་གྱི་སྣང་དུ་མཚན་ནས་སྨོས་ཏེ་རྗེ་བཙུན་བློ་བཟང་བསྟན་པའི་དབང་ཕྱུག་འཇམ་དཔལ་རྒྱ་མཚོ་དཔལ་བཟང་པོས་མཁན་པོ་དང་། བརྟན་མཁས་ཀྱི་ཡོན་ཏན་གཉིས་ཀྱིས་ཐུགས་རྒྱུད་ལེགས་པར་གཏམས་ཤིང་གངས་ལྗོངས་བསྟན་འགྲོའི་གཙུག་རྒྱན་རྗེ་བཙུན་ས་མ་ཏི་པཎྜི་རིན་པོ་ཆེ་ཡེ་ཤེས་བློ་བཟང་བསྟན་པའི་མགོན་པོ་ཉིད་དང་གཞན་ཡང་ཤར་བྱང་གི་ཆོས་རྗེ་རྣམ་གཉིས། གདན་ས་གསུམ་དང་རྒྱུད་གྲྭ་སྟོད་སྨད་བཅས་ཀྱི་སློབ་དཔོན། འདུལ་འཛིན་པ་ངག་དབང་བཀྲ་ཤིས་དང་། རྣམ་རྒྱལ་གྲྭ་ཚང་གི་སློབ་དཔོན་སོགས་སྡོམ་བརྩོན་དུར་སྨྲིག་འཛིན་པ་རྣམས་ཀྱིས། ལས་སློབ། གསང་སྟོན། དུས་སྒོ་བརྗོད་པ། ལས་ཀྱི་ཁ་སྐོང་སོགས་མཛད་དེ་དད་པའི་དགེ་འདུན་གྲངས་ཚང་བའི་དབུས་སུ་དལ་ལྷུར་གྱི་ཚོ་ག་ཉེས་མེད་ཕུན་ཚོགས་ཀྱི་སྒོ་ནས་བསྙེན་པར་རྫོགས་པ་དགེ་སློང་གི་སྡོམ་པ་རྣམ་པར་དག་པ་འབུལ་བར་མཛད་དེ། ཇི་སྐད་དུ་རྗེ་ཐམས་ཅད་མཁྱེན་པ་ཙོང་ཁ་པ་ཆེན་པོའི་གསུང་ལས། ཡིད་ཀྱི་ཤེལ་ནི་སྦྱང་སེམས་ཚོན་གྱིས་བསྒྱུར། ལག་པའི་པདྨོ་ལྷུང་བཟེད་བུང་བས་མཛེས། །སྐུ་ཡི་གསེར་རིར་དམར་སེར་ཟླ་གོས་ཀྱི། །མཚམས་སྦྱིན་གཞོན་ནུ་ཡོངས་སུ་ཁེབས་པར་གྱུར། །ཞེས་དང་། ཐུབ་བསྟན་རྒྱ་མཚོ་ཀུན་གྱི་སྙིང་པོ་མཆོག །སྐལ་ལྡན་འགྲོ་བའི་རེ་བ་སྐོང་བའི་དཔལ། །དམ་པ་ལག་འགྲོའི་དབང་པོའི་གཙུག་གི་རྒྱན། །ཚུལ་ཁྲིམས་འཕགས་པའི་ནོར་གྱིས་འབྱོར་པར་གྱུར། །ཞེས་

གསུངས་པའི་དོན་དང་མཐུན་པར་ངུར་སྨྲིག་གི་རྒྱལ་མཚན་འཛིན་པ་ཀུན་གྱི་ནང་ནས་རབ་དང་ཕུལ་དང་རྩེ་མོར་སོན་པ། ཚུལ་ཁྲིམས་འཕགས་པའི་ནོར་གྱིས་ཐུགས་རྒྱུད་ཡོངས་སུ་ཕྱུག་པ། ཐུབ་པའི་བསྟན་ལ་ཐུབ་དབང་གཉིས་པ་དང་མཚུངས་པའི་གོ་འཕང་མཆོག་ལ་མངོན་པར་བཞེངས་པར་མཛད་དོ། །དེའི་ཚེ་རྗེ་ཉིད་ཀྱི་ཐུགས་དགོངས་ལ། ཨེ་མ་གངས་ཅན་གྱི་མགོན་པོ་རྣམ་གཉིས་ནི་སྐུ་ཚེའི་འཕྲེང་བ་དུ་མར་ཡབ་སྲས་ཙཎྜན་དང་ཙཎྜན་གྱི་དྲི་བཞིན་དུ་འབྲལ་མེད་དུ་འགྲོགས་པའི་སྒོ་ནས་དཔག་ཡས་འགྲོ་བའི་དོན་མཛད་པར་མ་ཟད་ད་ལྟའི་དུས་སུ་ཡང་བསམ་བཞིན་དུ་ཡབ་སྲས་ཀྱི་ཚུལ་བཟུང་ནས་ཐུབ་པའི་བསྟན་ལ་གསར་དུ་བསྟེན་པར་རྫོགས་ཚུལ་བསྟན་པ་ལ་སོགས་པ་ཐུགས་རྗེ་དང་ཐབས་མཁས་ཀྱི་མཛད་པ་ཕུལ་དུ་བྱུང་བ་འདི་ལྟར་མཛད་པ་ནི་ཤིན་ཏུ་ངོ་མཚར་རྨད་དུ་བྱུང་བའི་གནས་སུ་མཐོང་ལ། བདག་ཅག་རྣམས་ཀྱིས་ཀྱང་ལས་སུ་བྱ་བ་དོན་ཡོད་པ་འདི་འདྲ་བ་མངོན་སུམ་དུ་བྱར་ཡོད་པ་ནི་སྐལ་བཟང་ཀུན་གྱི་ནང་ནས་རབ་དང་མཆོག་ཏུ་གྱུར་པ་ཉིད་ཡིན་ཅིང་། དེའི་ཕྱིར་ཞྭ་སེར་ཅོད་པན་འཆང་བའི་རིང་ལུགས་འདི་ཉིད་ཀྱང་མགོན་པོ་རྣམ་གཉིས་ཀྱི་བཀའ་དྲིན་ལས་མི་ཉམས་དབྱར་མཚོའི་གང་བར་འགྲན་པར་འགྱུར་བ་དང་། སྐྱེ་འགྲོ་འདི་ཐམས་ཅད་ཀྱང་བདེ་སྐྱིད་ཕུན་སུམ་ཚོགས་པའི་དཔལ་ལ་རེག་པར་འགྱུར་རོ་སྙམ་དུ་ངོ་མཚར་བ་དང་དགྱེས་པ་དང་སྤྲོ་བའི་ལང་ཚོ་ཆེ་ཆེར་རྒྱས་པར་གྱུར་པ་གདོན་མི་ཟ་བ་ཉིད་དུ་སེམས་སོ། །

དེ་དག་ལ་འདི་སྐད་ཅེས་བརྗོད་པར་བྱ་སྟེ། ལྷར་བཅས་འཇིག་རྟེན་ཀུན་གྱི་གཙུག་གི་ནོར། །མཁའ་མཉམ་འགྲོ་བ་སྐྱོལ་བའི་དེད་དཔོན་མཆོག །ཐུགས་རྗེའི་གཏེར་ཆེན་ཉི་ཟླ་ཟུང་གཅིག་གིས། །གངས་རིའི་ར་བའི་ཁྲོད་འདི་

མཛེས་པར་བྱས། །བསྐལ་མང་སྦྱོན་ནས་གདུལ་བྱའི་དོན་སྤྱོད་པས། །ཕྱི་མ་
སླར་ཡང་སྙིགས་འགྲོའི་དཔུང་གཉེན་དུ། །མི་ཡི་སྲིད་པ་བཟུང་སྟེ་ཐབས་
མཁས་ཀྱི། །མཛད་འཕྲིན་ཟླ་འོད་གསར་པ་འབུམ་དུ་རྒྱུགས། །ལྷག་པར་ཐུབ་
པའི་བསྟན་པ་ནོར་བུའི་མཛོད། །ཉེས་པར་སྤྱོད་པའི་ཆོམ་རྐུན་ཚོགས་རྣམས་
ཀྱིས། །སྟོང་པར་བྱས་ཉེའི་ཚུལ་འདིར་མ་བཟོད་པའི། །རྣད་བྱུང་ཐུགས་
བསྐྱེད་སྟོན་པ་དར་ལ་དྲག །དེ་ཕྱིར་བསྟན་པའི་སྙིང་པོ་ཀུན་གྱི་མཆོག །སྤྱོང་
བདུན་འཁོར་བཅས་སྡོམ་པའི་རིན་ཆེན་ཁམས། །ཉེས་མེད་ཕུན་ཚོགས་ཕྲ་ཚོམ་
གྱིས་ཕྱུག་པས། །ཐུགས་རྒྱུད་ནོར་བུའི་བ་གམ་མཛེས་པར་བྱས། །ཐུབ་བསྟན་
ཡོངས་ཀྱི་བདག་པོར་མངོན་བཞེངས་པའི། །དགེ་མཚན་ཀུན་ལ་མཚོན་པར་བྱ་
བའི་ཕྱིར། །ངུར་སྨྲིག་བླ་གོས་མཛེས་པའི་མདངས་བཟང་གིས། །འཆར་ཀའི་
ཉི་ཟེར་ཞུན་མའང་མོག་པོར་བྱས། །མཁན་སློབ་དགེ་འདུན་བཅས་པའི་ཚོགས་
ཀུན་གྱིས། །རྒྱལ་བསྟན་སྙིང་པོ་ཕྱག་ཏུ་གཏད་པའི་ཚེ། །ཤཱཀྱ་སེང་གེ་ལ་
སོགས་རྒྱལ་ཀུན་གྱིས། །ལེགས་སོའི་དབྱངས་ཀྱིས་འཇིག་རྟེན་ཅེས་མི་
འགེངས། །དེ་ལྟའི་ངོ་མཚར་དབྱར་སྐྱེས་སྤྲིན་ཟུམ་ནས། །དགེ་ལེགས་བྱེ་བའི་
ཧ་གསང་སྒྲོག་པའི་སྒྲས། །མགོན་པོ་ཁྱོད་ཀྱི་ཐུགས་མཆོག་མགྲིན་སྔོན་ཅན། །
དགྱེས་པའི་མདོངས་མཐའ་མངོན་པར་བཀྲ་བར་གྱུར། །གསེར་མདོག་འཆང་
བའི་ལུགས་བཟང་ག་བུར་བཞིན། །འཛིན་སྐྱོང་སྤེལ་བའི་བི་ཎཱའི་མདངས་
ཀྱིས། །མངོན་པར་མཛེས་བྱས་ངང་ཚུལ་དེ་ཡིས་ཀྱང་། །ཁྱོད་ཐུགས་ཀུ་མུད་
སྒྲ་བའི་གེ་སར་འཛོན། །མཁྱེན་བརྩེ་ནུས་གསུམ་མ་ཚང་མེད་མངའ་བའི། །
རྣམ་འདྲེན་ཀུན་གྱི་ཁྱུ་མཆོག་ཁྱེད་རྣམས་ལ། །ཅུང་ཟད་བསྟགས་དེས་བདག་
སོགས་འགྲོ་ཀུན་ཀྱང་། །ཚུལ་ཁྲིམས་ཕ་རོལ་ཕྱིན་པ་མཐར་རྫོགས་ཤོག །ཅེས་

གླིང་ངོ། །

དེ་ལྟར་ཐུགས་རྫོགས་ཀྱི་རིམ་པ་ལེགས་པར་འབུལ་བཞེས་གྲུབ་བསྟུན་༧པཎ་ཆེན་མཆོག་སྤྲུལ་རིན་པོ་ཆེ་ནས་གོང་ས་མཆོད་ཡོན་རྣམ་གཉིས་ལ་རིན་ཆེན་མཎྜལ་བཟང་པོས་སྣ་དྲངས་པའི་གཏང་རག་གི་ལེགས་སྐྱེས་དང་། དེ་རྗེས་༧སྐྱབས་མགོན་ཉིད་ནས་ཀྱང་ཡབ་སྲས་ལྷན་རྒྱས་སུ་ལེགས་འབུལ་གྱི་མཆོད་སྦྱིན་དང་། གཞན་ཡང་ཆོས་སྡེ་ཆེན་པོ་གསུམ་སོགས་དང་གུང་བཀའ་བློན་སོགས་གཞུང་དྲུང་སེར་སྐྱ་ཚང་མས་ཀྱང་ཡབ་སྲས་མཆོད་ཡོན་ཀུན་ལ་ལེགས་སྐྱེས་ཀྱི་དངོས་འབུལ་གཏོས་ཆེ་བར་ཕུལ་བ་སོགས་ལུགས་གཉིས་ཀྱི་དགེ་མཚན་མ་ལུས་པ་དུས་གཅིག་ཏུ་སྤུངས་པར་གྱུར་ཅིང་། སྐྱེ་བོའི་ཚོགས་གཞན་དག་ཐམས་ཅད་ཀྱང་དགའ་བའི་གླུ་དབྱངས་སྒྲོག་པ་དང་། སྙིང་ནས་གསོལ་བ་འདེབས་པ་དང་། དམ་པ་རྣམས་ཀྱི་ངོ་མཚར་གྱི་བསྔགས་པ་བརྗོད་པ་སོགས་ལ་བརྩོན་པ་ལྷུར་ལེན་པར་གྱུར་ཏོ། །དེའི་སང་ཉིན་དམར་ཕྱོགས་ཀྱི་དགའ་བ་དང་པོའི་དུས་༧པཎ་ཆེན་ཐམས་ཅད་མཁྱེན་པ་མཆོག་ནས་མཆོད་ཡོན་རྣམ་གཉིས་སུ་ཐུགས་རྫོགས་བཞེས་པའི་གཏང་རག་གི་ལེགས་སྐྱེས་དགའ་སྟོན་དུ་ཁྱམས་ར་ཆེན་མོར་གསོལ་སྟོན་དང་། དཀར་སྤྲོ་གྱ་ནོམས་པའི་ཐོག །ལྷ་མིའི་འཁྱོར་པའི་ཚོགས་ཀུན་མ་ལུས་པ་འཕྲེང་བར་སྤྱེལ་བ་ལྟ་བུའི་དངོས་སྐྱེས་ཀྱི་འབུལ་བ་མཐའ་ཀླས་པ་སྤྲོ་བར་མཛད་པ་དང་ལྷན་ཅིག་ཏུ་དཔལ་གྱི་མགུར་ནས་ཚངས་པའི་དབྱངས་དང་ལྡན་པའི་གསུང་གི་ལམ་ནས་དྲངས་པའི་གསོལ་འདེབས་ཀྱི་ཚིག་གི་རིམ་པ་དོན་བཟང་པོ། ཚིག་འབྲུ་བཟང་པོ། མ་འདྲེས་པ། ཡོངས་སུ་དག་པ་དང་ལྡན་པས་ལེགས་པར་བཤད་པའི་འོད་སྟོང་ཅི་ཡང་སྤྲོ་བར་མཛད་པ་ན་ཡབ་སྲས་རྣམ་གཉིས་ཀྱི་བཞེད་དོན་མཐའ་དག་བདེ་བླག་ཏུ་འགྲུབ་

པའི་ཐུགས་བསྐྱེད་རྒྱ་ཆེན་པོར་མཛད་ཅིང་དགྱེས་སྟོན་རྣམས་ལའང་ལེགས་པར་རོལ་པར་མཛད། ཚེས་བཙུ་བདུན་གྱི་ཉིན་གཞུང་ས་མཆོག་ནས་གཏང་རག་ལེགས་འབུལ་གྱི་གསོལ་སྟོན་རྒྱ་ཆེན་པོའི་ཐོག་༸སྐྱབས་མགོན་ཏ་ཚག་ནོ་མི་ཧན་ཆེན་པོ་ཉིད་ནས་ཐམས་ཅད་མཁྱེན་གཟིགས་ཡབ་སྲས་རྣམ་གཉིས་དང་པོར་ཐུགས་བསྐྱེད་ཚུལ། བར་དུ་བྱ་དཀའ་བའི་སྤྱོད་པ་ལ་སློབ་ཚུལ། །མཐར་མངོན་སངས་རྒྱས་ཚུལ་སོགས་རགས་བསྡུས་ལས་བརྩམས་ཏེ་སྐབས་སུ་བབ་པ་འཕགས་པའི་ཡུལ་དང་། གངས་ཅན་གྱི་ལྗོངས་འདིར་འདུལ་བའི་བསྟན་པ་རིན་པོ་ཆེ་ཇི་ལྟར་དར་བའི་ཚུལ་རྒྱས་པར་གླེང་བ་སྔོན་དུ་འགྲོ་བའི་སྒོ་ནས་ཡབ་སྲས་རྣམ་གཉིས་སྐུ་ཚེའི་འཕྲེང་བ་དུ་མར་བོད་ཁམས་ཀྱི་མགོན་སྐྱབས་སུ་གྱུར་ཚུལ། ད་ལྟའི་དུས་སུའང་འགྲོ་བ་འདྲེན་པ་ལ་གཅིག་ཏུ་བརྩོན་ཚུལ། ལྷག་པར་བསྟན་པའི་རྩ་བ་འདུལ་བསྟན་རིན་པོ་ཆེ་ཡར་རྒྱས་སུ་སྤེལ་བའི་སླད་དུ་ངུར་སྨྲིག་གི་རྒྱལ་མཚན་བཟུང་སྟེ་ཐུབ་བསྟན་ཡོངས་རྫོགས་ཀྱི་བདག་པོར་བཞེངས་པ་འདི་ལྟ་བུའི་ངོ་མཚར་དང་བཀའ་དྲིན་གཞལ་བར་དཀའ་ཚུལ། ད་དུང་ཡང་ཡབ་སྲས་རྣམ་གཉིས་འཁོར་བ་མ་སྟོངས་ཀྱི་བར་དུ་ཞབས་ཟུང་ངེས་པ་ལྷ་ལྷན་གྱི་ངོ་བོར་བརྟན་པར་བཞུགས་དགོངས་ཚུལ་སོགས་དོན་ཟབ་ཅིང་ཚིག་བརླིང་བ། ཆོས་ཕུང་བརྒྱད་ཁྲི་བཞི་སྟོང་གི་བརྗོད་བྱ་དུས་གཅིག་ཏུ་གླེང་བ་ལྟ་བུའི་གསུང་བཤད་ཟབ་ཅིང་རྒྱ་ཆེ་བ་སྤྲོ་བར་མཛད་པ་དང་ལྷན་ཅིག་ཏུ་མོས་གུས་གདུང་ཤུགས་དྲག་པོས་སྙིང་ཐག་པ་ནས་གསོལ་བ་འདེབས་པར་མཛད་པ་ན། བདག་ཉིད་ཆེན་པོ་རྣམ་པ་གཉིས་ནས་ཀྱང་མགོན་པོ་གང་ལ་བསྟུགས་བརྗོད་ཀྱི་མེ་ཏོག་མཛྙ་རའི་འཕྲེང་བ་རྒྱ་ཆེར་སྤེལ་བའི་སྒོ་ནས་ཇི་ལྟར་གསོལ་འདེབས་མཛད་པའི་བཞེད་འབྲས་མཐའ་དག་དེ་དེ་བཞིན་དུ་མཛད་པར་ཞལ་

གྱིས་བཞེས་ཤིང་། དེ་རྗེས་གཞུང་ས་མཆོག་དང་སྐྱབས་མགོན་ཉིད་གཙོ་བོར་གྱུར་པའི་གཞུང་དྲུང་མི་དྲག་སོགས་ཀུན་གྱིས་ལེགས་སྐྱེས་ཀྱི་མཆོད་པའི་ཕྱིན་ཕུད་བཟང་ཞིང་ཚར་དུ་དངར་བས་ཕུན་སུམ་ཚོགས་པའི་དགེ་ལེགས་ཐམས་ཅད་མགྲོན་དུ་འགུགས་པར་གྱུར་ལ། དེ་ཉིན་ནས་བཟུང་རིམ་པ་བཞིན་དུ། དབུས་གཙང་མཚོ་ཆེན། ཞབས་པད་ལྷན་རྒྱས་སོགས་དང་། གསོལ་དཔོན་རྗེ་དྲུང་དགེ་ལེགས་རྒྱལ་མཚན་ནས་དཀྱིལ་འཁོར་སྡིངས་སུ་བྱམས་པའི་སྣང་བརྙན་ལ་རབ་གནས་ཞུས་པའི་རབ་སྟོན་དང་འབྲེལ་བ། ལྷ་ཀླུ་དཀའ་ཚལ་སོགས་ནས་ཡབ་སྲས་གསུམ་ཆར་ལ་གསོལ་སྟོན་དང་། དངོས་འབུལ་སོགས་རྒྱ་ཆེ་དཔངས་མཐོ་བར་ཕུལ་བ་རྣམས་ལ་སོ་སོར་གོ་བབ་ཀྱི་མཇལ་སློག་དང་། དགེ་ཚོགས་ལ་སྦྱོ་བ་བསྐྱེད་པའི་བཀའ་སློབ་སོགས་རྒྱ་ཆེར་སྩལ་བར་མཛད། དེ་ནས་ཆོས་ཉེར་ལྔའི་ཉིན་མཆོད་ཡོན་གསུམ་ཆར་ར་ཆེར་གནས་གཟིགས་དང་བཅས་ཏེ་གྲུ་འཛིན་གཉིས་པའི་ཕོ་བྲང་དུ་ཞབས་སོར་རྣམ་པར་བཀོད་ཅིང་། དེ་ནས་ཀྱང་རིམ་པར་དགོན་སྡེ་ཁག་དང་། མི་དྲག་ཆེ་བཙན། འཁྱོར་ལྡན་སྦྱིན་བདག་སོགས་ལེགས་འབུལ་བ་རྒྱུན་མི་ཆད་ལྷ་བུར་བྱུང་བ་རྣམས་ལ་མཇལ་ཁ་དང་གནང་སྦྱིན་སོགས་གང་འོས་སུ་སྩལ། ཧོར་ཟླ་ལྔ་པའི་ཚེས་གསུམ་གྱི་ཉིན་སྔར་ཡང་༧སྐྱབས་མགོན་ཉིད་སྐུ་སྒེར་ནས་ཡབ་སྲས་གཉིས་ཅར་ལ་ཐུགས་རྗོགས་འབུལ་བཞེས་ཀྱི་གཏང་རག་ལེགས་འབུལ་གྱི་རིམ་པ་རྒྱ་ཆེ་བླ་ལྷག་ཏུ་འབུལ་བར་མཛད། འདི་སྐབས་ཡོངས་འཛིན་པཎྜི་ཏ་ཆེན་པོ་ཡེ་ཤེས་རྒྱལ་མཚན་གྱི་ཡང་སྲིད་མཆོག་སྤྲུལ་རིན་པོ་ཆེ་ཡང་ངོས་འཛིན་གདན་ཞུ་གྲུབ་པས་མཇལ་ཕྱག་ཏུ་བཅར་བར་རྗེ་གོང་མ་དེ་ཉིད་ཀྱི་བཀའ་དྲིན་ཐུགས་ཡུལ་དུ་བཅངས་པས་མཆོག་སྤྲུལ་རིན་པོ་ཆེར་ཡང་བཀུར་བཟོས་རྨད་དུ་བྱུང་བའི་སྒོ་

ནས་ཞིབ་མཇལ་གསུང་མོལ་དང་བཀའ་སློབ་སོགས་ཀྱང་མཐར་ཕྱིན་དུ་སྩལ། སེར་འབྲས་དགེ་གསུམ་དང་། རྒྱུད་གྲྭ་སྟོད་སྨད། རྫེ་བཞིས་སོགས་སོ་སོ་ནས་ཀྱང་དཀར་སྒྲོ་དང་ལེགས་འབུལ་བཅས་ཕུལ་བ་རྣམས་ལའང་མཇལ་ཕྱག་སོགས་ལེགས་པར་གནང་ཞིང་། ཆོས་བཞིའི་ཉིན་གཞུང་ས་མཆོག་ནས་༧ཀུན་གཟིགས་པཎ་ཆེན་རིན་པོ་ཆེར་ཕེབས་སྟོན་དུ་ཚོམས་ཆེན་སྙིང་པར་གསལ་སྟོན་རྒྱ་ཆེར་སྤེལ་བར་ཡབ་སྲས་གསུམ་ཆར་གསེར་ཞལ་ལྷན་རྒྱས་ཀྱིས་དགྱེས་སྟོན་ལ་རོལ་པ་དང་། ༧རྒྱལ་དབང་མཆོག་ནས་པཎ་ཆེན་རིན་པོ་ཆེར་ཕེབས་རྗོངས་དངོས་འབུལ་གྱི་རིམ་པ་གནོས་ཆེ་བ་སྩལ་བར་མཛད་པ་དང་། ཕྱོགས་མཚུངས་༧སྐྱབས་མགོན་ཉིད་སོགས་ནས་ཀྱང་ཕེབས་དར་གྱི་ལྷ་རེག་འབུལ་བར་མཛད། ཆོས་བཅུ་གཅིག་ཉིན་སྐུ་སྒེར་ནས་༧པཎ་ཆེན་ཐམས་ཅད་མཁྱེན་པར་ཕེབས་རྗོངས་སུ་དངུལ་དཀར་གྱི་མཎྜལ་ཐུར་སྲང་བཅུ་གཉིས་ཡོད་པ་སྣེ་འདོགས་སྣ་ལྔ་ཅན། སྐུ་གསུང་ཐུགས་རྟེན་སོགས་ཀྱིས་གཙོས་པའི་དངོས་འབུལ་བཟང་ཞིང་གནོས་ཆེ་བ་དང་། སྐུ་འཁོར་ཞབས་གྲས་སོགས་ལའང་གོ་བབ་ལྟར་གྱི་གནང་སྦྱིན་གསོལ་རས་སོགས་གཟབ་རྒྱས་སུ་བསྐྱར། དེ་ནས་ཆོས་བཅུ་བདུན་ཉིན་པཎ་ཆེན་རིན་པོ་ཆེ་གཙང་ཕྱོགས་སུ་ཆིབས་ཞལ་བསྒྱུར་བར་སྐྱིད་ཚལ་ཀླུ་སྡིང་དུ་གཞུང་སའི་ཐབ་སྐྱེལ་གྱི་བར་ངོས་ཕེབས་ཐོག་ལྷ་རྫས་གངས་རིའི་མདངས་ལྡན་གྱི་ཕེབས་དར་དང་བཅས་ཏེ་ཞབས་ཟུང་སྲིད་མཐར་བརྟན་ཅིང་མཛད་པ་གང་ཅི་བསྟན་པའི་སྨན་ཡོན་དུ་ཆེ་བ་དང་། རིང་མིན་མྱུར་མཇལ་གྱི་སྐྱབས་འཇུག་སོགས་ཞུ་བར་མཛད་པ་ནི་པཎ་ཆེན་མཆོག་ནས་ཀྱང་ཅི་གསུང་དང་དུ་བཞེས་པའི་བཀའ་བཟང་དང་། མགོན་པོ་ཉིད་ལའང་ཞབས་ཟུང་ཡུན་དུ་བརྟན་ཅིང་ཕྱག་ན་པདྨོའི་འཕྲིན་ལས་སྤེལ་བའི་མཛད་སྒོ་ཐུགས་བསྐྱེད་ཡར་ལྡན་དུ་དགོས

ཚུལ་སོགས་ཕན་ཚུན་ལྷག་པར་བརྩེ་བའི་གསུང་མཆིད་སྤྲུལ་རེས་སུ་མཛད། གཞན་ཡང་ཕེབས་སྐྱོལ་རིང་ཐུང་སྤྲུལ་དགོས་མཐའ་དག་ཀྱང་སྔར་ལྷག་ཏུ་བསྐྱངས་པ་སོགས་སྲིད་ཞུ་ཚད་མེད་པར་མཛད་དོ། །དེ་གོང་ཙམ་ནས་པི་ཙིང་མཁན་ནང་གདོང་གོང་མས་གཙོས་པའི་དབང་ཕྱོགས་ཀྱི་བློ་དཔོན་ཁག་ལ་འཚམས་ཞུ་རྟེན་ཆས་དང་། མི་སྣ་ངོ་གཡོག་ལ་ཐོན་ཕྱུག་སོགས་སྔར་ལུས་ལྷར་སྤྲུལ། དེ་མཚུངས་དགའ་ལྡན་ཁང་གསར་ཤར་གྱི་ཕྱག་མཛོད་བཤད་གླིང་ནོ་མི་ཧན་མཆོག་སྤྲུལ་རིན་པོ་ཆེའི་ཆིབས་བསུར་ནག་ཆུའི་བར་དུ་ཐོན་རྒྱུ་སོགས་ཕྱོགས་འགྲོ་ཁག་ལ་ཐོན་གནང་སོགས་རིམ་སེལ་དུ་བསྐྱངས། ཧོར་ཟླ་དྲུག་པའི་ནང་མཆོད་ཡོན་ལྷན་རྒྱས་ནོར་གླིང་དུ་སྨན་ཆབ་ཀྱི་འཁྲིད་བཞེས་ལ་ཆིབས་ཀྱི་ཁ་ལོ་བསྒྱུར་ཏེ་ཡུན་རིང་ཙམ་བཞུགས་འཇགས་དང་། གཞུང་ས་མཆོག་དང་། བསྟན་རྒྱས་གླིང་། ཀུན་བདེ་གླིང་། ཞབས་པད་ལྷན་རྒྱས། རྣམ་རྒྱལ་བ་སོགས་ནས་འཆར་ཅན་གྱི་དཀར་སྤྲོ་དང་གསོལ་ཞབས་སོགས་སྔར་ལྷག་ཏུ་ཞུས་ཤིང་། དེ་སྐབས་སྤོ་སོར་རྒྱལ་དབང་ཡབ་སྲས་ནས་བསྙེན་རྫོགས་འབུལ་བཞེས་བཀའ་དྲིན་བསྐྱངས་སྐོར་༧གོང་ས་ཆེན་པོར་གནས་ཚུལ་ཕུལ་བའི་ཕྱིར་ཕེབས་སུ་ཡབ་སྲས་གཉིས་ཅར་ལ་གསེར་གྱི་བཀའ་བཟང་གནང་སྐྱེས་དང་བཅས་པ་སྤྲུལ་བར་སྐྱབས་མགོན་ཉིད་ནས་གོང་ས་མཆོག་ལ་གཏང་རག་ལེགས་འབུལ་ཀྱང་མཛད། ཧོར་ཟླ་བདུན་པའི་ཚེས་ཉེར་དགུའི་ཉིན་ལྷན་རྒྱས་པོ་བྲང་དུ་ཆིབས་བསྒྱུར་བསྐྱངས་ཐོག །སང་ཉིན་སེར་འབྲས་ཀྱི་འཆར་ཅན་ཞབས་བརྟན་གྱི་མཇལ་ཕྱག་སོགས་རིམ་པར་སྤྲུལ། འདི་ལོ་སྐྱབས་མགོན་ལྕང་སྐྱ་མཆོག་སྤྲུལ་རིན་པོ་ཆེ་ཡང་ཕེབས་སྐད་གསན་པར་གཞུང་གི་རྒྱུད་བསུར་འགྲོ་མིའི་གདོང་འཚམས་ཞུ་སོགས་ཀྱང་འབུལ་བར་མཛད། དེ་མཚུངས་བཤད་

གླིང་ནོ་མི་ཧན་མཆོག་སྤྲུལ་རིན་པོ་ཆེ་ཡང་ཕེབས་སུ་ཉེ་བར་སྐུ་སྒེར་ཞབས་གྲས་སེ་སློག་གྲོང་ཆོས་མཛད་ཕེབས་བསུར་ཆེད་མངགས་གདོང་མཆོག་སྤྲུལ་རིན་པོ་ཆེར་ལྷ་རྫས་ནང་མཛོད། གསེར་ཟངས་རྙིང་མའི་ཐུབ་སྐུ་སོགས་ཀྱི་གནང་སྐྱེས་བཟང་པོ་སྩལ་ཞིང་། ཆོས་ཉེར་གསུམ་ཉིན་ལྷུང་སྐྱ་མཆོག་སྤྲུལ་རིན་པོ་ཆེའི་ཕེབས་བསུར་མགྲོན་གཉེར་བསྐལ་བཟང་བསམ་འགྲུབ་ཆེད་སྩལ་གྱིས་ལྷ་རྫས་ནང་མཛོད། གསེར་ཟངས་རྙིང་མའི་ཐུབ་སྐུ། ཤིང་འབྲས་སོགས་ཀྱི་སྐྱེས་བཟང་རྒྱ་ཆེར་འབུལ་བར་མཛད། ཆོས་ཉེར་ལྔ་ཉིན་བཤད་གླིང་མཆོག་སྤྲུལ་རིན་པོ་ཆེ་འཁོར་ཕྱག་ཏུ་ཕྱིན་པར་བཀུར་བཟོས་བདག་རྐྱེན་རྨད་དུ་བྱུང་བ་དང་བཅས་ཏེ་མཇལ་འཕྲད་ཐོག་བཀའ་འདྲི་སོགས་ཞིབ་རྒྱས་དང་གནང་སྐྱེས་ཀྱང་ཀྱི་ནོམས་པར་སྩལ། ཆོས་ཉེར་བདུན་ཉིན་སྐྱབས་མགོན་ལྷུང་སྐྱ་རིན་པོ་ཆེའི་ཆིབས་བསུར་གཞུང་གི་ཐབ་བསུའི་བར་ཕྱིན་ཏེ་མཇལ་འཕྲད་དང་། གསུང་གླིང་ཞིབ་རྒྱས་བསྐྱངས་ཤིང་། རྗེར་ཕེབས་སྐབས་ཀྱང་ལྷན་རྒྱས་ཐོག་གསུང་མཆིད་དང་གནང་སྐྱེས་སོགས་རྒྱས་པར་འབུལ་བར་མཛད་དོ། །དེ་ཡང་བརྗོད་མ་ཐག་པའི་བདག་ཉིད་ཆེན་པོ་འདི་རྣམས་ནི་སྐྱེ་བར་ཕན་ཚུན་ཡབ་སྲས་སུ་གྱུར་ཏེ། རྒྱལ་བསྟན་སྤྱི་དང་། ནང་ཚན་འཇམ་དཔལ་སྙིང་པོའི་བསྟན་པ་དང་། ཕྱག་ན་པདྨོའི་འཕྲིན་ལས་སྤེལ་བ་ལ་འདུ་འབྲལ་མེད་པའི་ཐུགས་བསྐྱེད་ཀྱི་མཐུ་ཤུལ་དུ་བྱུང་བ་དང་ལྡན་པ་ཡིན་ལ། དེའི་དབང་གིས་བར་སྐབས་སུ་ལྷུང་སྐྱ་ཐམས་ཅད་མཁྱེན་གཟིགས་དང་། ཁྲི་ཆེན་ནོ་མི་ཧན་ཆེན་པོ་རྣམས་སྐུའི་ན་ཚོད་ཆེ་ཆེར་སྨིན་པས་རེ་ཞིག་གཟུགས་སྐུའི་བཀོད་པ་བསྡུ་ཚུལ་བསྟན་ཅིང་། དམ་པ་རྣམས་ཀྱིས་ཇི་ལྟར་དམ་བཅས་པ་ནི་རྗེ་བའི་ངོས་ལ་བྲིས་པའི་རི་མོ་བཞིན་དུ་ནམ་ཡང་འགྱུར་བར་མི་སྲིད་པ་ཆོས་ཉིད་ཡིན་པ་ལྟར། སླར་ཡང་

མཆོག་གི་སྤྲུལ་སྐུའི་རྣམ་རོལ་འཛིན་པ་ཅམ་དུ་མ་ཟད་སྔོན་གྱི་སྨོན་ལམ་བཞིན་བོད་ཡུལ་ཆོས་ལྡན་གྱི་ལྗོངས་འདིར་ཞབས་སོར་བཀོད་དེ་༸རྒྱལ་དབང་མཆོད་ཡོན་རྣམས་དང་ལྷན་ཅིག་མཇལ་འཛོམས་ཀྱིས་བརྩེ་བའི་བཀའ་མཆིད་བཟང་པོའི་དབུགས་དབྱུང་ཐོབ་ཅིང་རྒྱལ་བསྟན་གོང་དུ་སྤེལ་བའི་མཛད་པ་ཕྱག་མཚན་དུ་བཞེས་པར་བྱུར་ཡོད་པའི་ངོ་མཚར་མངོན་དུ་མཛད་པ་འདི་ལྟ་བུ་ནི་བདག་ཉིད་ཆེན་པོ་རྣམས་གདུལ་བྱ་འདུལ་བ་ལ་ནམ་ཡང་གཡེལ་བ་མེད་པའི་རང་ཚུལ་རྨད་དུ་བྱུང་བར་སེམས་སོ། །གཞན་ཡང་ལྷུང་སྐྱ་མཆོག་སྤྲུལ་རིན་པོ་ཆེར་གསོལ་ཚོགས་ལྷན་རྒྱས་ཐོབ་ཐུགས་གཉེར་གསན་བཞེས་ཀྱིས་མཚོན་ཏེ་བསྟན་པར་སྨིན་པའི་མཛད་བཟང་དང་ཐུགས་བསྐྱེད་ལྷབས་ཆེར་བསྐྱངས་དགོས་ཀྱི་བཀའ་སློབ་ཞིབ་རྒྱས་དང་། འབྲས་སྤུངས་སུ་ཕེབས་གྲུབ་ནས་ཀྱང་ལེགས་སྐྱེས་སུ་ལྷ་རྫས་ནང་མཛོད། གསེར་ཟངས་ཀྱི་ཐུབ་སྐུ། སྣ་མང་པའི་ཡིག་ཆ་པོད་ལྔ། སྒྲོལ་དཀར། སྒྲོལ་ལྗང་། ཚེ་དཔག་མེད་བཅས་ཀྱི་སྐུ་ཐང་། དབུ་པཎ་རྟ་རིང་སོགས་འབུལ་ཚན་དཔངས་མཐོ་བ་འབུལ་བར་མཛད། འདི་སྐབས་༸འབྲུག་པ་ཐམས་ཅད་མཁྱེན་པའང་སྟོད་ཕྱོགས་ནས་ཕྱག་འཁོར་ཏེ་འཁྱིར་ཕྱག་ཏུ་ཕེབས་པར་མཇལ་ཁ་གསུང་མོལ་ཞིབ་ལྷིངས་སུ་སྩལ་ཞིང་། ཕྱིར་ཕེབས་སྐབས་ཐོན་གནང་སོགས་ཀྱང་རྒྱ་ཆེར་སྩལ། ཧོར་ཟླ་བཅུ་པ་གསར་འཕྲུལ་༸རྒྱལ་དབང་ཕྱག་ན་པདྨོ་ནས་སྤྱི་སོར་བསྟན་འགྱུར་རིན་པོ་ཆེ་དང་། རྗེ་ཙོང་ཁ་པ་ཆེན་པོའི་གསུང་འབུམ་ཕྱི་ནང་གསང་གསུམ། ཀུན་གཟིགས་ལྔ་པ་ཆེན་པོ་དང་། ༸པཎ་ཆེན་བློ་བཟང་དཔལ་ལྡན་ཡེ་ཤེས་ཀྱི་གསུང་འབུམ་བཅས་ཕྱིན་པོ་ཏི་ཉིས་བརྒྱ་དང་བདུན་ཅུ་དོན་བདུན་རིན་པོ་ཆེ་སྣ་བརྒྱད་ཀྱིས་གསར་བཞེངས་དང་། དེ་མཚུངས་རིན་པོ་ཆེ་ལས་གྲུབ་པའི་བྱམས་མགོན་གྱི་སྐུང་

བརྙན་དང་། ཚེ་ལྷ་སྐོར་གསུམ། ས་སྙིང་། དོན་གྲུབ་སྒྲོལ་མ། མི་གཡོ་བ། འོད་ཟེར་ཅན་མ་སོགས་གསར་བཞེངས་མཛད་པ་རྣམས་ལེགས་པར་གྲུབ་སྟེ་གཟིམས་ཆུང་དགའ་ལྡན་ཕུན་ཚོགས་འཁྱིལ་བར་མཆོད་པའི་བྱེ་བྲག་མཐའ་ཡས་པ་དང་བཅས་ཏེ་བཞུགས་སུ་གསོལ་ནས་རྒྱལ་དབང་མཆོག་དཀྱིལ་འཁོར་གྱི་གཙོ་བོར་བཞུགས་པ་ལ་སྐྱབས་མགོན་ཉིད་སོགས་ཀྱིས་གཙོས་པའི་གསུང་ཚིག་པ་དུ་མ་གདན་འཛོམས་པའི་སྒོ་ནས་རབ་ཏུ་གནས་པའི་རིམ་པ་དགེ་ལེགས་རྒྱ་མཚོའི་ཆར་འབེབས་ཀྱི་ནང་བཞིན་ཞིབ་རྒྱས་གནང་སྨིན་ཏུ་བསྐྱངས་ཤིང་། རབ་སྟོན་ཏུ་སྐྱབས་མགོན་མཆོག་ནས་གོང་ས་རྒྱལ་བའི་དབང་པོར་མཎྜལ་རྟེན་གསུམ་སོགས་ཀྱིས་མཚོན་པའི་དངོས་འབུལ་མཐའ་ཡས་པ་དང་། དེ་བཞིན་དུ་བསྟན་གླིང་དེ་མོ་རིན་པོ་ཆེ་དང་། བཤད་གླིང་མཆོག་སྤྲུལ་སོགས་བསྟན་འཛིན་དམ་པ་རྣམས་དང་། སེར་འབྲས་དགེ་གསུམ་སོགས་འདུས་སྡེ་ཁག །གུང་བཀའ་བློན་སོགས་མི་དྲག་སེར་སྐྱ་ཚང་མ་ནས་མཆོད་ཡོན་རྣམ་གཉིས་སུ་ལེགས་འབུལ་གཏང་རག་གི་མཆོད་སྤྲིན་རྒྱ་ཆེན་པོར་སྤྲོ་བར་གྱུར་ཏོ། །

ཨེ་མ་རྣམ་པར་འདྲེན་པའི་ཚོགས། །སྣ་ཚོགས་ཐབས་ཀྱི་སྒྱུ་འཕྲུལ་གྱིས། །སྲིད་པ་འཛིན་ཁྲིའི་གྲོང་ཁྱེར་འདི། །སྐེམ་པར་བྱེད་ལ་རྣམ་པར་བརྩོན། །མ་བསྐུལ་གདུལ་བྱའི་དོན་ལ་བརྩོན། །མ་བསྡུས་ལེགས་ཚོགས་ངང་གིས་འདུ། །མ་འབད་རྫོགས་ལྡན་གཞོན་ནུའི་མགྲོན། །མ་བོས་པར་ཡང་ཁྲུག་པར་གྱུར། །གྲངས་མེད་འགྲོ་བ་མ་ལུས་པ། །གྲངས་མེད་ཐབས་ཀྱིས་འདུལ་བྱས་ཏེ། །གྲངས་མེད་རྒྱལ་བའི་ཚོགས་རྣམས་ཀུན། །གྲངས་མེད་མཉེས་པའི་མཆོད་སྤྲིན་འགྱེད། །ཁྱོད་ནི་གདུང་བ་ཀུན་སྐྱོབ་པའི། །དཔག་བསམ་ལྗོན་པའི་དབང་པོ་སྟེ། །དགོས་དགུ་མཐའ་དག་སྩོལ་མཛད་པའི། །ཡིད་བཞིན་

ནོར་བུའི་མཆོག་ཀྱང་ཡིན། །རྒྱུད་མུན་སེལ་བའི་ཟླ་བ་སྟེ། །རྒྱལ་བསྟན་པད་ཚལ་རྒྱས་པའི་ཉི། །ཉོན་མོངས་དག་བྱེད་ཆུ་ཀླུང་སྟེ། །བདག་འཛིན་ནད་སེལ་སྨན་པའང་ཡིན། །དམ་པའི་འཕྲིན་ལས་བ་ཀུ་ལ། །མངོན་པར་འབྱེད་པའི་འགྲམ་འཆང་སྟེ། །སྙིགས་འགྲོའི་ལག་ལྡན་སྨྲས་པའི་ཁྱུ། །ཡོངས་སུ་འདུལ་བའི་ལྕགས་ཀྱུའང་ཡིན། །ཆོས་སྲིད་བཟང་པོའི་མཛད་པ་ཡིས། །ཆོས་ལྡན་གངས་རིའི་ཁྲོད་ཡངས་འདི། །ཆོས་བཞིན་སྐྱོང་ལ་བསྒྱུར་བའི་ཚེ། །ཆོས་ཀྱི་རྒྱལ་པོར་མགྲིན་གཅིག་གླེང་། །

འདི་སྐབས་དབང་ཕྱོགས་ཀྱི་རྒྱལ་ཁབ་ཆེན་པོ་ནས་ཤར་རྩེ་ཆོས་རྗེ་དགེ་འདུན་ཚུལ་ཁྲིམས་ཀྱང་༧གོང་ས་མཆོད་ཡོན་དང་། གོང་མ་ཆོས་ཀྱི་རྒྱལ་པོའི་བཀའ་བཞིན་འཇམ་མགོན་རྒྱལ་བ་གཉིས་པའི་གསེར་ཁྲི་མཛེས་པར་བྱེད་པའི་རྒྱན་དུ་ཕྱོངས་འདིར་ཕེབས་བསྐྱོད་ཀྱིས་འཁོར་ཕྱག་ཏུ་བཅར་བར་ཞིབ་མཇལ་གསུང་གླེང་དང་། དགའ་ལྡན་དུ་ཕེབས་གདོང་ཐོན་ཕྱག་གནང་སྐྱེས་དང་བཅས་ཏེ་འཇམ་མགོན་བླ་མའི་བསྟན་ལ་བྱ་བ་ཧླབས་པོ་ཆེ་མཛད་དགོས་ཚུལ་སོགས་ཀྱི་བཀའ་སློབ་རྒྱ་ཆེར་སྩལ་ཞིང་། དགའ་ལྡན་དུ་ཁྲི་འདོན་སྐབས་ཀྱང་ལེགས་སྐྱེས་སོགས་རྒྱ་ཆེར་འབུལ་བར་མཛད། ཆོས་དྲུག་ལ་༧གོང་མའི་འཁྲུངས་སྐར་གྱི་ཚོགས་ཕེབས་དང་འདུས་པ་རྣམས་ལ་མང་འགྱེད་སོགས་ཕྱར་ལྷར་སྩལ། དེའི་ཕྱི་ཉིན་བཤད་གླིང་མཆོག་སྤྲུལ་རིན་པོ་ཆེ་ནས་འཁོར་ཕྱག་གི་འབུལ་བ་དཔངས་མཐོ་བ་དང་བཅས་ཏེ་མཇལ་ཞུར་བཅར་བར་ལྷན་རྒྱས་མཇལ་འཕྲད་དང་། སློག་ཆའི་གནང་སྐྱེས་ཀྱང་བཟང་ཞིང་གཏོས་ཆེ་བར་སྩལ་ཐོག་གསན་བསམ་སོགས་གང་ཅིར་ཐུགས་བསྐྱེད་ཡར་ལྡན་དུ་དགོས་ཚུལ་སོགས་བཀའ་སློབ་ཀྱང་མཐིལ་ཕྱིན་དུ་བསྒྲུངས། ལྷ་མཆོད་ཐོན་འཕྲུལ་བཀྲས་

ལྷུན་ནས་༸ཀུན་གཟིགས་པཎ་ཆེན་མཆོག་གིས་སྐུ་ཚབ་ཆེད་དམིགས་ཀྱིས་རྒྱལ་
དབང་མཆོག་ནས་རྟེན་གསུམ་གསར་བཞེངས་བསྐྲུངས་པའི་ལེགས་འབུལ་དང་
འབྲེལ་བར་རྗེ་ཨོད་ལྷན་རྒྱས་སུ་ཞབས་བརྟན་གྱི་དངོས་འབུལ་རྒྱ་ཆེར་ཕུལ་བ་
རྣམས་གཟིམས་ཆུང་དགའ་ལྡན་ཕུན་ཚོགས་འཁྱིལ་པར་དགྱེས་བཞེས་མཛད་
ཅིང་། ཞུ་འཕྲིན་བཀའ་ལན་སྐྱེས་བཟང་གིས་ཕྱུག་པ་འབུལ་བར་མཛད། ཧོར་
ཟླ་བཅུ་གཅིག་པའི་ནང་༸གོང་མ་ཆོས་ཀྱི་རྒྱལ་པོ་ནས་ལྕང་སྐྱ་མཆོག་སྤྲུལ་རིན་
པོ་ཆེ་བོད་དུ་ཐུགས་གཉེར་ལ་ཕེབས་པར་སྐྱ་ཡོན་གསན་བཞེས་སོགས་གང་ཅིར་
མཆོད་ཡོན་ལྷན་རྒྱས་ནས་ཐུགས་ཁུར་ཆེ་བཞེས་ཀྱིས་བསྐུལ་མ་གང་དྲག་མཛད་
དེ་སྐྱ་ཕྲེང་གོང་མ་ལྟར་ཡོང་བ་ཞིག་དགོས་ཚུལ་རྗེ་ཨོད་སོ་སོར་གསེར་གྱི་བཀའ་
ལུང་གནང་སྐྱེས་བཟང་པོ་དང་ལྷན་ཅིག་ཏུ་ཕེབས་པར། ལྕང་སྐྱ་རིན་པོ་ཆེ་
དང་། ཨམ་བན་ཞབས་པད་སོགས་ནས་ལེགས་དར་ཀྱང་ཕུལ་ཞིང་། ཨམ་
བན་རྣམ་གཉིས་ལ་གནང་སྦྱིན་སོགས་ཀྱང་རྒྱས་པར་བསྟར། ཆོས་བརྒྱད་དགུ
ཅམ་ལ་སྤྱི་སོར་ཟླ་བ་དང་པོ་ནས་དབུ་ཚུགས་ཏེ་ཀུན་བདེ་གླིང་ཕོ་བྲང་ལ་ཞིག
གསོ་མཐར་ཕྱིན་དང་གཙུག་ལག་ཁང་རྒྱ་སྐྱེད་ཀྱིས་གཟིམས་ཆུང་གསར་བསྐྲུན་
གྱི་ཨར་པོ་དང་། དེ་མཚུངས་སྐུ་བརྙན་བྱིན་ཅན་གྱི་རིགས་དུ་མ་ཞིག་ཀྱང་སྤྱི་
ཕྱིར་གསར་བཞེངས་མཛད་པ་རྣམས་ཕལ་མོ་ཆེ་ལེགས་པར་གྲུབ་པའི་སྟོན་
འཁྱོགས་རབ་གནས་མངོན་བསྟུས་མཛད་པར་དབུས་གཙང་ཀུན་བདེ་གླིང་དུ
ཕེབས་བསྐྱོད་ཀྱིས། ཆོས་བཅུའི་ཉིན་མགོན་པོ་ཉིད་ཀྱིས་གཙོ་མཛད་པའི་
གསུང་ཆོག་པ་ཀུན་གླིང་གྲྭ་ཚང་དང་བཅས་པ་ནས་རབ་གནས་དགེ་ལེགས་ཆར་
འབེབ་ཕྱག་ལེན་འབྲིང་པོའི་ནང་བཞིན་ལེགས་པར་མཛད་དེ་རྟེན་དང་བརྟེན་
པར་བཅས་པ་ཇི་ལྟར་གྲུབ་པ་རྣམས་གཞོམ་བྲལ་རྡོ་རྗེའི་ཁམས་སུ་བྱིན་གྱིས་

བརླབས་པར་མཛད། དེ་ནས་མི་རིང་བར་ཐུགས་དམ་བཅད་རྒྱུར་བཞུགས་ཏེ་རིམ་གཉིས་ཀྱི་རྣལ་འབྱོར་ཟབ་མོ་ལ་རྩེ་གཅིག་ཏུ་གཞོལ་བར་མཛད། ཧོར་ཟླ་བཅུ་གཉིས་པའི་ཚེས་བཅུ་དྲུག་ལ་བཅད་རྒྱ་གྲོལ་ཏེ། ཞི་བའི་སྦྱིན་སྲེག་ཚར་དྲུག་དང་། དབང་གི་སྦྱིན་སྲེག་ཚར་གཉིས་བཅས་གནད་སྨིན་དུ་བསྒྲུབས། དེ་ནས་རྒྱལ་དབང་མཆོག་ལ་མཇལ་ཕྱག་དང་ལས་དོན་སྐོར་གྱི་གསུང་འཕྲོས། གཞན་ཡང་ལོ་མཇུག་གི་མཛད་འོས་སོགས་མཐའ་དག་རིམ་སེལ་དུ་བསྒྲུབས་སོ། །

༄ དེ་ནས་ཇ་ཆེན་ཞེས་པ་ཆུ་ཕོ་ཁྱི་ལོའི་རང་ཞལ་གསར་ཚེས་སྐབས་དུང་སྐྱོང་དབང་མོར་ཆོས་གཏོར་དང་། རྒྱལ་དབང་མཆོག་ལ་ལོ་གསར་མཇལ་འབུལ། དགྱེས་སྟོན་ཉིན་སྤྱ་ཕྱིར་ཕེབས་བསྐྱོད། ལོ་གསར་མཇལ་ཞུ་བ་རྣམས་ལ་ཕྱག་དབང་སོགས་སྤྱར་ལམ་ལྟར་སྩལ། སྨོན་ལམ་ཆེན་མོའི་སྐབས་ཀྱང་བླ་མ་ལས་སྔོ། སྤྱི་ཁྱབ་པ་སོགས་ལ་སྤྱ་ཕྱིར་མཇལ་ཕྱག །འདུས་པ་རྣམས་ལ་མང་འགྱེད། རྟེན་གསུམ་ཁག་ལ་མཆོད་སྨོན་གནང་གཟིགས། མཐའ་དབུས་ཀྱི་དགོན་ཁག་དང་། ཆོས་སྐྱོང་རྣམས་སུ་ཞབས་བརྟན་རིམ་གྲོ་འཕྲིན་བཅོལ་སོགས་སྤྱར་ལྷག་དང་། ལས་དོན་ཆེ་ཆུང་ཚང་མར་བཀའ་ཁྱབ་མཛད་འོས་དང་། སེང་བར་རྣམས་སུ་དད་ལྡན་རྣམས་ལ་ཞལ་མཇལ་ཕྱག་དབང་། ཕྱོགས་ཕྱོན་བྱེད་མིའི་རིགས་ལ་ཕྱོན་གནང་སོགས་ཅི་རིགས་པར་བསྒྲུབས་ཤིང་། སྨོན་ལམ་གྲོལ་བསྟུན་དགའ་ལྡན་ཁྲི་རིན་པོ་ཆེ་ནས་མཆོད་ཡོན་སོ་སོར་མཇལ་ཕྱག་དང་འབུལ་ཚན་གཏོས་ཆེ་བ་མཛད་པར་ལྷན་རྒྱས་ཞིབ་ལྷིངས་དང་། ཕྱོན་གནང་སོགས་ཀྱང་རྒྱས་པར་སྩལ། ༧རྒྱལ་དབང་ཐམས་ཅད་མཁྱེན་གཟིགས་ཆེན་པོར་སྨོན་ལམ་མང་འགྱེད་ཀྱི་རྗེས་འབྲེལ་འབུལ་བ་དང་ཆབས་ཅིག་པར་

གནས་བཅུའི་གསུང་ཚོག་གི་སྒོ་ནས་བརྟན་བཞུགས་འབུལ་གནང་གི་ཐོག་དངོས་བཤམས་ཀྱི་མཆོད་སྤྲིན་རླབས་ཆེན་དུ་འགྱེད་པར་མཛད། འདི་སྐབས་༧རྒྱལ་སྲས་རྡོ་རྗེ་འཆང་ཆེན་པོའང་ཕྱོགས་འདིར་ཕྱིན་པར་བླ་སློབ་གསེར་ཞལ་ལྷན་རྒྱས་ཀྱིས་དམ་པའི་ཆོས་ཀྱི་གསུང་སྒྲོག་རྒྱ་ཆེན་པོས་འདའ་ཞིང་། ལྷག་པར་ཧོར་ཟླ་གཉིས་པའི་ཚེས་ལྔའི་ཉིན་༧རྒྱལ་སྲས་རིན་པོ་ཆེ་ལས་ཚེ་ལྷ་སྐོར་གསུམ་གྱི་རྗེས་གནང་སོགས་ཟབ་ཆོས་དུ་མ་ཞིག་ཀྱང་གསན་བཞེས་བསྐྱངས། ལྷ་བླའི་ལུང་དོན་བཞིན་སྤྱན་གསལ་གྱི་ཞབས་བརྟན་སྒྲུབ་འོས་རྣམས་ཀྱང་འཚོམ་མེད་དུ་མཛད། ༧རྒྱལ་སྲས་རིན་པོ་ཆེ་ནས་རྒྱལ་དབང་མཆོག་གིས་རྟེན་གསུམ་གསར་བཞེངས་མཛད་པའི་ལེགས་འབུལ་དང་འབྲེལ་བར་མཆོད་ཡོན་ལྷན་རྒྱས་སུ་ཞབས་བརྟན་དངོས་འབུལ་རྒྱ་ཆེ་བ་བདེན་ཚིག་ཤུགས་དྲག་དང་བཅས་ཏེ་འབུལ་གནང་མཛད་པར་བཞེད་དོན་འགྲུབ་པའི་ཐུགས་སྨོན་གནང་སྨིན་དུ་སྩལ། དེ་ནས་ཚོགས་མཆོད་ཆེན་མོའི་སྐོར་གྱི་མཛད་འོས་དང་། སེར་སྤྲེང་ས་ལ་གཟིགས་རྟོག །གོས་སྐུ་རིན་པོ་ཆེར་ཐུགས་སྨོན་སྨན་ཤལ། ཚོགས་མཆོད་གྲོལ་བསྟུན་དགེ་ལྡན་པའི་འཆར་ཅན་ཞབས་བརྟན་འབུལ་བཞེས་དང་། བརྒྱད་གཏོར་གྱི་མཇལ་ཕྱག་སྩལ་རྒྱུ་སོགས་ཀྱང་ཐེར་མུས་ལྟར་བསྐྱངས། འདི་ལོ་རྣམ་རྒྱལ་གྲྭ་ཚང་དུ་དུས་འཁོར་གྱི་མཆོད་གར་རྣམ་དག་བསྲེ་སླད་མེད་པ་གསར་འཛུགས་མཛད་པ་རྒྱུགས་བཞེས་ཀྱི་སྐབས་གོང་ས་ཡས་ཕྱིན་ལྷན་རྒྱས་ཕེབས་བསྐྱོད་ཀྱིས་མཆོད་གར་ལ་གཟིགས་རྟོག་དང་གནང་སྦྱིན་ཀྱང་གྱ་ནོམས་པར་སྩལ། མི་རིང་བར་རྒྱལ་སྲས་རྡོ་རྗེ་འཆང་ཆེན་པོ་ནས་ཡུང་སྐུ་རིན་པོ་ཆེར་དུས་འཁོར་གྱི་དབང་ཆེན་སྩལ་བར་རྟེན་ཕེབས་བསྐྱོད་སྐབས་ལྷན་རྒྱས་རྒྱུན་རིང་པོར་མཛད་དེ་དུས་ཀྱི་འཁོར་ལོའི་དཀའ་བའི་གནད་རྣམས་ལས་བརྩམས

པའི་གསུང་མོལ་དོགས་གཅོད་རྒྱ་ཆེན་པོར་མཛད་ཅིང་། དུས་འཁོར་གྱི་མཆོད་གར་དངོས་གཞིར་ཡང་གཟིགས་རྟོག་དང་མཆོད་ཚོགས་དག་པ་ཡེ་ཤེས་ཀྱི་རོལ་མོར་བསྒྱུར་བའི་སྤྱན་དམིགས་རྒྱ་ཆེར་བསྐྱངས། ཧོར་ཟླ་གསུམ་པའི་ཚེས་བཅོ་ལྔ་དུས་ཀྱི་འཁོར་ལོ་གསུངས་པའི་དུས་ཆེན་གྱི་ཉིན་༧རྒྱལ་སྲས་རྡོ་རྗེ་འཆང་ཆེན་པོ་ནས་ལྷུང་སྐྱ་མཆོག་སྤྲུལ་རིན་པོ་ཆེ་གཙོ་བོར་གྱུར་པའི་བསྟན་འཛིན་བདག་ཉིད་ཆེན་པོ་རྣམས་དང་། སེར་འབྲས། རྒྱུད་སྟོད་སྨད། རྣམ་རྒྱལ་གྲྭ་ཚང་། བསྟན་གླིང་། ཀུན་བདེ་གླིང་སོགས་ཀྱི་འདུས་པ་ཆེས་མང་བ་ལ་དང་པོའི་སངས་རྒྱས་དུས་ཀྱི་འཁོར་ལོའི་དབང་ཆེན་ཟབ་ཅིང་རྒྱས་པར་སྩལ་བའི་ཉིན་སྐྱབས་མགོན་མཆོག་སྐུ་སྒེར་ནས་སྐུ་ཚབ་ཆེད་གནང་གི་གཏང་རག་ལེགས་འབུལ་གྱི་རིམ་པ་ཚད་མེད་པ་བགྱི་བར་མཛད། ཧོར་ཟླ་བཞི་པའི་ནང་གསེར་གདུང་འཛམ་གླིང་རྒྱན་གཅིག་དང་། འཕགས་པ་རིན་པོ་ཆེ་སོགས་རྟེའི་རྟེན་གསུམ་ཁག་དང་། ལྷ་ལྡན་ཇོ་ཤཱཀ་རྣམ་གཉིས་སོགས་མཆོད་འོས་ཞིང་མཆོག་དམ་པ་ཀུན་ལ་མཆོད་པ་སྣ་ལྔ་བརྒྱ་ཚར་དང་། སྟོང་ཚར་སོགས་ཚད་མེད་པའི་ཐོག །སྟན་ཞལ་དང་། གནས་གཟིགས། ཕྱགས་སྨོན་སོགས་རྒྱ་ཆེན་པོར་བསྐྱངས། བར་སྐབས་རྣམས་སུ་ཟེ་ལེང་སྐར་དཔོན་དང་། འབྲི་ཆུ་གསེར་བསྡུད་པ་སོགས་ཕྱོགས་ཐོན་བྱེད་མི་རྣམས་ལ་ཐོན་གནང་དང་། ལས་ཁུངས་རྣམས་སུ་བཀའ་ཁྱབ་སྩལ་འོས། ཆབ་འབངས་མི་སེར་རྣམས་དང་། རྫོང་ཁག་སོགས་ལ་ཞི་དྲག་གི་ཁྲལ་རིགས་སྐྱབ་ཆག་དང་། གླང་དོར་བགྲི་འོས་ཀྱི་བཀའ་རྒྱ་སྩལ་འོས་སོགས་སྲིད་ཀྱི་བྱ་གཞག་རྣམས་ཀྱང་རིམ་སེལ་དུ་གྲུབ་པར་མཛད། ཆོས་བཅུ་བཞི་དང་བཅོ་ལྔ་བཅས་ལ་གསུང་ཆོག་པ་བདུན་དང་བཅས་ཏེ་བཅུ་གཅིག་ཞལ་དཔལ་མོ་ལུགས་ཀྱི་སྒོ་ནས་སྨྱུང་གནས་ཀྱི་ཆོ་ག་གནད་སྨིན་དུ་

བསྐྱངས། ཟླ་བ་འདི་ནང་རྒྱལ་སྲས་རྡོ་རྗེ་འཆང་ཆེན་པོ་ནས་ལྷ་ལྡན་རྨེ་རུའི་གྲྭ་
ཁང་དུ་ལམ་རིམ་མཚན་སྤྲུགས་མའི་གསུང་ཆོས་རྒྱ་ཆེར་སྩལ་བའི་སེམས་བསྐྱེད་
མཆོད་པའི་སྐབས། སྐལ་ལྡན་རྣམས་ལ་ཆོས་ཀྱི་བདུད་རྩི་འགྱེད་པར་མཛད་
པའི་དགའ་སྟོན་གཏང་རག་གི་ལེགས་སྐྱེས་ཀྱང་ཕུལ་དུ་ཕྱིན་པར་སྩལ། འདི་ལོ་
གོང་མ་ཆོས་ཀྱི་རྒྱལ་པོ་ནས་མདོ་སྔགས་ཀྱི་ཡོན་ཏན་ཡོངས་སུ་རྫོགས་པའི་བླ་མ་
བཞི་གཏོང་དགོས་ཀྱི་བཀའ་ཕེབས་བཞིན་སེར་འབྲས་དགེ་གསུམ་ནས་ཡོངས་
གྲགས་ཀྱི་དགེ་བའི་བཤེས་གཉེན་བཞི་ལ་བཀའ་བསྒྱུར་གྱི་ཐོག་གདན་ས་ཆེན་
པོའི་མཁན་སའི་ཁྲི་འདོན་དང་བཅས་ཧེ་པེ་ཅིང་དུ་གཏོང་གནང་མཛད་སྐབས་
བླ་མ་སོ་སོར་ཐོན་ཕྱག་དང་གནང་སྦྱིན་ལེགས་པར་སྩལ་ནས་དབང་ཕྱོགས་སུ་
གོང་མ་ཆོས་ཀྱི་རྒྱལ་པོའི་ཞབས་འདེགས་དང་། ཞྭ་སེར་གྱི་བསྟན་པ་སྤེལ་
བའི་ལྷག་བསམ་མི་དམན་པར་དགོས་ཚུལ་སོགས་ཀྱི་བཀའ་སློབ་སྙིང་དཔུས་སུ་
སིམ་པར་སྩལ། ཧོར་ཟླ་ལྔ་པ་གསར་འཕྲུལ་དཔུས་གཙང་ཀུན་བདེ་གླིང་དུ་
ཕེབས་བསྐྱོད་ཐོག་རྒྱལ་སྲས་རྡོ་རྗེ་འཆང་ཆེན་པོའང་གདན་ཞུ་མཛད་དེ་ཉིན་
ལྔའི་བར་ལྷན་རྒྱས་བཞུགས་འཛུགས་ཀྱིས་མདོ་སྔགས་ཀྱི་དཀའ་བའི་གནད་
ལས་བརྩམས་པའི་གསུང་མཆིད་དང་། ཐུགས་དམ་ཉམས་བཞེས་སྐོར་གྱི་
དོགས་གཅོད། བསྟན་འགྲོའི་བདེ་ཐབས་སྤེལ་བའི་བཀའ་མོལ་སོགས་ཕན་
ཚུན་ཆོས་ཀྱི་བདུད་རྩིའི་སྐྱེས་བཟང་པོ་སྩལ་རེས་སུ་མཛད་པའི་ངང་དུ་འཚོ་
གཞེས་དང་། དེ་ནས་རྒྱལ་སྲས་རིན་པོ་ཆེའང་མགྱོགས་མྱུར་ལྷོ་ཁར་ཕེབས་
བཞེད་ལ་སྟོན་འཁོར་ཚང་མར་གསོལ་ཞབས་དང་རྟེན་འབྲེལ་གྱི་སྒོ་བརྒྱ་འབྱེད་
ཕྱིར་ཐོན་ཕྱག་གི་གནང་སྐྱེས་སོགས་ཀྱང་གཟབ་རྒྱས་སུ་བསྟར་བར་མཛད།
ཆོས་བཅུའི་ཉིན་ནོར་གླིང་དུ་སྨན་ཚབ་འཕྲོད་བཞེས་ལ་ཆིབས་བསྒྱུར་གྱིས་ཞག་

འཀའ་གཏན་བཞུགས་སུ་མཛད་ཅིང་། མི་རིང་བར་གྲུ་འཛིན་ཕོ་བྲང་དུ་ཕྱིན་ནས་བསྟན་སྲིད་ཀྱི་མཛད་པའི་གདུགས་དཀར་པོ་བླ་ནས་བླར་འདེགས་བཞིན་པའི་ཐུགས་བསྐྱེད་དང་སྙིང་སྟོབས་ཀྱི་གོ་ཆ་བཙན་པོའི་ངང་དུ་བཞུགས་སོ། །

གཞན་ཕན་སྙིང་རྗེ་དར་ལ་དྲག་པའི་རྒྱུན། །སྐལ་བཟང་ནོར་འཛིན་ཡངས་པོར་འཁྱིལ་བའི་ཆབ། །མཛད་འཕྲིན་ཡན་ལག་བརྒྱད་དང་ལྡན་པ་འདི། །ཉེས་ཚོགས་དྲི་མ་དྲུང་འབྱིན་བདུད་རྩིའི་མཆོག །དབང་ཕྱུག་བརྒྱད་ལྡན་རྡོ་རྗེ་འཛིན་པའི་ས། །མངོན་གྱུར་ཟིན་ཀྱང་སྡོམ་བརྩོན་རྒྱལ་པོའི་ཟོལ། །ལེགས་པར་བཟུང་སྟེ་ལྷ་མི་དྲི་ཟར་བཅས། །ལམ་མཆོག་བཟང་པོའི་སྲོལ་ལ་འཛུད་པར་མཛད། །དམ་པ་ཁྱོད་དང་སྟོན་ཕྱིན་མང་པོས་བཀུར། །ས་ཆེན་ཁྱོན་ལ་དབང་བསྒྱུར་མཚུངས་མེད་ཀྱང་། །སྡོམ་གསུམ་བདུད་རྩིས་ཐུགས་རྒྱུད་གཏམས་བཞིན་པར། །འགྲོ་ཚོགས་ཆོས་ཀྱིས་སྐྱོང་འདིས་ཁྱོད་ཉིད་འཕགས། །མཁྱེན་བརྩེའི་འོད་ཟེར་འབུམ་གྱིས་འཛིག་རྟེན་ཁྱོན། །དགེ་ལེགས་སྣང་བ་གཅིག་གིས་ཁྱབ་མཛད་ན། །ཉིན་བྱེད་དབང་པོས་ཕྱོགས་རེའི་མུན་པ་ཙམ། །སེལ་ལ་མཆར་དུ་འཛིན་པ་བྱིས་པའི་བློ། །དང་པོའི་སངས་རྒྱས་མི་ཡི་ཟོལ་འཛིན་པ། །རྒྱལ་བའི་སྲས་པོར་གྲགས་པའི་མགོན་དེ་ཡི། །ཞལ་གྱི་སྣ་ལས་ཉེར་འོང་དམ་ཆོས་ཀྱི། །བདུད་རྩིས་ཁྱོད་ཐུགས་གར་བུ་ཡོངས་སུ་གཏམས། །ཁ་བའི་ལྗོངས་འདི་ཆོས་ལྡན་ཞིང་ཁམས་སུ། །རིང་ནས་གྲགས་པའི་གཏམ་དེ་ད་དུང་ཡང་། །དོན་ལྡན་ཉིད་དུ་མཛད་པའི་ཁུར་ཆེན་གྱིས། །གསེར་ལྡན་གཞི་ཡང་ངལ་བར་བྱས་ཀྱི་དོགས། །ཆབ་འབབ་སྐྱེ་བོ་ཀུན་ཀྱང་བཀའ་ཁྲིམས་ཀྱི། །དྲང་པོའི་སྲང་ལ་གཞལ་ཚེ་ལོག་སྤྱོད་ཚོགས། །མི་མངོན་སྟོང་པ་ཉིད་དང་རོ་གཅིག་པར། །གྱུར་དེས་འདོད་ལྷའི་སྙིང་ལ་ཟུག་རྔུ་

འཕྲིན། །གང་གི་དཀའ་རྟགས་ཕྲུག་རྒྱ་སྒྲི་བོ་རུ། །བགོད་ཙམ་ཉིད་ནས་སླང་ངོར་དོན་མཐུན་དུ། །མི་སྐྱོད་བག་ཡངས་རྒྱ་བའི་སྐྱེ་བོ་ཞིག །བསིལ་ལྡན་ར་བའི་ཁྲོན་འདིར་དགོན་པར་གྱུར། །ཅེས་ཀྱང་སྨྲས་སོ། །

དེ་ནས་གོང་ཟླའི་ཆོས་ཉེར་གཉིས་ཀྱི་ཉིན་ཞྭ་སེར་བསྟན་པའི་ཉིན་བྱེད་མཚུངས་ཟླ་མ་མཆིས་པ་རྭ་སྒྲེང་ཁྲི་ཆེན་རྡོ་རྗེ་འཆང་ཆེན་པོ་ནས་ལྷ་ལྡན་བཞི་སྡེའི་གཙུག་ལག་ཁང་དུ་ཐར་པ་དོན་གཉེར་གྱི་གདུལ་བྱ་སྟོང་ཕྲག་མང་པོ་ལ་དུས་གསུམ་རྒྱལ་བའི་གཞུང་ལམ་བྱང་ཆུབ་ལམ་གྱི་རིམ་པའི་བཀའ་ཆོས་གཟབ་རྒྱས་སུ་སྩལ་བའི་སེམས་བསྐྱེད་མཆོད་པའི་ཉིན་སྐུ་ཚབ་མགྲོན་གཉེར་ཆེད་གཉང་གིས་གཏང་རག་ལེགས་སྐྱེས་ཀྱི་རིམ་པ་དཔངས་མཐོ་བ་སྩལ་བར་མཛད། ཧོར་ཟླ་ལྔ་པ་ཕྱི་མའི་ནང་ཀུན་གླིང་གཙུག་ལག་ཁང་སྟེང་པའི་ཞིག་གསོ་དང་། གཟིམས་ཆུང་ཁག་གསར་བསྐྲུན་དང་། གྲྭ་ཤག་རྒྱ་སྐྱེད་མཛད་རྒྱུ་སོགས་ཚང་མ་ལེ་ལག་དང་བཅས་པ་ལེགས་པར་གྲུབ་པའི་དོ་དམ་བཟོ་རིག་པ་ཝུལ་མི་སོགས་ཀུན་ལ་ཚར་སྟོན་དང་གནང་ཆ་གསོལ་རས་སོགས་རྒྱ་ཆེ་ཚད་མེད་པ་སྩལ་ཏེ་ཡིད་མགུ་བར་མཛད། དེ་ནས་རབ་གནས་མཛད་པར་ཆོས་བཅུ་གསུམ་ཉིན་ཀུན་བདེ་གླིང་དུ་ཕེབས་བསྐྱོད་མཛད་དེ་གཟིམས་ཆུང་ཤམ་ཧྲ་ལར་ཐོག་མར་ཞབས་སོར་བཀོད་འཕྲུལ་བླ་བྲང་ནས་དཀར་སྒྲོ་སོགས་རྟེན་འབྲེལ་ལེགས་ཚོགས་སྤྲེལ་བའི་ཞལ་སྤྲོའི་རིམ་པ་རྣམས་རྒྱས་པར་མཛད་ཅིང་། ཆོས་བཅུ་བཞིའི་ཉིན་རབ་གནས་ཀྱི་སྔ་གོན་དང་། བཅོ་ལྔའི་ཉིན་དངོས་གཞི། བཅུ་དྲུག་གི་ཉིན་རྗེས་ཀྱི་རིམ་པ་སྦྱིན་སྲེག་དང་བཅས་པ་རྒྱས་པར་མཛད་སྐབས། སྐྱབས་མགོན་ཉིད་དཀྱིལ་འཁོར་གྱི་གཙོ་བོར་བཞུགས་ཐོག་གསུང་ཆོག་པ་ཀུན་གླིང་འདུས་པ་ཚོགས་ཡོངས་དང་བཅས་པ་ནས་གནད་སྨིན་དུ་བསྒྲུངས་ཏེ་རྟེན་

དང་བརྟེན་པར་བཅས་པ་མ་ལུས་པ་བྱིན་རླབས་དང་ནུས་མཐུའི་ཕུང་པོ་ཆེན་པོར་སྒྲུབ་ཅིང་གཞོམ་ཞིག་ཀུན་དང་བྲལ་བ་རྟག་བརྟན་མི་འགྱུར་རྡོ་རྗེའི་ཁམས་སུ་བྱིན་གྱིས་བརླབས་པར་མཛད་ལ། དེའི་ཚེ་རབ་སྔོན་དུ་གཙོ་བོར་གོང་ས་ལྷ་མིའི་འདྲེན་མཆོག་ཆེན་པོ་ནས་ཀྱང་སྐུ་མདུན་མཁན་པོ་ཚད་གནང་གིས་མགོན་པོ་ཉིད་ལ་གནང་སྐྱེས་དངོས་འབུལ་དང་འདུས་པ་དམངས་ལ་ཡང་མང་འགྱེད་སོགས་རྒྱ་ཆེར་སྤྲུལ་ཞིང་། དེ་མཚུངས་ཞབས་པད་རྣམ་བཞི་ལྷན་རྒྱས་དང་། སོ་སོ་སྣེར་ནས་ཀྱང་ལེགས་འབུལ་གྱི་མཆོད་སྤྲིན། མཚོ་ཆེན་དང་། དྲུང་སྤྱིའི་ལེགས་འབུལ། གཞན་ཡང་མདའ་དཔོན་དང་། རྩིས་དཔོན་སོགས་ཀྱིས་གཙོས་པའི་གཞུང་དྲུང་མི་དྲག་སེར་སྐྱ་མཐའ་དག་ནས་ཀྱང་དངོས་བཤམས་ཀྱི་འབུལ་སྐྱེས་ཐོག་ཚོགས་པ་རྣམས་ལ་སྐུ་ཡོན་བཅས་རྒྱ་ཆེ་བ་དང་། དེར་མ་ཟད་འདི་དག་གི་སྡེ་ཕྱི་ཅི་རིགས་པ་ཐམས་ཅད་དུ་བསྟན་གླིང་མཆོག་སྤྲུལ་རིན་པོ་ཆེ་དང་། བཤད་གླིང་མཆོག་སྤྲུལ། ར་སྒྲེང་རྡོ་རྗེ་འཆང་ཆེན་པོ། ཚེ་གླིང་མཆོག་སྤྲུལ་སོགས་བསྟན་འཛིན་གྱི་སྐྱེས་བུ་དམ་པ་རྣམས་ཀྱིས་གཙོ་མཛད་པའི་བླ་སྤྲུལ་ཁག །གདན་ས་ཆེན་པོ་སེར་འབྲས་དགེ་གསུམ་གྱི་ཚོགས་ཆེན། གྲྭ་ཚང་། རྒྱུད་གྲྭ་སྟོད་སྨད་སོགས་ཐམས་ཅད་ནས་མགོན་པོ་ཉིད་ལ་བསྟན་པ་རིན་པོ་ཆེར་སྲིད་ཞུའི་སྙད་དུ་གཙུག་ལག་ཁང་འདུས་སྡེ་དང་བཅས་པ་འདི་ལྟར་གསར་བསྐྲུན་དུ་མཛད་པར་མ་ཟད་ད་དུང་ཡང་མི་ཉམས་གོང་འཕེལ་དུ་སྤེལ་བའི་མཛད་པ་འདི་ལྟ་བུའི་སྒོ་ནས་འགྲོ་བའི་ཕན་བདེ་རྒྱས་པར་མཛད་པའི་བཀའ་དྲིན་ལེགས་འབུལ་གཏང་རག་མཇལ་གྱི་ཚུལ་དུ་ལྷ་མིའི་ཡུལ་ན་དཀོན་པའི་རིན་ཐང་ཅན་གྱི་དངོས་པོ་བརྒྱ་ཕྲག་དུ་མ་འཕྲེང་བར་སྤེལ་བའི་དངོས་བཤམས་ཀྱི་མཆོད་སྤྲིན་ཚད་མེད་པ་དང་བཅས་ཏེ་ད་དུང་ཡང་ཞབས་ཟུང་མི་ཤིག་རྡོན་དམ་

པའི་ངོ་བོར་རྟག་བརྟན་ལྷུན་དུ་ཆགས་ཤིང་། འགྲོ་བ་ཡོངས་ལ་སྨན་པའི་མཛད་འཕྲིན་གྱི་བ་དན་སྐྱེ་རྒུའི་གྲིབ་བསིལ་དུ་སྒྲིན་པར་འཕོར་ཡུག་ཏུ་འགྱེད་པ་སོགས་ཀྱི་གསོལ་བ་རྩེ་གཅིག་ཏུ་འདེབས་པར་མཛད་དོ། །

དེས་ན་རྗེ་བླ་མ་འདི་ཉིད་ཀྱིས་བསྟན་པ་དང་སེམས་ཅན་ལ་སྨན་པའི་ཐུགས་བསྐྱེད་ཀྱིས་ཀུན་ནས་བསླངས་ཏེ་འདི་ལྟ་བུའི་གཙུག་ལག་ཁང་འདུས་སྡེ་དང་བཅས་པ་གསར་དུ་འཛུགས་པར་མཛད་པ་མ་ཟད། སྔར་ཡང་ཞིག་གསོ་དང་། རྒྱ་སྐྱེད་སོགས་གོང་ནས་གོང་འཕེལ་འདི་ལྟར་དུ་མཛད་པ་ན་སྐྱེ་བོ་ལོག་རྟོག་ཅན་རྣམ་དཔྱོད་ཀྱི་མིག་ཞོངས་པ་དག་གི་བསམ་པར། དེ་ནི་སྐྱབས་མགོན་ཉིད་ཀྱི་བཞུགས་གནས་ཡིན་པ་ཙམ་རྒྱུ་མཚན་དུ་བྱས་པའི་རང་དོན་ཡིད་བྱེད་ཀྱི་ཀུན་ནས་བསླངས་པའི་མཛད་པའོ་སྙམ་དུ་ཉིན་མཚན་དུ་བསམ་ནས་གཞན་དག་ལའང་དེ་ལྟར་དུ་སྒྲོག་པ་ལ་བརྩོན་པ་ལྷུར་ལེན་དུ་བྱེད་པ་སོགས་རང་གཞན་མཐའ་དག་ངན་འགྲོའི་ཆ་རྐྱེན་སྒྲུབ་པ་ལ་སྦྱོར་གང་ཐུབ་བྱེད་པ་དུ་མ་ཞིག་མཐོང་ཞིང་ཐོས་སྲིད་ཀྱང་། དེ་དག་ནི་ཇི་སྐད་དུ། ངན་པ་ཕལ་ཆེར་རང་གི་སྐྱོན། །གང་ཡིན་གཞན་ལ་དགོད་པར་བྱེད། །ཁྭ་ཏས་མི་གཙང་ཟོས་པའི་མཆུ། །ས་གཙང་དག་ལ་འབད་ནས་འཕྱིས། །ཞེས་པ་ལྟར་རང་ཉིད་ཀྱི་རྒྱུད་ལ་ཇི་ལྟར་ཡོད་པའི་ཀུན་སློང་དང་ཀུན་སྤྱོད་ངན་པ་རྣམས་བདག་ཉིད་ཆེན་པོ་རྣམས་ལའང་རྒྱས་འགེབས་པའི་བྱ་བ་མ་ཡིན་པ་ཆེན་པོ་ཡིན་ཏེ་ཅིའི་ཕྱིར་ན། འདི་ལྟ་བུའི་མཛད་པ་རླབས་པོ་ཆེ་རྣམས་ལ་དགོངས་གཞི་དགོས་པ་ཇི་ལྟར་ཡོད་པ་དང་གནས་སྐབས་དང་མཐར་ཐུག་གི་འབྲས་བུ་ཇི་ལྟར་འབྱུང་ཚུལ་རྣམས་ཟུར་ཙམ་ཡང་རྣ་ལམ་དུ་སོན་མ་མྱོང་བར་བྱུང་རྒྱལ་དུ་ཇི་ལྟར་འདོད་འདོད་སྨྲ་བར་སྣང་བའི་ཕྱིར་རོ། །འོ་ན་ཁྱོད་ཀྱིས་དགོངས་གཞི་དང་དགོས་པ་ཇི་ལྟར་དུ་

མཐོང་ཞེ་ན་བརྗོད་པར་བྱ་སྟེ། དེ་ལ་འགྲོ་བ་རྣམས་ལ་ཕན་པ་དང་བདེ་བ་འབྱུང་མི་འབྱུང་ནི་སངས་རྒྱས་ཀྱི་བསྟན་པ་ལ་རག་ལས་ཤིང་། བསྟན་པ་དེ་ཡང་མི་ཉམས་འཕེལ་བ་དང་ཡུན་དུ་གནས་པ་ནི་དགེ་བ་ཀུན་གྱི་སྡེ་ལ་རག་ལས་པ་ཞིག་ཡིན་ལ། དེའི་ཕྱིར་འདུལ་བའི་བཅས་མཚམས་རྣམ་པར་དག་པའི་དགེ་འདུན་གྱི་སྡེ་གསར་དུ་བཙུགས་པ་ལ་བརྟེན་ནས་དགེ་འདུན་གྱི་དྲིན་མཐུས་བསྟན་པ་འཛིགས་པ་ལ་མངོན་དུ་ཕྱོགས་པ་ཡང་སོར་ཆུད་པར་འགྱུར་བ་དང་། གང་ཟག་མང་པོ་ཞིག་བསྟན་པ་ལ་འཇུག་ནས་དམ་པའི་ཆོས་ཀྱི་བདུད་རྩི་བསིལ་བ་ཐོབ་པར་འགྱུར་བ་དང་། དེ་ལ་བརྟེན་ནས་རིང་པོར་མི་ཐོགས་པར་སྲིད་པར་ཀུན་ཏུ་སྦྱོར་བ་ཡོངས་སུ་ཟད་པར་འགྱུར་བ་དང་། ཆེ་འདིར་བསྟན་པ་ལ་རབ་ཏུ་བྱུང་བའི་སྐལ་བ་དང་མི་ལྡན་པ་དག་གིས་ཀྱང་དགེ་འདུན་གྱི་སྡེ་ལ་མཆོད་པ་དང་བསྙེན་བཀུར་བ་དང་སྨོན་ལམ་འདེབས་པ་སོགས་ལ་བརྟེན་ནས་སྐྱེ་བ་འདིའི་འོག་རོལ་དུ་ངེས་པར་སངས་རྒྱས་ཀྱི་བསྟན་པ་དང་མཇལ་ཞིང་ཐེག་པ་མཆོག་གི་དགེ་བའི་བཤེས་ཀྱི་མགོན་དང་བཅས་པར་འགྱུར་བ་དང་། དེར་མ་ཟད་རབ་ཏུ་བྱུང་བའི་གང་ཟག་དང་དེའི་རྟགས་ཆ་ལུགས་སོགས་མིག་ལམ་དུ་སོན་པའི་མི་དང་མི་མ་ཡིན་དང་། དུད་འགྲོ་བྱ་རི་དྭགས་ཚུན་ཆད་ཀྱི་རྒྱུད་ལ་ཡང་བསྟན་པའི་བག་ཆགས་ཐེབས་པར་འགྱུར་བ་དང་། དེ་ཡང་རབ་ཏུ་བྱུང་བ་གྲངས་ཇི་ཙམ་མང་བར་མཐོང་བ་དེ་ཙམ་གྱིས་བག་ཆགས་ལན་མང་དུ་ཐེབས་པར་འགྱུར་བ་དང་། འཇིག་རྟེན་གྱི་ཁམས་རྣམས་སུ་ཡང་། ཇི་སྐད་དུ། རྒྱལ་སྲས་ཞི་བ་ལྷས། ལྷས་ཀྱང་དུས་སུ་ཆར་འབེབས་ཤིང་། །ལོ་ཏོག་ཕུན་སུམ་ཚོགས་པ་དང་། །རྒྱལ་པོ་ཆོས་བཞིན་སྐྱོང་གྱུར་ཅིང་། །འཇིག་རྟེན་དག་ཀྱང་དར་བར་ཤོག །སྨན་རྣམས་མཐུ་དང་ལྡན་པ་དང་། །གསང་སྔགས་བཟླས

བརྗོད་འགྲུབ་པར་ཤོག །མཁའ་འགྲོ་སྤྲིན་པོ་ལ་སོགས་པ། །སྙིང་རྗེའི་སེམས་དང་ལྡན་གྱུར་ཅིང་། །སེམས་ཅན་འགའ་ཡང་སྡུག་མ་གྱུར། །ཞེས་སོགས་གསུངས་པའི་སྨོན་ལམ་གྱི་བཞེད་དོན་རྣམས་ཀྱང་ཞིང་གི་མཐུ་ལ་བརྟེན་ནས་བདེ་བླག་ཏུ་འགྲུབ་པར་གྱུར་ཏེ་ཡུལ་ཁམས་བདེ་སྐྱིད་དང་ལྡན་པར་འགྱུར་བ་དང་། གཞན་ཡང་ཇི་སྐད་དུ། ཀུན་དགའ་ར་བ་གཙུག་ལག་ཁང་། མལ་སྟན་འཚོ་བ་ནར་མ་དང་། །གློ་བུར་ནད་པའི་ནད་གཡོག་དང་། །ཡུལ་ངན་ཚེ་ན་སྦྱིན་པ་ནི། །རྫས་ལས་བྱུང་བའི་བསོད་ནམས་བདུན། །ཞེས་རྫས་ལས་བྱུང་བའི་བསོད་ནམས་ཆེན་པོ་བདུན་གྱི་ནང་ནས་ཀྱང་དགེ་འདུན་གྱི་ཀུན་དགའ་ར་བ་དང་གཙུག་ལག་ཁང་བཞེངས་པ་ཉིད་མཆོག་ཏུ་གྱུར་པ་ཡིན་པ་སོགས་ཀྱི་དགོས་པ་བརྗོད་ལས་འདས་ཤིང་། དེ་ལྟ་བུ་ལ་དགོངས་ནས་བཅོམ་ལྡན་འདས་རང་ཉིད་ཀྱིས་ཀྱང་འཛིག་རྟེན་དུ་བྱོན་ནས་ཆོས་ཀྱི་བདུད་རྩི་འཕྱེད་པའི་ཐོག་མར་འཁོར་ལྔ་སྡེ་བཟང་པོ་ལ། ཤམ་ཐབས་ཟླུམ་པོར་བགོ་བ་ལ་བསླབ་པར་བྱའོ། །ཞེས་རབ་ཏུ་བྱུང་བའི་བཅས་པ་མཛད་པ་དང་། སྟོན་པ་འཁོར་བཅས་ཁྱིམ་བདག་མགོན་མེད་ཟས་སྦྱིན་གྱིས་སྤྱན་དྲངས་པའི་ཚེ་བཅོམ་ལྡན་འདས་ཀྱིས་བཀའ་སྩལ་པ། ཁྱིན་བདག་མཉན་ཡོད་ན་གཙུག་ལག་ཁང་ཡོད་དམ། བཙུན་པ་མ་མཆིས་སོ། །ཁྱིམ་བདག་གང་ན་གཙུག་ལག་ཁང་ཡོད་པ་དེར་དགེ་སློང་རྣམས་འོང་བ་དང་འགྲོ་བ་དང་གནས་པར་སེམས་སོ། །ཞེས་གཙུག་ལག་ཁང་དགོས་པར་གསུངས་པ་དང་། དེ་ལ་བརྟེན་ནས་སྟོན་རྒྱ་གར་འཕགས་པའི་ཡུལ་དང་། བོད་ཡུལ་འདིར་ཡང་ཆོས་རྒྱལ་མེས་དབོན་རྣམ་གསུམ་སོགས་ནས་བཟུང་བསྟན་པ་སྔ་དར་ཕྱི་དར་ཀུན་ལ་གྲུབ་མཐའ་རིས་སུ་མ་མཆིས་པའི་དམ་པ་ཀུན་གྱིས་གཙུག་ལག་ཁང་དང་དགེ་འདུན་གྱི་སྡེ་བར་མཚམས་མེད་པ་ལྟ་བུར་

འདེབས་པར་མཛད་པ་དང་། ནང་ཚན་བཀའ་གདམས་ཀྱི་སེམས་དཔའ་ཆེན་པོ་རྣམས་དང་། ཇོ་ཐམས་ཅད་མཁྱེན་པ་ཡབ་སྲས། རྒྱལ་དབང་ཐམས་ཅད་མཁྱེན་པ་སྐུ་ཕྲེང་ན་རིམ་སོགས་ཀྱིས་ཀྱང་ཚུལ་འདི་ལ་ནན་ཏན་ཆེན་པོས་འབད་པར་མཛད་པ་ལྟར། ཇོ་བླ་མ་འདི་ཉིད་ཀྱིས་ཀྱང་དམ་པ་དེ་རྣམས་ཀྱི་མཛད་པའི་ཕྱི་རྗེས་སྐྱོང་བ་དང་། གོང་དུ་བརྗོད་པའི་དགོས་པ་ལྷབས་པོ་ཆེ་དེ་རྣམས་གཟིགས་པ་ལས་དོན་མེད་བབ་ཅོལ་དུ་མཛད་པ་མ་ཡིན་ལ། གཞན་ཡང་ཅོལ་ཆུང་འགའ་ཞིག་གིས་འདི་སྐད་ཟེར་ཏེ། གཙུག་ལག་ཁང་དང་འདུས་སྡེ་སོགས་སྔར་ཡོད་རྣམས་ལ་བཀུར་བསྟི་དང་སྲིད་ཞུ་སོགས་བགྱི་ན་ལེགས་ཚོགས་ཆེ་བ་ཡིན་གྱི། གསར་དུ་འདེབས་པ་ལ་དགོས་པ་ལྷག་པོ་ཡོད་པར་མ་མཐོང་ངོ་། །ཞེས་མགྲིན་པ་གཟེངས་བསྟོད་ནས་སྨྲ་བ་དག་མཆིས་མོད། དེ་དག་ལ་འདི་སྐད་ཅེས་བྱ་སྟེ། སྔར་ཡོད་རྣམས་ལ་བཀུར་བསྟི་དང་སྲིད་ཞུ་བགྱིས་ན་ལེགས་ཚོགས་ཆེ་བར་འགྱུར་བ་ནི་ཤིན་ཏུ་ནས་ཁས་ལེན་མོད། གསར་དུ་འདེབས་པ་ལ་དགོས་པ་མེད་ན། བོད་ཡུལ་འདི་ཉིད་རང་དུ་ཡང་སྔར་ཆོས་ཀྱི་རྒྱལ་པོ་སྲོང་བཙན་སྒམ་པོས་ལྷ་ལྡན་སྤྲུལ་པའི་གཙུག་ལག་ཁང་རྟེན་དང་བརྟེན་པར་བཅས་པ་སོགས་བཞེངས་པར་མཛད་པའི་རྗེས་སུ། སླར་ཡང་མངའ་བདག་ཁྲི་སྲོང་ལྡེ་བཙན་གྱིས་དཔལ་གྱི་བསམ་ཡས་མི་འགྱུར་ལྷུན་གྱིས་གྲུབ་པའི་གཙུག་ལག་ཁང་སོགས་གསར་དུ་བཞེངས་པ་དེ་དགོས་མེད་དུ་སྨྲའམ། དེ་བཞིན་དུ་གོང་དུ་བརྗོད་མ་ཐག་པ་ལྟར་ཆོས་རྒྱལ་རིམ་བྱོན་རྣམས་དང་། དེ་རྗེས་བཀའ་གདམས་བསྟན་པའི་མེས་པོ་འབྲོམ་སྟོན་རྒྱལ་བའི་འབྱུང་གནས་སོགས་ཀྱིས་ཀྱང་ར་སྒྲེང་སྤྲུལ་པའི་གཙུག་ལག་ཁང་སོགས་གསར་དུ་བཞེངས་པ་དང་། གཞན་ཡང་བཀའ་གདམས་གོང་མ་པལ་མོ་ཆེས་དབུས་གཙང་ཏྭགས་ཀོང་མདོ་ཁམས་

སོགས་ཡུལ་གྲུ་ཀུན་ཏུ་དགོན་གནས་དེ་ཙམ་ཞིག་གསར་དུ་འདེབས་པར་མཛད་འདུག་པ་དང་། རྗེ་ཙོང་ཁ་པ་ཆེན་པོས་ཀྱང་འབྲོག་རི་བོ་དགའ་ལྡན་རྣམ་པར་རྒྱལ་བའི་གླིང་གསར་དུ་འདེབས་པ་དང་། དེ་རྗེས་ཐུགས་སྲས་རྣམས་ཀྱིས་སེར་འབྲས་དང་། རྒྱུད་གྲྭ། བཀྲ་ཤིས་ལྷུན་པོ་སོགས་མཐའ་ཀླས་པ་དང་། རྒྱལ་དབང་ཐམས་ཅད་མཁྱེན་པ་སྐུ་ཕྲེང་རིམ་བྱོན་རྣམས་ཀྱིས་ཀྱང་རྒྱ་ཧོར་བོད་གསུམ་གྱི་ཡུལ་གྲུ་ཐམས་ཅད་དུ་དགོན་གནས་བསམ་ལས་འདས་པ་གསར་དུ་བསྐྲུན་པ་རྣམ་ཐར་ཆོས་འབྱུང་སོགས་སུ་གསལ་བ་བཞིན་དང་། དེར་མ་ཟད་ས་རྙིང་ཀར་འབྲུག་ལ་སོགས་པའི་སྐྱེས་ཆེན་དམ་པ་ཀུན་གྱིས་ཀྱང་རང་རང་གི་རིང་ལུགས་འཛིན་པའི་གདན་ས་མཐའ་ཀླས་པ་གསར་དུ་བཏབ་པས་ཡུལ་ཁམས་ཕལ་མོ་ཆེ་ཁྱབ་འདུག་པར། དེས་ན་སྔོན་བྱོན་གྱི་དམ་པ་དེ་ཐམས་ཅད་ཀྱིས་སྔར་ཡོད་རྙིང་པ་རྣམས་ལ་སྲིད་ཞུ་མཛད་མ་མཁྱེན་པའམ། དགོས་མེད་དང་དོན་མེད་དུ་གསར་དུ་བཏབ་པ་གང་ཟུང་ཡིན་པར་ཁས་ལེན་ནམ། དེ་ལྟར་ལེན་ན་ནི་སྔོན་གྱི་སྐྱེས་བུ་དམ་པ་སངས་རྒྱས་དངོས་དང་འདྲ་བ་ནམ་མཁའི་སྐར་ཚོགས་ལྟ་བུ་གྲངས་མེད་པ་ཐམས་ཅད་ཀྱི་མཛད་པ་ལ་སྐུར་པ་འདེབས་པར་ནུས་པའི་བླུན་པོ་སྙིང་ཁམས་ཅན་ཁྱེད་ཙག་ནི་དགའ་རབ་དབང་ཕྱུག་གི་སྤྲུལ་འཕྲུལ་འཛིགས་སུ་རུང་བ་ཞིག་ཡིན་པར་གདོན་མི་ཟ་ལ། ཙི་སྟེ་དེ་ནི་མ་ཡིན་ཏེ། སྔོན་གྱི་དུས་སུ་དེ་ལྟར་བཏབ་པ་ལ་དགོས་པ་དང་ཕན་ཡོན་ཡོད་ཀྱི། ད་ལྟའི་དུས་སུ་ནི་དགོས་པ་དེ་འདྲ་བ་མི་འབྱུང་ངོ་ཟེར་ན་ནི་ཤིན་ཏུ་ཐ་ཆད་པའི་ཚིག་སྟེ། སྔོན་གྱི་དུས་སུ་དགེ་བ་བྱས་པ་ལ་ཕན་ཡོན་འབྱུང་ཡང་། ད་ལྟའི་དུས་སུ་དགེ་བ་བྱས་པ་ལ་ཕན་ཡོན་མི་འབྱུང་ཞེས་ལས་འབྲས་ལ་སྐུར་པ་ཚབས་པོ་ཆེ་འདེབས་པར་སྣང་བས་མུ་སྟེགས་བྱེད་ཀྱི་སྲས་ཀྱི་ཐུ་བོ་འགྲན་ཟླ་དང་བྲལ་

བའོ། །དེས་ན་རྣམ་དཔྱོད་དང་ལྡན་པ་དག་གིས་ནི་ལོག་པའི་བཤེས་གཉེན་དེ་དག་གི་སྨྲ་བའི་རྗེས་སུ་མི་འབྲངས་པར་བློ་གྲོས་ཞིབ་མོས་བརྟགས་ཤིང་དཔྱད་པར་བྱེད་དགོས་ཏེ། དེ་ལྟར་དཔྱད་ན་མགོན་པོ་འདིའི་མཛད་པ་རྣམས་ནི་བཀའ་གདམས་སྐུ་མཆེད་གསུམ་སོགས་ཀྱི་རྣམ་པར་ཐར་པ་དང་ཤིན་ཏུ་མཚུངས་པ་ཡིན་ཏེ། སྐུ་མཆེད་གསུམ་གྱི་ནང་ནས་པུ་ཆུང་བས་ནི། ཡོ་བྱད་ཅི་བྱུང་ཡང་བསྟན་པ་གནས་པ་དཀོན་མཆོག་གི་བྱིན་རླབས་ལ་རག་ལས་ཞེས་དེའི་མཆོད་པ་ལ་བརྩོན། སྤྱན་སྔ་བས་སངས་རྒྱས་ཀྱི་བསྟན་པ་གནས་པ་དགེ་འདུན་ལ་རག་ལས་ཞེས་དེའི་གནས་གཞི་གཙུག་ལག་ཁང་བཞེངས། པོ་ཏོ་བས་ནི་བསྟན་པ་འཛིན་པ་དགེ་འདུན་ལ་རག་ལས་ཞེས་དེའི་ཞབས་ཏོག་མཛད་ཅེས་གྲགས་པའི་རྣམ་པར་ཐར་པ་གསུམ་ཆར་མགོན་པོ་འདིའི་མཛད་པར་ཚང་བ་ཞིག་ཡིན་པས་ཚུལ་དེ་ལྟ་བུ་ལ་རང་ཅག་གིས་དངོས་སུ་སྤྱོད་པར་མི་ནུས་ཀྱང་རྗེས་སུ་ཡི་རངས་པ་དང་སྨོན་ལམ་ཚུན་ཆད་ཀྱིས་ཀྱང་འཇུག་པར་བྱའོ། །

བསྟན་པའི་གཞི་མ་དགེ་འདུན་འདུས་པའི་སྡེ། །ཕོ་ནར་གཟིགས་ནས་སྔོན་བྱོན་དམ་པ་ཀུན། །ཚུལ་དེ་སྤྱེལ་དང་གནས་པའི་ཐབས་ཚུལ་ལ། །བརྒྱ་ཕྲག་དཀའ་བ་དུ་མས་འབད་པར་མཛད། །དུར་སྙིག་འཆང་བའི་མིང་ཙམ་འཇིག་རྟེན་དུ། །གྲག་པའང་ཆེ་ཆེར་དཀོན་ན་མངོན་སུམ་པར། །ཉམས་སུ་སྨྱོང་བའི་སྐལ་བཟང་ཐོབ་པ་ནི། །ཨུ་དུམ་ཝ་རར་གྲགས་པའི་ཚུལ་དང་མཚུངས། །དེ་ཕྱིར་བདག་གཞན་འཕྲུལ་ཡུན་ལེགས་པའི་ཚོགས། །དུས་གཅིག་འདོད་རྒྱུར་འཁྲིལ་བའི་དཔལ་ཐོབ་ཕྱིར། །རྫས་བྱུང་བསོད་ནམས་བདུན་གྱི་དང་པོ་དེ། །མགོན་པོ་གང་གི་ཕྱག་མཚན་ཉིད་དུ་བཞེས། །དེ་ལྟ་ནའང་བློ་མིག་ལོག་རྟོག་གི །སྒྲིབ་བྱེད་མཐུག་པོས་ནོན་པའི་སྐྱེ་བོ་འགའ། །

བབ་ཅོལ་སྨྲ་བའི་ལག་པ་སྐྱོང་བཞིན་དུ། །ལས་ངན་མུན་པའི་ལམ་དུ་བཏེག་ཏུ
འཆའ། །རང་ཉིད་ལོག་ལམ་མི་གཙང་འདམ་རྫབ་ཏུ། །གཏན་གནས་འཆའ
ཞིང་གཞན་ལའང་དགོད་བྱེད་པའི། །དུས་ངན་འགྲོ་རྣམས་ཀྱི་ཀྱིའི་སྐྱི་ལམ
གྱི། །ལུང་གིས་ངེས་པར་ཟིན་པ་ཉིད་དུ་སེམས། །དེ་འདྲ་དག་ལ་ཐུང་ཟད
སྨན་ཕྱིར་དུ། །དགག་སྒྲུབ་ཚིག་གི་འཕྲེང་བའི་ཉག་ཕྲན་འགའ། །ལུང་དང
རིགས་པའི་སོར་མོས་ཉེར་བསྐུལ་ཏེ། །འཕངས་ཚེ་ངན་རྟོག་ཀུན་པོ་ཅིས་མི
འབྲོས། །དེང་ནས་རྣམ་དཔྱོད་ལྡན་པ་དག་མཆིས་ན། །སྐྱེ་བོ་ངན་པའི་ཟེར
རྗེས་མི་འབྲངས་པར། །འཕགས་ཆེན་དམ་པའི་རྣམ་པར་ཐར་པ་ལ། །རྗེས་སུ
ཡི་རངས་ཐལ་མོ་སྦྱོར་བར་རིགས། །ཞེས་སྐབས་དོན་གྱི་འཕྲོས་བཤད་ཐུང
ཟད་བརྗོད་ནས་སླར་ཡང་དཀྱུས་ཀྱི་དོན་ལ་འཇུག་པ་ནི། དེ་ལྟར་རབ་ཏུ
གནས་པའི་རིམ་པ་སོགས་ལེགས་པར་གྲུབ་བསྟུན་ཆོས་ཉེར་དྲུག་གི་སྤྱ་ཆར་ཀུན
བདེ་གླིང་ནས་གླུ་འཛིན་ཕོ་བྲང་དུ་ཕྱིན་ཏེ་༧རྒྱལ་དབང་མཆོག་ལ་མཇལ་ཕྱག
གསུང་མོལ་ཐོག་དེ་ཁའི་ཉིན་མཆོད་ཡོན་ལྷན་རྒྱས་ནོར་གླིང་དུ་ཆབ་བཞེས་ལ
ཆིབས་ཀྱི་ཁ་ལོ་བསྒྱུར་ཏེ་ཞག་འགའ་གཏན་བཞུགས་སུ་མཛད་ཅིང་འཆར་ཅན
གྱི་གསོལ་སྟོན་དཀར་སྤྲོ་སོགས་ལའང་དགྱེས་རོལ་མཛད། ཧོར་ཟླ་དྲུག་པའི
ནང་༧གོང་ས་མཆོག་དང་ལྷན་རྒྱས་རྩེར་ཆིབས་བསྒྱུར་བསྐྱངས་ཤིང་མི་རིང
བར་སླར་ཡང་དབུས་གཙང་ཀུན་བདེ་གླིང་དུ་ཕྱིན་ནས་གཟིམས་ཚུང་ཤམ་ཟླ
ལར་༧སྐྱབས་མགོན་ཉིད་གཙོ་བོར་བཞུགས་པའི་ཀུན་གླིང་གྲྭ་ཚང་ཚོགས
ཡོངས་དང་བཅས་པ་ནས་ཉིན་འཁྱོངས་སུ་ལྷ་བསང་དང་། ཆོས་སྐྱོང་རྣམས་ལ
གཏང་རག་གི་གཟབ་གསོལ་འཕྲིན་བཅོལ་སོགས་གནད་སྨིན་དུ་བསྐྱངས།
འདི་སྐབས་བཤད་གླིང་མཆོག་སྤྲུལ་རིན་པོ་ཆེ་སྣེར་མཇལ་དུ་ཕྱིན་པར་སྤྲུལ་སྐུ

རིན་པོ་ཆེ་ཀུན་བདེ་གླིང་དུ་ཕྱག་མར་ཕེབས་པའི་རྟེན་འབྲེལ་ལེགས་སྐྱེས་སུ་སྟོན་འཁོར་ཚང་མར་དཀར་སྒྲོ་དང་། མཇལ་ཕྱག་གནང་སྦྱིན་སོགས་རྒྱས་པར་སྩལ་ཞིང་གསན་བསམ་སོགས་གོང་འཕེལ་དུ་དགོས་པའི་བཀའ་སློབ་ཀྱང་སྩལ། རིང་མིན་རྗེར་ཕེབས་བསྐྱོད་ཕྱག་གང་ཅིའི་མཛད་པ་རྣམས་ཀྱང་རིམ་སེལ་དུ་བསྐྱངས་ངོས་ནས། ཧོར་ཟླ་བདུན་པའི་ནང་སྤྱི་སོར་མདོ་ཁམས་དཔའ་ཤོད་དུ་གོང་མའི་ཞབས་བརྟན་ལྷ་ཁང་གསར་བཞེངས་མཛད་སྐོར་༧གོང་ས་བདག་པོ་ཆེན་པོའི་གསེར་སྐན་དུ་ཕྱུལ་བའི་ཕྱིར་ཕེབས་སུ་ལེགས་སྐྱབས་གླིང་ཞེས་པའི་པཎ་བཟང་པོ་སྩལ་བ་དང་ཆབས་མཚུངས་སུ་དབུས་གཙང་ཀུན་བདེ་གླིང་དུ་སྤར་ཡོད་གྲྭ་པ་ལྔ་བཅུའི་ཕྱག་སྣར་ཡང་ཉེ་ཤུ་འཕར་བའི་དུས་ཐེའི་བཀའ་ཤོག་དང་བཅས་པ་སྩལ་བར་པཎ་འབུལ་མི་དང་ཨམ་བན་སོགས་ལ་ལེགས་སྐྱེས་གནང་སྦྱིན་དང་། ༧གོང་ས་ཆེན་པོར་ཡང་གཏང་རག་ལེགས་འབུལ་གྱི་འཚམས་ཞུ་བཅས་འཕྲུལ་དུ་འབུལ་བར་མཛད། ཧོར་ཟླ་བརྒྱད་པ་གསར་མཚམས་སུ་སེར་འབྲས་ཀྱི་འཆར་ཅན་ཞབས་བརྟན་འབུལ་བཞེས་དང་། གཞན་ཡང་དད་འདུས་ཀུན་ལ་མཇལ་ཕྱག་དང་ཕྱིན་གནང་སོགས་རིམ་པར་སྩལ། མི་རིང་བར་དཔའ་ཤོད་དུ་པཎ་སྐྱེལ་བར་སྐུ་ཚབ་དེ་ཆོད་ཆེད་གནང་གི་གཏོང་ལས་བྱེད་རྣམས་ལ་བཀའ་རྒྱ་གནང་རྟེན་དང་བཅས་པ་དང་། དེ་མཚུངས་སྤྱི་སོར་ནས་གསར་བཞེངས་མཛད་པའི་དཔའ་ཤོད་ཀྱི་རྟེན་གཙོ་རྗེ་རིན་པོ་ཆེའི་དབུ་ཕྱག་ཏུ་བཟང་གོས་སྟོན་པོ་གསེར་གྱི་རྒྱ་བྱ་ཁ་སྒྲོད་དུ་ཡོད་པའི་ཟླ་ཟེ་དང་། སྙན་ཤལ་ནང་མཛོད་སྣ་ལྔ་ཐུགས་སྨོན་ཅན་སོགས་ཆེད་སྩལ་མཛད། པོ་ཅིང་མཁན་ནང་གཏོང་༧གོང་ས་ཆོས་ཀྱི་རྒྱལ་པོས་གསེར་གྱི་བཀའ་ལུང་དང་འབྲེལ་བར་གནང་སྐྱེས་བཟང་པོ་བཅས་ཕེབས་སྐབས་༧རྒྱལ་དབང་

མཆོག་དང་ལྡན་རྒྱས་ཚོམས་ཆེན་དུ་ཞབས་པད་བཀོད་དེ་གནང་རྟེན་སོགས་འབུལ་བཞེས་དང་། སྟོན་ཆེན་ལའང་དགྱེས་པར་རོལ་ཞིང་། མཁན་ནང་ངོ་གཡོག་རྣམས་ལ་འཁྱེར་ཕྱག་དང་ཟུར་ཆས་གནང་སྦྱིན་སོགས་ལེགས་པར་སྩལ། ལྷ་བབ་དུས་ཆེན་གྱི་ཉིན་གྲུ་འཛིན་ཕོ་བྲང་དང་། ལྷ་ལྡན། ར་ཆེ་བཅས་ཀྱི་རྟེན་གསུམ་ཁག་ལ་མཆོད་འབུལ་རྒྱ་ཆེན་པོའི་ཐོག་གནས་གཟིགས་ཞིབ་རྒྱས་དང་ཐུགས་སྨོན་རླབས་ཆེན་བསམ་ལས་འདས་པ་བསྟན་འགྲོའི་དཔྱིད་དུ་སྨིན་པར་མཛད། དེ་ནས་རིམ་པར་ཕྱོགས་འགྲུལ་སྦྱིན་བདག་སོགས་དང་། གཞུང་སྒེར་གྱི་ཚོང་པའི་རིགས་སོགས་ལ་མཇལ་ཕྱག་དང་། ལས་ཁུངས་དང་གྲྭ་ས་ཕན་ཚུན་སོགས་སུ་སྤྱན་གསལ་གྱི་བཀའ་ཁྱབ་མཛད་འོས། ལས་ཚན་འཕོ་ལེན་གྱི་བསྒྲི་བཞག་བཀའ་བསྒྱུར། གཞུང་ས་མཆོག་དང་སྐུ་སྒེར་བཅས་ནས་སེར་འབྲས་སོགས་འདུས་སྡེ་ཆེ་ཆུང་མཐའ་དག་དང་། གནས་ཆེན་དང་། ཆོས་སྐྱོང་ཁག་དང་བཅས་པ་རྣམས་སུ་རྒྱུན་དང་དམིགས་གསལ་དགོངས་དཔྱད་འཕར་མའི་ཞབས་བརྟན་རིམ་གྲོ་རྒྱ་ཆེར་སྒྲུབ་དགོས་རྣམས་ཀྱི་བཀའ་བཀོད་རྣམས་རིམ་སེལ་དུ་སྩལ། ཧོར་ཟླ་བཅུ་པའི་ལྔ་མཆོད་ཐོན་འཕྲལ་༧རྒྱལ་དབང་མཆོག་ཐུགས་དམ་བཅད་རྒྱུར་བཞུགས་གདོང་ལྡན་རྒྱས་ཐོག་བསྟན་སྲིད་བདེ་ཐབས་སྐོར་གྱི་གསུང་མོལ་སོགས་ཞིབ་ལྷིངས་སུ་བསྐྱངས། འདི་སྐབས་ཁྲི་ཆེན་ནམ་མཁའ་བཟང་གི་སྤྲུལ་སྐུ་རིན་པོ་ཆེ་བོད་ཕྱོགས་སུ་ཕེབས་པར་ངོ་གཡོག་ཀུན་ལ་འཁྱེར་ཕྱག་དང་། སྤྲུལ་སྐུ་རིན་པོ་ཆེར་གསོལ་ཚོགས་ལྡན་རྒྱས་སྩལ་ཏེ་གཞིས་བྱེས་སྐོར་གྱི་གསུང་མོལ་དང་ལྷག་པར་མདོ་སྔགས་ཀྱི་ཚུལ་ལས་བརྩམས་པའི་ཆོས་ཀྱི་དཀའ་གནད་མང་པོ་དང་མན་ངག་ཟབ་མོའི་སྐོར་སོགས་ཀྱི་གསུང་གླེང་ཞིབ་རྒྱས་དང་། གནང་སྐྱེས་སུ་ལྷ་རྫས་དང་། གསེར་ཟངས་རྟེན་མའི་རྡོ་

རྗེ་འཆང་གི་སྐུ་བརྙན། དཀར་སྦྲི་སོགས་ཀྱི་ནོམས་པར་སྤྲུལ་བར་མཛད། མི་རིང་བར་ཐུགས་དམ་བཅད་རྒྱར་བཞུགས་ཏེ་རིམ་གཉིས་ཀྱི་རྣལ་འབྱོར་ལ་བརྩོན་པ་ལྷུར་གཞེས་སུ་མཛད་པའི་ངང་དུ་ཡུན་རིང་པོར་འཚོ་ཞིང་གཞེས་པར་གྱུར་ལ། བཅད་རྒྱའི་ཡོངས་ནས་ཀྱང་ཐུགས་དམ་གྱི་སེང་བར་རྣམས་སུ་བསྟན་དོན་གལ་ཆེའི་རིགས་དང་རྣམ་དཀར་གྱི་མཛད་པ་གཞན་ཡང་དངོས་བརྒྱུད་ཅི་རིགས་པའི་སྒོ་ནས་བར་མ་ཆད་དུ་བསྐྱངས་ཤིང་། དེ་ནས་ཧོར་ཟླ་བཅུ་གཉིས་པའི་ཚེས་བཅོ་བརྒྱད་ལ་བཅད་རྒྱ་གྲོལ་ཏེ་ཞི་རྒྱས་དབང་གསུམ་གྱི་སྦྱིན་སྲེག་སོགས་ཀྱང་ལེགས་པར་གནད་སྨིན་དུ་མཛད་དེ་ཚེས་ཉེར་གཅིག་ཉིན་རྩེར་ཆིབས་བསྐྱོད་ཀྱིས་༧རྒྱལ་དབང་མཆོག་ལ་མཇལ་ཕྱག་ཐོག་ལྷན་རྒྱས་རྒྱུན་རིང་པོར་མཛད། གཞུང་དྲུང་མི་དྲག་སོགས་བཅར་མི་ཀུན་ལའང་མཇལ་ཁ་ཕྱག་དབང་སོགས་རིམ་པར་དུ་སྩལ། འདི་ལོ་ས་སྐྱ་བདག་ཆེན་རིན་པོ་ཆེ་དབུས་ཕེབས་མཛད་པར་གཞུང་སྒེར་གྱི་ཆིབས་བསུ་བ་རིང་ཐུང་སོགས་བཀུར་བཟློས་མཛད་འོས་གང་ཡིན་སྔར་ལྷག་དང་། ལྷ་ལྡན་དུ་ཕེབས་འཕྲལ་སྐུ་ཚབ་ཆེད་གནང་གིས་འཚམས་ཞུ་སོགས་ཀྱང་འབུལ་བར་མཛད། གཞན་ཡང་སྨོན་ལམ་གྱི་ཐོ་སྒྲིག་སོགས་ལོ་མཇུག་གི་མཛད་འོས་མཐའ་དག་སྔར་ལམ་ལྟར་བསྐྱངས་སོ། །

༈ དེ་ནས་སྟོད་འགྲེལ་གྱི་སྐད་དུ་ཁྲག་སྐྱུག་ཅེས་སུ་འབོད་པ་ཆུ་མོ་ཕག་ལོའི་རང་ཞལ་གསར་ཆོས་སྐབས་འདོད་ཁམས་བདག་མོར་གཏོར་སྐྱོང་གི་རིམ་པ་དང་། དགྲེས་སྟོན་སྔ་ཕྱིར་ཕེབས་བསྐྱོད། མཐའ་དབུས་ཀྱི་མི་དྲག་སེར་སྐྱ་སོགས་ཀུན་ལ་ལོ་གསར་གྱི་མཇལ་ཁ། རྟེན་གསུམ་ཁག་ལ་མཆོད་སྟོན་སོགས་སྔར་ལྷག་ཡར་ལྡན་དུ་སྤྲུལ་བར་མཛད། ཆོས་བཞིའི་ཉིན་ས་སྐྱ་བདག་ཆེན་རིན་

པོ་ཆེ་རྟེར་འཁོར་ཕྱག་ཏུ་ཕེབས་སྐབས་གཟིམས་ཆུང་ཁམས་གསུམ་གྱི་ནང་དུ་མཇལ་འཕྲད་མཛད་དེ་གསུང་གླེང་ཞིབ་རྒྱས་དང་། སྟོན་འཁོར་ཀུན་ལ་དཀར་སྒྲོ་སོགས་ཀྱི་གནང་སྐྱེས་ཡང་གཟབ་རྒྱས་སུ་བསྟར། ཆོས་དྲུག་གི་ཉིན་ར་སྒྲེང་ཁྲི་ཆེན་རྡོ་རྗེ་འཆང་ཆེན་པོ་ནས་སྨོན་ལམ་ཆེན་མོར་མང་འགྱེད་སྩལ་བའི་རྗེས་འབྲེལ་གྱི་འབུལ་བ་དང་ཚབས་མཚུངས་མཇལ་ཕྱག་ཏུ་ཕྱིན་པར་ལྷན་རྒྱས་རྒྱུན་རིང་པོར་མཛད་ཐོག་བསྟན་པར་སྨན་པའི་གསུང་གླེང་ཞིབ་རྒྱས་སུ་བསྐྱངས། དེ་མཚུངས་ས་སྐྱ་བདག་ཆེན་རིན་པོ་ཆེ་ཞབས་བརྟན་འབུལ་བར་ཕེབས་པར་སྟོན་འཁོར་ཀུན་ལ་མཇལ་ཕྱག་ཞིབ་ལྷིངས་སུ་སྩལ་ཞིང་། ཆོས་བརྒྱད་ཉིན་སྐྱ་སྒེར་ནས་སྨོན་ལམ་ཆེན་མོའི་འདུས་པ་རྣམས་ལ་མང་འགྱེད་ཕྱི་འབུལ་སོགས་ཀྱི་བསྙེན་བཀུར་རྒྱ་ཆེ་བ་དང་། ཆོས་བཅུ་བཞིའི་ཉིན་ཇོ་ཤཱཀ་ཡིད་བཞིན་ནོར་བུས་མཚོན་པའི་མཆོད་ཁང་ཚང་མར་མཆོད་འབུལ་སྙན་ཤལ་དང་། གནས་གཟིགས་ཐུགས་སྨོན་སོགས་ཞིབ་རྒྱས་སུ་མཛད། འདི་སྐབས་རྒྱལ་སྲས་རྡོ་རྗེ་འཆང་ཆེན་པོར་འཚམས་ཞུའི་ཐོག་མཇལ་རྟེན་གསུམ་སོགས་ཀྱི་དངོས་སྐྱེས་དང་བཅས་ཏེ་ཞབས་བརྟན་གསོལ་འདེབས་རྒྱ་ཆེར་འབུལ་གནང་མཛད། སྨོན་ལམ་མང་འགྱེད་ཀྱི་སྦྱིན་བདག་དང་། དད་ཅན་སེར་སྐྱ་ཕོ་མོ་ཀུན་ལ་མཇལ་ཁ་སོགས་བར་མ་ཆད་དུ་བསྐྱངས། བསྟན་གླིང་མཆོག་སྤྲུལ་རིན་པོ་ཆེ། བཤད་གླིང་མཆོག་སྤྲུལ་སོགས་འཆར་ཅན་མཇལ་ཞུར་ཕེབས་པར་གསོལ་ཚིགས་ལྷན་རྒྱས་དང་བཅས་ཏེ་བཀའ་མཆིད་ཞིབ་པར་སྩལ། གནམ་གང་ཉིན་གོང་ས་རྒྱལ་དབང་མཆོག་ལ་གཟིམས་ཆུང་དུ་གནས་བཅུའི་གསུང་ཆོག་དང་འབྲེལ་བར་མཇལ་རྟེན་གསུམ། རིན་གཉིས་སྲང་ལྔ་བཅུ་སོགས་ཀྱིས་གཙོས་པའི་འབུལ་སྦྱིན་གཏོས་ཆེ་བ་དང་བཅས་ཏེ་ཞབས་བརྟན་རྡོ་རྗེའི་ཁམས་སུ་བརྟན་པར་

གསོལ་བ་རྩེ་གཅིག་ཏུ་འདེབས་པར་མཛད། བཀྲས་ལྷུན། ས་སྐྱ། ལ་དྭགས། འབྲུག་པ་སོགས་ཀྱི་ལོ་གསར་འབུལ་མི་ངོ་གཡོག་རྣམས་ལ་ཐོན་ཕྱག་གནང་སྦྱིན་སོགས་རིམ་པར་སྩལ། ལྷ་ལྡན་ཚོགས་མཆོད་ཆེན་མོའི་སྐབས་ཀྱི་མཛད་འཆར་རྣམས་ཀྱང་སྔར་ལྷག་དང་། གནམ་གང་ཉིན་སེར་སྦྲེངས་ཆེན་མོར་མཆོད་ཡོན་ལྷན་རྒྱས་གཟིགས་རྟོག་ཐུགས་སྨོན་དང་། སྐུ་སྒེར་ནས་གོས་སྐུ་རིན་པོ་ཆེར་སྣན་ཞལ་ནང་མཛོད་འདོམ་གསུམ་མ་གཉིས་དང་། གོང་ས་རྒྱལ་དབང་མཆོག་ལ་མཇལ་དར། གནས་ཆུང་ཆོས་སྐྱོང་ཆེན་པོར་སྣན་ཞལ་སོགས་འབུལ་གནང་ཐོག་བསྟན་འགྲོ་ཡོངས་ལ་ལྷག་པར་སྨན་པའི་ཐུགས་སྨོན་སོགས་གནད་སྨིན་རྒྱ་ཆེར་བསྐྱངས། དགའ་ལྡན་ཚོགས་ཆེན་གྱི་ཞབས་བརྟན་འབུལ་བཞེས་དང་། ཁྲི་རིན་པོ་ཆེ་སྟོན་འཁོར་ལ་ཐོན་གནང་སོགས་དང་། བརྒྱད་གཏོར་གྱི་མཇལ་ཁ། དུས་འཁོར་མཆོད་གར་གྱི་གཟིགས་མོ་དང་། ཚོགས་དབུས་ཕེབས་བསྐྱོད་དང་ཚོག་གྲྭ་བར་མང་འགྱེད་སོགས་སྔར་ལྟར་མཛད། ར་སྒྲེང་རྡོ་རྗེ་འཆང་ནས་བཞི་སྡེར་ཐར་འདོད་རྣམས་ལ་ལམ་རིམ་མྱུར་ལམ་གྱི་ཁྲིད་ལུང་སྩལ་བའི་སེམས་བསྐྱེད་མཆོད་པར་སྐུ་ཚབ་ཆེད་གནང་གིས་གཏང་རག་ལེགས་འབུལ་སོགས་ཀྱང་རྒྱས་པར་སྩལ། མཁན་པོ་ལོ་ཆེན་ཆོས་རྒྱ་མཚོ་དང་། ཙ་ནེའི་ཚོང་ཁག །མདོ་སྨད་དཔོན་སོགས་ཕྱོགས་ཐོན་བྱེད་མིའི་རིགས་ལ་ཐོན་ཕྱག་གནང་སྦྱིན་བཀའ་སློབ་སོགས་རིམ་པར་སྩལ། ཧོར་ཟླ་བཞི་པ་གསར་འཕྲུལ་ཁྲི་ཆེན་ནམ་མཁའ་བཟང་གི་སྤྲུལ་སྐུ་རིན་པོ་ཆེར་མགོན་པོ་ཉིད་ནས་རྣམ་སྲས་ཧྭ་བདག་བརྒྱད་ཀྱི་རྗེས་གནང་སོགས་གསན་བཞེས་བསྐྱངས་ནས་ཀུན་བདེ་གླིང་དུ་ཕྱིན་ནས་ཞག་འགའ་བཞུགས་འཛགས་སྐབས། ས་སྐྱ་བདག་ཆེན་རིན་པོ་ཆེ་ཕེབས་པར་མཇལ་འཕྲད་ཞིབ་ལྷིངས་དང་། བདག་ཆེན་རིན་པོ་ཆེ་ནས་ཀུན་གླིང་

གསར་བསྐྲུན་མཛད་པའི་ལེགས་འབུལ་དང་འབྲེལ་བར་དངོས་སྐྱེས་ཀྱི་མཆོད་སྤྲིན་རླབས་ཆེར་ཕུལ་ཞིང་། མགོན་པོ་ཉིད་ནས་ཀྱང་བདག་ཆེན་མཆོག་ལ་རྟེན་འབྲེལ་གྱི་སྒྲོ་བཀྲ་འབྱེད་པའི་ལེགས་སྐྱེས་གནང་སྦྱིན་སོགས་རྒྱ་ཆེར་བསྟར་བར་མཛད། ཆོས་བདུན་ཉིན་ཀུན་གླིང་ནས་གྲུ་འཛིན་ཕོ་བྲང་དུ་ཕེབས་བསྐྱོད་ཐོག་ཆོས་སྲིད་ཀྱི་མཛད་པས་དུས་འདའ་ཞིང་། མི་རིང་བར་པེ་ཅིང་མཁན་ནང་གདོང་གོང་མ་ཆོས་ཀྱི་རྒྱལ་པོས་གཙོ་མཛད་པའི་དབང་ཕྱུགས་ཀྱི་བླ་དཔོན་སོགས་ལ་ཞུ་འཕྲིན་རྟེན་ཆས་སོགས་སྤྲར་ལམ་དང་། མཁན་ནང་ངོ་གཡོག་རྣམས་ལ་ཐོན་ཕྱག་དང་། གསོལ་རས་སོགས་རྒྱས་པར་སྩལ། འདི་ལོ་བསྟན་གླིང་དེ་མོ་ནོ་མི་ཧན་ཆེན་པོ་གོང་ཕྱུགས་སུ་དེ་ཆབ་སོགས་ཀྱི་དགོན་སྡེ་རྣམས་ནས་གདན་ཞུས་ལྟར་ཕེབས་བསྐྱོད་མཛད་གདོང་མཇལ་འཕྲད་ཀྱིས་སྟོན་འཁོར་ཚང་མར་ཐོན་ཕྱག་དང་ལེགས་སྐྱེས་སོགས་རྒྱ་ཆེར་གནང་ཞིང་། གོང་ཕྱུགས་ཀྱི་བསྟན་པ་དང་གདུལ་བྱ་རྣམས་ལ་སྨན་པའི་མཛད་འཕྲིན་ཡར་ལྡན་དུ་དགོས་ཚུལ་སོགས་ཀྱི་བཀའ་སློབ་ཞིབ་ཅིང་རྒྱས་པར་མཛད། ཆོས་ཉེར་ལྔའི་ཉིན་རྭ་སྒྲེང་ཁྲི་ཆེན་རྡོ་རྗེ་འཆང་ཆེན་པོར་ཀུན་གླིང་ལི་མ་ལྷ་ཁང་གི་རྟེན་གསུམ་རྣམས་ལ་རབ་གནས་མཛད་དགོས་བཀའ་ཕེབས་པར་ཁྲི་ཆེན་རིན་པོ་ཆེ་ནས་ཀྱང་དང་དུ་བཞེས་ཏེ་ཚོག་རོག་པ་ཀུན་གླིང་འདུས་པ་བཅུ་སྐོར་དང་བཅས་ཏེ་དགེ་ལེགས་ཆར་འབེབ་ཕྱག་ལེན་འབྲིང་པོའི་སྒོ་ནས་རབ་ཏུ་གནས་པ་གནང་སྐབས་དུ་བསྐྲུངས་པར་ཁྲི་ཆེན་མཆོག་གིས་གཙོ་མཛད་པའི་གསུང་ཆོག་པ་ཀུན་ལ་གཏང་རག་ལེགས་སྐྱེས་ཀྱི་རིམ་པའང་གཟབ་རྒྱས་སུ་བསྟར། འདི་ལོ་གོང་མ་ཆོས་ཀྱི་རྒྱལ་པོ་ནས་པེ་ཅིང་རྒྱལ་ཁབ་ཆེན་པོར་ལུང་རྟོགས་ཀྱི་ཡོན་ཏན་དང་ལྡན་པའི་ཏུ་ཐོག་ཐུ་ཆེ་ཁག་གཉིས་གཏོང་དགོས་ཕེབས་དོན་བཞིན། ཁྲི་ཆེན་ནམ་མཁའ་

བཟང་དང་། སེར་སྨད་འོད་ཟེར་སྤྲུལ་སྐུ་གཉིས་སུ་མཆོད་ཡོན་ལྷན་རྒྱས་ནས་བཀའ་བསྒྱུར་བསྐོ་བཞག་མཛད་དོན་བཞིན་པེ་ཅིང་དུ་ཕེབས་བསྐྱོད་གདོང་ཏུ་ཐོག་ཐུ་རྣམ་གཉིས་སོ་སོར་སྤྱི་ཕྱིར་གསོལ་ཚོགས་ལྷན་རྒྱས་དང་བཅས་ཏེ་༧གོང་མ་རྒྱལ་པོའི་དགོངས་བཞེད་དང་མཐུན་པའི་ཞབས་འདེགས་དང་། དབང་ཕྱོགས་ཀྱི་བརྒྱུད་དུ་ཞྭ་སེར་གྱི་བསྟན་པ་ཉིན་མོ་ལྟར་གསལ་བར་མཛད་པའི་ཐུགས་བསྐྱེད་དང་། གཞན་དོན་འཕྲིན་ལས་ཀྱི་འཇུག་པ་མི་དམན་པའི་ངོས་ནས་བོད་ཕྱོགས་ཀྱི་བསྟན་འགྲོ་རྣམས་ཀྱང་ཐུགས་ཡུལ་ནས་མི་འདོར་བར་ཕན་པ་གང་ཆེ་མཛད་དགོས་ཚུལ་སོགས་བཀའ་སློབ་བདུད་རྩིའི་ཐིགས་པ་ལྟ་བུ་ཐུགས་སུ་སིམ་པར་སྩལ་ཞིང་། གནང་སྐྱེས་སོགས་ཀྱང་བཟང་ཞིང་གཏོས་ཆེ་བར་སྩལ་བར་མཛད་པ་དང་། ཕེབས་ཐོན་དངོས་གཞིའི་ཉིན་ཀྱང་སོ་སོར་སྐུ་ཚབ་ཆེད་གནང་གིས་ཆིབས་སྐྱེལ་དང་འཚམས་ཞུ་སོགས་བཀུར་བཟློས་བདག་རྐྱེན་རྨད་དུ་བྱུང་བར་མཛད་དོ། །

དེ་ནས་ཧོར་ཟླ་ལྔ་པའི་མཇུག་ཏུ་དབུས་གཙང་ཀུན་བདེ་གླིང་དུ་ཕེབས་ཏེ་ཚེས་ཉེར་བདུན་གྱི་ཉིན་སྐྱབས་མགོན་ཉིད་ཚོགས་དབུས་སུ་ཕྱིན་ཏེ་འདུས་གྲྭ་དམངས་དང་བཅས་པ་ནས་ཉིན་ལྔའི་བར་དུ་ཆོས་སྲུང་ཐུན་མོང་དང་ཐུན་མོང་མ་ཡིན་པ་རྣམས་ལ་གཟབ་གསོལ་འཕྲིན་བཅོལ་སོགས་གནད་སྨིན་དུ་མཛད། དེ་གོང་བསམ་ཡས་མདོ་སྔེའི་ཐོག་ཇོ་མོ་བྱང་ཆུབ་ཆེན་པོར་མཆོད་པ་སྣ་ལྔ་སྟོང་ཚར་དང་སྙན་ཤལ། དེ་མཇུངས་མཆོད་ཁང་ཁག་ཚང་མར་མཆོད་པ་དང་སྙན་ཤལ་སོགས་རྒྱ་ཆེར་འབུལ་མི་ཆེད་གཏོང་གིས་སྐྱེ་འགྲོའི་བདེ་སྐྱིད་འཕེལ་བར་མཛད། ཧོར་ཟླ་དྲུག་པ་གསར་འཕྲལ་བདེ་སྐྱིད་གླིང་ཁར་ཆབ་བཞེས་ལ་ཕེབས་བསྐྱོད་ཀྱིས་ཞག་འགའ་བཞུགས་འཇགས་བསྐྱངས་ཤིང་། དེ་ནས་ཕྱིར་ཕེབས་

མཛད་བསྟུན་ས་སྐྱ་བདག་ཆེན་རིན་པོ་ཆེ་གཙང་དུ་ཕེབས་གདོང་མཇལ་འཕྲད་དང་ཕྱོན་གནང་དངོས་འབུལ་སོགས་ཀྱི་ནོམས་པར་སྤྲུལ་ཕྱོག་རང་གཞན་ལ་སྨན་པའི་མཛད་བཟང་གོང་འཕེལ་དུ་དགོས་པའི་བཀའ་མཆིད་ཞིབ་རྒྱས་སུ་སྤྲུལ། ཆེས་བཅོ་ལྔ་ཕྱོན་འཕྲུལ་༧གོང་ས་རྒྱལ་དབང་མཆོག་ནོར་གླིང་སྨན་ཆབ་ཀྱི་འཕྲོད་གཞིས་ལ་ཆིབས་བསྐྱོད་མཛད་པར་ལྷན་དུ་ཕེབས་ཏེ་ཟླ་གཅིག་ལྷག་ཙམ་གྱི་བར་གཏན་བཞུགས་སུ་མཛད་ཅིང་། དེའི་རིང་དུ་སྤྱི་སྒེར་ནས་འཆར་ཅན་གྱི་དཀར་སྤྲོ་དང་གསོལ་སྟོན་སོགས་འབུལ་བཞེས་དང་། དབྱར་མཇལ་བ་སོགས་དང་གཞན་ཡང་མཇལ་ཞུར་བཅར་མིའི་རིགས་ལ་མཇལ་ཁ་དང་། བསྟན་སྲིད་ཀྱི་མཛད་པ་སོགས་ཀྱང་རིམ་སེལ་དུ་བསྐྱངས་ཏེ་ཧོར་ཟླ་བདུན་པའི་ཆེས་ཉི་ཤུ་ཙམ་ལ་མཆོད་ཡོན་ལྷན་རྒྱས་ནོར་གླིང་ནས་ཆིབས་བཏེགས་ནས་པོ་བྲང་ཆེན་པོ་གྲུ་འཛིན་གྱི་གཞལ་མེད་ཁང་གི་ཆོས་ཀྱི་ཁྲི་ལ་ཞབས་ཟུང་མཚན་དཔེའི་རི་མོས་རྣམ་པར་བཀྲ་བ་ལེགས་པར་བཀོད་ཅིང་འཕྲིན་ལས་ཀྱི་འོད་སྣང་མཁའ་ཁྱབ་ཏུ་འགྱེད་བཞིན་པར་བཞུགས་སོ། །

འདིར་སྨྲས་པ། སྙིགས་མར་སྤྱོད་པའི་རང་མདངས་ཚ་ཟེར་དཔལ། །
ཐུགས་རྗེའི་ཆུ་འཛིན་འཁྲིགས་པས་ལེགས་སྐྱབས་ཏེ། །ལུས་ཅན་མཐའ་དག་
ཕན་བདེའི་བསིལ་བ་ལ། །སྦྱོར་མཁས་ཁྱོད་ནི་གདེངས་ཅན་བདག་པོ་
བཞིན། །ཇི་སྙེད་མཁྱེན་པའི་རི་མོས་རྣམ་བཀྲ་ཞིང་། །སྙན་པར་གྲགས་པའི་
སྒྲ་དབྱངས་རྣ་བར་འབབ། །ལྷངས་སྤྱོད་རིམ་ནད་འཕྲོག་པའི་གཡས་འཁྱིལ་
དུང་། །དུས་འདིར་འགྲོ་བའི་བསོད་ནམས་ཟིང་གིས་སྙེད། །ཚངས་དང་ཕུར་
བུའི་བློ་གྲོས་དཔྱང་བས་ཀྱང་། །འདེགས་པར་དཀའ་བའི་ཆོས་སྲིད་ཁུར་ཆེན་
པོ། །མཁྱེན་བཟང་སོར་མོའི་འདུ་བྱེད་གཅིག་ཉིད་ཀྱིས། །འདེགས་ཆེ་ཐ་གུའི་

ཧཱུྃ་ཡི་འཇུག་པའང་ཛུན། །གཅིག་ཏུ་དཀར་བའི་ཐུགས་བསྐྱེད་སྟོན་ཚན་ཟླ། །རང་དོན་ར་རིའི་རྟོགས་མས་ཅུང་ཟད་ཀྱང་། །མ་གོས་གདུལ་བྱའི་མཁའ་ལམ་ཡངས་པོ་རུ། །ངལ་མེད་རྟག་པར་རྒྱུ་འདི་མཆོག་ཏུ་མཚར། །གང་གི་མཛད་པའི་ཆ་ཤས་ཚུན་ཆད་ཀྱང་། །འཛམ་དཔལ་སྙིང་པོའི་རིང་ལུགས་ས་ལུའི་འབྲས། །འཕེལ་ཞིང་རྒྱས་པ་ཕོ་ནའི་རྒྱུར་སྨིན་པ། །ལྷབས་ཆེན་སྨོན་པའི་འབྲས་བཟང་བདོ་བའི་མཐུ། །གསང་བ་གསུམ་གྱི་མཛད་བཟང་ནོར་བུའི་གཟིམས། །སྡུག་བསྔལ་རྒྱ་བཙས་མུན་ཚོགས་དྲུང་ཕྱུང་སྟེ། །བསྐལ་བཟང་ཐོག་མའི་ངོ་མཚར་སྣང་བ་ཡིས། །འགོངས་བཞེད་ཁྱོད་ཀྱི་སྙིང་སྟོབས་སུ་ཡིས་དཔོགས། །ལེགས་ཉེས་འབྱེད་ལ་བློ་གྲོས་མཐུ་ལྡན་པའི། །གཟུར་གནས་ཀུན་གྱིས་གང་གི་རྣམ་ཐར་ལ། །བརྟགས་ཤིང་དཔྱད་ཚེ་ངོ་མཚར་འདབ་བརྒྱའི་འཕྲེང་། །ཕྱོགས་བརྒྱར་རྐྱོད་ཅིང་བསྟུགས་པའི་གེ་སར་གཡོ། །ཞེས་པ་ནི་བར་སྐབས་ཀྱི་ཚིགས་སུ་བཅད་པའི་འཕྲེང་བའོ། །

དེ་ནས་ཧོར་ཟླ་བརྒྱད་པ་གསར་མཚམས་སེར་འབྲས་ཀྱི་འཆར་ཅན་ཞབས་བརྟན་དང་། གཞན་ཡང་ཚེ་མཆོག་གླིང་དང་། སེར་སྤྱགས་པ། དགེ་འཕེལ་རི་ཁྲོད་པ་སོགས་ནས་ཀྱང་འཆར་ཅན་དཔྱར་མཇལ་དུ་བཅར་བ་རྣམས་ལ་མཇལ་ཁ་དང་། གཞུང་དོན་ལ་ཕྱོགས་ཐོན་བྱེད་མི་དྲུང་འཁོར་སོགས་ལ་ཐོན་གནང་། སྤྱི་སྒེར་གྱི་ཚོང་པའི་རིགས་དང་། ཕྱོགས་འགྲུལ་སྦྱིན་བདག་སོགས་རིམ་འགྲོར་རྣམས་ལ་མཇལ་ཁ། ལས་ཁུངས་སོ་སོ་ནས་སྐན་ཞུ་སོགས་ཀྱི་བཀའ་ལན་སྐུལ་འོས། ཞབས་བརྟན་རིམ་གྲོ་སྤྱན་གསལ་གྱིས་སྐྱབ་འོས་སོགས་བར་མ་ཆད་དུ་བསྐྱངས་སོ། །དེ་ནས་ཧོར་ཟླ་བཅུ་པ་གསར་འཕྲལ་བོད་བཞུགས་ཨམ་བན་སྤྱི་སོར་གཙང་དུས་སྐོར་ལ་ཐོན་པ་ཕྱིར་འགྲོར་གདོང་ཡ་མོན་

དུ་ཕྱིན་ནས་མཇལ་འཕྲད་དང་། ལས་དོན་སྐོར་གྱི་གསུང་མོལ་སོགས་ཞིབ་པར་མཛད། ཆོས་འཁོར་རྒྱལ་འདུས་སྤྱི་རྣམས་མཆོད་ཡོན་ལྷན་རྒྱས་སུ་ཞབས་བརྟན་འབུལ་བར་བཅར་སྐབས་མཇལ་ཕྱག་སོགས་འདོད་མོས་ལྟར་སྩལ་ཞིང་འདུས་པ་རྣམས་ལ་མང་ཇ་སོགས་ཀྱིས་བསྙེན་ཅིང་བཀུར་བའི་རིམ་པའང་རྒྱས་པར་མཛད། བཤད་གླིང་ནོ་མི་ཧན་གྱི་མཆོག་སྤྲུལ་གྲྭ་སར་འཇུག་སྒོ་མཛད་པའི་མཇལ་ཕྱག་ཏུ་ཕེབས་པར་ལྷན་རྒྱས་ཀྱི་ཐོག་ཆོས་དང་འབྲེལ་བའི་བཀའ་སློབ་དང་། གནང་སྐྱེས་སུ་ལྷ་རྫས་ནང་མཛོད་དང་། གསེར་ཟངས་སྐྱེང་མའི་ཐུབ་སྐུ་སོགས་སྩལ། ཟླ་བ་འདི་ནང་གསེར་གདུང་འཛམ་གླིང་རྒྱན་གཅིག་གིས་གཙོ་མཛད་པའི་རྟེན་གྱི་མཆོད་ཁང་། ཇོ་ཤཱཀ་སོགས་ཀུན་ལ་སྤྱན་གསལ་གྱི་མཆོད་འབུལ་དང་སྙན་ཤལ་སོགས་རྒྱ་ཆེ་བའི་ཐོག་བསྟན་པ་རྒྱས་པ་དང་འགྲོ་བ་བདེ་བའི་ཐུགས་སྨོན་བླ་ལྷག་ཏུ་མཛད། བསྟན་གླིང་མཆོག་སྤྲུལ་རིན་པོ་ཆེ་གོང་ཕྱོགས་ནས་ཕྱག་འཁོར་བའི་མཇལ་ཞུར་ཕྱིན་པར་ལྷན་རྒྱས་ཞིབ་ལྷིངས་མཛད་དེ་གཞིས་བྱེས་སྐོར་སོགས་ཀྱིས་མཚོན་པའི་གང་ཅིའི་གསུང་མཆིད་རྒྱས་པར་སྩལ། ལྷ་མཆོད་ཐོན་འཕྲུལ་རྒྱལ་དབང་མཆོག་བཅད་རྒྱར་བཞུགས་གདོང་མཇལ་ཕྱག་ཐོག་ལྷན་རྒྱས་ཡུན་རིང་ཙམ་མཛད་ཅིང་། དེ་ནས་མྱུར་བར་དབུས་གཙང་ཀུན་བདེ་གླིང་དུ་ཕྱིན་ནས་གཟིམས་ཚུང་ཤམ་ཟླ་ལར་ཉིན་གསུམ་གྱི་བར་དུ་གྲྭ་དམངས་དང་བཅས་ཏེ་ཆོས་སྲུང་རྣམས་ལ་གཟབ་གསོལ་གནང་སྒྲིན་མཛད། དེ་གོང་ཙམ་ནས་དབང་ཕྱོགས་བསྟན་པའི་སྲྀན་མེ་ཁལ་ཁ་རྗེ་བཙུན་དམ་པ་བོད་ཕྱོགས་སུ་ཕེབས་ཉེར་ཡོད་པ་སྔན་ལམ་དུ་སོན་པར། གཞུང་སྒེར་ནས་ཆིབས་བསུ་བ་རིམ་པར་ཐོན་པ་རྣམས་ལ་ཐོན་གནང་དང་། ཕེབས་ལམ་སྐོར་སོགས་གང་ཅིར་ལེ་འགྲིག་དགོས་པའི་བཀའ་སློབ་དང་། དེ་མཚུངས་ལྷ

ལྡན་སོགས་སུ་ཡང་བཞུགས་འཆོར་གྱིས་མཆོན་པའི་གྲ་སྒྲིག་ཚང་མ་འཐུས་ཚང་གླིང་མེད་དགོས་ཚུལ་ལས་ཁུངས་སོགས་སུ་བཀའ་ཁྱབ་རིམ་པར་སྩལ། ཧོར་ཟླ་བཅུ་གཅིག་པ་གསར་འཕྲུལ་ཙམ་ནས་བཅད་རྒྱུར་བཞུགས་ཏེ་བསྐྱེད་རྫོགས་ཀྱི་ཐུགས་དམ་ཉམས་བཞེས་ལ་རྩེ་གཅིག་ཏུ་འགྲུས་པར་མཛད། ཧོར་ཟླ་བཅུ་གཉིས་པ་གསར་མཚམས་སུ་ཁལ་ཁ་རྗེ་བཙུན་དམ་པ་ལྷ་ལྡན་དུ་ཕེབས་སྐབས་མགྲོན་གཉེར་ཆིབས་བསུར་ཆེད་མངགས་ཀྱི་གདོང་ལྷ་རྫས་ནང་མཛོད་དང་། གསེར་ཟངས་རྙིང་མའི་ཚེ་དཔག་མེད་ཀྱི་སྐུ་བརྙན་སོགས་འབུལ་བར་མཛད། ལྷ་ལྡན་དུ་ཕེབས་གྲུབ་ནས་ཀྱང་སྐུ་ཚབ་ཆེད་གཏོང་གིས་འཚམས་ཞུ་དང་ཟུར་ཆས་སོགས་ཀྱི་ནོམས་པར་འབུལ་བར་མཛད་ཅིང་། མགྱོགས་སྒྱུར་བཅད་རྒྱ་གྲོལ་བསྟུན་ཞིབ་མཇལ་ཚོག་པའི་བཀའ་ངག་སོགས་ཀྱང་སྩལ་བར་མཛད། ཆོས་བདུན་ཉིན་བཅད་རྒྱ་བཞེངས་ཏེ་ཁ་སྐོང་སྒྲིན་སྒྲིག་སོགས་ཀྱང་གནད་སྨིན་དུ་བསྐྱངས་ཟིན་བསྟུན་ཁལ་ཁ་རྗེ་བཙུན་དམ་པ་སྟོན་འཁོར་དང་མཇལ་འཕྲད་མཛད་དེ་གཞིས་བྱེས་ཀྱི་གསུང་མོལ་སོགས་ཞིབ་ལྷིངས་སུ་བསྐྱངས། ཆོས་བཅུ་བདུན་གྱི་ཉིན་གྲུ་འཛིན་ཕོ་བྲང་དུ་ཆིབས་བསྒྱུར་མཛད་དེ་དད་འདུས་རྣམས་ལ་མཇལ་ཕྱག་སོགས་རིམ་པར་སྩལ། གཞན་ཡང་སྨོན་ལམ་གྱི་ཐོ་སྒྲིག་དང་། ༧རྒྱལ་དབང་མཆོག་བཅད་རྒྱ་བཞེངས་པའི་མཇལ་ཞུ། སེ་རའི་ཕུར་མཇལ། རྣམ་རྒྱལ་གྲྭ་ཚང་བའི་དུས་གཏོར་འཆམ་གཟིགས་སོགས་སྤྱར་ལྷུར་མཛད་དོ། །

༈ དེ་ནས་མིག་དམར་ཞེས་པ་ཤིང་ཕོ་བྱི་བའི་གནམ་ལོའི་རང་ཞལ་གསར་ཆོས་ཀྱི་སྐབས་རྟེན་འབྲེལ་བཟང་པོའི་འདབ་བརྒྱ་ཕྱོགས་བརྒྱར་བཞད་པའི་ལེགས་བྱས་ཀྱི་མཛད་བཟང་སྤྱི་དང་། ༧རྒྱལ་དབང་མཆོག་ལ་ལོ་གསར་གྱི་མཇལ་ཞུ་དང་། དགེས་སྟོན་ཟ་ཕྱིར་རོལ་བཞེས་དང་། སེར་སྐྱ་མི་དྲག་ཀུན་ལ་

མཇལ་ཕྱག་སོགས་སྤྱར་ལམ་ལྷར་སྐུལ་ཞིང་སྨོན་ལམ་ཆེན་མོ་ཚོགས་གདོང་ཟླ་མ་ལས་སྣེ། གྲྭ་སྐོར་བ་སོགས་ལ་མཇལ་ཁ་དང་། བྱེད་སྒོ་རྣམས་འཐུས་ཚང་དགོས་པའི་བཀའ་བསྒྱུར་འདུས་པ་རྣམས་ལ་མང་འགྱེད་སྤྱི་འབུལ་བཅས་ཀྱི་བསྙེན་བཀུར་སོགས་རྒྱས་པར་སྐུལ། ཆོས་དགུའི་ཉིན་༧གོང་ས་རྒྱལ་དབང་མཆོད་ཡོན་ལྷན་རྒྱས་ལྷ་སྡེ་མི་སྡེའི་ཚོགས་ཀུན་གྱིས་ཆིབས་བསུ་དང་། སེར་མོ་བ་རྣམས་ནས་སེར་སྦྲེངས་དང་། ཕེབས་ལམ་དུ་འཕོད་པའི་སྐྱེ་བོ་ཐམས་ཅད་ཀྱིས་བསངས་རོལ་རྫ་བརྡུངས་དར་འཕྱར་སོགས་སྲིད་ཞུ་རྒྱ་ཆེན་པོ་དང་བཅས་ཏེ་གྲུ་འཛིན་ཕོ་བྲང་ནས་ལྷ་ལྡན་སྤྲུལ་པའི་གཙུག་ལག་ཁང་དུ་ཞབས་སོར་འཕོད་བསྟུན་ཨེ་ཝཾ་དུ་ཕེབས་སྟོན་གྱི་རིམ་པ་སོགས་ཀྱང་སྤྱར་ལྷག་ཏུ་མཛད། ཆོས་བཅུའི་ཉིན་རྩེ་ཤོད་ལྷན་རྒྱས་ཐུབ་ཀྭན་ཏུ་ཐོག་ཐུའི་དགོངས་རྫོགས་ཀྱི་ཚོགས་དབུ་དང་། ཆོས་བཅུ་གསུམ་གྱི་ཉིན་ཚེ་མཆོག་གླིང་ཟླ་བྲང་གི་ལེགས་སྐྱེས་ཀྱི་ཚོགས་དབུར་ཕེབས། འདི་སྐབས་ཚེ་གླིང་སྤྲུལ་སྐུ་རིན་པོ་ཆེར་༧གོང་ས་མཆོག་ནས་ཨེར་ཏེ་ནེ་ཏུ་ཐོག་ཐུའི་ཆོ་ལོ་ཐམ་ཀ་དང་བཅས་པ་སྐུལ་བར་མགོན་པོ་ཉིད་ནས་ཀྱང་ལེགས་སྐྱེས་ཀྱི་གནང་སྦྱིན་སོགས་སྐུལ་བར་མཛད། ཆོས་བཅོ་ལྔའི་སྤྱི་ཆར་༧རྒྱལ་དབང་མཆོག་ནས་འདུས་ཚོགས་སུ་གསུང་ཆོས་གནང་སྐབས་ཕེབས་བསྐྱོད་ཐོག་ཆོས་ཀྱི་བདུད་རྩི་ལ་ལོངས་སུ་སྤྱོད་པར་མཛད། དེ་ནས་མཆོད་ཡོན་ལྷན་རྒྱས་རྗེ་བཙུན་དམ་པས་སྨོན་ལམ་ཚོགས་དབུར་གདན་ཞུས་ལྟར་ཕྱོན་ཞིང་། གོང་གསལ་ཚོགས་དབུའི་སྦྱིན་བདག་མཛད་མི་ཐམས་ཅད་ནས་ཀྱང་༧གོང་ས་ཡབ་ཕྱིན་ལྷན་རྒྱས་སུ་༧ཞབས་པད་བསྐལ་བརྒྱར་བརྟན་པར་གསོལ་བ་འདེབས་པའི་སླད་དུ་སྲིད་ན་དགོན་པའི་རིན་ཐང་ཅན་གྱི་ཡོ་བྱད་མཐའ་ཀླས་པ་ཕངས་མེད་དུ་འཕྲེང་བར་སྤེལ་བའི་དངོས་བཤམས་ཀྱི་མཆོད་སྤྲིན་རྒྱ་ཆེན་པོ་

གསོལ་འདེབས་བདེན་པའི་ཚིག་གི་གྲུ་ཆར་འབེབས་བཞིན་དུ་ཕུལ་བ་དང་ལྷན་ཅིག་པར་རིག་གྲོལ་གཉིས་ལྡན་གྱི་འདུས་པ་རྒྱ་མཚོའི་ཚོགས་ལ་འང་མང་འགྱེད་ཀྱི་འབུལ་ལ་སོགས་པ་བསྙེན་ཅིང་བཀུར་བ་གྱ་ནོམས་པ་ཕྱར་མི་གྲགས་ལྷ་བུར་འབུལ་བར་མཛད་ལ། ཇི་ལྟར་ཕུལ་བ་དེ་ཐམས་ཅད་ཀྱི་རླབས་ཆེན་དགེ་བའི་རྩ་བ་རྣམས་བར་མ་དོར་ཆུད་མི་ཟ་བར་འགྲོ་ཀུན་བླ་ན་མེད་པའི་བྱང་ཆུབ་ཐོབ་པའི་རྒྱུ་ཚོགས་སུ་སྨིན་པའི་ཐུགས་སྨོན་མཚམས་སྦྱོར་ལ་སོགས་པ་ཤིན་ཏུ་རྣམ་པར་དག་པར་མཛད། ཆོས་བཅོ་ལྔའི་ཉིན་གསོལ་ཚོགས་གྲུབ་བསྟུན་༧རྒྱལ་དབང་འཇིག་རྟེན་གསུམ་མགོན་སྨོན་ལམ་གྱི་ཚོགས་ཕེབས་མཛད་པར་ཞབས་ཕྱིར་ཕྱོན་ཏེ་འགྲོ་བ་ཀུན་ལ་གནས་སྐབས་དང་མཐར་ཐུག་ཏུ་དགེ་བའི་ཞལ་འདོན་སྨོན་ལམ་གྱི་རིམ་པ་རྒྱ་ཆེར་མཛད་ནས་སྨོན་ལམ་གྲུབ་བསྟུན་ལྷན་རྒྱས་ཇོ་ཤཱཀ་རྣམ་གཉིས་སོགས་རྟེན་གསུམ་རྣམས་ལ་གནས་གཟིགས་མཆོད་སྨོན་དང་། དཔལ་ལྷར་འཕྲིན་བཅོལ་སོགས་གནང་སྨིན་དུ་བསྐྱངས། ཆོས་བཅུ་བདུན་གྱི་ཉིན་༧གོང་ས་རྒྱལ་དབང་མཆོག་འགྲོ་བ་ལྷ་དང་བཅས་པ་མ་ལུས་པར་བཀུར་བསྟི་དང་སྲིད་ཞུ་བླ་ན་མེད་པས་མངོན་པར་མཆོད་བཞིན་པར་གྲུ་འཛིན་གཞལ་མེད་ཁང་དུ་ཆིབས་ཞལ་བསྒྱུར་སྐབས་ཕེབས་སྐྱེལ་ཞབས་ཕྱིར་ཕྱོན་ནས་སླར་ཡང་རྗེ་ཉིད་ལྷ་ལྡན་དུ་ཕེབས་བསྐྱོད་མཛད། གོང་གསལ་ཚོགས་དབུའི་སྦྱིན་བདག་མཛད་པ་པོ་རྣམས་ལ་སོ་སོར་གོ་བབ་ལྟར་གྱི་སློག་ཆ་གནང་སྐྱེས་ཀྱི་རིམ་པའང་དཔངས་མཐོ་བར་སྩལ་ཞིང་། གཞན་ཡང་སྨོན་ལམ་གྱི་ཐོག་མཐའ་བར་མ་ཆེ་རིགས་པར་༧ལྷུང་སྐུ་ཐམས་ཅད་མཁྱེན་པ་དང་། བསྟན་གླིང་མཆོག་སྤྲུལ་རིན་པོ་ཆེ། བཤད་གླིང་ནོ་མི་ཧན་མཆོག་སྤྲུལ་སོགས་མཇལ་ཕྱག་ཏུ་ཕྱོན་པར་གསོལ་ཚོགས་ལྷན་རྒྱས་དང་བསྟན་པར་སྨན་པའི་གསུང་མཆིད་བཀའ་སློབ་

སོགས་རྒྱས་པར་མཛད། སྨོན་ལམ་གྲོལ་བསྟུན་རྩེར་ཕེབས་བསྐྱོད་ཐོག་སེར་འབྲས་དགེ་གསུམ་གྱི་བླ་མ་ལས་སྣེ། ལྷ་རམས་པ་སོགས་ལ་མཇལ་ཁ་གནང་སྦྱིན་དང་བཅས་པ་སྩལ། གནམ་གང་གི་ཉིན་གོང་ས་རྒྱལ་དབང་མཆོག་ལ་གནས་བཅུའི་གསུང་ཚོག་དང་འབྲེལ་བའི་སྒོ་ནས་བརྟན་བཞུགས་དང་དངོས་བཤམས་ཀྱི་འབུལ་བ་རྒྱ་ཆེར་ཕུལ་བར་མཛད་ཅིང་། ཧོར་ཟླ་གཉིས་པའི་ཚེས་གཅིག་ནས་རེ་ཞིག་གི་བར་༧རྒྱལ་དབང་མཆོག་བཅད་རྒྱར་བཞུགས་བཞིན་ལ་ལྷན་རྒྱས་རྒྱུན་རིང་པོར་མཛད་ནས་ཆོས་སྲིད་ཀྱི་ལས་དོན་སྐོར་སོགས་གསུང་མོལ་ཞིབ་པར་བསྐྱངས། གོང་ཟླའི་ཚེས་བཅུ་བཞིའི་ཉིན་༧སྐྱབས་མགོན་ཉིད་དང་། རྭ་སྒྲེང་ཁྲི་ཆེན་རྡོ་རྗེ་འཆང་། ལྷུང་སྐྱ་མཆོག་སྤྲུལ་རིན་པོ་ཆེ་བཅས་དགའ་བ་གདོང་དུ་ཆིབས་བསྐྱོད་ཐོག །ཆོས་སྐྱོང་ཆེན་པོར་སྤྱན་འདྲེན་གཟབ་གསོལ་དང་སྤྱན་གཟིགས་མཆོད་རྫས་སོགས་ཀྱང་རྒྱ་ཆེར་འབུལ་གནང་གིས་ཆོས་མཐུན་གྱི་འཕྲིན་ལས་སྒྲུབ་པར་བཀའ་བསྒོ་བར་མཛད། ཀུན་བདེ་གླིང་གི་མགོན་ཁང་སྟེང་མའི་ནང་དུ་སྐུ་ལྷ་དང་དམ་ཅན་བཅས་ཀྱི་རྟེན་མདོས་གསར་འཛུགས་སུ་མཛད་དགོས་བཀའ་ཁྱབ་གནང་དོན་ལྟར་གནས་ཆུང་དྲུང་ཡིག་ལགས་ནས་རིག་འཛིན་བརྒྱུད་པའི་ཕྱག་ལེན་བླ་མ་དག་གི་སྒོ་ནས་ཤིན་ཏུ་རྒྱས་ཤིང་ཚང་བར་གྲུབ་པར་མཛད་ལ། གྲུབ་བསྟུན་དྲུང་ཡིག་དང་། གནས་ཆུང་པའི་གྲྭ་རིགས་རྣམས་ལ་སྐུ་ཡོན་སོགས་ཀྱང་གཟབ་རྒྱས་བཀའ་དྲིན་ཆེ་བར་གྱུར། ལྷ་ལྡན་ཚོགས་མཆོད་ཆེན་མོའི་སྐབས་ཀྱི་རྣམ་དཀར་གྱི་མཛད་སྒོ་རྣམས་ཀྱང་སྔར་སྲོལ་ལྟར་བསྐྱངས་ཤིང་། ཚེས་ཉེར་དགུའི་ཉིན་༧རྒྱལ་དབང་མཆོག་བཅད་རྒྱ་བཞེངས་པར་མཇལ་ཕྱག་ཐོག་ལྷན་རྒྱས་གསུང་མོལ་ཞིབ་ལྷིངས་སུ་མཛད། གནམ་གང་གི་ཉིན་ཚོགས་མཆོད་སེར་སྦྲེངས་ལ་གཟིགས་རྟོག་དང་།

ཧོར་ཟླ་གསུམ་པ་གསར་འཕྲུལ་༸རྒྱལ་སྲས་རྡོ་རྗེ་འཆང་ཆེན་པོ་རྗེ་བཙུན་དམ་པར་དུས་འཁོར་གྱི་དབང་ཆེན་སོགས་འབུལ་བར་ཆེད་ཕེབས་མཛད་པར་ཞིབ་མཇལ་དང་དམ་པའི་ཆོས་ཀྱི་གསུང་མཆིད་སྩལ་རེས་སུ་མཛད། མདའ་དཔོན་ཟུར་ཁང་པ་བཀའ་བློན་གྱི་གོ་སར་ཕེབས་པའི་མཇལ་ཕྱག་ཏུ་བཅར་བར་མཇལ་ཁ་དང་། གཞུང་དོན་ཁར་རྒྱུར་ལྷག་བསམ་ཡར་ལྡན་དུ་དགོས་པའི་བཀའ་སློབ་ཀྱང་སྩལ། འདི་སྐབས་༸གོང་ས་རྒྱལ་དབང་འཇིག་རྟེན་གསུམ་མགོན་ཆེན་པོ་སྐུ་འཁྲུག་གི་རྣམ་པ་ཅུང་ཟད་བཞེས་པར་མ་ཟད་སྤྱི་སོར་ཟླ་བ་བཅུ་གཉིས་པའི་གནམ་གང་གི་ཉིན་ཉི་འཛིན་བྱུང་བ་དང་། དེ་རྗེས་ལོ་གསར་ཚེས་གཅིག་གི་ཉིན་ཁ་བ་ཆེ་ཙམ་བབ་པ་སོགས་རྟགས་དང་རྟེན་འབྲེལ་ངན་པ་དུ་མ་ཞིག་བྱུང་བར་འགྲོ་བ་རྣམས་བསོད་ནམས་དམན་པས་བགེགས་དབང་དུ་འགྱུར་ཉེན་བཅས། ཞབས་བརྟན་གྱི་རིམ་པ་འབད་ནས་སྒྲུབ་དགོས་པར་དགོངས་ནས་གཙོ་བོར་༸གོང་ས་མཆོག་ལ་ཡང་སྙན་ཞུ་དགོངས་བསྐུལ་དང་། ལྷ་དང་བླ་མ་ཀུན་ལ་ཐུགས་བརྟགས་དང་། མགོན་པོ་ཉིད་རང་གི་དགོངས་དཔྱད་སོགས་ཀྱི་སྒོ་ནས། སེར་འབྲས་དགེ་གསུམ། རྒྱུད་གྲྭ་སྟོད་སྨད་སོགས་ཉེ་འཁོར་དང་། ཕྱོགས་མཐའི་རིས་མེད་ཀྱི་འདུས་སྡེ་ཡོད་དོ་ཅོག་ཐམས་ཅད་དུ་མང་འགྱེད་དང་། ཆོས་སྐྱོང་རྣམས་ལ་བསྐང་འཕྲིན། གནས་ཆེན་ཁག་ལ་མཆོད་སྨོན་སོགས་མཐའ་གླས་པ་རྒྱུན་ཆགས་སུ་སྒྲུབ་དགོས་ཚུལ་ལས་ཁུངས་སོགས་ལ་བཀའ་ཁྱབ་མཐིལ་ཕྱིན་དུ་སྩལ། ཆོས་བརྒྱད་ཉིན་བརྒྱད་གཏོར་གྱི་མཇལ་ཁ་སོགས་སྤར་ཐུས་ལྷར་དང་། བཅུ་བཞི་ལ་དུས་འཁོར་མཆོད་གར་གྱི་གཟིགས་མོ་ལ་མཆོད་ཡོན་རྣམ་གཉིས་དང་། ༸རྒྱལ་སྲས་རྡོ་རྗེ་འཆང་བཅས་ལྷན་རྒྱས་སུ་ཕེབས་བསྐྱོད་མཛད་ཅིང་དེ་དག་གི་སྐབས་སུ་༸རྒྱལ་དབང་མཆོག་ལ་ལེགས་དར་

སོགས་ཀྱང་འཆར་ཅན་ལྟར་འབུལ་བར་མཛད། ཆོས་བཅུ་དྲུག་གི་ཉིན་རྒྱལ་སྲས་རིན་པོ་ཆེ་ནས་རྗེ་བཙུན་དམ་པས་གཙོ་མཛད་པའི་བསྟན་འཛིན་བདག་ཉིད་ཆེན་པོ་རྣམས་ལ་དང་པོའི་སངས་རྒྱས་དུས་ཀྱི་འཁོར་ལོའི་དབང་ཆེན་སྩལ་བར་སྐུ་སྐྱེར་ནས་མཎྜལ་རྟེན་གསུམ་ལྷ་རེག ། རིན་ཆེན་དང་པོ་བརྒྱད་རྫོ་སོགས་ཀྱིས་གཙོས་པའི་གཏང་རག་ལེགས་འབུལ་གྱུ་ནོམས་པ་དང་། ཆོས་བཅུ་བདུན་གྱི་ཉིན་མཆོད་ཡོན་རྣམ་གཉིས་དང་། རྒྱལ་སྲས་རིན་པོ་ཆེ་བཅས་དུས་འཁོར་ཚོགས་དབུས་སུ་ཕེབས་བསྐྱོད་ཕྱག་མགོན་པོ་ཉིད་ནས་༄རྒྱལ་དབང་མཆོག་ལ་དངོས་འགྱུར་གྱི་འབུལ་སྐྱེས་དང་། རྒྱལ་སྲས་རྡོ་རྗེ་འཆང་ལའང་ལེགས་སྐྱེས། དེ་མཚུངས་གསུང་ཚོག་པ་ཀུན་ལའང་མང་འགྱེད་སོགས་ཀྱི་བཀའ་དྲིན་སྩལ་བར་མཛད་དེ། དེས་ན་ཚུལ་འདི་རྣམས་ནི་བོད་ཡུལ་གྱི་ལྗོངས་འདིར་ཐེག་པ་ཐམས་ཅད་ཀྱི་མཆོག་གྱུར་དང་པོའི་སངས་རྒྱས་དུས་ཀྱི་འཁོར་ལོའི་བསྟན་པ་ཉིན་མོ་ལྟར་གསལ་བར་བྱས་ནས་གདུལ་བྱ་མཐའ་དག་རྡོ་རྗེ་ཐེག་པའི་ལམ་དྲང་པོར་འཛུད་པར་བཞེད་པའི་ཐུགས་བསྐྱེད་བཟང་པོས་ཀུན་ནས་བསླངས་པའི་མཛད་པ་ཤིན་ཏུ་རྨད་དུ་བྱུང་བའོ། །

དེ་ལ་འདི་སྐད་ཅེས་བྱ་སྟེ། རྒྱལ་བའི་གསུང་རབ་ཀུན་གྱི་རབ་དང་ཕུལ། །རྡོ་རྗེ་ཐེག་པར་གྲགས་པ་ཉིད་ཡིན་ཅིང་། །དེ་ཡི་ཉིང་ཁུར་གྱུར་པའི་ཆོས་ཚུལ་ནི། །དཔལ་ལྡན་དང་པོའི་སངས་རྒྱས་རྒྱུད་ཆེན་ཉིད། །ཚུལ་དེ་བྱང་ཕྱོགས་ཀ་ལ་པའི་གྲོང་དུ། །རིགས་ལྡན་ཆོས་ཀྱི་རྒྱལ་པོའི་ཚོགས་རྣམས་ཀྱི། །གསུང་གི་ཟེར་བརྒྱས་ཕྱེ་བས་གདུལ་བྱ་ཀུན། །རང་གིར་ལོངས་སུ་སྤྱོད་ཅེས་སྙན་པའི་གཏམ། །གངས་ཅན་ར་བའི་ཁྲོད་འདིར་གྲགས་པའི་ཚེ། །ཤེས་ལྡན་ཕལ་ཆེར་ཡིད་ཀྱི་པད་མོ་ནི། །ངོ་མཚར་བྱུང་བའི་གདངས་དང་འགྲོགས་

བཞིན་པར། །ཕྱོགས་དེར་སྨོན་པའི་མགོ་ལྡོག་ལན་བརྒྱར་ལྡེམས། །དེ་ལྟ་ནའང་མགོན་པོ་ཁྱེད་རྣམས་ཀྱིས། །ཚུལ་དེའི་སྨིན་དང་གྲོལ་བའི་ལམ་གྱི་གནད། །མ་ལུས་ཐང་མར་གདལ་ཚེ་སྐལ་ལྡན་རྣམས། །གཞན་དུ་སྨོན་པའི་བསམ་པའང་བག་ལ་ཞ། །ཕྱི་ནང་གཞན་གསུམ་དུས་ཀྱི་འཁོར་ལོའི་ཚུལ། །འཆད་ཅིང་སྤྱེལ་ལ་གཞན་དྲིང་མི་འཛོག་པའི། །རྒྱལ་སྲས་སྨྲ་བའི་ཟླ་བ་མཆེས་བཞིན་དུ། །དང་པོའི་སངས་རྒྱས་གཞན་དུ་ཅི་ཞིག་སེམས། །སྟོན་ཚེ་རིགས་ལྡན་གྲགས་པའི་མཚན་ཅན་གྱིས། །སྨོད་ལྡན་མཐའ་དག་རྡོ་རྗེའི་རིགས་གཅིག་ཏུ། །མཛད་པའི་སྐལ་བ་བཟང་པོའི་དགའ་སྟོན་དེ། །དེང་དུས་སྣ་ལའི་སྣན་ལྗོངས་འདིར་ཡང་གསལ། །མདོ་རྒྱུད་གཞན་དང་བཤད་སྲོལ་མི་འདྲ་བའི། །དགའ་བའི་གནད་ཀུན་དམ་པ་ཁྱེད་རྣམས་ཀྱིས། །མཁྱེན་པས་དུས་གཅིག་དཀྱིལ་ཆེ་སྟོན་ཕྱིན་གྱི། །དུས་ཞབས་ཆེ་རྣམས་སྐེམས་པ་ཐུང་ངུར་བྱས། །ཞེས་ཆེད་དུ་བརྗོད་པའི་ཚིག་གི་མེ་ཏོག་མངོན་པར་འཐོར་བར་རིགས་སོ། །

དེ་སྐབས་ཚེ་མཆོག་གླིང་སྤྲུལ་སྐུ་སྐྱིད་གྲོང་བསམ་གཏན་གླིང་དུ་ཕེབས་ཕྱུར་ཐོན་གནང་དང་། གཞན་ཡང་ཕྱོགས་ཐོན་བྱེད་མིའི་རིགས་མཆོག་དམན་རྣམས་ལ་ཐོན་གནང་སོགས་རིམ་པར་སྩལ། ལྷུང་སྐུ་རིན་པོ་ཆེའི་ཡོངས་འཛིན་རྙིང་པ་མདུང་ནག་ཞབས་དྲུང་དགོངས་ཞུས་ཀྱིས་རང་ཡུལ་དུ་ཕེབས་པར་ཡོངས་འཛིན་གསར་པ་རྗེ་ཤོད་བཀའ་མོལ་གྱི་ཐོག་ནས་ར་སྒྲེང་ཁྲི་ཆེན་རྡོ་རྗེ་འཆང་ཆེན་པོར་མཛད་དགོས་ཕེབས་པ་དང་ལྷན་ཅིག་བླ་སློབ་རྣམ་གཉིས་སོ་སོར་འཛམ་མགོན་བསྟན་པའི་གསོས་སུ་སྨིན་པའི་མཛད་བཟང་དབྱར་མཚོའི་གང་བར་འགྲན་པ་དགོས་ཚུལ་གྱི་བཀའ་མཆིད་གནང་སྐྱེས་དང་བཅས་པ་སྩལ་བར་མཛད། ས་ག་ཟླ་བའི་ཚེས་བཅུ་བཞིའི་ཉིན་རྒྱལ་སྲས་རིན་པོ་ཆེ་ནས་རྗེ་

བཙུན་དམ་པར་ལམ་རིམ་གྱི་བཀའ་ཆོས་སྩལ་བའི་སེམས་བསྐྱེད་མཆོད་པའི་ཉིན་ཆོས་འཁོར་བསྐོར་བའི་གཏང་རག་གི་ལེགས་སྐྱེས་རྒྱ་ཆེར་འབུལ་གནང་དང་། ཆོས་བཅོ་ལྔའི་ཉིན་༸གོང་ས་མཆོག་ནས་རྗེ་བཙུན་དམ་པར་བསྙེན་རྫོགས་ཀྱི་བཀའ་དྲིན་སྩལ་ཏེ་འདུལ་བསྟན་ཉིན་མོར་མཛད་པའི་ལེགས་སྐྱེས་སུ། ༸རྒྱལ་དབང་མཆོག་ལ་ཞིང་ཁམས་རྒྱ་མཚོའི་བཀོད་པ་དང་རྟེན་གསུམ་སོགས་ཀྱིས་སྣ་དྲངས་པའི་དངོས་འབུལ་དང་། དེ་མཚུངས་རྗེ་བཙུན་དམ་པར་ཡང་ཐུབ་པའི་བསྟན་ལ་ཐུབ་དབང་གཉིས་པ་ལྟ་བུར་དབང་བསྐུར་བའི་རྟེན་འབྲེལ་དུ་ཤཱཀྱའི་རྒྱལ་པོའི་སྐུ་བརྙན་སོགས་ཀྱིས་གཙོས་པའི་ལེགས་འབུལ་གཏོས་ཆེ་བར་སྩལ་ཞིང་། ཆོས་བཅུ་དྲུག་ཉིན་རྗེ་བཙུན་དམ་པ་ནས་བསྙེན་རྫོགས་སྩལ་བའི་ལེགས་འབུལ་དགའ་སྟོན་དུ་ཚོམས་ཆེན་ཉིང་པར་གསོལ་སྟོན་གྱི་ཐོག་མཆོད་ཡོན་ལྷན་རྒྱས་སུ་མཇལ་གྱི་གསུང་བཤད་དང་བཅས་ཏེ་ལེགས་སྐྱེས་ཀྱི་མཆོད་སྤྲིན་རྒྱ་ཆེར་འགྱེད་པ་རྣམས་བདག་གིར་དུ་བཞེས། དེ་མཚུངས་ཆོས་བཅོ་བརྒྱད་ཉིན་ལྷ་ཀླུའི་གསོལ་སྟོན་སོགས་ལའང་ཕེབས་བསྐྱོད་མཛད། དེ་ནས་ཀུན་བདེ་གླིང་དུ་ཕྱིན་ཏེ་༸རྒྱལ་སྲས་རྡོ་རྗེ་འཆང་ཆེན་པོའང་གདན་ཞུ་མཛད་ནས་ཚེ་དབང་སོགས་ཆོས་བཀའ་འགའ་ཞིག་གསན་བཞེས་དང་། སྟོན་འཁོར་ཚང་མར་གསོལ་ཞབས་དཀར་སྒྲོ་སོགས་གཟབ་རྒྱས་སུ་བསྟར་ཞིང་། ལྷག་པར་རྒྱལ་སྲས་རིན་པོ་ཆེར་༸རྒྱལ་དབང་མཆོག་ནས་ས་མ་ཏི་པཀྵིའི་ཚོ་ལོ་སོགས་བདག་རྐྱེན་གཟེངས་བསྟོད་ཚད་མེད་པར་སྩལ་བའི་ལེགས་སྐྱེས་ཐོན་གནང་དང་འབྲེལ་བའི་གནང་སྐྱེས་བཟང་ཞིང་ཚར་དུ་དངར་བ་དང་། རིང་མིན་ལྷོ་ཁ་ཕྱོགས་སུ་ཕེབས་རྩིས་ལ་སྙེགས་དུས་ཀྱི་བསྟན་འགྲོར་སྨན་པའི་ཐུགས་འདུན་མི་གཡེལ་བར་དགོས་ཚུལ་དང་། ཞབས་པད་ཡུན་རིང་དུ་བརྟན་པ་

སོགས་ཀྱི་གསོལ་བ་འདེབས་པར་མཛད། རྗེ་བཙུན་དམ་པ་བཀྲས་ལྷུན་དུ་ཕེབས་བཞེད་ལ་ལྷན་རྒྱས་ཕོག་ཕོན་ཕྱག་དང་། དེ་མཚུངས་སྡེ་ཤཱན་པ་སོགས་ཞབས་ཕྱིར་འགྲོ་མི་གཞུང་དྲུང་སེར་སྐྱ་རྣམས་ཡའང་ཕོན་གནང་བཀའ་སློབ་སོགས་སྩལ། ཧོར་ཟླ་ལྔ་པའི་ནང་བོད་བཞུགས་གཡེང་ཨམ་བན་དབང་ཕྱོགས་སུ་བསྐྱོད་གདོང་ཕོན་གནང་དངོས་སྐྱེས་སོགས་གཏོས་ཆེ་བ་དང་། ཨམ་བན་ཕེབས་སྐྱེལ་དུ་ཕོན་མི་བཀའ་བློན་ཁྲི་མོན་པ་ངོ་གཡོག་རྣམས་ཡའང་ཕོན་ཕྱག་གནང་སྦྱིན་དང་ལས་དོན་སྐོར་གྱི་བཀའ་མཆིད་སོགས་རྒྱས་པར་སྩལ་ཞིང་། ཚེས་བཅུ་གཅིག་ཉིན་ཨམ་བན་གྱི་སྐྱེལ་མར་གྲུ་ཁའི་བར་ཕེབས་བསྐྱོད་མཛད་ཕོག ། ཨམ་བན་ལ་ཕེབས་དར་དང་༧གོང་མ་ཆེན་པོར་འཚམས་ཞུ་སོགས་ལུགས་སྲོལ་ལྟར་མཛད། དེ་མཚུངས་ཁྲིན་ཨམ་བན་བོད་དུ་འགྱུར་བར་བསུ་བ་མཇལ་འཕྲད་སོགས་ཀྱང་སྔར་སྲོལ་བཞིན་བསྐྱངས། ཨམ་བན་འདི་གདོང་༧གོང་མ་ཆེན་པོ་ནས་མཆོད་ཡོན་སོ་སོར་གསེར་གྱི་བཀའ་བཟང་པོ་དང་སེར་འབྲས་དགེ་གསུམ་གྱི་འཆད་ཉན་སོགས་བསྟན་པའི་བྱ་བ་ཡར་རྒྱས་སུ་དགོས་པའི་བཀའ་མཆིད་བཅས་ཕེབས་པར་གདན་ས་གསུམ་སོགས་ལ་དམིགས་བསལ་གྱི་བཀའ་ཁྱབ་དང་། ཨམ་བན་ལ་གནང་སྦྱིན་སོགས་ཀྱང་ལེགས་པར་བསྟར། ར་སྒྲེང་ཁྲི་ཆེན་མཆོག་ནས་ལྷ་ལྡན་བཞི་སྡེར་འདུས་པ་རྒྱ་མཚོར་བདེ་ལམ་གྱི་ཁྲིད་ལུང་སྩལ་བར་གཏང་རག་ལེགས་སྐྱེས་སོགས་སྔར་ལྷག་ཏུ་བསྐྱངས། ཧོར་ཟླ་དྲུག་པའི་ཚེས་བཞིའི་ཉིན་སྤྲ་སོར་༧རྒྱལ་དབང་མཆོག་ནས་གྲུ་འཛིན་ཕོ་བྲང་གི་སྐུ་རྟེན་འགའ་ཞིག་ལ་གཟུངས་འབུལ་བསྐྱར་གསོ་མཛད་པ་རྣམས་ལེགས་པར་གྲུབ་སྟེ་རབ་ཏུ་གནས་པ་མཛད་སྐབས་སྐྱབས་མགོན་རྒྱལ་བའི་དབང་པོར་གཏང་རག་ལེགས་འབུལ་གྱི་མཆོད་སྦྱིན་དང་། གསུང་ཆོག་པ་སོགས་ཀུན་ལ་

ཡོན་སོགས་ལེགས་པར་སྩལ། ཆོས་བཅོ་ལྔའི་ཉིན་༧གོང་ས་མཆོག་གི་ཞབས་བརྟན་དུ་དམིགས་ཏེ་ལྷ་ལྡན་ཇོ་ཤཱཀ་ཡིད་བཞིན་ནོར་བུར་སྟོང་མཆོད་རྒྱས་པའི་ཐོག་སྙན་ཤལ། གསེར་གསོལ། དེས་མཚོན་པའི་རྟེན་གསུམ་ཡོད་དོ་ཅོག་ཀུན་ལ་མཆོད་འབུལ་སྙན་ཤལ་སོགས་ཚད་མེད་པ་འབུལ་བར་མཛད་ནས་༧རྒྱལ་དབང་མཆོག་ཐ་མལ་གདུལ་བྱའི་སྣང་ངོར་སྐུ་འཁྲུག་བཞེས་ཚུལ་བསྟན་པ་འདི་བཞིན་གཞི་མེད་སིངས་དྭངས་སུ་འགྱུར་བ་དང་། ཞབས་ཟུང་ངེས་པ་ལྔའི་ངོ་པོར་བརྟན་ཅིང་མཛད་འཕྲིན་དབྱར་མཚོ་ལྟར་འཕེལ་བ་སོགས་ཀྱི་ཐུགས་སྨོན་རྒྱ་ཆེ་གནང་སྨོན་དུ་བསྐྱངས། ཆོས་ཉེར་བཞིའི་ཉིན་༧གོང་ས་མཆོག་ནོར་གླིང་བསྐལ་བཟང་ཕོ་བྲང་དུ་སྨན་ཆབ་ཀྱི་འཕྲོད་བཞེས་ལ་ཕྱིན་ཏེ་རེ་ཞིག་གཏན་ཆགས་སུ་བཞུགས་བཞེད་ཀྱི་ཞབས་ཕྱིར་ཕེབས་བསྐྱོད་མཛད། འོན་ཀྱང་འདི་སྐབས་རྗེ་ཉིད་ཐུགས་གཡེངས་འགའི་བབ་ཀྱིས་ཆབ་སར་བཞུགས་འཇགས་མ་མཛད་པར་ཆིབས་སྐྱོལ་གྲུབ་བསྟུན་ཀུན་གླིང་དུ་ཕྱིན། དེ་སྐབས་ཁལ་ཁ་རྗེ་བཙུན་དམ་པའང་གཙང་ནས་ཕྱག་འཁོར་བས་མཇལ་འཕྲད་གསུང་གླིང་སོགས་ཞིབ་ལྷིངས་དང་། མི་རིང་བར་རྗེ་བཙུན་དམ་པ་དབང་ཕྱོགས་ཀྱི་བརྒྱུད་དུ་འབྱོན་བཞེད་ལ་ཧོར་ཟླ་བདུན་པའི་ཆོས་བཅོ་ལྔའི་ཉིན་མཆོད་ཡོན་ལྷན་རྒྱས་རྩེར་ཕེབས་ཏེ་ཚོམས་ཆེན་སྙིང་པར་ཡབ་སྲས་མཆོད་ཡོན་གསུམ་ཆར་གསེར་ཞལ་ལྷན་རྒྱས་ཐོག ། རྗེ་བཙུན་དམ་པ་སྟོན་འཁོར་ཚང་མར་གཞུང་ས་མཆོག་ནས་ཕེབས་སྟོན་གྱི་རིམ་པ་གཟབ་རྒྱས་དང་། རྩེ་ཤོད་སོ་སོ་ནས་ཕེབས་རྫོངས་དངོས་འབུལ་གྱི་རིམ་པའང་བསམ་ལས་འདས་པ་སྩལ་བར་མཛད། དེ་ཁའི་ཉིན་ཕྱི་དྲོ་༧རྒྱལ་དབང་མཆོག་སླར་ཡང་ནོར་གླིང་དུ་ཕྱིན་ནས་ཞག་འགའ་ཆབ་བཞེས་དང་། ཐུགས་སྨོའི་ངང་དུ་བཞུགས་འཇགས་མཛད་བཞེད་ཀྱི་ཞབས་

ཕྱིར་ཕྱོན་ནས་ནོར་གླིང་དུ་ཞབས་སོར་འཁོད་གྲུབ་བསྟུན་རྗེ་ཉིད་སླར་ཡང་ཀུན་གླིང་དུ་ཕྱིར་ཐེབས་མཛད། ཆོས་བཅུ་དྲུག་ཉིན་རྗེ་བཙུན་དམ་པ་སྟོན་འཁོར་རྣམས་ཀུན་གླིང་དུ་ཐེབས་པར་ལྷན་རྒྱས་ཡུན་རིང་པོར་མཛད་དེ་ཐན་ཚུན་ཐུགས་ཤིན་ཏུ་བརྩེ་བས་བཀའ་མཆིད་ཟབ་ཅིང་རྒྱ་ཆེ་བ་སྐྱལ་རེས་སུ་མཛད་ཅིང་སྟོན་འཁོར་ཚང་མར་གསོལ་ཞབས་དཀར་སྤྲོ་དང་གནང་སྐྱེས་སོགས་ཀྱང་རྒྱ་ནོམས་སུ་བསྩལ། ཆོས་ཉེར་ལྔ་ཉིན་༸རྒྱལ་དབང་འཇིག་རྟེན་གསུམ་མགོན་ནོར་གླིང་ནས་ཆིབས་ཞལ་བསྒྱུར་སྐབས་ཞབས་ཕྱིར་ཕྱོན་ཏེ་ལྷན་རྒྱས་གྲུ་འཛིན་ཕོ་བྲང་དུ་ཞབས་པད་གཏན་ཆགས་པར་བཀོད། འདི་སྐབས་༸གོང་ས་སྐྱབས་མགོན་མཆོག་སྐུ་འཕྲུག་བབ་ལྕི་བར་བཞེས་ཀྱང་སེར་འབྲས་ཀྱི་སྤྱོངས་རྒྱུར་༸ཞབས་བརྟན་མཛལ་ཁ་སྤྱར་རྒྱུན་གནང་རྗེས་ལ། ༸མགོན་པོ་ཉིད་ནས་ད་རེས་སྐུ་ཁམས་ཀྱི་བབ་དང་བཅས་རེ་ཞིག་ངང་འཐེན་ཐུགས་རྗེ་ཆེ་ཐོག་སྐུ་འཕྲུག་དྭངས་ནས་སྐྱལ་ཆོག་པ་ཞེས་ནན་ཆེར་ཞུ་བར་མཛད་ནའང་སྐུ་ཚེ་མཐའ་མའི་མཛད་པ་བསྟན་པའི་དུས་ལ་བབ་པར་གཟིགས་པའི་དབང་གིས་ད་རེས་ཅིས་ཀྱང་གཏོང་དགོས་ཞེས་གསན་བཞེས་མ་གནང་བར་བརྟེན། ཧོར་ཟླ་བརྒྱད་པ་གསར་མཚམས་སེར་འབྲས་ཀྱི་འཆར་ཅན་ཞབས་བརྟན་འབུལ་བཞེས་དང་། གྲྭ་དམངས་ལ་མཛལ་ཁ་སོགས་གཟིམས་ཆུང་ཉི་འོད་དུ་སྐྱལ་བར་མཛད། དེ་རྗེས་གཟའ་སྐར་དུས་ཚེས་སོགས་ཕུན་སུམ་ཚོགས་པའི་ཉིན་༸སྐྱབས་མགོན་ཉིད་དང་དྲུང་སྒྲི་བཅས་ནས་དངོས་འབུལ་དཔངས་མཐོ་བ་དང་བཅས་ཏེ་༸གོང་ས་རྒྱལ་དབང་མཆོག་ལ་དམིགས་བསལ་གྱིས་བརྟན་བཞུགས་འབུལ་བར་མཛད་ཐོག ༸མགོན་པོ་ཉིད་ནས་མཇལ་གྱི་གསུང་བཤད་དང་འབྲེལ་བར་གངས་ལྗོངས་ཀྱི་འགྲོ་བ་རྣམས་འདུལ་བའི་ཕྱག་མཚན་དུ་བཞེས་པའི་ཐུགས་

བསྐྱེད་དང་དམ་བཅའ་མི་འདོར་བར་སྨྱུར་དུ་སྟུན་གཞི་མེད་དུ་དྭངས་ཏེ། ཞབས་ཟུང་འཁོར་བ་མ་སྟོངས་ཀྱི་བར་དུ་བརྟན་དགོས་ཚུལ་སོགས་ཀྱི་གསོལ་འདེབས་གདུང་ཤུགས་དྲག་པོ་ནན་ཏན་དུ་མཛད་པ་ན་༄གོང་ས་མཆོག་ཀྱང་རྗེ་བླ་མ་ཉིད་ཀྱི་སྐུ་ངོ་མ་བཟློག་པ་ལྟ་བུས་རེ་ཞིག་མཆོག་གསུམ་གསོལ་བཏབ་ཀྱིས་ཞབས་པད་བརྟན་པའི་སྨོན་འདུན་གང་དྲག་མཛད་པའི་ཞལ་བཞེས་ཀྱང་སྩལ། དེ་ནས་རྗེ་བཙུན་དམ་པའང་ཕེབས་ཉེར་གྱུར་པར་ཆིབས་སྐྱོལ་རིང་ཐུང་དུ་འགྲོ་མི་གཞུང་དྲུང་སེར་སྐྱ་སོགས་ལ་ཐོན་གནང་དང་། ཞབས་འདེགས་སོགས་ཀྱི་བགྱི་འོས་གང་ཅི་སློང་མེད་འཐུས་ཚང་དགོས་པའི་བཀའ་ཁྱབ་ཀྱང་སྩལ། ཆོས་དྲུག་གི་ཉིན་རྗེ་བཙུན་དམ་པ་ཆིབས་ཞལ་བསྒྱུར་སྐབས་༄མགོན་པོ་ཉིད་ཀྱང་གཞུང་སའི་ཐབ་སྐྱོལ་གྱི་བར་དུ་ཕྱོན་ཏེ་ཕེབས་དར་དང་། གསེར་ཟངས་ཀྱི་སྒྲོལ་མའི་སྣང་བརྙན། ཙན་དན་གྱི་ཡུ་ཡེ་རིན་པོ་ཆེའི་ཕྲས་སྤྲུག་པ་སོགས་འབུལ་བར་མཛད་ནས་ཕེབས་ལམ་རྣམས་སུ་སྐྱ་འཆོར་ཟབ་བཞེས་དང་། བསྟན་འགྲོའི་མགོན་དུ་ཞབས་ཟུང་ཡུན་བརྟན་ངོས་བྱང་ཕྱོགས་ཀྱི་བརྒྱུད་དུ་རྒྱལ་བ་གཉིས་པའི་བསྟན་པའི་གདུགས་དཀར་བཟུང་སྟེ་གདུལ་བྱ་མཐའ་དག་ཕན་བདེའི་གྲིབ་བསིལ་གྱིས་འཚོ་བར་མཛད་དགོས་ཚུལ་སོགས་ཀྱི་བཀའ་མཆིད་རྒྱས་པར་གསོལ་བ་ན། རྗེ་བཙུན་དམ་པ་མཆོག་ནས་ཀྱང་རབ་ཏུ་དཀར་བའི་ལྷ་རྫས་དང་ཚེ་མདོའི་གླེགས་བམ་གོས་ཆེམ་དྲུབ་མ་ཁྱད་མཚར་གྱི་གླེགས་ཤིང་ཅན་ན་བཟའ་གོས་སེར་དང་གོས་བཟང་བསྒྲིགས་ཀྱི་རྟེན་ཁེབས་ཀྱིས་འཕྲུམ་པ་ཞིག་བཅས་མགོན་པོ་གང་གི་ཕྱག་ཏུ་ཕུལ་ནས་གཟུགས་སྐུ་ཚེ་མཐའ་ཡས་པའི་ངོ་བོར་བརྟན་ཅིང་༄ཕྱག་ན་པད་མོའི་ཆོས་སྲིད་ཀྱི་འཕྲིན་ལས་སྤེལ་བ་དང་། གངས་ལྗོངས་འགྲོ་བའི་བདེ་སྐྱིད་སྤེལ་བའི་ཐུགས་བསྐྱེད་མཛད་འཕྲིན་

སྔར་ལས་མི་གཡེལ་བ་དང་། བདག་གི་བགྱི་བ་མཐའ་དག་ཀྱང་འཇམ་མགོན་བསྟན་པའི་སྨན་ཡོན་དུ་འགྱུར་བ་སོགས་ཀྱི་སྐྱབས་འཇུག་ནམ་ཡང་འདོར་བ་མེད་པ་དགོས་ཚུལ་དང་བཅས་པའི་གསོལ་འདེབས་རྒྱ་ཆེར་མཛད་པ་སོགས་ཡབ་སྲས་འདུ་འབྲལ་མི་ཕྱེད་པ་ལྟ་བུའི་བཀའ་སློབ་སྩལ་རེས་སུ་མཛད་དོ། །དེ་ནས་ཚེས་བཅུ་གསུམ་ཉིན་པེ་ཅིང་མཁན་ནང་གདོང་༧གོང་ས་ཆེན་པོས་མཆོད་ཡོན་ལྷན་རྒྱས་སུ་བཀའ་བཟང་གནང་སྐྱེས་དང་བཅས་པ་སྩལ་ཕེབས་སྐབས་༧རྒྱལ་དབང་མཆོག་སྙུང་གཞིའི་བབ་ཀྱིས་ཚོམས་ཆེན་དུ་ཕེབས་མ་ཐུབ་ཀྱང་གཟིམས་ཆུང་ཉེ་འོད་དུ་རྟེན་ཆས་འབུལ་བཞེས་དང་གསོལ་སྟོན་སོགས་སྔར་ལམ་ལྟར་མཛད། དེ་རྣམས་གྲུབ་བསྟུན་སླར་ཡང་༧རྒྱལ་དབང་མཆོག་ལ་ཞབས་པད་བརྟན་དགོས་ཚུལ་ཕྱག་དང་བཅས་ཏེ་གསོལ་བ་འདེབས་པར་མཛད་ཅིང་། ཞབས་བརྟན་རིམ་གྲོ་སོགས་སྤྱི་སྒེར་མཐའ་དག་ནས་འབད་འབུངས་ཧོན་ནས་སྒྲུབ་བླངས་ཞུ་རྒྱུར་འདི་དང་འདི་སྒྲུབ་དགོངས་དཔྱད་ཀྱི་བཀའ་གསལ་ཅི་ནས་དགོས་ཚུལ་ནན་ཏན་དུ་ཞུ་བར་མཛད་ནའང་། རེ་ཞིག་སྐྱེན་ཆེར་མི་ཡོང་ཞེས་པ་ཙམ་ལས་བཀའ་གསོལ་ཆེར་མ་ཕེབས་པར་༧མགོན་པོ་ཉིད་ཀྱང་ཐུགས་ཤིན་ཏུ་ཁོང་དུ་ཆུད་པར་གྱུར་ཅིང་། དེ་ལྟ་ནའང་ད་དུང་གསོལ་སྨན་སོགས་སྔོ་གང་ཟབ་དང་ཞབས་བརྟན་རྒྱ་གང་ཆེ་སྒྲུབ་ན་ཞབས་པད་བརྟན་པའང་སྲིད་དགོངས་ནས་ཕྱོགས་འདིར་མཁས་མྱོང་ཅན་དུ་གྲགས་པའི་སྨན་པ་ཕལ་མོ་ཆེ་ཁྲེ་བསྡུས་ནས། དེ་དག་ལ་ཕན་ཚུན་གོ་སྡུར་ཞིབ་མོལ་གྱི་སྟེང་ནས་ཞབས་འབམ་གྱི་བཅོས་དང་གསོལ་སྨན་སོགས་གང་དྲག་འབུལ་དགོས་ཀྱི་བཀའ་ཁྱབ་དང་། དེ་མཚུངས་ལས་ཁུངས་རྣམས་སུའང་ཞབས་བརྟན་སྒྲུབ་འོས་སོགས་བཀའ་བཀོད་མཐར་ཕྱིན་གྱིས་སེར་འབྲས་དགའ་གསུམ་ལ་མང་ཇ་

བརྒྱ་དང་ཉི་ཤུ་སོགས་དང་། གཞན་ཡང་འདུས་སྡེ་ཁག་ཕལ་མོ་ཆེར་བསྙེན་བཀུར་དང་། ཚེ་སྒྲུབ་དང་བྱད་བཟློག་སོགས་མཐའ་ཀླས་བསྒྲུབ་གནང་དང་། སྐུ་སྒེར་ནས་ཀྱང་སེར་འབྲས་དགེ་གསུམ་སོ་སོར་མང་ཇ་བཅུ་གཉིས་རེ་དང་། གཞན་ཡང་རྣམ་རྒྱལ་གྲྭ་ཚང་སོགས་འདུས་ཚོགས་ཀུན་ལ་བསྙེན་བཀུར་ཐོག་དགོངས་དཔྱད་ཀྱིས་ཞབས་བརྟན་དང་། ཆོས་སྐྱོང་ཁག་ལ་བསྐང་འཕྲིན་སོགས་བློས་བསམ་པར་མི་ནུས་པ་ལྷ་བུ་སྒྲུབ་པར་མཛད་མོད་ཀྱང་སྟོང་གཞིའི་བབ་ཇེ་ཡོད་ཕོ་ནར་གྱུར་པ་ལས་དྭངས་བསྐྱེད་གཏན་ནས་མ་བཞེས་པར་བརྟེན་༸སྐྱབས་མགོན་ཉིད་ཀྱང་ཐུགས་གཡེངས་ཅི་ཆེར་གྱུར་ཏེ། ཀྱི་མ་གངས་ཅན་གྱི་མགོན་པོས་ཀྱང་དུས་ངན་གྱི་འགྲོ་བ་རྣམས་ཡལ་བར་དོར་ནས་ཞི་བའི་དབྱིངས་སུ་མནལ་ཚུལ་བསྟན་པར་གྱུར་ན་ནི་བོད་འབངས་སྐྱེ་བོ་མཐའ་དག་གི་བདེ་སྐྱིད་ཀྱི་ཉི་མ་གྲུང་དུ་ནུབ་པར་འགྱུར་བ་དང་། བསྟན་པ་ཡང་ཉམས་ཇེ་དམར་གྱུར་ཏེ་ཕན་བདེའི་གཞི་མ་མཐའ་དག་འཇིགས་པ་ལ་མངོན་དུ་ཕྱོགས་པར་འགྱུར་བ་ལས་མ་འདས་ཤིང་། བདག་ཉིད་གཅིག་པུས་འགྲོ་བ་རྣམས་འདུལ་བའང་ཆེ་ཆེར་དཀའ་བར་སྣང་བས། དེས་ན་ད་དུང་གསོལ་བ་ནན་ཆེར་བཏབ་ན་༸རྒྱལ་བའི་ཐུགས་རྗེ་དུས་ལས་མི་ཡོལ་བས་ཞབས་པད་བརྟན་པའང་སྲིད་དགོངས་ནས་ཡང་ཡང་སྐུ་མདུན་དུ་ཕེབས་ནས་སྤྱན་ཆབ་དང་བཅས་ཏེ་ཞབས་པད་བརྟན་པའི་གསོལ་འདེབས་དང་། ལས་ཁུངས་རྣམས་སུའང་བཀའ་ཁྱབ་ཀྱིས་སླར་ཡང་ཞབས་བརྟན་གྱི་རིམ་པ་མཐའ་ཀླས་པ་དང་། ༸རྒྱལ་སྲས་རྡོ་རྗེ་འཆང་སོགས་བསྟན་འཛིན་བདག་ཉིད་ཆེན་པོ་དྲང་སྲོང་བདེན་ཚིག་འགྲུབ་པ་རྣམས་ལའང་སྐུ་ཚེ་ཚེ་སྒྲུབ་མཛད་དགོས་སོགས་ཀྱི་བཀའ་རྒྱ་དང་། མགོན་པོ་ཉིད་རང་ནས་ཀྱང་མཆོག་གསུམ་ལ་ཐུགས་རྗེ་བསྐུལ་བའི་གསོལ་འདེབས་དང་།

ཆོས་སྐྱོང་ཁག་ལ་ལུང་ཞུ་དང་འཕྲིན་བཅོལ་སོགས་རྒྱ་ཆེར་མཛད་ཅིང་། ལྷག་པར་ཧོར་ཟླ་དགུ་པའི་ནང་སེར་འབྲས་དགེ་གསུམ་གྱི་འདུས་སྡེ་ཚང་མས་གཟིམས་ཆུང་འགག་ནས་མཎྜལ་རྟེན་གསུམ་སོགས་དངོས་འབུལ་དང་བཅས་ཏེ་གསོལ་བ་འདེབས་པ་དང་། དེ་མཚུངས་ལྷུང་སྐྱ་རིན་པོ་ཆེ་དང་བསྟན་གླིང་མཆོག་སྤྲུལ་རིན་པོ་ཆེ། བཤད་གླིང་མཆོག་སྤྲུལ། རྭ་སྒྲེང་ཁྲི་ཆེན་རྡོ་རྗེ་འཆང་ཆེན་པོ་སོགས་བསྟན་འཛིན་བདག་ཉིད་ཆེན་པོ་རྣམས་དང་། སེར་སྐྱ་དྲག་ཞན་ཕལ་མོ་ཆེ་མཐའ་དག་གིས་ཀྱང་ཟབ་ཟིང་གི་འབུལ་བ་དང་བཅས་ཏེ་གསོལ་བ་འདེབས་པ་ན་༧རྗེ་བླ་མ་ཉིད་ནས་ཀྱང་དེ་དག་གི་ངོ་ཆེན་གྱི་ཚུལ་དུ་གང་ལ་རེ་ལྟོས་འཆའ་བའི་ཉམ་ཐག་གི་འགྲོ་བ་འདི་ཐམས་ཅད་ཡལ་བར་མི་འདོར་བར་ཅི་ནས་༧ཞབས་པད་བརྟན་དགོས་ཚུལ་གསོལ་བ་འདེབས་པར་མཛད་ན་ཡང་དེ་ཙམ་གྱི་ཞལ་བཞེས་བཟང་བར་མ་ཕེབས་པར་བརྟེན། སླར་ཡང་གཟའ་ཚེས་ཕུན་སུམ་ཚོགས་པའི་ཉིན་༧མགོན་པོ་ཉིད་སྐུ་སྒེར་ནས་ལྷ་རྫས་ནང་མཛོད། མཎྜལ་རྟེན་གསུམ། རིན་ཆེན་དང་པོ་བརྒྱད་རྡོ་གཉིས། རིན་གཉིས་ཧ་རྨིག་མ་གསུམ་སོགས་ཀྱི་དངོས་འབུལ་རྒྱ་ཆེན་པོ་དང་བཅས་ཏེ་སྔོན་རྒྱལ་ཀུན་དཔང་པོར་བཞག་ནས་ཐུགས་བསྐྱེད་དམ་བཅའ་ཇི་ལྟར་མཛད་པ་དང་། ད་དུས་བོད་གངས་ཅན་གྱི་འགྲོ་བ་རྣམས་ཀྱི་སྐྱིད་སྡུག་གནས་སྐབས་ཇི་འདྲར་གྱུར་པ་དང་། ཁྱོད་ཉིད་ཞི་བའི་དབྱིངས་སུ་ངལ་བསོ་བར་མཛད་ནས་ཆོས་སྲིད་ཀྱི་ཁུར་མཐའ་དག་བདག་ཉིད་གཅིག་པུའི་ཐོག་ཏུ་མི་འགེལ་བ་སོགས་བུས་མ་ལ་འབོད་པ་ལྟ་བུའི་སྒོ་ནས་སྤྱན་ཆབ་འཁྲུག་བཞིན་པར་གསོལ་བ་བཏབ་པར་མཛད་ནའང་འབྱུང་འགྱུར་གྱི་སྣང་དོར་རྣམས་བཀའ་སྩལ་པ་ལས་༧ཞབས་པད་བརྟན་པའི་ཞལ་བཞེས་ཇི་བཞིན་གཏན་ནས་མ་ཕེབས་པར་བརྟེན། དེ་ནི་ཇི་ལྟར་བྱས་ཀྱང་

རེ་ཞིག་ཞིང་ཁམས་གཞན་དུ་འབྱོན་པའི་དགོངས་པ་བཟློག་ཏུ་མེད་པར་གཏད་ཟིན་པར་དགོངས་ནས། ཧོར་ཟླ་བཅུ་པའི་ཚེས་མགོར་ཨམ་བན་རྣམ་གཉིས་སུ་ཡང་བཀའ་སློལ་མཛད་དེ་༧གོང་མ་ཆོས་ཀྱི་རྒྱལ་པོར་ཏཱ་ལའི་བླ་མའི་སྣང་གཞིའི་བབ་འདི་ལྟར་འདུག་ཚུལ་གྱི་ཁྲལ་རྩེ་ཡང་འཕྲུལ་དུ་འབུལ་བར་མཛད། དེ་ནས་གོང་ཟླའི་ཚེས་བཅོ་བརྒྱད་ཀྱི་ཉིན་རྒྱལ་དབང་མཆོག་ནས་༨སྐྱབས་མགོན་ཉིད་དང་། ཁྲི་ཆེན་རྡོ་རྗེ་འཆང་བཅས་སྐུ་མདུན་དུ་འབྱོན་དགོས་བཀའ་ཕེབས་བཞིན་ཞབས་དྲུང་དུ་བྱོན་ཏེ་དམ་པ་རྣམ་གཉིས་མགྲིན་གཅིག་གི་སྒོ་ནས་ད་དུང་ཞབས་པད་བརྟན་དགོས་པའི་གསོལ་འདེབས་ནན་ཆེར་མཛད་པ་ན། བཀའ་ལས། ད་ནི་ཕོ་བོའི་གཟུགས་གཞི་འདི་ཡང་ཧ་ཅང་ཞིག་མི་འདུག་པས་བདག་ཉིད་ཡུན་དུ་འཚོ་བའི་ཐུགས་ཀྱི་རེ་བ་རྒྱང་རིང་དུ་བསྲིངས་པར་མཛོད་ལ་བྱིན་ཆད་ཏ་ཚག་མཆོག་སྤྲུལ་རིན་པོ་ཆེ་ཉིད་ནས་བོད་ལྗོངས་ཀྱི་བསྟན་འགྲོ་ཡོངས་ཀྱི་མགོན་སྐྱབས་དཔུང་གཉེན་མཛད་རྒྱུ་སོགས་ཆོས་ཀྱི་རྒྱལ་པོ་རིམ་བྱོན་རྣམས་ཀྱི་ཐུགས་དགོངས་ལྟར་ཆོས་སྲིད་ཀྱི་མཛད་པའི་ཁུར་བླ་ལྷག་ཏུ་བཞེས་ནས་མི་ཉམས་ཡར་ལྡན་དུ་འགྱུར་བ་ཞིག་དང་། ༧གོང་མ་ཆོས་ཀྱི་རྒྱལ་པོ་བཀའ་དྲིན་ཅན་ལའང་སྐུ་བརྟན་དང་ཉེར་ཆས་འདི་རྣམས་ཕུལ་ཏེ་ཐུགས་བསྐྱེད་བསྐུལ་བ་དང་། བདག་གི་རྗེས་འཇུག་གི་བུ་བས་མཚོན་པའི་འཕྲུལ་དང་ཡུན་དུ་དགེ་བའི་མཛད་པ་མཐའ་དག་གོང་འཕེལ་དུ་དགོས་ཚུལ་གྱི་བཀའ་དང་། དེ་མཚུངས་༧ཁྲི་ཆེན་རྡོ་རྗེ་འཆང་ཆེན་པོར་ཡང་འཆད་རྩོད་རྩོམ་གསུམ་གྱི་སྒོ་ནས་འཛམ་མགོན་བླ་མའི་བསྟན་པ་འཛིན་སྐྱོང་སྤེལ་བ་ལ་སྤར་བས་ཀྱང་ལྷག་པའི་ཐུགས་བསྐྱེད་རྒྱ་ཆེན་པོ་དང་། གདུལ་བྱ་རྣམས་སྨིན་གྲོལ་ལ་འགོད་པའི་མཛད་པ་མི་གཡེལ་བར་དགོས་ཚུལ་སོགས་གསུང་གི་ཐ་མ་སྩལ་བ་ན། དམ་པ་རྣམ་

གཉིས་ཀྱི་ཐུགས་ལ་བཟོད་གླགས་མེད་པའི་གདུང་བ་ཆེ་ཆེར་འཁྲུངས་ཀྱང་མཛད་ཐབས་མ་རྙེད་པས་སྤྱན་ཆབ་མང་དུ་འཁྱིན་ཞིང་། འབྱུང་འགྱུར་གྱི་མཛད་པ་རྣམས་ཀྱི་གསུང་མོལ་སོགས་མཛད་བཞིན་པར་རྒྱུན་རིང་ཙམ་བཞུགས་འཇགས་བསྐྱངས། དེ་ནས་ཁྲི་ཆེན་རིན་པོ་ཆེའི་སྐུ་མདུན་དུ་རྒྱང་ཙམ་བཞུགས་སུ་བཅུག་ནས་རྗེ་ཉིད་གཟིམས་ཆུང་དུ་ཕྱིར་ཕེབས་མཛད་དེ་ཐུགས་རྗེ་བསྐུལ་བའི་གསོལ་འདེབས་ལ་བརྩོན་བཞིན་པར་བཞུགས་པ་ལས། དེའི་ནུབ་མོ་ནམ་གྱི་ཆ་སྟོད་ལ་བབ་པ་ན་༸རྒྱལ་དབང་འཇིག་རྟེན་གསུམ་གྱི་མགོན་པོ་ཕྱག་ན་པད་དཀར་འཆང་བ་གང་། རྟག་འཛིན་ཅན་རྣམས་ཆོས་ལ་བསྐུལ་བ་དང་། རེ་ཞིག་ཞིང་ཁམས་གཞན་གྱི་གདུལ་བྱ་འདུལ་བའི་དུས་ལ་བབ་པར་གཟིགས་ནས་སྤྱན་རས་གཟིགས་སེམས་ཉིད་ངལ་བསོའི་བཞུགས་སྟངས་དང་བཅས་ཏེ་གཟུགས་སྐུ་རགས་པའི་ཟ་མ་ཏོག་ཆོས་དབྱིངས་བདེ་བ་ཆེན་པོའི་ཀློང་དུ་མནལ་བའི་ཚུལ་བསྟན་ཏོ། །

དེ་འཕྲལ་༸མགོན་པོ་ཉིད་ཐུགས་མྱ་ངན་གྱི་གདུང་བ་ཚད་མེད་པ་དང་བཅས་ཏེ་སྐུ་གདུང་གི་དྲུང་དུ་ཕྱོན་ནས་ནང་མཛོད་སྣ་ལྔའི་སྣན་ཤལ་དང་མཎྜལ་སོགས་འབུལ་བར་མཛད་དེ་ཐུགས་དམ་གསལ་འདེབས་ཀྱི་རིམ་པ་དང་། ལྷག་པར་ཞི་བའི་དབྱིངས་སུ་ཡུན་རིང་མི་མནལ་བར་མཆོག་གི་སྤྲུལ་སྐུའི་རང་ཞལ་མྱུར་དུ་བསྟན་དགོས་ཚུལ་སོགས་ཀྱི་གསོལ་འདེབས་ཤུགས་དྲག་ལ་རྒྱུན་རིང་བར་མཛད། དེའི་ཕྱི་ཉིན་སྐར་ཡང་སྐུ་གདུང་རིན་པོ་ཆེར་སྣན་ཤལ་ཨ་ཤེ་སྣ་ལྔ་དང་། མཎྜལ་སོགས་འབུལ་གནང་གིས་ཐུགས་སྨོན་དང་། དེ་མཚུངས་འཕགས་པ་རིན་པོ་ཆེ་དང་། གསེར་གདུང་རྣམ་གཉིས་སོགས་རྟེན་གསུམ་མཐའ་དག་ལའང་སྣན་ཤལ་མཆོད་སྨོན་སོགས་མཐའ་ཀླས་པར་མཛད།

གཟིམས་ཆུང་དུ་འཇིགས་བྱེད་ཀྱི་བདག་འཛུག་རྒྱུན་འཛུགས་དང་། ལྷག་པར་སྐུ་གདུང་གི་མདུན་དུ་ཐུགས་དམ་མ་གྲོལ་བར་ར་སྒྲེང་ཁྲི་ཆེན་རིན་པོ་ཆེ་དང་ལྕང་སྐྱ་རིན་པོ་ཆེ་རྣམ་གཉིས་སོགས་ལ་བདག་འཇུག་བཞེས་སུ་འཇུག་པ་དང་ཨམ་བན་རྣམ་གཉིས་སུ་སྙན་ཞུས་ཀྱིས་གོང་མ་ཆེན་པོར་དགོངས་པ་ཆོས་དབྱིངས་སུ་ཐིམ་ཚུལ་གྱི་གནས་ཚུལ་ཀྱང་གྲལ་རྩེའི་ལམ་ནས་འཕྲུལ་དུ་འབུལ་བར་མཛད། དེ་ནས་ཨམ་བན་རྣམ་གཉིས་དང་། བསྟན་སྐྱོང་དེ་མོ་ནོ་མི་ཧན། བཤད་སྒྲིང་མཆོག་སྤྲུལ་སོགས་བླ་སྤྲུལ་ཁག །བཀའ་བློན་རྣམ་བཞིས་གཙོས་པའི་གཞུང་དྲུང་སེར་སྐྱ་རྣམས་དང་། སེར་འབྲས་སོགས་ཀྱི་བླ་མ་ལས་སྣེ། འདུས་པ་དམངས་བཅས་དང་། གཞན་ཡང་དད་ཅན་སེར་སྐྱ་སོགས་གདུང་མཇལ་དུ་བཅར་མི་མཐའ་དག་ལ་རེ་འདོད་བཞིན་དུ་སྐུ་གདུང་གི་མཇལ་ཁ་སྩོལ་བར་མཛད། དེའི་ཚེ་སྐྱེ་བོ་མཆོག་དམན་མཐའ་དག་འཇིག་རྟེན་གྱི་ཉི་མ་ཆེན་པོ་ནུབ་རིའི་ཕྲག་པར་གཤེགས་པས་སེམས་མྱ་ངན་དང་ཟུག་རྔུའི་ནད་ཀྱིས་ཡོངས་སུ་མནར་བར་གྱུར་ཏེ་བཞིན་གྱི་དཀྱིལ་འཁོར་མཆི་མའི་ཆར་གྱིས་བརླན་ཞིང་སྨྲེ་ངག་དང་ལྷབ་ལྷིབ་ཀྱི་ཚོ་ངེ་རྒྱུན་མི་ཆད་དུ་སྒྲོག་པར་གྱུར་ཏོ། །

སྐབས་འདིར་སྨྲས་པ། རྒྱལ་ཀུན་སྙིང་རྗེའི་རང་གཟུགས་ལྷ་མཆོག་དེ། །སྙིགས་འགྲོའི་ལོག་སྤྱོད་བཟོད་བས་ཐུགས་འབྱུང་སྐྱོ། །རེ་ཞིག་གཟུགས་སྐུའི་འཇའ་ཚོན་ཆོས་དབྱིངས་སུ། །བསྡུ་བའི་ཕྱག་རྒྱ་བཅིངས་ལ་མངོན་པར་གཤེགས། །དེ་ཚེ་མགོན་ཁྱོད་མི་བཟོད་གདུང་ཤུགས་ཀྱིས། །ཡང་ཡང་གསོལ་འདེབས་བདེན་པའི་ཚིག་གི་སྒྲས། །ཐུགས་རྗེ་བསྐུལ་དང་ལྷན་ཅིག་རྣམ་དཀར་གྱི། །མཛད་བཟང་འོད་ཀྱི་དྲ་བས་འཁོར་ཡུག་ཁྱེལ། །རྟག་འཛིན་ཅན་རྣམས་སྐྱོ་བར་བྱ་ཕྱིར་དུ། །རྡོ་རྗེའི་སྐུ་ཡང་མི་རྟག་ཚུལ་བསྟན་པར། །ལན་ཅིག་

དགོངས་པའི་དོན་དེ་སུ་ཡིས་ཀྱང་། །བཅོས་ཤིང་བཟློག་པར་དཀའ་བ་ཉིད་དུ་ཟད། །དེ་ཕྱིར་དམར་ཕྱོགས་རྒྱལ་བ་དང་པོའི་ཚེ། །འཇིག་རྟེན་ཡོངས་ཀྱི་ཉི་མ་ཆེན་པོ་དེ། །ཆོས་དབྱིངས་ནུབ་རིའི་ཕྲག་པར་མནལ་གྱུར་པས། །གངས་རིའི་ལྗོངས་འདི་མཚན་མོའི་མཆེད་ཟླར་གྱུར། །ཀྱེ་མ་འགྲོ་བ་འདྲེན་ལ་མི་སྐྱོ་བར། །རིང་ནས་ཞལ་གྱིས་འཆེས་པའི་མགོན་དེས་ཀྱང་། །བདག་སོགས་ཡལ་བར་འདོར་འདི་ཅི་ཞིག་ཅེས། །ལུས་ཅན་མཐའ་དག་དུས་གཅིག་ཚོ་ངེས་འདེབས། །སླར་དོར་འཚོལ་བར་སྤྱོད་པའི་ཉམ་ཐག་འགྲོ། །མྱུ་ངམ་ཐང་དུ་བསྐྱུར་ནས་དག་ཞིང་དུ། །མནལ་ན་སྙིང་རྗེའི་ལྷ་རུ་གྲགས་པ་ཡང་། །མིང་ཙམ་ཉིད་ཅེས་གདུང་བའི་ཡུས་ཀྱིས་བཏངས། །དེ་ལྟ་ནའང་ཡེ་ཤེས་སྣང་བའི་གཏེར། །བློ་བཟང་བསྟན་པའི་མགོན་ཁྱོད་བཞུགས་སོ་སྙམ། །སླར་ཡང་ཡིད་ཀྱི་ངལ་བསོ་ཐོབ་གྱུར་ཏེ། །འགྲོ་འོང་དབུགས་ཀྱི་ལམ་ཡང་བདེ་བར་གྱུར། །ཚུལ་དེས་བསྐུལ་ཆེ་མགོན་པོ་ཁྱོད་ཀྱི་ཐུགས། །རབ་ཏུ་གདུང་བའི་ཤུགས་ཀྱིས་དོན་གྱུར་ཀྱང་། །ལྷག་པར་སྙིང་སྟོབས་གོ་ཆ་ཆེར་བསྐྱེད་དེ། །ཚུད་མི་འཛའ་བའི་རང་ལས་བདག་གིར་མཛད། །ཅེས་པ་ནི་བར་སྐབས་ཀྱི་ཚིགས་སུ་བཅད་པ་དག་གོ །

སྐབས་འདིར་གླེང་བར་བྱ་བ་འདི་ཡོད་དེ། གོང་དུ་༸རྒྱལ་དབང་ཐམས་ཅད་མཁྱེན་གཟིགས་ཆེན་པོ་དེ་ཉིད་དགོངས་པ་ཆོས་དབྱིངས་སུ་ཐིམ་ཚུལ་བསྟན་ཁར་༸མགོན་པོ་འདི་ཉིད་དང་༸ཁྲི་ཆེན་རྡོ་རྗེ་འཆང་གཉིས་གདན་ཞུས་ཀྱིས་གསུང་གི་ཐ་མ་སྩལ་བར་མཛད་པ་ནི་༸ཕྱག་ན་པདྨོ་རང་ཉིད་རེ་ཞིག་དག་པའི་ཞིང་དུ་མནལ་ཚུལ་བསྟན་པའི་རྗེས་སུ་གངས་ཅན་གྱི་ལྗོངས་འདི་ཆོས་དང་སྲིད་གཉིས་ཀྱི་སྒོ་ནས་ཕྱར་ལྷག་ཏུ་སྐྱོང་བར་མཛད་པའི་བྱེད་པོ་ནི་༸སྐྱབས་

མགོན་དམ་པ་འདི་ཉིད་དུ་ངེས་པར་གཟིགས་ནས་༸གང་གི་རྒྱལ་ཚབ་ཏུ་དབང་བསྐུར་བར་མཛད་པ་དང་། དེ་བཞིན་དུ་༸ཁྲི་ཆེན་རྡོ་རྗེ་འཆང་ཆེན་པོར་ཡང་འཆད་རྩོད་རྩོམ་གསུམ་གྱི་སྒོ་ནས་འཇམ་མགོན་བླ་མའི་བསྟན་པ་རིན་པོ་ཆེ་འཛིན་སྐྱོང་སྤེལ་བར་མཛད་དགོས་ཞེས་བསྟན་པའི་བདག་པོར་མངའ་གསོལ་བ་སྟེ་རྗེས་འཇུག་གདུལ་བྱ་རྣམས་ལ་ལྷག་པར་དུ་སྨིན་པའི་མཛད་པ་ཕྱུལ་དུ་བྱུང་བ་ཡིན་ཅིང་། དེར་མ་ཟད་མྱ་ངན་ལས་འདས་པའི་ཚེ་སེམས་ཉིད་ངལ་བསོའི་བཞུགས་སྟངས་ཀྱིས་གཤེགས་པ་ཡང་། འཇིག་རྟེན་དབང་ཕྱུག་སེམས་ཉིད་ངལ་བསོ་ཞེས་པ་འདི་བཞིན་འཕགས་པ་སྤྱན་རས་གཟིགས་ཀྱིས་བར་མཚམས་མེད་པར་འགྲོ་བ་དཔག་ཏུ་མེད་པ་འཁོར་མཚོ་ལས་བསྒྲལ་བར་མཛད་པའི་ཚེ་སྐབས་སུ་ཐུགས་ཙུང་ཟད་ངལ་བའི་རྣམ་པར་གྱུར་པ་ན་སྐུ་ངལ་བསོ་བའི་ཚུལ་གྱིས་བཞུགས་པ་ཡིན་པར་གྲགས་པ་ལྟར། སྐབས་འདིར་ཡང་༸རྒྱལ་དབང་ཕྱག་ན་པདྨོ་ཉིད་ཀྱིས་སྙིགས་དུས་ཀྱི་འགྲོ་བ་འདུལ་བར་དཀའ་བ་དཔག་ཏུ་མེད་པའི་དོན་རྒྱུན་མི་ཆད་དུ་མཛད་ནས་རེ་ཞིག་དག་པའི་ཞིང་དུ་ཐུགས་ངལ་བསོ་བའི་ཚུལ་དུ་བཞུགས་པར་བགྱིའོ་ཞེས་འཕགས་པ་སྤྱན་རས་གཟིགས་དངོས་ཡིན་པ་ལ་ཡིན་པར་ཀུན་གྱིས་མངོན་སུམ་དུ་ཤེས་པར་བྱ་བའི་ཕྱིར་དུ་ཡིན་ནོ། །དེའི་ཚེ་མགོན་པོ་ཉིད་ཀྱི་ཐུགས་དགོངས་ལ། ད་ནི་གངས་ཅན་གྱི་མགོན་པོ་ཆེན་པོ་ཡང་ཆོས་དབྱིངས་ཞི་བའི་དབྱིངས་སུ་མནལ་ཚུལ་བསྟན་པས་ཉམ་ཐག་གི་སྐྱེ་བོ་འདི་ཐམས་ཅད་དམུས་ལོང་ཐང་ལ་འཁྱམས་པ་ལྟར་ཉམ་ང་བར་གྱུར་པའི་དུས་འདིར་བདག་གིས་ཀྱང་སྙིང་ལས་ཆུང་ངུར་གཞོལ་ཏེ་བཏང་སྙོམས་སུ་གནས་པར་བགྱི་ན་ནི་སེམས་དཔའ་ཆེན་པོའི་སྤྱོད་ཚུལ་ལས་ཉམས་པར་འགྱུར་བ་དང་། ལྷག་པར་རྒྱལ་བའི་དབང་པོ་དེ་ཉིད་ཀྱིས་མྱ་ངན་ལས་

འདའ་ཁར་གསུང་གི་ཐ་མ་སྐུལ་ཏེ་བོད་ཁམས་ཡོངས་ཀྱི་མགོན་སྐྱབས་དཔུང་གཉེན་བགྱིས་ཤིག་པར་གཉེར་དུ་གཏད་པས་ན་བླ་མའི་དགོངས་པ་མཐར་ཐུག་དང་ཡང་འགལ་བས་དོན་མ་ཡིན་པ་ཆེན་པོར་འགྱུར་བར་སྣང་ལ། དེ་བས་ན་བདག་གིས་སྙིང་སྟོབས་ཀྱི་མཐུ་དཔུང་སྤར་བས་ཀྱང་ཆེ་བར་བསྐྱེད་དེ་༧རྒྱལ་དབང་དེ་ཉིད་ཀྱི་དགོངས་པ་རྫོགས་པ་དང་། མཆོག་གི་སྤྲུལ་སྐུ་མྱུར་གསལ་གྱི་ཐབས་དང་། གངས་ལྗོངས་ཆོས་བཞིན་དུ་སྐྱོང་རྒྱུ་སོགས་ཀྱི་ཁུར་མཐའ་དག་བདག་ཉིད་པོ་ནས་འཁྱེར་བར་བགྱིའོ་སྙམ་དུ་སླར་ཡང་ཐུགས་བསྐྱེད་ཀྱི་གོ་ཆ་ལྷག་པར་དུ་བཞེས་པར་མཛད་དོ། །དེ་ནས་ཆོས་ཉེར་གཉིས་ཀྱི་ཉིན་ཡང་སྐྱར་སྐུ་གདུང་རིན་པོ་ཆེའི་མཇལ་ཁར་ཕྱིན་ནས་ནང་མཛོད་སྣ་ལྔའི་སྐན་ཤལ། རིན་གཉིས་འཕྲུར་སྲང་བཅུ་གཅིག་ལས་གྲུབ་པའི་ཞིང་ཁམས་རྒྱ་མཚོའི་བཀོད་པ། རིན་ཆེན་དང་པོ་བརྒྱད་རྗེ་གཅིག །རིན་གཉིས་ཧ་ཐིག་མ་གཅིག་བཅས་འདུལ་བར་མཛད་ཅིང་། དེ་མཚུངས་དགོངས་རྫོགས་ཞལ་འདེབས་སུ། རིན་གཉིས་ཧ་ཐིག་མ་གསུམ་དང་། རྟོབ་ཐུར་སྲང་ལྔ་བཅུ་རེ་ཡོད་པའི་ཐུམ་བདུན། མཛོད་གོས་སེར་པོ་འཁོར་ལོ་མ་ཡུག་ཆེན་སོགས་ཀྱིས་གཙོས་པའི་རིན་ཐང་ཅན་གྱི་དངོས་པོ་མཐའ་ཡས་པ་དང་། སྐུ་གདུང་རིན་པོ་ཆེའི་མདུན་དུ་མཆོད་པ་སྣ་ལྔ་བརྒྱ་ཚར་གྱི་ཐོག་རྣམ་རྒྱལ་གྲྭ་ཚང་ཚོགས་ཡོངས་གདན་དྲངས་ཏེ་བདག་འཇུག་ལེན་དུ་འཇུག་པ་དང་། འདུས་པ་རྣམས་ལ་མང་འགྱེད་སོགས་ཀྱི་བསྙེན་བཀུར་གྱི་ནོམས་སུ་སྐུལ། ཐུགས་དམ་གྲོལ་བསྟུན་སྐུ་གདུང་རིན་པོ་ཆེར་སྲིད་ཞུ་མཛད་མི་སྒྲུབ་ཁང་མཆོག་སྤྲུལ་རིན་པོ་ཆེ་དང་། གསོལ་གཟིམས་མཆོད་གསུམ། དུས་འཁོར་སློབ་དཔོན་སོགས་ལ་བསྔོ་བཞག་བཀའ་བསྒྱུར་མཛད། ཆོས་ཉེར་ལྔའི་ཉིན་གཞུང་ས་མཆོག་ནས་རྒྱལ་དབང་དེ་ཉིད་ཀྱི་དགོངས་རྫོགས་སུ་གསེར་

གདུང་འཛམ་གླིང་རྒྱན་གཅིག་དང་། ལྷ་ལྡན་ཇོ་ཤཱཀ་རྣམ་གཉིས་བཅས་སོ་སོར་སྟོང་མཆོད་རྒྱས་པ་འབུལ་སྐབས་༸སྐྱབས་མགོན་ཉིད་ངོས་ཕེབས་ཀྱིས་རྟེན་གསུམ་མཐའ་དག་ལ་སྣན་ཞལ་དང་བཅས་ཏེ་ཐམས་ཅད་མཁྱེན་པ་དེ་ཉིད་ཀྱི་ཟག་མེད་ཐུགས་ཀྱི་དགོངས་པ་ཟབ་མོ་ཡོངས་སུ་རྫོགས་པ་དང་། མཆོག་གི་སྤྲུལ་སྐུ་འཁྲུལ་མེད་མྱུར་དུ་ངེས་པ་རྙེད་པ་སོགས་ཀྱི་ཐུགས་སྨོན་མཚམས་སྦྱོར་གྱི་རིམ་པ་རྒྱ་ཆེ་གནང་སྨིན་དུ་མཛད། འདི་ནས་བཟུང་སྟེ་དགུང་ཞག་ཞེ་དགུ་མ་རྫོགས་ཀྱི་བར་དུ་བདུན་ཚིགས་སོ་སོ་དང་། ཟླ་ཚིགས་དང་བཅས་པ་རྣམས་སུ་གཞུང་ས་མཆོག་ནས་སྟོང་མཆོད་སོགས་གོང་བཞིན་ཆག་མེད་ཀྱི་ཐོག་༸མགོན་པོ་ཉིད་ནས་ཀྱང་སྐུ་གདུང་རིན་པོ་ཆེ་དང་རྟེན་གསུམ་ཁག་བཅས་ཀྱི་དྲུང་དུ་དངོས་ཕེབས་ཀྱིས་ཐུགས་སྨོན་སོགས་བར་མ་ཆད་དུ་བསྐྱངས། ཧོར་ཟླ་བཅུ་གཅིག་པའི་ཚེས་མགོ་ནས་བཟུང་། དབུས་གཙང་དྭགས་ཀོང་ལྷོ་ཁ་སོགས་ཀྱི་དགོན་གནས་ཁག་ལ་མང་འགྱེད་དང་། གནས་ཆེན་ཁག་རྣམས་ལ་མཆོད་སྨོན་སོགས་དགོངས་རྫོགས་རྒྱ་ཆེར་སྒྲུབ་རྒྱུ་ལས་ཁུངས་སོགས་ལ་བཀའ་བཀོད་དང་། ཇོ་དམ་པ་གཞུང་དྲུང་སེར་སྐྱ་ཁག་ལ་བཀའ་བསྒྱུར་ཐོན་ཕྱག་སོགས་རིམ་པར་དུ་སྩལ། ལྷག་པར་ལྷ་ལྡན་དུ་སེར་ཚོགས་ཆེན་མོ་ཚོགས་རྒྱུའི་དགོངས་བཞེད་ལྟར་ལས་ཁུངས་རྣམས་སུ་བཀའ་ཁྱབ་དང་། སེར་འབྲས་དགེ་གསུམ་ལ་བཀའ་རྒྱ་སོགས་འཕྲལ་སྩོལ་དུ་མཛད། ཆོས་བཅུ་གཅིག་ཉིན་གསེར་གདུང་འཛམ་གླིང་རྒྱན་གཅིག་གི་སྐུ་མདུན་དུ་བཀའ་བློན་སོགས་དང་བཅས་ཏེ་གནས་ཆུང་ཆོས་སྐྱོང་ཆེན་པོ་ཡོག་ལྷམས་སྤྱན་འདྲེན་གྱི་ཐོག་བསྟན་སྲིད་བདེ་ཐབས་ཀྱི་བཀའ་ལུང་དང་༸མཆོག་སྤྲུལ་མྱུར་གསལ་གྱི་འཕྲིན་བཅོལ། སླད་ནས་ཀྱང་བཏང་སྙམས་སུ་མི་གནས་པར་སྐུ་ཕྱིག་ཏུ་རིམ་པར་ཕེབས་དགོས་སོགས་ཞུ་བར་མཛད་

པ་ན་བཀའ་ལུང་གང་ཅི་ཞིབ་གསལ་དུ་ཕེབས་པར་མ་ཟད་ཡར་ངོའི་ལྷ་ཆོས་གང་ཡིན་ལ་ཚར་རེ་ཕེབས་རྒྱུའི་ཞལ་བཞེས་ཀྱང་གནང་། དེ་ནས་སེར་ཚོགས་ཆེན་མོ་ཚོགས་གདོང་དགེ་བསྐོས་སོགས་ལས་བྱེད་རྣམས་ལ་མཇལ་ཁ་དང་བྱེད་སྒོ་མཐའ་དག་འཐུས་ཚང་སྒྲིག་མེད་དགོས་པའི་བཀའ་བསྒྱུར་དང་། ཆོས་བཅུ་བཞིའི་ཉིན་ལྷ་ལྡན་དུ་སེར་ཚོགས་ཆེན་མོའི་མགོན་དུ་ཆིབས་བསྒྱུར་བསྐྱུངས་ཞིང་། ཆོས་བཅོ་ལྔའི་ཉིན་སེར་ཚོགས་ཆེན་མོའི་འདུས་པ་ཁྲི་ཕྲག་དུ་མར་ཡོང་བ་རྣམས་ལ་སྐུ་སྐྱེར་ནས་༧རྒྱལ་དབང་མཆོག་གི་དགོངས་རྫོགས་སུ་དམིགས་ཏེ་མང་འགྱེད་སོགས་ཀྱི་བསྙེན་བཀུར་གྱི་ནོམས་སུ་སྩལ་ཞིང་དེ་ཉིན་སྨོན་ལམ་ཚོགས་སྐབས་ཛོ་ཤཱཀ་སོགས་རྟེན་གསུམ་རྣམས་ལ་མཆོད་འབུལ། སྙན་ཤལ་ཐུགས་སྨོན་སོགས་རྒྱ་ཆེ་བར་མཛད། ཆོས་བཅུ་བདུན་ཉིན་སེར་ཚོགས་གྲོལ་གདོང་དགེ་བསྐོས་སོགས་ལ་མཇལ་ཁ་གནང་སྦྱིན་དང་བཅས་པ་སྩལ་ནས་ཆོས་བཅོ་བརྒྱད་ཀྱི་སྔ་ཆར་གྲུ་འཛིན་ཕོ་བྲང་དུ་ཆིབས་བསྐྱོད་གནང་། ཆོས་བཅོ་བརྒྱད་ཀྱི་ཟླ་ཚོགས་ལ་གླིང་མེ་དབུས་གཙང་གི་ཡུལ་གྲུ་ཀུན་ཏུ་མུན་པའི་ཕུང་པོ་མཐར་སྐྲོད་པའི་ཚོ་གའི་དུས་དྲན་མཛད་ཅིང་ཧེ་སྲིད་བར་ལོ་ལྟར་རྒྱུན་ཁྱོངས་སུ་ཡོད་པའི་བཀའ་ཁྱབ་ཀྱང་མཛད། ཆོས་ཉེར་གཉིས་ཀྱི་ཉིན་བཀའི་གཞུང་བློན་སོགས་དང་ལྷན་རྒྱས་ཐོག་༧རྒྱལ་དབང་མཆོག་གི་སྐུ་བཅར་གསོལ་གཟིམས་མཆོད་གསུམ་ནས་གཟིམས་ཆུང་སྤྲུག་གི་སྐུ་ཆས་རྣམས་རྩིས་འབུལ་ཞུས་སྟེང་ནས། གསེར་དངུལ། གཡུ་བྱི་རུ། ནོར་སྤུ་སོགས་གསེར་གདུང་གསར་བཞེངས་ཀྱི་རྒྱུར་དངོས་དམ་པ་ཐུན་མོང་ལ་ལག་འཛིན་དང་བཅས་ཏེ་སྩལ་བར་མཛད། འདི་སྐབས་དཔའ་ཤོད་རྫ་སག་བླ་མའི་དད་རྟེན་སྨན་བླ་བདེ་གཤེགས་བརྒྱད་ཀྱི་སྐུ་བརྙན་ཆེ་ལེགས་ཀྱི་ཁྲི་རྒྱབ་ཡོལ་སོགས་གསར་བཟོ་མཛད་རྒྱུའི་དོ་

དམ་པ་དང་དབུ་ཆེ་ཆུང་སོགས་ལ་བཀའ་ཁྲབ་མཐིལ་ཕྱིན་དུ་བསྒྲུངས། ཧོར་ཟླ་བཅུ་གཉིས་པའི་ཚེས་བཞིའི་ཉིན་ནས་དགུང་ཞག་ཞེ་དགུ་རྫོགས་པས་དེ་གོང་དྲག་ཞན་ཚང་མ་ལུས་ཆས་སོགས་མྱ་ངན་གྱི་རྣམ་པར་ཞུགས་པ་ལས་འདི་ཉིན་ནས་མྱ་ངན་རགས་པ་ཙུང་ཟད་སངས་པའི་རྣམ་པས་ལུས་ཆས་སོགས་སྔར་མུས་ལ་ཞུགས་ཤིང་ཕྱོགས་གཞན་རྫོང་ཁག་སོགས་ལའང་དེ་དོན་གྱི་བཀའ་རྒྱ་སྩལ། དེ་ནས་༧རྒྱལ་དབང་མཆོག་གི་དགོངས་རྫོགས་གསེར་གདུང་རིན་པོ་ཆེ་གསར་བཞེངས་མཛད་རྒྱུའི་སྐོར་ལ། དེ་ཡང་གཙོ་བོར་༧སྐྱབས་མགོན་རང་ཉིད་ཀྱི་དགོངས་བཞེད་དུ་ཡང་སྔར་རྗེ་ཐམས་ཅད་མཁྱེན་པ་ཙོང་ཁ་པ་ཆེན་པོའི་སྐུ་གདུང་ཡིད་བཞིན་ནོར་བུ་ཡང་འགྲོ་བའི་བསོད་ནམས་ཀྱི་ཞིང་དུ་རིལ་པོར་བཞུགས་ཤིང་དགའ་ལྡན་གསེར་གདུང་རིན་པོ་ཆེ་གསར་བཞེངས་མཛད་པས་ཞྭ་སེར་རིང་ལུགས་ཟླ་ནས་ཟླར་འཕེལ་བ་དང་། དེ་བཞིན་དུ་ཐམས་ཅད་མཁྱེན་པ་ལྔ་པ་ཆེན་པོ་དང་། རྒྱལ་མཆོག་བསྐལ་བཟང་རྒྱ་མཚོ་སོགས་ཀྱི་སྐུ་གདུང་ཡང་རིལ་པོར་བཞུགས་ཤིང་གསེར་གདུང་རྡོ་མཚར་ཅན་མིག་གི་བདུད་རྩིར་ཆེ་བ་གསར་དུ་བསྐྲུན་པ་སོགས་ཀྱིས་དགའ་ལྡན་བསྟན་སྲིད་དང་གངས་ལྗོངས་སྐྱེ་འགྲོའི་བདེ་སྐྱིད་གོང་འཕེལ་དུ་གྱུར་པ་བཅས་ན་རེས་ཀྱང་འགྲོ་བའི་དོན་དུ་སྐུ་གདུང་རིལ་པོར་བཞུགས་དགོས་དང་། བཞུགས་ཡུལ་ཀྱང་ངེས་པར་རིན་ཆེན་དང་པོའི་ཁམས་ལས་གྲུབ་པའི་མཆོད་སྡོང་ཁྱད་པར་དུ་འཕགས་པ་ཞིག་བཞེངས་དགོས་པ་ནི་ཐེ་ཚོམ་ཡིད་གཉིས་དང་བྲལ་བའི་གནས་སུ་གཟིགས་ཤིང་། འོན་ཀྱང་དེ་དུས་སྐྱེ་བོ་བློ་ཆུང་ལོག་པའི་བཤེས་གཉེན་གྱི་རྗེས་འབྲང་ཅན་དག་གིས་སྣ་ཚོགས་སུ་སྨྲ་བའི་སྒོ་དབྱེ་བ་རྣམས་འགོག་པར་མཛད་པའི་སླད་དུ་ཆོས་བཅུའི་ཉིན་བཀའི་གུང་བློན་རྣམས་ཀྱིས་གཙོ་མཛད་པའི་གཞུང་དྲུང་

ལས་ཚན་པ་ཆེ་ཆུང་ཚང་མ་དང་གསོལ་གཟིམས་མཆོད་གསུམ་སོགས་ཀྱིས་གཙོས་པའི་མཁན་སྡེ་ཆེ་ཆུང་། སེར་འབྲས་དགེ་གསུམ་གྱི་སློབ་དཔོན་ལས་སྡེ་སོགས་ཚང་འཛོམ་ཐོག་༸སྐྱབས་མགོན་ཉིད་དང་དགོངས་གཞི་ཁྱད་པར་ཅན་གྱི་སྒོ་ནས་༸རྒྱལ་དབང་བཀའ་དྲིན་ཅན་དེ་ཉིད་གཟུགས་སྐུའི་བཀོད་པ་ཆོས་དབྱིངས་སུ་ཐིམ་ཚུལ་བསྟན་པའི་སྐུ་གདུང་ཡིད་བཞིན་གྱི་ནོར་བུ་འདི་ཉིད་འགྲོ་བའི་བསོད་ནམས་ཀྱི་ཞིང་དུ་རིལ་པོར་བཞུགས་པ་དང་། ཞུགས་ལ་ཞེན་པ་སོགས་ལེགས་ཚོགས་གང་ཆེ་དང་། བཞུགས་ཡུལ་གྱི་མཆོད་སྡོང་ཆེན་པོ་ཡང་རིན་ཆེན་དང་གཉིས་གང་ལས་བཞེངས་ན་འཕྲུལ་ཡུན་དུ་གཞུང་ས་དགའ་ལྡན་ཕོ་བྲང་པའི་ཆབ་སྲིད་མངའ་ཐང་དང་། ཐམས་ཅད་མཁྱེན་པ་སྐུ་ཕྲེང་རིམ་བྱོན་གྱི་མཛད་པ་འཕྲིན་ལས་རྒྱས་པ་སོགས་ལ་ལེགས་ལམ་གང་ཆེ་བཀའ་འདྲི་བསྐྱངས་པར། ཚང་མ་མཁྱེན་གཅིག་གིས་བསྟན་འགྲོའི་མགོན་དུ་སྐུ་གདུང་རིན་པོ་ཆེ་ཞུགས་ལ་མ་སྦྱངས་པར་རིལ་པོ་ཧོ་ནར་བཞུགས་ཆོག་པ་དང་། བཞུགས་གནས་མཆོད་སྡོང་ཡང་ཆེ་ཆུང་ལ་མ་ལྟོས་པར་རིན་ཆེན་དང་པོའི་ཁམས་ལས་གྲུབ་པ་ཞིག་ཐུགས་རྗེ་ཆེ་དགོས་ཚུལ་ཞུས་པར་༸མགོན་པོ་ཉིད་ཀྱི་དགོངས་བཞེད་དང་ཡང་ཤིན་ཏུ་མཐུན་པར་གྱུར་པས་དེ་དོན་མཛད་རྒྱུར་ཐུགས་འབྲུབ་བཅད་ཅིང་། དེ་མཚུངས་མཆོད་སྡོང་ཆེན་པོ་བཞུགས་ཡུལ་གྱི་གཙུག་ལག་ཁང་གསར་བཞེངས་མཛད་རྒྱུའི་ས་དམིགས་ཞབས་བཅག་གི་ཐོག་བྱམས་ཁང་སྟེང་ཤོད་དང་། བྱང་རྒྱུད་འཕགས་པ་རིན་པོ་ཆེའི་གཡོན་ལི་མ་ལྷ་ཁང་གི་རྒྱུད་དང་། ནུབ་རྒྱུད་གསེར་གདུང་གསར་རྙིང་གི་བར་བཅས་གང་འགབ་བརྟགས་བསྒྲིལ་མཛད་བཞིན་གྱིས་གཟིམས་ཆུང་ཉི་འོད་དུ་རྣམ་རྒྱལ་གྲྭ་ཚང་གི་སློབ་དཔོན་སོགས་བརྒྱད་གྲས་ལྷ་མོའི་བསྙང་འཕྲིན་གནད་སྙིང་དང་།

སྐུ་གདུང་སྐུ་མདུན་དུ་ལྷ་མོ་གསུང་བྱོན་མ་དང་། ནང་རྟེན་ཁག་སོགས་གདན་དྲངས་ཏེ་༸སྐྱབས་མགོན་ཉིད་དང་ཞབས་པད་རྣམ་བཞི། སྤྱི་ཁྱབ་མཁན་པོ་བཅས་ལྷན་རྒྱས་ཐོག་ཐུགས་འདུན་རྩེ་གཅིག་པའི་སྒོ་ནས་བརྟགས་བསྒྲིལ་འབུལ་བར་མཛད་པ་ན་ལི་མ་ལྷ་ཁང་གི་རྒྱུད་དེ་བཞིན་བབ་པས་ས་ཡུལ་ཀྱང་དེར་ཐུགས་འཁྲུན་ཆོད་པར་གྱུར། བཀྲས་ལྷུན་ནས་ཀུན་གཟིགས་པཎ་ཆེན་མཆོག་ནས་གསེར་གདུང་རིན་པོ་ཆེའི་ཞལ་འདེབས་སུ་གསེར་ཐུར་སྲང་སུམ་བརྒྱ་དང་ལྔ་བཅུ། དུང་དཀར་གཡས་འཁྱིལ་གསེར་ཤོག་ཅན་ནོར་སྣས་སྤྲུག་པ་གཅིག་བཅས་དང་། དེ་སྐབས་སྐྱབས་མགོན་ཉིད་སྐུ་སྒེར་ནས་གསེར་ཐུར་སྲང་བརྒྱ་དང་ཞེ་བཞི་དང་། དེ་མཚུངས་མི་དྲག་ཁག་དང་འབྱོར་ལྡན་དད་ཅན་སོགས་དུ་མ་ནས་གསེར་དངུལ། གཡུ་བྱུར་སོགས་ཞལ་འདེབས་ཇི་སྙེད་ཅིག་བྱུང་བ་མཐའ་དག་དོ་དམ་པ་ཐུན་མོང་ལ་གནང་སྟེ་པོར་ཟེགས་སུ་མ་སོང་བར་གསེར་གདུང་རིན་པོ་ཆེའི་སྐུ་རྒྱུ་ཤ་སྟག་ཏུ་སྦྱིན་པ་དགོས་ཚུལ་གྱི་བཀའ་ཁྱབ་ཀྱང་སྩལ། ཆོས་བཅུ་དྲུག་ཉིན་སྤྱ་སོར་༸གོང་མ་ཆེན་པོར་༸རྒྱལ་དབང་མཆོག་སླུང་ཚུལ་བཞེས་སྐོར་གྲལ་རྩེ་ཕུལ་བའི་ཕྱིར་ཕེབས་བཀའ་ལན་གནང་སྐྱེས་དང་བཅས་པ་སྤྲུལ་བ་རྣམས་འབུལ་བར་ཨམ་བན་ཆེད་དམིགས་ཀྱིས་བཅར་སྐབས་གཟིམས་ཆུང་ཉི་འོད་དུ་བྱོན་ནས་སྐུ་གདུང་རིན་པོ་ཆེའི་སྐུ་མདུན་དུ་༸གོང་མའི་གནང་སྐྱེས་ནང་མཛོད་སེར་པོ། པོ་ཧྲི་སེའི་ཕྲེང་བ་རྒྱན་ལྡན། ཚེ་དཔག་མེད་ཀྱི་སྣང་བརྙན། རྒྱ་ཁྲུག་ཆ་གསུམ་དང་བཅས་པ་རྣམས་འབུལ་གནང་ཐོག་བཀའ་ཡིག་གི་ཚིག་དོན་རྣམས་ལེགས་པར་གསན་བཞེས་མཛད། གཞན་ཡང་འདི་དག་གི་སྔ་ཕྱི་བར་སྐབས་ཐམས་ཅད་དུ་ཕྱོགས་འགྲུལ་ཁག་སོགས་ལ་མཇལ་ཁ་དང་། དགོངས་རྫོགས་སྒྲུབ་པར་ཕྱོགས་ཐོན་བྱེད་མིའི་རིགས་སོགས་ལ་ཐོན་

ཕྱག །གསེར་གདུང་རིན་པོ་ཆེའི་སྐོར་གྱི་གྲབས་ཡུལ་སོགས་ཐུགས་གཡེངས་ཀུན་རིམ་སེལ་དུ་གྲུབ་པར་མཛད། ཆོས་ཉེར་བདུན་གྱི་ཉིན་ཨམ་བན་གཉིས་ནས་ཐང་སི་ཆེད་མངགས་ཀྱིས་འཚམས་ཞུའི་ཐོག ༸གོང་ས་མཆོག་དགོངས་པ་ཆོས་དབྱིངས་སུ་ཐིམ་ཚུལ་གྱི་གྲལ་རྩེའི་བཀའ་ལན་འབྱོར་པར་ཕྱིན་ཆད་ལས་དོན་གང་ཅིར་༸སྐྱབས་མགོན་ཉིད་ནས་ཐུགས་འགན་ཆེ་བཞེས་དགོས་ཚུལ་གྱི་བཀའ་འདུག་ཚུལ་ཞུས་པར་སོ་སོར་མཚམས་ལན་ཀྱང་སྩལ་ཞིང་། ཆོས་ཉེར་བརྒྱད་ཀྱི་སྔ་ཆར་གཟིམས་ཆུང་ཉི་འོད་དུ་༸སྐྱབས་མགོན་ཉིད་དང་ཨམ་བན་རྣམ་གཉིས་ལྷན་འཛོམས་ཀྱི་སར་ཨམ་བན་ནས་༸གོང་མའི་བཀའ་ཡིག་ལེ་ཚན་རྣམས་གང་གི་ཕྱག་ཏུ་ཕུལ་རྗེས་སོ་སོའི་ཁྲི་ལ་ཞབས་སོར་འཁོད་བསྟུན། ཧུ་ཐོག་ཐུ་ཆེ་ཆུང་། བཀའ་བློན། གུང་ཛ་མདའ། མཁན་སྡེ་ཆེ་ཆུང་སོགས་གཞུང་དྲུང་མི་དྲག་རྣམས་དང་། སེར་འབྲས་ཀྱི་བླ་མ་ལས་སྣེ། གཞུང་གི་ཕྱི་ནང་ལས་ཚན་པ་སོགས་ཚང་འཛོམས་ཐོག་དྲུང་ཡིག་ནས་བཀའ་ཡིག་ལེ་ཚན་རྣམས་སྒྲོག་བྱུང་མཛད། དེ་ནས་གཟིམས་ཆུང་དུ་༸ཞབས་སོར་འཁོད་འཕྲལ། སྤྲུར་སྤྲོ། ཕོག་ཙོང་། ཁྲིམས་དཔོན་སོགས་རྒྱ་དཔོན་ཁག་དང་། ཞབས་པད་རྣམ་པ་གསུམ། སེར་འབྲས་ཀྱི་བླ་མ་ལས་སྣེ། ཀུན་གླིང་གྲྭ་ཚང་གི་ལས་སྣེ། རྩེ་ཏུ་བཞི་སྡེའི་ལས་སྣེ། སྐུ་སྐེར་ཞབས་གྲས་དང་བཅས་པ་རྣམས་ནས་༸གོང་མའི་བཀའ་བཟང་ཕེབས་པའི་ལེགས་དར་ཕུལ་བར་སོ་སོར་མཇལ་ཁ་དང་བཀའ་འདྲི་སོགས་ཞིབ་ལྷིངས་སུ་བསྐྱངས་སོ། །

དེ་ཡང་༸གོང་ས་རྒྱལ་བའི་དབང་པོ་ཞིང་ཕེབས་ཀྱི་སྐོར་འདི་དག་ཞིབ་པ་ནི་གསེར་གདུང་དགེ་ལེགས་གཟི་འབར་གྱི་དཀར་ཆག་ཏུ་ཡང་གསལ་བ་དང་། དེར་མ་ཟད་༸རྒྱལ་དབང་ཕྱག་ན་པདྨོ་དེ་ཉིད་ཀྱི་རྣམ་ཐར་ཆེན་མོ་སོགས་སུ་

གསལ་བར་འཁོད་པ་གཞིར་བཅས་ཤིང་། དེར་བརྟེན་འདིར་ནི་༸སྐྱབས་མགོན་རྒྱལ་བའི་༸རྒྱལ་ཚབ་ཉིད་ཀྱི་མཛད་པ་དང་འབྲེལ་བ་འགའ་ཞིག་རགས་བསྡུས་ཙམ་ལས་མཐའ་དག་ཞིབ་གསལ་དུ་འཀོད་པ་ནི་ཡི་གེས་ཀྱང་འཇིགས་པར་མཐོང་ནས་མ་སྤྲོས་སོ། །

འདིར་སྨྲས་པ། དགའ་ལྡན་གནས་སུ་དམ་པ་ཏོག་དཀར་པོས། །མི་ཕམ་མགོན་ལ་དབང་བསྐུར་ཇི་བཞིན་དུ། །རྣམ་འདྲེན་སྙིང་རྗེའི་སྤྱི་དཔལ་མགོན་དེས་ཀྱང་། །ཆོས་སྲིད་སྐྱོང་བའི་བྱེད་པོར་ཁྱོད་ཉིད་བསྐོས། །འགྲོ་བའི་གདུང་སེལ་ཐུགས་རྗེའི་འོད་དཀར་ཅན། །ཆོས་དབྱིངས་གནམ་སྟོང་སྣེག་ཨོའི་ཕང་བ་རུ། །གཞོལ་བའི་དུས་འདིར་བདག་ཀྱང་བཏང་སྙོམས་སུ། །གནས་ན་ལུས་ཅན་ཉམས་ངར་ལྡང་འགྱུར་ཞེས། །འདྲེན་པ་ཆེ་ཁྱོད་ཐུགས་བསྐྱེད་ཡོངས་འདུའི་དབང་། །དར་ལ་དྲག་པ་མཁྱེན་བརྩེའི་ལོ་འབྲས་དང་། །ཡོངས་སུ་འགྲོགས་པས་གངས་ལྗོངས་དགའ་བའི་ཚལ། །མངོན་པར་མཛེས་པར་བྱེད་ལ་ལྷག་པར་བརྩོན། །མཁྱེན་བཟང་ཤིང་རྟ་འབུམ་གྱིས་དྲངས་པ་ཡི། །ལེགས་བྱས་ནམ་མཁའི་ནོར་བུ་འོད་སྟོང་ཅན། །དགེ་མཚན་གཟི་འོད་གསར་པས་ཕྱོགས་ཀྱི་གདོང་། །གསལ་བར་བྱས་ན་རྒྱུད་མུན་ཅི་ཕྱིར་བདོ། །ལྷ་ལྡན་རང་མདངས་གདུང་བ་ཆེར་འབར་ཀྱང་། །ཁྱོད་ཀྱི་བྱམས་བརྩེའི་ཆུ་འཛིན་སྨུ་གུ་ཡིས། །གཞིལ་བར་བྱས་ཆེ་རྫོགས་ལྡན་དབྱར་དུས་ཀྱི། །ལང་ཚོ་གསར་དུ་བཞད་པར་གྱུར་ཏམ་སྙམ། །གྲུ་འཛིན་མགོན་དེ་ཞི་བའི་གཟིམས་ཁྲི་ལ། །མནལ་ཀྱང་འགྲོ་ལ་རྗེས་ཆགས་མི་འདོར་བར། །བྱ་བ་ལས་ཀྱི་འཁོར་ལོས་དུས་འདའ་བའི། །འདྲེན་མཆོག་ཁྱོད་ཀྱི་མཛད་པ་འདི་རྨད་བྱུང་། །སྤྲིན་དང་སྙན་པར་སྨྲ་དང་དོན་མཐུན་དང་། །དོན་སྤྱོད་ཅེས་གྲགས་བསྡུ་བའི་

དངོས་པོ་བཞིའི། །སྔོ་བཅུ་ལྷུག་པར་དཀྲོལ་བའི་འཕྲིན་ལས་ཀྱི། །རྒྱལ་མཚན་སྲིད་པའི་རྩེ་ན་མངོན་པར་མཐོ། །ཁྱོད་ནི་སྡུག་བསྔལ་ནད་སེལ་སྨན་པ་སྟེ། །ཀུན་འབྱུང་དུག་རྒྱུན་འགོག་པའི་ཆུ་ལོན་དང་། །འགོག་ཞིའི་དགོས་འདོད་སྦྱིན་པའི་ནོར་བུ་སྟེ། །ལམ་བདེན་འོ་མ་ལྷུད་པའི་མ་མའང་ཡིན། །བསྔགས་འོས་མཛད་འཕྲིན་ལྷ་ཡི་ཛ་པོ་ཆེ། །འཁོར་ཡུག་ས་གསུམ་ཁྱབ་པར་བརྡུངས་པའི་སྒྲས། །ལུས་ཅན་བག་མེད་གཉིད་ལས་བསླངས་བྱས་ཏེ། །བཟང་པོའི་ལས་ཀྱི་དགའ་སྟོན་མཆོག་ལ་སྦྱོར། །ཅེས་པ་ནི་བར་སྐབས་ཀྱི་ཚིགས་སུ་བཅད་པའི་འཕྲེང་བའོ། །

༈ དེ་ནས་ཁྲོ་བོ་ཞེས་པ་ཤིང་མོ་གླང་གི་ལོའི་རང་ཞལ་གསར་དུ་ཚེས་པའི་ཉིན་འདོད་ཁམས་དུང་སྐྱོང་དབང་མོར་སྤྱི་སྐོར་གྱི་གཏོར་སྐྱོངས་སོགས་སྔར་ལྟར་བསྐྱངས་ཤིང་། ཚོམས་ཆེན་དུ་ལོ་གསར་ཉིན་དང་གཉིས་རྣམས་ཀྱི་གསོལ་སྟོན་ལ་ཕེབས་བསྐྱོད་ཐོག །ཧུ་ཐོག་ཐུ་ཆེ་ཁག་རྣམས་དང་། བཀའ་བློན་སོགས་གཞུང་དྲུང་ལས་ཚན་པ་རྣམས་དང་། སེར་འབྲས་ཀྱི་བླ་མ་ལས་སྣེ། ཕྱོགས་མཐའ་དབུས་ནས་ལོ་གསར་མཇལ་འབུལ་ཞུ་མི་སོགས་ལ་མཇལ་ཕྱག་སོགས་ལེགས་པར་སྩལ། ཆོས་གསུམ་གྱི་ཉིན་གནས་ཆུང་དུ་གཟབ་གསོལ་ཆེན་མོར་ཚེབས་ཀྱི་ཁ་ལོ་བསྒྱུར་ཏེ་ཆོས་སྐྱོང་ཆེན་པོར་སྤྱན་འདྲེན་གྱིས་མཆོད་ཕྲིན་སྤྱན་གཟིགས་སོགས་རྒྱ་ཆེ་བ་དང་བཅས་ཏེ་བསྟན་སྲིད་ཡར་རྒྱས་ཀྱི་འཕྲིན་བཅོལ་བཀའ་ལུང་སོགས་ཞུ་བར་མཛད། ཕྱིར་ཕེབས་བསྟུན་ཨམ་བན་རྣམ་གཉིས་འདྲ་ཐང་ལ་ཕྱག་འཚལ་གྲུབ་རྗེས་༸སྐྱབས་མགོན་ཉིད་ཀྱི་སྐུ་གམ་དུ་བཅར་བར་ལྷན་རྒྱས་རྒྱུན་རིང་ཙམ་མཛད་དེ་ལས་དོན་སྐོར་གྱི་གསུང་མོལ་སོགས་བསྐྱངས། འདི་ལོ་༸རྒྱལ་དབང་མཆོག་གི་དགོངས་རྫོགས་སྨོན་ལམ་

འཕར་མའི་བབ་ཀྱིས་ཆོས་གསུམ་གྱི་ཉིན་ནས་ལྷ་ལྡན་དུ་ཆོ་འཕྲུལ་གྱི་དུས་མཆོད་ཚོགས་གཏོང་སེར་འབྲས་ཀྱི་བླ་མ་ལས་སྡེ་སོགས་ལ་སྤྱར་ལམ་མཇལ་ཕྱག་དང་བཀའ་བསྒྱུར་སོགས་ཞིབ་རྒྱས་སུ་སྩལ། ཆོས་བཞིའི་སྤྱ་ཆར་ལྷ་མོ་གསུང་བྱོན་མའི་དྲུང་དུ་གཞུང་བསྟན་སྲིད་ལར་རྒྱའི་སྐོར་གྱི་བརྟགས་བསྒྲིལ་མཛད་ཅིང་། ༸ཁྲི་ཆེན་རྡོ་རྗེ་འཆང་དང་ཡུང་སྐྱུ་རིན་པོ་ཆེ་བཅས་ལོ་གསར་གྱི་མཇལ་ཞུར་ཕེབས་པར་མཇལ་འཕྲད་གསུང་གླེང་དང་། གསོལ་ཚོགས་གྲུབ་བསྟུན་ལྷ་ལྡན་སྨོན་ལམ་ཆེན་མོའི་མགོན་དུ་ཕེབས་སྐབས་ཆིབས་ཏྲག་ཞབས་ཕྱི་ཞབས་པད་དང་། གཞུང་སའི་མགྲོན་དྲུང་། གཟིམས་འགག །རྩེ་ཤོད་ཀྱི་དྲུང་འཁོར་སོགས་སྤྱར་ལམ་ལྷར་དང་། སེར་འབྲས་དགེ་གསུམ་གྱི་བླ་མ་ལས་སྡེའི་ཆིབས་བསུ་དང་བཅས་ཏེ་ལྷ་ལྡན་གཟིམས་ཚུང་སྣང་སྲིད་དུ་ཞབས་སོར་བཀོད་བསྟུན་དཀར་སྒྲོ་སོགས་ལ་དགྱེས་པར་རོལ། དེའི་ཕྱི་ཉིན་སེར་འབྲས་ཀྱི་བླ་མ་ལས་སྡེ་སོགས་ལ་མཇལ་ཕྱག་དང་། དེ་ནས་རིམ་པར་ཁམས་ཚན་མི་ཚན་སོགས་ཀྱི་མཇལ་ཞུ་དང་། གདན་ས་གསུམ་དང་རི་ཁྲོད་ཁག་སོགས་ཀྱི་གྲྭ་རིགས། མཐའ་དབུས་ཀྱི་དད་འདུས་མཆོག་དམན་སེར་སྐྱ་ཕོ་མོ་མཐའ་ཡས་པ་མཇལ་ཕྱག་ཏུ་བཅར་བ་རྣམས་ལ་འདོད་མོས་ལྟར་གྱི་མཇལ་ཁ་ཕྱག་དབང་སོགས་བར་མ་ཆད་དུ་སྩལ། སྨོན་ལམ་གྱི་འདུས་པ་རྣམས་ལ་༸རྒྱལ་དབང་མཆོག་གི་དགོངས་རྫོགས་དང་འབྲེལ་བར་མང་འགྱེད་སྤྱི་འབུལ་སོགས་ཀྱི་བསྙེན་བཀུར་གྱི་ནོམས་པ་དང་། དེ་མཚུངས་རྗེ་ཤཀྱ་ཡིད་བཞིན་ནོར་བུས་མཆོད་པའི་རྟེན་གསུམ་ཁག་ལ་མཆོད་འབུལ་སྙན་ཤལ། གནས་གཟིགས་སོགས་ལན་དུ་མར་བསྐྱངས་ཏེ། བསྟན་པ་རྒྱས་ཤིང་འགྲོ་བ་བདེ་བ་དང་། ལྷག་པར་ཕྱག་ན་པདྨོ་དེ་ཉིད་ཀྱི་ཐུགས་དགོངས་རྫོགས་ཤིང་མཆོག་སྤྲུལ་གསལ་དྭངས་ངེས་རྙེད་ཀྱི་

ཐུགས་སྨོན་སོགས་རྒྱ་ཆེན་པོར་མཛད། གཞན་ཡང་སྨོན་ལམ་ཆེན་མོའི་ཐོག་མཐའ་བར་མ་ཅི་རིགས་པ་རྣམས་སུ་ལྷུང་སྐྱ་མཆོག་སྤྲུལ་རིན་པོ་ཆེ་དང་། རྭ་སྒྲེང་ཁྲི་ཆེན་རྡོ་རྗེ་འཆང་། བསྟན་གླིང་དེ་མོ་མཆོག་སྤྲུལ་དང་། བཤད་གླིང་མཆོག་སྤྲུལ་རིན་པོ་ཆེ་སོགས་བསྟན་འཛིན་བདག་ཉིད་ཆེན་པོ་རྣམས་མཇལ་ཕྱག་ཏུ་ཕྱིན་པར་གསོལ་ཚོགས་ལྷན་རྒྱས་ཀྱི་ཐོག་ཆོས་དང་འབྲེལ་བའི་གསུང་མོལ་དང་། བསྟན་པར་སྨན་པའི་བཀའ་མཆིད་སོགས་ཞིབ་རྒྱས་སུ་སྩལ་བར་མཛད། གུང་ཚིགས་དང་། སྨོན་ལམ་སོགས་ཀྱི་སྐབས་ཚོགས་གཟིགས་དང་། དམ་བཅའ་ཆེན་མོར་གཟིགས་རྟོག་སོགས་ཀྱང་བསྟར་ཆགས་སུ་བསྐྱངས་ཤིང་། དེ་དག་གི་བར་སྐབས་རྣམས་སུ་གཞུང་བསྟན་སྲིད་ཡར་རྒྱས་ཀྱི་མཛད་པ་གལ་ཆེའི་རིགས་དང་། ལས་ཁུངས་སོགས་ཀྱི་སྙན་ཞུའི་བཀའ་བསྒྱུར་དང་། དམ་ཞུ། ལས་ཚན་བརྗེ་ལེན་གྱི་བསྐོ་བཞག་སོགས་སྲིད་ཀྱི་བྱ་གཞག་རྣམས་ཀྱང་རིམ་གྱིས་གྲུབ་པར་མཛད། སྨོན་ལམ་གྲོལ་གཏོང་གཏོར་རྒྱག་ཆེན་མོའི་སྐབས་གཟིམས་ཆུང་ཀུན་གསལ་དུ་༸རྒྱལ་དབང་དེ་ཉིད་ཀྱི་ན་བཟའ་གདན་ཞུས་དང་། ༸སྐྱབས་མགོན་ཉིད་ཀྱང་སྔར་བཞིན་ཕེབས་བསྐྱོད་ཐོག་གཟིགས་རྟོག་དང་བསྟན་དགྲ་ཐལ་བར་བརླག་པའི་སྤྱན་དམིགས་སོགས་གནང་སྨིན་དུ་བསྐྱངས། དེའི་ཕྱི་ཉིན་ཚེས་ཉེར་ལྔའི་ཉིན་བྱམས་པ་གདན་འདྲེན་སོགས་ལའང་ཞིབ་གཟིགས་གྲུབ་བསྟུན་དེ་ཁའི་ཉིན་ར་ཆེར་གནས་གཟིགས་དང་བཅས་རྩེ་པོ་ཏ་ལར་ཕེབས་འཁྱོལ། སེར་འབྲས་དགེ་གསུམ་གྱི་བླ་མ་ལས་སྣེ། གྲྭ་སྐོར་བ། སྨོན་ལམ་སྤྱི་ཁྱབ་པ་སོགས་ལ་མཇལ་ཕྱག་གནང་སྦྱིན་སོགས་ཀྱང་རྒྱས་པར་སྩལ། ཚེས་ཉེར་བརྒྱད་ལ་ཨམ་བན་རྣམ་གཉིས་སྐུ་མདུན་དུ་བཅར་ཏེ་༸གོང་མ་བདག་པོ་ཆེན་པོ་ནས་ལོ་ལྟར་དངུལ་སྲང་སྟོང་ཕྲག་རེ་མཛོད་ནས་གཞུང་སར་གསོལ་

རས་གནང་རྒྱུན་ཡོད་པར་སྣང་ནས་ཀྱང་རྗེ་དྲུང་ཧུ་ཐོག་ཐུའི་ལས་དོན་གྱི་རིང་ལའང་སྔར་བཞིན་ཡོང་ཚུལ་ཕེབས་སྐོར་གྱི་གནས་ཚུལ་ཞུས་ཤིང་། ལྷན་རྒྱས་ཀྱང་ཡུན་རིང་ཙམ་མཛད་དེ་ཨམ་བན་སོགས་ལ་གནང་སྦྱིན་གྱི་ནོམས་སུ་སྩལ། རྟོར་ཟླ་དང་པོ་ཕྱི་མའི་ཆོས་གསུམ་གྱི་ཉིན་ཚོམས་ཆེན་དུ་ཕྱིན་ཏེ་གསེར་གདུང་རིན་པོ་ཆེ་གསར་བཞེངས་ཀྱི་ཐིག་རྩ་བཀའ་དྲིན་ཆེ་རྒྱུར། དོ་དམ་པ་རྣམས་དང་བཅས་ཏེ་ཆ་ཚད་སོགས་རྒྱུད་དང་མན་ངག་ནས་བཤད་པའི་དགོངས་དོན་ཇི་བཞིན་ལས་ཚུང་ཟད་ཀྱང་མི་འགལ་བར་ཞིབ་རྒྱས་གནད་སློབ་གཏན་འཁེལ་དུ་མཛད་ཅིང་། ལས་བྱེད་པ་རྣམས་ལའང་དེ་དོན་སོར་གནས་དགོས་རྒྱུའི་བཀའ་སློབ་སོགས་ཀྱང་མཐིལ་ཕྱིན་དུ་བསྐྱངས། ཆོས་བཅུའི་ཉིན་གོང་མའི་བཀས་མངགས་ཨུན་ཨམ་བན་༸རྒྱལ་དབང་མཆོག་གི་སྐུ་གདུང་ལ་ཕྱག་འཚལ་དུ་བཅར་སྐབས་༸ལྷུང་སྐྱ་རིན་པོ་ཆེ་སོགས་ཧུ་ཐོག་ཐུ་ཆེ་ཁག་རྣམས་དང་། གཞུང་དྲུང་མི་དྲག་སེར་སྐྱ་སོགས་དང་ལྷན་ཅིག་ཟུར་ཁང་གཡུལ་ཁར་ཆིབས་བསུར་ཕྱིན་ཏེ་མཇལ་འཕྲད་གསུང་གླེང་དང་། དེའི་ཕྱི་ཉིན་ཀྱང་པོད་བཞུགས་ཨམ་བན་གཉིས་དང་ཨུན་ཨམ་བན་བཅས་པོ་བྲང་དུ་༸གོང་མའི་འདྲ་ཐང་དང་༸རྒྱལ་དབང་མཆོག་གི་སྐུ་གདུང་ལ་ཕྱག་འཚལ་གྲུབ་བསྟུན་གཟིམས་ཆུང་དུ་ལྷན་རྒྱས་ཀྱིས་ལས་དོན་སྐོར་ལ་གསུང་མོལ་སོགས་ཞིབ་པར་བསྐྱངས། ཆོས་བཅུ་བདུན་གྱི་ཉིན་ཨུན་ཨམ་བན་ཕྱིར་ཐོན་སྐབས་ཆིབས་སྐྱེལ་དུ་ཕྱིན་ནས་༸གོང་མར་འཚམས་ཞུ་དང་ཨམ་བན་ལ་ལེགས་དར་བཅས་སྩལ་བར་མཛད། གཞན་ཡང་ལས་དོན་སྐོར་སྤྱི་དང་ལྷག་པར་གསེར་གདུང་རིན་པོ་ཆེ་གསར་བཞེངས་ཀྱི་སྐོར་སོགས་ལ་བཀའ་བསྒྱུར་ལྗུགས་བཀོད་སོགས་རྩལ་འདོན་གྱིས་བཀའ་དྲིན་ཆེ་བར་མཛད། རྟོར་ཟླ་གཉིས་པའི་ཆོས་དྲུག་གི་ཉིན་གསེར་གདུང་

རིན་པོ་ཆེའི་སྐུ་རྒྱུ་དང་།   བཟོ་བོ་ལག་ཆ་བྱིན་རླབས་སོགས་དམ་པའི་ཕྱག་བཞེས་བཞིན་སླ་བཅོས་སོགས་སུ་མ་སོང་བར་གནད་སྨིན་དུ་བསྐྲུངས་ཤིང་། འདི་དག་གི་སྔ་ཕྱི་ནས་བཟུང་མཆོད་སྡོང་ཆེན་པོ་གསར་བཞེངས་ཀྱི་རྟེན་དང་བརྟེན་པར་བཅས་པ་ཀུན་གྱི་ལས་གྲྭ་སོགས་རིམ་པར་ཚུགས་སྐབས་དོ་དམ་བཟོ་རིག་པ་སོགས་དང་།   གཟུངས་ཀྱི་ཕྱག་ལེན་མཛད་མི་སོགས་ཀུན་ལ་སོ་སོའི་བགྱི་འོས་གང་ཅི་འཐུས་ཚང་ཡར་ལྷན་དུ་དགོས་པའི་བཀའ་སློབ་སོགས་ཡང་ཡང་དུ་སྩལ།   ཆོས་བཅུ་སྐོར་ནས་མདོ་ཁམས་སྤྱོའི་ཕྱོགས་སུ་དོན་གཅོད་ལ་ཕེབས་མི་བཀའ་བློན་ཛ་སག་བླ་མ་བྱམས་པ་སྟོབས་ལྡན་ངོ་གཡོག་དང་།   ལས་བྱ་རྩེ་མགྲོན་ཚ་རོང་པ་དང་།   ལྷ་སྡིངས་སྲས།   བཀའ་མགྲོན་ཕུན་ཁང་པ་སོགས་ལ་ཐོན་ཕྱག་གནང་སྦྱིན་སོགས་རིམ་པར་སྩལ་ཞིང་ལས་དོན་རྣམས་ལ་ལྷག་བསམ་ཆེ་བསྐྱེད་ཀྱིས་ལོ་ཤོར་དུ་མ་སོང་བར་འཐུས་ཚང་དགོས་པའི་བཀའ་ཁྱབ་སོགས་ནན་ཆེར་བསྐྲུངས།   གཞན་ཡང་གཞུང་སྒེར་གྱི་ལས་དོན་རིགས་ལ་ཕྱོགས་ཐོན་བྱེད་མི་དང་།   ཕྱིར་འགྲོར་སོགས་ལ་འགྲོར་ཐོན་དང་།   ཕྱོགས་འགྲུལ་བའི་རིགས་ལའང་མཇལ་ཁ་སོགས་རིམ་སྩལ་དང་།   འདི་དག་གི་བར་སྐབས་རྣམས་སུ་༸རྒྱལ་དབང་དེ་ཉིད་ཀྱི་གཟིམས་ཆུང་སྤྲུག་གི་ནང་རྟེན་འགངས་ཆེའི་རིགས་རྣམས་ལ་ཐུགས་ཞིབ་ཀྱིས་ཞུས་དག་སོགས་ཀྱང་བར་མ་ཆད་དུ་བཀའ་དྲིན་ཆེ་བར་མཛད།   ཆོས་ཉེར་བཞིའི་ཉིན་བཀས་མངགས་ཨམ་བན་གཉིས་དང་།   དངུལ་གྱི་དོས་རྒྱབ་པ་ཕོག་དཔོན།   རྒྱན་སྡོད་སྦྱར་སྦྲི་ཕོག་ཅོང་སོགས་ཕོ་བྲང་དུ་བཅར་ཏེ།   ༸གོང་ས་ཆེན་པོས་༸རྒྱལ་དབང་མཆོག་གི་དགོངས་རྫོགས་སུ་སྔ་ཕྱིར་དངུལ་སྲང་ཁྲི་ཕྲག་གཅིག་སྩལ་བ་རྣམས་སྐུ་གདུང་རིན་པོ་ཆེའི་དྲུང་དུ་འབུལ་བཞེས་དང་།   ཨམ་བན་སོགས་རྒྱ་དཔོན་ཁག་ལ་

གནང་སྦྱིན་ཀྱང་གྱུ་ནོམས་སུ་བསྟར། གནམ་གང་གི་ཉིན་གཟིམས་ཆུང་ས་གསུམ་རྣམ་རྒྱལ་དུ་༧རྒྱལ་དབང་མཆོག་གི་ན་བཟའ་སྤྱན་འདྲེན་དང་བཅས་ཕེབས་བསྐྱོད་ཕྲོག་སེར་སྦྲེངས་ལ་ཐུགས་ཞིབ་དང་། གོས་སྐུ་རིན་པོ་ཆེར་སྙན་ཞལ་ཐུགས་སྨོན་སོགས་གནད་སྨིན་དུ་བསྐྱངས། ཧོར་ཟླ་གསུམ་པ་གསར་ནས་ཚེས་བཅུ་སྐོར་ལ་སྤྱི་སོར་འདོད་དཔལ་དུ་སྐུ་བརྟན་གསར་བཞེངས་ཀྱི་རིགས་འགའ་ཞིག་མཛད་པ་རྣམས་ལེགས་པར་གྲུབ་པས་དོ་དམ་པ་སོགས་ནས་གཟིགས་འབུལ་དུ་བཅར་བར་དགྱེས་བཞེས་དང་། སོ་སོར་གོ་བབ་ལྟར་གྱི་གསོལ་རས་ཀྱང་སྩལ། འདི་དག་གི་སྤྱི་ཕྱི་རྣམས་སུ་སེ་ར་བྱེས་སྨད་ཀྱི་གྲྭ་ཚང་སོ་སོ་དང་། དགེ་བཤེས་འགའ་ཞིག་ལ་དགོན་ཁག་རིགས་ཐབས་འཛིན་དུ་སྩལ་བར་སོ་སོ་ནས་བཀའ་དྲིན་ལེགས་འབུལ་སོགས་ཀྱང་རྒྱས་པར་ཕུལ། ཆོས་བཅོ་བརྒྱད་ཀྱི་ཉིན་སྐྱབས་མགོན་ཉིད་དང་། ཞབས་པད་རྣམ་པ། སྤྱི་ཁྱབ་མཁན་པོ་བཅས་༧གོང་ས་ཆེན་མོའི་བཀའ་ལུང་གནང་སྐྱེས་བཟང་པོ་དང་འབྲེལ་བར་༧རྒྱལ་དབང་དེ་ཉིད་ཀྱི་དགོངས་རྫོགས་དང་ཡང་སྲིད་མྱུར་བྱོན་གྱི་རྣམ་དཀར་ལྷབས་ཆེན་བཅས་སྒྲུབ་གནང་མཛད་ཕྱིར་ཆོས་སྡེ་ཆེན་པོ་དཔལ་ལྡན་འབྲས་སྤུངས་སུ་ཆིབས་ཀྱི་ཁ་ལོ་བསྒྱུར་བར་བླ་མ་ལས་སྣེ་དང་། བླ་སྤྱིལ་ཆེ་ཆུང་ཁམས་ཚན་སོ་སོའི་མགོ་བྱེད་སོགས་ཚང་མས་ཆིབས་བསུ་དང་ཐབ་བསུ། འདུས་པ་དམངས་ནས་སེར་སྦྲེངས་ཀྱི་རིམ་པ་དང་། ཚོགས་ཆེན་དང་། གྲྭ་ཚང་ཁག ། བླ་བྲང་སོ་སོའི་ཡང་སྟེང་ནས་དར་འཕྱར། དུང་འབུད་སོགས་དང་། ཕོ་བྲང་ཀུན་དགའ་ར་བའི་གཤམ་ནས་ལས་སྣེ་སོགས་ཆིབས་བསུ་བ་ཚང་མས་སྤྲོས་སྣ་དང་བཅས་ཏེ་གདན་དྲངས་ཤིང་། ཀུན་དགའ་ར་བའི་གཟིམས་ཆུང་དུ་ཞབས་སོར་འཁོད་བསྟུན་ཕོ་བྲང་སྡེ་པས་དཀར་སྤྲོ་མཇལ་འབུལ་དང་། དེ་རྗེས་ཚོམས

ཆེན་དུ་ཕེབས་བསྐྱོད་ཐོག་འབྲས་སྤྱི་སོ་དང་ཧར་བསམ་སོགས་ཀྱི་དཀར་སྤྲོ་ལེགས་སྐྱེས་རྣམས་འབུལ་བཞེས་དང་། དེ་ནས་ཚོགས་ཆེན་དུ་འདུས་པ་དྲུག་སྟོང་སྐོར་དུ་ལོངས་པ་རྣམས་ལ་མང་འགྱེད་སྤྱི་འབུལ་སོགས་ཀྱི་བསྙེན་བཀུར་གྱི་ཉོམས་པ་སྐྱུལ་བ་དང་ཆབས་མཚུངས་༸སྐྱབས་མགོན་ཉིད་ཀྱང་ཚོགས་གཟིགས་སུ་ཕེབས་བསྐྱོད་ཀྱིས་བསྟན་པ་རྒྱས་པ་དང་འགྲོ་བ་བདེ་བ། ལྷག་པར་༸འདྲེན་པ་ཕྱུག་ན་པཎྜོའི་དགོངས་པ་རྫོགས་ཤིང་མཆོག་སྤྲུལ་མྱུར་འབྱོན་སོགས་ཀྱི་ཐུགས་སྨོན་བླབས་ཆེར་མཛད། ཚོགས་གྲོལ་བསྟུན་མཆོད་ཁང་ཁག་ལ་གནས་གཟིགས་དང་། གཞན་ཡང་སྨོ་བློ་སྤྱགས་བདེ་བཅས་སུ་ཡང་རིམ་པར་ཕེབས་བསྐྱོད་མཛད་དེ་མཆོད་ཁང་དང་མགོན་ཁང་ཁག་རྣམས་ལ་མཆོད་འབུལ་སྣན་ཤལ་སོགས་རྒྱ་ཆེན་པོའི་ཐོག་གནས་གཟིགས་ཐུགས་སྨོན་སོགས་ཀྱང་ཞིབ་རྒྱས་སུ་བསྐྱངས་ཤིང་། གྲྭ་ཚང་སོ་སོ་ནས་དཀར་སྤྲོ། གསོལ་ཞབས་མཇལ་འབུལ་སོགས་ཀྱང་བླ་ལྷག་ཏུ་ཕུལ། དེ་དག་གྲུབ་བསྟུན་ཀུན་དགའ་ར་བར་ཕེབས་ནས་གསོལ་ཚོགས་ཐོན་འཕྲུལ་བླ་མ་ལས་སྡེ་སོགས་ནས་ཆིབས་སྐྱེལ་སོགས་ཀྱི་བཀུར་བསྟི་དང་བཅས་ཏེ་གྲུ་འཛིན་ཕོ་བྲང་དུ་ཕྱིར་ཕེབས་མཛད། དེའི་ཕྱི་ཉིན་ཆོས་བཅུ་དགུའི་སྔ་ཆར་སྟོན་འཁོར་ཚང་མ་སེ་ར་ཐེག་ཆེན་གླིང་དུ་ཆིབས་ཞལ་བསྒྱུར་སྐབས་ལས་སྡེ་བླ་སྤྲུལ་སོགས་ཚང་མས་ཆིབས་བསུ་ཐབ་བསུ་སོགས་གཏོས་ཆེ་བ་དང་། ཚོགས་ཆེན་དང་། གྲྭ་ཚང་ཁག །བླ་བྲང་། སྤྱི་ཁང་སོ་སོའི་ཡང་སྟེང་ནས་དར་འཕྱུར་དུང་འབུད། འདུས་པ་དམངས་ནས་སེར་སྤྲེངས་དང་། དགོན་གཤམ་ནས་ལས་སྡེ་སོགས་ཚང་མས་སྤོས་སྣ་དང་བཅས་ཏེ་གཟིམས་ཁང་ཐོག་ཏུ་ཕེབས་འཕྲུལ་སེ་ར་བླ་སྤྱིའི་དཀར་སྤྲོ་དང་མཇལ་འབུལ་སོགས་ཞུས་ཤིང་། དེ་ནས་ཚོགས་ཆེན་འདུས་པ་བཞི་སྟོང་སྐོར་དུ་ལོངས་པ་རྣམས་ལ་མང་འགྱེད་སྤྱི་

འབུལ་སོགས་ཀྱི་བསྙེན་བཀུར་རླབས་པོ་ཆེ་དང་འབྲེལ་བར་ཚོགས་གཟིགས་སུ་ཕེབས་བསྐྱོད་ཀྱིས་ཐུགས་སྨོན་གྱི་མཚམས་སྦྱོར་རྒྱ་ཆེ་གནང་སྩོལ་དུ་བསྐྱངས་ཞིང་། མཆོད་ཁང་ཁག་ལའང་གནས་གཟིགས་མཆོད་སྨོན་སོགས་རྒྱ་ཆེར་མཛད། ཚོགས་གྲོལ་བསྟུན་བྱེས་སྨད་སྔགས་གསུམ་སོ་སོར་ཡང་ཕྱིན་ཏེ་མཆོད་ཁང་དང་མགོན་ཁང་སོགས་ལ་མཆོད་སྨོན་སྙན་ཤལ་དང་གནས་གཟིགས་སོགས་ཞིབ་རྒྱས་སུ་མཛད་ཅིང་བླ་བྲང་སོ་སོ་ནས་དཀར་སྒྲོ་དང་ལེགས་སྐྱེས་ཀྱི་དངོས་འབུལ་སོགས་ཀྱང་དཔངས་མཐོ་བར་ཕུལ། དེ་ནས་གཟིམས་ཁང་སྟེང་དུ་ཕྱིན་ཏེ་གསོལ་ཚོགས་གྲུབ་བསྟུན་བླ་མ་ལས་སྣེའི་ཆིབས་སྐྱེལ་སོགས་ཀྱི་སྲིད་ཞུས་ཞབས་ནས་འདེགས་བཞིན་པར་ཕོ་བྲང་ཆེན་པོ་གྲུ་འཛིན་དུ་ཞབས་སེན་འཁོད་པར་གྱུར། འདི་སྐབས་དགའ་ལྡན་དུ་༧སྐྱབས་མགོན་ཉིད་ཆིབས་བསྐྱོད་མ་ཐུབ་པར་གསོལ་དཔོན་རྗེ་དྲུང་དགེ་ལེགས་རྒྱལ་མཚན་ཆེད་གཏོང་མཛད་པ་སོགས་མདོར་ན་རྣམ་དཀར་མཛད་འོས་མཐའ་དག་༧གོང་མ་ཆོས་ཀྱི་རྒྱལ་པོའི་དགོངས་བཞེད་དང་མཐུན་པར་རྒྱ་ཆེ་འབྱམས་ཀླས་གནང་སྩོལ་དུ་བསྐྱངས་སོ། །

འདིར་སྨྲས་པ། གནམ་བསྐོས་ས་ཡི་ཚངས་པའི་བང་མཛོད་ནས། །
འཛད་མེད་དཔྱིག་གི་དགོས་དགུ་ཆར་བསྙིལ་བ། །མཐའ་དག་སྟོན་ཚན་ལྷ
བའི་རྗེས་ཞུགས་པའི། །རླབས་ཆེན་དགེ་བའི་ངོ་བོར་སྨིན་པར་མཛད། །
མཁས་མང་རྐང་དྲུག་འདུ་བའི་དགའ་ཚལ་མཆོག །ཐོས་བསམ་གཡུར་དུ་ཟ
བའི་སྨན་གྱི་ལྗོངས། །མཉན་ཡོད་རྒྱལ་བྱེད་ཚལ་དང་མཚུངས་རྣམས་སུ། །
ཞབས་སེན་དབང་གི་རྒྱལ་པོ་མཛེས་པར་བཀོད། །མཆོད་འོས་དམ་པའི་ཞིང་
མཆོག་མ་ལུས་པ། །བསྙེན་བཀུར་མཆོད་པའི་སྤྲིན་གྱིས་མཉེས་བྱས་མཐར། །

དགེ་ཀུན་ཐུགས་བསྐྱེད་བཟང་པོའི་གསེར་འགྱུར་རྩིས། །བསྟན་འགྲོར་སྨན་པའི་རིན་ཆེན་ཁམས་སུ་བསྒྱུར། །གཞན་ཡང་མཁྱེན་བརྩེའི་མ་དྲོས་གླིང་ཡངས་ནས། །གཅིག་ཏུ་དཀར་བའི་མཛད་པ་རྣམ་བཞིའི་གླུང་། །གཞན་ཕན་རིན་ཆེན་རྟུལ་མང་འདྲེན་བཞིན་པར། །ཚད་མེད་ཕན་བདེའི་ལོ་ཏོག་འཕེལ་ཕྱིར་རྒྱུ། །མངོན་པར་མཐོ་དང་ངེས་པར་ལེགས་པ་ཡི། །ལམ་བཟང་ཨ་མྲའི་ཚལ་ཀུན་དུས་གཅིག་ཏུ། །སྨིན་པའི་དཔྱར་གྱི་རྒྱལ་མོའི་དཔལ་ཡོན་ལ། །ཤེས་ལྡན་སྐྱེ་བོ་མཐའ་དག་དགའ་མགུར་སྤྱོར། །དབང་བཙུའི་གོ་འཕང་མཆོག་ལ་མངའ་བརྙེས་པས། །གང་གང་ཐུགས་ལ་སྨོན་པའི་བཞེད་འབྲས་ཀུན། །དུས་ཕྱིར་མ་ལུས་འབད་མེད་བདེ་བླག་ཏུ། །སྨིན་ནུས་ཁྱོད་ཀྱི་འཕྲིན་ལས་འདི་རྨད་བྱུང་། །བཙུ་ཕྲག་གཉིས་དང་བདུན་གྱིས་ལྷག་པ་ཡི། །འདྲེན་པའི་འཕྲིན་ལས་མཐའ་དག་ཁྱོད་ཉིད་ལ། །མངའ་ཕྱིར་དུས་རིང་བསྐལ་པར་གདུལ་བྱའི་དོན། །སྐྱོད་ཀྱང་ཁྱོད་ཐུགས་ངལ་བའི་གོ་སྐབས་ཅི། །ཞེས་པ་ནི་བར་སྐབས་ཀྱི་ཚིགས་སུ་བཅད་པའི་རིམ་པའོ། །

དེ་ནས་ཧོར་ཟླ་བཞི་པའི་ནང་ཇོ་ཤཱཀ་རྣམ་གཉིས། གསེར་གདུང་ཁག །འཕགས་པ་རིན་པོ་ཆེ་སོགས་ཀྱིས་གཙོས་པའི་རྟེན་གསུམ་ཁག་ཀུན་ལ་མཆོད་པ་སྣ་ལྔ་སྟོང་ཚར་བརྒྱ་ཚར་སོགས་ཅི་རིགས་པའི་ཐོག་གནས་གཟིགས་ཐུགས་སྨོན་སྣན་ཞལ་སོགས་སྤྱི་རིམ་པར་དུ་བསྐྱངས་ཤིང་། གཞན་ཡང་རྣམ་དཀར་དགེ་སྒྲུབ་ཀྱི་རིམ་པ་མཐའ་ཀླས་པ་མཛད། འདི་ཟླའི་དམར་ཕྱོགས་ལ་བབ་པ་ན་དབང་ཕྱོགས་ནས་༸གོང་མ་ཆོས་ཀྱི་རྒྱལ་པོས་༸མགོན་པོ་ཉིད་རྒྱལ་བའི་རྒྱལ་ཚབ་ཆོས་སྲིད་གཉིས་ལྡན་གྱི་བྱེད་པོར་དབང་བསྐུར་བའི་གསེར་ཡིག་དང་བཅས་ཆེད་དུ་བཀས་མངགས་པའི་ཧོ་ཐྨ་ལོ་ཡེ་ཕེབས་སྐད་གསན་པར་རྒྱང་བསུ

རིང་ཐུང་སོགས་ཀྱང་སྐྱུལ་ཞིང་། ཆོས་ཉེར་བཞིའི་ཉིན་༧སྐྱབས་མགོན་ཉིད་ཧུ་ཐོག་ཐུ་ཆེ་ཁག་རྣམས་དང་། ཨམ་བན་གཉིས། ༧གཞུང་སའི་མི་དྲག་སོགས་དང་ལྷན་ཅིག་ཏུ་ཟུར་ཁང་གཡུལ་ཁར་གསེར་ཡིག་གི་ཆིབས་བསུར་ཕྱིན་ཏེ་མཇལ་འཕྲད་དང་། དེ་ནས་རྩེར་ཆིབས་བསྐྱོད་ཀྱིས་གཟིམས་ཆུང་བདེ་ལྡན་འཁྱིལ་དུ་༧སྐྱབས་མགོན་མཆོག་གཙོ་བོར་བཞུགས་ཐོག །ལྕང་སྐྱ་རིན་པོ་ཆེས་གཙོ་མཛད་པའི་བླ་སྤྲུལ་ཆེ་ཁག་དང་། གུང་བཀའ་མདའ། སེར་འབྲས་ཀྱི་བླ་མ་ལས་སྣེ། རྩེ་ཤོད་ཀྱི་ལས་ཚན་པ་རྣམས་དང་། ཨམ་བན་རྣམ་གཉིས། སྤྱིར་སྤྲི་ཐོག་ཙོང་སོགས་རྒྱ་བོད་ཀྱི་མི་དྲག་ཚང་འཛོམས་ཐོག །བཀས་མངགས་ཧོ་ཐ་ལོ་ཡེ་ནས་གོང་མའི་གསེར་ཡིག་ཕྱག་ཏུ་འབུལ་བཞེས་ཐོག །དྲུང་ཡིག་ནས་སྙན་འབུལ་མཛད་པ་ཚང་མས་སྙན་ལམ་དུ་བསྟར་བ་ན་འདི་ལྟར་དུ་གསལ་ཏེ། ཚེ་རིང་གནམ་གྱི་ཤེ་མོང་བཙན་པོས་ས་སྐྱོང་ཡོངས་ལ་དབང་བསྒྱུར་བའི་ཧང་ཏིའི་བཀའ། ༧རྗེ་དྲུང་ཧུ་ཐོག་ཐུ་སོགས་དགོན་སྡེ་ཐམས་ཅད་ཀྱི་མཁན་བླ་རྣམས་དང་། བཀའ་བློན་བཞི། མདའ་དཔོན་སོགས་སྡེ་པ་ཐམས་ཅད་ལ་ཕབ་པར། ཏཱ་ལའི་བླ་མ་ནི་སངས་རྒྱས་ཀྱི་བསྟན་པ་ཡོངས་ཀྱི་མངའ་བདག །བླ་མ་ཐམས་ཅད་ཀྱི་གཙོ་བོ་ཡིན་པས་དབུས་གཙང་ན་འཁོད་པའི་སྐྱ་སེར་ཀུན་གྱི་རེ་ལྟོས་འཆར་བའི་གནས་ཡིན་ཀྱང་། ད་རེས་འཕྲལ་དུ་སྐུའི་བཀོད་པ་ཆོས་དབྱིངས་སུ་བསྡུས་པའི་ཚུལ་བསྟན་པ་ཐོས་པས་ངེད་ཀྱི་ཐུགས་ལ་ཤིན་ཏུ་ཕངས་པར་གྱུར། ཕྱིན་ཆད་ཏཱ་ལའི་བླ་མའི་ཡང་སྲིད་སྤྲུལ་སྐུ་མ་ཕྱིན་གྱི་བར་དུ་བླ་མ་ཆེ་ཤོས་ཤིག་ལས་ལ་བསྐོས་ཏེ་ལས་དོན་བགྱིད་དུ་འཇུག་ན་དབུས་གཙང་གི་སྐྱ་སེར་ཐམས་ཅད་ལ་ཕན་ཐོགས་པ་འབྱུང་བར་འགྱུར་བས་ན། རྗེ་དྲུང་ཧུ་ཐོག་ཐུ་ཁྱོད་ནི་མི་བློ་གསལ་ཞིང་ཆོས་ལ་དགའ་བར་མ་ཚད། སྔ་སོར་༧གནམ་སྐྱོང་དགུང་ལོ་ང

བཞི་པའི་ དུས་ བཀས་ མངགས་ ཏེ་ དབུས་ གཙང་ གི་ ལས་ དོན་ བགྲིས་ པའི་ ཟླ་གྲོགས་སུ་བསྐོས་པ་ནས། ལས་དང་བྱ་བ་ཀུན་ལ་༧ཏཱ་ལའི་བླ་མ་དང་གྲོས་མཐུན་བགྲིས་ཏེ་ཚུལ་བཞིན་དུ་སྒྲུབ་པས། དེའི་ཕྱིར་དབུས་གཙང་དུ་འཁོད་པའི་སྐྱ་སེར་ཀུན་གྱིས་ཚུལ་བཞིན་དུ་དད་པར་གྱུར་པའི་རྒྱུ་མཚན་དེའི་ཕྱིར་ངེད་ནས་ཁྱེད་ལ་བསྔགས་བརྗོད་མཛད་ཅིང་བསྟོད་པར་དགོངས། ངེད་ཀྱི་ཏཱ་ལའི་བླ་མ་ཞིང་གཞན་དུ་སྐུ་གཤེགས་འདུག་པར། ཕོ་པའི་སྐུའི་ཡང་སྲིད་སྤྲུལ་པ་མ་གསལ་གྱི་བར་དུ་༧རྗེ་དྲུང་ཧུ་ཐོག་ཐུ་ཁྱོད་ཀྱིས་བླ་མ་སེར་མོ་བ་རྣམས་ཀྱི་ལས་དོན་གྱི་སྤྱི་གཙོ་བགྲིས་ལ་ལས་བགྲིས་ཤིག །ལྷག་ཏུ་ངེད་ཀྱིས་ས་སྟེང་གི་སྐྱེ་འགྲོ་ཡོངས་ལ་བྱམས་བརྩེས་གཟིགས་པའི་དགོངས་བཞེད་མཆོག་དང་མཐུན་པར་ཞྭ་སེར་གྱི་བསྟན་པ་དར་རྒྱས་དང་ལས་དོན་གང་ཡིན་ལ་དོ་དམ་ལེགས་པར་བགྲིས། ཕྱོགས་དེར་འཁོད་པའི་སྐྱ་སེར་ཐམས་ཅད་བདེ་སྐྱིད་ལ་འགོད་པའི་སྦྱོར་བ་ལ་བརྩོན་པར་བགྲིས། མཁན་བླ་བཀའ་བློན་མདའ་དཔོན་སོགས་ཐམས་ཅད་ཀྱིས་ཀྱང་རང་རང་སོ་སོའི་ལས་སྐལ་ལ་འབད་བརྩོན་ཤུགས་དྲག་གི་སྒོ་ནས་༧རྗེ་དྲུང་ཧུ་ཐོག་ཐུ་ལ་རོགས་བསྒྲོས་བགྱིད་དེ། ཏཱ་ལའི་བླ་མ་ཞལ་བཞུགས་དུས་ཀྱི་སྲོལ་བཞིན་བགྲིས་ལ། ལས་དོན་ཐམས་ཅད་དེར་འཁོད་ལས་བྱེད་མཁན་གྱི་ཨམ་བན་ལ་གྲོས་ཞུ་བགྱིད་དེ་ཁྲིམས་སྲོལ་བཞིན་བགྲིས། ཐུན་མོང་ནས་གྲུས་པས་ནན་ཏན་བགྲིས། ལོ་ཉོར་མ་བགྲིས་ཤིག །ཆེད་དུ་བཀའ་ཕབས་སོ། །

ཞེས་ཕེབས་པའི་དོན་རྣམས་ཐུགས་ཡུལ་དུ་མངའ་བར་མཛད་ཅིང་བདག་གིར་དུ་ལེགས་པར་བཞེས། དེ་འཕྲུལ་གཟིམས་ཆུང་ཉི་འོད་དུ་ཕྱིན་ནས་དགོངས་རྫོགས་གནང་སྐྱེས་ཕྱུལ་བ་རྣམས་སྐུ་གདུང་རིན་པོ་ཆེའི་དྲུང་དུ་འབུལ་བསྒྲིགས་མཛད། དེ་ནས་གཟིམས་ཆུང་ཀུན་བཟང་བདེ་ཆེན་དུ་ཕྱིན་ཏེ་རྒྱ་དཔོན་ཁག་ལ་

དཀར་སྦྱོ་གནང་སྦྱིན་སོགས་སྩལ། དེ་རྗེས་ལུང་སྐྱ་རིན་པོ་ཆེ་དང་། རྭ་སྒྲེང་
རིན་པོ་ཆེ། བཤད་གླིང་མཆོག་སྤྲུལ་སོགས་བླ་སྤྲུལ་ཆེ་ཁག་ཚང་མས་ལེགས་དར་
དང་། དེ་ནས་རིམ་པར་གྲུང་བཀའ་བློན་གཞུང་དྲུང་ལས་ཚན་པ་རྣམས་དང་།
སེར་འབྲས་ཀྱི་བླ་མ་ལས་སྣེ་སོགས་ཚང་མས་ལེགས་དར་གྱི་ལྷ་རིག་ཕུལ། དེ་
རྗེས་ཚེས་ཉེར་བརྒྱད་ཀྱི་ཉིན་སྣར་ཡང་ཨམ་བན་རྣམ་གཉིས་དང་། ཧོ་ཧླ་པོ་ཡེ་
སོགས་དང་གསོལ་ཚོགས་ལྷན་རྒྱས་ཐོག་རྒྱ་བོད་ཀྱི་ལས་དོན་སྐོར་གྱི་གསུང་མོལ་
སོགས་ཞིབ་པར་བསྐྱངས། ཧོར་ཟླ་ལྔ་པ་གསར་འཕྲུལ་པེ་ཅིང་མཁན་ནང་
གདོང་༸འགོང་མ་ཆེན་པོས་གཙོས་པའི་དབང་ཕྱོགས་ཀྱི་བླ་དཔོན་ཁག་ལ་
འཚམས་ཞུ་གནང་སྐྱེས་དང་། མཁན་ནང་ངོ་གཡོག་ལ་ཐོན་གནང་སོགས་ཕྱར་
ལམ་ལྷར་སྩལ། ཆོས་བདུན་ཉིན་ལུང་སྐྱ་མཆོག་སྤྲུལ་རིན་པོ་ཆེ་ནས་བཞི་སྡེར་
དད་འདུས་སེར་སྐྱ་སྟོང་ཕྲག་དུ་མར་ཡོངས་པ་རྣམས་ལ་ཐུགས་རྗེ་ཆེན་པོའི་
དབང་ཆེན་སྩལ་སྐབས་མགྲོན་གཉེར་ཆེད་གནང་གིས་ཆོས་འཁོར་ཐོག་མར་
བསྐོར་བའི་ལེགས་སྐྱེས་ཀྱང་རྒྱས་པར་འབུལ་བར་མཛད། དེ་ནས་ཡར་ངོའི་
དཀར་ཕྱོགས་ཀྱི་བཟང་པོ་གསུམ་པ་ཆོས་བཅུ་གཉིས་དུས་ཆེས་གཟའ་སྐར་
སོགས་མཆོག་ཏུ་དགེ་བའི་ཉིན་༸མགོན་པོ་ཉིད་༸འགོང་མ་ཆོས་ཀྱི་རྒྱལ་པོས
གསེར་གྱི་བཀས་མངགས་པའི་དོན་ལྟར། ལྷར་བཅས་འགྲོ་བ་ཡོངས་ཀྱི་སྐྱབས
མགོན་དཔུང་གཉེན་དམ་པར་༸རྒྱལ་དབང་མཆོག་གི་༸རྒྱལ་ཚབ་ཆོས་སྲིད་
གཉིས་ལྡན་གྱི་བྱེད་པོར་མངོན་པར་བཞེངས་པའི་ཁྲི་འདོན་མངའ་གསོལ་
སོགས་མཛད་པའི་དུས་ལ་བབ་པས། གཟིམས་ཆུང་ཉི་འོད་དུ་འཇིགས་བྲལ་
གདོང་ལྔས་བཏེགས་པའི་གསེར་གྱི་ཁྲི་འཕང་མཐོན་པོར་༸ཞབས་མཐིལ་མཚན་
དཔེའི་རི་མོས་བཀྲ་བ་ལེགས་པར་བཀོད་ཅིང་། གཟུགས་སྐུའི་ཉིན་བྱེད་བྱིན་

ལྷབས་ཀྱི་གཟི་འོད་ཕྱོགས་བརྒྱར་འབར་བཞིན་པར་འགྲོ་བ་ཡོངས་ལ་དགྱེས་པའི་འཛུམ་ཞལ་གསལ་པོར་ངོམས་པའི་སྒོ་ནས་ལྷུན་ཆགས་པའི་ཐོག །གཞུང་ས་མཚོག་ནས་ལེགས་བྱས་བཟང་པོའི་རྟེན་འབྲེལ་གྱི་སྒོ་འཕར་དུས་གཅིག་ཏུ་འབྱེད་པའི་སྐད་དུ་གསོལ་སྟོན་དཀར་སྤྲོ་སོགས་བཟང་ཞིང་གྱ་ནོམས་པ་དང་། ཞིང་ཁམས་རྒྱ་མཚོའི་བཀོད་པས་སྣ་བྲངས་པའི་དངོས་བཤམས་མཚོད་སྤྲིན་གྱི་འཕྲེང་བ་མཐའ་ཀླས་པ་དང་། དེ་མཚུངས་མི་རྗེ་ཞབས་པད་རྣམ་བཞི་སོགས་བྲུང་སྤྱི་དང་། མཚོ་ཆེན་སོགས་ཀྱི་དངོས་འབུལ་ལེགས་སྐྱེས་དང་འབྲེལ་བར་གཞུང་བྲུང་སེར་སྐྱ་མཚོག་དམན་ཀུན་དང་། སེར་འབྲས་ཀྱི་བླ་མ་ལས་སྣེ་སོགས་ཚང་མས་ལེགས་དར་དང་། རྣམ་རྒྱལ་གྲྭ་ཚང་པ་སོགས་ནས་དཀར་སྤྲོ་དངོས་འབུལ་སོགས་རྒྱ་ཆེ་བ་བཅས་ཏེ་༧རྒྱལ་བའི་རྒྱལ་ཚབ་ཆེན་པོར་མངའ་གསོལ་ཞིང་། དེའི་ཕྱི་ཉིན་ནས་བཟུང་སྐབར་ཡང་སེར་འབྲས་དགེ་གསུམ་གྱི་གྲྭ་ས། གྲྭ་ཚང་། ཁམས་ཚན་ཁག་བཅས་སོ་སོ་ནས་ཁྲི་ཐེབས་ལེགས་སྐྱེས་སུ་དངོས་འཁྱོར་གྱི་འབུལ་བ་དང་བཅས་ཏེ་སྐེར་མཇལ་དང་། གཞན་ཡང་རྒྱུད་གྲྭ་སྟོད་སྨད། ཚེ་རུ་བཞི་སྡེ་སོགས་འདུས་སྡེ་ཁག་ཕལ་མོ་ཆེ་དང་། གཞུང་བྲུང་ཆེ་བཙན་ཁག་དང་། མཐའ་དབུས་ཀྱི་འཁྱོར་ལྡན་དད་ཅན་སོགས་ཀུན་གྱིས་ཁྲི་ཐེབས་ལེགས་འབུལ་གྱི་མཇལ་ཞུ་རིམ་པར་བཅར་བ་ཀུན་ལ་འདོད་མོས་ལྟར་གྱི་མཇལ་ཕྱག་བཀའ་འདྲི་སོགས་ཞིབ་སྐུལ་གྱིས་ཡིད་ཀྱི་དབང་པོ་དགའ་བའི་ལང་ཚོ་ཀུན་ཏུ་བརྟས་པར་མཛད་དོ། །དེ་ལྟར་བདག་ཉིད་ཆེན་པོ་འདི་ཉིད་ལ་སྟ་སོར་རྗེ་བཙུན་ཕྱག་ན་པདྨོ་བློ་བཟང་བསྟན་པའི་དབང་ཕྱུག་འཇམ་དཔལ་རྒྱ་མཚོ་དཔལ་བཟང་པོ་དེ་ཉིད་གཟུགས་སྐུ་ཆོས་དབྱིངས་སུ་མནལ་ཁར་ཆོས་སྲིད་སྐྱོང་བའི་བྱེད་པོར་ལུང་བསྟན་ཅིང་དབུགས་དབྱུང་གཟེངས་སུ་བསྟོད་པར་

མཛད་པ་ནི་བསླུ་བ་མེད་པའི་བདེན་པའི་བཀའ་དོན་ལ་ཚད་མར་གྱུར་པ། དཔང་པོར་གྱུར་པ་ཡིན་པ་ལྟར་དུས་འདིར་༸འཛམ་དབྱངས་མི་རྗེའི་ཟོལ་འཛིན་༸གོང་མ་ཆོས་ཀྱི་རྒྱལ་པོས་ཀྱང་གོང་དུ་བཀོད་མ་ཐག་པའི་བསྔགས་པ་བརྗོད་པའི་ཚིག་གི་མེ་ཏོག་གི་འཕྲེང་བ་ལན་བརྒྱར་འཐོར་བ་སྔོན་དུ་འགྲོ་བའི་སྒོ་ནས་རྒྱལ་བ་ཡོངས་ཀྱི་རྒྱལ་ཚབ་ཆེན་པོར་དབང་བསྐུར་བར་མཛད་པ་དང་། ཕྱོགས་འདིར་འཁོད་པའི་སྐྱེ་བོ་མཆོག་དམན་བར་པ་མཐའ་དག་ཀྱང་དགའ་ཞིང་མགུ་ལ་དད་ཅིང་ཡི་རངས་པའི་སྒོ་ནས་བསྟོད་བསྔགས་གསོལ་བ་འདེབས་པའི་ཚིག་གིས་སྤྱན་བསུས་ཏེ་རང་རང་གི་མཁོ་དགུའི་གཅེས་ནོར་མཐའ་དག་ཕངས་མེད་དུ་གང་གི་ཕྱོགས་སུ་མཆོད་སྤྲིན་གྱི་ཕུང་པོར་སྤུངས་ནས་ཕུལ་བ་དང་བཅས་ཏེ་སྲིད་ཞི་ཡོངས་ཀྱི་འདྲེན་མཆོག་གཅིག་པུར་མངའ་གསོལ་བའི་ངོ་མཚར་གྱི་ཕུལ་འདི་ལྟ་བུ་མངོན་སུམ་དུ་གྱུར་པ་ནི་འཕགས་ཆེན་དམ་པ་རྣམས་ཇི་ལྟར་དམ་བཅའ་བའི་བཞེད་དོན་ལ་མི་བསླུ་བའི་བདེན་ཚིག་ལ་མངའ་བརྙེས་པ་དང་། གདུལ་བྱ་འདུལ་བའི་དུས་ལ་བབ་པ་ན་ཐུགས་རྗེ་དང་འཕྲིན་ལས་སྐད་ཅིག་ཀྱང་གཡེལ་བ་མེད་པར་འཇུག་པའི་རང་མདངས་འགོག་མེད་དུ་འཆར་བ་ཡིན་ཅིང་། དེ་ཙམ་ཡང་རང་ཅག་ཚུར་རོལ་མཐོང་བའི་མོས་ངོར་ཡིན་གྱི་ངེས་པའི་དོན་དུ་ནི་འདི་ལྟ་བུའི་༸རྒྱལ་བའི་རྒྱལ་ཚབ་ཏུ་བཞེངས་པའི་ཚེ་ནི་ཕྱོགས་བཅུའི་དེ་བཞིན་གཤེགས་པ་ཚད་མེད་ཅིང་གྲངས་མེད་པ་དག་གིས་ཐམས་ཅད་མཁྱེན་པའི་ཡེ་ཤེས་འོད་ཟེར་གྱི་རྣམ་པར་ཤར་བས་མངོན་པར་དབང་བསྐུར་བ་དང་། བྱང་སེམས་ཉན་རང་གི་ཚོགས་དང་ལྷ་དང་ཀླུ་གི་བསྟན་སྲུང་ལ་སོགས་པས་ཀྱང་མེ་ཏོག་གི་ཆར་དང་། རོལ་མོའི་སྒྲ་དང་ཤིས་པ་བརྗོད་པའི་གླུ་དབྱངས་ཀྱིས་མཆོད་བཞིན་པར་ཁམས་གསུམ་ཆོས་ཀྱི་རྒྱལ་སྲིད་

ཆེན་པོར་དབང་བསྐུར་བ་སོགས་མཛོར་ན། ཇི་སྐད་དུ་དཔལ་ལྡན་ཟླ་བས། བཙུ་པའི་ས་ལ་དེ་ཡི་ཀུན་ནས་སངས་རྒྱས་རྣམས་ལས་དབང་བསྐུར་བ། །དམ་པ་ཐོབ་ཅིང་ཡེ་ཤེས་ལྷག་པར་མཆོག་ཏུ་འབྱུང་བར་འགྱུར་བ་ཡིན། །ཞེས་གསུངས་པ་དང་། སློབ་དཔོན་ཛྙཱ་ན་སྲི་མིཏྲ་བཙན་སྣམ་པོ་རྒྱལ་སྲིད་ཆེན་པོར་དབང་བསྐུར་བའི་ཚེ་རྗེ་བཙུན་འཇམ་དཔལ་དབྱངས་ཀྱིས་དབུ་ཐོད་བཅིངས། རྒྱལ་བ་འོད་དཔག་མེད་ཀྱིས་ཕྱག་སྐྱི་བོར་རེག་ནས་དབང་བསྐུར་བར་མཛད་པ་སོགས་དང་། ༧རྗེ་ཙོང་ཁ་པ་ཆེན་པོས་བྱང་ར་སྒྲེང་དུ་ལམ་རིམ་བླ་མ་བརྒྱུད་པ་རྣམས་ཞལ་གཟིགས་པའི་མཐར་ཨ་ཏི་ཤ་ལ་ཐེམ། དེས་ཕྱག་སྤྱི་བོར་བཞག་ནས་ཁྱོད་ཀྱིས་བསྟན་པ་དང་སེམས་ཅན་གྱི་དོན་མཛད་པའི་གྲོགས་བདག་གིས་བྱའོ། །ཞེས་གསུངས་པ་སོགས་ཀྱི་ཚུལ་དང་སྒོ་ཐམས་ཅད་ནས་མཚུངས་པར་འབྱུང་བ་གོར་མ་ཆག་གོ །

དེ་དག་ལ་འདི་སྐད་ཅེས་བྱ་སྟེ། མི་འཇིགས་བཞི་ལྡན་གདོང་ལྔས་ཉེར་བཏེགས་པ། ཁམས་གསུམ་ཀུན་ལས་རྣམ་པར་རྒྱལ་བའི་ཁྲི། །ཞབས་མཐིལ་དགེ་ལེགས་སྟོང་གིས་མཚན་པའི་དཔལ། །རབ་བཀོད་རྒྱལ་བའི་རྒྱལ་ཚབ་ཆེན་པོར་བཞེངས། །སྟོན་ཚེ་པད་དཀར་འཆང་བའི་ལྷ་མཆོག་དེས། །ལུང་བསྟན་དབུགས་དབྱུང་གཟེངས་སུ་བསྟོད་པའི་དོན། །དུས་འདིར་བསླུ་མེད་མངོན་སུམ་གྱུར་པའི་ཚེ། །སྐྱེ་བོའི་ཚོགས་རྣམས་ངོ་མཚར་གདམ་གྱིས་བྲེལ། །འཇམ་དབྱངས་མི་ཡི་ཟློལ་འཛིན་གནམ་བསྐོས་ལྷས། །བཀའ་བཟང་ཕྱག་རྒྱའི་རི་མོས་རྣམ་བཀྲ་བ། །སྐྱེས་བཟང་ནོར་བུའི་ཚོགས་ཀྱིས་ཕྱུག་པ་ཡིས། །མགོན་ཁྱོད་ཆོས་སྲིད་བྱེད་པོར་ལན་བརྒྱར་བསྟགས། །ཕྱོགས་འདིའི་འགྲོ་བ་ཀུན་ཀྱང་དགའ་དད་ཀྱིས། །མེ་ཏོག་འཐྲེང་བ་སྙེམ་པར་འཛིན་པ་དང་། །ཆབས་ཅིག

དངོས་བཤམས་མཆོད་སྤྲིན་ནོར་འཛིན་རྫོན། །འགེངས་པས་མགོན་ཁྱོད་མཆོད་ལ་རྣམ་པར་བརྗོན། །དེ་ཚེ་ཕྱོགས་བཅུའི་དེ་བཞིན་གཤེགས་ཀུན་གྱིས། །པདྨའི་འདབ་ལྟར་མཉེན་པའི་ཕྱག་ཡངས་ཀྱིས། །གང་གི་ཡན་ལག་མཆོག་ལ་དབང་བསྐུར་ཞིང་། །རྒྱལ་ཀུན་འཕྲིན་ལས་བྱེད་པོར་ལུང་ཡང་བསྟན། །ལྷ་དང་ཌཱ་ཀི་སྲུང་མའི་ཚོགས་ཀྱིས་ཀྱང་། །བསྟོད་བསྔགས་དབྱངས་ཀྱི་འབྲུག་སྒྲ་ཀུན་ཏུ་སྒྲོག །ཤིས་བརྗོད་བསིལ་མའི་མེ་ཏོག་འཐོར་བཞིན་པར། །ཁམས་གསུམ་ཆོས་ཀྱི་རྒྱལ་པོར་མངའ་ཡང་གསོལ། །ཨེ་མ་དེ་ལྟའི་སྐལ་བཟང་གི །ངོ་མཚར་དགའ་བའི་དགའ་སྟོན་ལ། །སྐྱེ་བོ་ཀུན་གྱིས་མངོན་སུམ་དུ། །རིག་པར་གྱུར་འདི་མཆོག་ཏུ་རྨད། །ཅེས་བྱའོ། །

དེ་ནས་ཀྱང་རིམ་པར་ཕྱོགས་ཕན་ཚུན་གྱི་འདུས་སྡེ་དང་། རི་ཁྲོད་ཁག་སོགས་དང་། ཆེ་བཙན་སྒེར་ཁག་སོགས་ནས་ཁྲི་འབུལ་གྱི་ལེགས་སྐྱེས་འབུལ་མི་རིམ་པར་བཅར་བ་རྣམས་ལ་མཇལ་ཕྱག་དང་། སློག་ཆ་ཐོན་གནང་སོགས་རིམ་པར་སྩལ་ཞིང་། ལྷག་པར་ཆོས་སྲིད་ཟུང་འབྲེལ་གྱི་མཛད་པ་རྒྱ་ཆེན་པོ་སྒྲི་དང་། ནང་ཚན་ལོ་འདི་ནང་གསེར་གདུང་རིན་པོ་ཆེ་གསར་བཞེངས་ཀྱི་སྐོར་ལ་ལྟགས་བཀོད་དང་། ཐུགས་ཞིབ་སོགས་རྒྱུན་མི་ཆད་དུ་བསྐྱངས། ཟླ་བ་འདི་མཇུག ༧གོང་མའི་བཀས་མངགས་སྦྱུར་གོ་ཆེར་སྤྱི་སྒེར་ནས་ཐོན་གནང་རྒྱས་པར་སྩལ་ཞིང་། ༧གོང་མ་ཆེན་པོར་ཡང་ལེགས་འབུལ་གྱི་འཚམས་ཞུ་གནང་སྐྱེས་བཟང་པོ་དང་བཅས་པ་ཆེད་སྩལ་དང་། སྦྱུར་གོ་ཆེ་ཕྱིར་བསྐྱོད་གདོང་ཏོར་ཁང་དུ་བྱོན་ནས་སླར་ཡང་༧གོང་མར་འཚམས་ཞུ་དང་། སྦྱུར་གོ་ཆེ་ཉིད་ལ་ཕེབས་དར་གནང་སྦྱིན་དང་ལས་དོན་སྐོར་གྱི་བཀའ་མངགས་ལེགས་པར་གནང་ཞིང་། ཆིབས་སྐྱོལ་བ་རིང་ཐུང་སོགས་ཀྱང་ཆེད་གཏོང་མཛད། ཏོར་ཟླ་དྲུག་པའི་ཚེས་

བདུན་གྱི་སྤྲ་ཆར་རྩེ་ཐང་ལྷ་མཆོད་པའི་ཞབས་བརྟན་འབུལ་བཞེས་དང་། དེ་ནས་༧གོང་ས་དེ་ཉིད་ཀྱི་གཟིམ་ཆུང་གི་ནང་རྟེན་འཕེལ་གདུང་སོགས་ལ་ཁྲུས་གསོལ་དང་ན་བཟའ་སོགས་འབུལ་བར་མཛད། ཚེས་བཅུའི་ཉིན་གཟིམས་ཆུང་ཉི་འོད་དུ་བསམ་ཡས་ཆོས་སྐྱོང་ཆེན་པོར་དབྱར་གསོལ་སྤྱན་འདྲེན་ཐོག་བསྟན་སྲིད་ཀྱི་སྐོར་སྒྲི་དང་། ༧མཆོག་སྤྲུལ་མྱུར་གསལ་གྱི་རིམ་གྲོའི་བཀའ་ལུང་སོགས་ཞུ་བར་མཛད། སྤྱན་གཟིགས་ལ་སོགས་པའི་འབུལ་སྐྱེས་དང་བཅས་ཏེ་རྣམ་བཞིའི་འཕྲིན་ལས་གཡེལ་མེད་དུ་སྒྲུབ་པར་བཀའ་བསྒོ་བར་མཛད། བཀྲས་ལྷུན་ནས་ཀུན་གཟིགས་པཎ་ཆེན་རིན་པོ་ཆེས་གསེར་གདུང་གི་གཟུངས་རྒྱུར་བྱིན་རྟེན་སོགས་གཏོས་ཆེ་བ་འབུལ་མི་ཆེད་གནང་ལ་འབྱོར་ཐོན་གྱི་མཇལ་ཁ་དང་། ༧པཎ་ཆེན་ཐམས་ཅད་མཁྱེན་པར་འཚམས་ཞུ་གནང་རྟེན་བཟང་པོ་བཅས་འབུལ་བར་མཛད། གཞན་ཡང་རྗེ་རིང་ཐལ་ཇེ་བཀའ་བློན་གྱི་གོ་སར་འབྱོར་བའི་མཇལ་ཞུ་སོགས་ལས་ཆེན་གསར་བསྐོས་རིགས་ཀྱི་བཀའ་བསྒྱུར་དང་མཇལ་ཁ་སོགས་རིམ་པར་སྩལ། གོང་ཟླའི་ཚེས་ཉེར་བརྒྱད་ཀྱི་ཉིན་བཀའི་གུང་བློན་རྣམ་བཞི་དང་སྤྱི་ཁྱབ་མཁན་པོ་བཅས་མཇལ་ཞུར་བཅར་ཐོག་མཎྜལ་རྟེན་གསུམ་སོགས་ཀྱི་འབུལ་བ་དང་བཅས་ཏེ་༧གོང་ས་རྒྱལ་དབང་དེ་ཉིད་ཀྱི་རྣམ་ཐར་ཕྱོགས་བསྒྲིགས་བཀའ་རྩོམ་ཐུགས་རྗེ་ཆེ་དགོས་ཀྱི་གསོལ་བ་བཏབ་པར་བླ་མའི་བཀའ་དྲིན་གསབ་བྱེད་ཀྱི་མཛད་པ་བླ་ན་མ་མཆིས་པར་གཟིགས་ནས་དགྱེས་བཞིན་དུ་ཞལ་གྱིས་བཞེས་ཤིང་བསྲུང་མདུད་སོགས་ཀྱི་གནང་སྦྱིན་ཀྱང་སྩལ། ཧོར་ཟླ་བདུན་པའི་ཚེས་བརྒྱད་ཀྱི་ཉིན་ཀུན་བདེ་གླིང་དུ་ཆིབས་བསྒྱུར་ཐོག་ཨམ་བན་རྣམ་གཉིས་ལ་འཆར་ཆེན་གྱི་རྒྱ་སྟོན་དང་རྗེས་འབྲེལ་གྱི་གནང་ཆ། ཕྱག་མཇོད། གཉེར་པ། ཁྲིམས་དཔོན་སོགས་ལའང་གོ་བབ་ལྟར་

གྱི་གནང་སྦྱིན་གྱིས་ཡིད་མགུ་བར་མཛད། ཆོས་བཅུ་གསུམ་གྱི་ཉིན་༧སྐྱབས་མགོན་ཉིད་ལ་༧གོང་མ་ཆོས་ཀྱི་རྒྱལ་པོ་ནས་སྣར་ཡང་གསེར་གྱི་བཀའ་བཟང་དང་འབྲེལ་བར་༧རྒྱལ་ཚབ་ཀྱི་ལས་དམ་ཕེབས་ཚུལ་ཞུ་བར་ཨམ་བན་རྣམ་གཉིས་ཀྱི་ཕྱག་མཛོད་སྐྱ་དྲུང་དུ་བཅར་བར་སོ་སོར་གསོལ་རས་དང་། དེའི་སང་ཉིན་ཆོས་བཅུ་བཞིའི་སྔ་ཆར་སེར་སྦྲེངས་དང་། ཕོ་བྲང་གི་རྩེ་ནས་བཀྲ་ཤིས་ཁྲ་རིང་སོགས་མཆོད་རྫས་ཀྱི་བྱེ་བྲག་དང་བཅས་ཏེ་གསེར་ཡིག་རིན་པོ་ཆེ་གཞུང་སྒོ་ནས་གདན་དྲངས་ཏེ་གཟིམས་ཆུང་ཉི་འོད་དུ་ཕེབས་འཕྲལ་ཨམ་བན་གཉིས་ནས་གསེར་ཡིག་ཕྱག་ཏུ་ཕུལ་བ་དང་བ་ཆེན་པོས་བཞེས་མཐར་དེར་འཚོགས་ཚང་མས་གསན་བཞེས་དང་། ཨམ་བན་སོགས་རྒྱ་དཔོན་ཁག་ལ་༧གཞུང་མཆོག་ནས་དཀར་སྒྲོ་གནང་སྦྱིན་སོགས་གཟབ་རྒྱས་དང་། ༧སྐྱབས་མགོན་ཉིད་ལའང་གཞུང་ས་དང་བཀའ་མདའ་སོགས་གཞུང་དྲུང་སེར་སྐྱ་ཚང་མས་ལེགས་དར་ཕུལ་ཤིང་། དེ་རྗེས་ཤོད་དུ་གཟིམས་ཆུང་གི་ཁྲི་ལ་ཞབས་སོར་འཚོགས་ཕྲལ་ལྷུང་སྐྱ་རིན་པོ་ཆེ་དང་། བསྟན་གླིང་མཆོག་སྤྲུལ། རྭ་སྒྲེང་ཁྲི་ཆེན་རིན་པོ་ཆེ་སོགས་སྒེར་མཇལ་དུ་ཕྱིན་པར་ལྷན་རྒྱས་མཇལ་འཕྲད་གསུང་མོལ་སོགས་བསྐྱངས། ཆོས་བཅོ་ལྔའི་ཉིན་བཤད་གླིང་ནོ་མི་ཧན་མཆོག་སྤྲུལ་རིན་པོ་ཆེ་དང་། སེམས་དཔའ་རིན་པོ་ཆེ་སོགས་ལེགས་འབུལ་གྱི་མཇལ་ཁར་ཕེབས་པར་ཞིབ་མཇལ་གསུང་གླིང་དང་། དེ་ནས་ཀྱང་རིམ་པར་ཚེ་བཙན་ཁག་དང་། སེར་འབྲས་སོགས་འདུས་སྡེ་ཁག་གི་བླ་མ་ལས་སྡེ་སོགས་ཕལ་མོ་ཆེ་ཞིག་དཔུལ་དམ་ཕེབས་པའི་ལེགས་འབུལ་དུ་བཅར་བ་རྣམས་ལ་མཇལ་ཕྱག་སོགས་རིམ་སེལ་དུ་སྩལ། དེ་ནས་ཆོས་བཅུ་དགུའི་ཉིན་ཀུན་གླིང་དུ་ཕེབས་བསྐྱོད་ཐོག་བདེ་སྐྱིད་གླིང་ཁར་སྐུའི་འཁྲིད་བསྟེན་ཆབ་བཞེས་ལ་ཉིན་བདུན་གྱི་རིང་བཞུགས་

འཛུགས་དང་། དེ་ནས་གྲུ་འཛིན་ཕོ་བྲང་དུ་ཕྱིན་ཏེ་ཧོར་ཟླ་བརྒྱད་པ་གསར་མཚམས་སུ་སེར་འབྲས་ཀྱི་ལྗོངས་རྒྱུར་དང་འབྲེལ་བའི་འཆར་ཅན་གྱི་ཞབས་བརྟན་འབུལ་བཞེས་དང་། བླ་མ་ལས་སྡེ་གྲྭ་དམངས་དང་བཅས་པ་རྣམས་ལ་མཇལ་ཕྱག་སོགས་སྔར་ལམ་ལྟར་བསྐྱངས། གཞན་ཡང་ར་ཁྲུ་ཏུ་ཐོག་ཐུ་སོགས་ཕྱོགས་འགྲུལ་བའི་རིགས་ལ་མཇལ་ཁ་དང་། མདོ་སྨད་དཔོན་སོགས་གཞུང་སའི་མི་སྣ་ཕྱིར་འཁོར་དང་། ཕྱོགས་ཐོན་བྱེད་མིའི་རིགས་སོགས་ལ་འགྲོར་ཐོན་དང་། གསེར་གདུང་རིན་པོ་ཆེའི་མཆོད་རྫས་གསར་བཞེངས་ཀྱི་ལྷུགས་བཀོད་སོགས་རིམ་པར་དུ་བསྐྱངས། ཆོས་བཅུ་གཅིག་གི་ཉིན་ཛོ་ཤཱཀ་རྣམ་གཉིས་ཀྱིས་མཚོན་པའི་རྟེན་གསུམ་ངོ་མཚར་ཅན་རྣམས་ལ་མཆོད་འབུལ་སྙན་ཤལ་སོགས་རྒྱ་ཆེན་པོ་དང་བཅས་ཏེ་ལས་དམ་གསར་པའི་ཐམ་ཕུད་སྨོན་ཚིག་དང་བཅས་པ་འབུལ་བར་མཛད་པ་དང་ཆབས་མཚུངས་སུ་དམ་ཞུའི་རིགས་ཀྱང་སྩལ་ཞིང་། དེ་ཉིན་༧ཀོང་ས་རྒྱལ་བའི་དབང་པོ་དེ་ཉིད་ཀྱི་རྣམ་ཐར་གསར་བསྒྲིགས་ཀྱི་བཀའ་རྩོམ་ཡང་དབུ་འཛུགས་པར་མཛད། ཕྱོགས་མཐའི་སྦྱིན་བདག་རིགས་ལ་མཇལ་ཁ་དང་། སེར་འབྲས་དང་། རྩེ་རུ་བཞི་སྡེའི་བླ་མ་ལས་སྡེ་སོགས་དབྱར་མཇལ་དུ་བཅར་མི་རྣམས་ལ་མཇལ་ཕྱག་ཀྱང་སྔར་ལམ་ལྟར་བསྐྱངས། ཧོར་ཟླ་དགུ་པའི་ནང་ལྷུང་སྐུ་མཆོག་སྤྲུལ་རིན་པོ་ཆེ་གཙང་ཕྱོགས་སུ་ཕེབས་བཞེད་ལ་གསོལ་ཚིགས་ལྷན་རྒྱས་ཀྱི་ཐོག་ཐོན་ཕྱག་གནང་སྐྱེས་དང་། བཀའ་སློབ་སོགས་སྩལ་ཞིང་། དེ་མཚུངས་ཞབས་གྲས་རྣམས་དང་། སྡེ་ཤན་པ་རྩེ་མགྲོན་ངག་དབང་ཆོས་གྲགས་སོགས་ལའང་ཐོན་གནང་སྩལ། དེ་རྗེས་ཕེབས་བསྐྱོད་དངོས་གཞིའི་སྐབས་ཀྱང་གཞུང་སྒེར་ནས་སྐུ་ཚབ་ཆེད་མངགས་ཀྱིས་ཆིབས་སྐྱེལ་འཚམས་ཞུ་དང་བཅས་པ་བསྐྱངས། འདི་ལོ་སྤྱི་སོར་ནས་ངག་

དབང་བཟོད་པ་དང་། བསྟན་པ་ཚེ་རིང་བཅས་ཀྱི་དོན་སྐོར་ལ་བརྟེན་པས་
༸གོང་མར་གསེར་སྐན་སྒྲོན་བརྒྱུད་དང་། ཞིབ་དཔྱོད་རྒྱ་དཔོན་སོགས་ཀྱང་
རིམ་ཕེབས་ཀྱིས་ལས་དོན་སྐོར་ལ་དབུ་ཉོག་ཅུང་ཟད་ཆེ་ཙམ་བྱུང་ནའང་
༸སྐྱབས་མགོན་ཉིད་ལུགས་གཉིས་ལ་མཁྱེན་སྤྱོད་ཕུལ་དུ་ཕྱིན་ཅིང་ཐབས་
མཁས་ཐུགས་རྗེ་གཞན་འགྲན་མ་མཆིས་པའི་དབང་གིས་རིམ་གྱིས་གཞི་
འཛུགས་སུ་གྱུར་ཅིང་། འོན་ཀྱང་དགོངས་གཞི་ཁྱད་པར་ཅན་དང་འབྲེལ་བར་
༸གོང་མ་ཆེན་པོར་གཞུང་སའི་བསྟན་སྲིད་སྐོར་གྱི་སྐྱེ་བརྒྱུད་གནས་ཚུལ་དང་།
ཕྱིན་ཆད་ལས་དོན་རོགས་བྱེད་གཞན་ཞིག་གཏོང་གནང་དགོས་ཚུལ་སོགས་ཀྱི་
གྲལ་རྩེ་འདི་ཟླའི་ཚེས་བཅུ་དགུའི་ཉིན་འབུལ་བར་མཛད། ལྷ་བབ་དུས་ཆེན་གྱི་
ཉིན་པོ་ཏ་ལའི་མཆོད་ཁང་ཁག་ཕལ་མོ་ཆེར་མཆོད་སྣོན་སྐན་ཤལ་དང་། ལྷག་
པར་འཕགས་པ་ལོ་ཀེ་ཤྭ་རའི་དྲུང་དུ་གཞུང་ས་མཆོག་ནས་མཆོད་འབུལ་རྒྱ་ཆེན་
པོ་དང་འབྲེལ་བའི་ཐོག་༸རྒྱལ་དབང་མཆོག་གི་ཡང་སྲིད་མྱུར་གསལ་གྱི་ཆེད་དུ་
སྐན་ཤལ་སྣོན་ཚིག་ཅན་དང་། ཤེལ་འཕྲེང་སོགས་འབུལ་བར་མཛད་ཅིང་
ཐུགས་བསྐྱེད་ཀྱི་མཚམས་སྦྱོར་རྒྱ་ཆེན་པོར་བསྐྱངས། ཚེས་ཉེར་དྲུག་ཉིན་
གཟིམས་ཆུང་ཉི་འོད་དུ་ཆོས་སྲུང་ཁག་ལ་གཟབ་གསོལ་ཚུགས་པའི་ཚོགས་
དབུས་སུ་ཆིབས་བསྒྱོད་དང་། དེ་ཉིན་གསེར་གདུང་བཞུགས་ཡུལ་གྱི་གཙུག་
ལག་ཁང་གི་ལྷེབས་བྲིས་ཁག་གི་སྤྱན་འདྲེན་དང་། གསེར་གདུང་རིན་པོ་ཆེའི་
ཤིང་ཆ་དང་ཡང་སྟེང་དུ་རྒྱ་ཕུག་གི་ཤིང་ཆ་སོགས་བསྒྲིགས་པའི་དབུ་ཚུགས་པར་
ཇོ་དམ་བཟོ་རིག་པ་སོགས་ལ་སྟོན་མོ་དང་གནང་སྦྱིན་སོགས་རྒྱས་པར་སྩལ།
ཚེས་ཉེར་བརྒྱད་ནས་བཟུང་ཉིན་གསུམ་གྱི་བར་དུ་གཟིམས་ཆུང་བདེ་ལྡན་
འཁྱིལ་དུ་གསེར་གདུང་རིན་པོ་ཆེའི་ནང་བཞུགས་གཟུངས་ཀྱི་རིམ་པ་རྣམས་ལ་

སྒྲུབ་པ་རབ་གནས་སོགས་མཛད་པའི་ཚོགས་དབུས་སུ་ཕྱིན་ཏེ་གཟུངས་སྒྲུབ་ཀྱི་རིམ་པ་རྣམས་ཕྱག་ལེན་ལྟར་གནང་སྐབས་ཞིབ་རྒྱས་སུ་མཛད། ཧོར་ཟླ་བཅུ་པ་གསར་འཕྲུལ་མི་རྗེ་ཞབས་པད་རྣམས་དང་ལྷན་རྒྱས་མཛད་དེ་གསེར་གདུང་རིན་པོ་ཆེ་གྲུབ་ཉེའི་གྲོལ་སྟོན། ཚར་གནང་། རབ་སྟོན་སོགས་ཀྱི་སྐོར་ལ་གསུང་མོལ་ཞིབ་པར་བསྐྱངས་ཤིང་། ཚེས་གསུམ་གྱི་སྤྱ་ཆར་གསེར་གདུང་རིན་པོ་ཆེའི་གཟུངས་འབུལ་གྱི་དབུ་ཚུགས་ཁར་ངོས་ཕེབས་ཀྱིས་ཐོག་མར་འཇིགས་མཛད་རྡོ་རྗེའི་རྣལ་འབྱོར་གྱི་བདག་བསྐྱེད་དང་། གཞན་ཡང་དགེ་ལེགས་སུ་བྱེད་པའི་རིམ་པ་མཐའ་དག་སྔོན་དུ་འགྲོ་བ་དང་བཅས་པའི་སྒོ་ནས་གཏོར་སྦྱིན་བང་མཛོད་ནས་བཟུང་སྟེ་རིམ་བཞིན་འབུལ་བའི་མགོ་ཚུགས་ཤིང་། སྒྲུབ་ཁང་སྤྲུལ་སྐུ་རིན་པོ་ཆེ་སོགས་གཟུངས་འབུལ་བ་རྣམས་ལ་ཡང་གོང་མའི་ཕྱག་ལེན་རྣམ་དག་གཞིར་བཟུང་སྟེ། གཙང་སྦྲ་དང་རྒུང་གང་ཆེའི་སྒོ་ནས་འབུལ་དགོས་ཀྱི་བཀའ་སློབ་སོགས་ལེགས་པར་སྩལ། ཚེས་ལྔའི་ཉིན་༧གོང་ས་ཆེན་མོའི་འཁྲུངས་སྐར་གྱི་ཚོགས་དབུས་སུ་ཕེབས་བསྐྱོད་དང་འདུས་པ་རྣམས་ལ་མང་འགྱེད་སོགས་སྤྱར་ལྟར་བསྐྱངས། ཚེས་བཅུ་སྐོར་ལ་ལྷུང་སྐུ་རིན་པོ་ཆེ་གཙང་ནས་ཕེབས་ཉེར་འགྱུར་བར་སྐུ་ཚབ་ཆེད་གནང་གིས་ཆིབས་བསུ་དང་དེ་རྗེས་ཕེབས་གདོང་ཐབ་བསུ་སོགས་ཀྱང་རིམ་པར་བསྐྱངས། ཚེས་ཉེར་ལྔའི་ཉིན་གསོལ་ཚོགས་རྒྱབ་ཏུ་རྩེ་ཤོད་ཀྱི་དྲུང་འཁོར་ལས་ཚན་ཡོད་མེད་ཚང་མས་དགུན་མཇལ་དང་། དེ་རྗེས་སྐུ་གདུང་རིན་པོ་ཆེ་དང་། གསེར་གདུང་གསར་རྙིང་། འཕགས་པ་རིན་པོ་ཆེ། གློས་བསླངས་སོགས་ལ་མཆོད་འབུལ་གསུང་ཆོག་གནང་སྐབས་དང་། དགོང་མོ་ས་གསུམ་ནས་གླིང་མེར་གཟིགས་རྟོག་དང་ཐུགས་སྨོན་སོགས་རྒྱ་ཆེར་བསྐྱངས། ཚེས་ཉེར་དྲུག་ཉིན་སེར་འབྲས་ཀྱི་བླ་མ་ལས་སྣེ་

དང་རྣམ་རྒྱལ་གྲྭ་ཚང་བ་སོགས་ལ་འཆར་ཅན་གྱི་མཇལ་ཁ་སྩལ། ཆོས་ཉེར་བདུན་ཉིན་ལྷུང་སྐུ་རིན་པོ་ཆེ་གཙང་འཁོར་གྱི་འཁྱེར་ཕྱག་ཏུ་ཕྱིན་པར་མཇལ་འཕྲད་དང་གསོལ་ཚོགས་ལྷན་རྒྱས་ཐོག་གསུང་མོལ་སོགས་ཞིབ་ལྷིངས་སུ་མཛད། ཧོར་ཟླ་བཅུ་གཅིག་པའི་ཚེས་བཞིའི་ཉིན་སྤྱི་ཆར་གཟིམས་ཆུང་ཉི་འོད་དུ་ཕེབས་བསྐྱོད་ཀྱིས་སྐུ་གདུང་རིན་པོ་ཆེར་ཁྲུས་གསོལ་དང་ལྷར་བསྐྱེད་ཀྱི་ཆོ་ག་སོགས་ལེགས་པར་གནང་སྐབས་ཏུ་མཛད། དེའི་ཕྱི་ཉིན་ནས་བཟུང་རྭ་སྒྲེང་ཁྲི་ཆེན་རིན་པོ་ཆེ་དང་། བཤད་གླིང་ནོ་མི་ཧན་མཆོག་སྤྲུལ། ཕུར་ལྕོག་སྤྲུལ་སྐུ་སོགས་ཕེབས་པར་མཇལ་འཕྲད་གསུང་གླེང་སོགས་ཞིབ་པར་བསྐྱངས། དེ་ནས་གསེར་གདུང་རིན་པོ་ཆེ་དང་། འདྲ་སྐུ་མཐོང་བ་དོན་ལྡན་ལེ་ལག་རྟེན་དང་བརྟེན་པར་བཅས་པ་རྣམས་ལེགས་པར་གྲུབ་པས་རབ་ཏུ་གནས་པ་མཛད་པའི་དུས་ལ་བབ་པ་ན་གོང་ཟླའི་ཚེས་དགུ་གཟའ་སྐར་དུས་ཚེས་སོགས་ཕུན་སུམ་ཚོགས་པའི་ཉིན་༸སྐྱབས་མགོན་ཉིད་སོགས་ནས་སྔོན་སྔ་དང་། གཞན་ཡང་སེར་སྦྲེངས་སོགས་མཆོད་པའི་བྱེ་བྲག་མཐའ་ཡས་པ་དང་བཅས་ཏེ་སྐུ་གདུང་རིན་པོ་ཆེ་གཟིམས་ཆུང་ཉི་འོད་ནས་གདན་ཞུས་ཀྱིས་མཆོད་སྡོང་ཆེན་པོའི་བུམ་ནང་དུ་བཞུགས་སུ་གསོལ་ནས་༸སྐྱབས་མགོན་ཉིད་དང་། ལྷུང་སྐུ་རིན་པོ་ཆེ། སྒྲུབ་ཁང་རིན་པོ་ཆེ། གཞུང་དྲུང་ལས་ཚན་པ་སོགས་དེར་འཁོད་ཕལ་མོ་ཆེས་སྨན་དར་ཕུལ། དེ་རྗེས་༸སྐྱབས་མགོན་ཉིད་དཀྱིལ་འཁོར་གྱི་གཙོ་བོར་བཞུགས་ཤིང་། དེ་ཉིན་ལྷུང་སྐུ་རིན་པོ་ཆེ་ཡང་ཚོགས་བཞུགས་ཐོག །གསུང་ཚོག་པ་སྒྲུབ་ཁང་སྤྲུལ་སྐུ་རིན་པོ་ཆེ་སོགས་དང་། རྣམ་རྒྱལ་གྲྭ་ཚང་འདུས་སྡེ་དང་བཅས་པ་ནས་འཇིགས་མཛད་རྡོ་རྗེའི་བདག་འཇུག་སྔོན་དུ་འགྲོ་བའི་སྒོ་ནས་རབ་ཏུ་གནས་པའི་སྟ་གོན་གྱི་རིམ་པ་རྣམས་རྒྱས་པར་མཛད། དེ་ཉིན་

ལྷུང་སྐྱ་རིན་པོ་ཆེ་ནས་རབ་སྟོན་དུ་གསེར་གདུང་རིན་པོ་ཆེར་རྟེན་གསུམ་སྐན་ཞལ་སོགས་ཀྱི་མཆོད་འབུལ་དང་། ༸སྐྱབས་མགོན་ཉིད་ལ་མནྡལ་རྟེན་གསུམ་ལྷ་རིག་སོགས་ཀྱིས་གཙོས་པའི་དངོས་འབུལ་དཔངས་མཐོ་བ་དང་། དེ་ཕྱིན་སྐྱབ་ཁང་པ་སོགས་ལའང་གོ་བབ་ལྟར་གྱི་ལེགས་སྐྱེས་དང་། འདུས་པ་དམངས་ལ་ཡང་འགྱེད་སོགས་བསྙེན་བཀུར་གྱི་ནོམས་པར་མཛད་ཅིང་། དེ་མཚུངས་བསྟན་པའི་སྦྱིན་བདག་བསོད་ནམས་རྡོ་རྗེ་ཕང་ནས་ཀྱང་། གསེར་གདུང་རིན་པོ་ཆེར་མཆོད་སྦྱིན་དང་། ༸སྐྱབས་མགོན་ཉིད་ལ་དངོས་བཤམས་ཀྱི་འབུལ་བ། འདུས་པ་དམངས་ལ་ཉིན་འཁྱོངས་བསྙེན་བཀུར་ཐོག་སྐུ་ཡོན་སོགས་གཟབ་རྒྱས་སུ་བསྟར། ཆོས་བཅུའི་ཉིན་ཀུང་ཚོགས་དབུས་སུ་ཕེབས་བསྐྱོད་ཀྱིས་སྔ་དྲོའི་ཆ་ལ་འཇིགས་མཛད་རྡོ་རྗེའི་བདག་འཇུག་སྟོན་དུ་འགྲོ་བའི་སྔོ་ནས་རབ་གནས་དངོས་གཞིའི་རིམ་པ་རྒྱས་པ་དང་། གསོལ་ཚོགས་གྲོལ་བསྡུན་ཚོམས་ཆེན་དུ་རྒྱས་པའི་སྦྱིན་སྲེག །དགོངས་ཚོགས་གྲོལ་རྗེས་མཆོད་ཁང་ཁག་ཀུན་ལ་རབ་གནས་ཀྱི་མེ་ཏོག་འཐོར་བ་བཅས་ལ་ཕེབས་བསྐྱོད་མཛད། དེ་ཉིན་བསྟན་གླིང་མཆོག་སྤྲུལ་རིན་པོ་ཆེ་དང་། བཤད་གླིང་ནོ་མི་ཧན་མཆོག་སྤྲུལ། ཚེ་གླིང་མཆོག་སྤྲུལ་བཅས་ཕེབས་བསྐྱོད་ཀྱིས་སོ་སོ་ནས་གསེར་གདུང་རིན་པོ་ཆེར་མཆོད་སྦྱིན་སྐན་ཞལ་དང་། ༸སྐྱབས་མགོན་ཉིད་ལ་ལེགས་སྐྱེས་དངོས་འབུལ་དཔངས་མཐོ་བ་དང་། འདུས་པ་དམངས་ལའང་མང་འགྱེད་སོགས་རྒྱ་ཆེར་སྩལ་ཞིང་། ཚང་མ་ཚོགས་བཞུགས་མཛད་དེ་རབ་ཏུ་གནས་པའང་ལྷན་ཅིག་ཏུ་མཛད། ཆོས་བཅུ་གཅིག་གི་ཉིན་སྔ་དྲོ་ཞི་བའི་སྦྱིན་སྲེག་དང་གསོལ་ཚོགས་ཆེན་མོ་བཅས་པར་ཕེབས་བསྐྱོད་ཀྱིས་རབ་ཏུ་གནས་པའི་འཇུག་གི་རིམ་པ་རྣམས་མཛད་ཅིང་། དེ་ཉིན་ཀུན་གླིང་བླ་བྲང་ནས་གསེར་གདུང་རིན་པོ་ཆེར་མཆོད་

པ་སྣ་ལྔ་སྟོང་ཚར་དང་རྟེན་གསུམ་སྣན་ཤལ་སོགས་ཀྱི་མཆོད་སྦྱིན་རྒྱ་ཆེ་བ་དང་། འདུས་པ་དམངས་ལ་མང་འགྱེད་སོགས་ཀྱི་བསྙེན་བཀུར་གྱི་ནོམས་པར་སྩལ། དེ་རྗེས་རྣམ་རྒྱལ་གྲྭ་ཚང་པ་དང་། ༧རྒྱལ་དབང་དེ་ཉིད་ཀྱི་གསོལ་གཟིམ་མཆོད་གསུམ་སོ་སོ་བཅས་ནས་ཀྱང་རབ་སྟོན་གྱི་རིམ་པ་རྒྱས་པར་ཕུལ། གསོལ་ཚོགས་ཁྲོལ་བསྟུན་ཡོན་བསྔོའི་སྐབས་ཞབས་པད་རྣམས་དང་། ལྷ་ཀླུའི་སྲས། བསོད་ནམས་རྡོ་རྗེ་ཤང་དང་བཅས་པ་རྣམས་ལ་ཡོན་བདག་བསྔོ་བར་མཛད་ཅིང་། དེ་སྐབས་༧སྐྱབས་མགོན་ཉིད་ནས་ཡོན་བསྔོའི་གསུང་བཤད་ཀྱང་ཟབ་ཅིང་རྒྱ་ཆེ་བར་སྩལ། གཞུང་ས་མཆོག་ནས་ཀྱང་༧སྐྱབས་མགོན་ཉིད་ལ་གཏང་རག་ལེགས་འབུལ་དཔངས་མཐོ་བ་དང་། གསུང་ཚིག་པ་ཁྱིངས་ལའང་སྐུ་ཡོན་སོགས་རྒྱ་ཆེར་ཕུལ། གཞན་ཡང་ཆོས་སྐྱོང་བསྐང་བ་(བསྐང་བ་) སོགས་མཇུག་གི་རིམ་པ་མཐའ་དག་ཀྱང་ཞིབ་རྒྱས་སུ་མཛད་དེ། མདོར་ན་དེ་ལྟར་རབ་ཏུ་གནས་པའི་རིམ་པ་ཕྱག་ལེན་རྒྱས་པ་རྣམ་དག་དང་འབྲེལ་བ་སྒྲུབ་དངོས་རྗེས་གསུམ་ཚང་བའི་སྒོ་ནས་གནད་སྨིན་གཟབ་རྒྱས་སུ་མཛད་དེ་གཙོ་བོར་གསེར་གདུང་དགེ་ལེགས་གཟི་འབར་དང་། འདྲ་སྐུ་མཐོང་བ་དོན་ལྡན་རྟེན་དང་བརྟེན་པར་བཅས་པས་མཚོན་རྟེན་གསུམ་ཁག་གསར་བཞེངས་དང་སྔར་ཡོད་སོགས་མཐའ་དག་ཡེ་ཤེས་སེམས་དཔའ་དངོས་སུ་བཞུགས་པའི་བྱིན་རླབས་ཀྱི་གཟི་འོད་ཕྱོགས་ཐམས་ཅད་དུ་འཕྲོ་བཞིན་པར་འགྲོ་བ་ཡོངས་ཀྱི་བསོད་ནམས་ཀྱི་ཞིང་དུ་ཇི་སྲིད་ནམ་མཁའི་ནོར་བུའི་རྒྱུ་བ་མ་ཆད་ཀྱི་བར་དེ་སྲིད་དུ་རྟག་བརྟན་གཡོམ་མེད་རྡོ་རྗེའི་ཁམས་སུ་གནས་པར་བྱིན་གྱིས་བརླབས་པར་མཛད་དོ། །

འདིར་སྨྲས་པ། འཛམ་གླིང་སྐྱེ་འགྲོ་ཡོངས་ཀྱི་བསོད་ནམས་ཞིང་། །

ཕན་བདེའི་དགོས་འདོད་སྟེར་བའི་ཡིད་བཞིན་ནོར། །དགེ་ལེགས་གཟི་བྱིན་འབར་བའི་མཆོད་སྡོང་ཞིག །མ་བསམ་ལྷུན་གྲུབ་ཚུལ་དུ་དེང་འདིར་བསྐྲུན། །ཐོག་མཐའ་བར་མར་དགེ་བའི་མཛད་པ་ཡིས། །བདེ་བླག་ཞིང་གི་མཆོག་ཏུ་ཡོངས་གྲུབ་པའི། །ངོ་མཚར་བལྟ་ཕྱིར་སུམ་རྩེན་ལྷ་རྣམས་ཀྱང་། །ཆུ་འཛིན་སྤྲིན་གཡོགས་ཕྱི་ནས་འོང་བར་ངེས། །རྟེན་དང་བརྟེན་པར་བཅས་པའི་དངོས་པོ་ཀུན། །སྐད་ཅིག་མིག་གི་བདུད་རྩིར་འཆར་བའི་ཚེ། །ཅི་འདི་བྱེད་པོས་སྤྲུལ་ལམ་རང་བྱུང་ཞེས། །ལུས་ཅན་མཐའ་དག་དུས་གཅིག་སླེང་བར་གྱུར། །རྒྱལ་དང་དེ་སྲས་ཀུན་གྱི་ཡེ་ཤེས་ཕྱུལ། །ཏིང་འཛིན་ སྟུགས་རྒྱས་ལེགས་པར་སྤྱན་དྲངས་ཏེ། །བསྐྱེམས་ཤིང་བྱིན་གྱིས་བརླབས་ཚེ་འབྲེལ་ཚད་འགྲོར། །རྣམ་གཉིས་དངོས་གྲུབ་སྩོལ་ནུས་ཕུང་པོར་གྱུར། །ཇི་སྲིད་ཉི་ཟླའི་རྒྱུ་བ་མ་ཆད་བར། །རྟག་བརྟན་གཞོམ་བྲལ་རྡོ་རྗེའི་ངོ་བོ་རུ། །རབ་ཏུ་གནས་པར་མཛད་འདིའང་གདུལ་བྱ་ལ། །རྟག་པར་རྗེས་སུ་བརྩེ་བའི་བྱེད་ལས་ཡིན། །དེ་ཚེ་སྲིད་འདིར་མཆིས་པའི་སྐྱེ་བོ་ཀུན། །དགའ་དང་གུས་པའི་ལང་ཚོ་བརྟས་བཞིན་དུ། །བདོག་པའི་དངོས་ཀུན་འཕྲེང་བར་སྤེལ་བྱས་ནས། །མགོན་པོ་ཁྱོད་ལ་བསྙེན་ཅིང་བཀུར་བར་གྱུར། །གང་གི་འཕྲིན་ལས་ཆ་ཤས་རེ་རེས་ཀྱང་། །བརྗོད་འདས་ངོ་མཚར་འདི་འདྲར་འཛིན་པས་ན། །སྐུ་གསུང་ཐུགས་ཀྱི་ཡོན་ཏན་མ་ལུས་པ། །རྒྱལ་བ་ཀུན་དང་མཚུངས་པར་ངེས་པ་སྙེད། །ཅེས་པ་ནི་བར་སྐབས་ཀྱི་ངལ་བསོའོ། །

དེ་ཡང་མགོན་པོ་མཆོག་འདི་ཉིད་ཀྱིས་ནི་སྐབས་འདིར་བརྗོད་པ་འདི་ཙམ་དུ་མ་ཟད་རྣམ་པ་ཀུན་ཏུ་རྒྱལ་བའི་སྐུ་གསུང་ཐུགས་ཀྱི་རྟེན་ཇི་སྙེད་ཅིག་གདུལ་བྱའི་བསོད་ནམས་ཀྱི་ཞིང་དུ་བསྐྲུན་པ་དང་། རབ་ཏུ་གནས་པར་མཛད་

པ་སོགས་གང་གི་ཚ་ནའང་སླ་བཅོས་དང་རང་བཟོ་སོགས་མཛད་པ་གཏན་ནས་མི་སྲིད་དེ། དཔེར་མཚོན་ན། བདེ་བར་གཤེགས་པའི་སྐུ་གཟུགས་བྲིས་འབུར་གྱི་རིགས་ཆེ་ཆུང་ཇི་འདྲ་ཞིག་བཞེངས་པ་ནའང་ཇི་སྐད་དུ། ཨིནྡྲའི་བུས་ཞུས་པ་ལས། སྐུ་གཟུགས་ལྷག་དང་ཆད་པ་ཡི། །ཡོན་ཏན་སྐྱོན་རྣམས་བརྗོད་བྱ་ཞིང་། །རིང་ཞིང་ཡངས་དང་ལྡན་གྱུར་ན། །གནས་རྣམས་ལེགས་པར་བརྟན་པ་སྟེ། །ཞེས་སོགས་ནས། དེ་ཕྱིར་སྐྱོན་ཡོན་ཤེས་བྱས་ནས། །སྐུ་གཟུགས་རྣམ་པར་སྤྲོ་བར་བྱ། །ཞེས་པའི་བར་གསུངས་པ་ལྟར་ཆ་ཚད་དང་མི་ལྡན་པར་བཞེངས་པའི་ཉེས་དམིགས་དང་ཚུལ་དང་མཐུན་པར་བཞེངས་པའི་ཕན་ཡོན་སོགས་ཐུགས་སུ་ཆུད་པའི་དབང་གིས་མདོ་རྒྱུད་མན་ངག་ནས་ཇི་ལྟར་བཤད་པ་ལྟར་གྱི་ཆ་ཚད་སོར་ཚད་སོགས་སྐད་ཅིག་ཀྱང་ཆུག་པ་མེད་པའི་སྒོ་ནས་བཞེངས་སུ་འཇུག་པར་མཛད་ཅིང་། གལ་ཏེ་ལན་རེ་ལན་གཉིས་ཀྱིས་ཇི་བཞིན་དུ་མ་གྱུར་ཚེ་ཇི་སྲིད་དགོངས་པར་ལྡན་པར་མ་གྱུར་གྱི་བར་དེ་སྲིད་དུ་བསྐྱར་ནས་བཟོར་འཇུག་པ་དང་། སྐྱོན་ཕྲ་མོ་ཙམ་ལའང་ཇི་མི་སྙམ་དུ་མི་འཇོག་པར་འཕྲུལ་འཕྲུལ་དུ་འཚོས་པར་མཛད་པ་དང་། དེ་བཞིན་དུ་གསུང་རྟེན་གླེགས་བམ་གྱི་རིགས་གྱུར་བཞེངས་པའི་ཚེ་ནའང་མང་ཉུང་ལ་མ་ལྟོས་པར་ཤིན་ཏུ་དག་ཅིང་གསལ་བ་ཤ་སྟག་ལས་ཚིག་ལྷག་ཆད་དང་དོན་ལོག་པར་གྱུར་པ་སོགས་གཟིགས་ལམ་དུ་བབ་ཚེ་དེ་མ་ཐག་ཏུ་བསྒྱུར་བཅོས་མཛད་པ་དང་། ཐུགས་ཀྱི་རྟེན་གོང་དུ་བཤད་པའི་མཆོད་སྡོང་ཆེན་པོ་དེ་ལྟ་བུ་སོགས་ལའང་ལས་རྒྱུན་ཐུང་བ་དང་ཚར་གང་སྐྱེན་གཙོ་བོར་མི་མཛད་པར་ཐོག་མ་ནས་ཆ་ཚད་སོགས་སྐད་ཅིག་ཀྱང་ཆུག་པ་མེད་པའི་གཏན་སློང་འཁེལ་ངེས་དང་། དེའི་རྗེས་སུའང་ཡང་དང་ཡང་དུ་ཐུགས་ཞིབ་བསྐྱངས་ཏེ་ཕྲན་བུའི་འགལ་འཁྲུལ་བྱུང་རིགས་རྣམས་

ལའང་དེ་མ་ཐག་ཏུ་བསྒྱུར་བཅོས་མཛད་པ་སོགས་ཕྲ་ཞིབ་ཤིན་ཏུ་ཆེ་བར་མཛད་པ་ཞིག་ཡིན་ལ། གཟུངས་འབུལ་སོགས་ཀྱི་ཚེ་ནའང་ཐོག་མར་གཟུངས་བསྒྲིལ་བའི་དུས་ནས་བཟུང་། མཇུག་ལེགས་པར་ཕྱུལ་མ་ཚར་གྱི་བར་དུ་ཀུན་སློང་ཀུན་སྤྱོད་ཕྱག་ལེན་སོགས་མཐའ་དག་བརྒྱུད་ལྡན་བླ་མ་དམ་པའི་ཕྱག་བཞེས་འཁྲུལ་མེད་སོར་བཞག་ཏུ་མཛད་པ་ལས་སྐབས་སུ་གང་བབ་དང་སླ་བཅོས་རང་བཟོ་སོགས་མཛད་པ་གཏན་ནས་མི་སྲིད་ཅིང་། རབ་གནས་ཀྱང་རྒྱས་བསྡུས་ཇི་འདྲ་ཞིག་མཛད་རུང་མདོ་རྒྱུད་ཀྱི་དགོངས་དོན་བཞིན་ཆ་ལག་ཚང་ངེས་སུ་མཛད་པ་ལས། ཐུགས་རྗེ་དང་བྱིན་རླབས་ཡོད་ཁུལ་གྱིས་སྐབས་གང་བདེ་དང་རང་སྣང་གང་ཤར་སོགས་རྣམ་པ་ཐམས་ཅད་དུ་མི་མཛད་པ་ཞིག་ཡིན་པ་དང་། དེར་མ་ཟད་སྐུ་གསུང་ཐུགས་ཀྱི་རྟེན་ཆེ་ཆུང་ཇི་འདྲ་ཞིག་ཡིན་ནའང་ན་བཟའ་དང་མཆོད་པ་སོགས་སྲིད་ཞུ་བཀུར་བསྟི་ཚད་མེད་པ་དང་བཅས་ཏེ་བདག་གིར་མཛད་པ་ལས་མ་གུས་པའི་སྒོ་ནས་གང་བྱུང་དུ་འཇོག་པ་དང་། འགོམས་ཡུག་དང་། སྣང་མེད་དུ་བསྒྱུར་ནས་འོ་རྒྱལ་དུ་འཇུག་པ་སོགས་ཀྱང་ནམ་དུ་ཡང་མི་མཛད་པས། དེས་ན་འདི་དག་ནི་འཕགས་ཆེན་དམ་པའི་མཛད་པ་ངོ་མཚར་རྨད་དུ་བྱུང་བ་རྒྱལ་བ་ཀུན་གྱིས་ཀྱང་མཆོད་པར་བརྗོད་པའི་གནས་ཡིན་ཏེ། ཅིའི་ཕྱིར་ན། ད་ལྟ་རང་ཅག་རྣམས་ཀྱིས་ནི་བདེ་བར་གཤེགས་པའི་སྐུ་གསུང་ཐུགས་ཀྱི་རྟེན་སོགས་བཞེངས་པའི་བློ་ཡང་ཆེར་མི་སྐྱེ་ལ། གལ་ཏེ་འགའ་ཞིག་བཞེངས་བློ་བྱུས་ཀྱང་ཆ་ཚད་དང་ལྡན་མི་ལྡན་སོགས་ཀྱི་རྟོག་དཔྱོད་ཅི་ཡང་མེད་པར་བཟོ་བ་སོགས་ཀྱིས་བཀའ་དྲིན་གང་བསྐྱངས་དང་། བཞེངས་གྲུབ་ནས་ཀྱང་གཟུངས་སོགས་ལ་གཟུངས་སྒྲུབ་ཙམ་ཡང་བྱེད་མི་དགོས་ཤིང་། འབུལ་བའི་ཚེ་ནའང་མགོ་མཇུག་དང་གོ་རིམ་སོགས་གཏན་ནས་མེད་པར་འབུལ་གང་

མགྱོགས་གཙོ་བོར་ཧོན་པ་དང་། འགའ་ཞིག་གིས་ནི་གཟུངས་ཀྱང་མེད་པར་སྟོང་པ་ཁོ་ནར་འཛོག་པ་དང་། དེར་མ་ཟད་སྐུ་གསུང་ཐུགས་ཀྱི་རྟེན་རྣམས་ལ་འགོམས་པ་དང་། ན་བཟའ་སོགས་རྫོག་བརྫིས་སུ་གཏོང་བ་དང་། ས་སྙེན་མོར་འཛོག་པ་དང་། བསྐྱིལ་ནས་འཛོག་པ་སོགས་མཐའ་ཁོབ་ཀླ་ཀློའི་བྱེད་སྤྱོད་དང་མཚུངས་པར་སྤྱོད་པ་ཁོ་ན་མང་ཞིང་། དེ་ལས་གཞན་པའི་ཟས་ཀྱི་ཚ་སྒྲ་མེན་དང་། གོས་ཀྱི་བཟོ་ལེགས་ཉེས་སོགས་ལ་ནི་ཅུང་ཟད་ཅིག་ཆུག་ནའང་དེ་མ་ཐག་ཏུ་འཚོས་པ་དང་། གསེར་དངུལ་གོས་དར་སོགས་ལ་ན་བཟའ་རིམ་པ་མང་པོ་དང་བཅས་ཏེ་བཀུར་བསྟི་སྲིད་ཞུ་བསམ་གྱིས་མི་ཁྱབ་པར་བྱེད་པ་ནི་བདག་ཅག་རྣམས་ཀྱི་རྒྱུན་གྱི་ལས་སུ་བྱ་བར་སྣང་བས། དེས་ན་བླང་དོར་གོ་ལོག་ཏུ་སྤྱོད་པ་ངམ་ངམ་ཤུགས་ཀྱིས་དབང་མེད་དུ་འཇུག་པའི་རང་ཅག་རྣམས་ཀྱི་ཚུལ་འདི་རྣམས་ལ་ལེགས་པར་བསམ་ན་མགོན་པོ་འདིའི་མཛད་པ་དེ་དག་ལ་གུས་པ་དང་རྗེས་སུ་ཡི་རངས་པ་མི་སྐྱེ་བའི་ཐབས་མི་སྣང་བས་དེ་ལྟར་དུ་བློར་ངེས་པར་བྱས་ནས་དམ་པའི་རྣམ་ཐར་ལ་གུས་པ་བླ་ལྷག་ཏུ་བསྐྱེད་པར་རིགས་སོ། །ཞེས་འཕྲོས་བཤད་ཀྱི་ཚུལ་དུ་ཅུང་ཟད་སྤྲེང་ནས་སླར་ཡང་དཀྱུས་ཀྱི་དོན་ལ་འཇུག་པ་ནི། དེ་ལྟར་རབ་གནས་ལེགས་པར་གྲུབ་ནས་ཆོས་བཅུ་གསུམ་གྱི་ཉིན་གཞུང་ས་མཆོག་ནས་རབ་སྟོན་ཆེན་མོའི་སྐབས་ཚོམས་ཆེན་སྙིང་པར་ཕེབས་བསྐྱོད་ཐོག་རྒྱ་བོད་ཀྱི་མི་དྲག་ཚང་མ་དང་། བསོད་ནམས་རྡོ་རྗེ་ཞང་སོགས་སོག་འགྲུལ་སྤྱིན་བདག་ཁག་དང་བཅས་པ་ནས་གོང་ས་མཆོག་གི་བཞུགས་ཁྲི་རིན་པོ་ཆེ་དང་༧མགོན་པོ་ཉིད་ལ་བཀྲ་ཤིས་པའི་ལྷ་རིག་སོགས་ཀྱི་འབུལ་སྐྱེས་དང་། དེ་རྗེས་དཀར་སྒྲོ་དང་གསོལ་སྟོན་སོགས་རྒྱ་ཆེན་པོའི་ཐོག །གདན་ས་ཆེན་པོའི་དགེ་བའི་བཤེས་གཉེན་རྣམས་ནས་གསུང་རབ་ཀྱི་དགོངས་

དོན་ལ་དགོངས་པའི་བགྲོ་གླེང་དང་གཞོན་ནུ་དག་གིས་གར་གྱི་གཟིགས་མོ་འབུལ་བ་སོགས་ལུགས་གཉིས་ཀྱི་དགའ་སྟོན་རྒྱ་ཆེན་པོ་ལ་རོལ་བར་མཛད། དེ་རྗེས་དོ་དམ་པ་དང་། བཟོ་རིག་པ་ཚེ་ཚུང་སོགས་ཀུན་ལ་གཞུང་སྒེར་སོ་སོ་ནས་གོ་བབ་ལྟར་གྱི་གནང་སྦྱིན་ཀྱང་བཟང་ཞིང་མཐའ་ཀླས་པ་ཡིད་ཚིམ་ངེས་སུ་སྩལ་ཞིང་། ཆོས་བཅོ་ལྔའི་ཉིན་བཀྲ་ཤིས་ལྷུན་པོ་ནས་༸ཀུན་གཟིགས་པཎ་ཆེན་ཐམས་ཅད་མཁྱེན་པས་སྐུ་ཚབ་ཆེད་གནང་གིས་གསེར་གདུང་རིན་པོ་ཆེ་ལེགས་གྲུབ་ཀྱི་རབ་སྟོན་མཆོད་འབུལ་དང་འབྲེལ་བའི་ཚོགས་དབུས་སུ་༸སྐྱབས་མགོན་ཉིད་གདན་ཞུས་ཀྱིས་དཀར་སྒྲོ་དང་ལེགས་སྐྱེས་དཔངས་མཐོ་བ་དང་། གསུང་ཚོག་པ་ཀུན་ལའང་སྐུ་ཡོན་སོགས་གཟབ་རྒྱས་སུ་བསྟར། དེ་ནས་ཆོས་བཅུ་དྲུག་ནས་བཟུང་རིམ་པ་བཞིན་དུ་རྭ་སྒྲེང་ཁྲི་ཆེན་རྡོ་རྗེ་འཆང་ཆེན་པོ། ཞབས་པད་ལྷན་རྒྱས། རྣམ་རྒྱལ་གྲྭ་ཚང་དང་། གསོལ་དཔོན་རྗེ་དྲུང་དགེ་ལེགས་རྒྱལ་མཚན་སོགས་སོ་སོ་ནས་ཀྱང་གསེར་གདུང་རིན་པོ་ཆེར་མཆོད་འབུལ་དང་འབྲེལ་བའི་ཚོགས་དབུས་སུ་གདན་ཞུས་ཀྱིས་མགོན་པོ་ཉིད་ལ་གཏང་རག་ལེགས་སྐྱེས་རྒྱ་ཆེན་པོ་དང་། གསུང་ཚོག་པ་ཀུན་ལ་སྐུ་ཡོན་སོགས་ཀྱི་བསྙེན་བཀུར་རྒྱས་པར་ཕུལ། སེར་འབྲས་ཀྱི་གྲྭ་ས་གྲྭ་ཚང་སོ་སོ་ནས་ཀྱང་གསེར་གདུང་རིན་པོ་ཆེར་མཆོད་སྤྲིན་དང་འབྲེལ་བར་མཎྜལ་རྟེན་གསུམ་སྙན་ཤལ་སོགས་དང་། ༸སྐྱབས་མགོན་ཉིད་ལའང་གཏང་རག་ལེགས་འབུལ་གྱི་རིམ་པ་རྒྱ་ཆེ་བ་དང་བཅས་ཏེ་མཇལ་ཞུ་དང་། འདུས་གྲྭ་དམངས་ནས་གསེར་གདུང་རིན་པོ་ཆེར་མཇལ་ཁ་དང་། རབ་གནས་མཆོད་འབུལ་སོགས་རྒྱས་པར་མཛད། དེ་སྐབས་གཞུང་ས་མཆོག་ནས་སེར་འབྲས་ཀྱི་གྲྭ་དམངས་རྣམས་སྤྱི་ཕྱིར་ཚོམས་ཆེན་གསར་རྙིང་དུ་ཚོགས་པར་མང་འགྱེད་སོགས་ཀྱི་བསྙེན་ཅིང་

བཀུར་བའང་རླབས་པོ་ཆེར་མཛད་དོ། །གཞན་ཡང་བླ་སྤྲུལ་ཆེ་ཆུང་དང་། ཆེ་བཙན་ཁག །འགྱུར་ལྡན་སྦྱིན་བདག་རིགས་སོགས་ལེགས་སྐྱེས་འབུལ་བར་བཅར་མི་བར་མ་ཆད་དུ་བྱུང་བ་རྣམས་ལ་མཇལ་ཕྱག་དང་གནང་སྦྱིན་སོགས་རིམ་པར་དུ་སྩལ། དེ་སྐབས་བཀའ་བློན་ཛ་སག་བླ་མ་བྱམས་པ་སྟོབས་ལྡན་དཔོན་འཁོར་རྣམས་ཁམས་ནས་ཕྱིར་འཁོར་གྱིས་འགྱུར་ཕྱག་ཏུ་བཅར་བར་ཇོ་གཡོག་ཀུན་ལ་མཇལ་ཁ་དང་ལས་དོན་སྐོར་ལ་བཀའ་འདྲི་སོགས་ཞིབ་པར་བསྐྱངས། ཧོར་ཟླ་བཅུ་གཉིས་པ་གསར་འཕྲུལ་ཚེའུ་ཨམ་བན་པེ་ཅིང་དུ་ཐོན་པར་༧གོང་མའི་འཚམས་ཞུ་མཛད་པར་ཟུར་ཁང་གཡུལ་ཁར་ཕེབས་བསྐྱོད་ཐོག་འཚམས་ཞུ་དང་ཨམ་བན་ལ་ལེགས་དར་བཅས་སྩལ། ཆོས་བཅོ་ལྔ་སྐོར་ལ་སྔ་སོར་༧གོང་མ་ཆེན་པོར་གནས་ཚུལ་གྲལ་རྫེ་ཕུལ་བའི་ཕྱིར་ཕེབས་གསེར་གྱི་བཀའ་བཟང་སྩལ་པ་ཨམ་བན་སོགས་ནས་ཆེད་དམིགས་ཀྱིས་འབུལ་བར་བཅར་སྐབས་གཟིམས་ཆུང་དུ་རྒྱ་བོད་ཀྱི་མི་དྲག་ཚང་འཛོམས་ཀྱི་དབུས་སུ་བཞེས་གྲུབ་བསྐྱངས་ཐོག་ཚིག་དོན་སྙན་ལམ་དུ་བསྟར་བ་ན་འདི་ལྟར། ཙུན་ཅི་བློན་ཆེན་ནས། བོད་སྡོད་ཡུལ་བློན་ཆེན་དང་། ཞུན་བློན་ཆེན་ནས་ཡི་གེ་ཕུལ་དོན། བཅའ་ཆེན་ཁྲི་བཞུགས་བཅུ་པས་ཟླ་བ་བཅུ་པའི་ཚེས་ཉེར་དྲུག་ཉིན་བཀའ་ཡིག་ཕེབས་པའི་དགོངས་དོན་ལ། འདི་ཟླའི་ཚེས་ཉེར་གསུམ་ཉིན་ཁྲིན་ཡིན་ནས་ཛེ་དྲུང་ཏུ་ཐོག་ཐུས་འབུལ་རྒྱུའི་སྐུ་བརྟན་གྱི་སྐམ་ཆུང་གཅིག་དང་། ཞུ་ཡིག་བཅས་འགྱུར་བྱུང་བ་འཕྲུལ་དུ་བསྒྱུར་བཅུག་པར། ཏུ་ཐོག་ཐུ་ནས་ཞུ་རིགས་སུ། ཁོ་པ་བསོད་ནམས་དམན་པས་ལས་དོན་ལ་གོམས་འདྲིས་མེད་པར་བརྟེན། པེ་ཅིང་ནས་ལས་དོན་འཕེར་ངེས་ཀྱི་བླ་མ་ཆེ་ཁ་ཞིག་ལྷ་ལྡན་དུ་གནང་བས་ཧྭ་ལའི་བླ་མའི་ཡང་སྲིད་མ་བྱོན་གྱི་བར་མཉམ་སྦྲེལ་གྱིས་ལས་དོན་བྱས་

ཚོག་པ་ཞུས་འདུག་པ། འདི་སྐོར་དེ་དོན་ལ་ཆ་གནས་བྱས་ན་མ་འཐུས་པས། ཡུལ་དང་ཁུན་བཅས་ནས་ཕོ་པ་ཏུ་ཐོག་ཐུར་བཀའ་བསྒྱུར་གྱིས། ཁྱོད་རང་མི་བབ་ཤེས་ཡོངས་འཛོམས་པ་དང་། ལས་དོན་འཕེར་བ་ཡིན་སྟབས་སྔ་སོར་ཡབ་རྗེ་༧གོང་མ་ཆེན་པོ་དེ་ཉིད་ནས་ལྷ་ལྡན་དུ་ལས་དོན་བྱེད་པར་བཀས་མངགས་ལ་བརྟེན། གང་ཅིའི་ཐད་གོམས་འདྲིས་ཆེ་བ་སོགས་༧གོང་མ་ཆེན་པོས་རྒྱུན་དུ་ནས་ཐུགས་ལ་མངགས་པ་བཅས། ད་སྔོས་པི་ཅིང་ནས་བླ་མ་སྐྱུར་མ་ཞིག་གཏང་རུང་ཚང་མ་གོམས་འདྲིས་མེད་པས་ཇི་བཞིན་ཞབས་འདེགས་འགྱུར་བ་ཞིག་ཡོང་དཀའ་བས། ཁྱེད་རང་ཏུ་ཐོག་ཐུ་ནས་སྔར་བཞིན་ལས་དོན་འཐུས་ཚང་བྱེད་པ་ལས། ཕྲན་བུའི་ལེ་ཚོར་སྐྱོད་དཀྲིས་སོགས་བྱས་ན་མི་འཐུས་པ་དང་། དེ་མཚུངས་ཡིད་ཡུལ་དུའང་འཛིགས་སྐྲག་བསྐྱེད་མི་དགོས། ཞེས་བཀའ་བཟང་གཞན་འགྲན་མ་མཆིས་པ་ཕེབས་པར་གྲུས་པ་དང་བཅས་ཧ་དང་དུ་བཞེས་ཤིང་། དེ་འཕྲུལ་ཞབས་པད་རྣམས་ཀྱིས་གཙོས་པའི་གཞུང་དྲུང་མི་དྲག་དེར་འཁོད་ཚང་མས་ལེགས་དར་ཕུལ། དེའི་ཕྱི་ཉིན་ནས་བཟུང་བསྟན་གླིང་མཆོག་སྤྲུལ་རིན་པོ་ཆེ་དང་། བཤད་གླིང་ནོ་མི་ཧན་མཆོག་སྤྲུལ། ར་སྒྲེང་ཁྲི་ཆེན་རིན་པོ་ཆེ་སོགས་ཏུ་ཐོག་ཐུ་ཆེ་ཁག་རྣམས་དང་། གཞུང་དྲུང་ལས་ཚན་པ་ཚང་མས་ལེགས་སྐྱེས་ཀྱི་ལྷ་རེག་བཅས་ཕུལ། དེ་ནས་གཞན་ཡང་སྤྲུལ་སྐུ་ཆེ་ཆུང་དང་། ཕྱོགས་འགྲུལ་པ་སོགས་མཇལ་ཞུ་བ་ཀུན་ལ་མཇལ་ཁ་དང་། ལྷ་ལྡན་སྨོན་ལམ་ཆེན་མོའི་ཐོ་བསྒྲིགས། རྣམ་རྒྱལ་གྲྭ་ཚང་བའི་དུས་གཏོར་འཆམ་གཟིགས་སོགས་ལོ་མཇུག་གི་མཛད་འཕྲིན་རྣམས་ཀྱང་སྔར་ལམ་ལྟར་བསྐྱངས་སོ། །

བསོད་ནམས་བརྒྱ་ཕྲག་རི་མོས་རྣམ་བཀྲ་བའི། །མཁྱེན་སྤྱོད་གཡས་སུ

འཕྲུལ་བའི་མགྲིན་པ་ནས། །ལེགས་བྱས་གདངས་སུ་སྙན་པའི་སྒྲ་དབྱངས་ཀྱིས། །གངས་ལྗོངས་རྒྱུད་པའི་རིམས་ནད་མ་ལུས་འཕྲོག །ཁྱོད་ཀྱི་མཛད་བཟང་དབྱར་དུས་སྤྲིན་གྱི་སྒྲས། །བསྐུལ་བས་ས་ཡི་ཚངས་པ་ཆེ་དེའང་། །དགྱེས་པའི་མདངས་མཐའ་འབུམ་ཕྲག་འཛིན་བཞིན་པར། །དབུགས་དབྱུང་བསྡུགས་པའི་སྒྲ་དབྱངས་འཁོར་ཡུག་སྒྲོག །ལྗོངས་འདིའི་དྲེགས་ལྡན་ཀུན་ཀྱང་རིགས་གཟུགས་ཀྱི། །སྙེམས་པ་འཆང་བའི་བརྟུལ་ཞུགས་དོར་བྱས་ནས། །མོས་ཤིང་གུས་པའི་སྙེམ་པ་འཛུམ་བཞིན་པར། །གང་གི་ཞབས་མཐིལ་རལ་པའི་རྒྱན་དུ་འགོད། །དགའ་བ་བརྒྱ་ལྡན་རྒྱལ་པོའི་ཕོ་བྲང་གི །ཆབ་སྲིད་པད་མོའི་ཚལ་འདིར་མགོན་ཁྱོད་ཀྱིས། །ཐུགས་རྗེའི་འོད་སྣང་བར་མེད་སྤྲོ་བ་ཡིས། །འཕེལ་ཞིང་རྒྱས་པའི་ལང་ཚོ་རྣོད་པར་གྱུར། །བསིལ་ལྗོངས་ཕན་དང་བདེ་བའི་ཀུ་མུ་ད། །སྙིགས་འགྲོའི་རང་གཤིས་དུས་ཀྱི་བ་མོ་ཡིས། །བཙོམ་ཉེར་གྱུར་ཚེ་ཁྱོད་ཀྱི་འཕྲིན་ལས་སྤྲིན། །ཆེ་ཆེར་འཁྲིགས་པས་སླར་ཡང་ངལ་བསོ་ཐོབ། །ཅེས་ཀྱང་སྨྲས་སོ། །

༈ དེ་ནས་སྟོད་འགྲེལ་བོད་ཡུལ་གྱི་སྐད་དུ་ཟད་པ་ཞེས་སུ་འབོད་ཅིང་ལྗོངས་འདིར་དབང་ཐང་དང་བསྟུན་པའི་མིང་མེ་ཕོ་སྟག་ཏུ་འབོད་པའི་གནམ་ལོའི་རང་ཞལ་གསར་ཚེས་ཀྱི་དུས་ཀྱི་རྟེན་འབྲེལ་བཟང་པོའི་མཛད་པ་རྣམས་དང་། ལོ་གསར་ཉིན་དང་གཉིས་སོ་སོར་ཚོམས་ཆེན་དུ་ཕེབས་བསྐྱོད་ཀྱིས་དགྱེས་སྟོན་ལ་རོལ་བ་དང་། ཏུ་ཐོག་ཐུ་ཆེ་ཁག་རྣམས་དང་། ཤར་བྱང་གི་ཆོས་རྗེ་རྣམ་གཉིས་ཀྱིས་གཙོས་པའི་སེར་འབྲས་རྒྱུད་གྲྭ་བཅས་ཀྱི་བླ་མ་ལས་སྣེ། བཀའ་མདའ་སོགས་གཞུང་དྲུང་སེར་སྐྱ། ཕྱོགས་མཐའི་ལོ་གསར་འབུལ་མི་དང་སྦྱིན་བདག་ཁག་སོགས་ཚང་མར་མཇལ་ཕྱག་སྩལ་བ་སོགས་སྔར་ལམ་ལྟར

བསྐྱངས་ཤིང་། སྨོན་ལམ་ཚོགས་གདོང་བླ་མ་ལས་སྣེ། སྤྱི་ཁྱབ་པ་སོགས་ལ་མཇལ་ཁ་དང་བཀའ་བསྒྱུར་སོགས་ཞིབ་སྐུལ་དང་། ཆོས་ལྔའི་ཉིན་སྔར་ལམ་ཆིབས་རྟག་གི་འཁོར་དང་བཅས་ཏེ་ལྷ་ལྡན་སྨོན་ལམ་ཆེན་མོའི་མགོན་དུ་ཆིབས་བསྐྱོད་ཀྱིས་གཟིམས་ཆུང་ཉི་འོད་དུ་ཕེབས་བསྟུན་དཀར་སྤྲོ་ཆེན་མོའི་ཐོག་སྨོན་ལམ་སྦྱིན་བདག་བསོད་ནམས་རྡོ་རྗེ་ཞང་ངོ་གཡོག་དང་། ཞབས་པད། གུང་། ཛ་མདའ་སོགས་ལས་ཚན་པ་རྣམས་དང་། སེར་འབྲས་བླ་མ་ལས་སྣེ་སོགས་ལ་མཇལ་ཕྱག་སྐུལ། སྨོན་ལམ་གྱི་འདུས་པ་རྣམས་ལ་མང་འགྱེད་སྤྱི་འབུལ་སོགས་ཀྱི་བསྙེན་བཀུར་གྱ་ནོམས་པ་དང་། གདན་ས་གསུམ་གྱི་གྲྭ་རིགས་དང་། ཕྱོགས་མཐའ་དབུས་ཀྱི་དད་འདུས་སེར་སྐྱ་ཕོ་མོ་འབུམ་ཕྲག་བརྒྱལ་བ་རྣམས་ལ་ཞལ་མཇལ་ཕྱག་དབང་སོགས་ཀྱང་བར་མ་ཆད་དུ་བསྐྱངས། ཆོས་བརྒྱད་ཀྱི་ཉིན་སྐྱབས་མགོན་ལྕང་སྐྱ་རིན་པོ་ཆེ་ནས་ཐུགས་རྫོགས་གསར་དུ་བཞེས་པའི་ལེགས་སྐྱེས་དང་འབྲེལ་བར་མཇལ་ཕྱག་ཏུ་ཕྱིན་པར་སྟོན་འཁོར་སུམ་ཅུ་སྐོར་ལ་མཇལ་ཁ་དང་། དེ་རྗེས་ལྕང་སྐྱ་རིན་པོ་ཆེ། ར་ཁྲེ་ཧུ་ཐོག་ཐུ། ཡབ་གདུགས་དཀར་ཐལ་ཇེ་བཅས་པར་གསོལ་ཚོགས་ལྷན་རྒྱས་ཐོག་གང་ཅིའི་བཀའ་མཆིད་ཞིབ་རྒྱས་དང་ཐུགས་རྫོགས་བཞེས་པའི་ལེགས་སྐྱེས་གནང་སྦྱིན་གྱི་རིམ་པའང་རྒྱ་ཆེར་འབུལ་བར་མཛད། ཆོས་བཅུའི་ཉིན་སེམས་དཔའ་རིན་པོ་ཆེ་ནས་སྨོན་ལམ་མཚན་བཏགས་མཛད་པའི་མཇལ་ཞུར་བཅར་བར་མཇལ་ཕྱག་དང་། ལེགས་སྐྱེས་གནང་སྦྱིན་སོགས་རྒྱས་པར་སྐུལ། གཞན་ཡང་བསྟན་གླིང་མཆོག་སྤྲུལ་རིན་པོ་ཆེ་དང་། བཤད་གླིང་ནོ་མི་ཧན་མཆོག་སྤྲུལ་སོགས་མཇལ་ཞུར་ཕྱིན་པར་གསོལ་ཚོགས་ལྷན་རྒྱས་ཐོག་ཆོས་དང་འབྲེལ་བའི་བཀའ་མཆིད་གསུང་མོལ་སོགས་ཞིབ་ལྷིངས་སུ་མཛད། ཆོས་བཅུ་གཉིས་ཀྱི་ཉིན་བསོད་

ནམས་རྗོ་རྗེ་ཕང་གིས་སྨོན་ལམ་མང་འགྱེད་ཞུས་པ་དང་ཆབས་མཚུངས་
༸སྐྱབས་མགོན་ཉིད་ཚོགས་དབུས་སུ་སྤྱན་འདྲེན་ཞུས་པར་འདོད་མོས་ལྟར་
ཕེབས་བསྐྱོད་ཐོག །གསེར་ཏོག་ནོ་མི་ཧན་གྱི་སྤྲུལ་སྐུ་ནས་མཇལ་གྱི་བཤད་པ་
དང་འབྲེལ་བར་༸ཞབས་པད་ཡུན་དུ་བརྟན་པར་གསོལ་འདེབས་བདེན་པའི་
ཚིག་གི་མེ་ཏོག་མངོན་པར་འཐོར་བ་དང་བཅས་ཏེ་བསྟན་པའི་སྦྱིན་བདག་ནས་
ཞིང་ཁམས་རྒྱ་མཚོའི་བཀོད་པ། བཀྲ་ཤིས་པའི་ལྷ་རེག །རྟེན་གསུམ། ན་
བཟའ་ཉེར་ཆས་སོགས་ཀྱིས་གཙོས་པའི་དངོས་འབུལ་བཟང་ཞིང་མཐའ་ཀླས་
པ་ཕུལ་བར་རེ་འདོད་ཡིད་བཞིན་དུ་སྐོང་བའི་བཀའ་བཞེས་བཟང་པོས་
དབུགས་དབྱུང་ཞིང་། དད་ལྡན་གྱི་དགེ་རྩ་རྣམས་བར་མ་དོར་ཆུད་མི་ཟ་བར་
འགྲོ་ཀུན་བྱང་ཆེན་ལ་རེག་པའི་རྒྱུར་འགྱུར་བ་སོགས་ཀྱི་བསྔོ་སྨོན་སྐྱབས་འཇུག་
གནད་སྨིན་དུ་སྩལ་བར་མཛད། ཚོགས་དབུ་གྲོལ་བསྟུན་གཟིམས་ཚུར་དུ་སྦྱིན་
བདག་རྣམས་ལ་མཇལ་ཁ་དང་འབུལ་སྙིག་གནང་སྦྱིན་ཀྱང་གཟབ་རྒྱས་སུ་
བཀའ་དྲིན་ཆེ་བར་གྱུར། ཆོས་བཅོ་ལྔའི་ཉིན་སྔ་དྲོ་གསུང་ཆོས་ར་བར་ཆོས་ཀྱི་
ཁྲི་ལ་ཞབས་སོར་ལེགས་པར་བཀོད་དེ་སེར་འབྲས་དགེ་གསུམ་གྱི་སློབ་དཔོན་
དགེ་བའི་བཤེས་གཉེན་རྣམས་ཀྱིས་མཚོན་པའི་དད་འདུས་ཁྲི་ཕྲག་དུ་མར་ལོང་
པ་རྣམས་ལ་ཐུགས་བརྩེ་བ་ཆེན་པོས་ཀུན་ནས་བསླངས་ཏེ་སྟོན་པ་ཤཱཀྱའི་རྒྱལ་
པོའི་སྟོན་བྱུང་གི་རྣམ་ཐར་སྐྱེས་རབས་སོ་བཞི་པར་གྲགས་པའི་དབུ་ནས་བཤད་
ལུང་གི་རིམ་པ་ཟབ་ཅིང་རྒྱ་ཆེ་བར་སྩལ་ཏེ། གདུལ་བྱ་རྣམས་ཀྱི་བློ་གྲོས་ཀྱི་བུམ་
པ་ཆོས་ཀྱི་བདུད་རྩིས་ཡོངས་སུ་འགེངས་པར་མཛད། ཕྱི་དྲོ་སྨོན་ལམ་ཆེན་མོའི་
ཚོགས་དབུས་སུ་ཕྱོན་ཏེ་ཕྱོགས་བཅུའི་རྒྱལ་བ་སྲས་དང་བཅས་པ་མཐའ་དག
རབ་འབྱམས་མཆོད་སྤྲིན་རྒྱ་མཚོས་མཉེས་པར་མཛད་ཅིང་། དེའི་མཐར་རང་

གཞན་གྱི་དགེ་བའི་རྩ་བ་ཐམས་ཅད་གནས་སྐབས་དང་མཐར་ཐུག་ཀུན་ཏུ་ལེགས་པ་རླབས་པོ་ཆེའི་རྒྱུ་ཚོགས་ཡོ་ནར་སྨིན་པར་མཛད་ཕྱིར་ལྷུགས་བསྔོ་དང་། བདེ་ཅན་སྨོན་ལམ་དང་། རྗེས་འབྲེལ་བསྟན་འབར་མ་དང་བཅས་པ་རྣམས་དཔལ་གྱི་མགུར་ནས་གསུང་ཚངས་པའི་སྒྲ་དབྱངས་དང་ལྡན་པ་ཤེས་ལྡན་ཡོངས་ཀྱི་རྣ་བའི་བཅུད་དུ་འབབ་པའི་སྒོ་ནས་ལེགས་པར་གསུངས་པ་དང་ལྷན་ཅིག་ཏུ་ཇི་ལྟར་སྨོན་པའི་དོན་རྣམས་བདེ་བླག་ཏུ་འགྲུབ་པའི་ཐུགས་སྨོན་གྱི་རིམ་པའང་རྒྱ་ཆེ་འབྱམས་སུ་གླུས་པར་མཛད། དེ་དག་གྲུབ་བསྟུན་ལྷ་ལྡན་ཇོ་བོ་རིན་པོ་ཆེས་གཙོ་མཛད་པའི་རྟེན་གསུམ་ཁག་ལ་མཆོད་འབུལ་དང་སྣན་ཤལ་རྒྱ་ཆེན་པོ་དང་བཅས་ཏེ་བསྟན་འགྲོའི་བདེ་སྐྱིད་སྤེལ་བའི་ཐུགས་སྨོན་དང་། རྩེ་མོར་འདོད་ཁམས་བདག་མོ་དཔལ་གྱི་ལྷ་མོར་གཟབ་གསོལ་འཕྲིན་བཅོལ་སོགས་ཀྱང་གནད་སྨིན་དུ་བསྐྱངས། གཞན་ཡང་སྨོན་ལམ་ཆེན་མོའི་རིང་དུ་བསྟན་སྲིད་ཀྱི་བྱ་གཞག་རྣམས་ཀྱང་རིམ་པར་མཛད་ཅིང་། སྨོན་ལམ་གྱི་སྦྱིན་བདག་ཁག་ལ་སྐྱེར་མཇལ་གནང་འོས་དང་། གཞུང་སྐྱེར་གྱི་ལས་ཚན་པ་རྣམས་ལ་བཀའ་བསྒྱུར་དང་འགྱུར་ཐོན་སྐྱལ་འོས་སོགས་ཀྱང་བར་མ་ཆད་དུ་བཀའ་དྲིན་ཆེ་བ་དང་། གུང་ཚོགས་ཀྱི་ཚོགས་དང་། སྨོན་ལམ། དགོང་ཇ། དམ་བཅའ་ཆེན་མོ་བཅས་སུ་གཟིགས་རྟོག་སོགས་ཀྱང་བསྟར་ཆགས་སུ་བསྐྱངས་པར་མཛད། སྨོན་ལམ་གྲོལ་གདོང་གཏོར་རྒྱག་ཆེན་མོར་གཟིགས་པས་བཙའ་བ་དང་། དེ་རྗེས་གཟིམས་ཆུང་ཉི་འོད་དུ་སེར་འབྲས་དགེ་གསུམ་གྱི་བླ་མ་ལས་སྣེ། དགེ་བསྐོས་ངོ་གཡོག །ལྷ་རམས་གྲྭ་སྐོར་བ། མདའ་དཔོན། སྤྱི་ཁྱབ་པ་སོགས་ལ་མཇལ་ཁ་དང་། ཀོ་བབ་ལྟར་གྱི་གནང་སྦྱིན་བསྐྱངས་འོས་རིགས་ཀྱང་སྔར་ལམ་ལྟར་རྒྱས་པར་སྩལ། ཆོས་ཉེར་ལྔའི་ཉིན་བྱམས་པ་གདན་ཞུས་ཀྱི་

སྐབས་ངོ་མཚར་འཁྲུལ་པར་ཕྲིན་ཏེ་ཐུགས་སྨོན་རྒྱ་ཆེན་པོ་དང་། ཏ་མེའི་སྒྱུ་རྩལ་གྱི་རོལ་པ་རྣམས་ལ་སྤྱན་རས་ཀྱི་གཟིགས་པས་བཅའ་བར་མཛད། དེ་ནས་གྲུ་འཛིན་ཕོ་བྲང་དུ་ཆིབས་ཞལ་བསྒྱུར་སྐབས་ར་མོ་ཆེར་གནས་གཟིགས་མཆོད་སྨོན་ཞིབ་རྒྱས་ཐོག །རྒྱུད་སྟོད་ཀྱི་མཁན་བླ་དང་། བཞི་སྡེ་པའི་བླ་མ་ལས་སྡེ་སོགས་ལ་ཕྱག་དབང་སྩལ། དེ་ནས་རིམ་གྱིས་པོ་བྲང་ཆེན་པོར་ཆིབས་བསྐྱོད་བཀའ་དྲིན་ཆེ་བར་གྱུར་ཅིང་། དེའི་ཕྱི་ཉིན་ནས་ཁལ་ཁ་རྗེ་བཙུན་དམ་པའི་གསོལ་དཔོན་ཧུ་བླ་མ་སོགས་ཕྱོགས་འགྲུལ་གསར་འགྱུར་གྱི་རིགས་ལ་འགྱུར་ཕྱག་རིམ་པར་སྩལ། ཆོས་ཉེར་བརྒྱད་ཀྱི་ཉིན་དུས་འཁོར་པཎྜི་ཏའི་ཕྱག་མཛོད་སོགས་ལ་ཚེ་བདག་མགོན་པོའི་སྒྲུབ་ཐབས་ལྗགས་ལུང་སོགས་འདོད་ཆོས་འགའ་ཞིག་ཀྱང་སྩལ་བར་མཛད། ཧོར་ཟླ་གཉིས་པའི་ཆོས་བཅུ་སྐར་ལ་བསོད་ནམས་རྡོ་རྗེ་ཡང་ངོ་གཡོག་རྣམས་ལའང་ཚེ་དབང་དང་། ཇམ་དཀར་འབྲུག་བརྩོན་གྱི་རྗེས་གནང་སོགས་གནད་སྨིན་དུ་སྩལ་ཞིང་ཐོན་ཕྱག་གནད་སྨིན་དང་བཀའ་སློབ་སོགས་རྒྱ་ཆེར་སྩལ་བས་དད་གུས་དང་སྤྲོ་དགའི་རྒྱ་མཚོ་གྱེན་དུ་ཕྱུར་བར་མཛད། ཆོས་བཅུ་བདུན་སྐར་ལ་ཚོགས་མཆོད་ཆེན་མོའི་ཐོ་སྒྲིག་དང་། སེར་སྦྲེངས་དོ་དམ་པ་རྣམས་ལ་བཀའ་བསྒྱུར་སོགས་ཚོགས་མཆོད་སྐར་གྱི་མཛད་པ་རྣམས་སྔར་ལམ་ལྟར་བསྐྱངས། ཆོས་བཅུ་དགུའི་ཉིན་༧གོང་མའི་བཀས་མངགས་པོད་བཞུགས་ཨམ་བན་ཝུན་ཧྲུ་ཤིན་འགྱུར་སྐབས་ཟུར་ཁང་གཡུལ་ཁར་ཆིབས་བསྒྱུར་ཐོག་མཇལ་འཕྲད་གསུང་གླེང་དང་། དེ་རྗེས་ཨམ་བན་པོ་ཏ་ལར་འདྲ་ཐང་ལ་ཕྱག་འཚལ་དང་ཆབས་ཅིག་ཞབས་དྲུང་དུ་བཅར་བར་ཞིབ་མཇལ་བསྐྱངས་ཤིང་། གནང་སྐྱེས་སོགས་ཀྱང་ལེགས་པར་བསྟར། ཆོས་ཉེར་གཅིག་ཉིན་སྐྱབས་མགོན་ལྕང་སྐྱ་རིན་པོ་ཆེ་གོང་མ་ཆོས་ཀྱི་རྒྱལ་པོའི་

བཀའ་བཞིན་དབང་ཕྱོགས་སུ་མགྱོགས་མྱུར་ཕེབས་བཞེད་ལ་སྔོན་འཁོར་ཚང་མར་གཞུང་སྒེར་སོ་སོ་ནས་ཐོན་ཕྱག་གནང་སྤྱིན་གྱི་རིམ་པ་དཔངས་མཐོ་བར་སྩལ་ཞིང་། དེ་མཚུངས་ཆིབས་སྐྱེལ་རིང་ཐུང་དུ་འགྲོ་མི་རྣམས་ལའང་ཐོན་གནང་སྩལ། ཆོས་ཉེར་ལྔའི་ཉིན་ཁྲིན་ཨམ་བན་ཕྱིར་ཕེབས་སྐབས་ཟུར་ཁང་གཡུལ་ཁར་ཆིབས་སྐྱེལ་དང་༧གོང་མར་འཚམས་ཞུ་སོགས་སྔར་ལམ་ལྟར་སྩལ་རྗེས་པོ་བྲང་དུ་ཆིབས་བསྒྱུར་གྲུབ་བསྟུན་ལྷུང་སྐུ་མཆོག་ཕྲུལ་རིན་པོ་ཆེ་དང་གསོལ་ཚོགས་ལྷན་རྒྱས་ཐོག་གང་ཅིའི་གསུང་མོལ་ཞིབ་ལྷིངས་སུ་སྩལ། གནམ་གང་གི་ཉིན་ཚོགས་མཆོད་སེར་སྦྲེངས་ཀྱི་གཟིགས་མོ་དང་གོས་སྐུར་སྣན་ཤལ་ཐུགས་སྨོན་སོགས་བསྐྱངས་ཤིང་། ཚོགས་མཆོད་གྲོལ་བསྟུན་ཧོར་ཟླ་གསུམ་པའི་ཆོས་གཅིག་གི་ཉིན་དགེ་ལྡན་པའི་འཆར་ཅན་ཞབས་བརྟན་སྔར་ལམ་ལྟར་འབུལ་བཞེས་ཐོག་གྲྭ་དམངས་ལ་མཇལ་ཕྱག་དང་། སེར་འབྲས་བླ་མ་ལས་སྡེ་སོགས་ལའང་ཚོགས་མཆོད་གྲོལ་བའི་འཆར་ཅན་གྱི་མཇལ་ཁ་རྣམས་སྩལ། ཆོས་གཉིས་ཀྱི་སྔ་ཆར་གནས་ཚུང་དུ་དབྱར་གསོལ་ལ་ཆིབས་བསྒྱུར་དང་། དེ་ནས་ཕྱིར་ཕེབས་ལམ་ཞོར་ལྷ་ལྡན་བསམ་འགྲུབ་ཕོ་བྲང་དུ་ལྷུང་སྐུ་རིན་པོ་ཆེའི་སྐུ་མདུན་དུ་ཕྱིན་ཏེ་ལྷན་རྒྱས་ཡུན་རིང་པོར་མཛད་དེ་གཞིས་བྱེས་སྐོར་གྱི་གསུང་མོལ་སོགས་ཞིབ་པར་མཛད། ཆོས་གསུམ་ཉིན་ལྷུང་སྐུ་རིན་པོ་ཆེ་དབང་ཕྱོགས་སུ་ཆིབས་བསྐྱོད་མཛད་པར་ཕེབས་སྐྱེལ་དུ་གཞུང་སའི་ཐབ་སྐྱེལ་བར་དུ་ཕྱིན་ཞིང་། དེའི་ས་ནས་ལེགས་དར་དང་བཅས་ཏེ་གཙོ་བོར་བསྟན་འགྲོའི་དཔལ་དུ་ཞབས་ཟུང་བརྟན་པ་དང་ཡང་སྐྱོས་དབང་ཕྱོགས་སུ་འཇམ་མགོན་བླ་མའི་བསྟན་པ་སྤེལ་བའི་ཐུགས་འདུན་མི་གཡེལ་བ་དང་། བོད་ལྗོངས་ཀྱི་བསྟན་འགྲོ་རྣམས་ཀྱང་ཐུགས་ཡུལ་ནས་མི་འདོར་བར་མཛད་པ་མཐའ་དག་སྐུ་ཁྲེང་གོང་མ་

རྣམས་ཀྱི་རྣམ་ཐར་བདག་གིར་བཞེས་པ་ཞིག་ཅི་ནས་བཀའ་དྲིན་ཆེ་དགོས་སོགས་ཀྱི་བཀའ་སློབ་བསམ་ལས་འདས་པ་སྩལ་ཞིང་། ལྷུང་སྐྱ་རིན་པོ་ཆེ་ནས་ཀྱང་ལྷ་རིག་དང་བཅས་ཏེ་སྐྱབས་མགོན་ཉིད་ལ་སྐུ་ཚེ་ཁྲི་ཕྲག་ཏུ་བརྟན་པའི་གསོལ་འདེབས་དང་། གངས་ལྗོངས་ཀྱི་བསྟན་པ་དང་འགྲོ་བའི་དོན་རླབས་པོ་ཆེ་མཛད་པའི་ཐུགས་བསྐྱེད་དང་འཕྲིན་ལས་སྔར་ལས་མི་གཡེལ་བ་དང་། བདག་ཅག་རྣམས་ཀྱང་ལམ་བར་གྱིས་མཚོན་པའི་གནས་སྐབས་ཀུན་ཏུ་སྐྱབས་ཡུལ་ནས་མི་འདོར་བ་ཅི་ནས་ཐུགས་རྗེ་ཆེ་དགོས་ཚུལ་སོགས་ཕན་ཚུན་ཐུགས་ཤིན་ཏུ་བརྩེ་བའི་བཀའ་མཆིད་ཀྱི་རིམ་པ་སྩལ་རེས་སུ་མཛད་དོ། །དེ་ནས་ཚོགས་མཆོད་ཆེན་མོའི་སྦྱིན་བདག་ཁག་སོགས་དང་འདུས་ཀྱི་རིགས་ལ་མཇལ་ཁ་རིམ་སྩལ་དང་། གཞུང་སའི་བུམ་སྒྲུབ་ཆེན་མོའི་གསོལ་ཚོགས་ཐོག་མཐའ་བར་གསུམ་དུ་ཕེབས་བསྐྱོད་དང་བརྒྱུད་གཏོར་གྱི་མཇལ་ཁ། དུས་འཁོར་མཆོད་གར་གྱི་གཟིགས་མོ་དང་། དུས་འཁོར་ཚོགས་དབུས་སུ་ཕེབས་བསྐྱོད་སོགས་སྔར་ལམ་ལྟར་མཛད། འདི་ལོ་ཀུན་གཟིགས་པཎ་ཆེན་ཐམས་ཅད་མཁྱེན་པ་ཉེར་ལྔའི་དགུང་སྐེག་ཏུ་ཕེབས་པར་ཞབས་བརྟན་འབུལ་བར་སྐུ་བཅར་མཁན་པོ་ང་ཕོད་རྗེ་དྲུང་ཆེད་གནང་གི་གདོང་པཎ་ཆེན་རིན་པོ་ཆེར་གཞུང་སྒེར་སོ་སོ་ནས་ཞབས་བརྟན་གྱི་དངོས་འབུལ་གཏོས་ཆེ་བ་དང་བཅས་ཏེ་སྐུ་ཚེ་ཞབས་པད་བསྐལ་པ་རྒྱ་མཚོར་བརྟན་པའི་ཐུགས་བསྐྱེད་མི་གཡེལ་བར་དགོས་ཚུལ་གྱི་འཚམས་ཞུ་ཞིབ་རྒྱས་སུ་འབུལ་བར་མཛད་ཅིང་། རྗེ་དྲུང་ངོ་གཡོག་ལ་ཐོན་ཕྱག་གནང་སྦྱིན་སོགས་ཀྱང་ལེགས་པར་སྩལ། འདི་དག་གི་སྤྱི་ཕྱི་རྣམས་སུ་གཞུང་དོན་གལ་ཆེའི་སྐོར་འགའ་ཞིག་ལ་བརྟེན་པས་ཨམ་བན་སོགས་དང་ལྷན་རྒྱས་མཇལ་འཛོམས་ལན་མང་པོར་མཛད་དེ་ལས་དོན་སྐོར་གྱི་གསུང་

སོལ་སོགས་ཞིབ་ལྡིངས་སུ་བསྐྱངས་པར་མཛད་ཅིང་། ཁལ་ཁའི་མི་སྣ་གསོལ་དཔོན་དཀོན་མཆོག་ངོ་གཡོག་སོགས་ཕྱོགས་འགྲུལ་ཁག་ལ་ཐོན་གནང་སོགས་ཀྱང་རིམ་པར་སྩལ། ལོ་འདི་དག་གི་སྤྱི་ཕྱི་རྣམས་སུ་ལུས་ཅན་རྣམས་ལ་འབྲུམ་བུའི་ནད་ཀྱི་ཉེར་འཚེ་ཆེ་ཙམ་བྱུང་བར་དེ་དག་ལ་ནད་པ་རྣམས་ཕྱིར་འབུད་པ་སོགས་བྱས་ཚེ་ཉམ་ཐག་ཅིང་ཡིད་ཕམ་པ་སོགས་ལུས་སེམས་ལ་ཚོར་བ་ཡིད་དུ་མི་འོང་བ་དུ་མ་ཞིག་སྨྱོང་བར་འགྱུར་བ་སོགས་ལ་ཤིན་ཏུ་བརྩེ་བས་ཀུན་ནས་བསླངས་ཏེ་ནད་པའི་རིགས་ལ་སྨན་བཅོས་སོགས་སྒོ་གང་ཟབ་བགྱིད་པ་ལས་ཕྱིར་འབུད་པ་སོགས་ངོ་དམ་ཉམ་ང་བ་བྱས་ན་མི་འཐུས་ཚུལ་གྱི་མི་འཛིགས་པའི་སྐྱབས་ཀྱི་སྦྱིན་པ་ཚད་མེད་པ་སྩལ་བར་མཛད་ལ། ནད་རིམས་རྒྱུན་ཆད་ཐབས་སུ་གཞུང་སྒེར་རྣམས་ནས་རིམ་གྲོ་རྒྱ་ཆེན་པོ་དང་། ༄སྐྱབས་མགོན་ཉིད་ནས་མཆོག་གསུམ་ཐུགས་རྗེ་བསྐུལ་བའི་གསོལ་འདེབས་དང་ཐུགས་བསྐྱེད་རྒྱུན་མི་ཆད་དུ་མཛད་པའི་མཐུ་ལས་ནད་ཀྱང་ཤིན་ཏུ་ཡང་བར་གྱུར་པས་དེས་ཟིན་པའི་སྐྱེ་བོ་མཐའ་དག་ལུས་སེམས་ལ་སྡུག་བསྔལ་གྱི་ཚོར་བ་དྲག་པོས་ཟུང་ཟད་ཀྱང་གནོད་པ་མེད་པའི་ངང་ནས་ནད་ལས་གྲོལ་ཏེ་འགྲོ་བ་འགའ་ཞིག་ཙམ་གྱི་ཡང་སྲོག་གི་བར་ཆད་དུ་མ་གྱུར་ཅིང་། རིང་པོར་མ་སོན་པར་ནད་ཀྱི་རྒྱུན་ཡང་ཆད་པར་གྱུར་སྐད་སྐྱེ་འདི་དང་ཀྱང་ལུས་ཅན་ཡོངས་ལ་གཅིག་ཏུ་སྨན་པའི་སྙིང་རྗེ་ཆེན་པོ་ཐུགས་རྒྱུད་ལ་མངའ་བའི་རྒྱལ་བའི་སྲས་ཀྱི་སྤྱོད་ཚུལ་བླ་ན་མེད་པ་ཡིན་པས་རྗེས་སུ་ཡི་རངས་པར་བྱོས་ཤིག །ཧོར་ཟླ་བཞི་པའི་ནང་ལྷ་ལྡན་དང་གྲྭ་འཛིན་པོ་བྲང་སོགས་ཀྱི་རྟེན་གསུམ་ཁག་ལ་མཆོད་པ་སྣ་ལྔ་སྟོང་ཚར་སོགས་ཀྱི་ཐོག་སྣན་ཤལ་དང་གནས་གཟིགས་ཐུགས་སྨོན་སོགས་ལྷབས་ཆེར་བསྐྱངས་ཤིང་། དེ་མཚུངས་སེར་འབྲས་སོགས་འདུས་སྡེ་ཁག་རྣམས་དང་། ཆོས་སྲུང་

མཐུ་རྩལ་ཅན་སོགས་ལ་གཞུང་སྣེར་མཐའ་དག་ནས་བསྟན་སྲིད་བདེ་ཐབས་དང་ལྷག་པར་༧རྒྱལ་དབང་མཆོག་གི་ཡང་སྲིད་མྱུར་གསལ་གྱི་ཕྱིར་དུ་ཞབས་བརྟན་རིམ་གྲོའི་རིགས་ཕྱུར་མཐའ་ཀླས་པ་སྒྲུབ་པར་མཛད། གཞན་ཡང་ཨམ་བན་འགའ་ཞིག་ཕྱིར་ལོག་གི་ཐོན་གནང་ལེགས་སྐྱེས་དང་གནང་སྐྱེས་ཕེབས་སྐྱེལ་སོགས་སྤར་ལམ་ལྟར་དང་། གཞུང་ལས་ཁུངས་དང་རྫོང་གཞིས་སོགས་ནས་སྙན་ཞུའི་རིགས་སོགས་ལ་བཀའ་བསྒྱུར། དམ་ཞུ། ལས་ཚན་གསར་བསྐོས་དང་ཐབས་འཛིན་གནང་འོས་སོགས་ཀྱི་བཀའ་བསྒྱུར་དང་མཇལ་ཁ་ཕྱོགས་ཐོན་ཚོང་པ་དང་མི་སྣའི་རིགས་སོགས་ལ་ཐོན་ཕྱག་དང་གནང་སྦྱིན་སོགས་སྲིད་ཀྱི་མཛད་འོས་རྣམས་ཀྱང་བར་མ་ཆད་དུ་རྒྱུན་ཆགས་སུ་བསྐྱངས་སོ། །

འདིར་སྨྲས་པ། ཕུན་ཚོགས་མཛད་བཟང་ཁྲུས་ཀྱི་རྫིང་བུའི་ངོགས། །མ་སྨད་ཐུགས་བསྐྱེད་འདབ་བརྒྱུས་མངོན་པར་མཛེས། །སྙན་གྲགས་བུང་བའི་ཕུར་ལྡིང་གཡོ་བ་ཡི། །དམ་པའི་དགའ་ཚལ་ཆེ་འདིར་མི་གུས་སུ། །ལུང་དང་རྟོགས་པའི་ནོར་བུ་ཀུན་འཛིན་ཅིང་། །ཚད་མེད་འཕྲིན་ལས་རླབས་ཆེན་རབ་ཏུ་གཡོ། །ཟབ་ཡངས་གཏིང་དཔག་དཀའ་བའི་ཐུགས་རྗེའི་གཏེར། །བསྔགས་འོས་རྒྱ་མཚོའི་མཆོག་ཁྱོད་འགྲོ་བའི་བཤེས། །རྣམ་བཞིའི་འཕྲིན་ལས་བང་རིམ་མངོན་པར་གསལ། །བྱིན་རླབས་གཟི་བྱིན་ཉིན་མོའི་དཔལ་ཀྱང་འགོངས། །སྐལ་ལྡན་གསེར་རིའི་དབུས་ན་མངོན་འགྱིངས་པའི། །འདྲེན་པ་རི་དབང་ཆེ་ཁྱོད་འགྲོ་བའི་གཉེན། །སྐུ་གསུམ་འབྲས་བུའི་ཁུར་གྱིས་མངོན་པར་བརྗིད། །སྤངས་དང་རྟོགས་པའི་འདབ་མ་འབུམ་དུ་འཁྲིགས། །སྨིན་གྲོལ་ལམ་གྱི་བསུང་ཞིམ་བརྒྱུར་འཕྲོ་བའི། །ཡོངས་འདུའི་མཆོག་ཁྱོད་སྐྱེ་རྒྱུའི་

གྲིབ་བསིལ་ཉིད། །ཆོས་སྲིད་རྒྱལ་མཚན་རྩེ་མོར་གནས་བཅས་ཤིང་། །ལུགས་གཉིས་མཛད་པའི་ཡོན་ཏན་ཀུན་གྱིས་གཏམས། །ཕན་དང་བདེ་བའི་དགོས་འདོད་ཆར་བསྒྲིལ་བའི། །ཡིད་བཞིན་ནོར་ཁྱོད་སྙིགས་དུས་ཕོངས་པའི་མགོན། །མི་འཇིགས་བཞི་ལྡན་མཆེ་སྡེར་གྱིས་མཛེས་ཤིང་། །ཐུབ་བྱུང་རྣམ་དཔྱོད་རལ་པའི་ཁྲུར་གྱིས་བརྗིད། །ལོག་པར་སྨྲ་བའི་ལག་ལྡན་གླང་འགེམས་པའི། །གདོང་ལྔ་པ་ཁྱོད་ཐུབ་བསྟན་གངས་རིའི་རྒྱན། །ཉམ་ངར་ལྷུང་བའི་སྐྱེ་བོ་མ་ལུས་པ། །མི་འཇིགས་སྐྱབས་ཀྱི་སྦྱིན་པས་དབུགས་དབྱུང་སྟེ། །བདེ་བ་མཆོག་གི་དཔལ་ལ་རེག་མཛད་པས། །མ་འདྲིས་འགྲོ་བའི་མཛའ་བཤེས་ཆེན་པོར་གྲགས། །ཉོན་མོངས་དུག་གསུམ་དྲི་མ་དྲུང་ཕྱུང་ཞིང་། །དགེ་བའི་ལོ་ཏོག་ཀུན་ནས་བསྐྱེད་མཛད་པའི། །སྟོན་མེད་དག་བྱེད་བདུད་རྩིའི་གླུང་རྒྱུན་འདི། །རྒྱལ་ཀུན་ཐུགས་རྗེའི་སྤྲིང་ནས་ཕབ་པར་ངེས། །ཞེས་པ་ནི་བར་སྐབས་ཀྱི་ངལ་བསོའོ། །

དེ་ནས་ཧོར་ཟླ་ལྔ་པའི་ཚེས་ཉེར་བདུན་ཉིན་དབུས་གཙང་ཀུན་བདེ་གླིང་དུ་ཆིབས་བསྒྱུར་མཛད་ཅིང་། དེའི་སང་ཉིན་ནས་བདེ་སྐྱིད་གླིང་ཁར་སྐུའི་འཕྲོད་བསྟེན་ཆབ་བཞེས་ལ་ཕེབས་བསྐྱོད་ཀྱིས་ཞག་བདུན་ཙམ་བཞུགས་འཇགས་མཛད། དེ་ནས་ཚེས་བཅོ་ལྔ་ནས་བཟུང་ཉིན་ལྔའི་བར་དུ་༧སྐྱབས་མགོན་ཉིད་གཙོ་བོར་གྱུར་པའི་ཀུན་གླིང་འདུས་གྲྭ་ཚང་མ་ནས་ཆོས་སྲུང་རྣམས་ལ་གཟབ་གསོལ་འཕྲིན་བཅོལ་གྱི་རིམ་པ་གནད་སྨིན་དུ་བསྐྱངས། ཚེས་ཉེར་གཉིས་ཉིན་གྲྭ་འཛིན་པོ་བྲང་དུ་ཆིབས་བསྐྱོད་ཀྱིས་ཆོས་སྲིད་ཀྱི་མཛད་ཁྲབ་རྣམས་སྤར་བཞིན་བསྐྱངས། འདི་དག་གི་སྔ་ཕྱི་རྣམས་སུ་ཨམ་བན་རྣམ་གཉིས་སྐུ་མདུན་དུ་བཅར་བ་དང་། སྐབས་སུ་༧སྐྱབས་མགོན་ཉིད་ཡ་མོན་དུ་ཆིབས་

བསྒྱུར་སོགས་ལྷན་རྒྱས་ཡང་ཡང་དུ་མཛད་དེ་ལས་དོན་སྐོར་ལ་གསུང་མོལ་སོགས་ཞིབ་པར་མཛད། ཚེས་ཉེར་ལྔའི་ཉིན་༧མི་རྗེ་ཕྱག་མཛོད་ཆེན་མོ་ཡེ་ཤེས་རབ་བརྟན་སོགས་ལ་མགོན་པོ་ཚེ་དཔག་མེད་ཀྱི་སྒོ་ནས་ཚེའི་དབང་བསྐུར་གཟབ་རྒྱས་གནང་སྨིན་དུ་སྩལ། ཧོར་ཟླ་དྲུག་པའི་ཚེས་བཅུ་སྐོར་ལ་གཟིམས་ཆུང་ཉི་འོད་དུ་བསམ་ཡས་ཆོས་སྐྱོང་ཆེན་པོར་དབྱར་གསོལ་སྤྱན་འདྲེན་གྱི་ཕྱོག་སྤྲི་སྣེར་གྱི་ལུང་ཞུ་འཕྲིན་བཅོལ་སོགས་ཞིབ་རྒྱས་སུ་གནང་ཞིང་། འདི་སྐབས་སྤྱི་སོར་འབྲས་སྤུངས་དགའ་ལྡན་ཕོ་བྲང་དང་། འདུ་ཁང་ཆེན་མོའི་གསེང་གཡབ་ཀྱི་ཤིང་ཁྲ་དང་། རྗོ་གཙལ་ཆེན་མོ་སོགས་ལ་ཞིག་གསོ་མཛད་རྒྱུའི་བཀའ་ཁྱབ་སྩལ་དོན་བཞིན་ལེགས་པར་གྲུབ་པས་དོ་དམ་པ་དང་། བཟོ་པ་སོགས་ལ་ཚར་གནང་གསོལ་རས་སོགས་བྱ་དགའ་རྒྱ་ཆེར་སྩལ། ཚེས་བཅོ་ལྔའི་ཉིན་པོད་འབངས་བདེ་ཐབས་སུ་ཡུལ་གྲུ་ཚང་མར་སྤྱི་ཁྱབ་རྩ་ཚིག་མཐུ་མོ་ཆེ་སྩལ་ཞིང་། ལྷ་ལྡན་རྗེ་ཤཱཀྱ་རྣམ་གཉིས་སོ་སོར་སྟོང་མཆོད་དང་བཅས་ཏེ་རྟེན་གསུམ་ཁག་ལ་གནས་གཟིགས་སྙན་ཤལ་དང་། ཐུགས་སྨོན་མཚམས་སྦྱོར་སོགས་རྒྱ་ཆེ་གནང་སྨིན་དུ་བསྐྱངས། ཚེས་ཉེར་ལྔའི་ཉིན་བཤད་སྒྲིང་ནོ་མི་ཧན་མཆོག་སྤྲུལ་རིགས་ཆུང་ཚོགས་བཞེངས་མཛད་པར་སྐུ་ཚབ་ཆེད་གནང་གིས་ལེགས་སྐྱེས་སྩལ་ཞིང་། དེའི་ཕྱི་ཉིན་སྤྲུལ་སྐུ་རིན་པོ་ཆེ་སྟོན་འཁོར་ལེགས་འབུལ་མཇལ་ཕྱག་ཏུ་བཅར་བར་གཟིམས་ཆུང་ཉི་འོད་དུ་མཇལ་ཁའི་ཕྱོག་གསུང་མོལ་ཞིབ་ལྷིངས་དང་། ད་དུང་ཡང་ཐུགས་གཉེར་གསན་བསམ་སོགས་བསྟན་པར་སྨན་པའི་མཛད་པ་དང་ཐུགས་བསྐྱེད་ཡར་ལྡན་དུ་དགོས་པའི་བཀའ་སློབ་རྒྱས་པར་གནང་། ཧོར་ཟླ་བདུན་པའི་ཚེས་གཉིས་ཀྱི་ཉིན་གཞུང་ས་མཆོག་ནས་གནས་ཆུང་ཆོས་སྐྱོང་ཆེན་པོར་གཟབ་གསོལ་རྒྱས་པར་མཛད་པའི་

ཚོགས་དབུས་སུ་ཕེབས་བསྐྱོད་ཀྱིས་ཐུགས་སྨོན་འཕྲིན་བཅོལ་གནང་སྦྱིན་དུ་བསྐྱངས། འདི་སྐབས་ལོ་སྔ་ཕྱིར་རྒྱ་བོད་ཀྱི་དོན་སྐོར་གཞི་ཆེའི་རིགས་འགའ་ཞིག་བྱུང་བ་རྣམས་ཐུགས་འཁྲུན་ལེགས་པར་ཆོད་པར་བརྟེན། ཞབས་པད་རྣམས་དང་། རྗེ་མདའ། མཁན་སྤེ་ཆེ་ཆུང་སོགས་ཚང་མས་ལེགས་དར་ཀྱང་ཐུལ་ཞིང་། གཞན་ཡང་མཐའ་དབུས་ཀྱི་མི་དྲག་དང་། གདན་ས་ཆེན་པོའི་བླ་མ་ལས་སྡེ་སོགས་མཇལ་ཞུར་བཅར་མི་བར་མ་ཆད་པ་རྣམས་ལའང་འདོད་མོས་ལྟར་གྱི་མཇལ་ཁ་སོགས་རིམ་སེལ་དུ་སྩལ། ཆོས་བཅོ་ལྔའི་ཉིན་སྔ་སོར་རྣམ་རྒྱལ་མ་དང་། ཐུགས་རྗེ་ཆེན་པོ། སྒྲོལ་མ། ཨ་ཏི་ཤ་བཅས་ཀྱི་སྣང་བརྙན་གསེར་ཟངས་ལས་གྲུབ་པ་གསར་བཞེངས་མཛད་པ་ལེགས་པར་གྲུབ་པས་གཟིམས་ཆུང་བདེ་བ་ཅན་དུ་གཟུངས་འབུལ་གྱི་རིམ་པ་རྣམས་ལེགས་པར་མཛད་ཅིང་། དེའི་ཕྱི་ཉིན་རབ་ཏུ་གནས་པ་སོགས་ཀྱང་གནང་སྦྱིན་རྒྱ་ཆེར་སྩལ། ཆོས་ཉི་ཤུ་སྐོར་ལ་བསམ་ཡས་གཙུག་ལག་ཁང་ལ་ཞིབ་གསོའི་ལྟ་རྟོག་བྱེད་མི་མཁན་པོ་བསྐལ་བཟང་ཆོས་གྲགས་ངོ་གཡོག་དང་། རྗོ་ཤིང་བཟོ་པ་གཉིས་བཅས་ལ་ཐོན་གནང་བཀའ་སློབ་ཀྱང་སྩལ། དེའི་གོང་ནས་རྒྱལ་སྲས་རྡོ་རྗེ་འཆང་ཆེན་པོའི་འཁྲུངས་རབས་དང་། དུས་འཁོར་གྱི་སྣང་བརྙན། སེར་འབྲས་དགེ་གསུམ་དང་ལྷ་ལྡན་བཅས་ཀྱི་ཞིང་བཀོད་སྐུ་ཐང་གསར་བཞེངས་མཛད་པ་རྣམས་ལེགས་གྲུབ་ཀྱི་སྤྱན་ཞུར་བཅར་བར་དབུ་ཆེ་ཆུང་མི་གྲངས་བཅོ་ལྔ་སྐོར་ལ་མཇལ་ཁ་དང་། སོ་སོར་གོ་བབ་ལྟར་གྱི་གནང་སྦྱིན་གསོལ་རས་སོགས་ཀྱང་གྱ་ནོམས་སུ་སྩལ། འདི་ལོ་༧གོང་མ་ཆོས་ཀྱི་རྒྱལ་པོ་ནས་ལུང་རིགས་ཀྱི་ཡོན་ཏན་ཡོངས་སུ་རྫོགས་པའི་བླ་མ་འགའ་ཞིག་གཏོང་དགོས་ཕེབས་པ་བཞིན། སེར་འབྲས་དགེ་གསུམ་ནས་དགེ་བའི་བཤེས་གཉེན་ལུང་རྟོགས་ཀྱི་

ནོར་གྱིས་ཕྱུག་པ་བཞི་ལ་འགྲོ་དགོས་ཀྱི་བཀའ་བསྒྱུར་དང་། ཧོར་ཟླ་བརྒྱད་པ་
གསར་མཚམས་སུ་སེར་འབྲས་ཀྱི་འཆར་ཅན་ཞབས་བརྟན་འབུལ་བཞེས་དང་།
བཤད་གླིང་མཆོག་སྤྲུལ་དང་། ཚེ་གླིང་སྤྲུལ་སྐུ་སོགས་ལ་སྙེར་མཇལ་སྩལ།
ཆོས་གསུམ་ཉིན་དབུས་གཙང་ཀུན་བདེ་གླིང་དུ་ཆིབས་བསྒྱུར་དང་། ཆོས་
བདུན་ནས་བདེ་སྐྱིད་གླིང་ཁར་ཆབ་བཞེས་ལ་ཕེབས་བསྐྱོད་ཀྱིས་ཞག་བདུན་
ཙམ་བཞུགས་འཛགས་དང་། དེ་ནས་ཀུན་གླིང་ཚོགས་ཡོངས་དང་ལྷན་ཅིག་
ཆོས་སྲུང་རྣམས་ལ་གཟབ་གསོལ་འཕྲིན་བཅོལ་སོགས་གནང་སྨིན་ཉིན་གསུམ་
གྱི་བར་བསྐྱངས། ཆོས་ཉི་ཤུའི་ཉིན་པོ་ཏ་ལར་ཆིབས་ཞལ་བསྒྱུར་ཞིང་གྲྭ་ས་
ཕན་ཚུན་སོགས་ནས་འཆར་ཅན་དབྱར་མཇལ་དུ་བཅར་མི་དང་། བསམ་ཡས་
ཞིག་གསོར་ཐོན་མི། བལ་ཡུལ་རྟེན་བཞེངས་སུ་འགྲོ་མི་སོགས་ལ་མཇལ་ཕྱག་
རེམ་པར་སྩལ། ཧོར་ཟླ་དགུ་པའི་ཚེས་གཅིག་གི་ཉིན་པི་ཅིང་མཁན་ནང་འཁོར་
གཏོང་༧གོང་མ་ཆེན་པོ་ནས་གསེར་ཡིག་གནང་རྟེན་བཅས་ཕེབས་པ་བདག་
གིར་མཛད་ཕྱིར་ཚོམས་ཆེན་སྙིང་པར་ཕེབས་བསྐྱོད་ཐོག་རྒྱ་བོད་མི་དྲག་ཚང་
མའི་དབུས་སུ་གསེར་ཡིག་འབུལ་བཞེས་ཀྱིས་བཀའ་བཟང་གསེར་སྐན་དུ
བསྟར་བ་ན་འདི་བཞིན་དུ་ཕེབས་ཏེ། ༧གནམ་གྱི་ཤེ་མོང་བཙན་པོས་ས་སྟེང་
ཡོངས་ལ་མངའ་དབང་བསྒྱུར་བ་༧ཧྭང་ཏིའི་བཀའ། རྗེ་དྲུང་ཧུ་ཐོག་ཐུ་ལ་ཕབ་
པ། བོད་ཡུལ་ན་ཞྭ་སེར་གྱི་བསྟན་པ་རྒྱས་པ་དང་འགྲོ་བ་རྣམས་བདེ་སྐྱིད་ལ་
འགོད་པའི་ཆེད་དུ་ཏཱ་ལའི་བླ་མ་ནས་ལས་དོན་ཐམས་ཅད་ལ་གྲུས་པ་ཆེན་པོས་
ངེད་ཀྱི་བཀའ་བཞིན་དུ་སྒྲུབ་པ་ཡིན། ཏཱ་ལའི་བླ་མ་སྐུ་གཤེགས་རྗེས་དེ་ཉིད་ཀྱི་
ཡང་སྲིད་སྤྲུལ་པ་མ་གསལ་གྱི་བར་དུ། ངེད་ཀྱི་བཀས་རྗེ་དྲུང་ཧུ་ཐོག་ཐུ་ཁྲིད་
བོད་ཀྱི་ལས་དོན་ཡོངས་ཀྱི་སྤྱི་དཔོན་དུ་བསྐོས་ནས་བཟུང་། ཧུ་ཐོག་ཐུ་ཁྲིད་

ནས་ཀྱང་ངེད་ཀྱི་བཀའ་དང་དུ་བླངས་ཏེ་ཞྭ་སེར་གྱི་བསྟན་པ་རྒྱས་པ་དང་། བླ་མ་སེར་མོ་བ་རྣམས་ལ་བསླབ་དོན་བྱེད་པ་སོགས་ལས་དོན་ཐམས་ཅད་ཏཱ་ལའི་བླ་མ་བཞུགས་དུས་དང་འདྲ་བར་ཚུལ་བཞིན་སྐྱོད་པ་ནི་བསྔགས་པར་འོས། ད་ཆ་ཧུ་ཐོག་ཐུ་ཁྱོད་ནས་མི་སྣ་མཁན་པོ་ཚངས་དབྱངས་རྒྱ་མཚོ་བརྟན་བཞུགས་འབུལ་བར་མངགས་པའི་ཐོག་ཆེད་དུ་ངེད་ལ་འཚམས་ཞུ་ཞུ་ཡིག་རྟེན་ཆས་འབུལ་བ་ངེས་བྱུང་། ངེད་ཀྱི་སྐུ་བདེ་བར་གནས། ཧུ་ཐོག་ཐུ་ཁྱོད་ཀྱང་སངས་རྒྱས་ཀྱི་བསྟན་པ་བསྲུངས་ཤིང་སེམས་ཅན་རྣམས་ཡོངས་སུ་འདྲེན་པའི་དོན་དུ་ཏཱ་ལའི་བླ་མ་ནས་བརྒྱུད་པའི་སྲོལ་བཞིན་ཆོས་ཀྱི་བསླབ་དོན་ལ་བརྩོན་ངོས་ནས་གཟུགས་ཕུང་བདེ་བར་ཡོད་ལས་ཆེ། སླད་ནས་ཀྱང་ཧུ་ཐོག་ཐུ་ཁྱོད་ངེད་ཀྱི་ཞྭ་སེར་གྱི་བསྟན་པ་རྒྱས་པ་དང་། སེམས་ཅན་ལ་བདེ་སྐྱིད་འབྱུང་བའི་དགོངས་བཞེད་མཆོག་དང་བསྟུན་ཏེ་བོད་ཀྱི་མཁན་བླ་རྣམས་བསླབ་དོན་བཟང་པོས་ཡོངས་འདྲེན་དང་། ཆོས་སྐྱོད་སྐུ་རིམ་ལ་འབད་པར་རིགས། ཆོས་ཀྱི་བསླབ་དོན་བཟང་པོས་ལུས་ཅན་མཐའ་དག་བདེ་སྐྱིད་ལ་འགོད་པའི་ཕྱིར་གསོལ་བ་ལེགས་པར་ཐོབ། རྒྱུན་དུ་དགོན་སྡེ་རྣམས་ཀྱི་བླ་མ་དང་དགེ་འདུན་གྱི་སྡེ་ཚོགས་རྣམས་ལ་ཆོས་སྐྱོད་ཀྱི་བསྐུལ་མ་ལེགས་པར་བགྱིད་ཅིང་། ཏཱ་ལའི་བླ་མའི་ཡང་སྤྲུལ་སྐུ་མྱུར་གསལ་གྱི་གསོལ་འདེབས་ཤུགས་དྲག་ཏུ་བགྱིས། ལེ་ཐོར་མ་བགྱིས་ཤིག །ད་ལན་གྱི་མི་སྣ་ཕྱིར་འཁོར་གཏོང་ཆེད་དུ་ཁྱེད་ལ་འཚམས་འདྲིའི་བཀའ་ཡིག་ཕབ་རྟེན་དུ་དངུལ་སྲང་སུམ་ཅུ་ལས་གྲུབ་པའི་མདོང་མོ་གཅིག །གོས་ཡུག་ཆེན་ཆོས་ཁ་སྣ་ཚོགས་པ་བཅུ་གཉིས། ཁ་བཏགས་ཆེ་ཆུང་བདུན་རེ་བཅས་གནང་སྟེ་བསྐུར་ཡོད་པས་དེར་སོན་པ་ན་དང་དུ་ལོངས་ཤིག །ཆེད་དུ་བཀའ་ཕབས་སོ། །ཞེས་སྩལ་བར་བཀའ་ལུང་གནང་སྐྱེས་དང་བཅས་

པ་རྣམས་དང་བ་ཆེན་པོས་བཞེས་ཤིང་། དེ་རྗེས་མཁན་ནང་ངོ་གཡོག་ལ་མཇལ་ཁ་དང་། དཀར་སྤྲོ་གསོལ་སྟོན། ཚོགས་ལང་། གར་རོལ་གྱི་གཟིགས་མོ་སོགས་དགའ་སྟོན་གྱི་རིམ་པ་མཐའ་དག་སྤར་ལྷར་བསྐྱངས། ཚེས་བཅོ་ལྔ་ནས་བཟུང་ཉིན་གསུམ་གྱི་བར་དུ་ཚོམས་ཆེན་རྙིང་པར་རྣམ་རྒྱལ་གྲྭ་ཚང་ཚོགས་ཡོངས་དང་ལྷན་ཅིག་ཆོས་སྲུང་རྣམས་ལ་གཟབ་གསོལ་འཕྲིན་བཅོལ་ཚོགས་འཁོར་དང་འབྲེལ་བ་གནད་སྨིན་ཏུ་བསྐྱངས། ཚེས་བཅུ་དགུའི་ཉིན་གཟིམས་ཆུང་ཉི་འོད་དུ་ཆིབས་བསྒྱུར་གྱིས་སྤྱི་སོར་ནས་ཁལ་ཁ་རྗེ་བཙུན་དམ་པ་ནས་༧རྒྱལ་དབང་དེ་ཉིད་ཀྱི་དགོངས་རྫོགས་སུ་རྒྱལ་བའི་བཀའ་འགྱུར་རིན་པོ་ཆེ་གསར་བཞེངས་མཛད་དགོས་མཐུན་རྐྱེན་ཚད་མེད་པ་དང་བཅས་ཕེབས་པ་གཞུང་ས་མཆོག་ནས་ཐུགས་འགན་ཆེ་བཞེས་ཀྱིས་ལེགས་པར་གྲུབ་པའི་ཉིན། ངོ་དམ་པ། ཡིག་མཁན་དབུ་ཆེ་ཆུང་སོགས་མི་གྲངས་བརྒྱ་སྐོར་ལ་མཇལ་ཁ་དང་། སོ་སོར་གོ་བབ་དང་འཚམས་པའི་ཚར་ཐོན་གནང་ཆའི་རིགས་ཀྱང་དཔངས་མཐོ་བར་སྩལ། ཚེས་ཉེར་གཉིས་ལྷ་བབ་དུས་ཆེན་གྱི་ཉིན་རྩེའི་མཆོད་ཁང་ཚང་མར་སྙན་ཞལ་ཐུགས་སྨོན། ལྷག་པར་འཕགས་པ་རིན་པོ་ཆེའི་དྲུང་དུ་གཞུང་ས་མཆོག་ནས་གསེར་སྲང་བཅུ་གཉིས་ལས་གྲུབ་པའི་འཁོར་ལོ་དང་། འབེལ་བ། སྙན་ཞལ་དཀར་སེར་གསུམ་སོ་སོར་ཡང་སྲིད་མྱུར་ཕེབས་ཀྱི་སྨོན་ཚིག་ཅན་བཅས་འབུལ་བར་སྐྱབས་མགོན་ཉིད་སྐུ་དངོས་ཕེབས་བསྐྱོད་ཀྱིས་འབུལ་གནང་ཐོག་འཕགས་མཆོག་ཕྱག་ན་པདྨོ་ཉིད་མིའི་སྲིད་པ་འཛིན་པའི་མཆོག་གི་སྤྲུལ་སྐུའི་རང་ཞལ་མྱུར་དུ་སྟོན་དགོས་པའི་ཐུགས་སྨོན་མཚམས་སྦྱོར་སོགས་རྒྱ་ཆེར་བསྐྱངས། ཧོར་ཟླ་བཅུ་པའི་ཚེས་གཉིས་ཀྱི་ཉིན་གནས་ཆུང་གཟབ་གསོལ་དུ་ཆིབས་བསྐྱོད་ཀྱིས་ཆོས་སྐྱོང་ཆེན་པོར་སྤྱན་འདྲེན་བཀའ་ལུང་

བཅས་ཞུ་བར་མཛད་ནས་ཕྱིར་ཕེབས་གྲུབ་བསྟུན་བཤད་སྒྲའི་སྲས་བཀའ་བློན་གྱི་གོ་སར་ཕེབས་པའི་གསར་མཇལ་དུ་བཅར་བར་མཇལ་ཁ་དང་། གཞུང་དོན་ལ་ལྷག་བསམ་ཆེ་བསྐྱེད་དགོས་པའི་བཀའ་སློབ་བཅས་སྩལ། དེའི་ཕྱི་ཉིན་སོགས་ནས་ཅོ་ནེ་ཚོང་པ་རྣམས་དང་། མཚོ་སྔོན་བསྟན་སྐྱོང་ངོ་གཡོག །ཐོར་རྒོད་རྒྱལ་པོའི་ཤོགས་ཀྱི་སོག་རིགས་སོགས་ཕྱོགས་འགྲུལ་བའི་རིགས་ལ་མཇལ་ཁ་རིམ་པར་སྩལ། ཆོས་ཉི་ཤུ་སྐོར་ལ་རྒྱུད་གྲྭ་སྟོད་སྨད་སོ་སོ་ནས་ཞབས་བརྟན་འབུལ་བཞེས་དང་གྲྭ་དམངས་ལ་ཕྱག་དབང་སོགས་ལེགས་པར་སྩལ། ཆོས་ཉེར་ལྔའི་ཉིན་རྩེ་ཤོད་ཀྱི་དྲུང་འཁོར་རྣམས་ཀྱི་དགུན་མཇལ་དང་། གནས་གཟིགས། དེའི་ཕྱི་ཉིན་སེར་འབྲས་ཀྱི་བླ་མ་ལས་སྣེའི་མཇལ་ཁ་སོགས་ཀྱང་སྔར་ལྟར་བསྐྱངས། ཧོར་ཟླ་བཅུ་གཅིག་པའི་ཆོས་ལྔའི་ཕྱི་ཆ་ནས་ཐུགས་དམ་བཅད་རྒྱུར་བཞུགས་ཏེ་ཟླ་གཅིག་ཙམ་གྱི་བར་དུ་རིམ་གཉིས་ཟབ་མོའི་རྣལ་འབྱོར་གྱི་ཉམས་བཞེས་ལ་བརྩོན་པ་ལྷུར་ལེན་དུ་མཛད་ཅིང་། བཅད་རྒྱའི་ཁོངས་ནས་ཀྱང་བསྟན་སྲིད་ལར་རྒྱའི་སྐོར་ལ་བཀའ་ཁྱབ་སྩལ་འོས་དང་། རྣམ་དཀར་རླབས་ཆེན་གྱི་རིགས་གྲུར་མཛད་དགོས་ཀྱི་བཀའ་བསྒྱུར་སོགས་ཀྱང་སྔར་ལྷག་ཡར་ལྡན་དུ་སྩལ། འདི་ལོ་ལྷ་ལྡན་སྨོན་ལམ་སོགས་ཀྱི་ཚོགས་ཁྲི་གསར་བླུགས་མཛད་པ་ལེགས་པར་གྲུབ་པས། ངོ་དམ་པ་སྐྱ་སྐྱེར་མགྲོན་གཉེར་བསྐལ་བཟང་བསམ་འགྲུབ་དང་དབུ་ཆེ་ཆུང་སོགས་ཁྱོན་མི་གྲངས་དྲུག་ཅུ་སྐོར་ལ་གཟིམས་ཆུང་འགག་ནས་གསོལ་རས་གནང་སྦྱིན་སོགས་རྒྱ་ཆེ་བར་བསྐྱངས། ཧོར་ཟླ་བཅུ་གཉིས་པའི་ཆོས་བཅུ་གཉིས་ཀྱི་ཉིན་བཅད་རྒྱ་གྲོལ་ཐོག་ཉིན་གསུམ་གྱི་བར་ཁ་སྐོང་སྦྱིན་སྲེག་གི་རིམ་པ་གནད་སློན་དུ་བསྐྱངས། དེ་ནས་གཞུང་དྲུང་མི་དྲག་སོགས་ལ་མཇལ་ཕྱག་དང་། ཕྱོགས་ཐོན་བྱེད་མིའི་རིགས་ལ་འཕྲོར་ཐོན་

སོགས་རིམ་སྤེལ་དང་། ལོ་མཇུག་གི་མཛད་འོས་སོགས་ཀྱང་སྔར་ལམ་རིམ་སེལ་དུ་བསྐྱངས་སོ། །

སྨྲས་པ། ཐུབ་པའི་བསྟན་པ་རིན་ཆེན་འདི་ར། །ཐུབ་པ་ཉིད་དང་མི་ཕྱེད་པར། །ཐུབ་གཞུང་འཛིན་སྐྱོང་སྤེལ་བ་འདི། །ཐུབ་ཀུན་མཉེས་པའི་མཆོད་པའི་ཡོན། །མཁའ་མཉམ་ལུས་ཅན་མ་ལུས་པ། །མཁའ་ཁྱབ་མུ་མེད་འཕྲིན་ལས་ཀྱིས། །ཡོངས་སུ་སྨིན་དང་གྲོལ་མཛད་ཕྱིར། །ཡོངས་རྫོགས་རྒྱལ་བའི་མཆོག་ཏུ་གྲགས། །ལྷུན་ཚོགས་སྟེ་བཞིའི་རྩ་ཐྲུང་ཀུན། །ལྷུན་ཚོགས་འཕྲིན་ལས་ཀྱིས་དྲངས་པས། །ལྷུན་ཚོགས་གངས་ཅན་ར་བ་འདི། །ལྷུན་ཚོགས་བདེ་སྐྱིད་སྣང་བས་འགེངས། །རབ་དཀར་མཛད་པའི་འོད་སྟོང་གིས། །རབ་དཀར་རྒྱལ་བའི་བསྟན་པ་འདི། །རབ་ཏུ་སྤེལ་དང་རྒྱས་མཛད་པའི། །རབ་སྣན་གྲགས་པས་འཁོར་ཡུག་འགེངས། །དཔལ་ལྡན་ཆོས་ཀྱི་རྒྱལ་པོའི་ཕྲིར། །དཔལ་ལྡན་ཡོན་ཏན་ཀུན་འཛིན་ཞིང་། །དཔལ་འབྱོར་བཟང་པོས་འཇིག་རྟེན་འདི། །དཔལ་དང་ལྡན་པ་ཉིད་དུ་མཛད། །དགེ་ལ་འདུན་པའི་ཐུགས་བསྐྱེད་ཅན། །དགེ་ལེགས་ཕན་བདེའི་རོ་མཆོག་གིས། །དགེ་ལྡན་རིང་ལུགས་འཛིན་པ་ཀུན། །དགེ་བ་མཆོག་ལ་གང་གིས་སྦྱོར། །སར་གནས་སེམས་དཔའི་མཛད་འཕྲིན་གྱིས། །ས་གསུམ་སྐྱེ་རྒུ་མ་ལུས་པ། །ས་དང་ལམ་ལ་འགོད་བཞིན་པའི། །ས་བདག་ཁྱོད་འདྲ་གཉིས་པ་དཀོན། །ཅེས་བྱའོ། །

༄ དེ་ནས་རབ་བྱུང་བཅུ་བཞི་པའི་ཐོག་མ་མེ་མོ་ཡོས་ཀྱི་ལོའི་རང་ཞལ་གསར་ཆོས་ཀྱི་སྐབས་དུས་ཀྱི་རྟེན་འབྲེལ་ལེགས་ཚོགས་སྤེལ་བའི་མཛད་པ་དང་། དགྱེས་སྟོན་སྤྲ་ཕྱིར་ཕེབས་བསྐྱོད་སྤྱི་སྐོར་གྱི་མཇལ་ཕྱག་སོགས་སྔར་སྲོལ་གང་ཡོད་ཡར་ལྡན་དུ་བསྐྱངས་ཤིང་། ཆོས་དྲུག་གི་ཉིན་ལྷ་ལྡན་སྨོན་ལམ་ཆེན་མོའི་

མགོན་དུ་ཆིབས་བསྒྱུར་གྱིས་གཟིམས་ཚང་དུ་ཕེབས་བསྟུན་དཀར་སྤྲོ་སོགས་སྤར་ལམ་དང་། དེ་ནས་མཇལ་ཕྱག་སྤྱལ་འོས་སོགས་རིམ་སེལ་དུ་བསྒྲུངས་རྗེས་ཆོས་དགུའི་ཉིན་ཡི་ལི་མཇོད་པ་ནས་སྨོན་ལམ་ཆེན་མོའི་ཚོགས་དབུས་སུ་གདན་ཞུས་ལྷར་ཕེབས་བསྐྱོད་ཐོག །དད་ལྡན་རྣམས་ནས་དངོས་བཤམས་ཀྱི་འབུལ་ཕྱིན་དང་བཅས་ཏེ་ཞབས་པད་བསྐལ་བརྒྱར་བརྟན་པར་གསོལ་བ་རྩེ་གཅིག་ཏུ་བཏབ་པར་རེ་འབྲས་ཡོངས་སུ་སྨིན་པའི་བཀའ་བཞེས་བཟང་པོ་དང་བསྔོ་སྨོན་སོགས་རྒྱས་པར་གནང་། དེ་བཞིན་དུ་ཆོས་བཅུ་གཅིག་གི་ཉིན་ཐོར་རྒོད་ཐང་ཀྱུ་པ་ཤི་ནས་ཚོགས་དབུར་གདན་ཞུས་ལའང་ཕེབས་བསྐྱོད་དང་། ཆོས་བཅོ་ལྔའི་ཉིན་གསུང་ཆོས་སྨོན་ལམ་གནས་གཟིགས་བཅས་པར་ཡང་ཞབས་སོར་བསྐྱོད་དེ་མཛད་འོས་གང་ཅི་སྤར་ལྷག་ཏུ་བསྒྲུངས། གོང་གསལ་ཚོགས་དབུས་ཀྱི་སྦྱིན་བདག་རྣམས་དང་། གཞན་ཡང་སྨོན་ལམ་མང་འགྱེད་ཀྱི་སྦྱིན་བདག་སོགས་ལ་མཇལ་ཁ་གནང་སྦྱིན་དང་། བསྟན་གླིང་མཆོག་སྤྲུལ་སོགས་ཧུ་ཐོག་ཐུ་ཆེ་ཁག་རྣམས་དང་མཇལ་འཕྲད། དད་འདུས་སེར་སྐྱ་མཆོག་དམན་མཐའ་ཀླས་པ་ལ་ཞལ་མཇལ་ཕྱག་དབང་དང་། སྨོན་ལམ་ཆེན་མོའི་ཐོག་མཐའ་བར་གསུམ་གྱི་མཛད་འོས་མཐའ་དག་ཀྱང་འཚམ་མེད་དུ་བསྒྲུངས་ཏེ་ཆོས་ཉེར་ལྔའི་ཉིན་པོ་བྲང་ཆེན་པོར་ཆིབས་ཀྱི་ཁ་ལོ་བསྒྱུར། ཧོར་ཟླ་གཉིས་པའི་ནང་༧རྒྱལ་དབང་མཆོག་གི་ཡང་སྲིད་ངོགས་གནས་ཡོད་རིགས་ལ་རྩད་གཅོད་དུ་ཕྱོགས་ཐོན་བྱེད་མི་ལྡན་ཆོས་འཁོར་དུ་གཟིམས་འགག་རབ་བརྟན་རྒྱ་མཚོ་དང་། ཨ་མདོར་རྩེ་དྲུང་དཔལ་མགོན། ལི་ཐང་དུ་འབྲོང་པ་རྗེ་དྲུང་དང་རགས་ལྷུབ་པ། གཙང་དང་གོང་པོར་རྩེ་གཉེར་འགྱུར་མེད་དར་ལེགས་དང་། སྤྱི་ཁང་ལྷུགས་གྲོང་པ་བཅས་ལ་འགྲོ་དགོས་ཀྱི་བཀའ་བསྒྱུར་དང་། ཐོར་རྒོད་ཐང་ངོ་གཡོག་

སོགས་ཕྱོགས་འགྲུལ་སྦྱིན་བདག་ཕྱིར་ཡོག་བྱེད་མིའི་རིགས་ལ་ཕྱོན་ཕྱུག་གནང་སྦྱིན་དང་། ཨ་བ་ཁ་བསྟན་པ་སོགས་དད་ལྡན་ཁག་ལ་སྐུ་ལྔའི་རྗེས་གནང་དང་། ཆོས་བཅུ་སྐོར་ལ་ཕྱོར་རྐོད་པདྨ་ཐང་གི་མི་སྣ་ངོ་གཡོག་ལ་དམིགས་བརྩེ་མའི་ཁྲིད་ལུང་སོགས་ཟབ་ཆོས་དུ་མའང་སྩལ། གཞུང་བསྟན་སྲིད་ལར་རྒྱ་ཡར་རྒྱས་སུ་སྤེལ་བའི་མཛད་པ་རྒྱ་ཆེན་པོ་རྣམས་དང་། ཚོགས་མཆོད་ཆེན་མོའི་སྨོ་ཕྱིའི་མཛད་པ་རྣམས་ཀྱང་རིམ་སེལ་དུ་བསྐྱངས། འདི་དག་གི་སྨོ་ཕྱི་ཞིག་ཏུ་བདག་ཉིད་ཆེན་པོ་རྣམས་དང་། བཀའི་གྲུང་སློན་སོགས་གཞུང་དྲུང་མི་དྲག་སེར་སྐྱ་གདན་ས་གསུམ་གྱི་བླ་མ་ལས་སྣེ་སོགས་ལ་༧རྒྱལ་དབང་དེ་ཉིད་ཀྱི་ཡང་སྲིད་ངོས་འཛིན་བྱེད་ལུགས་སོགས་ཀྱི་སྐོར་ལ་འོག་ནས་འཆད་འགྱུར་ལྟར་གྱི་བཀའ་འདྲི་ཞིབ་ལྷིངས་སུ་སྩལ། ཧོར་ཟླ་གསུམ་པ་གསར་བསྟུན་དགེ་ལྡན་པའི་ཞབས་བརྟན་འབུལ་བཞེས་དང་། ཆོས་བརྒྱད་ལ་བུམ་སྒྲུབ་ཆེན་མོའི་གསོལ་ཚོགས་སུ་ཕེབས་བསྐྱོད་མཛད། དེའི་ཕྱི་ཉིན་གནས་ཆུང་དུ་ཕྱོན་ཏེ་ཆོས་སྐྱོང་ཆེན་པོར་སྤྱན་འདྲེན་ལུང་ཞུ་དང་། གཟབ་གསོལ་གྱི་ཚོགས་དབུར་ཕྱོན་ཏེ་འཕྲིན་བཅོལ་སོགས་གནད་སྨིན་དུ་བསྐྱངས་ཤིང་། འདི་ལོ་གནས་ཆུང་གི་གཙུག་ལག་ཁང་ལ་ཞིག་གསོ་མཛད་བཞིན་ཀྱིས་དོ་དམ་པ་དང་བཟོ་པ་ཞུལ་མི་སོགས་ཚང་མར་གནང་སྦྱིན་དང་། བཟོ་བཀོད་སོགས་ཀྱི་བཀའ་སློབ་ཀྱང་ལེགས་པར་སྩལ་ཏེ་སླར་ཕོ་བྲང་དུ་ཆིབས་བསྐྱོད་མཛད། དེ་ནས་གཞུང་དོན་ཕྱོགས་ཕྱོན་བྱེད་མིའི་རིགས་ལ་ཕྱོན་ཕྱུག་དང་། ལས་ཚན་གསར་བསྐྲིས་རིགས་སོགས་ལ་བཀའ་བསྒྱུར་དང་མཇལ་ཁ། རི་ཁྲོད་ཁག་གི་ཞབས་བརྟན་འབུལ་བཞེས། དད་ལྡན་སྦྱིན་བདག་རིགས་ལ་སྒྲོལ་དཀར་གྱི་རྗེས་གནང་སོགས་འདོད་ཆོས་ཀྱི་རིགས་དང་། མི་སྣ་གསར་འགྱུར་རིགས་ལ་འབྱོར་ཕྱུག་སོགས་ཅི་རིགས་སུ་སྩལ།

ཧོར་ཟླ་བཞི་པའི་ནང་བསམ་ཡས་གཙུག་ལག་ཁང་གི་ཞིག་གསོའི་ཐོག་གཞུང་སྒེར་ནས་བཟོ་སྟོན་གཏོང་མི་ཆེད་སྤྲུལ་གྱིས་དོ་དམ་དབུ་ཆེ་ཆུང་སོགས་ཚང་མར་སྟོན་མོ་དང་། གནང་སྦྱིན་སོགས་གཟབ་རྒྱས་སུ་བསྟར། སྤྱི་ལོ་རྒྱ་ནག་བླ་མ་བཀའ་བསྒྱུར་སྤྲུལ་བའི་སེར་འབྲས་ཀྱི་དགེ་བཤེས་རྣམས་ལ་ཐོན་ཕྱག་དང་གནང་སྦྱིན་དཔངས་མཐོ་བར་སྤྲུལ་ཐོག་༧གོང་ས་ཆོས་ཀྱི་རྒྱལ་པོ་དང་ཞྭ་སེར་གྱི་བསྟན་པའི་ཞབས་འདེགས་ལ་ལྷག་བསམ་ཆེ་བསྐྱེད་དགོས་པའི་བཀའ་སློབ་སོགས་ཞིབ་རྒྱས་སུ་གནང་། ཁྲི་པ་རྒྱལ་རོང་བློ་བཟང་སྨོན་ལམ་གྱི་སྐུ་སྐྱེ་ངོ་གཡོག་སོགས་ལ་དགའ་ལྡན་ལྷ་བརྒྱ་མ་དང་། ལྟུང་བཤགས། སྒྲོལ་མ། ཞབས་བརྟན་ཁག་སོགས་ཀྱི་ལྷུགས་ལུང་སྩལ། སྤྱི་སོར་ནས་སྐྱེས་རབས་དཔག་བསམ་འཁྲི་ཤིང་གི་སྐུ་ཐང་ངོ་སུམ་ཅུ་སོ་གསུམ་གསར་བཞེངས་མཛད་པ་འདི་སྐབས་ལེགས་པར་གྲུབ་པས་དོ་དམ། དབུ་ཆེ་ཆུང་སོགས་ལ་གནང་སྦྱིན་གསོལ་རས་སོགས་དཔངས་མཐོར་སྩལ། འདི་ཟླའི་དམར་ཕྱོགས་ལ་གཞུང་གི་ནང་རྟེན་ཁག་སོགས་ལ་ཁྲུས་གསོལ་གྱི་སྒོ་ནས་སེམས་ཅན་ཡོངས་ལ་སྨན་པའི་ཐུགས་བསྐྱེད་ཀྱིས་ཀུན་ནས་བསླངས་ཏེ་ཆར་འབེབས་ཀྱི་རིམ་པ་གནད་སྨིན་དུ་བསྐྱངས། ཧོར་ཟླ་ལྔ་པའི་ནང་རྒྱ་ནག་མཁན་ནང་གདོང་༧གོང་ས་ཆེན་པོ་སོགས་ལ་འཚམས་ཞུ་གནང་རྟེན་དང་། མཁན་ནང་ངོ་གཡོག་ལ་ཐོན་ཕྱག་སོགས་སྩལ་ཞིང་། ཀུན་གླིང་གྲྭ་རིགས་འགའ་ཞིག་ལ་སྒྲོལ་དཀར་གྱི་ལྷུགས་ལུང་སོགས་འདོད་ཆོས་ཁ་ཤས་བཀའ་དྲིན་དུ་སྩལ་བར་མཛད། ཆོས་བཅུ་སྐོར་ལ་དབུས་གཙང་ཀུན་བདེ་གླིང་དུ་ཆིབས་བསྒྱུར་གནང་ཞིང་། འདི་སྐབས་རྗེ་གསོལ་དཔོན་ཟུར་པ་རྗེ་དྲུང་དགེ་ལེགས་རྒྱལ་མཚན་ནས་ཀུན་གླིང་གྲྭ་ཚང་དུ་ཟླ་རེ་བཞིན་སྨན་བླའི་མདོ་ཆོག་གསར་འཛུགས་དང་། ལོ་ལྟར་དྲུག་པ་ཚེས་བཞིའི་

ཉིན་ལྷ་ལྡན་ར་མོ་ཆེའི་ཇོ་བོར་སྟོང་མཆོད་དང་འབྲེལ་བའི་སྨན་བླའི་མདོ་ཆོག་ཚུགས་རྒྱུའི་དགེ་ཐེབས་གསར་སྤྱིར་ཞུས་ཉིན་གྲྭ་ཚང་དུ་ཉིན་འཁྱོངས་བསྙེན་བཀུར་མང་འཁྱེད་ཐོག་༸སྐྱབས་མགོན་མཆོག་ཀྱང་ཚོགས་དབུར་གདན་ཞུས་བཞིན་ཕེབས་བསྐྱོད་ཐོག །དངོས་བཤམས་ཀྱི་འབུལ་བ་རྒྱ་ཆེ་བ་དང་བཅས་ཏེ་༸ཞབས་བརྟན་གསོལ་འདེབས་ཞུས་པར་རེ་འབྲས་ཡོངས་སུ་སྨིན་པའི་བཀའ་བཟང་སྩལ་ཞིང་། ཚོགས་དབུ་གྲོལ་བསྟུན་མཇལ་ཕྱག་དང་སྙིག་ཆ་གནང་སྦྱིན་སོགས་རྒྱས་པར་སྩལ། ཀུན་གླིང་གྲྭ་རིགས་ཉེ་ཤུ་སྐོར་ལ་སྦྲོལ་དཀར་གྱི་མདོན་རྟགས་ཀྱི་ལྷུགས་ལུང་སྩལ། གཟབ་གསོལ་གྱི་ཚོགས་ཕེབས་དང་གཞན་ཡང་ཞིག་འགའ་སྨན་ཆབ་ཀྱི་འཁྲིད་བཞེས་སོགས་ལ་བཞུགས་འཛུགས་ཀྱིས་ཆོས་ཉེར་དགུའི་ཉིན་རྩེར་ཚེབས་ཀྱི་ཁ་ལོ་བསྒྱུར། ཧོར་ཟླ་དྲུག་པ་གསར་བསྟུན་ལྷན་ཆོས་འཁོར་དང་། ལི་ཐང་སོགས་སུ་༸རྒྱལ་དབང་མཆོག་གི་ཡང་སྲིད་རྩད་གཅོད་བྱེད་པར་ཐོན་མི་སོགས་ལ་ཐོན་གནང་དང་བཀའ་ཁྱབ་སོགས་མཐར་ཕྱིན་དུ་བསྐྱངས། དགོན་སྡེ་ཁག་ནས་དབྱར་མཇལ་ཞུ་མིའི་རིགས་ལ་མཇལ་ཕྱག་དང་། རི་རྒྱ་སྤྱལ་སྐྱ་སོགས་དོན་གཉེར་འགའ་ཞིག་ལ་རབ་བྱུང་ཡང་སྩལ། དེ་ནས་བསམ་ཡས་གཙུག་ལག་ཁང་ལ་ཞིག་གསོ་ལེགས་པར་གྲུབ་པས་༸སྐྱབས་མགོན་མཆོག་རབ་གནས་ལ་ཆིབས་བསྒྱུར་གནང་བཞེད་ཀྱི་གྲབས་ཡུལ་དང་། བསྟན་གླིང་མཆོག་སྤྲུལ་རིན་པོ་ཆེ་སོགས་བསྟན་འཛིན་བདག་ཉིད་ཆེན་པོ་རྣམས་དང་། གཞན་ཡང་བླ་སྤྲུལ་ཆེ་ཆུང་། ཆོས་སྡེ་ཆེན་པོ་ཕན་ཚུན་གྱི་བླ་མ་ལས་སྡེ། ཞབས་པད་ཀྱིས་མཚོན་པའི་གཞུང་དྲུང་མི་དྲག་སེར་སྐྱ་སོགས་སྤྱི་སྡེར་མཐའ་དག་ནས་ཕེབས་རྫོངས་ཀྱི་དངོས་འབུལ་གཏོས་ཆེ་བ་དང་བཅས་ཏེ་མཇལ་ཞུར་བཅར་བ་རྣམས་ལ་མཇལ་ཁ་སོགས་རིམ་པར་སྩལ། དེ་ནས་ཧོར་ཟླ་

དྲུག་པའི་ཆོས་ཉེར་གསུམ་ཉིན་ཧུ་ཐོག་ཐུ་ཆེ་ཆུང་དང་། ཨམ་བན་གཉིས་སོགས་རྒྱ་དཔོན་ཁག་དང་། གཞུང་དྲུང་ལས་ཚན་པ་ཚང་མ། སེར་འབྲས་དང་རྒྱུད་གྲྭའི་བླ་མ་ལས་སྣེ་སོགས་ཆིབས་སྐྱེལ་གཏོང་ཆེན་པོ་རྣམས་དང་བཅས་གྲུ་འཛིན་གཉིས་པའི་གཞལ་མེད་ཁང་ནས་ཆིབས་ཞལ་བསྒྱུར་ཏེ་ཟུར་ཁང་གཡུལ་ཁར་གཞུང་གི་ཐབ་སྐྱེལ་སར་ཕེབས་པ་ན་ཨམ་བན་སོགས་ཆིབས་སྐྱེལ་བ་ཕལ་མོ་ཆེ་ནས་ཕེབས་དར་ཕུལ་ཞིང་། དེ་དག་སོ་སོར་གནང་སྦྱིན་སོགས་ཀྱང་རྒྱས་པར་སྩལ། དེ་ནས་ཚལ་གུང་། བདེ་ཆེན། བཀྲ་ཤིས་ལྡོངས་སོགས་ཕེབས་ལམ་དུ་འཁོད་པའི་སེར་སྐྱ་མཆོག་དམན་མཐའ་དག་ནས་སྲིད་ཞུ་དང་གུས་འདུད་ཧླབས་པོ་ཆེས་ཀུན་ནས་བཏེགས་ཤིང་། དེ་དག་ཀུན་ལ་ཆོས་དང་ཟང་ཟིང་གི་བཀའ་དྲིན་སྩལ་བཞིན་པར་ཆིབས་བསྐྱོད་ཀྱིས་རིམ་གྱིས་སྐྱིད་མོ་གཤོངས་སུ་ཕེབས་སྐབས་ཕྱོགས་དེ་དག་ཏུ་འཁོད་པའི་ཆེ་བཙན་ཁག་དང་། དགོན་སྡེ་སོ་སོའི་བླ་མ་ལས་སྣེ་སོགས་ཀྱི་ཆིབས་བསུ་བ་བསམ་ལས་འདས་པ་བཅར་བ་རྣམས་ལ་མཇལ་ཕྱག་སྩལ། དེ་ནས་ཆོས་ཉེར་ལྔའི་ཉིན་བསམ་ཡས་སུ་ཕེབས་སྐབས་ཕྱོགས་དེའི་ལྷ་སྡེ་མི་སྡེ་ཚང་མས་ཐབ་བསུ་དང་། དར་འཕྱུར་དུང་འབུད། བསང་རོལ། སེར་མོ་བ་རྣམས་ནས་སེར་སྦྲེངས་སོགས་ཀྱིས་བཀུར་བསྟི་ཚད་མེད་པ་དང་བཅས་ཏེ་གཙུག་ལག་ཁང་ཆེན་པོར་ཞབས་སོར་བཀོད་འཕྲུལ་སྤྱི་སྣེར་གྱི་གསོལ་ཞབས་དཀར་སྤྲོ་སོགས་ཀྱང་རྒྱས་པར་ཞུས། དེ་སྐབས་༧རྒྱལ་སྲས་རྡོ་རྗེ་འཆང་ཆེན་པོའང་རབ་གནས་ལ་གནས་ཞུས་ལྟར་ཕེབས་བསྐྱོད་གྲུབ་པས་ལྷན་རྒྱས་གསུང་མོལ་སོགས་ཞིབ་པར་མཛད། མཆོད་ཁང་ཁག་རྣམས་ལ་མཆོད་འབུལ། གནས་གཟིགས། ཐུགས་སྨོན་སོགས་ཀྱང་རྒྱས་པར་སྩལ། དེའི་སང་ཉིན་ནས་བཟུང་རྒྱལ་སྲས་རྡོ་རྗེ་འཆང་དང་།

བཀའ་སློན་ཁྲི་མོན་པའི་སྐོར་གཞིས་སོགས་དང་། ཕྱོགས་དེ་དག་ཏུ་འཁོད་པའི་འདུས་སྡེ་ཁག་སོགས་སྐོར་ཁག་ཕལ་མོ་ཆེ་ནས་དཀར་སྦྲི་དང་འབུལ་སྐྱེས་རྒྱ་ཆེན་པོ་དང་བཅས་ཏེ་མཇལ་ཞུ་དང་། གཞན་ཡང་དད་ལྡན་མཆོག་དམན་ཇི་སྙེད་ཅིག་མཇལ་ཞུར་བཅར་བ་རྣམས་ལ་མཇལ་ཁ་དང་གནང་སྦྱིན་འདོད་ཆོས་སོགས་བར་མ་ཆད་དུ་བསྐྱངས། ཧོར་ཟླ་བདུན་པའི་ཚེས་གཅིག་གི་ཉིན་བསམ་ཡས་གཙུག་ལག་ཁང་རྟེན་དང་བརྟེན་པར་བཅས་པ་རྣམས་ལ་རབ་ཏུ་གནས་པ་མཛད་རྒྱུར་ཇོ་བོ་བྱང་ཆུབ་ཆེན་པོའི་སྐུ་མདུན་འདུ་ཁང་ཆེན་མོར་༧སྐྱབས་མགོན་རྒྱལ་བའི་རྒྱལ་ཚབ་ཆེན་པོ་ཉིད་དང་། རྒྱལ་སྲས་རྡོ་རྗེ་འཆང་རྣམ་གཉིས་གཙོ་བོར་གྱུར་པའི་གསུང་ཆོག་པ་རྣམ་རྒྱལ་གྲྭ་ཚང་གྲྭ་རིགས་བཞི་བཅུ་སྐོར་ནས་དགེ་ལེགས་ཆར་འབེབས་ཕྱག་ལེན་རྒྱས་པའི་ནང་བཞིན་གྱིས་རབ་ཏུ་གནས་པའི་སྟ་གོན་དང་ཚེས་གཉིས་ཀྱི་ཉིན་རབ་གནས་དངོས་གཞི་མཛད་དེ། གཙུག་ལག་ཁང་དབུ་རྩེ་སྟེང་ཤོད་བར་གསུམ། གླིང་བཞི་གླིང་ཕྲན་དང་བཅས་པའི་མཆོད་ཁང་ཁག་ཚང་མར་ཕེབས་བསྐྱོད་ཀྱིས་རབ་གནས་ཀྱི་མེ་ཏོག་འཐོར་བར་མཛད་དེ་ནམ་མཁའ་མ་ཞིག་གི་བར་དུ་འགྲོ་བའི་བསོད་ནམས་ཀྱི་མཆོད་སྡོང་ཆེན་པོར་དངོས་གྲུབ་རྣམ་གཉིས་སྟོལ་ནུས་ཀྱི་བྱིན་རླབས་དང་ནུས་མཐུའི་གཞི་བྱིན་ཀུན་ཏུ་འཕྲོ་བཞིན་པར་བརྟན་པར་བཞུགས་པར་བྱིན་གྱིས་བརླབ་པར་མཛད། ཚེས་གསུམ་གྱི་ཉིན་མཇུག་ཆོག་གི་རིམ་པ་ཡོན་བསྔོའི་གསུང་བཤད་དང་བཅས་པ་རྒྱས་པར་མཛད་ཅིང་། རབ་གནས་ཉིན་སྣ་ཕྱི་སོ་སོར་རྣམ་རྒྱལ་གྲྭ་ཚང་དང་། བཀྲས་ལྷུན་གཞུང་ས་བཅས་ནས་༧སྐྱབས་མགོན་རྣམ་གཉིས་སོ་སོར་དཀར་སྦྲི་དང་ལེགས་སྐྱེས་དཔངས་མཐོ་བ་དང་། འདུས་པ་དམངས་ལ་མང་འགྱེད་སོགས་ཀྱི་བསྙེན་བཀུར་གཟབ་རྒྱས་སུ་བསྟར། གཞན་

ཡང་འགྱུར་ལྡན་དད་ཅན་མཐའ་ཀླས་པ་ནས་ལེགས་སྐྱེས་ཀྱི་རིམ་པ་བསམ་ལས་འདས་པ་ཐོག་མཐའ་བར་མ་ཅི་རིགས་སུ་ཕུལ་བར་གྱུར་ཅིང་། ཆོས་བཞི་ནས་བཟུང་རྒྱལ་སྲས་རྡོ་རྗེ་འཆང་དང་། འཕྱོངས་རྒྱས་རི་པོ་བདེ་ཆེན་གྱི་གྲྭ་ཚང་། དོལ་གསུང་རབ་གླིང་པ་སོགས་ནས་༧ཞབས་བརྟན་གྱི་རིམ་པ་རྒྱས་པར་ཕུལ་བ་རྣམས་བདག་གིར་མཛད་ཅིང་སོ་སོར་སློག་ཆ་སོགས་ཀྱང་གང་འོས་སུ་སྩལ། དེ་ནས་སྟར་ཕྱིར་ཕེབས་གདོང་ཕྱོགས་དེའི་སྐེར་ཁག་ཆེ་བཙན་དང་། དགོན་སྡེ་ཁག །དད་ཅན་མཆོག་དམན་སོགས་དུ་མ་ནས་ཕེབས་རྫོངས་ཀྱི་མཇལ་ཞུར་བཅར་བ་རྣམས་ལ་འདོད་མོས་ལྟར་གྱི་མཇལ་ཕྱག་གནང་སྦྱིན་བཀའ་སློབ་སོགས་ཀྱིས་རེ་འདོད་ཡིད་བཞིན་དུ་སྐོང་བར་མཛད་པ་དང་། གཞན་ཡང་རྡོ་པོ་བྱང་ཆུབ་ཆེན་པོས་གཙོ་མཛད་པའི་རྟེན་གསུམ་དང་། གནས་ཆེན་ཁག་རྣམས་ལ་མཆོད་པ་སྣ་ལྔ་བརྒྱ་ཚར་སྟོང་ཚར་སོགས་ཀྱི་ཐོག་སྟར་ཡང་གནས་གཟིགས་ཞིབ་རྒྱས་དང་། ཐུགས་སྨོན་སོགས་རླབས་ཆེར་བསྐྱངས་ཤིང་། ༧རྒྱལ་སྲས་རྡོ་རྗེ་འཆང་ཆེན་པོ་དང་ཡང་ཡང་ལྷན་རྒྱས་མཛད་དེ་བསྟན་པར་སྨན་པའི་བཀའ་སློབ་སྩལ་རེས་སུ་མཛད། ཆོས་སྐྱོང་ཆེན་པོར་ཡང་སྔ་ཕྱིར་ཕོག་ཐོམས་སྤྱན་འདྲེན་དང་སྤྱན་གཟིགས་སོགས་ཀྱི་འབུལ་སྐྱེས་ཚད་མེད་པ་དང་བཅས་ཏེ་བསྟན་སྲིད་བདེ་ཐབས་དང་མཆོག་སྤྲུལ་མྱུར་འབྱོན་གྱི་ལུང་ཞུ་འཕྲིན་བཅོལ་སོགས་ཀྱང་གནད་སྨིན་དུ་མཛད། དེ་ལྟར་ཕྱོགས་དེའི་མཛད་འོས་ཀྱི་རིམ་པ་མཐའ་དག་ལེགས་པར་གྲུབ་ཟིན་ནས་ཧོར་ཟླ་བདུན་པའི་ཚེས་དགུའི་ཉིན་ཡུལ་དེའི་ཆེ་རྒུ་མཐའ་དག་གིས་ཆིབས་སྐྱེལ་སོགས་སྔར་བཞིན་སྲིད་ཞུས་འདེགས་བཞིན་པར་ལྷ་ལྡན་སྤྲུལ་པའི་ལྗོངས་སུ་གཟུགས་སྐུའི་དཀྱིལ་འཁོར་མངོན་པར་བསྒྱུར་ཞིང་། ཐབ་སྐྱེལ་གྱི་ས་ནས་ཆིབས་སྐྱེལ་ཁག་ཕལ་མོ་ཆེས་

ཕེབས་དར་ཕྱུལ་ཞིང་། སོ་སོར་གནང་སྦྱིན་བཀའ་སློབ་སོགས་ཀྱང་རྒྱས་པར་སྩལ། དེ་ནས་རིམ་པར་ཕེབས་ལམ་གྱི་སྐྱེ་འགྲོ་རྣམས་སྨིན་གྲོལ་གྱི་ལམ་ལ་སྦྱོར་བཞིན་པར་ཕེབས་བསྐྱོད་མཛད་དེ། ཧོར་ཟླ་བདུན་པའི་ཚེས་བཅུ་གསུམ་གྱི་ཉིན་ལྗོངས་འདིའི་ལྷ་སྡེ་མི་སྡེ་ཚང་མས་ཆིབས་བསུ་དང་ཐབ་བསུ་སོགས་བཀུར་བསྟི་དང་རིམ་གྲོ་སྤྱར་ལྷུག་གིས་མཆོད་བཞིན་པར་༄གངས་ལྗོངས་སའི་ལྟེ་བ་གྲུ་འཛིན་གཉིས་པའི་གཞལ་མེད་ཁང་དུ་ཞབས་སོར་བཀོད་དེ་གཟིམས་ཚུང་ཉི་འོད་འཁྱིལ་པའི་གསེར་གྱི་ཁྲི་འཕང་མཐོན་པོར་གཟུགས་སྐུའི་དཀྱིལ་འཁོར་མཚན་དཔེས་མདོན་པར་མཛེས་བཞིན་པར་འཚོ་ཞིང་བཞེས་ཐོག་༄གཞུང་ས་མཆོག་ནས་སྟོན་འཁོར་ཚང་མར་དཀར་སྤྲོ་སོགས་ཀྱི་གསོལ་སྟོན་ཀྱང་གྱ་ནོམས་པར་ཞུས་ཤིང་། དེ་ནས་བཟུང་རིམ་པ་བཞིན་དུ་རུ་ཐོག་ཕྱུ་ཚེ་ཁག་རྣམས་དང་། གཞུང་དྲུང་མི་དྲག་སེར་སྐྱ། སེར་འབྲས་སོགས་ཀྱི་བླ་མ་ལས་སྡེ། ཕྱོགས་འགྲུལ་པ་སོགས་མཇལ་ཕྱག་ཏུ་བཅར་མི་མཐའ་ཀླས་པ་རྣམས་ལ་མཇལ་ཁ་སོགས་བར་མ་ཆད་ལྷ་ཕྱུར་བཀའ་དྲིན་དུ་སྩལ། འདི་ཟླའི་དམར་ཕྱོགས་ལ་བབ་པ་ན་དབུས་གཙང་ཀུན་བདེ་གླིང་དུ་ཕེབས་བསྐྱོད་ཀྱིས་ཞག་འགའ་གཏན་བཞུགས་སུ་མཛད་ཅིང་། གཞན་ཡང་འདི་དག་གི་སྔ་ཕྱི་བར་སྐབས་རྣམས་སུ། ཨམ་བན་སོགས་དང་ལྷན་རྒྱས་དང་རྒྱ་དཔོན་ཁག་ལ་སྟོན་མོ་དང་གནང་སྦྱིན། མཁན་པོ་སྐལ་ཚོས་བསམ་ཡས་ནས་འཁྱོར་པ་སོགས་སེར་སྐྱ་དུ་མར་མཇལ་ཐོན་རིམ་སེལ་དུ་བསྐྱངས། ཚེས་ཉེར་ལྔ་དྲུག་སྐྱར་ལ་པོ་ཏ་ལར་ཕེབས་བསྐྱོད་ཀྱིས་ཧོར་ཟླ་བརྒྱད་པ་གསར་མཚམས་སུ་སེར་འབྲས་ཀྱི་འཆར་ཅན་ཞབས་བརྟན་འབུལ་བཞེས་དང་། ཚེ་མཆོག་གླིང་བླ་གྲྭ་ཚང་མ་སོགས་དགོན་སྡེ་ཁག་གི་༄ཞབས་བརྟན་འབུལ་རིགས་ཀྱང་སྤྱར་ལམ་ལྟར་བཞེས་པར་མཛད་ཅིང་།

འདི་ལོ་སྤྱི་སོར་གཞུང་སའི་བཀའ་འགྱུར་ཞིག་གསར་བཞེངས་མཛད་པ་འདི་སྐབས་ལེགས་པར་གྲུབ་པས་དོ་དམ་ཡིག་མཁན་པ་སོགས་ལ་གནང་སྦྱིན་གསོལ་རས་སོགས་རྒྱས་པར་སྩལ། ཆོས་བཅོ་ལྔ་སྐོར་ལ་ནོར་གླིང་དུ་སྨན་ཆབ་ཀྱི་འཁྲོད་བཞེས་ལ་ཆིབས་བསྒྱུར་གྱིས་བདུན་གཅིག་རིང་བཞུགས་འཛགས་དང་། དེ་ནས་ཀུན་གླིང་དུ་ཕྱིན་ཏེ་ཚོགས་ཡོངས་དང་ལྷན་ཅིག་ཆོས་སྐྱོང་ཁག་ལ་གཟབ་གསོལ་ཉིན་དུ་མར་བསྐྱངས་ནས་ཧོར་ཟླ་དགུ་པ་ཆོས་གདོང་ཕོ་བྲང་ཆེན་པོར་ཆིབས་ཞལ་བསྒྱུར་ཅིང་། མི་རིང་བར་ཨུན་ཨམ་བན་གཙང་དུས་བསྐོར་ལ་ཕྱིན་པ་ཕྱིར་འཁོར་གྱི་མཇལ་འཕྲད་དང་། བཀའ་བློན་རྗེ་རིང་ངོ་གཡོག་སོགས་ལའང་འགྱུར་ཕྱག་སྩལ། དེ་མཚུངས་ལ་དྭགས། འབྲུག་པ། གོར་ཁ་སོགས་ཕྱོགས་མཐའི་མི་སྣའི་རིགས་ལའང་འགྱུར་ཐོན་སོགས་ཅི་རིགས་སུ་བསྐྱངས་ཤིང་། འདི་ལོ་སྤྱི་སོར་ཟླ་བ་བརྒྱད་པའི་ཆོས་དྲུག་ནས་བཟུང་དབུས་གཙང་ཀུན་བདེ་གླིང་དུ་རྟེན་བཞེངས་ཀྱི་རིམ་པ་རྒྱ་ཆེར་མཛད་པ་ལས། དེ་ཡང་ཐུབ་དབང་སྟོ་ཟུར་མ་དང་། རྗེ་ཐམས་ཅད་མཁྱེན་པ་ཙོང་ཁ་པ། སྒྲ་མི་སྙན་པའི་ཚེ་དཔག་མེད། རྣམ་རྒྱལ་མ། སྒྲོལ་དཀར་བཅས་ཀྱི་སྣང་བརྙན་རྣམས་སྐུ་ཚད་ཁྲུ་རེ་དང་། བདེ་གསང་འཇིགས་གསུམ་གྱི་སྣང་བརྙན་ཁྲུ་རེ་ལྷག་ཙམ། དེ་ཕྱིན་རྒྱལ་དབང་འཇམ་དཔལ་རྒྱ་མཚོ། ཕྱག་རྡོར་རིགས་གཉིས། བདེ་མཆོག་དཀར་པོ་དང་། འཇིགས་ཆུང་དམར་པོ། མཁའ་སྤྱོད། རྟ་མགྲིན་རིགས་གཉིས། སྤྱན་རས་གཟིགས་རིགས་གཉིས། དབང་གི་ལྷ་གསུམ། ལོ་གྱོན་མ། ཞལ། མགོན་དཀར། ཕྱག་དྲུག་པ། ཚེ་བདག་མགོན་པོ། ཆོས་རྒྱལ་ཕྱི་ནང་གསང་གསུམ། ལྷ་མོ་ཞི་དྲག །རྣམ་སྲས། ལྕམ་སྲིང་། རྡོར་ལེགས་རྣམས་ཀྱི་སྣང་བརྙན་སྐུ་ཚད་མཐོ་རེ་ལྷག་ཙམ་བཅས་གོང་གསལ་ཚང་མའི་སྐུ་རྒྱུ་གཉེན་

བཟངས་ཀྱིས་གཞི་བཟུང་། རྒྱ་དངུལ་དང་། གསེར་བསིལ་མ། རང་བྱུང་བཟངས་རྣམས་བསྲེས་པ་ལས་བཞེངས་པར་མཛད་པའི་ཐོག་མའི་སྦྲ་བཟོའི་སྐབས་ཀྱང་སྐུ་བརྙན་ཕལ་ཆེ་བ་གཟིམས་ཆུང་ཉེ་འགྲམ་དུ་འདོད་དཔལ་དབུ་ཆེན་ནོར་བུ་ཆོས་འཕེལ་བཟོ་འཇུག་གནང་དང་། དེ་འཕྲོས་འགའ་ཞིག་འདོད་དཔལ་རང་དུ་བཟོ་རྒྱུ་གནང་བ་དེ་དག་ལའང་ལན་གྲངས་དུ་མའི་བར་དུ་གཟིགས་པས་དཔྱད་དེ་བསྐྱར་བཅོས་དགོས་རིགས་བཀའ་ཁྱབ་ཀྱིས་ཚ་ཚད་དང་མཐུན་པར་དབྱི་བསྣན་ལན་དུ་མར་བསྐྱངས་པ་སོགས་ཤིན་ཏུ་རུ་ང་བར་མཛད་ཅིང་། ལུགས་སུ་བླུགས་ནས་ཀྱང་ཐོག་མར་ཏང་བསྒྲིགས་ཀྱི་ཐོག་ཡང་སྐྱར་གཟིགས་རྟོག་གིས་བསྐྱར་བཅོས་དགོས་རིགས་བཀའ་བཀོད་བསྐྱངས་ཏེ་གཏན་འཁེལ་གྲུབ་བསྟུན་ཚ་གསེར་ཤིན་ཏུ་ཐུག་པ་དང་། ཕྲ་ཁྱུངས་རྣམས་ལའང་གཡུ་གྱུ་དཀར་དམར་གདོང་གཙང་ཤ་སྟག་གི་ཕྲས་སྤྲུག་པ་དང་། དེ་མཚུངས་ཐུབ་དབང་བཟངས་ཐང་མའི་སྣང་བརྙན་ཁྱད་འཕགས་ཤིག་དང་བཅས་པ་རྣམས་གསར་བཞེངས་མཛད་པ་དགོངས་བཞེད་དང་མཐུན་པ་ལེགས་པར་གྲུབ་སྟོན། དོ་དམ། བཟོ་རིག་པ། རོགས་བྱེད་སོགས་སོ་སོར་གོ་བབ་དང་བསྟུན་པའི་གསོལ་རས་གནང་སྩོལ་གཟབ་རྒྱས་སུ་བསྐུར་ཞིང་། གཟུངས་འབུལ་གྱི་ཚེ་ཡང་དབུ་གཟུངས་ནས་གདན་གཟུངས་ཀྱི་བར་གྱི་གཟུངས་སྒྲི་དང་། ཁྱད་པར་དུ་ཐུན་མོང་མ་ཡིན་པ་དགོས་རིགས་རྣམས་ཀྱང་སླ་ཆོས་སུ་མ་སོང་བར་རྒྱ་ཤོག་ལ་རིན་ཆེན་དང་པོའི་ཁུ་བས་གཟབ་བྲིས་ན་བཟའ་དང་བཅས་པ། ཆོས་སྐྱོང་ཁག་གི་སླ་རྡོ་སྒྲོག་འཁོར་དགོས་རིགས་ཀྱང་གེ་རེ་ཞབས་དྲུང་ནས་ལག་བསྟར་གྱིས་སྐུ་མདུན་པོ་ནར་འབྲི་འཇུག་གནང་གི་ཐོག་གཟུངས་སྒྲུབ་དང་། འཁོར་ལོའི་སྒྲུབ་པ་སོགས་སྐྱབས་མགོན་རང་ཉིད་ནས་གནད་སྐྱིན་དུ་མཛད་

རྗེས་རྒྱལ་བ་ལྔ་ལས་བབ་པའི་དུས་ཆེན་གྱི་ཉིན་གཟུངས་འབུལ་ཀྱང་ཕྱག་བསྟར་གྱིས་བསྐྱངས་ཏེ་རབ་ཏུ་གནས་པའི་རིམ་པ་སོགས་ཀྱང་གནང་སྨིན་ཏུ་མཛད་པས་འགྲོ་བ་ལྔ་དང་བཅས་པའི་བསོད་ནམས་ཀྱི་ཞིང་མཆོག་དམ་པར་གྱུར་པར་མཛད་ལ། འདི་དག་གི་ནང་བཞུགས་བྱིན་རྟེན་སོགས་ཀྱི་ཞིབ་ཆ་དཀར་ཆག་ལོགས་སུ་གསལ་བ་ལྟར་རོ། །དེ་ནས་གཞུང་སའི་གོས་སྒྲུབ་པ་སོགས་ཚོང་པ་ཁག་འཁྱེར་རིགས་ངོ་གཡོག་རྣམས་ལ་མཇལ་ཕྱག་དང་། ཐུ་སོར་འབྲས་སྤུངས་སུ་གནས་ཚང་ཕོ་བྲང་སོགས་གཙུག་ལག་ཁང་རྣམས་ལ་ཞིག་གསོ་མཛད་པ་ལེགས་པར་གྲུབ་པས་འབྲས་སྤུངས་བླ་གྲྭ་ཚང་མས་ལེགས་སྐྱེས་སོགས་ཀྱང་རྒྱ་ཆེར་ཕུལ་བར་བླམ་ལས་སྡེ་སོགས་ལ་མཇལ་ཕྱག་ཀྱང་སྩལ། ཧོར་ཟླ་བཅུ་པའི་ཚེས་གཅིག་ཉིན་ཧོར་ཆེན་བླ་མ་ནས་གསོལ་བ་བཏབ་པའི་དོན་བཞིན་ཐར་འདོད་ཀྱི་གང་ཟག་སུམ་བརྒྱ་སྐོར་ལ་བློ་སྦྱོང་དོན་བདུན་མའི་བཤད་ལུང་ཟབ་ཅིང་རྒྱ་ཆེ་བ་དང་། སྐུ་ལྔ་དང་། དམ་ཅན་བཅས་ཀྱི་བསྐང་བའི་ལྟུགས་ལུང་ཡང་སྩལ། ཚེས་གསུམ་ཉིན་ཐུ་སོར་གཞུང་ས་ནས་བཀའ་འགྱུར་གསར་བཞེངས་མཛད་པ་ལྔ་ལྡན་ཨེ་ཝཾ་ནས་གྲུ་འཛིན་ཕོ་བྲང་དུ་གདན་ཞུ་མཛད་སྐབས་ཕོ་བྲང་རྩེ་ནས་བཀྲ་ཤིས་ཁྲ་རིང་དང་། དུང་རྒྱ་གླིང་། ཞོལ་རྫོ་རིང་ནང་མ་ནས་བཟུང་རྣམ་རྒྱལ་གྲྭ་ཚང་གྲྭ་རིགས་བརྒྱ་སྐོར་ནས་སེར་སྦྲེངས། གཞུང་སའི་གཉེར་ཕྱག་མཛོད་སོགས་ནས་སྤྱིས་སྣ་དང་བཅས་ཏེ་བཀའ་འགྱུར་ཁང་དུ་གདན་དྲངས་གྲུབ་སྟུན། ལས་བྱེད་སེར་སྐྱ་སོགས་གདན་ཞུ་བ་ཚང་མར་མཇལ་ཁ་ཕྱག་དབང་དང་། གོ་བབ་ཀྱི་གནང་སྦྱིན་སོགས་ཀྱང་ལེགས་པར་བསྟར། ཚེས་ལྔའི་ཉིན་གཟིམས་ཆུང་ཉི་འོད་དུ་༧སྐྱབས་མགོན་ཉིད་དང་། ཞབས་པད་རྣམ་བཞི། སེར་འབྲས་ཀྱི་བླ་མ་སོགས་ཚང་འཛོམས་ཀྱི་སར་གནས་ཚང་ཆོས་

སྐྱོང་ཆེན་པོ་སྤྱན་འདྲེན་གྱི་ཐོག་རྒྱལ་དབང་མཆོག་གི་ཡང་སྲིད་ཀྱི་སྐོར་ལ་དོགས་གནས་རྣམས་སྐན་ཞུས་ཀྱི་བཀའ་ལུང་གསལ་དྭངས་དགོས་ཚུལ་ཞུས་པར། ཇི་སྐད་དུ། ལས་སྨོན་འབྲེལ་བའི་མ་ཡི་དོན་འགྲུབ་དེར། །ནོར་བུའི་འོད་ཟེར་འཁྲུལ་མེད་ངེས་པར་རྙེད། །དཔེ་ཧར་ང་ཡི་གཏམ་ལ་འགྱུར་བ་མེད། །ཅེས་ལྷན་ཆོས་འཁོར་དུ་འཁྲུངས་པ་འདི་ཉིད་ཀྱི་ཡུམ་གྱི་མཚན་སྒྲ་དང་བཅས་འགྱུར་མེད་རྡོ་རྗེའི་ཚིག་གིས་གསལ་པོར་ལུང་བསྟན་པས་ཚང་མ་ཡིད་ཆེས་དང་སྤྲོ་དགའི་དཔལ་ལ་རེག་པར་གྱུར་ཅིང་། གཞུང་སྒེར་རྣམས་ནས་ཆོས་སྐྱོང་ཆེན་པོར་གཏང་རག་འབུལ་སྐྱེས་དང་བཅས་ད་དུང་ཡང་ཡང་སྲིད་གདན་ཞུའི་སྐོར་གྱིས་མཚོན་པའི་འཕྲིན་ལས་གཡེལ་མེད་དུ་སྒྲུབ་དགོས་ཀྱི་བཀའ་བསྒོ་བར་མཛད། ཆོས་བརྒྱུད་ཀྱི་ཉིན་རྣམ་རྒྱལ་གྲྭ་ཚང་པ་ཉི་ཤུ་སྐོར་དང་བཅས་ནས་གོང་གསལ་བཀའ་འགྱུར་རིན་པོ་ཆེར་རབ་གནས་བསྟུས་པ་བཀའ་དྲིན་ཆེ་བར་མཛད་པ་སོགས་བསམ་པར་དཀའ་བའི་མཛད་པ་རླབས་པོ་ཆེས་དུས་འདའ་བར་མཛད་དོ། །

སྐབས་འདིར་སྨྲས་པ། སྟོན་ཆེ་འཛམ་དབྱངས་རྣམ་འཕྲུལ་ཁྲི་སྲོང་མཚན། །ཨོ་ཊི་ཡ་ནའི་ཞིང་གི་གུ་རུ་སོགས། །གངས་ཅན་འགྲོ་བའི་མཛའ་བཤེས་ཆེ་རྣམས་ཀྱིས། །མི་འགྱུར་ལྷུན་གྱིས་གྲུབ་པའི་ལྷ་ཁང་བསྐྲུན། །དེ་ནི་དམ་པའི་དོན་དུ་རྒྱལ་ཀུན་གྱི། །དཀྱིལ་འཁོར་འཁོར་ལོའི་རོལ་པ་ཉིད་ཡིན་ཕྱིར། །གཙོམ་ཞིག་ལ་སོགས་སྡུག་བསྔལ་བདེན་པ་ཡི། །ངང་ཚུལ་ཆ་ཙམ་འབྱུང་བ་ག་ལ་སྲིད། །དེ་ལྟ་ནའང་མ་དག་སྐྱེ་བོའི་ངོར། །འཇིགས་དང་འཕོ་འགྱུར་ལ་སོགས་མི་རྟག་པའི། །རྣམ་འགྱུར་ཇི་སྙེད་མཐོང་བ་སྲིད་པ་ནི། །རང་བློ་འཁྲུལ་པའི་དྲ་བར་ཚུད་པའི་སྐྱོན། །ཀུན་རྫོབ་ཐ་མལ་གདུལ་བྱའི་སྣང་

ངོ་བོ། །ཀུན་རྫོབ་ཙམ་དུ་འཛིགས་པའང་སྲིད་པས་ན། །ཀུན་རྫོབ་ངང་དུ་སྲིད་ཞུར་བགྲོད་གྱུར་ན། །ཀུན་རྫོབ་བདེན་པ་མི་བསླུའི་འབྲས་བུའང་འབྱིན། །དེ་ཕྱིར་མགོན་ཁྱོད་ཐུགས་བསྐྱེད་བཅུ་དྲུག་ཆ། །ཡོངས་སུ་རྫོགས་པའི་མཛད་བཟང་འོད་དཀར་གྱི། །སྣང་བ་འབུམ་ཕྲག་འབུམ་དུ་སྤྲོ་བ་ཡིས། །ཞིང་མཆོག་ས་མོས་ཚལ་ཀུན་མཛེས་པར་བྱས། །ཉམས་པ་གསོ་དང་མི་ཉམས་གོང་སྤེལ་བའི། །སྲིད་ཞུའི་མཛད་འཕྲིན་མཁའ་སྲིད་འགེངས་པའི་མཐར། །ཇི་སྲིད་ནམ་མཁའ་གནས་པ་དེ་སྲིད་དུ། །རྟག་བརྟན་འགྱུར་མེད་ངོ་བོར་བྱིན་གྱིས་བརླབས། །དེ་ཚེ་ཕྱོགས་དེའི་ལུས་ཅན་མ་ལུས་པ། །དགའ་བའི་རྒྱང་གླུ་དབྱངས་སུ་སྒྲོག་བཞིན་པར། །ཅི་མཆིས་བདོག་པའི་དངོས་པོ་མ་ལུས་པས། །ཁྱོད་ཉིད་མཆོད་ཅིང་བཀུར་ལ་བརྟེན་པར་གྱུར། །སླར་ཡང་དབུས་འགྱུར་ས་ཡི་ལྟེ་བ་འདིར། །ཞབས་སེན་བཀྲ་ཤིས་ལྷ་ཆོས་ལེགས་བགོད་དེ། །གཅིག་ཏུ་དཀར་བའི་མཛད་འཕྲིན་བསིལ་ཟེར་གྱིས། །ཡིད་ཅན་རྒྱུད་པའི་མུན་པ་དྲུང་ནས་འབྱིན། །མགོན་པོ་ཁྱོད་ཀྱི་རྣམ་པར་ཐར་པའི་ཚུལ། །རེ་རེར་བསམས་ཀྱང་སྙིང་ལ་སེམ་པ་ཡི། །གུས་པ་རྒྱ་ཆེར་བསྐྱེད་མཐར་བསྟོད་བསྔགས་ཀྱི། །ཐ་སྙད་དུས་གཅིག་འཛུམ་པར་ཅིས་མི་འགྱུར། །ཅེས་པ་ནི་བར་སྐབས་ཀྱི་བསྟུ་བའི་ཚིགས་སུ་བཅད་པའི་རིམ་པ་དགུ་པོ །

ཆོས་བཅོ་ལྔ་སྐོར་ལ་རྒྱུད་གྲྭ་སྟོད་སྨད་ཀྱི་འཆར་ཅན་ཞབས་བརྟན་འབུལ་བཞེས་དང་། ཞབས་པད་སོགས་དང་ལྷན་རྒྱས་ཀྱིས་རྒྱལ་དབང་མཆོག་གི་ཡང་སྲིད་ངོས་འཛིན་གདན་ཞུའི་སྐོར་གྱི་གསུང་མོལ་སོགས་ཞིབ་ཏུ་བསྐྱངས། ཆོས་བཅོ་བརྒྱད་ཀྱི་ཉིན་༧རྒྱལ་དབང་དེ་ཉིད་ཀྱི་དུས་མཆོད་དང་འབྲེལ་བར་མཆོད་ཁང་ཁག་ལ་གནས་གཟིགས། མཆོད་འབུལ། ཐུགས་སྨོན་སོགས་རྒྱ་ཆེར་

མཛད། ཧོར་ཟླ་བཅུ་གཅིག་པ་གསར་འཕྲུལ་༧ཀུན་གཟིགས་པཎ་ཆེན་རིན་པོ་
ཆེར་༧ཡང་སྲིད་སྐོར་གྱི་ངོས་འཛིན་ལ་ཆིབས་བསྐྱོད་བཀའ་དྲིན་ཆེ་དགོས་ཚུལ་
གྱི་གདན་ཞུར་སྐུ་སྙེར་མགྲོན་གཉེར་ཆེད་སྐྱུལ་གདོང་ཞུ་འཕྲིན་འབུས་ཚང་
གནང་རྗེན་དང་བཅས་པ་འབུལ་བར་མཛད། ཚེས་གསུམ་གྱི་ཉིན་སེར་འབྲས་
དགེ་གསུམ་གྱི་བླ་མ་ལས་སྐྱེ་ཚང་མ་དང་། རྩེའི་ནང་མ་ལས་ཚན་པ། སྤྲུལ་སྐུ་
ཁག་གི་སྐུ་ཚབ། ཤོད་དྲུང་མི་དྲག་ལས་ཚན་པ་དང་། ལྷ་ས་མཚོ་སྤྱི་དྲུང་སྤྱི་
སོགས་ཚང་འཛོམས་ཀྱི་ཐོག་བཀའ་སློབ་བཤད་སྒྲ་བ་དང་། སྤྱི་ཁྱབ་མཁན་པོ་
དཔལ་ལྡན་གཉིས་བཀའ་བསྒྱུར་དུ་བཅུག་སྟེ། ༧རྒྱལ་དབང་དེ་ཉིད་ཀྱི་ཡང་
སྲིད་རིན་པོ་ཆེའི་སྐོར་ལ་སྔ་སོར་དོགས་གནས་ཡོད་རིགས་ཚང་མར་གཞུང་ནས་
རྩད་གཅོད་མི་ཆེད་དམིགས་གཏང་བ་རྣམས་ཀྱི་གནས་ཚུལ་འཁྱེར་རིགས་འདི་
དང་འདི་ལྟ་བུར་བྱུང་ཚུལ། ལྷ་དང་བླ་མ་རྣམས་ཀྱི་ལུང་བསྟན་སོགས་ཀྱང་
འདི་དང་འདི་ལྟར་དུ་འདུག་པས། དེས་ན་འདི་དག་གི་ནང་ནས་ཚང་མས་
ངེས་ཤེས་འདྲོངས་པ་ཇི་འདུག་དང་། ད་དུང་ཡང་དོགས་གནས་ཆེ་བར་ཡོད་
རིགས་ཕལ་མོ་ཆེ་འདི་ཁར་གདན་ཞུས་ཀྱིས་ངོས་འཛིན་ནན་ཏན་བྱེད་རྒྱུར་ཚང་
མ་ངེས་ཤེས་འདྲོངས་པས་གཅིག་ཏུ་ཡིད་ཆེས་པ་བྱུང་ཚེ་ཕྱིན་ཆད་༧གོང་མའི་
ལུགས་སྲོལ་བཞིན་གསེར་བུམ་དཀྲུག་ཚོག་པ་ཞུའམ། དེ་ལྟར་མི་དགོས་པ་
སོགས་གོང་མ་ཆེན་པོར་གསེར་སྙན་སྒྲོན་ལུགས་ཀྱིས་མཆོན་པ་ཇི་ལྟར་འགབ་
བཅས་སེར་སྐྱ་སྤྱི་ཚན་ཚང་མ་སོ་སོར་མོས་བསྡུར་གྱི་སྒོ་ནས་ཚེས་ལྔའི་ཉིན་སོ་
སོའི་བསམ་ཚོད་ཀྱི་ལན་གསལ་དགོས་པའི་བཀའ་མཐར་ཕྱིན་དུ་བསྒྲུངས།
ཚེས་ལྔའི་ཉིན་གོང་གསལ་བཀའ་བསྒྱུར་ཕེབས་པའི་དགོངས་དོན་བཞིན་སེར་
འབྲས་དགེ་གསུམ་གྱི་བླ་མ་ལས་སྐྱེ། གཞུང་དྲུང་མི་དྲག་སེར་སྐྱ་ལས་ཚན་པ་

དང་། བྲུང་བྱིངས་ལྷ་སྤྱི་སོགས་ཚང་མ་ནས། སྣར་ཕན་དོགས་གནས་ཡོད་རིགས་ཀྱི་ནང་ནས་སྐུ་གསུང་ཐུགས་ཀྱི་རྣམ་ཐར་དང་། ལྷ་བླ་མའི་ལུང་དོན་སོགས་གང་ལ་བསམས་ཀྱང་ལྷུན་ཆོས་འཁོར་དུ་འབྲུངས་པ་འདི་བཞིན་རང་ལ་ཚང་མ་ཡིད་ཆེས་ངེས་འདྲོངས་ལྟ་བུར་བྱུང་བ་དང་། ད་དུང་ཡང་སྐྱབས་མགོན་ཉིད་ནས་ཐུགས་ཁུར་ཆེ་བཞེས་ཀྱིས་ཚང་མར་ངོས་འཛིན་སོགས་ནན་ཏན་དུ་ཐུགས་རྗེ་ཆེ་ངོས་ངེས་འདྲོངས་ཐག་ཆོད་བྱུང་ཆེ་གསེར་བུམ་དཀྱུགས་མི་དགོས་པར་དེ་ཁར་ངོས་འཛིན་གདན་ཞུ་ཆོག་པ་ཞིག་༧གོང་མ་ཆེན་པོར་ཐབས་མཁས་ཀྱི་གསེར་སྙན་སྒྲོན་བརྒྱུད་བཀའ་དྲིན་ཆེ་དགོས་ཚུལ་ཚང་མ་བློ་མཐུན་མགྲིན་གཅིག་གིས་ཞུས་ཤིང་། ཆོས་བརྒྱད་ལ་ཀུན་གཟིགས་པཎ་ཆེན་རིན་པོ་ཆེ་མགྱོགས་མྱུར་ཆིབས་བསྐྱོད་གནང་རྒྱུའི་གནས་ཚུལ་འགྲོར་བར་ཆིབས་བསུ་རིང་ཐུང་སོགས་ཀྱང་འགྱངས་མེད་ཀྱིས་གཏོང་བར་མཛད། ཆོས་བཅོ་ལྔ་སྐར་ལ་ཡང་སྲིད་རིན་པོ་ཆེ་གླུང་ཐང་དུ་ཕེབས་པར་འཚམས་ཞུ་དང་འབྲེལ་བར་ན་བཟའ་སོགས་འབུལ་མི་དང་རྟོག་འཇུག་བྱེད་པར་མགྲོན་གཉེར་ནང་རག་ཆེད་གཏོང་མཛད་ཅིང་། ཡང་སྲིད་གདན་ཞུ་བྱེད་མི་གཟིམས་འགག་རབ་བརྟན་རྒྱ་མཚོ་ངོ་གཡོག་ལ་འགྲོར་ཕྱག་དང་བཀའ་འདྲི་ཞིབ་པར་སྩལ། ཆོས་བཅུ་དགུའི་སྔ་ཆར་པཎ་ཆེན་ཐམས་ཅད་མཁྱེན་པ་ལྷ་ལྡན་དུ་ཕེབས་རྒྱུའི་ཆིབས་བསུར་སྐྱོད་ཚལ་གླུ་སྡིང་དུ་གཞུང་གི་ཐབ་བསུའི་སར་ཕེབས་ཐོག་མཇལ་ཕྱག་ཞུ་བར་མཛད་ཅིང་བཀའ་མཆིད་གསུང་མོལ་ཀྱང་ཞིབ་རྒྱས་སུ་གནང་རྗེས་མཆོད་ཡོན་ཚང་མ་ལྷ་ལྡན་དུ་ཞབས་སོར་བཀོད་དེ་གཟིམས་ཆུང་ཉི་འོད་དུ་གཞུང་གི་དཀར་སྤྲོའི་སར་ལྷན་རྒྱས་དང་། དེ་ནས་གཟིམས་ཆུང་ཀུན་གསལ་དུ་ལྷན་རྒྱས་ཀྱི་ཐོག་ཡང་སྲིད་རིན་པོ་ཆེའི་སྐོར་གྱི་གསུང་མོལ་དང་། དེ་རྗེས་སླར་ཡང་གཟིམས་

ཆུང་ཉི་འོད་དུ་མཆོད་ཡོན་རྣམ་གཉིས་དང་། ཨམ་བན་གཉིས་བཅས་ལྷན་འཛོམས་ཀྱིས་གསུང་མོལ་སོགས་འགོལ་ལྷིངས་སུ་བསྐྱངས། ཚེས་ཉེར་གཅིག་གི་ཉིན་ཡང་སྲིད་རིན་པོ་ཆེའི་ངོས་འཛིན་མཛད་པར་པཎ་ཆེན་ཐམས་ཅད་མཁྱེན་པ་དང་། ༸སྐྱབས་མགོན་ཉིད། བསྟན་གླིང་མཆོག་སྤྲུལ། བཤད་གླིང་ནོ་མི་ཧན། རྭ་སྒྲེང་ཁྲི་ཆེན་རིན་པོ་ཆེ་སོགས་བླ་སྤྲུལ་ཆེ་ཁག །ཨམ་བན་རྣམ་གཉིས་དང་། ཞབས་པད་རྣམ་བཞི། སེར་འབྲས་དགེ་གསུམ་གྱི་བླ་མ་ལས་སྣེ་ཚང་མ། གཞུང་དྲུང་མི་དྲག་ལས་ཚན་པ་དང་། དྲུང་འཁྱིངས་སོགས་ཚང་མ་ཀུང་ཐང་དུ་ཕེབས་ཏེ་ཚོམས་ཆེན་ནང་དུ་ཚང་འཛོམས་ཀྱི་ཐོག །མཆོག་སྤྲུལ་རིན་པོ་ཆེ་གདན་ཞུས་ཀྱིས་བཞུགས་ཁྲིར་ཕེབས་བསྟུན་བཞེས་སྒྲོ་དང་། གསོལ་ཇ་ཕེབས་རྗེས་༸རྒྱལ་དབང་གོང་མ་ན་རིམ་གྱི་ཐུགས་དམ་རྟེན་གྲས་ཀྱི་སྐུ་གསུང་ཐུགས་རྟེན་དང་། ཕྱག་ཊཾ་ཕྱག་དྲིལ། ན་བཟའ་ཉེར་ཆས་སོགས་དངོས་དང་འདྲ་རེ་བཅས་ཕུལ་ཏེ་ངོས་འཛིན་མཛད་དུ་བཙུག་པར་ངོ་མ་གང་ཡིན་རྣམས་ནོར་འཁྲུལ་གཏན་ནས་མེད་པར་ངོས་འཛིན་བདག་གིར་གྱིས་ཕྱག་ཏུ་བཞེས་པ་དང་། ཕྱག་ཊཾ་ཕྱག་དྲིལ་སོགས་ཀྱང་རང་ཤུགས་ཀྱིས་དཀྲོལ་བར་མཛད་པ་སོགས་སེར་སྐྱ་ཚང་མ་ཡིད་ཆེས་ཕུ་ཐག་ཆོད་པའི་གནས་ལ་བཀོད་ཅིང་། དེ་རྗེས་པཎ་ཆེན་རིན་པོ་ཆེ་དང་། ༸སྐྱབས་མགོན་མཆོག །ཨམ་བན་རྣམ་གཉིས། བསྟན་གླིང་མཆོག་སྤྲུལ་སོགས་ནས་ཁ་བཏགས་དང་བཅས་ཏེ་བཀའ་འདྲི་ཞུས་པ་རྣམས་ལའང་སོ་སོར་ཡིད་ཆེས་ཀྱི་ལན་ཐོགས་མེད་དུ་སྩལ་བར་མཛད་པ་སོགས་སྒོ་གང་ནས་བརྟགས་ཀྱང་ཡིད་ཆེས་དང་དད་གུས་ཀྱི་སྤུ་ལོང་དབང་མེད་དུ་གཡོ་བ་འབབ་ཞིག་ཏུ་བྱུང་ཞིང་། དེ་ནས་སེར་འབྲས་ཀྱི་བླ་མ་ལས་སྣེ་སོགས་དང་། གཞུང་དྲུང་མི་དྲག་སོགས་ཚང་མར་ད་ཆ་ངོས་འཛིན་གྱི་ཐད་ལ་ཚང་མ་

ཡིད་ཆེས་བྱུང་མེན་དང་། ཕྱིན་ཆད་སྟོན་ཞུས་ལྟར་ད་དུང་ཡང་གསེར་བུམ་དཀྲུགས་མི་དགོས་པར་ངོས་འཛིན་ཚོག་པ་ཞེས་ཞུའམ་ཇི་ལྟར་སོགས་སྐད་ཡང་ནན་ཏན་གྱི་བཀའ་འདྲི་སྩལ་བར་ཚང་མ་མགྲིན་གཅིག་དབྱངས་གཅིག་གིས་ད་ཆ་ངོས་འཛིན་སྤྲ་ཕྱི་དང་། སྐུ་གསུང་ཐུགས་ཀྱི་མཛད་སྤྱོད་ལྷ་བླ་མའི་ལུང་དོན་སོགས་གང་ནས་བསམས་ཀྱང་༧རྒྱལ་དབང་དེ་ཉིད་ཀྱི་ཡང་སྲིད་འཁྲུལ་བྲལ་ནི་འདི་ཉིད་ཁོ་ན་ལས་གཞན་དུ་དོགས་པའི་གནས་ཙུང་ཟད་ཙམ་ཡང་མ་མཆིས་པས། དེས་ན་སྟོན་ཞུས་ལྟར་གསེར་བུམ་དཀྲུགས་མི་དགོས་པར་འདི་ཁར་ཐག་ཆོད་ཀྱིས་ངོས་འཛིན་གདན་ཞུ་ཚོག་པ་ཞིག་ཐུགས་རྗེ་ཆེ་དགོས་ཚུལ་གྱི་གསོལ་བ་སྙིང་ཐག་པ་ནས་བཏབ་པར་གྱུར་ཅིང་། དེ་ནས་ཕྱིར་ཕེབས་ཀྱིས་པོ་ཏ་ལར་ཕྱིན་ཞིང་། ཆོས་ཉེར་དྲུག་ཉིན་ལྷ་ལྡན་དུ་ཕེབས་བསྐྱོད་ཀྱིས་དཀྱིལ་འཁོར་སྡིངས་སུ་༧པཎ་ཆེན་མཆོག་དང་། སྐྱབས་མགོན་ཉིད། སྲོལ་སྐུ་ཆེ་ཆུང་། ཨམ་བན། བཀའ་བློན། སེར་འབྲས་ཀྱི་བླ་མ་ལས་སྣེ། གཞུང་དྲུང་སོགས་ཚང་འཛོམས་ཀྱིས་༧གོང་མའི་མཚན་བྱང་རིན་པོ་ཆེར་ཕྱག་འཚལ་གྲུབ་བསྟན་༧གོང་མ་བདག་པོ་ཆེན་པོར་རྒྱལ་དབང་དེ་ཉིད་ཀྱི་༧ཡང་སྲིད་རིན་པོ་ཆེའི་སྐོར་ལ་ངོས་འཛིན་གྱིས་མཚོན་པ་གང་ཅིར་ཚང་མ་ངེས་འདྲོངས་བྱུང་ཚུལ་དང་། བོད་ཀྱི་སེར་སྐྱ་ཚང་མས་གསོལ་བ་འདི་ལྟར་དུ་འདེབས་ཚུལ་སོགས་ཀྱི་གནས་ཚུལ་གྱི་གྲལ་རྩེ་ལྷ་ལྡན་ཁྲིམས་ར་ཆེན་མོའི་སྒོ་མཚོར་ནས་འབུལ་བར་མཛད་སྐབས་གང་ཅིའི་རྟེན་འབྲེལ་སོགས་ཀྱང་ལེགས་ངེས་སུ་བྱུང་ཞིང་། དེ་རྗེས་ཨམ་བན་སོགས་རྒྱ་དཔོན་ཁག་ལ་གཞུང་སྣེར་སོ་སོ་ནས་ལེགས་སྐྱེས་གནང་སྦྱིན་ཡང་རྒྱས་པར་སྩལ། དེ་དག་གྲུབ་བསྟན་མཆོད་ཡོན་ལྷན་རྒྱས་གཟིམས་ཚང་ཉེ་འོད་དུ་ཕེབས་འཕྲལ་༧གཞུང་ས་མཆོག་ནས་༧སྐྱབས་མགོན་རྣམ་པ་གཉིས་སོ་སོར་

མཎྜལ་རྟེན་གསུམ་གྱིས་གཙོས་པའི་ལེགས་སྐྱེས་ཀྱི་དངོས་འབུལ་གཏོས་ཆེ་བའི་ཐོག །སྤྲུལ་སྐུ་ཆེ་ཆུང་དང་། སེར་འབྲས་བླ་མ་ལས་སྣེ། གཞུང་དྲུང་མི་དྲག་སོགས་ཚང་མས་ལེགས་དར་ཡང་ཕུལ། དེ་ནས་༧སྐྱབས་མགོན་ཉིད་རྩེར་ཕེབས་བསྐྱོད་དང་། སྐབས་སུ་ཀུན་གཟིགས་པཎ་ཆེན་མཆོག་དང་ཨམ་བན་སོགས་སུ་ལྷན་རྒྱས་ཀྱིས་གསུང་མོལ་སོགས་ཡང་ཡང་དུ་བསྐྱངས། ཧོར་ཟླ་བཅུ་གཉིས་པའི་ཚེས་གསུམ་ཉིན་ཀུན་གཟིགས་པཎ་ཆེན་རིན་པོ་ཆེ་པོ་ཏ་ལར་གནས་གཟིགས་དང་། གསེར་གདུང་དགེ་ལེགས་གཟི་འབར་ལ་མཆོད་འབུལ་རབ་གནས་བཅས་པར་ཕེབས་བསྐྱོད་སྐབས་གཟིམས་ཆུང་བདེ་བ་ཅན་དུ་ལྷན་རྒྱས་ཐོག་སྐུ་སྣེར་ནས་མཎྜལ་རྟེན་གསུམ་ལྷ་རེག་སོགས་ཀྱིས་གཙོས་པའི་དངོས་འབུལ་རྒྱས་པར་མཛད་རྗེས་ལྷན་རྒྱས་དང་། དེ་ནས་༧པཎ་ཆེན་མཆོག་ནས་གསེར་གདུང་རིན་པོ་ཆེ་སོགས་ལ་མཆོད་འབུལ་གནས་གཟིགས་གྲུབ་རྗེས་གཟིམས་ཆུང་ཉི་འོད་དུ་ལྷན་རྒྱས་ཐོག་གཞུང་ས་ནས་དགར་སྒྲོ་དང་། ལས་ཚན་པ་ཚང་མས་རྣམ་གཉིས་སོ་སོར་མཇལ་ཞུ་ཞུས། དེ་རྗེས་སྔར་ཡང་གཟིམས་ཆུང་བདེ་བ་ཅན་དུ་གསོལ་ཚོགས་ལྷན་རྒྱས་གྲུབ་བསྟུན་༧པཎ་ཆེན་རིན་པོ་ཆེ་ལྷ་ལྡན་དུ་ཆིབས་བསྒྱུར་མཛད་ཅིང་། ༧སྐྱབས་མགོན་ཉིད་རེ་ཞིག་རྩེར་བཞུགས་འཇགས་གནང་། འདི་ལོ་དགེ་ལྡན་ཁྲི་རིན་པོ་ཆེ་སེར་སྨད་སྤོམ་འགོར་དགེ་འདུན་ཕུན་ཚོགས་མྱུ་ངན་ལས་འདས་པར། སེར་བྱེས་བསམ་བློ་བ་བྱང་རྩེ་ངག་དབང་སྐལྡན་གྲགས་དཔལ་བཟང་པོ་༧རྒྱལ་བ་གཉིས་པའི་གསེར་ཁྲིར་ཕེབས་རྒྱུར་ཐོན་ཕྱུག་དང་བཅས་ཏེ་འཇམ་མགོན་བླ་མའི་བསྟན་པ་སྤེལ་བའི་ཐུགས་འདུན་མི་གཡེལ་བར་དགོས་ཚུལ་སོགས་ཀྱི་བཀའ་སློབ་སྩལ་ཞིང་དེའི་རྗེས་སུའང་ཆིབས་སྐྱེལ་དང་། ཐབ་སྐྱེལ་སོགས་དང་དགེ་ལྡན་དུ་ཁྲི་འདོན་སྐབས

ཀྱང་སྐུ་ཚབ་ཆེད་གནང་གིས་དངོས་འབྱུལ་སྤྲུལ་བ་སོགས་བཀུར་བསྟི་སྲིད་ཞུ་གཟིངས་སུ་མཐོ་བར་མཛད། ཆོས་བཅོ་ལྔ་སྐོར་ལ་ཐོར་རྒོད་ཐང་གི་བྱ་ངོ་གཡོག་སོགས་ལ་འཛམ་དཔལ་མཚན་བརྗོད་ཀྱི་ལུང་སོགས་འདོད་ཆོས་འགའ་ཞིག་ཀྱང་སྤྲུལ་ཞིང་། གཞན་ཡང་གཞུང་ཆབ་སྲིད་ཡར་རྒྱས་ཀྱི་མཛད་པ་རྣམས་དང་། དད་འདུས་ཁག་ལ་མཇལ་ཁ། སྨོན་ལམ་ཆེན་མོའི་ཐོ་སྒྲིག་སོགས་ལོ་མཇུག་གི་མཛད་ཕྲིན་རིགས་ཀྱང་སྔར་ལྷག་ཏུ་བསྐྱངས་སོ། །འདི་ལོ་༧སྐྱབས་མགོན་ཉིད་དགུང་སྐེག་སྟ་བསྒྱུར་ཕེབས་པས་དེ་གོང་ཧོར་ཟླ་བཅུ་པའི་ནང་ནས་བཟུང་ལོ་ལྟར་གྱི་༧ཞབས་བརྟན་འཆར་ཅན་གང་ཡིན་ཐོག་གསར་འཕར་སྤྱན་གསལ་དུ་ཡང་། སེར་འབྲས་དགེ་གསུམ་གྱི་ཚོགས་ཆེན་དང་། གྲྭ་ཚང་ཁག་སོ་སོར་མང་ཇ་དང་། གྲྭ་ཇ་གྲངས་མང་གི་ཐོག་འདུས་པ་རྣམས་ལ་རིན་ཆེན་གཉིས་པ་སོགས་ཀྱི་འགྱེད་གཏོས་ཆེ་བ་དང་བཅས་ཏེ་རྒྱལ་བའི་བཀའ་བསྟན་རིན་པོ་ཆེ་གསུང་སྒྲོག་སོགས་དང་། དེ་མཚུངས་ཀུན་གླིང་ཚོགས་ཡོངས་སུ་ཞབས་བརྟན་གྱི་རིམ་པ་བསམ་ལས་འདས་པ་རྒྱུན་འཛུགས་ལྟ་བུ་དང་། རྒྱུད་གྲྭ་རྣམ་གཉིས། རྩེ་རུ་བཞི་སྡེ། རྣམ་རྒྱལ་གྲྭ་ཚང་། བསྟན་གླིང་། ལྕགས་པོ་རི་པ། གནས་ཆུང་སྒྲ་དབྱངས་གླིང་པ་སོགས་ཉེ་འཁོར་གྱི་འདུས་སྡེ་དང་། རི་ཁྲིད་ཁག་ཡོད་དོ་ཅོག་ཀུན་ཏུ་ཉིན་ཞག་མང་པོར་བསྙེན་བཀུར་དང་འགྱེད་ཀྱི་ཐོག །མགོན་པོའི་གཏོར་སྒྲུབ་སོགས་དང་། ཆོས་སྐྱོང་རྣམས་ཀྱི་བསྐང་འཕྲིན། ཆོས་ཚན་གྱི་རིགས་གྲངས་གསོག །ཚེ་གཟུངས། སྒྲོལ་མ། གདུགས་ཤེར་སོགས་ཁྲི་འབུམ་མང་པོ་སྒྲུབ་པར་མཛད་པ་དང་། གཞན་ཡང་བསམ་ཡས་རབ་བྱུང་བ། ཆོས་འཁོར་རྒྱལ། མངའ་རིས་གྲྭ་ཚང་། འོན་ཆོས་སྡིངས་སོགས་ལྷོ་ཁ་ཕྱོགས་ཀྱི་དགོན་ཁག་རྣམས་དང་། གཞན་ཡང་དབུས་གཙང་སོགས་ཀྱི་

དགོན་སྡེ་གྲགས་ཅན་ཕལ་མོ་ཆེར་བསྙེན་བཀུར་གྱིས་༸ཞབས་བརྟན་གྱི་རིགས་གྱུར་མཐའ་ཀླས་པ་དང་། ལྷ་ལྡན་ཇོ་ཤཱཀ་རྣམ་གཉིས་དང་། གསེར་གདུང་རྣམ་པ་གསུམ། འཕགས་པ་ལོ་ཀེ་ཤྭ་ར། དགའ་ལྡན་གསེར་གདུང་ཆེན་མོ། བསམ་ཡས་ཇོ་བོ་བྱང་ཆུབ་ཆེན་པོ་སོགས་རྟེན་གསུམ་རྣམས་ལ་མཆོད་པ་སྣ་ལྔ་བརྒྱ་ཚར་སྟོང་ཚར་རྒྱས་པ་དང་། སྨན་ཤལ། བཟང་གོས་ལས་གྲུབ་པའི་ན་བཟའ་སོགས་འབུལ་སྐྱུར་དང་། ཡེར་པ། ཁྲ་འབྲུག་ལ་སོགས་པའི་གནས་ཆེན་ཁག་རྣམས་སུ་མཆོད་སྒྲོན་དང་སྐུ་ཚེ་ཚེ་སྐྱབས་ཀྱི་རིགས་གྱུར་བྱེད་མི་ཆེད་མངགས་དང་། གཞན་ཡང་བསྟན་འཛིན་བདག་ཉིད་ཆེན་པོ་རྣམས་དང་། སྡོམ་བརྩོན་སྒྲིང་བ་པ། ནུས་ལྡན་རིག་པ་འཛིན་པ་སོགས་མཐའ་ཀླས་པ་རྣམས་ལ་ཚེ་སྐྱབས་ཀྱི་རིགས་གྱུར་ཕལ་མོ་ཆེ་གནང་སྦྱིན་དུ་མཛད་དུ་བཅུག །རང་ལུགས་གཙོ་གྱུར་གྱི་སྒོ་ནས་བྱད་བཟློག་དང་། གཏོར་བཟློག །ཟོར་འཕེན་སོགས་མདོར་ན་ལྷ་དང་བླ་མའི་ལུང་དོན་ཚང་མ་དང་། ༸སྐྱབས་མགོན་ཉིད་ཀྱི་དགོངས་དཔྱད་ཀྱི་སྒོ་ནས་༸ཞབས་བརྟན་རིམ་གྲོ་བསམ་ལས་འདས་པ་རིག་པས་བསམ་པར་དཀའ་བ་ལྟ་བུ་སྒྲུབ་པར་མཛད་དེ་འདིར་ནི་ཟུར་ཙམ་ལས་འགོད་པར་མ་ལངས་སོ། །

གངས་ཅན་ར་བ་དཀར་པོའི་ཁྱོན་ཡངས་འདི། །སྲས་བཅས་རྒྱལ་བ་གཞན་གྱིས་མ་གདུལ་བར། །ཕྱག་ན་པདྨོས་བདག་གིར་མཛད་པ་ཡི། །དམ་བཅའི་འབྲས་བུ་སྔར་ཡང་དུས་སུ་སྨིན། །གྲུ་འཛིན་མགོན་དེ་རེ་ཞིག་ཆོས་དབྱིངས་སུ། །ངལ་བསོར་མཛད་ཀྱང་ཐུགས་རྗེའི་འཇུག་པ་ནི། །དུས་ལས་ཡོལ་བ་མེད་ཕྱིར་གཟུགས་ཀྱི་སྐུའི། །རྣམ་རོལ་རྒྱལ་བའི་མྱུ་གུ་གསལ་བར་བསྟན། །དེ་ཚེ་བདེ་ལྡན་ཞིང་གི་མགོན་དེའང་། །རིང་ནས་སྙིང་རྗེའི་ལྷ་དེས

འགྲོ་བའི་དོན། །སྤྱོད་པའི་གྲོགས་བཟང་མཛད་པར་དམ་བཅས་བཞིན། །ཞབས་སོར་ཟླ་རིས་གསར་པ་སྤྱོངས་འདིར་བཀོད། །ལྷག་པར་མགོན་པོ་ཁྱོད་ཀྱི་ཐུགས་བསྐྱེད་དང་། །འཕྲིན་ལས་འཇུག་པ་རྨད་དུ་བྱུང་བའི་མཐུས། །རྒྱལ་ཀུན་ཐུགས་རྗེའི་རང་གཟུགས་གསར་པ་དེ། །ངལ་བ་མེད་པར་ཞིང་འདིའི་མགྲོན་དུ་ཁྱུག །རྣམ་དཔྱོད་ལྡན་པའི་སྐྱེ་བོའི་ཚོགས་དབུས་སུ། །སྟོན་ནས་རྗེས་སུ་དྲན་པའི་རང་མདངས་ཀུན། །གསལ་པོར་བསྟན་ཚེ་ཡིད་ཅན་མ་ལུས་པ། །དབང་མེད་ཡིད་ཆེས་འདབ་བརྒྱ་དུས་གཅིག་འཛུམ། །རྒྱལ་བའི་སྤྱི་གཟུགས་རྒྱལ་སྲས་ཚུལ་བཟུང་ཡང་། །རྒྱལ་བའི་ངོ་མཚར་རྣམ་ཐར་ཀུན་འཛིན་ཚེ། །རྒྱལ་བ་ཉིད་ལས་ལྷག་པའི་ཐུགས་རྗེ་ཡིས། །རྒྱལ་བསྟན་གསལ་མཛད་མགོན་དུ་ཅིས་མི་འགྱུར། །རྣམ་འདྲེན་ཀུན་གྱི་མཆོག་གྱུར་ཁྱེད་རྣམས་ཀྱི། །རྣམ་ཐར་བཟང་པོ་སྙིང་ལ་སེམ་པའི་ཚེ། །རྣམ་དག་མོས་གུས་ཆུ་འཛིན་འཁྲིགས་པ་ལས། །རྣམ་མང་བསྟུགས་པའི་ཆར་རྒྱུན་ཀུན་ཏུ་འབེབས། །

དེ་ནས་སྟོད་འགྲེལ་གྱི་སྐད་དུ་རྣམ་བྱུང་ཞེས་སུ་འབོད་པ་ས་འབྲུག་གནམ་ལོའི་རྒྱལ་པོའི་གདོང་པད་གསར་དུ་ཆེས་པའི་ཉིན་དུས་ཀྱི་རྟེན་འབྲེལ་ལེགས་ཚོགས་སྤྱི་དང་། ལྷག་པར་འདི་ལོ་༧པཎ་ཆེན་མཆོག་ཀྱང་ལོ་གསར་ལ་གདན་ཞུ་མཛད་དེ་ལྷན་རྒྱས་གཟིམས་ཆུང་དུ་གསོལ་སྟོན་ལ་དགྱེས་རོལ་དང་། ཚོམས་ཆེན་དུ་དགའ་སྟོན་ཉིན་དང་གཉིས་སོགས་ལ་ཕེབས་བསྐྱོད་དང་། སྤྱི་སྐེར་ཚང་མས་ལོ་གསར་གྱི་མཇལ་དར་འབུལ་བཞེས་སོགས་སྤར་ལྷག་ཡར་ལྡན་དུ་བསྐྱངས་རྗེས་ཚེས་གསུམ་ཉིན་གསོལ་ཚོགས་ལྷན་རྒྱས་གྲུབ་བསྟུན་པཎ་ཆེན་རིན་པོ་ཆེ་ལྷ་ལྡན་དུ་ཆིབས་བསྐྱོད་མཛད། ཚེས་དྲུག་གི་སྔ་ཆར་༧སྐྱབས་མགོན་ཉིད་ལྷ་ལྡན་སྨོན་ལམ་ཆེན་མོའི་མགོན་དུ་ཆིབས་ཀྱི་ཁ་ལོ་བསྒྱུར་ཏེ་གཟིམས་ཆུང་

དུ་ཕེབས་བསྟུན་དཀར་སྒྲོ་སོགས་སྤར་ལམ་དང་། དེ་ནས་རིམ་པར་སྨོན་ལམ་གྱི་སྦྱིན་བདག་སོགས་དད་འདུས་རྣམས་ལ་མཇལ་ཕྱག་གི་རིགས་རིམ་པར་བར་མ་ཆད་དུ་སྩལ། ཆོས་བཅོ་ལྔའི་ཉིན་སྨོན་ལམ་ཆེན་མོའི་ཚོགས་དབུས་སུ་ཕེབས་ཏེ་མཆོད་འབུལ་བསྔོ་སྨོན་སོགས་རྒྱ་ཆེ་བ་དང་། དེ་ནས་ཇོ་ཤཱཀ་སོགས་རྟེན་གསུམ་རྣམས་ལ་མཆོད་པ་རྒྱ་ཆེན་པོ་དང་བཅས་ཏེ་གནས་གཟིགས་དང་། གོས་བཟང་ལས་གྲུབ་པའི་ན་བཟའ་འབུལ་སྒྲོར་གསེར་གསོལ་ཐུགས་སྨོན་སོགས་རྒྱས་པར་མཛད། འདི་ལོ་ཀུན་གཟིགས་པཎ་ཆེན་རིན་པོ་ཆེ་ནས་ཀྱང་ཆོས་བརྒྱད་ཀྱི་ཉིན་དགོང་མོ་སྨོན་ལམ་གྱི་ཚོགས་དབུས་སུ་ཕེབས་བསྐྱོད་དང་། ཆོས་བཅོ་ལྔའི་སྔ་ཆར་འདུས་པ་རྣམས་ལ་གསུང་ཆོས་སོགས་གཟབ་རྒྱས་སུ་སྩལ། ཆོས་བཅོ་བརྒྱད་ཀྱི་ཕྱི་ཆར་༧གོང་མ་ཆོས་ཀྱི་རྒྱལ་པོ་ནས་སྔ་སོར་གནས་ཚུལ་གྲལ་རྩེ་ཕུལ་བའི་ཕྱིར་ཕེབས་སུ་༧རྒྱལ་དབང་མཆོག་གི་ཡང་སྲིད་འཁྲུལ་བྲལ་ཡིད་ཆེས་ངེས་པ་རྙེད་པ་དེ་བཞིན་ལ་གསེར་བུམ་སོགས་དཀྲུགས་མི་དགོས་པར་ངོས་འཛིན་གདན་ཞུ་ཆོག་པའི་གསེར་གྱི་བཀའ་བཟང་གཞན་འགྲན་མ་མཆིས་པ་ཕེབས་པ་ཨམ་བན་རྣམ་གཉིས་ནས་འབུལ་བར་བཅར་སྐབས་གཟིམས་ཆུང་ཉི་འོད་དུ་མཆོད་ཡོན་ལྷན་རྒྱས་ནས་དང་བ་ཆེན་པོས་གསན་བཞེས་མཛད་རྗེས་ཨམ་བན་རྣམས་ལ་ལེགས་སྐྱེས་གནང་སྦྱིན་ཀྱང་སྩལ། དེའི་ཕྱི་ཉིན་སོགས་ནས་བསྟན་གླིང་མཆོག་སྤྲུལ་རིན་པོ་ཆེ་དང་བཤད་གླིང་ནོ་མི་ཧན། ཚེ་གླིང་སྤྲུལ་སྐུ་སོགས་བླ་སྤྲུལ་ཆེ་ཁག་དང་། སེར་འབྲས་དགེ་གསུམ་གྱི་བླ་མ་ལས་སྣེ། སེར་སྐྱ་ཆེ་བཙན་དུ་མས་ལེགས་དར་ཀྱང་རིམ་པར་ཕུལ་ཞིང་། ཆོས་ཉེར་ལྔའི་སྔ་ཆར་སྨོན་ལམ་འདུས་པ་རྣམས་ལ་གསུང་ཆོས་དང་། ཕྱི་དྲོ་གཏོར་རྒྱག་ལ་མཆོད་ཡོན་ལྷན་རྒྱས་གཟིགས་རྟོག་བསྐྱངས་ཤིང་། དེའི་སང་ཉིན་བྱམས་པ་གདན་

ཞུས་སོགས་ལའང་ཞིབ་གཟིགས་དང་ཐུགས་སྨོན་གནད་སྨིན་བཅས་བསྐྱངས། གཞན་ཡང་སྨོན་ལམ་གྱི་ཐོག་མཐའ་བར་གསུམ་གྱི་མཛད་འོས་མཐའ་དག་སྔར་བཞིན་སྐུལ་རྗེས་ཆོས་ཉེར་དྲུག་གི་ཉིན་པོ་ཏ་ལར་ཆིབས་བསྒྱུར་མཛད། ཆོས་ཉེར་བདུན་ནས་བཟུང་ཉིན་ལྔའི་བར་དུ་པཎ་ཆེན་ཐམས་ཅད་མཁྱེན་པ་དང་། ༧སྐྱབས་མགོན་ཉིད་སོགས་ཀྱིས་གཙོས་པའི་ཧུ་ཐོག་ཐུ་ཆེ་ཁག་ཚང་མ་འདྲ་ཐང་རིན་པོ་ཆེའི་སྐུ་མདུན་དུ་༧གོང་མའི་བཀའ་འགྲེལ་བཞིན་འཇིགས་བྱེད་ཀྱི་བདག་འཇུག་གནད་སྨིན་དུ་བཞེས་ཤིང་། ཨམ་བན་དང་གཞུང་ས་བཅས་ནས་སོ་སོར་ལེགས་སྐྱེས་ཀྱི་སྐུ་ཡོན་ཀྱང་གཟབ་རྒྱས་སུ་བསྟར། ཧོར་ཟླ་གཉིས་པ་གསར་འཕྲུལ་མཆོད་ཡོན་ལྷན་རྒྱས་ནས་གསེར་གདུང་དགེ་ལེགས་གཟི་འབར་ལ་རབ་གནས་ཉིན་གང་མ་རྒྱས་པ་དང་། ཆོས་གཉིས་ཀྱི་ཉིན་སྔ་དྲོ་པཎ་ཆེན་མཆོག་ལྷ་ལྷན་དུ་ཆིབས་བསྐྱོད་མཛད་རྗེས་སྐྱབས་མགོན་ཉིད་དང་། ཨམ་བན་རྣམ་གཉིས་བཅས་གུང་ཐང་དུ་ཕྱིན་ནས་མཆོག་སྤྲུལ་རིན་པོ་ཆེར་གོང་མའི་བཀའ་བཟང་ཕེབས་པ་རྣམས་གསེར་སྙན་དུ་སྒྲོན་ཅིང་ཁྲི་ཕེབས་བསྐྱངས་རྒྱུ་དུས་ཆོས་གཟའ་སྐར་སོགས་ཀྱི་བབ་བཅས་སྟོན་མཛུག་མཛད་དགོས་པ་དེ་བར་གུང་ཐང་རང་དུ་བཞུགས་འཇགས་བསྐྱངས་དགོས་སོགས་ཀྱི་བསླབ་དོན་ཞུ་བར་མཛད་ནས། གསོལ་ཚོགས་གྲུབ་བསྟུན་ཕོ་བྲང་དུ་ཕྱིར་ཕེབས་བསྐྱངས། ཆོས་བཅུ་བཞིའི་ཉིན་གཟའ་སྐར་དུས་ཆོས་སོགས་མཆོག་ཏུ་དགེ་བ་དང་འབྲེལ་བར་པཎ་ཆེན་ཐམས་ཅད་མཁྱེན་པ་དང་། སྐྱབས་མགོན་ཉིད། ཨམ་བན། ཞབས་པད་སོགས་ཚང་མ་གུང་ཐང་དུ་ཕེབས་བསྐྱོད་ཀྱི་ཐོག་ཀུན་གཟིགས་པཎ་ཆེན་མཆོག་ནས་ཡང་སྲིད་མཆོག་སྤྲུལ་རིན་པོ་ཆེའི་དབུ་སྐྲ་གཙུག་ཕུད་བཞེས་ཤིང་། མཚན་གསོལ་དང་དགེ་བསྙེན་གྱི་སྡོམ་པ་བཅས་འབུལ་བར་མཛད་དེ་

སྲས་བཅས་རྒྱལ་ཀུན་འདུས་པའི་བདག་ཉིད་ཡིན་ལ་ཡིན་བཞིན་པར་མངོན་པར་དབང་བསྐུར་བར་མཛད་པའི་ཚེ་ཡབ་སྲས་སོ་སོར་ལེགས་སྐྱེས་ལྷ་རེག་དང་སྣང་བརྙན་སོགས་འབུལ་བར་མཛད་ཅིང་། དེ་རྗེས་སླར་ཡང་ཚོམས་ཆེན་དུ་རྒྱལ་དབང་ཡབ་སྲས་གསེར་ཞལ་ལྷན་རྒྱས་པའི་ཐོག་མགོན་པོ་ཉིད་ནས་རྣམ་གཉིས་སོ་སོར་ལེགས་འབུལ་གྱི་མཆོད་སྤྲིན་བསམ་ལས་འདས་པ་འབུལ་བར་མཛད་ཟིན་བསྟུན་ཨམ་བན་སོགས་རྒྱ་དཔོན་ཁག་དང་། ཞབས་པད་སོགས་གཞུང་དྲུང་སེར་སྐྱ་ཀུན་གྱིས་ཡབ་སྲས་གསུམ་ཆར་ལ་ལེགས་དར་ཕུལ་ཞིང་། དཀར་སྤྲོ་དང་གསོལ་སྟོན། གར་གྱི་གཟིགས་མོ་སོགས་དགའ་སྟོན་གྱི་རིམ་པའང་བསམ་ལས་འདས་པ་བཀའ་དྲིན་ཆེ་བར་གྱུར། དེའི་ཉིན་ཕྱི་དྲོ་ཕོ་བྲང་དུ་ཕྱིར་ཐེབས་བསྐྱངས་ཤིང་། འདི་དག་གི་སྔ་ཕྱི་བར་སྐབས་རྣམས་སུའང་ཀུན་གཟིགས་པཎ་ཆེན་རིན་པོ་ཆེ་དང་། ཨམ་བན་སོགས་ལ་ལྷན་རྒྱས་ཡང་ཡང་དུ་མཛད་དེ་གསུང་མོལ་སོགས་ཞིབ་ལྷིངས་སུ་བསྐྱངས་པར་མཛད། མི་རིང་བར་༄པཎ་ཆེན་ཐམས་ཅད་མཁྱེན་པ་ནྭ་སྦྲིང་དང་དགའ་ལྡན་སོགས་སུ་གནས་གཟིགས་ཐེབས་བཞེད་ལ་ཐེབས་ལྗོངས་ཀྱི་རིམ་པ་གཏོས་ཆེ་བ་དང་། ཆིབས་བསྒྱུར་དངོས་གཞི་ཚེས་ཉེར་གཅིག་གི་ཉིན་ཆིབས་སྐྱོལ་དང་ཐེབས་དར་སོགས་ཀྱང་འབུལ་བར་མཛད། འདི་ལོ་མཚུར་ཕུ་ཀརྨ་པའི་སྤྲུལ་སྐུ་ཡང་ལྷ་ལྡན་དུ་ཐེབས་པར་འབྱོར་ཐོན་གྱི་མཇལ་ཁ་སོགས་ལེགས་པར་སྩལ་ཞིང་། གཞན་ཡང་ཕྱོགས་འགྲུལ་ཁག་རྣམས་ལ་མཇལ་ཁ་གནང་སྦྱིན་སོགས་ཅི་རིགས་སུ་བསྐྱངས། ཧོར་ཟླ་གསུམ་པ་གསར་བསྟུན་དགེ་ལྡན་པའི་འཆར་ཅན་ཞབས་བརྟན་འབུལ་བཞེས་དང་། སྤྲོའོ་ཀ་གནམ་རྒྱལ་པོ་ངོ་གཡོག་སོགས་ལ་འགྱུར་ཕྱག་དང་། སྒྲོལ་དཀར་དང་སྤྱན་རས་གཟིགས་ཀྱི་རྗེས་གནང་སོགས་ཀྱང་སྩལ། ཆོས་

བཅུའི་ཉིན་ཀུན་གཟིགས་པཎ་ཆེན་རིན་པོ་ཆེ་ཕྱིར་ཕེབས་ཀྱི་ཆིབས་བསུར་ཟུར་ཁང་གཡུལ་ཁར་ཕྱོན་ཏེ་མཇལ་འཕྲད་དང་། དེ་ནས་ཡམ་རྐྱང་གུང་ཐང་དུ་༧ཡང་སྲིད་རིན་པོ་ཆེའི་མཇལ་ཁར་ཕྱོན་ཐོག་དེ་ཉིན་ཕྱིར་ཕེབས་ཀྱང་གནང་། འདི་ལོ་དཔའ་ཤོད་ཇ་སག་ལྷ་མ་བསྟན་འཛིན་རྒྱ་མཚོ་དགོངས་ཞུ་མཛད་པར་གོང་མར་གནས་ཚུལ་གྲལ་རྩེ་ཕུལ་བའི་ཕྱིར་ཕེབས་བསུ་ཇ་སག་གསར་པ་གཟིམས་འགག་ངག་དབང་ཚུལ་ཁྲིམས་ལ་སྤར་རྒྱུན་གོས་མུ་ཐུད་ཚོག་པའི་བཀའ་བཟང་ཕེབས་འཕྲུལ་བསྐོ་བཞག་གི་བཀའ་རྒྱ་སོགས་ཆེད་སྩལ་མཛད། འདི་སྐབས་ཡང་སྲིད་རིན་པོ་ཆེར་བཀའ་བཟང་དང་ལེགས་སྐྱེས་འབུལ་བར་གོང་མའི་བཀས་མངགས་ཐམས་ཅད་ཧྲུན་ཆེད་ཕེབས་སྐབས་ཆིབས་བསུར་ཕྱོན་ཏེ་མཇལ་འཕྲད་དང་། ཆོས་ཉི་ཤུའི་ཉིན་ཅང་ཧྲུན་དང་ལྷན་རྒྱས་གུང་ཐང་དུ་ཕེབས་བསྐྱོད་ཀྱིས་ཡང་སྲིད་རིན་པོ་ཆེར་གོང་མའི་གནང་སྐྱེས་བཟང་པོ་རྣམས་འབུལ་ཞིང་བཀའ་ལུང་སོགས་གསེར་སྙན་དུ་སྒྲོན་པར་མཛད། དེ་ནས་ཕྱིར་ཕྱོན་གྱིས་ཅང་ཧྲུན་སྒར་ཕེབས་ལ་ཐོན་ཕྱག་གནང་སྦྱིན་དང་། ཆོས་ཉེར་བརྒྱད་ཉིན་ཕྱིར་ཕེབས་སྐབས་ཟུར་ཁང་གཡུལ་ཁར་ཆིབས་སྐྱེལ་དང་གོང་མར་འཚམས་ཞུ་སོགས་ལུགས་སྲོལ་ལྟར་བསྐྱངས། མི་རིང་བར་གོང་མ་མཆོག་ལ་ཡང་སྲིད་ངོས་འཛིན་གྱིས་མཚོན་གང་ཅིར་ཐུགས་རྗེ་གཞན་འགྲན་མེད་པར་སྩལ་བའི་སྦྲ་ཡེར་ལེགས་འབུལ་ཞུ་མི་སེར་བྱེས་དགེ་བཤེས་ཚུལ་ཁྲིམས་ལྡན་ཚོགས་ཆེད་གནང་གདོང་གཞུང་སྒེར་ནས་འཚམས་ཞུ་དང་ལེགས་སྐྱེས་གཏོས་ཆེ་བ་འབུལ་བར་མཛད། སྦྲ་ཡེར་མཁན་པོ་ངོ་གཡོག་རྣམས་ལའང་ཐོན་གནང་དང་བཀའ་སློབ་སོགས་རྒྱས་པར་སྩལ། ཧོར་ཟླ་བཞི་པ་གསར་མཚམས་སུ་ཀུན་གཟིགས་པཎ་ཆེན་རིན་པོ་ཆེ་གཙང་དུ་ཕེབས་རྒྱུར་གཞུང་ས་མཆོག་དང་སྐུ་སྒེར་

བཅས་ནས་ཕེབས་རྫོངས་དངོས་འབུལ་གྱི་རིམ་པ་བསམ་ལས་འདས་པ་མཛད་ཅིང་། ཆོས་གསུམ་ཉིན་ཆིབས་བསྐུར་སྐབས་སྐྱིད་ཚལ་ཀླུ་སྡིངས་བར་ཆིབས་སྐྱེལ་དུ་ཕྱིན་ཏེ་ཕེབས་དར་སོགས་འབུལ་གནང་གི་ཐོག་ཞབས་ཟུང་སྲིད་མཐར་བརྟན་ཅིང་བསྟན་འགྲོའི་དོན་དུ་མཛད་འཕྲིན་ཁྱབ་གདལ་དུ་འགྱེད་པ་དང་། རྣམ་ཀུན་རྗེས་འཛིན་གྱི་སྐྱབས་འཇུག་བཅས་ཞུ་བར་མཛད་པར་པཎ་ཆེན་མཆོག་ནས་ཀྱང་མགུལ་དར་དང་བཅས་ཏེ་མགོན་པོ་མཆོག་ལ་ཞབས་པད་བརྟན་པ་དང་། རྒྱལ་དབང་མཆོག་གི་ཡང་སྲིད་རིན་པོ་ཆེའི་སྐུ་གསུང་ཐུགས་ཀྱི་འཕྲིན་ལས་སྤེལ་རྒྱུས་མཆེན་པའི་མཛད་བཟང་ཡར་ལྡན་དུ་དགོས་ཚུལ་སོགས་ཀྱིས་བཀའ་སློབ་སྤྲུལ་རེས་སུ་མཛད། ཆོས་བདུན་ཉིན་ཀུན་བདེ་གླིང་དུ་ཆིབས་བསྐུར་བསྐྱངས་ཤིང་། འདི་ལོ་སྐྱབས་མགོན་མཆོག་དགུང་སྐེག་ཏུ་སོན་པར་སྐུ་ཚེའི་འགལ་རྐྱེན་ཞི་བའི་རྟེན་འབྲེལ་དུ་གོང་ལྷའི་ཆོས་བརྒྱད་ཀྱི་ཉིན་སྐུ་སྐྱེར་གྱི་ཞབས་གྲས་དྲག་འབྲིང་དཀྱུས་བཅས་དང་། ཀུན་གླིང་གྲྭ་དམངས་བཅས་ཚང་མ་ནས་སྐྱབས་མགོན་མཆོག་ཚོགས་དབུར་གདན་ཞུས་ཀྱིས་གྲུབ་རྒྱལ་ལུགས་ཀྱི་ཚེ་དཔག་མེད་ཀྱི་སྒོ་ནས་ཞབས་བརྟན་དང་དངོས་འབུལ་སོགས་རྒྱ་ཆེར་ཕུལ་ཞིང་། དེ་ནས་རིམ་པར་བསྟན་གླིང་མཆོག་སྤྲུལ་རིན་པོ་ཆེ་དང་། ཞབས་པད་ལྷན་རྒྱས། རྣམ་རྒྱལ་གྲྭ་ཚང་། སྐུ་སྐྱེར་གཟིམས་དཔོན་བློ་བཟང་འཕྲིན་ལས་སོགས་ནས་ཀྱང་ཚོགས་དབུར་གདན་ཞུས་ཀྱིས་བརྟན་བཞུགས་དངོས་འབུལ་དང་བཅས་པ་རྒྱ་ཆེ་བར་ཕུལ་བ་རྣམས་ལ་རེ་འདོད་ཡིད་བཞིན་དུ་སྐོང་བའི་བཀའ་བཞེས་བཟང་པོས་དབུགས་དབྱུང་བར་མཛད། གཞན་ཡང་བཤད་གླིང་མཆོག་སྤྲུལ་རིན་པོ་ཆེ་དང་། སེ་ར་ཚོགས་ཆེན་གྲྭ་ཚང་སོ་སོ་བཅས་པ་དང་། གཞུང་དྲུང་ལས་ཚན་པ་སོགས་ནས་ཀྱང་བརྟན་བཞུགས་དངོས་

འབུལ་གྱི་རིམ་པ་རྒྱས་པར་ཕུལ། དེ་ནས་ཉེ་ཤུ་སྐོར་ལ་གྲུ་འཛིན་གཞལ་མེད་ཁང་དུ་ཕེབས་བསྐྱོད་ཐོག་ཆོས་སྲིད་ཀྱི་མཛད་པ་བཟང་པོ་རིམ་སེལ་དུ་བསྐྱངས། ཧོར་ཟླ་ལྔ་པ་གསར་འཕྲུལ་རྭ་སྒྲེང་ཁྲི་ཆེན་རིན་པོ་ཆེ་དང་། རྨེ་རུ་བཞི་སྡེའི་གྲྭ་ཚང་སོགས་ཀྱི་ཞབས་བརྟན་འབུལ་བཞེས་དང་། འདི་སྐབས་རྒྱལ་སྲས་རྡོ་རྗེ་འཆང་ཆེན་པོ་ཡང་གདན་ཞུས་བཞིན་ཕྱོགས་འདིར་ཕེབས་པར་མཇལ་འཕྲད་ཞིབ་ལྷིངས་དང་། ༸རྒྱལ་དབང་མཆོག་གི་ཡོངས་འཛིན་མཛད་དགོས་ཀྱི་བཀའ་བཟང་སོགས་ནན་ཆེར་སྩལ། ཆོས་ལྔའི་ཉིན་རྒྱལ་སྲས་རྡོ་རྗེ་འཆང་ནས་དངོས་འབུལ་རྒྱ་ཆེན་པོ་དང་བཅས་ཏེ་སྐུ་ཚེ་བརྟན་བཞུགས་ཀྱི་རིམ་པ་རྒྱས་པར་འབུལ་བར་མཛད། ཆོས་དྲུག་གི་ཉིན་༸སྐྱབས་རྗེ་སྟོན་འཁོར་དཔལ་ལྡན་འབྲས་སྤུངས་སུ་ཆིབས་ཀྱི་ཁ་ལོ་བསྒྱུར་བར་བླ་མ་ལས་སྣེ་སོགས་ནས་ཆིབས་བསུ་སོགས་སྲིད་ཞུའི་རིམ་པ་སྤར་སྤྲོལ་ལས་ལྷག་པས་མངོན་པར་མཆོད་བཞིན་པར་ཕེབས་བསྐྱོད་ཀྱིས་ཡར་ལམ་གནས་ཆུང་དུ་ཆོས་སྐྱོང་ཆེན་པོར་སྤྱན་འདྲེན་འཕྲིན་བཅོལ་དང་གནས་ཆུང་གྲྭ་དམངས་ནས་༸ཞབས་བརྟན་དངོས་འབུལ་དཀར་སྒྲོ་སོགས་རྒྱས་པར་ཕུལ། དེ་ནས་དགོན་པར་ཕེབས་སྐབས་བླ་གྲྭ་རྣམས་ནས་སེར་སྦྲེངས། ཇ་དུང་དར་འཕྱུར། །བསངས་རོལ། སྤོས་སྣ་སོགས་ཀྱིས་མདུན་བསུ་བཞིན་པར་དགའ་ལྡན་ཕོ་བྲང་གི་གཟིམས་ཆུང་དུ་ཆིབས་བསྐྱོད་ཕྲལ་ཕོ་བྲང་སྡེ་པ་ནས་དཀར་སྒྲོ་མཇལ་འབུལ་དང་། དེ་ནས་ཚོམས་ཆེན་དུ་ཕེབས་བསྟུན་སྒྲི་ཟུར་དམ་ཆོས་ནས་དཀར་སྒྲོ་རྟེན་གསུམ་སོགས་ཕུལ་ཞིང་། བླ་མ་ལས་སྣེ་སྤྱིལ་སྐུ་ཚེ་ཆུང་སོགས་ཆིབས་བསུ་བ་རྣམས་ལ་མཇལ་ཕྱག་སྩལ། ཆོས་བདུན་གྱི་ཉིན་ཚེ་གླིང་མཆོག་སྤྲུལ་དང་སྔོ་མང་བོད་གཞུང་མི་ཚན་སོགས་ནས་ཞབས་བརྟན་མཇལ་འབུལ་དང་། གུང་ཚོགས་མང་ཇའི་ཐོག་སྒྲི་ཟུར་དམ་

ཆོས་ནས་ཚོགས་དབུར་གདན་ཞུས་ཀྱིས་༸ཞབས་བརྟན་དངོས་འབུལ་དཔངས་མཐོ་བ་དང་། འདུས་པ་རྣམས་ལ་མང་འགྱེད་སོགས་ཀྱི་བསྙེན་བཀུར་གྱི་དོམས་སུ་ཕུལ། མང་ཇ་གྲོལ་བསྟུན་གུང་ཏུ་ཁམས་ཚན་ནས་ཚོམས་སུ་གདན་ཞུས་ཀྱིས་དཀར་སྒྲོ་དང་། ཞབས་བརྟན་འབུལ་སྐྱེས་དང་བཅས་པའི་ཐོག །མངོན་རྟོགས་རྒྱན་དང་། རྒྱལ་དབང་མཆོག་སྤྲུལ་རིན་པོ་ཆེའི་ཞབས་བརྟན་བཀའ་རྩོམ་མ། མགོན་པོ་ཉིད་ཀྱི་སྐྱེས་རབས་གསོལ་འདེབས་ཀྱི་ལུང་བཅས་ཞུས་པར་འདོད་མོས་བཞིན་སྩལ། ཆོས་བརྒྱུད་ཀྱི་ཉིན་༸སྐྱབས་མགོན་ཉིད་ཀྱི་དགུང་སྐེག་ཞབས་བརྟན་དུ་དམིགས་ཏེ་འདུས་པ་རྣམས་ལ་མང་ཇ་ཚོགས་སྐོར་སྔ་ཕྱི་གཉིས་སོ་སོར་སྐུ་འགྱེད་ཕྱི་འབུལ་སོགས་བསྙེན་བཀུར་རྒྱ་ཆེའི་ཐོག་ཚོགས་གཟིགས་ཐུགས་སྨོན་སོགས་རྒྱས་པར་མཛད་རྗེས་མཆོད་ཁང་ཁག་ལ་གནས་གཟིགས་མཆོད་སྨོན་སོགས་ཀྱང་རྒྱ་ཆེར་སྩལ། དེའི་ཕྱི་ཉིན་སོགས་ནས་རིམ་པ་བཞིན་འབྲས་སྤུངས་ཚོགས་ཆེན། སྒོ་མང་གྲྭ་ཚང་། བློ་གླིང་། སྔགས་པ། བདེ་ཡངས་བཅས་སོ་སོའི་འདུ་ཁང་དུ་གདན་ཞུས་ཀྱིས་གསོལ་སྟོན་དཀར་སྒྲོ། ཚོགས་ལང་སོགས་དགའ་སྟོན་དངོས་འབུལ་ཚད་མེད་པ་དང་བཅས་ཏེ་ཞབས་བརྟན་དང་། བླ་མ་ལས་སྣེ། བླ་སྤྲུལ་ཆེ་ཆུང་སོགས་དང་། ཚོགས་ཆེན་དུ་འདུས་པ་ལྷ་སྟོང་སྐོར་དང་གྲྭ་ཚང་སོ་སོར་ཡང་གྲྭ་དམངས་སོགས་ཚང་མས་མཇལ་ཞུ་ཞུས་ཤིང་། གོང་གསལ་གྲྭ་ཚང་སོ་སོར་མང་འགྱེད་ཕྱི་འབུལ་སོགས་ཀྱི་བསྙེན་བཀུར་གཟབ་རྒྱས་སུ་བསྐྱངས་ཤིང་། ཚོགས་ཆེན་དང་། གྲྭ་ཚང་ཀུན་ལ་འདོད་ཆོས་ཀྱི་རིགས་ཀྱང་དུ་མ་ཞིག་སྩལ་ཏེ། དེ་ཡང་ཚོགས་ཆེན་འདུས་པ་ལྷ་སྟོང་སྐོར་ལ་ལམ་རིན་ཆེན་མོའི་དབུ་ནས་བཤད་ལུང་རྒྱས་པ་ཆོས་ཐུན་གཅིག་དང་། སྒོ་མང་གྲྭ་ཚང་ལ་དགའ་ལྡན་ལྷ་བརྒྱ་མ་དང་འབྲེལ་བའི་བླ་

མའི་རྣལ་འབྱོར་གྱི་ཁྲིད་ལུང་། བློ་སྒྲོང་གྲྭ་ཚང་དུ་ལམ་གྱི་གཙོ་བོ་རྣམ་གསུམ་གྱི་བཤད་ལུང་དང་། འཇམ་དཔལ་མཚན་བརྗོད་ཀྱི་ལྟོགས་ལུང་། བདེ་ཡངས་གྲྭ་ཚང་ལ་སྨན་བླ་རྒྱས་པའི་ལྟོགས་ལུང་དང་། ཡན་ལག་བདུན་པའི་གསུང་བཤད། སྔགས་པ་གྲྭ་ཚང་ལ་བླ་མ་མཆོད་པའི་ཁྲིད་ལུང་བཅས་སྩལ་ཞིང་། གྲྭ་ཚང་ཁག་སོ་སོའི་མཆོད་ཁང་རྣམས་ལའང་མཆོད་སྨོན་གནས་གཟིགས་སོགས་ཞིབ་རྒྱས་སུ་བསྐྱངས། ཀུན་དགའ་ར་བའི་ཚོམས་ཆེན་དུ་སྤྱི་ཟུར་དམ་ཆོས་ནས་གསོལ་བ་བཏབ་པ་བཞིན་གཙང་པ་ཁམས་ཚན་འདུས་སྤྱིར་བླ་མ་མཆོད་པའི་ཁྲིད་ལུང་རྒྱས་པ་མན་ངག་ཟབ་བཤད་ཀྱིས་བརྒྱན་པ་སོགས་ཆོས་བཀའ་རྒྱ་ཆེར་སྩལ། གཞན་ཡང་འབྲས་སྤུངས་སུ་བཞུགས་རིང་སེམས་དཔའ་རིན་པོ་ཆེ་སོགས་བླ་སྤྲུལ་ཆེ་ཆུང་དང་། བླ་མ་ལས་སྡེ་སོ་སོའི་སྣེར་མཇལ། ཤར་བསམ་གྱི་ཁམས་ཚན་སོ་སོ་དང་། རྣམ་རྒྱལ་གྲྭ་ཚང་བའི་སྤྱི་སོ་སོགས་ནས་དཀར་སྤྲོ་དང་ཞབས་བརྟན་དངོས་འབུལ། བཀའ་རམས་དགེ་བཤེས་དང་ཆོས་འཁྲིམས་བློ་གསར་བ་སོགས་མཇལ་ཞུ་བར་མ་ཆད་དུ་བྱུང་བ་རྣམས་ལའང་མཇལ་ཁ་ཕྱག་དབང་སོགས་འདོད་མོས་ལྟར་སྩལ་ཞིང་། གོང་དུ་ཚོགས་ཆེན་གྲྭ་ཚང་སོགས་ཞབས་བརྟན་དངོས་འབུལ་རིགས་འབུལ་བ་པོ་མཐའ་དག་ལ་མཇལ་སློག་གནང་སྐྱེས་སོགས་ཀྱི་རིམ་པའང་གཟབ་རྒྱས་སུ་སྩལ་བར་མཛད་དོ། །དེ་ནས་ཚེས་བཅུ་བདུན་གྱི་ཉིན་བླ་མ་ལས་སྡེ། བླ་སྤྲུལ་སོགས་ནས་ཆིབས་སྐྱེལ་དང་བཅས་ཏེ་འབྲས་སྤུངས་ནས་པོ་བྲང་ཆེན་པོར་ཆིབས་ཀྱི་ཁ་ལོ་བསྒྱུར་ཏེ་སྐྱིད་ཚལ་ཀླུ་སྡིང་སུ་ཕེབས་པ་ན་ཆིབས་སྐྱེལ་བ་རྣམས་ནས་ཕེབས་དར་ཕུལ་ཏེ་ཕྱིར་ལོག་དང་། སྐྱབས་རྗེ་སྟོན་འཁོར་རྣམས་དབུས་གཙང་ཀུན་བདེ་གླིང་དུ་ཕེབས་བཞུགས་བསྐྱངས་ཤིང་། དེའི་སང་ཉིན་ནས་ཞག་བདུན་གྱི་བར་བདེ་སྐྱིད་གླིང་

ཁར་ཆབ་བཞེས་དང་། ཆོས་ཉེར་ལྔ་ནས་ཉེར་དགུའི་བར་ཚོགས་ཡོངས་དང་
ལྷན་ཅིག་གཟབ་གསོལ་འཁྲིད་བཅོལ་སོགས་སྔར་སྲོལ་ལྟར་གནང་སྦྱིན་དུ་
མཛད། ཧོར་ཟླ་དྲུག་པའི་ཚེས་གཉིས་ཀྱི་ཉིན་༄ཡོངས་འཛིན་རྒྱལ་སྲས་རིན་པོ་
ཆེར་༄གོང་མ་ཆེན་པོས་ནོ་མི་ཧན་གྱི་ཚོ་ལོ་སྩལ་བར་ལེགས་སྐྱེས་རྒྱ་ཆེར་འབུལ་
བར་མཛད་ཅིང་། དེ་མཚུངས་བསྟན་སྐྱོང་མཆོག་སྤྲུལ་རིན་པོ་ཆེར་ཡང་༄གོང་
ས་མཆོག་གི་ཡོངས་འཛིན་མཛད་དགོས་ཀྱི་གསེར་གྱི་བཀའ་བཟང་གྲལ་རྩེའི་
ལམ་ནས་ཕེབས་པར་༄གོང་མའི་བཀའ་མཆིད་དང་འབྲེལ་བར་བཀའ་ནན་
ལེགས་སྐྱེས་དང་བཅས་པ་སྩལ་ཞིང་། ཡོངས་འཛིན་རྣམ་གཉིས་སོ་སོར་ལྷན་
རྒྱས་མཛད་དེ་ཡང་སྲིད་རིན་པོ་ཆེའི་མཛད་སྒོའི་སྐོར་གྱི་གསུང་མོལ་སོགས་ཀྱང་
ཞིབ་པར་བསྐྱངས། དེ་རྗེས་ཡོངས་འཛིན་རྣམ་གཉིས་གུང་ཐང་དུ་ཐོག་མར་
ཕེབས་ཉིན་སོ་སོར་ལྷ་རེག་དང་སྐུ་བརྟན་སོགས་ཀྱི་ལེགས་སྐྱེས་ཀྱང་སྩལ། ཆོས་
བདུན་གྱི་ཉིན་པོ་ཏ་ལར་ཆིབས་བསྐྱོད་མཛད་ཅིང་༄གོང་མའི་བཀས་མངགས་
ལྟར་༄རྒྱལ་དབང་མཆོག་གི་ཁྲི་འདོན་དུ་པི་ཅིང་ནས་ཟླ་དཔོན་ཁག་མང་ཙམ་
ཕེབས་ཚུལ་གྱི་རྒྱུད་བསུ་རིང་ཐུང་དུ་འགྲོ་མི་སོགས་ཕྱུགས་ཐོན་རིགས་ལ་ཐོན་
གནང་སྩལ་ཞིང་། ཆོས་བཅུའི་ཉིན་བསམ་ཡས་ཚོས་སྐྱོང་ཆེན་པོའི་དབྱར་
གསོལ་དང་། མཁན་པོ་བདེ་ལེགས་ལ་སྐུ་བཅར་མཁན་པོ་མཛད་དགོས་ཀྱི་
བཀའ་བསྒྱུར་སྩལ། གཞན་ཡང་དགོན་ཁག་འགའ་ཞིག་གི་འཆར་ཅན་དབྱར་
མཇལ་ཞུ་མིའི་རིགས་སོགས་ལ་མཇལ་ཕྱག་ཀྱང་རིམ་པར་སྩལ། འདི་ལོ་སྐྱབས་
མགོན་ཉིད་ཀྱི་ཞབས་བརྟན་དང་འབྲེལ་བར་དེ་གོང་ཧོར་ཟླ་ལྔ་པའི་ཚེས་གཉིས
ནས་དགའ་ལྡན་ཁང་གསར་དུ་༄རྒྱལ་བའི་བཀའ་འགྱུར་རིན་པོ་ཆེ་ཆ་ཚང་བེ་
ཧུར་ཡའི་མདངས་ཅན་གྱི་ཤོག་བུའི་ངོས་སུ་རིན་ཆེན་དང་པོའི་ཁུ་བས་གསར་

བཞེངས་མཛད་པའི་ལས་གྲྭ་གསར་དུ་ཚུགས་པར་དོ་དམ་པ་དང་། དཔེ་ཆེ་ཆུང་སོགས་ལ་འཛུགས་སྐང་གི་སྟོན་མོ་གནང་སྦྱིན་སོགས་ཀྱང་རིམ་པར་གཟབ་རྒྱས་སུ་བསྐྱར་ཞིང་། གཞན་ཡང་འདི་ལོ་དགུང་སྐེག་གི་ཞབས་བརྟན་དང་འབྲེལ་བར་ལྷ་ལྡའི་ལུང་གི་དགོངས་དོན་བཞིན་གདན་ས་གསུམ་དང་། རྒྱུད་གྲྭ་རྣམ་གཉིས། གླིང་གསུམ། རྩེ་བཞི། ཚེ་གླིང་། ལྷུན་པོ་རི་པ། དགེ་འཕེལ་སོགས་ཉེ་འཁོར་འདུས་སྡེ་ཚང་མར་ཉིན་ཞག་དུ་མར་སྤྱན་གསལ་གྱི་མང་འགྱེད་སོགས་ཀྱི་བསྙེན་བཀུར་ཐོག་༸ཞབས་བརྟན་གྱི་རིགས་གྲུར་པསམ་ལས་འདས་པ་དང་། ཛོ་ཤཱཀ་སོགས་རྟེན་གསུམ་ཁག་ལ་སྟོང་མཆོད་དང་འབྲེལ་བར་ན་བཟའ། སྣན་ཤལ། བསམ་ཡས། ཁྲ་འབྲུག་སོགས་ལའང་མཆོད་སྟོན་རྒྱ་ཆེན་པོ་དང་། ཕྱོགས་ཀྱི་དགོན་ཁག་རིགས་ལའང་མང་འགྱེད་ཐོག་སྐུ་ཚེ་ཚེ་སྒྲུབ་འབུམ་ཐེར་མང་པོ་དང་། གཏོར་སྒྲུབ་ལན་མང་། ཆོས་སྐྱོང་ཁག་གི་བསྐང་འཕྲིན་གྲངས་གསོག །སྦྱིན་སྲེག །ཡི་དམ་ལྷག་པའི་ལྷའི་རིགས་ཀྱི་བསྙེན་སྒྲུབ་གྲངས་གསོག །གཏོར་ཆེན་གྱི་རིགས་གྲུར། ལྷ་བསངས་གྲངས་མང་སོགས་མདོར་ན་སྤྱན་གསལ་གྱི་༸ཞབས་བརྟན་རིགས་གྲུར་འདི་མ་སྒྲུབ་བྱ་བ་མེད་པ་ལྟ་བུ་གནམ་ལོ་གསར་ནས་བཟུང་རིམ་པ་བཞིན་རྒྱུན་མི་ཆད་དུ་སྒྲུབ་པར་མཛད་དེ་འདིར་བཀོད་པ་ནི་ཟུར་ཙམ་མོ། །

ཧོར་ཟླ་བདུན་པའི་ནང་ཡང་ཆབ་སྲིད་ཀྱི་མཛད་སྒོ་མཐའ་དག་ཐུར་མུས་ཐོག །ཕྱོགས་མཐའི་སྦྱིན་བདག་སོགས་ལ་འགྱུར་ཐོན་དང་། གྲྭ་ས་པན་ཚུན་གྱི་ལས་ཚན་གསར་བསྐྲུན་སོགས་ཀྱི་བཀའ་བསྒྱུར། ཀུང་ཐང་དུ་༸ཡང་སྲིད་རིན་པོ་ཆེའི་སྐུ་མདུན་དུ་ཕེབས་བསྐྱོད། སྐེར་ཁག་སོགས་ནས་དཔྱར་མཇལ་ཞུ་མིའི་རིགས་ལ་མཇལ་ཁ་སོགས་ཐུགས་གཡེངས་རྣམས་རིམ་གྲུབ་ཏུ་བསྐྱངས།

ཆོས་བཅོ་ལྔ་སྐོར་ལ་ཀུན་གླིང་དུ་ཆིབས་བསྒྱུར་གྱིས་རེ་ཞིག་གདན་ཆགས་པར་བཞུགས་འཛུགས་མཛད། འདི་ཟླའི་མཇུག་ཏུ་དཔལ་ཤོད་ཛ་སག་བླ་མ་ཟུར་པ་༧མི་རྗེ་བསྟན་འཛིན་རྒྱ་མཚོ་སྟོན་འཁོར་ཕེབས་སྐབས་ངོ་གཡོག་ཚང་མར་མཇལ་ཕྱག་དང་། ཛ་སག་བླ་མར་གསོལ་ཚོགས་ལྷན་རྒྱས་དང་བཅས་ཏེ་གསུང་མོལ་སོགས་ཞིབ་པར་བསྐྱངས། ཆོས་ཉེར་དགུའི་ཉིན་རྩེར་ཆིབས་བསྐྱོད་མཛད་ཅིང་། ཧོར་ཟླ་བརྒྱད་པ་གསར་མཚམས་སེར་འབྲས་ཀྱི་འཆར་ཅན་༧ཞབས་བརྟན་ཀྱང་འབུལ་བཞེས་བསྐྱངས། ཆོས་བདུན་ཉིན་ནོར་གླིང་བསྐལ་བཟང་ཕོ་བྲང་དུ་ཆབ་བཞེས་ལ་ཆིབས་བསྒྱུར་མཛད་ནས་ཞག་ཤས་བཞུགས་གནང་དང་། དེ་ནས་ཆོས་བཅུ་གཅིག་གི་ཉིན་པོ་ཏ་ལར་ཆིབས་བསྐྱོད་མཛད་དེ་བཅུ་གཉིས་ཀྱི་ཉིན་པེ་ཅིང་མཁན་ནང་འཁྱོར་སྐབས་ཚོམས་ཆེན་དུ་ཆིབས་བསྐྱོད་ཐོག་ལུགས་སྲོལ་བཞིན་གྱི་བཀུར་བཟློས་དང་བཅས་ཏེ་གསེར་ཡིག་གསན་བཞེས་སུ་བསྟར་བ་ན་འདི་ལྟར། གནམ་གྱི་ཤེ་མོང་བཙན་པོས་ས་སྟེང་ཡོངས་ལ་མངའ་དབང་བསྒྱུར་བ་ཧྭང་ཏིའི་བཀའ་རྗེ་དྲུང་ཏུ་ཐོག་ཐུ་ལ་ཕབ་པ། ཏུ་ཐོག་ཐུ་ཁྲིད་ལས་དོན་བྱེད་མཁན་མགོ་པར་ཆེད་དུ་བསྐོས་ཏེ་ལས་ལ་དབྱེ་འབྱེད་བྱེད་དུ་བཅུག་པ་ནས་ད་བར་ཏུ་ཐོག་ཐུ་ཁྲིད་ཀྱིས་ངེད་ཀྱི་བཀའ་ལ་གུས་པས་ཏཱ་ལའི་བླ་མའི་སྐུ་ཚབ་ཏུ་ཞྭ་སེར་གྱི་བསྟན་པ་སྤེལ་ཞིང་བླ་མ་སེར་མོ་བ་རྣམས་ལ་བསླབ་སྟོན་དང་། ལས་དོན་ཡོངས་ལ་ལུགས་བཞིན་དབྱེ་འབྱེད་བྱས་ཏེ། བོད་ཀྱི་དགོན་སྡེ་ཀུན་གྱི་བླ་མ་དང་། དགེ་འདུན་མང་པོ་རྣམས་དང་ཐབས་གཅིག་པར་མོས་གུས་དྲག་པོས་གསོལ་བ་བཏབ་པར་བརྟེན། ཏཱ་ལའི་བླ་མའི་ཡང་སྤྲུལ་འདི་ལྟར་མཆོག་ཏུ་ངོ་མཚར་རྨད་དུ་གསལ་བར་འོངས་པ་ཤིན་ཏུ་བརྟགས་འོས་སུ་གྱུར། ཏུ་ཐོག་ཐུ་ཁྲིད་ནས་བསམ་པ་རྣམ་པར་དག་པའི་སྒོ་

ནས་ཆེད་དུ་མི་སྣ་མཁན་པོ་གྲགས་པ་དབྱིག་གཉེན་བཏང་སྟེ་བརྟན་བཞུགས་དང་འཚམས་ཞུ་ཞུ་ཡིག་མཚོན་རྟེན་བཅས་ཕུལ་ནས་ཞུས་པ་ངེད་ཀྱི་ཐུགས་ལ་ངེས། ངེད་སྐུ་ཤིན་ཏུ་བདེ། ཏུ་ཐོག་ཐུ་ཁྱོད་ཀྱང་བདེ་བར་གནས་ཡོད་ལས་ཆེ། ངེད་ཀྱི་ཏཱ་ལའི་བླ་མའི་སྤྲུལ་སྐུ་གསལ་བ་ཡང་སྐུ་ན་ཤིན་ཏུ་ཕྲ་བས། ཏུ་ཐོག་ཐུ་ཁྱོད་ཀྱིས་ད་དུང་ཡང་ངེད་ཀྱིས་ཞྭ་སེར་གྱི་བསྟན་པ་དར་རྒྱས་དང་། ཡིད་ཅན་མཐའ་དག་ལ་བྱམས་པའི་དགོངས་བཞེད་མཆོག་དང་བསྟུན་ཏེ་ཏཱ་ལའི་བླ་མའི་སྤྲུལ་སྐུ་ལ་མགོ་འདྲེན་དང་། བོད་འབོད་མཁན་བླ་ཡོངས་ལ་སློབ་གཉེར་ཆོས་སྤྱོད་བསྐུལ་མ་སོགས་ལ་ལྷོད་མེད་ངོས། སངས་རྒྱས་ཀྱི་བསྟན་པ་གོང་འཕེལ་དུ་སྐྱོང་ཞིང་། འགྲོ་ཀུན་བདེ་སྐྱིད་ལ་འགོད་པའི་དོན་དུ་གསོལ་བ་ལེགས་པར་ཐོབ། ལེ་ཤོར་མ་བགྱིས་ཤིག །ད་ལན་མི་སྣ་མཁན་པོའི་གཏོང་ཆེད་དུ་ཁྱོད་ལ་འཚམས་འདྲིའི་བཀའ་ཤོག་ཕབ་རྟེན་དུ་དངུལ་སྲང་སུམ་ཅུའི་མདོང་མོ་གཅིག །གོས་ཡུག་ཆེན་ཆོས་ཁ་སྣ་ཚོགས་བཅུ་གཉིས། ཁ་བཏགས་ཆེ་ཆུང་བདུན་རེ་བཅས་གནང་སྟེ་བསྐུར་ཡོད། དེར་འབྱོར་བ་ན་དང་དུ་ལོངས་ཤིག །ཆེད་དུ་བཀའ་ཕབས་སོ། །ཞེས་ཕེབས་པར་བཀའ་བཟང་གནང་སྐྱེས་དང་བཅས་པ་རྣམས་དང་པ་ཆེན་པོས་བདག་གིར་བཞེས་ཐོག་མཁན་ནང་ངོ་གཡོག་ལ་མཇལ་ཁ་ཕྲུག་དབང་དང་། སྟོན་ཆེན་སོགས་ལའང་དགྱེས་རོལ་མཛད། ཆོས་བཅོ་ལྔའི་ཉིན་ལྷ་ལྡན་ཇོ་ཤཱཀ་རྣམ་གཉིས་སོགས་ལ་གནས་གཟིགས་མཆོད་སྨོན་རྒྱ་ཆེན་པོ་མཛད་རྗེས་གུང་ཐང་དུ་བྱོན་ནས་༧ཡང་སྲིད་རིན་པོ་ཆེར་མཇལ་འཕྲད་བསྐྱངས་ཤིང་དེ་ཉིན་ཕྱིར་ཕེབས་མཛད། ཆོས་བཅུ་དྲུག་གི་ཉིན་བཙན་པོ་ནོ་མི་ཧན་གྱི་སྤྲུལ་སྐུ་སྟོན་འཁོར་ལྔ་བཅུ་སྐོར་ལ་འབྱོར་ཕྲུག་དང་། དཀར་སྒྲོ་སོགས་རྒྱས་པར་སྩལ། ཆོས་ཉེར་དྲུག་གི་ཉིན་གོང་མའི་བཀས་མངགས་བླ་དཔོན་ཁག་

རྣམས་ཕེབས་ཉེར་གྱུར་པས་༧སྐྱབས་མགོན་ཉིད་དང་། བླ་སྤྲུལ་ཆེ་ཆུང་།
ཞབས་པད་སོགས་གཞུང་ལས་ཚན་པ་ཚང་མ། སེར་འབྲས་བླ་མ་ལས་སྣེ་རྣམས་
དང་བཅས་ཏེ་གུང་ཐང་དུ་ཕེབས་བསྐྱོད་མཛད། དེའི་ཕྱི་ཉིན་བླ་དཔོན་ཚང་མ་
ཕེབས་བསྐྱོད་སྐབས་གུང་ཐང་གི་ནང་ཚུན་ཅམ་དུ་སྐྱབས་མགོན་ཉིད་དང་།
ཡོངས་འཛིན་རྣམ་གཉིས། ཏུ་ཐོག་ཐུ་ཆེ་ཁག །ཨམ་བན་སོགས་ཀྱིས་གཙོ་
མཛད་པའི་རྒྱ་བོད་མི་དྲག་ཚང་མས་བསུ་བ་དང་༧གོང་མར་འཚམས་ཞུ་སོགས་
ལུགས་སྲོལ་ལྟར་མཛད། དེ་ནས་གཞིས་བྱེས་སྟོན་འཁོར་ཚང་མ་ཚོམས་ཆེན་དུ་
ཕེབས་བསྐྱོད་ཐོག་མཆོག་སྤྲུལ་རིན་པོ་ཆེ་ནས་གོང་མར་འཚམས་ཞུ་གྲུབ་བསྟུན་
མཚོད་ཡོན་ལྷན་རྒྱས་སུ་གོང་མའི་གསོལ་རས་དང་བཀའ་བཟང་ཕེབས་པ་
རྣམས་བདག་གིར་མཛད་རྗེས། གསོལ་ཞབས་དཀར་སྤྲོ་སོགས་ལ་དགྱེས་རོལ་
ཐོག་རྒྱལ་དབང་མཆོག་ལ་ལེགས་དར་འབུལ་གནང་དང་། དེ་ཉིན་པེ་ཅིང་གི་
བླ་དཔོན་ཁག་རྣམས་ལའང་གཞུང་སྒེར་སོ་སོ་ནས་ལེགས་དར་དང་ཟུར་ཆས་
སོགས་རྒྱས་པར་འབུལ་བར་མཛད། དེ་དག་གྲུབ་བསྟུན་ཕོ་བྲང་དུ་ཆིབས་
བསྐྱོད་མཛད་ཅིང་འདི་སྐབས་གུང་ཐང་གི་གྲྭ་ཚང་སོ་སོར་མང་འགྱེད་ཕྱི་འབུལ་
སོགས་ཀྱང་རྒྱ་ཆེར་སྩལ། དེའི་སང་ཉིན་༧སྐྱབས་མགོན་མཆོག་གོང་གསལ་བླ་
དཔོན་ཁག་རྣམས་དང་མཇལ་འཕྲད་མཛད་པར་བྱོན་ཏེ་གང་ཅིའི་གསུང་མོལ་
དང་ལེགས་སྐྱེས་སོགས་དཔངས་མཐོ་བར་བསྐྱངས་ཤིང་བླ་དཔོན་རྣམས་རྗེར་
མཇལ་ཞུར་བཅར་སྐབས་ཀྱང་ལྷན་རྒྱས་གསུང་མོལ་ཞིབ་ལྷིངས་སུ་མཛད།
ཧོར་བླ་དགུ་པ་གསར་འཕྲུལ་བཙན་པོ་ནོ་མི་ཧན་གྲྭ་གསར་འཛུག་སྒོ་མཛད་
གདོང་མཇལ་ཕྲུག་ཏུ་བཅར་བར་ལྷན་རྒྱས་དང་བཀའ་སློབ་སོགས་སྩལ་ཞིང་།
ཡོངས་འཛིན་རྣམ་གཉིས་སོགས་དང་ཡང་ལྷན་རྒྱས་མཛད། ཆོས་བཅོ་ལྔ་སྐོར་

ལ་འབྱུག་པ་ཐམས་ཅད་མཁྱེན་པ་དང་། མཚུར་ཕུ་ཞྭ་ནག་སྤྲུལ་སྐུ་སོགས་ཕྱོགས་ཀྱི་བླ་དཔོན་སྡེར་ཁག་ཁྲི་འབུལ་དུ་ཕེབས་མི་རྣམས་ལ་འཛོར་ཕྱག་དང་། གཞན་ཡང་༧རྒྱལ་དབང་མཆོག་རིང་མེན་གསེར་ཁྲིར་མངའ་གསོལ་གྱི་སྟ་གོན་གྲ་སྒྲིག་གི་རིམ་པ་སོགས་ཀྱང་ལེགས་པར་ཚགས་སུ་ཚུད་པར་མཛད་དོ། །

འདིར་སྨྲས་པ། གཞན་ཕན་སྙིང་རྗེའི་ལུས་སྟོབས་ཡོངས་རྫོགས་ཤིང་། །མཁྱེན་བཟང་སྣ་ཞགས་རིང་པོས་ཀུན་ཏུ་མཛེས། །ཕྱིན་དྲུག་རབ་དཀར་མཆེ་བ་འཛིན་བཞིན་དུ། །རྒྱལ་བསྟན་འདེགས་པའི་ཕྱོགས་ཀྱི་གླང་པོའི་ཕུལ། །སྨོན་ལམ་རླུང་གི་ཤིང་རྟས་ཉེར་དྲངས་པའི། །དགེ་མཚན་ཏ་རིའི་ལྷོན་པའི་བསུང་ཞིམ་གྱིས། །བསིལ་ལྗོངས་ཕྱོགས་ཀྱི་འཁོར་ལོ་འགེངས་པ་དེས། །སྐྱེ་དགུ་རྐང་དྲུག་ཚོགས་རྣམས་བག་ཕེབས་བྱས། །ཆོས་སྲིད་ལུགས་ཟུང་འཛོམ་པའི་འབྲས་སྨིན་པའི། །བྱ་བ་ལས་ཀྱི་འཁོར་ལོའི་སུ་ཁཏྟ། །མ་སྨད་ཐུགས་བསྐྱེད་ཞུགས་ཀྱིས་སྤྲངས་པ་ཡིས། །ཕུན་ཚོགས་བཙོ་མའི་མདངས་བཟང་ཀུན་ཏུ་སྤྲོ། །དགའ་བ་བརྒྱ་ལྡན་ཆོས་ཀྱི་ཕོ་བྲང་འདི། །དགའ་ལྡན་ཆོས་བཟང་མདུན་ས་ཇི་བཞིན་དུ། །དགའ་བསྐྱེད་ཆོས་ལྡན་མཛད་པས་འགེངས་པའི་མཐུས། །དགའ་དད་ལང་ཆོས་འགྲོ་རྒྱུད་བརྟས་པར་གྱུར། །མཐའ་ཀླས་བརྗོད་པར་དཀའ་བའི་མཛད་པ་ནི། །མཐའ་བྲལ་ལྷ་ཡི་ལམ་བཟང་ཇི་བཞིན་དུ། །མཐའ་མི་མངོན་པའི་བརྟུལ་ཞུགས་འཛིན་པ་འདིས། །མཐའ་མེད་སྲིད་པ་ནམ་ཞིག་ཅིས་མི་སྟོང་། །ཀུན་བཟང་རྒྱལ་བའི་རང་གཟུགས་རྗེ་བཙུན་ཁྱོད། །ཀུན་ཉོངས་འགྲོ་བ་འདྲེན་པ་བྱ་ཕྱིར་དུ། །ཀུན་ཏུ་བགྲང་བར་དཀའ་བའི་མཛད་པ་ཡིས། །ཀུན་ཁྱབ་འཛིན་མའི་རྡུལ་ཀྱང་ཉུང་ངུར་བྱས། །ཟླ་མེད་ཁྱོད་ཀྱི་མཛད་པའི་ངོ་མཚར་གྱིས། །ཟླ་བ་འབུམ་གྱི་མཛེས་པའང་ཟུམ་གྱུར་

ཏེ། །ཀུན་ཏུ་གསལ་བའི་སྣེག་མོའི་ཕང་ས་པ་ཏྲ། །རང་འོད་སྒྲོན་མེ་ཐོགས་ནས་ཐྲོས་པ་བཞིན། །ཅེས་པ་ནི་བར་སྐབས་ཀྱི་ངལ་བསོའི་ཚིགས་བཅད་དོ། །

དེ་ནས་༧རྒྱལ་དབང་འཇིག་རྟེན་གསུམ་གྱི་མགོན་པོ་ཆེན་པོ་ཕྱག་ན་པད་དཀར་འཆང་བ་ཐམས་ཅད་མཁྱེན་ཅིང་གཟིགས་པ་ཆེན་པོ་བློ་བཟང་བསྟན་པའི་འབྱུང་གནས་ངག་གི་དབང་ཕྱུག་ལུང་རྟོགས་རྒྱ་མཚོ་དཔལ་བཟང་པོ་གང་། འགྲོ་བ་ཡོངས་ཀྱི་དཔུང་གཉེན་གཅིག་པུར་གྲུ་འཛིན་གཉིས་པའི་གཞལ་མེད་ཁང་གི་མི་འཇིགས་བཞི་ལྡན་གདོང་ལྔས་བཏེགས་པའི་ཆོས་ཀྱི་ཁྲི་ལ་ཞབས་སེན་གསར་དུ་འགོད་པར་ཉེ་བ་ན། ཆོས་བཅོ་བརྒྱད་ཀྱི་ཉིན་གསོལ་ཚོགས་ཐོན་འཕྲུལ་ཞབས་པད་རྣམ་པ་སོགས་གཞུང་དྲུང་མི་དྲག་ལས་ཚན་ཡོད་མེད་ལ་མ་ལྟོས་པའི་ཚང་མའི་འཁོར་དང་བཅས་ཏེ་དཔལ་བརྩེགས་ཐང་དུ་བཞུགས་སྐར་གྱི་སར་ཆིབས་བསྒྱུར་དང་། དེའི་སང་ཉིན་སྔ་ཆར་སྟོན་འཁོར་ཚང་མ་གུང་ཐང་དཔལ་གྱི་གཙུག་ལག་ཁང་དུ་ཕྱིན་ནས་༧རྒྱལ་དབང་མཆོག་ལ་མཇལ་ཕྱག་མཛད་ཟིན་བསྟུན་མཆོད་ཡོན་གསར་ཞལ་ལྡན་རྒྱས་ཀྱི་སྒོ་ནས་ཆིབས་བསྒྱུར་བཀའ་དྲིན་ཆེ་བར་གྲུ་ཁར་ཕེབས་སྐབས་པེ་ཅིང་བླ་དཔོན་ཁག་ནས་མཇལ་དར་དང་། དེ་ནས་བཞུགས་སྐར་དུ་ཕེབས་བསྟུན་ཆེན་ཁྲལ་དཔོན་ཁག་དང་། ཞབས་པད་རྣམ་པ། སེར་འབྲས་དགའ་གསུམ་གྱི་བླ་སྤྲུལ་ལས་སྣེ། གཞུང་དྲུང་སེར་སྐྱ། ཁ་ཆེ་བལ་པོ་སོགས་ཆིབས་བསུ་བ་ཚང་མས་མཇལ་ཕྱག་ཞུས། ཆོས་ཉེ་ཤུའི་ཉིན་སྐྱབས་མགོན་ཉིད་༧རྒྱལ་དབང་མཆོག་དང་ལྡན་རྒྱས་མཛད་རྗེས་སྟོན་ལ་པོ་ཏ་ལར་ཆིབས་བསྐྱོད་མཛད། དེའི་སང་ཉིན་ཆོས་ཉེར་གཅིག་གི་སྔ་དྲོ་པེ་ཅིང་བླ་དཔོན་ཁག་རྣམས་སྐུ་མདུན་དུ་ཕྱིན་པར་ལྡན་རྒྱས་དང་། དེ་ནས་ཉི་དྲོས་ཀྱི་དུས་ལ་བབ་པ་ན་༧གོང་ས་ལྷ་མིའི་འདྲེན་མཆོག་ཆེན་པོ་ལྷ་སྡེ་མི་སྡེའི་

འཁོར་ཚོགས་རྒྱ་མཚོ་ལྟ་བུས་ཀུན་ནས་བསྐོར་ཞིང་། ཕེབས་ལམ་དུ་འཁོད་པའི་སྐྱེ་བོ་ཐམས་ཅད་ཀྱིས་ཇ་དུང་དར་འཕྱར། བསངས་རོལ། སེར་མོ་བ་རྣམས་ཀྱིས་སེར་སྦྲེངས་ཀྱི་རིམ་པ། ཕྲ་གཞས་པ་སོགས་ཀྱིས་གླུ་གར། ཕོ་བྲང་གི་རྩེ་ནས་བཀྲ་ཤིས་ཁྲ་རིང་། ཇ་གླིང་རོལ་མོ་སོགས་མདོར་ན་སྲིད་པ་འདི་ན་མཆིས་པའི་བྱེ་བྲག་དང་། སྲིད་ཞུ་བཀུར་བསྟི་ཡོད་དོ་ཅོག་གིས་ཞབས་ནས་མངོན་པར་འདེགས་བཞིན་པར་ལྷ་ལྡན་བར་སྐོར་བརྒྱུད་གཞུང་སྒོ་ཤུན་ཚོགས་འདུ་ལམ་ནས་གྲུ་འཛིན་ཕོ་བྲང་དུ་ཆིབས་བསྐྱོད་སྐབས་༸སྐྱབས་མགོན་ཉིད་བདེ་ཡངས་ཤར་གྱི་བར་ཕེབས་བསུར་བྱོན་ཞིང་། དེ་ནས་༸སྐྱབས་མགོན་ཉིད་ཀྱིས་སྤྱིས་སྣ་དང་བཅས་ཏེ་གཟིམས་ཆུང་ཉི་འོད་དུ་གདན་ཞུ་མཛད་ནས་རྗེ་རྗེའི་ཁྲི་འཕང་མཐོན་པོར་ཞབས་པད་འཁོར་ལོས་མཚན་པ་ལེགས་པར་བཀོད་ཟིན་འཕྲུལ་གཞུང་སའི་དཀར་སྤྲོ་དང་གསོལ་སྟོན་ཐོག་༸སྐྱབས་མགོན་ཉིད་དང་། ཆེན་ཁྲལ་དཔོན་ཁག །རུ་ཐོག་ཐུ་ཆེ་ཆུང་། ཞབས་པད་སོགས་གཞུང་དྲུང་རྣམས་དང་། སེར་འབྲས་ཀྱི་བླ་སྤྲུལ་ལས་སྣེ་སོགས་ཆིབས་བསུ་བ་ཕལ་མོ་ཆེས་མཇལ་དར་ཕུལ། ཆོས་ཉེར་གཉིས་ཀྱི་སྟ་ཆར་༸སྐྱབས་མགོན་ཉིད་སོགས་ནས་སྤྱིས་སྣ་དང་བཅས་ཏེ་༸རྒྱལ་དབང་མཆོག་ཚོམས་ཆེན་སྲིད་ཞིའི་ཕུན་ཚོགས་སུ་གདན་ཞུ་མཛད་ཐོག །བཀས་མངགས་བླ་དཔོན་རྣམས་དང་བཅས་ཏེ་གོང་མ་ཆེན་པོའི་གསེར་ཡིག་སྟན་སྦྲོན་དང་། གནང་སྐྱེས་སོགས་འབུལ་བཞེས་གྲུབ་བསྟུན་རྒྱལ་དབང་མཆོག་གསེར་ཁྲིར་ཞབས་སོར་འཁོད་རྗེས་གཞུང་ས་མཆོག་ནས་ཁྲི་ཕེབས་ལེགས་སྐྱེས་ཀྱི་འབུལ་བའི་སྐབས་༸སྐྱབས་མགོན་ཉིད་ནས་འཕགས་མཆོག་ཕྱག་ན་པདྨ་དང་པོར་ཐུགས་བསྐྱེད་ཚུལ་ནས་བཟུང་སྟེ། ད་ལན་མཆོག་གི་སྤྲུལ་སྐུའི་རང་ཞལ་གསར་དུ་ཆོས་པའི་བར་གྱི་སྐྱེས་རབས་རྣམ་

ཐར་དང་མཛད་པ་འཕྲིན་ལས་ཀྱི་བསྡུགས་བརྗོད། ཕྱིན་ཆད་རྗོ་རྗེའི་ཁྲི་ལ་༄ཞབས་ཟུང་གཡོ་མེད་བསྐལ་བརྒྱར་བརྟན་ཅིང་མཛད་འཕྲིན་མཐའ་དག་ཐམས་ཅད་མཁྱེན་པ་གོང་མ་རྣམས་ཀྱི་རྣམ་ཐར་བདག་གིར་མཛད་དགོས་ཚུལ་སོགས་ལུང་རིགས་དྲི་མ་མེད་པའི་ལམ་ལས་དྲངས་པ་ཕྱོགས་བཅུའི་རྒྱལ་བ་སྲས་བཅས་མཉེས་པའི་མཆོད་ཡོན་དུ་འགྱུར་བའི་མནྜལ་གྱི་གསུང་བཤད་ཟབ་ཅིང་རྒྱས་པར་མཛད་པའི་ཚེ། ༄རྒྱལ་དབང་མཆོག་ཀྱང་སྐུའི་ན་ཚོད་ཕྲ་ཡང་དམ་པའི་ངང་ཚུལ་འགོག་པ་མེད་པའི་རང་མདངས་མངོན་སུམ་དུ་བསྟན་ཏེ་དགྱེས་པའི་འཛུམ་ཞལ་ལེགས་པར་ཕྱེ་བའི་སྒོ་ནས་ཇི་ལྟར་གསོལ་བ་བཏབ་པའི་འདོད་དོན་དེ་བཞིན་དུ་འགྲུབ་པའི་ཞལ་བཞེས་བཟང་པོ་སྩལ་གྲུབ་བསྟུན་༄གཞུང་ས་མཆོག་ནས་མནྜལ་རྟེན་གསུམ་ལྷ་རིག་སོགས་ཀྱིས་གཙོས་པའི་ལེགས་སྐྱེས་མཆོད་སྤྲིན་གྱི་རིམ་པ་ལྷ་ལམ་འགེངས་པར་ནུས་པའི་ཕྲེང་བ་ཕྱོགས་བཅུར་སྤེལ་བས་མངོན་པར་མཆོད་ཅིང་། སེར་སྐྱ་དེར་འཁོད་ཚང་མས་ཀྱང་མཆོད་ཡོན་ལྷན་རྒྱས་སུ་མཇལ་དར་ཕུལ། དེའི་རྗེས་སུ་གསོལ་སྟོན་ཆེན་མོའི་ཐོག །གར་རོལ་གྱི་གཟིགས་མོ་དང་། དགེ་བའི་བཤེས་གཉེན་རྣམས་ནས་ལུང་རིགས་ཀྱི་མཆོད་པ་སོགས་ལུགས་གཉིས་ཀྱི་དགའ་སྟོན་སྤུ་ན་མེད་པའི་རྒྱ་ཆེན་པོར་མཛད་དོ། །ཚུལ་འདི་རྣམས་ལ་གླེང་བར་བྱ་བའི་སྒོ་འདི་ཡོད་དེ། ༄རྒྱལ་དབང་འཇིག་རྟེན་གསུམ་གྱི་མགོན་པོ་ཕྱུག་ན་པད་དཀར་འཆང་བའི་ཡང་སྲིད་མཆོག་གི་སྤྲུལ་སྐུ་རིན་པོ་ཆེ་ཡིད་བཞིན་གྱི་ནོར་བུ་དབང་གི་རྒྱལ་པོ་ལྟ་བུ་འདི་ཉིད་དཀའ་ཚེགས་མེད་པར་འཕྲུལ་མེད་དུ་ངེས་པ་རྙེད་པར་མ་ཟད་ངོས་འཛིན་གདན་ཞུ་སོགས་གང་གི་ཐད་ལའང་ངལ་བ་ཕྲ་མོ་ཙམ་མི་དགོས་པར་འབད་མེད་ལྷུན་གྲུབ་ཀྱི་ཚུལ་དུ་ལག་རྗེར་སོན་པ་འདི་ལྟ་བུ་ནི་གཙོ་བོར་རྒྱལ་དབང་ཕྱུག་ན་

པཎྜི་ཉིད་ཀྱི་ཐུགས་བསྐྱེད་འཕྲིན་ལས་ཀྱི་འཇུག་པ་རྨད་དུ་བྱུང་བའི་མཐུ་དང་། ཡང་སྨོན་ཁྱད་པར་ཅན་དུ་༸སྐྱབས་མགོན་རྒྱལ་བའི་རྒྱལ་ཚབ་ཆེན་པོ་ཉིད་ཀྱི་མཁྱེན་པའི་ཡེ་ཤེས་དང་བརྩེ་བའི་ཐུགས་རྗེ་བསམ་གྱིས་མི་ཁྱབ་པའི་མཐུ་དཔལ་ཁོ་ན་ལས་བྱུང་བ་ཡིན་ཏེ། ཅིའི་ཕྱིར་ན་འདི་འདྲ་བ་ནི་སྔོན་ཆད་༸རྒྱལ་དབང་སྐུ་ཕྲེང་གོང་མ་རྣམས་ཀྱི་དུས་སུ་ཡང་མ་བྱུང་བར་སྣང་བའི་ཕྱིར་ཏེ། དེ་ཡང་སྔར་དུས་༸རྒྱལ་དབང་ཐམས་ཅད་མཁྱེན་པ་ངག་དབང་བློ་བཟང་རྒྱ་མཚོ་དག་ཞིང་དུ་གཤེགས་རྗེས་མི་དབང་འཇམ་དཔལ་དབྱངས་སངས་རྒྱས་རྒྱ་མཚོ་ནས་མཆོག་སྤྲུལ་གར་ཐེབས་བརྟག་དཔྱད་མཛད་སྐབས་ཀྱང་གསང་སྒོ་ཤིན་ཏུ་དམ་པར་མཛད་དགོས་པའི་སྐབས་ཀྱིས་རྩད་གཅོད་མི་བདེ་བས་ལོ་བཅུ་གཉིས་ཀྱི་བར་དུ་ངེས་པ་མ་རྙེད་པ་དང་། དེ་རྗེས་༸རྒྱལ་དབང་རིན་ཆེན་ཚངས་དབྱངས་རྒྱ་མཚོར་འཁྲུལ་མེད་དུ་ངེས་པ་རྙེད་ནས་ངོས་འཛིན་གདན་ཞུ་སོགས་གྲུབ་ནས་ཀྱང་ལོག་སྨྲ་ཅན་རྣམས་ནུས་པ་བདོ་བས་མཆོད་ཡོན་ཚང་མར་ཐུགས་བཟློས་མི་བདེ་བ་སྣ་ཚོགས་བྱུང་བ་དང་། དེ་རྗེས་༸རྒྱལ་དབང་བསྐལ་བཟང་རྒྱ་མཚོ་ལི་ཐང་དུ་སྐུ་འཁྲུངས་ཤིང་འཁྲུལ་མེད་དུ་ངེས་པ་རྙེད་ཀྱང་གངས་ལྗོངས་སྐྱེ་འགྲོའི་བསོད་ནམས་དམན་ཞིང་ནག་ཕྱོགས་བདུད་རིགས་ཀྱི་འཁྲུལ་འཁོར་སྟོབས་ཆེ་བས་ལོ་མང་པོའི་བར་དུ་དབུས་འགྱུར་གྱི་ལྗོངས་སུ་༸ཞབས་སོར་བཀོད་མ་ཐུབ་པ་དང་། ༸རྒྱལ་མཆོག་བཀའ་དྲིན་ཅན་འཇམ་དཔལ་རྒྱ་མཚོ་དེ་ཉིད་ངོས་འཛིན་གདན་ཞུ་སོགས་འཕྲལ་མྱུར་དུ་ཐུབ་ཀྱང་གདན་ཞུའི་སྐབས་སྐུའི་རྩ་ལག་སྟོབས་ཆེ་བས་གཞུང་འབངས་ཀུན་ལ་ཡོ་ལང་གི་དཀའ་སྡོང་དང་། མཉེས་ཐང་དུ་ཐེབས་བསྟུན་ཡབ་རྗེ་ཞལ་མ་འཚོ་བས་རྒྱུད་ཙམ་བཞུགས་འཛུགས་མཛད་དགོས་སོགས་ཀྱིས་གཞུང་གནས་ལའང་བྱ་དཀའ་བ་མང་ཙམ་

བྱུང་འདུག་པ་བཅས་དེ་ལྟར་ཧུང་། ད་རེས་ནི་༸སྐྱབས་མགོན་ཉིད་ཐབས་མཁས་ཐུགས་རྗེའི་མངའ་བདག་ཏུ་སོང་བས་དེ་འདྲ་བའི་དཀའ་ཚེགས་ཆུང་ངུ་ལའང་ལྟོས་མི་དགོས་པར་ཐོག་མ་ཉིད་ནས་བསྟན་འཛིན་བདག་ཉིད་ཆེན་པོ་རྣམས་དང་། གདན་ས་ཆེན་པོའི་སློབ་དཔོན་ཁྲི་གདན་བཟུར། བཀའི་གུང་བློན་ཆེན་པོ་རྣམས་ཀྱིས་གཙོས་པའི་གཞུང་དྲུང་མི་དྲག་སེར་སྐྱ་སོགས་ཚང་མར་བཀའ་འདྲི་བསྐྱངས་ཏེ། ༸རྒྱལ་དབང་སྐུ་ཕྲེང་གོང་མ་རྣམས་གདན་ཞུའི་སྐབས་ཀྱི་གནས་ཚུལ་སོགས་ཞིབ་རྒྱས་བཀའ་སྐྱོལ་མཐར། དེས་ན་ད་རེས་མཆོག་སྤྲུལ་རིན་པོ་ཆེའི་ངོས་འཛིན་གདན་ཞུ་སོགས་འགྱངས་མེད་དུ་ཐུབ་པ་ཞིག་བྱེད་དགོས་ལ། དེ་ཡང་སོ་སོའི་གནས་སུ་སྐུ་ཚབ་ཆེད་གཏང་གིས་ངོས་འཛིན་བྱས་པ་ཙམ་གྱིས་ནི་ཚང་མ་ཡིད་ཆེས་ཀྱི་གནས་སུ་མི་འགྱུར་བས། དེ་བས་དོགས་གནས་ཡོད་རིགས་རྣམས་དབུས་འགྱུར་གྱི་ལྗོངས་འདི་ཁར་གདན་ཞུས་ཀྱི་ཐོག་ཀུན་གྱི་མངོན་སུམ་གྱི་ཡུལ་དུ་གྱུར་པའི་སྒོ་ནས་ངོས་འཛིན་བྱས་ན་ཚང་མ་ཡིད་ཆེས་རྗོད་བྲལ་གྱི་གནས་སུ་འགྱུར་བས་དེ་ལྟར་བྱས་ན་འཐུས་མིན་བཀའ་འདྲི་བསྐྱངས་པར་ཚང་མས་༸སྐྱབས་མགོན་མཆོག་གི་དགོངས་ཟབ་ལྷ་ན་མ་མཆིས་པར་མཐོང་ནས་དེ་དེ་བཞིན་དུ་ཅི་ནས་མཛད་དུ་གསོལ་ཞེས་མགྲིན་གཅིག་ཏུ་གསོལ་བ་བཏབ་པའི་དོན་བཞིན། དོགས་གནས་ཡོད་རིགས་རྣམས་སུ་སྐུ་ཚབ་གོང་འཁོད་རྣམས་ལ་ལམ་ཡིག་མདོར་བསྡུས་དང་བཀའ་ཁྱབ་མཐར་ཕྱིན་དང་བཅས་ཏེ་མངགས་པ་ལས། རིང་མིན་ཉིད་དུ་ལྷན་ཚོགས་འཁོར་ནས་ད་ལྟའི་༸སྐྱབས་མགོན་རྒྱལ་བའི་དབང་པོ་འདི་ཉིད་གཟིམས་འགག་རབ་བརྟན་རྒྱ་མཚོས་གདན་ཞུ་དང་། དེ་མཚུངས་ཨ་མདོ་སོགས་ནས་དོགས་གནས་ཡོད་རིགས་ཁ་ཤས་ཀྱང་ཕྱོགས་མཚུངས་སྤྱན་དྲངས་ཤིང་། གཞན་དག་ཕལ་མོ་ཆེ་ནི་

རང་བཞིན་བག་ཆགས་བཟང་བ་ཙམ་ལས་རྒྱལ་དབང་མཆོག་གི་ཡང་སྲིད་ཡིན་པའི་སྐུ་གསུང་ཐུགས་ཀྱི་མཚན་མ་གསལ་དོད་མི་འདུག་པའི་གནས་ཚུལ་བྱུང་བས་གདན་ཞུ་མ་མཛད་པར་བཏང་སྙོམས་སུ་བཞག་པར་མཛད་ལ་བོད་ཐེབས་རྣམས་ཀྱི་ནང་ནས་ད་ལྟའི་མཆོག་སྤྲུལ་རིན་པོ་ཆེ་འདི་ཉིད་རེ་ཞིག་དབུས་སྟོད་གཞོགས་གྲུར་སྨོན་དུ་བཞུགས་སུ་བཅུག་ནས་ངོས་འཛིན་བརྟག་དཔྱད་དང་། དེ་མཚུངས་དོགས་གནས་ཡོད་རིགས་གཞན་ལའང་བརྟག་དཔྱད་མཛད་པ་ན་ཉི་མའི་འོད་ཀྱིས་འོད་གཞན་ཟིལ་གྱིས་མནན་པ་ལྟར་དུ་གྱུར་ཏེ་འདི་ཉིད་ཡིན་པའི་ངེས་ཤེས་ཇེ་འཇོངས་སུ་སོང་ཁར་ལྷ་དང་བླ་མའི་ཚོགས་ཀྱིས་ཀྱང་གསལ་པོར་ལུང་བསྟན་པ་ན་ཨམ་བན་གཉིས་དང་ཞབས་པད་བཅས་སུ་བཀའ་བགྲོས་མཛད་ནས་རེ་ཞིག་བཞུགས་ཡུལ་གྲུང་ཐང་དུ་འོས་པ་བཞིན་གདན་དྲངས་ཐོག་སྔར་གོང་དུ་རྒྱས་པར་བརྗོད་ཟིན་པ་ལྟར་གྱི་ངོས་འཛིན་དང་། གངས་ལྗོངས་སྐྱེས་བུ་མཆོག་དམན་ཚང་མའི་ཐུགས་རྩེ་ཆེག་བསྒྲིལ་གྱི་འདོད་དོན་གོང་མ་ཆེན་མོར་གསོལ་བས་རེ་འབྲས་ལྷུན་གྲུབ་ཏུ་བྱུང་བ་སོགས་གཙོ་བོར་གཞུང་ས་མཆོག་དང་། མངའ་འབངས་མི་སེར། རྐང་བཞིའི་ཕྱུགས་སོགས་ཀུན་ལ་དགའ་སྤྲོ་དང་། དཔྱ་ཁྲལ་སོགས་ཀྱི་བསྣུན་རྩེར་ཙུང་ཟད་ཀྱང་མི་དགོས་པར་འབད་མེད་དུ་ནོར་བུ་རྒྱལ་མཚན་གྱི་རྩེ་མོར་བཀོད་ཐུབ་པ་འདི་ལྟ་བུའི་མཁྱེན་རབ་དང་ཐབས་མཁས་ཀྱི་མཛད་འཕྲིན་ལ་རྒྱ་བོད་ཧོར་གསུམ་གྱི་སྐྱེ་བོ་ཐམས་ཅད་བསམ་བཞིན་དུ་དད་པ་དང་གུས་པ་ཇེ་འཕེལ་དུ་གྱུར་ཏེ་དུས་གསུམ་དུ་བསྟགས་པ་རྒྱུན་མི་ཆད་དུ་སྒྲོག་ཅིང་སྒྲོག་པར་འགྱུར་བ་ཉིད་ཡིན་ལ། ༸སྐྱབས་མགོན་རང་ཉིད་ཀྱང་ཐུགས་ཀྱི་བཞེད་དོན་ཡོངས་སུ་འགྲུབ་པས་དགྱེས་དགུ་ཚད་མེད་པ་འཁྲུངས་ཏེ་སྐུ་མདུན་ནང་འཁོར་བ་རྣམས་ལ་བཀའ་ཐེབས་སུ། ད་རེས་༸རྒྱལ་

དབང་མཆོག་གི་ཡང་སྙིད་ཀྱི་སྐོར་འདིར་དཀོན་མཆོག་རིན་པོ་ཆེའི་ཐུགས་རྗེས་སྤྱི་ཕྱི་བར་གསུམ་གྱི་འདོད་དོན་མཐའ་དག་གེགས་མེད་ལམ་ཀྱུགས་ཀྱིས་ཉེས་ཚོ་ཙུང་ཟད་ཀྱང་མེད་པར་གསེར་ཁྲིར་མངའ་གསོལ་ཐུབ་པ་འདི་ནི་དགེ་ལེགས་ཀྱི་དཔལ་ཡོན་ཆེན་པོ་ལག་ཏུ་སོན་པ་ཡིན་པས་ད་ནི་ཁོ་བོའི་འདོད་དོན་གྱི་གཙོ་བོ་འགྲུབ་པ་ཡིན་ཅེས་གསུངས་འདུག་པ་ནི་གདོན་མི་ཟ་བར་དོན་དང་ལྡན་པའི་གསུང་སྟེ། དེས་ན་འདི་དག་ནི་ངེས་པར་རྨད་དུ་བྱུང་བའི་མཛད་བཟང་བླ་ན་མེད་པ་ཡིན་པས་ད་དུས་དང་འབྱུང་འགྱུར་གངས་རིའི་ཁྲོད་འདིར་འཁོད་པའི་ཤེས་ལྡན་སྐྱེ་བོའི་ཚོགས་ཀུན་ལོག་པའི་བཤེས་གཉེན་གྱི་སྒྲ་བ་ངན་པའི་རྗེས་སུ་འབྲངས་པར་འདི་འདྲ་བའི་འཁོར་ཐབས་མེད་པའི་བཀའ་དྲིན་སྙིང་ནས་དྲན་པའི་སྒོ་ནས་དད་གུས་དང་བསྟོད་བསྔགས་ཀྱི་མེ་ཏོག་རྒྱ་ཆེན་རྒྱུན་མི་ཆད་དུ་འཐོར་བར་རིགས་སོ། །ཞེས་སྐབས་དོན་ཙུང་ཟད་གསལ་བར་གླེང་ནས་སླར་ཡང་དཀྱུས་ཀྱི་དོན་ལ་འཇུག་པ་ནི། དེ་ལྟར་ཁྲི་ཕེབས་ཀྱི་རིམ་པ་ལེགས་པར་གྲུབ་ཟིན་ནས་དེའི་སང་ཉིན་ཚེས་ཉེར་གསུམ་ཉིན་རྒྱའི་བླ་དཔོན་ཁག་ལ་ཁམས་གསུམ་དུ་གསོལ་ཚོགས་དང་དཀར་སྤྲོ་གནང་རྗེས་གཟིམས་ཆུང་དུ་ཁྲི་པ་རྒྱ་ནག་པའི་མཆོག་སྤྲུལ་དང་། ཕང་གཉིས་སྙེར་མཇལ་དུ་བཅར་བར་ལྷན་རྒྱས་ཐོག་གསུང་མོལ་དང་། དགའ་ལྡན་ལྷ་བརྒྱ་མའི་ལྗགས་ལུང་བཅས་སྩལ། ཚེས་ཉེར་བཞིའི་ཉིན་བཀྲས་ལྷུན་ནས་༧ཀུན་གཟིགས་པཎ་ཆེན་རིན་པོ་ཆེ་ནས་སྐུ་ཚབ་ཆེད་མངགས་ཀྱིས་ཁྲི་ཕེབས་ལེགས་སྐྱེས་ཀྱི་གསོལ་སྟོན་དུ་མཆོད་ཡོན་ལྷན་རྒྱས་ཕེབས་བསྐྱོད་མཛད་པར་ཞབས་བརྟན་དངོས་འབུལ་གྱི་རིམ་པ་རྒྱ་ཆེ་འབྲུམས་ཕྲས་སུ་ཕུལ། དེ་ནས་ཕི་ཅིང་གི་བླ་དཔོན་ཁག་རྣམས་གོང་མའི་བཀའ་བཞིན་མགྱོགས་མྱུར་ཕྱིར་བསྐྱོད་མཛད་བཞེད་ལ་ཁྲི་པ་རྒྱ་ནག་པ་དང་། ཕང་སོགས་

སོ་སོར་གསོལ་ཚོགས་ལྷན་རྒྱས་དང་བཅས་ཏེ་ཐོན་ཕྱུག་གནང་སྦྱིན་སོགས་རྒྱ་ཆེ་
བ་དང་། བཀའ་སློབ་ཀྱི་རིམ་པའང་ཡང་དག་པར་སྩལ་བར་མཛད་ཅིང་།
ཕྱང་ལ་འདོད་ཆོས་རྗེས་གནང་འགའ་ཞིག་ཀྱང་བཀའ་དྲིན་ཆེ་བར་མཛད། དེ་
ནས་དཔོན་ཁག་རྣམས་རིམ་པར་ཕེབས་སྐབས་ཀྱང་སོ་སོར་གཞུང་སྒེར་གྱི་
མགྲོན་གཉེར་རྣམས་ཆེད་གནང་གིས་ཆིབས་སྐྱེལ་འཚམས་ཞུ་དང་། གཞན་
ཡང་ཕེབས་སྐྱེལ་རིང་ཐུང་རྣམས་ཀྱང་འཆེམ་མེད་ཆེད་གཏོང་མཛད། ཧོར་ཟླ་
བཅུ་པའི་ཚེས་གསུམ་གྱི་ཉིན་༧གོང་ས་རྒྱལ་དབང་མཆོག་ཚོམས་ཆེན་དུ་གདན་
ཞུས་ཀྱིས་༧སྐྱབས་མགོན་ཉིད་སྐུ་སྒེར་ནས་ཁྲི་ཕེབས་ལེགས་འབུལ་སྐབས་
མཇལ་གྱི་གསུང་བཤད་གཟབ་རྒྱས་དང་། ལེགས་སྐྱེས་དངོས་འབུལ་གྱི་མཆོད་
སྤྲིན་ཀྱང་ཚད་མེད་པ་སྤྲོ་བར་མཛད་ཅིང་། དེ་རྗེས་དཀར་སྤྲོ་གསོལ་སྟོན་
སོགས་བཟང་ཞིང་གྱ་ནོམས་སུ་བསྟར་བ་དང་། ལུགས་གཉིས་ཀྱི་གཟིགས་མོ་
སོགས་དགའ་སྟོན་མཐའ་དག་རྒྱ་ཆེ་བླ་ལྷག་ཏུ་མཛད་ལ། འདི་སྐབས་སྐུ་སྒེར་
ནས་སྟོན་ཆེན་ཞུ་དོད་དངུལ་སྲང་ལྔ་བརྒྱ། མཇལ་རྟེན་གསུམ་དང་བཀྲ་ཤིས་
རྫས་རྟགས་སོགས་ཀྱི་དོད་དངུལ་སྲང་བརྒྱ། ཁ་བཏགས་ནང་མཛོད་རྩེར་སོན།
གསེར་སྲང་བཅོ་ལྔ། རྒྱ་དངུལ་ཏ་རྨིག་མ་བཅུ། ཏཾ་ཀ་ཚད་ལྔ་བཅུ། བཟང་
གོས་ཆོས་ཁ་སྣ་ཚོགས་ཡུགས་ཆེན་སུམ་ཅུ་སོ་ལྔ། སྣོ་སྣམ་གྲོན་འདེངས་བཅུ།
ཀོ་རྩེ་འཁོར་དྲུག་ཉེར་ལྔ། ཤིང་འབྲས་ལེགས་ངེས་ (ཉེས་) ལྷང་སུམ་ཅུ།
ཆིབས་ཆེན་ང་བཅུ་དང་། དཀྱུས་རྟ་ཉམས་ལྡན་བཞི་བཅུ། རྒྱ་དྲེལ་བརྒྱད།
དྲེའུ་ཉམས་ལྡན་ཞེ་གཉིས། འབྲུ་དཀར་ལྷང་དང་བཟང་གོས་དཔྱད་ལྡན་
ཡུགས་ཀྱིས་གཙོས་པའི་དགུ་ཚན་བཅས་དང་། དེ་མཚུངས་ཡོངས་འཛིན་རྣམ་
གཉིས་དང་། ཨམ་བན། སྦྱར་སྤྱི་ཐོགས་ཅིང་། རྒྱལ་བའི་ཡབ་ཡུམ། བཀའ་

 སློན་བཞི། སྤྱི་ཁྱབ་མཁན་པོ་སོགས་ལའང་གོ་བབ་དང་བསྟུན་པའི་ལེགས་སྐྱེས་ཀྱི་རིམ་པ་འབྱམས་ཀླས་སུ་བཀྱེ་བར་མཛད་སྐང་ངོ་། །དེ་ནས་བཟུང་སྟེ་དྲུང་སྤྱི་དང་། ཞབས་པད་ལྷན་རྒྱས། མཚོ་ཆེན། ལྷ་རྒྱ་རི་བ། རྣམ་རྒྱལ་གྲྭ་ཚང་། ལྷ་ཀླུ་བཅས་ནས་རིམ་པར་མཆོད་ཡོན་ལྷན་རྒྱས་སུ་སྟོན་ཆེན་དང་། ལེགས་སྐྱེས་དངོས་འབུལ་སོགས་བཟང་ཞིང་རྒྱས་པར་ཕུལ། སེར་འབྲས་སོ་སོ་ནས་ཀྱང་ལྷན་རྒྱས་སུ་ལེགས་སྐྱེས་ཞབས་བརྟན་དངོས་འབུལ་དང་དཀར་སྤྲོའི་ཐོག་གྲྭ་དམངས་ཚང་མ་ནས་མཇལ་ཕྱག་ཞུས་ཤིང་། དེ་མཚུངས་ཡོངས་འཛིན་བསྟན་གླིང་སྤྲུལ་སྐུ་རིན་པོ་ཆེ་སྟོན་འཁོར་དང་བསྟན་གླིང་གྲྭ་དམངས་དང་བཅས་པ། ཡོངས་འཛིན་ཀྱི་རྒྱལ་སྲས་རྡོ་རྗེ་འཆང་སྟོན་འཁོར། བཤད་གླིང་སྤྲུལ་སྐུ་རིན་པོ་ཆེ་དང་། ར་སྒྲེང་ཁྲི་ཆེན་རྡོ་རྗེ་འཆང་སྟོན་འཁོར། ཚེ་མཆོག་གླིང་སྤྲུལ་སྐུ་རི་ཁྲོད་གྲྭ་དམངས་དང་བཅས་པ་སོགས་ཏུ་ཐོག་ཐུ་ཆེ་ཁག་ཚང་མ་ནས་ཀྱང་དཀར་སྤྲོ་དང་དངོས་འབུལ་ལེགས་སྐྱེས། འབྲུག་པ་ཐམས་ཅད་མཁྱེན་པ་དང་། མཚུར་ཕུ་ཞྭ་ནག་སྤྲུལ་སྐུ། འབྲི་གུང་སྤྲུལ་སྐུ། སྨིན་གྲོལ་གླིང་པ་སོགས་རིས་མེད་གྲུབ་མཐའ་དུ་མའི་བླ་ཆེན་ཁག་དང་། གཞན་ཡང་སེར་འབྲས་དགེ་གསུམ་གྱི་གྲྭ་ཚང་ཁག་སོ་སོ་དང་། ཁམས་ཚན། མི་ཚན་གྱི་རིགས། རྒྱུད་གྲྭ་རྣམ་གཉིས། ཆོ་ཏུ་བཞི་སྡེ་སོགས་ཉེ་འཁོར་གྱི་འདུས་སྡེ་ཁག །གཞུང་དྲུང་མི་དྲག་དང་། སྐེར་ཁག་ཆེ་བཙན་ཕལ་མོ་ཆེ་སོགས་མདོར་ན་མཆོག་དམན་དུ་མ་ནས་མཆོད་ཡོན་ལྷན་རྒྱས་སུ་རང་རང་གི་འབྱོར་ཚོགས་དང་བསྟུན་པའི་ལེགས་སྐྱེས་དངོས་འབུལ་དང་། ཞལ་མཇལ་ཕྱག་དབང་དུ་བཅར་མི་སོགས་བསམ་འདས་བརྗོད་ཀྱིས་མི་ལང་པ་རྒྱུན་མི་ཆད་པས་ཟླ་བ་ སྔ་ཕྱི་འདི་དག་འཁོར་མོ་ཡུག་ཏུ་འདའ་བར་གྱུར་ཏེ་མཐའ་དག་འགོད་པར་མ་ནུས་སོ། །

དེ་གོང་འདི་ཟླའི་ཚེས་བཅུ་གཅིག་གི་ཉིན་༧གོང་མ་ཆེན་པོར་རྒྱལ་དབང་མཆོག་ཁྲི་ཐེབས་ཀྱི་བཀྲ་ཤིས་སྣ་ཡེར་ཆེན་པོ་འབུལ་བར་འབྲས་ཤག་སྔོར་བླ་མ་ཚད་གནང་གདོང་གོང་མར་འཚམས་ཞུ་གནང་རྗེན་སོགས་རྒྱ་ཆེར་སྩལ་ཞིང་མཁན་པོ་རྗེ་གཡོག་ལ་ཐོན་ཕྱག་གནང་སྦྱིན་ཀྱང་སྩལ། འདི་ཟླའི་ཚེས་བཅོ་ལྔ་སྐོར་ལ་སྤྱི་སོར་བཀའ་འགྱུར་རིན་པོ་ཆེ་གསར་བཞེངས་མཛད་པ་ཡོངས་རྫོགས་ལེགས་པར་གྲུབ་པས་དོ་དམ་བཟོ་རིག་པ་བཅས་ལ་ཁམས་གསུམ་ནང་དུ་མཛལ་ཁའི་ཐོག །དོ་དམ་མགྲོན་སློ་དཔང་དང་། གོ་རེ་ཞབས་དྲུང་སོ་སོར་ཁ་བཏགས་ནང་མཛོད་དང་། ཆར་སྟོད་ཆ་འགྲིག་རེ། བཟང་གོས་ཡུགས་བམ་རེ། སྤྱིར་ཐགོ་དང་། འབྲུ་དཀར་ལྷང་གེས་གཙོས་པའི་དགུ་ཚན། ལས་གྲྭའི་གཉེར་པ་འཕྲིན་ལས་ཡར་འཕེལ་དང་། མ་ཆེན་སྤུར་རམ་པ་སོ་སོར་ཁ་བཏགས་བར་མཛོད། བཟང་གོས་ཕྱིན་འདེངས། ཐགོ་རེ་བཅས། བཟོ་པ་དབུ་ཆེན་ལྔ་སོ་སོར་ཁ་བཏགས་ཨ་ཤེ །རྒྱན་བཞི་མངགས་བཏགས་ཀྱི་ཕྱིན་པ། སྐེ་རགས་ཕོར་ཤུབས་སོགས་ཆ་འགྲིག །སྤྱིར་ཤིང་འབྲས་ལྷང་དང་བཟང་གོས་ཀྱིས་གཙོས་པའི་ཚན་གྲངས། དབུ་ཆུང་བཅུ་གཅིག་པོ་སོ་སོར་བར་མཛོད་རེ་དང་། མཛོད་འདྲ་དང་བྱང་དཔང་ཚོས་ཁ་སྣ་ཚོགས་ཀྱི་ཕྱིན་པ། སྐེ་རགས་ཕོར་ཤུབས་ཞྭ་མོ་བཅས་དང་། སྤྱིར་ཚན་གྲངས། བཟོ་རིག་བྱིངས་བརྒྱད་ཅུ་སྐོར་ལ་མཛོད་རེ་དང་། ཕྱིན་དོད་དར་བུ་ལྷུགས་དམར་སྤུབ་རེ། སྤྱི་ཛ་དང་ཤིང་འབྲས་སོགས་ཀྱིས་གཙོས་པའི་དགུ་ཚན་གསུམ། དེ་ཕྱིན་དོ་དམ་དང་གཉེར་གྱི་རོགས་བྱེད་སོགས་ལ་ཕྱི་མཛོད་དང་། རྫར་ལེང་ལྷང་ཁུ་སྤུབ་རེ། རོགས་བྱེད་བྱིངས་ཉི་ཤུ་སྐོར་ལ། ཁ་བཏགས་ཉིས་སྤྲག་དང་། དངུལ་གྱི་གནང་ཆ་སོགས་ཚང་མར་གོ་བབ་དང་བསྟུན་པའི་གནང་སྐྱེས་ཀྱི་ནོམས་སུ་སྩལ་ཞིང་། དེ་ཡང་

གོང་གསལ་འཛུགས་སྐང་གྲོལ་གསུམ་གྱི་སྟོན་མོ་དང་གནང་ཆ་སོགས་ཀྱི་རྒྱུ་འགྲོ་མ་ཐེ་བས་གསེར་དངུལ་གོས་ཆེན་ཤོག་བུ་གླེགས་ཤིང་སོགས་བཀའ་འགྱུར་རིན་པོ་ཆེ་རང་གི་རྒྱུ་སོང་ཁྲོན་བསྡོམས་ཧྲང་བརྩིས་དངུལ་ཐོག་ཏུ་ཕབ་པར་དངུལ་སྲང་ཉི་ཁྲི་བཞི་སྟོང་བརྒྱ་དང་བདུན་ཅུ་དོན་གཅིག་དང་ཞོ་གང་བཅས་ཐོབ་སྣང་སྣེ་རྒྱུ་དངོས་ལ་ཕངས་པ་མ་མཆིས་པར་སྙིང་པོ་དོན་དང་ལྡན་པའི་རྣམ་དཀར་རླབས་པོ་ཆེའི་རྒྱུ་ཚོགས་སུ་སྨིན་པར་མཛད་པ་ཡིན་ནོ། །དེ་ནས་ཧོར་ཟླ་བཅུ་གཅིག་པའི་ནང་དུ་ཡང་སྔར་བཞིན་ཁྲི་ཕེབས་ལེགས་འབུལ་ཞུ་མིའི་རིགས་མཐའ་ཀླས་པ་རྣམས་ལ་མཇལ་ཕྱག་རིམ་སྩལ་དང་། ཕྱོགས་འགྲུལ་བའི་རིགས་ལ་འཕྲོར་ཕྱག །ཞབས་གྲས་འགའ་ཞིག་ལ་ཐབ་འཛིན་དང་ལས་ཚན་གསར་བསྐོས་སོགས་ཀྱི་བཀའ་བསྒྱུར། ལས་ཁུངས་སོགས་ཀྱི་སྙན་ཞུའི་བཀའ་ལན་དང་དམ་ཞུ་སྩལ་འོས་སོགས་བསྟན་སྲིད་ཀྱི་མཛད་པ་རྒྱ་ཆེན་པོས་དུས་འདའ་བར་མཛད་ནས། འདི་ཟླའི་མཇུག་ཚེས་ཉེར་དགུའི་ཉིན་ནས་རིམ་གཉིས་ཟབ་མོའི་ཐུགས་དམ་རྡོ་རྗེ་ལྷ་བུའི་ཏིང་ངེ་འཛིན་གྱི་ངང་དུ་གཡེལ་བ་མེད་པར་བཞུགས་ཤིང་། ཧོར་ཟླ་བཅུ་གཉིས་པའི་ཚེས་བཅུ་གཉིས་ཉིན་ཐུགས་དམ་བཅད་རྒྱ་གྲོལ་ཏེ་དད་འདུས་ཁག་ལ་མཇལ་ཁ་དང་། ཕྱོགས་ཐོན་བྱེད་མིའི་རིགས་ལ་ཐོན་ཕྱག་སྐབས་སུ་༧རྒྱལ་དབང་མཆོག་དང་གསེར་ཞལ་ལྷན་རྒྱས་མཛད་ཅིང་། གཞན་ཡང་ལོ་མཇུག་གི་རྒྱུན་དང་འཕར་མའི་ཞབས་བརྟན་མཛད་འོས་ཀྱི་རིགས་དང་སྨོན་ལམ་ཆེན་མོའི་ཐོ་བསྒྲིགས། དུས་གཏོར་གྱི་འཆམ་གཟིགས་ལ་གཟིགས་པས་བཅའ་བ་སོགས་མཛད་འོས་གང་ཅི་ཡར་ལྡན་དུ་བསྐྱངས་སོ། །

༈ དེ་ནས་དཀར་པོ་ཞེས་པ་ས་མོ་སྦྲུལ་གྱི་ལོའི་དགྱེས་ཞལ་གསར་ཚེས་

སྐབས་རྗེ་འབྲེལ་ལེགས་ཚོགས་སྤེལ་བའི་མཛད་པ་སྤྱི་དང་༈རྒྱལ་དབང་མཆོག་ལ་ལོ་གསར་མཇལ་དར་འབུལ་གནང་གི་ཐོག་ལྷན་རྒྱས་ནས་དུང་སྐྱོང་དབང་མོར་ཆོས་གཏོར་སོགས་བསྐྱངས་ཤིང་། དེ་ནས་དགྱེས་སྟོན་ཉིན་དང་གཉིས་རྣམས་ལའང་མཆོད་ཡོན་ལྷན་རྒྱས་ཆིབས་བསྒྱུར་གྱིས་དུས་ཀྱི་དགའ་སྟོན་ཆེན་པོ་རྣམས་ལ་ལེགས་པར་རོལ་བ་དང་། སྤྱི་སྣེར་ཚང་མ་ནས་ལོ་གསར་གྱི་མཇལ་དར་འབུལ་བཞེས་སོགས་སྔར་ལྟར་བསྐྱངས། ཆོས་ལྔའི་ཉིན་༈སྐྱབས་མགོན་ཉིད་ལྷ་ལྡན་སྨོན་ལམ་ཆེན་མོའི་མགོན་དུ་ཆིབས་བསྐྱོད་མཛད་ཅིང་། སྨོན་ལམ་སྤྲིན་བདག་སོགས་མཇལ་ཞུ་བ་ཁག་ལ་མཇལ་ཁ་ཕྱག་དབང་སོགས་རིམ་པར་བར་མ་ཆད་དུ་སྩལ། ཆོས་བཅུའི་ཉིན་གོང་ས་རྒྱལ་དབང་མཆོག་སྨོན་ལམ་ཆེན་མོའི་མགོན་དུ་ཆིབས་བསྒྱུར་སྐབས། པོ་ཏ་ལར་ཕྱིན་ནས་མཇལ་ཕྱག་གྲུབ་བསྟུན་ལྷན་རྒྱས་གྲུ་འཛིན་ཕོ་བྲང་ནས་ཆིབས་ཞལ་བསྒྱུར་སྐབས། ལྷ་སྡེ་མི་སྡེ་ཚང་མས་བསུ་བ་སེར་སྤྲེངས་དར་འཕྱུར་དུང་འབུད་བསངས་རོལ་སོགས་སྔར་སྤྲོལ་བཟང་པོ་བླ་ལྷག་ཏུ་སྤེལ་བའི་སྤྲོད་ཞུ་དང་བཅས་ནས་ལྷ་ལྡན་སྤྲུལ་པའི་གཙུག་ལག་ཁང་ལ་གཡས་སྐོར་གྱིས་ཕྱིན་ཏེ་གཟིམས་ཆུང་དགའ་ལྡན་ཡང་རྩེར་ཞབས་སོར་འཁོད་འཕྲལ་དཀར་སྤྲོ་རགས་བསྡུས་དང་། དེ་ནས་ཨེ་ཝཾ་དུ་ཕྱིན་ཏེ་ཕེབས་སྟོན་གྱི་རིམ་པ་སྔར་ལམ་ལྟར་གཟབ་རྒྱས་ལེགས་པར་རོལ། ཆོས་བཅུ་གཉིས་ཀྱི་ཉིན་བཙན་པོ་དོ་མི་ཏན་ནས་མཆོད་ཡོན་ལྷན་རྒྱས་སྨོན་ལམ་ཆེན་མོའི་ཚོགས་དབུས་སུ་གདན་ཞུས་ཀྱིས་ཞབས་བརྟན་དངོས་འབུལ་ལེགས་སྐྱེས་ཀྱི་མཆོད་སྤྲིན་བསམ་ལས་འདས་པ་ཕྲིས་ཤིང་། འདུས་པ་དམངས་ལའང་མང་འགྱེད་སོགས་ཀྱི་བསྙེན་བཀུར་གྱི་ནོམས་སུ་སྟར། ཆོས་བཅུ་གསུམ་གྱི་ཉིན་ཁལ་ཁ་ཤར་རྟ་མགྲིན་སྐྱབས་ཀྱི་ཚོགས་དབུ་དང་། ཆོས་

བཅོ་ལྔའི་ཉིན་དབང་ཆེན་ནོ་མི་ཧན་གྱི་ཚོགས་དབུ་སོགས་སུ་ཡང་སྤར་བཞིན་ཕེབས་བསྐྱོད་མཛད། ཚེས་བཅོ་ལྔའི་སྔ་ཆར་࿐སྐྱབས་མགོན་རྒྱལ་ཚབ་ཉིད་ནས་འདུས་པ་དམངས་ལ་གསུང་ཆོས་ཀྱང་སྩལ་ཞིང་། དེའི་ཕྱི་དྲོ་ཡས་ཕྱིན་ལྷན་རྒྱས་ཇོ་ཤཱཀ་རྣམ་གཉིས་ཀྱིས་གཙོས་པའི་རྟེན་གསུམ་ཁག་ལ་གནས་གཟིགས་སུ་ཕྱིན་ཏེ། མཆོད་འབུལ། སྨན་ཤལ། ཐུགས་སྨོན་སོགས་རྒྱ་ཆེན་པོར་མཛད། གོང་གསལ་ཚོགས་དབུ་ཞུ་མི་མཐའ་དག་ལ་གཞུང་སྒེར་ནས་མཇལ་སློག་གནང་སྦྱིན་སོགས་ཀྱང་ལེགས་པར་སྩལ། ཚེས་ཉེར་གཉིས་ཀྱི་ཉིན་࿐རྒྱལ་དབང་མཆོག་ཕོ་བྲང་དུ་ཆིབས་ཞལ་བསྒྱུར་སྐབས་ར་ཆེར་གནས་གཟིགས་དང་བཅས་ཏེ་ཕེབས་སྐྱིལ་དུ་ཕྱིན་ཐོག་སྣར་ཡང་ལྷ་ལྡན་དུ་ཕྱིར་བསྐྱོད་མཛད། གཞན་ཡང་སྨོན་ལམ་ཆེན་མོའི་སྔ་ཕྱིའི་མཛད་འོས་མཐའ་དག་སྔར་ལམ་ལྟར་བསྐྱངས་རྗེས་སྨོན་ལམ་གྲོལ་བསྡུན་པོ་ཏ་ལར་ཆིབས་བསྐྱོད་བཀའ་དྲིན་ཆེ་བར་གྱུར། ཧོར་ཟླ་གཉིས་པའི་ནང་དུའང་མཐའ་དབུས་ནས་ཁྲི་ཕེབས་ལེགས་འབུལ་ཞུ་མིའི་རིགས་ལ་ཡས་ཕྱིན་ལྷན་རྒྱས་དང་སྐུ་སྒེར་ཅི་རིགས་པ་ནས་མཇལ་ཕྱག་སོགས་རིམ་པར་སྩལ། ཚེས་དགུའི་ཉིན་རྒྱལ་དབང་མཆོག་ལ་མཇལ་ཕྱག་དང་ལྷན་རྒྱས་མཛད་རྗེས་ཀུན་བདེ་གླིང་དུ་ཆིབས་བསྒྱུར་གནང་། དེ་སྐབས་࿐རྒྱལ་སྲས་རྡོ་རྗེ་འཆང་གདན་ཞུས་ཀྱིས་ཚེས་བཅུ་བཞི་ནས་བཟུང་ཉིན་གསུམ་གྱི་བར་དུ་ཀུན་གླིང་འདུས་པ་དང་བཅས་ཏེ་རྒྱལ་བའི་བཀའ་འགྱུར་རིན་པོ་ཆེ་གསར་བཞེངས་ལ་རབ་ཏུ་གནས་པའི་རིམ་པ་ཞིབ་རྒྱས་གནད་སྨིན་བསྐྱངས་སུ་འཇུག་པར་མཛད་ཅིང་། གྲུབ་བསྟན་གཏང་རག་སྐུ་ཡོན་སོགས་ཀྱང་རྒྱ་ཆེར་འབུལ་བར་མཛད། དེའི་ཚེ་࿐རྒྱལ་དབང་མཆོག་ནས་ཀྱང་སྐུ་ཚབ་ཆེད་གནང་གིས་དཀར་སྒྲོ་དང་ལེགས་སྐྱེས། དེ་མཚུངས་བསྟན་གླིང་། བཤད་

གླིང་། ཚེ་གླིང་སོགས་དང་། ཞབས་པད་རྣམ་པ་སོགས་གཞུང་དྲུང་ལས་ཚན་པ་སྤྱི་སྙེར་དུ་མ་བཅས་ནས་ལེགས་སྐྱེས་དངོས་འབུལ་གྱི་རིམ་པ་རྒྱ་ཆེ་བ་དང་། གཞན་ཡང་སེར་འབྲས་ཀྱི་གྲྭ་ས་གྲྭ་ཚང་། ཁམས་ཚན་ཁག་བཅས་སོ་སོ་ནས་ཀྱང་ལེགས་འབུལ་རིམ་པར་ཕུལ། ཆོས་བཅུ་བདུན་གྱི་ཉིན་སྐུ་སྙེར་ཞབས་གྲས་དྲག་འབྲིང་དཀྱུས་བཅས་ནས་༸སྐྱབས་མགོན་ཉིད་ཀུན་གླིང་འདུས་ཚོགས་ཀྱི་དབུས་སུ་གདན་ཞུས་ཀྱིས་གྲུབ་རྒྱལ་ལུགས་ཀྱི་ཚེ་དཔག་མེད་ཀྱི་སྒོ་ནས་༸ཞབས་བརྟན་དང་དངོས་བཤམས་ཀྱི་མཆོད་སྤྲིན་རྒྱ་ཆེན་པོར་ཕུལ་བར་དགྱེས་བཞེས་ཐོག་རིང་དུ་༸ཞབས་པད་བརྟན་པའི་བཀའ་བཞེས་དང་། ཞབས་གྲས་གྲྭ་དམངས་སོགས་ཚང་མར་ཕྱག་དབང་ཕྱིན་རླབས་ཀྱང་སྩལ། དེ་ནས་པོ་ཏ་ལར་ཆིབས་བསྐྱོད་ཀྱིས་༸རྒྱལ་དབང་མཆོག་ལ་མཇལ་ཕྱག་ལྷན་རྒྱས་དང་། དེ་ནས་ཀྱང་རིམ་པར་༸ཁྲི་ཐེབས་ལེགས་སྐྱེས་འབུལ་མི་མཆོག་དམན་གྱི་རིགས་ལ་མཇལ་ཕྱག་སྩལ་ཞིང་ཆབ་སྲིད་སྐྱོང་བའི་མཛད་སྒོ་མཐའ་དག་ཡར་ལྡན་དུ་འཚོ་གཞེས་བཀའ་དྲིན་ཆེ་ཞིང་། གནམ་གང་གི་ཉིན་མཆོད་ཡོན་ལྷན་རྒྱས་ཚོགས་མཆོད་སེར་སྤྲེངས་ཆེན་མོར་གཟིགས་པས་བཙའ་བ་དང་གོས་སྐུ་རིན་པོ་ཆེར་སྟན་ཤལ་ཐུགས་སྨོན་སོགས་གནད་སྨིན་དུ་བསྐྱངས། ཧོར་ཟླ་གསུམ་པའི་ནང་སྔ་སོར་༸གོང་ས་ཆེན་པོར་༸རྒྱལ་དབང་མཆོག་གི་ཡང་སྲིད་ཁྲི་འདོན་གྲུབ་སྐོར་གྱི་གནས་ཚུལ་ཕུལ་བའི་ཕྱིར་ཐེབས་བསུ་གསེར་གྱི་བཀའ་བཟང་གནང་སྐྱེས་བཅས་སྩལ་བ་ཨམ་བན་གཉིས་ཆེད་དམིགས་ཀྱིས་འབུལ་བར་བཅར་སྐབས་ལུགས་སྲོལ་བཞིན་གྱི་གུས་པ་དང་བཅས་དགྱེས་བཞེས་མཛད་རྗེས་ཨམ་བན་སོ་སོར་གནང་སྦྱིན་ཀྱང་སྩལ། ར་བ་སྟོད་པ་དང་། ཆ་དཀར་ཆོས་སྡེ། བྱང་ཆུབ་གླིང་པ་སོགས་དགོན་ཁག་འགའ་ཞིག་ནས་ཁྲི་ཐེབས་༸ཞབས་བརྟན་ལེགས་

འབུལ་ཞུ་མིའི་རིགས་ལ་མཇལ་ཕྱག་དང་། ཕྱོགས་མཐའི་མི་སྣའི་རིགས་ལ་ཐོན་ཕྱག་སོགས་བསྐྱངས་ཤིང་། གཞན་ཡང་བརྒྱུད་གཏོར་གྱི་མཇལ་ཁ། བུམ་སྒྲུབ་གྱི་ཐོག་མཐའ་བར་གསུམ་གྱི་ཚོགས་ཞབས་༧ཡབས་ཕྱིན་ལྷན་རྒྱས་དུས་འཁོར་མཆོད་གར་གྱི་གཟིགས་མོ་སོགས་སྤྱར་ལམ་ལྟར་བསྐྱངས། ཆོས་བཅོ་ལྔའི་ཉིན་ཁལ་ཁ་རྗེ་བཙུན་དམ་པ་ནས་མི་སྣ་ཆེད་མངགས་ཀྱིས་ཚོམས་ཆེན་དུ་ཁྲི་ཞབས་སྟོན་ཆེན་གྱི་རིམ་པ་བསྒྲིགས་པར་ལྷན་རྒྱས་ཞབས་བསྐྱོད་ཀྱིས་དགྱེས་སྟོན་དང་ཞབས་བརྟན་ལེགས་སྐྱེས་ཀྱི་མཆོད་སྤྲིན་ཚད་མེད་པ་རྣམས་བདག་གིར་དུ་བཞེས། ཆོས་ཉེར་བཞིའི་ཉིན་པེ་ཅིང་སྦྲ་ཡེར་མཁན་པོ་སེར་བྱེས་དགེ་བཤེས་ཚུལ་ཁྲིམས་ལྡན་ཚོགས་ཕྱིར་འགྱུར་གདོང་གཟིམས་ཆུང་ཉི་འོད་དུ་ཡས་ཕྱིན་ལྷན་རྒྱས་ཐོག་༧གོང་མའི་གསེར་གྱི་བཀའ་བཟང་གནང་སྐྱེས་ཞབས་པ་རྣམས་བཞེས་གྲུབ་མཛད་རྗེས་མཁན་པོ་ངོ་གཡོག་རྣམས་ལ་མཇལ་ཕྱག་སྩལ། ཆོས་ཉེར་བརྒྱད་སྐར་ལ་རྗེ་བཙུན་དམ་པའི་མི་སྣ་ཕྱིར་ལོག་སོགས་ཕྱོགས་ཐོན་རིགས་ལ་ཐོན་ཕྱག་གནང་སྦྱིན་སོགས་རིམ་པར་བསྐྱངས། ཧོར་ཟླ་བཞི་པའི་ནང་རྩེ་ཐང་དགའ་ལྡན་ཆོས་འཁོར་བ་སོགས་ཁྲི་ཞབས་ལེགས་འབུལ་བའི་རིགས་ལ་མཇལ་ཕྱག་དང་། ཡོངས་འཛིན་རྒྱལ་སྲས་རྡོ་རྗེ་འཆང་འོན་ཆོས་སྡིངས་སུ་ཆིབས་བསྒྱུར་གནང་བཞེད་ལ་ལྷན་རྒྱས་མཛད་དེ་ཐོན་ཕྱག་གནང་སྐྱེས་བཟང་པོ་འབུལ་བར་མཛད་ཅིང་། ཞབས་ཉིན་མགྲོན་གཉེར་ཆེད་གནང་གིས་ཞབས་སྐྱེལ་འཚམས་ཞུ་སོགས་ཀྱང་ལེགས་པར་བསྐྱངས། དེ་མཚུངས་ཆོས་བཅུ་སྐར་ལ་རྭ་སྒྲེང་ཁྲི་ཆེན་རྡོ་རྗེ་འཆང་རྭ་སྒྲེང་གདན་སར་ཞབས་བཞེད་ལ་ལྷན་རྒྱས་མཇལ་འཕྲད་ཐོག་ཐོན་ཕྱག་གནང་སྐྱེས་སོགས་རྒྱ་ཆེར་སྩལ་ཞིང་། ཞབས་ཉིན་ཆིབས་སྐྱེལ་བ་སོགས་ཀྱང་ཆེད་གནང་མཛད། ཆོས་བཅུ་བདུན་ཉིན་༧གོང་མ་

ཆེན་མོ་དགུང་ལོ་ལྔ་བཅུར་ཕེབས་པའི་སྤྲ་ཡེར་ཕུལ་བར་འབྲས་ཟླུང་ཧུ་དགེ་
ལེགས་ལ་སྤྱི་སོར་ནས་བཀའ་བསྐུར་དང་། གོང་མར་འཚམས་ཞུ་གནང་རྟེན་
བཟང་པོ་བཅས་སྐུལ་དོན་བཞིན་འདི་སྐབས་ཕྱིར་བསྐྱོད་གདོང་ཇོ་གཡོག་
རྣམས་ལ་ཕྱོན་ཕྱག་གནང་སྦྱིན་སོགས་ཀྱི་ནོམས་སུ་བཀའ་དྲིན་ཆེ་བར་གྱུར།
སོག་འཕེལ་རྒྱས་གླིང་དང་། གཙང་སྲད་རྒྱུད་པ་སོགས་དགོན་ཁག་མང་པོའི་
༧ཞབས་བརྟན་ལེགས་འབུལ་ཕུལ་བའི་རིགས་ལ་མཇལ་ཕྱག་སོགས་བར་མ་
ཆད་དུ་སྩལ། ཧོར་ཟླ་ལྔ་པ་གསར་བསྟུན་པི་ཅིང་མཁན་ནང་ཕྱིར་བསྐྱོད་གདོང་
༧གོང་མ་ཆེན་པོས་གཙོས་པའི་དབང་ཕྱོགས་ཀྱི་བླ་དཔོན་ཁག་ལ་འཚམས་ཞུ་
གནང་རྟེན་སོགས་སྤྲར་ལྷག་དང་། མཁན་ནང་ཇོ་གཡོག་ལ་ཕྱོན་ཕྱག་གསོལ་
རས་སོགས་རྒྱས་པར་སྩལ། ཤར་དཀའ་ཆོས་པ་སོགས་དགོན་ཁག་ལེགས་
འབུལ་ཞུ་མིའི་རིགས་ཀྱི་གྲྭ་དམངས་སོགས་ལ་མཇལ་ཁ་ཕྱག་དབང་སྩལ། ཆོས་
བཅུ་གསུམ་གྱི་ཉིན་ར་མོ་ཆེ་དང་། ལྷ་ལྡན་ཇོ་ཤཱཀ་སོགས་རྟེན་གསུམ་རྣམས་ལ་
མཆོད་འབུལ་རྒྱ་ཆེན་པོ་དང་བཅས་ཏེ་གནས་གཟིགས། སྣན་ཤལ། ཐུགས་
སྨོན་སོགས་གནང་སྦྱིན་རྒྱ་ཆེར་བསྐྱུངས་རྗེས་དབུས་གཙང་ཀུན་བདེ་གླིང་དུ་
ཆིབས་བསྒྱུར་མཛད། ཆོས་བཅུ་བཞིའི་ཉིན་ཀུན་གླིང་འདུས་པ་ཚོགས་ཡོངས་
སུ་སྨན་བླའི་མདོ་ཆོག་ཡིད་བཞིན་དབང་རྒྱལ་དང་། ༧རྒྱལ་དབང་ལུང་རྟོགས་
རྒྱ་མཚོའི་ཞབས་བརྟན་བཀའ་རྩོམ་མ་བཅས་ཀྱི་ལྷུགས་ལུང་སྩལ། འདི་དག་གི་
སྤྱི་ཕྱི་རྣམས་སུ་ཡ་མོན་དུ་ཨམ་བན་རྣམས་དང་ལྷན་རྒྱས་ཀྱང་འགའ་ཞིག་མཛད་
དེ་ལས་དོན་སྐོར་གྱི་གསུང་མོལ་སོགས་མཛད། ཆོས་བཅུ་དྲུག་ནས་བཟུང་ཞག་
འགའ་བདེ་སྐྱིད་གླིང་ཁར་ཆབ་བཞེས་ལ་ཕེབས་བསྐྱོད་སོགས་འདི་ཟླའི་མར་
ངོའི་རིང་ཀུན་གླིང་དུ་བཞུགས་འཛུགས་ཐོག་དད་འདུས་ཁག་ལ་མཇལ་ཁ་དང་།

གཞུང་དོན་སྐོར་གྱི་མཛད་པ་སོགས་རིམ་སེལ་དུ་བསྒྲུངས། ཧོར་ཟླ་དྲུག་པ་གསར་འཕྲུལ་པོ་ཏ་ལར་ཆིབས་བསྒྱུར་གྱིས་༧རྒྱལ་དབང་མཆོག་ལ་མཇལ་ཕྱག་དང་ལྷན་རྒྱས་སོགས་མཛད་ཅིང་། ཆོས་བཞིའི་ཉིན་ཚོམས་ཆེན་གསར་པར་སྟོང་མཆོད་རྒྱས་པ་དང་འབྲེལ་བར་རྣམ་རྒྱལ་གྲྭ་ཚང་ཚོགས་ཡོངས་སུ་ཉིན་འཁྱོངས་བསྙེན་བཀུར་དང་བཅས་ཏེ་གྲྭ་འཛིན་ཕོ་བྲང་གི་མཆོད་ཁང་སྟེང་ཤོད་བར་གསུམ་ཚང་མར་གནས་གཟིགས། སྔན་ཤལ་ཕྱུགས་སྨོན་སོགས་རླབས་པོ་ཆེར་བསྒྲུངས་ཤིང་། སེ་ར་གཟིམས་ཁང་དགེ་ལེགས་སོགས་དོན་གཉེར་འགའ་ཞིག་ལ་བསྙེན་རྫོགས་ཀྱི་སྡོམ་པའང་སྩལ་བར་མཛད། ཆོས་བརྒྱད་ཀྱི་ཉིན་གཟིམས་ཆུང་ཉི་འོད་དུ་གནས་ཆུང་ཆོས་སྐྱོང་ཆེན་པོར་དབྱར་གསོལ་སྤྱན་འདྲེན་དང་། དེ་མཚུངས་ཆོས་བཅུ་གཉིས་ཀྱི་ཉིན་བསམ་ཡས་ཆོས་སྐྱོང་ཆེན་པོར་དབྱར་གསོལ་སྤྱན་འདྲེན་བཅས་ལ་ཕེབས་བསྐྱོད་ཀྱིས་ཆོས་སྐྱོང་ཆེན་པོ་སོ་སོར་དགའ་ལྡན་ཕོ་བྲང་གི་བསྟན་སྲིད་ཡར་རྒྱས་སུ་སྤེལ་བའི་འཕྲིན་བཅོལ་སོགས་གནང་སླད་དུ་བསྒྲུངས། གཞུང་སྒེར་ཆེ་བཙན་ཁག་འགའ་ཞིག་ཁྲི་ཕེབས་ལེགས་སྐྱེས་འབུལ་བར་མཇལ་ཁ་དང་། འབྲས་སྤུངས་ཚོགས་ཆེན་དགེ་བསྐོས་སོགས་ལས་ཚན་གསར་བསྐོས་རིགས་ཀྱི་བཀའ་བསྒྱུར་མཇལ་ཁ་སོགས་ཅི་རིགས་སྩལ། ཆོས་ཉི་ཤུ་སྐོར་ལ་གཉལ་སྟེ་དྲུག་གི་གྲྭ་རིགས་སོགས་འགའ་ཞིག་ལ་དགའ་ལྡན་ལྷ་བརྒྱ་མའི་ལྗགས་ལུང་ཡང་སྩལ། ཟླ་བ་འདི་ནང་དབུས་གཙང་ཀུན་བདེ་གླིང་དུ་དོ་དམ་པ་གཟིམས་འགག་དགེ་སློང་ཡེ་ཤེས་དོན་གྲུབ་ནས་བགྱིས་ཏེ་སྤྱན་གསལ་སྐུ་ཚེའི་རྟེན་འབྲེལ་དུ་སྒྲོལ་དཀར་ཡིད་བཞིན་འཁོར་ལོའི་སྣང་བརྙན་མི་ཚད་མ་དང་། བརྒྱད་གཏོར་གསར་འཛུགས་གནང་རྒྱུའི་ཆོས་སྐྱོང་རྣམས་ཀྱི་ཞལ་ཕྱག་སོགས་རས་བསེ་ལས་གྲུབ་པ་སྒྲོས་གཙང་ཆ་ཚད་

དང་ལྷན་པ་གསར་བཞེངས་དང་། གཙོ་ཆེར་ཀུན་གླིང་མགོན་ཁང་སྦུག་ཏུ་བཞུགས་རྒྱུའི་འཇིགས་བྱེད་བདུད་ལས་རྣམ་རྒྱལ་གྱི་སྣང་བརྙན་སྐུ་རྒྱུ་རས་དང་། དར་ཚོན། སྨན་འདམ་སོགས་ལས་གྲུབ་པ་མི་ཚད་ལྷག་ཙམ་པ་ཚད་ལྡན་ཤིན་ཏུ་རུང་བར་བཞེངས་གནང་གི་གཟུངས་སོགས་ཀྱང་སླ་བཅོས་སུ་མ་སོང་བར་དམ་པའི་ཕྱག་བཞེས་རྣམ་དག་གི་སྒོ་ནས་འབུལ་བར་མཛད་པའི་ནང་བཞུགས་སུ་སངས་རྒྱས་བྱང་སེམས་ཀྱི་གདུང་རིང་བསྲེལ་སོགས་བྱིན་རྟེན་འགངས་ཆེའི་རིགས་དང་། ཐུགས་ཀའི་སྙིང་དུ་ཡེ་ཤེས་སེམས་དཔའི་ཚུལ་དུ་འཇམ་མགོན་བརྟན་པའི་འཁོར་ལོའི་སྣང་བརྙན་བྱིན་ཅན་ཁྱད་འཕགས་ཤིག་ཀྱང་བཞུགས་སུ་གསོལ་བ་སོགས་ཀྱི་ཞིབ་ཆ་དཀར་ཆག་ཏུ་གསལ་ཞིང་། རབ་གནས་ཀྱི་ཚེ་ཡང་༧སྐྱབས་མགོན་རང་ཉིད་དངོས་ཕེབས་ཀྱིས་ཡེ་ཤེས་པ་དངོས་སུ་བསྐྱེད་བསྟིམས་བརྟན་པར་མཛད་པའི་སྒོ་ནས་འཇིགས་མཛད་རྡོ་རྗེ་དངོས་སུ་བཞུགས་པ་དང་རྣམ་པར་དབྱེ་བ་མ་མཆིས་པར་བྱིན་གྱིས་བརླབས་པ་སྟེ། དེ་ཡང་འཇིགས་བྱེད་འདི་ཉིད་ཕལ་ཆེར་བཞེངས་གྲུབ་སྟེ་ཚོན་མ་གཏང་བའི་གོང་ཙམ་ན་ཐོག་མར་དཔྱང་མགོ་གཉིས། དེ་ནས་དབུ་དཔྲལ། དེ་རྗེས་ཐུགས་ཀ་སོགས་སུ་དྲོད་མིའི་དྲོད་ཙམ་པ་རྒྱུན་མི་ཆད་དུ་བྱུང་བ་ནི་དུས་དེའི་དབུ་མཛད་དང་རོགས་བྱེད་སོགས་ཀུན་གྱི་མངོན་སུམ་གྱི་རིག་པའི་ཡུལ་དུ་གྱུར་སྣང་བས་སྐུ་གཟུགས་ཁོ་ལག་ཡོངས་སུ་གྲུབ་ཙམ་ཉིད་ནས་ཡེ་ཤེས་པ་དངོས་སུ་ཞུགས་པའི་མཚན་མ་དེ་ལྟ་ན་སྔགས་རྒྱ་ཏིང་ངེ་འཛིན་གྱི་སྒོ་ནས་རབ་ཏུ་གནས་པར་མཛད་བྱིན་ནས་ལྷ་སྨོས་ཀྱང་ཅི་དགོས་པ་ཉིད་དོ། །

དེ་ནས་ཧོར་ཟླ་བདུན་པའི་ནང་ཡུ་ཨམ་བན་གྱི་ཕེབས་སྐྱེལ་དུ་ཐོན་མིའི་རིགས་སོགས་ལ་ཐོན་ཕྱག་དང་། ཆོས་བཅུ་སྐོར་ལ་ཡོངས་འཛིན་རྒྱལ་སྲས་ནོ་

མི་ཧྲན་གདན་ས་ནས་ཕྱག་འཁོར་བས་འཁྱེར་ཕྱག་ཐོག་ལྷན་རྒྱས་རྒྱུན་རིང་པོར་
མཛད་དེ་གཞིས་བྱེས་ཀྱི་གསུང་མོལ་སོགས་ཀྱང་ཞིབ་པར་མཛད། ཆོས་བཅུ་
གཅིག་ཉིན་ཡུ་ཨམ་བན་པི་ཅིང་དུ་བསྐྱོད་པར་ཐུར་ཁང་གཡུལ་ཁར་བྱོན་ཏེ་
༸གོང་མར་འཚམས་ཞུ་སོགས་མཛད། འདི་ལོ་སྤྱི་སོར་༸སྐྱབས་མགོན་ཉིད་སྐུ་
སྨེར་ནས་ལྷ་ལྡན་ཇོ་བོ་རིན་པོ་ཆེའི་བཞུགས་ཁང་དང་གསེར་གྱི་མཎྜལ་དངུལ་
གཞོང་དང་བཅས་པ་ཞིག་གསོ་མཛད་བཞེད་ཀྱིས་སྐུ་ཚབ་རྟོག་འཇུག་ཏུ་མགྲོན་
སྙིག་གྲོང་དང་། འདོད་དཔལ་དོ་དམ་ཞི་ཆེ་བཅས་ཆེད་མངགས་ཀྱིས་བཀོལ་
ཟད་ཡོད་རིགས་ཚང་མ་ཚུར་ཞུས་པོར་ཟེག་མེད་པའི་ཐོག་བླ་བྲང་སྐུ་སྨེར་ཕྱག་
མཛོད་ནས་རྒྱ་དངུལ་སྲང་དྲུག་བརྒྱ་དང་བདུན་ཞེ་ལྔ་དང་། ཟངས་དམར་
འདེགས་ཁལ་ལྔ་དང་ཉག་ལྔ། ལྕགས་འདེགས་ཁལ་སུམ་ཅུ་དང་ཉག་བཅུ་
གཉིས། མཎྜལ་ཉམས་གསོར་གསེར་སིལ་མ་ཐུར་ཞོ་བརྒྱད། ཕྲ་ཁྱུང་དང་རྒྱལ་
སྐོའི་ཏུ་མེ་སོགས་ཀྱི་ཚ་སེར་རྒྱུར་གསེར་འདམ་སྲང་བཞི་བཅུ་ཞེ་དྲུག་དང་ཞོ་
གསུམ། དེ་ཕྱིན་དགོས་ཕྲན་ནར་གཏོང་དང་བཟོ་གྲའང་ཀུན་བདེ་གླིང་རང་དུ་
འཛུག་གནང་གིས་དོ་དམ་བཟོ་རིག་བཅས་པར་ཕོགས་ཡོན་སྟོན་མོ་གནང་ཆ་
སོགས་ཀྱང་རྒྱ་ཆེར་བསྐྱར་བ་དང་བཅས་འདི་སྐབས་ལེགས་པར་གྲུབ་པས་གོང་
ཟླའི་ཆོས་བཅོ་ལྔའི་ཉིན་སྐུ་སྨེར་ནས་སྟོང་མཆོད་དང་འབྲེལ་བར་ཀུན་གླིང་
ཚོགས་ཡོངས་ནས་སྨན་བླའི་གསུང་ཚོག་དང་། དེ་མཚུངས་བསམ་ཡས་ཆོས་
སྐྱོང་ཆེན་པོའི་ལུང་དོན་བཞིན་གཞུང་ས་མཆོག་ནས་ཀྱང་བསྟན་གླིང་ཚོགས་
ཡོངས་གདན་ཞུས་ཀྱིས་སྟོང་མཆོད་རྒྱས་པ་དང་བཅས་པའི་ཐོག །༸སྐྱབས་
མགོན་ཉིད་ངོས་ཕེབས་ཀྱིས་ཇོ་ཤཱཀྱ་རྣམ་གཉིས་ཀྱིས་མཚོན་པའི་རྟེན་གསུམ་
ཁག་ཚང་མར་གནས་གཟིགས་དང་། སྣན་ཤཱལ། སྨན་ཕུད་སོགས་རྒྱ་ཆེར་

འབུལ་བར་མཛད་ཅིང་། བསྟན་འགྲོའི་ཕན་བདེ་སྤེལ་བའི་ཐུགས་སྨོན་གྱི་རིམ་པ་བསམ་ལས་འདས་པ་བསྐྱངས། ཆོས་ཉི་ཤུ་སྐོར་ལ་ར་སྒྲེང་ཁྲི་ཆེན་རིན་པོ་ཆེ་གདན་ས་ནས་ཕྱག་འཁོར་གྱི་མཇལ་ཞུར་ཕེབས་པར་སྟོན་འཁོར་ཚང་མར་མཇལ་ཕྱག་སོགས་ཞིབ་ལྷིངས་སུ་བསྐྱངས། དགོན་ཁག་སོགས་ནས་འཆར་ཅན་དབྱར་མཇལ་ཞུ་མིའི་རིགས་ལའང་མཇལ་ཁ་རིམ་པར་སྩལ། ཧོར་ཟླ་བརྒྱད་པའི་ཚེས་བཞིའི་ཉིན་ནོར་གླིང་དུ་སྨན་ཚབ་ཀྱི་འཕྲོད་བཞེས་ལ་ཆིབས་བསྒྱུར་མཛད་ཅིང་། དེ་སྐབས་༧ཡོངས་འཛིན་རྒྱལ་སྲས་ནོ་མི་ཧན་དང་། བཤད་གླིང་མཆོག་སྤྲུལ་སོགས་དང་ལྷན་རྒྱས་དང་། གཞན་ཡང་མཇལ་ཞུ་བ་ཁག་ལ་མཇལ་ཁ་དང་ལས་ཁུངས་སོགས་ལ་བཀའ་ཁྲབ་སྩལ་འོས་སོགས་ཀྱང་འཚེམ་མེད་དུ་བསྐྱངས། ཚེས་བཅུ་གསུམ་གྱི་ཉིན་དབུས་གཙང་ཀུན་བདེ་གླིང་དུ་ཞབས་སོར་བཀོད་ཅིང་། ཚེས་བཅོ་ལྔའི་ཉིན་ལྷུ་ལི་མགོ་པ་སོགས་གྲྭ་གྲངས་སུམ་ཅུ་སྐོར་ལ་བསྙེན་རྫོགས་ཀྱི་སྡོམ་པ་འབོག་གནང་དང་། ཚེས་བཅུ་བདུན་ཉིན་ཧ་དབང་མཁན་པོ་ངག་དབང་དོན་གྲུབ་གྲྭ་དམངས་བཅས་ཁྲི་ཕེབས་ལེགས་འབུལ་གྱི་མཇལ་ཞུར་བཅར་བར་ཕྱག་དབང་དང་། ཚེས་འབྲེལ་དུ་སྒྲོལ་དཀར་སྟོན། ལེགས་བྲིས་མ། སྒྲོལ་དཀར་གྱི་བསྟོད་པ་བཅས་ཀྱི་ལྗགས་ལུང་ཡང་སྩལ། གཞན་ཡང་ཆུ་དབར་འགྲོ་ཕན་གླིང་སོགས་ནས་ལེགས་འབུལ་ཞུ་མིའི་རིགས་དང་། འཇམ་དབྱངས་བཞད་པའི་སྤྲུལ་སྐུ་སྟོན་འཁོར་ཁ་རི་ཤང་གི་ཐོན་ངོ་གཡོག་སོགས་ལ་མཇལ་ཕྱག་བསྐྱངས་ཤིང་། ཚེས་ཉེར་ལྔ་ནས་བཟུང་ཉིན་ལྔའི་བར་དུ་སྟར་རྒྱུན་གཟབ་གསོལ་འཕྲིན་བཅོལ་གྱི་ཚོགས་དབུས་སུ་ཕེབས་བསྐྱོད་བཀའ་དྲིན་ཆེ་བ་སོགས་ཆོས་ལྡན་གྱི་མཛད་པ་བཟང་པོ་ཡར་ངོའི་དཔལ་ལ་འགྲན་བཞིན་པར་འཚོ་ཞིང་གཞེས་སོ། །

འདིར་སྨྲས་པ། རྣམ་བྱུང་ཐག་ཟླ་བའི་དམར་པོའི་ཕྱོགས། །ཉི་མའི་གཉེན་གྱུར་ལྷ་ལས་བབ་པའི་དུས། །འཇིག་རྟེན་ཡོངས་ཀྱི་འདྲེན་པ་གངས་ཅན་མགོན། །རང་གི་དགྱེས་ཞིང་གྲུ་འཛིན་རི་པོར་རྫེན། །མི་འཇིགས་བཞི་ལྡན་གདོང་ལྔས་བརྟེགས་པའི་ཁྲིར། །གསེར་མདོག་ཅོད་པན་མངོན་པར་མཛེས་བཞིན་པར། །གསང་གསུམ་ལྷམ་མེར་གསལ་བའི་གཟི་བྱིན་གྱིས། །འཛམ་གླིང་ཡངས་པོའི་ལྗོངས་འདིར་དགེ་ལེགས་སྤེལ། །དཀར་ཕྱོགས་ལྷ་ཀླུ་ལྷ་མིན་དྲི་ཟར་བཅས། །ལྷ་ལམ་ཁྱབ་པར་འགེངས་པའི་ཚོགས་ཀུན་གྱིས། །མཆོད་ཚོགས་བདེ་སྟོང་རོལ་མོའི་མཆོད་པ་ཡིས། །མགོན་པོ་ཁྱོད་རྣམས་མཉེས་པར་བྱེད་ལ་བརྩོན། །འཛམ་བུའི་ཡུལ་གྲུར་འཁོད་པའི་སྐྱེ་བོ་ཀུན། །ཕྱོགས་འདིར་མགྲོན་དུ་བོས་བཞིན་ལྷགས་གྱུར་ཏེ། །དངོས་བཤམས་མཆོད་པའི་འབྱོར་ཚོགས་དཔག་མེད་ཀྱིས། །འཁོར་ཡུག་རི་བོའི་ཁྱོན་ཀྱང་འགེངས་སམ་སྙམ། །སུམ་རྩེན་གནས་ཀྱི་ངང་ཚུལ་ཇི་བཞིན་དུ། །དགའ་བའི་དགའ་སྟོན་མཆོག་ལ་འཁོར་མོ་ཡུག །སྤྱོད་པའི་སྐལ་བཟང་ཀུན་གྱིས་མངོན་སུམ་དུ། །ལན་ཅིག་མིན་པར་ཉམས་སུ་མྱོང་བར་བྱས། །ཨེ་མ་འདི་ལྟའི་ངོ་མཚར་ཕུང་པོ་ཡང་། །རྣམ་འདྲེན་རྒྱལ་བའི་རྒྱལ་ཚབ་ཆེ་ཁྱོད་ཀྱི། །འཕྲིན་ལས་འབུམ་གྱི་ཤིང་རྟས་ཉེར་དྲངས་པར། །རིག་ནས་སྣར་ཡང་བསྟུགས་པའི་མེ་ཏོག་འཐོར། །སྐྱེ་བོའི་ཚོགས་ལ་ངལ་བས་མ་རེག་ཅིང་། །མཛོད་བརྒྱའི་ནོར་ཡང་ཆ་ཙམ་དབྲི་མིན་པར། །དབང་གི་རྒྱལ་པོ་རྒྱལ་མཚན་རྩེར་བཀོད་པའི། །སྟོན་མེད་ཐབས་མཁས་འདི་ལ་སུ་མི་གུས། །མེས་པོའི་སློ་དང་ཕུར་བུའི་རྣམ་དཔྱོད་ཀྱང་། །བག་ལ་ཞ་བ་ཉིད་དུ་བྱེད་ནུས་པའི། །ཁྱོད་ཀྱི་མཁྱེན་པའི་ངང་ཚུལ་འདི་འདྲ་ན། །འཇམ་དབྱངས་གཞོན་ནུར་གཞན་གྱིས་སྒྲུབ་ཅི་དགོས། །ལྷ་

ལྷན་དགུན་གྱི་རེག་བྱ་བདོ་དུས་འདིར། །བདེ་སྐྱིད་དབྱར་གྱི་ལང་ཚོ་འགྱུགས་
མཛད་པ། །ཁྱོད་ཀྱི་བཀའ་དྲིན་ལེགས་པར་བསམ་གྱུར་ན། །བསྐལ་བརྒྱར་
ངལ་བས་འབད་ཀྱང་གཞལ་ནུས་མིན། །ཅེས་པ་ནི་བར་སྐབས་ཀྱི་བསྡུ་བའོ། །

དེ་ནས་ཧོར་ཟླ་དགུ་པ་གསར་འཕྲུལ་ཕོ་བྲང་དུ་ཆིབས་བསྒྱུར་གྱི་ཞོར་དུ་ཡ་མོན་དུ་ཕྱིན་ནས་ཨམ་བན་རྣམས་དང་ལྷན་རྒྱས་དང་། དེ་ནས་གྲུ་འཛིན་གཞལ་མེད་ཁང་དུ་༧རྒྱལ་དབང་མཆོག་ལ་མཇལ་ཕྱག་ལྷན་རྒྱས་དང་གསུང་མོལ་སོགས་བསྐྱངས། ཆོས་ལྷའི་ཉིན་༧འཛམ་དབྱངས་བཞད་པའི་མཆོག་སྤྲུལ་གྱི་མཇལ་འབུལ་དང་ཕྱོགས་འདུས་སེར་སྐྱ་མཆོག་དམན་མཐའ་ཀླས་པ་ལ་མཇལ་ཕྱག་དང་། དེ་ནས་རིམ་པར་དྭགས་པོ་དགའ་ལྡན་རབ་བརྟན་པའི་གྲྭ་ཚང་དང་། ཁལ་ཁ་སེ་ནོ་ཡོན་གྱི་མི་སྣ་སོགས་ཁྲི་ཕེབས་ལེགས་འབུལ་ཞུ་མིའི་རིགས་ལ་རྩེ་ཤོད་ལྷན་རྒྱས་དང་སྐྱ་སེར་ཅི་རིགས་ནས་མཇལ་ཕྱག་སོགས་གང་འོས་སུ་སྩལ། ཆོས་བཅུ་སྐོར་ལ་གནས་ཆུང་དགུན་གསོལ་ལ་ཆིབས་བསྒྱུར་དང་། ཆོས་ཉི་ཤུ་སྐོར་ལ་ཁལ་ཁ་སན་ནོ་ཡོན་གྱི་མི་སྣ་ངོ་གཡོག་ལ་གཙང་ཐོན་གྱི་ཐོན་ཕྱག་དང་འབྲེལ་བར། ཤེར་སྙིང་། སེང་གདོང་མའི་བཟློག་བསྒྱུར་གྱི་ལུང་སོགས་སྩལ། གཞན་ཡང་ཨ་རིགས་དང་སོག་པོ་སོགས་ཕྱོགས་འགྲུལ་བ་མཐའ་ཀླས་པ་རྣམས་ལ་མཇལ་ཁ་བར་མ་ཆད་དུ་སྩལ། ཧོར་ཟླ་བཅུ་པའི་ཚེས་དྲུག་གི་ཉིན་༧གོང་ས་ཆེན་མོ་དགུང་ལོ་ལྔ་བཅུར་ཕེབས་པའི་སྤྲ་ཡེར་དང་འབྲེལ་བའི་འབྲུངས་སྐར་ཆེན་མོར་༧སྐྱབས་མགོན་ཡས་ཕྱིན་ལྷན་རྒྱས་༧ཡོངས་འཛིན་རྣམ་གཉིས་སོགས་ཧུ་ཐོག་ཐུ་ཆེ་ཁག་ཚང་མ་དང་ལྷན་ཅིག་ཚོགས་དབུས་སུ་ཕེབས་བསྐྱོད་མཛད་ཅིང་ཐུགས་སྨོན་སོགས་གནད་སྐྱིད་དུ་བསྐྱངས་རྗེས་རྒྱ་བོད་མི་དྲག་ཚང་མས་ལྷན་རྒྱས་སུ་ལེགས་དར་ཀྱང་ཞུས། ཆོས་བཅུ་སྐོར་ལ་སེ་

ར་ཕར་ཕྱིན་སྟོན་མོའི་གྲྭ་གྲངས་ཉིས་བརྒྱ་སྐོར་ལ་མཇལ་ཕྱག་དང་། གཞན་ཡང་༸ཡོངས་འཛིན་བསྟན་གླིང་སྤྲུལ་སྐུ་དང་། འཇམ་བཞད་སྤྲུལ་སྐུ་སོགས་དང་ལྷན་རྒྱས་མཇལ་འཕྲད་དང་། དྭགས་པོ་བང་རིམ་ཆོས་སྡེ་སོགས་ཁྲི་ཕེབས་ལེགས་འགྲུབ་པའི་རིགས་ལའང་མཇལ་ཕྱག་སྩལ། ཆོས་ཉི་ཤུ་སྐོར་ལ་རྒྱུད་སྟོད་སྨད་ཀྱི་འཆར་ཅན་༸ཞབས་བརྟན་འབུལ་བཞེས་དང་། ཐོར་གོད་མི་ཚན་སོགས་ཐར་པ་དོན་གཉེར་མང་དག་ལ། འཇམ་དབྱངས་ཆོས་སྐོར་གྱི་ནང་ཚན་རྗེས་གནང་འགའ་ཞིག་དང་། འཇིགས་བྱེད་བདུད་ལས་རྣམ་རྒྱལ་གྱི་དབང་། འཇམ་དཀར་གྱི་རྗེས་གནང་དང་སྒྲུབ་ཐབས་ཀྱི་ལུང་སོགས་ཟབ་ཆོས་ཀྱི་རིམ་པ་དུ་མ་ཞིག་ཀྱང་སྩལ་བར་མཛད། དེ་མཚུངས་རྒྱུད་སྟོད་བླ་མ་དབུ་མཛད་དང་ཀུན་གླིང་ཚོགས་ཡོངས་སོགས་ལ། ཕྱག་རྡོར་ཁྲུང་ཤམ་ཅན་དང་། སེང་གདོང་མའི་རྗེས་གནང་སོགས་སྩལ། དེ་ནས་ལྷ་མཆོད་ཀྱི་དགུན་མཇལ་གྱི་རིམ་པ་རྣམས་སྤར་རྒྱུན་དང་། ཆོས་ཉེར་བརྒྱད་ཉེར་དགུ་ལ་འདི་ལོ་སེར་འབྲས་རྣམས་སུ་ཚད་རིམས་བབ་བགྲེས་འཆར་ཅན་ཞབས་བརྟན་དུས་ཐོག་ཏུ་བཞེས་མ་ཐུབ་པར་འདི་སྐབས་འབུལ་བཞེས་བཀའ་དྲིན་བསྐྱངས་སྐབས་སེར་འབྲས་སོ་སོའི་བླ་སྤྲུལ་ཆེ་ཆུང་དང་བླ་མ་ལས་སྡེ་ཁྲི་གདན་ཟུར། དཔོན་ཆོས་མཛད་སོགས་རགས་བསྡུས་ལ་ཕྱག་དབང་ཡང་སྩལ། ཧོར་ཟླ་བཅུ་གཅིག་པའི་ཚེས་གསུམ་གྱི་ཉིན་༸སྐྱབས་མགོན་ཡས་ཕྱིན་གཟིམས་ཆུང་ཉི་འོད་དུ་ལྷན་རྒྱས་ཐོག་༸ཡོངས་འཛིན་རྣམ་གཉིས་དང་རྣམ་རྒྱལ་གྲྭ་ཚང་གྲྭ་རིགས་ཉེར་ལྔ་ནས་གསུང་ཆོག་དང་བཅས་ཏེ་གཞུང་ས་མཆོག་ནས་གྲུབ་རྒྱལ་ལུགས་ཀྱི་ཚེ་དཔག་མེད་ཀྱི་སྒོ་ནས་ཞབས་བརྟན་དང་དངོས་འབུལ་གྱི་རིམ་པ་རྒྱ་ཆེར་ཕུལ་ཞིང་། དེ་རྗེས་ཡོངས་འཛིན་རྣམ་གཉིས་དང་། ཞབས་པད་སོགས་ཚང་མས་བརྟན་བཞུགས་ལེགས་

དར་བཅས་ཕྱུལ་བ་རྣམས་བདག་གིར་དུ་བཞེས་ཤིང་རེ་འབྲས་སྨིན་པའི་བཀའ་བཞེས་ཀྱང་སྩལ། ཆོས་ལུའི་སྤྱི་ཚར་༸རྒྱལ་དབང་མཆོག་བཅད་རྒྱུར་བཞུགས་རྒྱུར་མཇལ་ཕྱག་ཏུ་ཕྱིན་ཏེ་ལྷན་རྒྱས་དང་། དེའི་ཕྱི་དྲོ་ནས་༸མགོན་པོ་ཉིད་ཀྱང་ཐུགས་དམ་བཅད་རྒྱུར་བཞུགས་ཏེ་རིམ་པ་གཉིས་ཀྱི་ཉམས་བཞེས་ཟབ་མོ་ལ་རྩེ་གཅིག་ཏུ་གཞོལ་བར་མཛད། ཆོས་བཅོ་བརྒྱད་ཀྱི་ཉིན་ཐུགས་དམ་བཅད་རྒྱ་གྲོལ་ཏེ། དད་འདུས་ཁག་ལ་མཇལ་ཕྱག་རིམ་སེལ་དུ་སྩལ། ཆོས་ཉེ་ཤུ་སྐོར་ལ་བཀའ་བློན་བཤད་སྒྲ་བ་སྤྱི་སོར་ཁམས་ཕྱོགས་སུ་ལས་དོན་ལ་ཐེབས་པ་ཕྱིར་འཁོར་གྱི་འགྱུར་ཕྱག་ཏུ་བཅར་བར་ངོ་གཡོག་ཚང་མར་༸ཡབ་ཕྱིན་ལྷན་རྒྱས་ནས་མཇལ་ཁ་སྩལ་ཞིང་། ལས་དོན་ལེ་འགྲིག་བྱུང་བའི་ལེགས་སྐྱེས་གནང་ཆ་དང་བཅས་པ་སྩལ་བར་མཛད། ཧོར་ཟླ་བཅུ་གཉིས་པའི་ནང་དུའང་གཞུང་དོན་ལ་ཕྱོགས་འགྲོ་བྱེད་མི་དྲུང་འཁོར་སེར་སྐྱ་ཁག་ལ་འགྱུར་ཐོན་དང་། སེར་འབྲས་བླ་མ་ལས་སྣེ་སོགས་ལ་འཆར་ཅན་གྱི་མཇལ་ཁ། གཞུང་བསྟན་སྲིད་ཡར་རྒྱས་ཀྱི་མཛད་སྒོ་སོགས་རིམ་སེལ་དུ་སྒྲུབ་པར་མཛད་ཅིང་། ཆོས་བཅུ་བཞི་དང་བཅོ་ལྔ་སོ་སོར་ཐུགས་དམ་བཅད་རྒྱའི་ཁ་སྐོང་སྦྱིན་སྲེག་གི་རིམ་པ་གནང་སྨིན་དུ་བསྐྱངས། ཆོས་བཅུ་བདུན་གྱི་ཉིན་༸རྒྱལ་དབང་མཆོག་ཐུགས་དམ་བཅད་རྒྱ་བཞེངས་པའི་མཇལ་ཕྱག་ཏུ་ཕྱིན་ཏེ་ལྷན་རྒྱས་དང་། དེ་ནས་རིམ་པར་སྨོན་ལམ་ཆེན་མོའི་ཐོ་སྒྲིག་དང་། སེ་རའི་ཕུར་མཇལ། དུས་གཏོར་གྱི་འཆམ་གཟིགས་སོགས་ལོ་མཇུག་གི་མཛད་འོས་གང་ཅི་སྤྱིར་ལམ་ལྟར་བསྐྱངས་ཤིང་། ལོ་འདི་ནང་དུའང་སྐུ་སྐྱེར་ནས་རྒྱུན་དང་འཕར་མའི་རྣམ་དཀར་རིམ་གྲོའི་རིགས་ཀྱང་རྒྱ་ཆེ་གནང་སྨིན་མཐའ་གླས་པ་སྤྱི་ཕྱི་ཅི་རིགས་སུ་བར་མ་ཆད་དུ་བཀའ་དྲིན་ཆེ་བར་མཛད་དོ། །

༈ དེ་ནས་སྟོད་འགྲེལ་བོད་ཡུལ་གྱི་སྐད་དུ་རབ་གྲོས་ཞེས་སུ་འབོད་ཅིང་། དཔང་ཐང་བསྟུན་པ་ལྷུགས་པོ་ཧ་ལོར་གྲགས་པའི་གནམ་ལོའི་རང་ཞལ་གསར་དུ་ཆོས་པའི་ཉིན་ཐོག་མར་གཟིམས་ཆུང་དཀར་སྤྲོ་དང་། དེ་རྗེས་༧སྐྱབས་མགོན་ཡས་ཕྱིན་ལྷན་རྒྱས་ཐོག་འདོད་ཁམས་དབང་མོར་ཆོས་གཏོར་དང་། དགྱེས་སྟོན་ཉིན་དང་གཉིས་ལ་ཕེབས་བསྐྱོད། སྤྱི་སྐོར་གྱི་ལེགས་དར་འབུལ་བཞེས་སོགས་སྔར་ལམ་ལྟར་བསྐྱངས་རྗེས་ཆོས་ལྔའི་ཉིན་༧སྐྱབས་མགོན་ཉིད་ལྷ་ལྡན་སྨོན་ལམ་ཆེན་མོའི་མགོན་དུ་ཆིབས་བསྒྱུར་གྱིས་གཟིམས་ཆུང་སྣང་སྲིད་དུ་དཀར་སྤྲོ་སོགས་སྔར་སྲོལ་ལྟར་དང་། དེ་ནས་རིམ་པར་སྨོན་ལམ་སྦྱིན་བདག་སོགས་དང་འདུས་ཁག་ལ་མཇལ་ཕྱག་རྒྱུན་མི་ཆད་དུ་སྩལ་ཞིང་། སྨོན་ལམ་འདུས་པ་རྣམས་ལ་མང་འགྱེད་སོགས་ཀྱང་སྔར་ལྷག་ཏུ་བསྐྱངས། ཆོས་བཅུ་གཅིག་གི་ཉིན་༧གོང་ས་ལྷ་མིའི་འདྲེན་མཆོག་ཆེན་པོ་སྨོན་ལམ་གྱི་མགོན་དུ་ཆིབས་བསྒྱུར་སྐབས་ཕེབས་བསུར་ཕྱིན་ཏེ་ལྷན་རྒྱས་ལྷ་ལྡན་གཙུག་ལག་ཁང་དུ་ཞབས་སོར་བཀོད་བསྟུན་ཨེ་ཝཾ་གྱི་སྟོན་ཆེན་སོགས་ལའང་སྔར་བཞིན་དགྱེས་རོལ་མཛད། ཆོས་བཅུ་གཉིས་ཀྱི་ཉིན་སྐུ་སྐོར་ནས་ལྷ་ལྡན་གཙུག་ལག་ཁང་གི་མཆོད་ཁང་སྟེང་འོད་ཀུན་ལ་མཆོད་པ་རྒྱ་ཆེན་པོ་དང་བཅས་ཏེ་གནས་གཟིགས་ཐུགས་སྨོན་སོགས་ཞིབ་རྒྱས་སུ་བསྐྱངས། སྔ་ལོ་མདོ་མཁམས་བསྟན་པའི་གསལ་བྱེད་དཔལ་འབར་སྤྲུལ་སྐུ་ཡང་བོད་ཕྱོགས་སུ་ཕེབས་པར་འདི་སྐབས་སྨོན་ལམ་མང་འགྱེད་དང་འབྲེལ་བར་སྐྱབས་མགོན་ཡས་ཕྱིན་ལ་ལེགས་སྐྱེས་དངོས་འབུལ་རྒྱ་ཆེར་མཛད་པར་མཇལ་ཕྱག་སོགས་ཞིབ་ཕྱིངས་སུ་བསྐྱངས། འདི་ལོ་བཤད་གླིང་ནོ་མི་ཧན་མཆོག་སྤྲུལ་རིན་པོ་ཆེ་སྨོན་ལམ་ཆེན་མོར་ལྷ་རམས་པའི་མཚན་བཏགས་མཛད་པར་དམ་བཅའ་ཆེན་མོའི་སྐབས་རྩེ་འོད་སོ

སོ་ནས་དཀར་སྒྲོ་སོགས་ཀྱི་ལེགས་སྐྱེས་ཀྱང་སྩལ། ཆོས་བཅུ་གསུམ་ཉིན་འཛམ་དབྱིངས་བཞད་པ་ནས་ཡས་ཕྱིན་ལྷན་རྒྱས་ཚོགས་དབུས་གདན་ཞུས་དང་། ཆོས་བཅུ་བཞིའི་ཉིན་བཤད་གླིང་མཆོག་སྤྲུལ་རིན་པོ་ཆེ་ནས་ཚོགས་དབུས་བཅས་སོ་སོར་ལྷན་རྒྱས་ཆིབས་བསྐྱུར་སྩལ་བར་གོང་གསལ་སྤྲུལ་སྐུ་རྣམ་གཉིས་སོ་སོ་ནས་མཇལ་གྱི་བཤད་པ་དང་བཅས་ཏེ་༸ཞབས་པད་བརྟན་པར་གསོལ་བ་འདེབས་པའི་བདེན་ཚིག་སྟོན་དུ་འགྲོ་བའི་སྒོ་ནས་ཞིང་ཁམས་རྒྱ་མཚོའི་བཀོད་པ་སོགས་ཀྱིས་སྤྲ་དྲངས་པའི་དངོས་བཤམས་ཀྱི་མཆོད་སྤྲིན་མཐའ་ཀླས་པ་སྤྲོ་བ་རྣམས་ལ་རེ་འདོད་སྨིན་པའི་བཀའ་བཞེས་དང་རླབས་ཆེན་དགེ་ཚོགས་སྤྱིལ་བའི་ཐུགས་སྨོན་སོགས་རྒྱ་ཆེར་སྩལ་ཞིང་། ཚོགས་དབུ་གྲོལ་བསྟུན་སོ་སོར་འབུལ་སྙིག་གནང་སྦྱིན་སོགས་ཀྱང་ཚད་མེད་དུ་སྩལ་བར་མཛད། ཆོས་བཅོ་ལྔའི་གསོལ་ཚོགས་རྒྱབ་ཏུ་སྐྱབས་མགོན་ཡས་ཕྱིན་ལྷན་རྒྱས་སྨོན་ལམ་ཆེན་མོའི་ཚོགས་དབུས་སུ་ཆིབས་བསྐྱོད་ཐོག་༸རྒྱལ་དབང་མཆོག་ནས་ལྷུགས་བསྔོ། བདེ་ཅན་སྨོན་ལམ། བསྟན་འབར་མ་ལ་སོགས་པ་རྣམས་དག་ཅིང་གསལ་ལ་དྲི་མ་མེད་པའི་གསུང་གི་ལམ་ལས་དྲངས་ཏེ་གདུལ་བྱ་མཐའ་དག་དད་གུས་ཀྱི་སྤུ་ལོང་དབང་མེད་དུ་གཡོས་པར་མཛད། དེ་རྗེས་མཆོད་ཡོན་ལྷན་རྒྱས་གནས་གཟིགས་སུ་ཕྱིན་ཏེ་མཆོད་འབུལ་ཐུགས་སྨོན་སོགས་རྒྱ་ཆེ་བར་མཛད། ཆོས་བཅུ་དྲུག་གི་ཉིན་༸གོང་ས་རྒྱལ་དབང་མཆོག་ལ་སྨོན་ལམ་ཆེན་མོའི་ཚོགས་ཕེབས་ཐོག་མར་བཀའ་དྲིན་ཆེ་བར་མ་ཟད། བསྔོ་སྨོན་སོགས་གང་ཅིར་དམ་པའི་རང་མདངས་གསལ་བར་ངོམས་པའི་གཏང་རག་ལེགས་སྐྱེས་ཀྱི་མཛལ་དར་འབུལ་བར་མཛད་ཅིང་། དེ་མཚུངས་ཏུ་ཐོག་ཐུ་ཆེ་ཆུང་། ཞབས་པད་སོགས་གཞུང་དྲུང་། གདན་ས་གསུམ་གྱི་བླ་མ་ལས་སྣེ་སོགས་ཕལ་མོ་ཆེས་ཀྱང་

ཡས་ཕྱིན་ལྷན་རྒྱས་སུ་ལེགས་སྐྲིས་ཀྱི་ལྷ་རིག་ཐུལ། གཞན་ཡང་སྨོན་ལམ་ཆེན་མོའི་རིང་དུ་ཡོངས་འཛིན་རྣམ་གཉིས་དང་། རྭ་སྒྲེང་ཁྲི་ཆེན་སོགས་དང་གསོལ་ཚོགས་ལྷན་རྒྱས། ཆེ་བཙན་སྐྱེར་ཁག་མང་པོར་མཇལ་ཕྱག །གཞུང་དོན་སྐོར་གྱི་མཛད་འོས་སྨོན་ལམ་མཆོད་པའི་ཐོ་སྒྲིག་སོགས་མཛད་འོས་གང་ཅི་ཡར་ལྷན་རིམ་སེལ་དུ་བསྐྱངས་རྗེས་སྨོན་ལམ་གྲོལ་གཏོང་ལྷན་རྒྱས་གཏོར་རྒྱག་ཆེན་མོར་གཟིགས་རྟོག་དང་། དེ་རྗེས་བླ་མ་ལས་སྣེ་སྤྱི་ཁྱབ་པ་སོགས་ལ་མཇལ་ཁ་དང་། བཤད་གླིང་མཆོག་སྤྲུལ་སོགས་ལྷ་རམས་གྲྭ་སྐོར་བ་རྣམས་ལའང་མཇལ་ཁའི་ལེགས་བཤད་ཀྱི་རྩལ་དང་བསྟུན་པའི་གནང་སྐྱེས་སོགས་སྩལ་ཞིང་། དེའི་སང་ཉིན་བྱམས་པ་གདན་འདྲེན་གྱི་སྐབས་ཀྱང་གཟིགས་མོ་དང་ཐུགས་སྨོན། རྟ་མིའི་སྒྱུ་རྩལ་གྱི་རོལ་པ་སོགས་ལའང་ཞིབ་གཟིགས་ཐོག་མཆོད་ཡོན་ལྷན་རྒྱས་ར་ཆེར་གནས་གཟིགས་དང་བཅས་ཏེ་གྲུ་འཛིན་ཕོ་བྲང་དུ་ཆིབས་ཞལ་བསྒྱུར་བར་མཛད་དོ། །

ཧོར་ཟླ་གཉིས་པ་གསར་འཕྲུལ་གཟིམས་ཆུང་ཉི་འོད་དུ་ལ་མོ་ཆོས་སྐྱོང་ཆེན་པོ་སྤྱན་འདྲེན་གྱིས་ལས་བཞིའི་འཕྲིན་ལས་བཅོལ་བར་མཛད་ཅིང་། གཞན་ཡང་ལས་ཚན་པའི་རིགས་ལ་བཀའ་བསྒྱུར་སོགས་གཞུང་དོན་སྤྱི་དང་། ལྷག་པར་འདི་ལོ་སྨོན་ལམ་ཆེན་མོའི་སྐབས་འབྲས་སྤུངས་དགེ་གཡོགས་དང་རྒྱ་མི་ཞིག་འཁྲུག་རྩོད་ལ་བརྟེན་པས་དོན་སྐོར་གཞི་ཆེ་ཙམ་བྱུང་བ་རྣམས་ལ་ཨམ་བན་སོགས་དང་། སེར་འབྲས་ཀྱི་བླ་མ་ལས་སྣེ་སོགས་རྒྱ་བོད་ཚང་མར་བཀའ་ཁྱབ་སྐུལ་འོས་ཀྱི་རིགས་ཀྱང་འཆམ་མེད་ཐུགས་ཁུར་ཆེ་བཞེས་སུ་བསྐྱངས་ཤིང་། དེར་མ་ཟད་སེར་སྐྱ་མཆོག་དམན་ཁག་ལའང་མཇལ་ཕྱག་སོགས་རིམ་པར་སྩལ་ཛས་ཚོགས་མཆོད་སྐོར་གྱི་མཛད་འོས་དང་སེར་སྦྲེངས་ལ་གཟིགས་རྟོག །གོས་

སྐུར་སྤྱན་ཞལ་ཐུགས་སྐྱོན་སོགས་སྤྱར་ལམ་ལྷར་བསྐྲུངས། ཚོགས་མཆོད་གྲོལ་བསྟུན་དགའ་ལྡན་པའི་འཆར་ཅན་༧ཞབས་བརྟན་འབུལ་བཞེས་དང་། དགེ་ལྡན་ཁྲི་རིན་པོ་ཆེར་མཇལ་འཕྲད་ལྗོན་རྒྱས་སོགས་གནང་ཞིང་། ཆོས་གསུམ་ཉིན་ཡོངས་འཛིན་རྒྱལ་སྲས་ནོ་མི་ཧན་ཆེན་པོའི་དྲུང་དུ་གསང་འདུས་འཇམ་རྡོར་གྱི་དབང་ཆེན་གྱི་སྔ་གོན་དང་། དེའི་ཕྱི་ཉིན་དངོས་གཞི། ཆོས་ལྔའི་ཉིན་འཇིག་རྟེན་དབང་ཕྱུག་གི་དབང་ཆེན་བཅས་གསན་བཞེས་མཛད་ཅིང་གྲུབ་བསྟུན་གཏང་རག་ལེགས་འབུལ་སོགས་ཀྱང་རྒྱས་པར་འབུལ་བར་མཛད། ཆོས་དྲུག་གི་ཉིན་༧སྐྱབས་མགོན་ཉིད་ནས་ཀུན་གླིང་འདུས་པ་ཚོགས་ཡོངས་སུ་མགོན་པོ་གུར་གྱི་རྗེས་གནང་གི་རིམ་པ་རྒྱས་པར་སྩལ། དེ་ནས་བརྒྱུད་གཏོར་གྱི་མཇལ་ཁ་དང་བུམ་སྒྲུབ་ཀྱི་ཚོགས་ཕེབས། དུས་འཁོར་མཆོད་གར་གྱི་གཟིགས་མོ་དང་ཚོགས་ཕེབས་སོགས་སྤྱར་ལྷར་རིམ་པར་བསྐྲུངས། ཆོས་བཅུ་གསུམ་ཉིན་༧གོང་མ་ཆེན་པོར་བཀྲ་ཤིས་སྦྲ་ཡེར་འབུལ་མི་འབྲས་ཞག་སྐོར་བླ་མ་ངོ་གཡོག་འགྲོར་གདོང་གཟིམས་ཚུང་ཉེ་འོད་དུ་མཆོད་ཡོན་གསེར་ཞལ་ལྗོན་རྒྱས་ཐོག་གོང་མ་ཆེན་མོའི་གསེར་ཡིག་གནང་རྟེན་དང་བཅས་པ་རྣམས་དགྱེས་བཞེས་མཛད་ཅིང་མཁན་པོ་ངོ་གཡོག་རྣམས་ལ་མཇལ་ཕྱག་ལེགས་པར་སྩལ། ཆོས་བཅོ་ལྔའི་ཉིན་པོ་ཏ་ལའི་མཆོད་ཁང་ཁག་ལ་སྟོང་མཆོད་དང་བཅས་ཏེ་གནས་གཟིགས་ཐུགས་སྨོན་སོགས་གནང་སྨིན་ཞིབ་རྒྱས་སུ་བསྐྲུངས། དེ་མཚུངས་ཆོས་བཅུ་དགུའི་ཉིན་ལྷ་ལྡན་ཇོ་ཤཱཀ་རྣམ་གཉིས་སོགས་ལའང་མཆོད་པ་རྒྱ་ཆེན་པོ་དང་བཅས་གནས་གཟིགས་དང་སྤྱན་ཞལ་ཐུགས་སྐྱོན་སོགས་ལེགས་པར་མཛད། འདི་ལོ་ཆོས་འཁོར་རྒྱལ་གྱི་གཙུག་ལག་ཁང་རྟེན་དང་བརྟེན་བཅས་པ་རྣམས་ལ་ཉམས་གསོ་ཞུལ་ཕྱིན་མཛད་པ་ཉིད་ཀྱིས་དོ་དམ་པ་སྐུ་

བཅར་མཁན་པོ་བསྐལ་བཟང་ཆོས་གྲགས་ངོ་གཡོག་ལ་ཐོན་གནང་དང་། ལྷག་བསམ་ཆེ་བསྐྱེད་དགོས་པའི་བཀའ་སློབ་སོགས་རྒྱ་ཆེར་སྩལ་བར་མཛད། ཧོར་ཟླ་བཞི་པ་གསར་བསྟུན་ཆོས་བཀྲ་ཤིས་བདེ་ཆེན་དང་། སྟོ་བྲག་དོན་གཉིས་གླིང་སོགས་དགོན་ཁག་འགའ་ཞིག་ནས་ཁྲི་ཐེབས་ལེགས་འབུལ་ཞུ་མིའི་རིགས་དང་གཞན་ཡང་དད་འདུས་མང་པོར་མཇལ་ཕྱག་རིམ་པར་སྩལ། འདི་ལོ་གྲུ་འཛིན་གཉིས་པའི་གཞལ་མེད་ཁང་ཆེན་པོར་ཡང་ཉམས་གསོ་སྲིད་ཞུ་ཛད་དུ་བྱུང་བ་མཛད་བཞེད་ཀྱིས་ལས་ཁུངས་སོགས་ལ་བཀའ་ཁྱབ་དང་། ངོ་དམ་པ་དང་། དབུ་ཆེ་ཆུང་སོགས་ལའང་བཀའ་བསྒྱུར་ནན་ཅན་དང་བཅས་ཏེ་སྤྱི་སོར་ནས་ལས་གྲྭ་ཚུགས་པར་གཞུང་ས་ནས་འཛུགས་སྐང་གི་སྟོན་མོའི་རིགས་སོགས་ཀྱང་རྒྱ་ཆེར་བསྟར། ཆོས་བདུན་ཉིན་ཀུན་བདེ་གླིང་དུ་ཐེབས་ཞོར་ཡ་མོན་དུ་ཕྱིན་ཏེ་ཨམ་བན་རྣམས་དང་ལྷན་རྒྱས་ཀྱིས་ལས་དོན་སྐོར་ལ་གསུང་མོལ་སོགས་ཞིབ་ཏུ་བསྐྱངས། ཆོས་ཉི་ཤུ་སྐོར་ལ་པི་ཅིང་གོས་སྒྲུབ་པ་ལོ་ཙ་བ་བློ་བཟང་འཇམ་དབྱངས་ངོ་གཡོག་དང་། ཟེ་ལིང་སྔར་དཔོན་སོགས་ཕྱོགས་ཐོན་བྱེད་མིའི་རིགས་ལ་ཐོན་ཕྱག་སོགས་ལེགས་པར་སྩལ། གནམ་གང་གི་ཉིན་ལྷ་ལྡན་ར་ཆེ་བཅས་སུ་མཆོད་སྨོན་གནས་གཟིགས་རྒྱ་ཆེན་པོ་དང་། དེ་ཞོར་ཡ་མོན་དུ་ཕྱིན་ཏེ་ཨམ་བན་སོགས་དང་ལྷན་རྒྱས་མཛད། འདི་ལོ་པོ་བྲང་དུ་ཨར་པོའི་བབ་ཀྱི་བཞུགས་ཐོས་བདེ་མིན་ཙམ་མ་ཚད་སྐུ་ཚེ་མཐའ་མའི་མཛད་པ་བསྟན་དགོས་ཐུགས་ལ་མངའ་བའི་དབང་གིས་སྐབས་མཚམས་སུ་རྩེར་ཐེབས་བསྐྱོད་ཀྱིས་རྒྱལ་དབང་མཆོག་དང་ལྷན་རྒྱས་སོགས་མཛད་པ་ལས་གཞན་ཀུན་གླིང་རང་དུ་གཏན་བཞུགས་སུ་མཛད། ཧོར་ཟླ་ལྔ་པའི་ནང་ཀུན་གླིང་དུ་ཡོངས་འཛིན་དེ་མོ་རིན་པོ་ཆེ་དང་། དབང་ཆེན་ནོ་མི་ཧན། དཔལ་འབར་སྤྱིལ་སྐྱ།

གསེར་ཧོག་སྤྲུལ་སྐུ་སོགས་ཀྱིས་གཙོས་པའི་དོན་གཉེར་བ་བདུན་ཅུ་སྐོར་ལ་ཉིན་ལྔའི་བར་དུ་གསེར་ཆོས་བཅུ་གསུམ་གྱི་རྗེས་གནང་རྒྱས་པར་སྩལ། འདི་དག་གི་སྤྱི་ཕྱི་ཞིག་ཏུ་ཕོ་བྲང་གི་ཨར་པོའི་ཕོག་སྐུ་སྐེར་ནས་ཨར་སྟོན་ཉིན་འཁྱོངས་གཟབ་རྒྱས་ཀྱི་ཕོག་དོ་དམ། བཟོ་རིག་པ། ཞུལ་མི་སོགས་ཀུན་ལ་གནང་སྦྱིན་རྒྱ་ཆེར་སྩལ། འདི་ལོའང་ཀུན་བདེ་གླིང་དུ་བཟོ་གྲྭ་གསར་འཛུགས་ཀྱིས་གསེར་ཟངས་ལས་གྲུབ་པའི་ཚེ་དཔག་མེད་ཀྱི་སྣང་བརྙན་མི་ཚད་ལོང་ངེས་ཤིག་བཞེངས་པར་མཛད་པ་གྲུབ་བསྟུན་གཟུངས་འབུལ་རབ་གནས་སོགས་ཀྱང་གནད་སྨིན་དུ་བསྐྱངས་ཤིང་། དེ་མཚུངས་རི་མོ་བ་ཚེ་ཕུན་དང་པདྨ་དར་རྒྱས་གཉིས་སུ་བཀའ་ཁྲབ་ཀྱིས་ཐུགས་དམ་རྟེན་གྲས་སུ་འཛོམ་རྒྱུའི་སྐུ་ཐང་ཆེ་ཆུང་འགའ་ཞིག་ཀྱང་གསར་བཞེངས་མཛད་སྐབས་སྟེ། དེ་ཡང་ཆེ་གྲས་ལ་མ་འོངས་པ་ན་གླིང་བཅུ་གཉིས་ལ་སྟོབས་ཀྱིས་འཁོར་ལོས་དབང་བསྒྱུར་ནས་སླར་ཡང་རྫོགས་ལྡན་དུ་སྒྱུར་བའི་བྱེད་པོ་ཤམྦྷ་ལའི་ཆོས་རྒྱལ་རིགས་ལྡན་དྲག་པོ་འཁོར་ལོ་ཅན་འཁོར་དང་བཅས་པའི་སྐུ་ཐང་གཅིག །པདྨོ་ལུགས་ཀྱི་ཐུགས་རྗེ་ཆེན་པོ་ཕྱག་སྟོང་སྤྱན་སྟོང་ལ། ལྷ་མགྲོན་བླ་བརྒྱུད་དང་ཕྱོགས་བཅུའི་སྤྱན་རས་གཟིགས་ཀྱིས་བསྐོར་བ་གཅིག །རྟ་མགྲིན་ཡང་གསང་འཁོར་བཅས་ཀྱི་སྐུ་ཐང་གཅིག །མཁའ་སྤྱོད་མ་སོགས་ཀྱི་སྐུ་ཐང་གཅིག །དམར་པོ་སྐོར་གསུམ་གྱི་སྐུ་ཐང་གསུམ་བཅས་དང་། ཆུང་གྲས་ལ། ལྕང་སྐྱ་རྡོ་རྗེ་འཆང་ལ་༧སྐྱབས་མགོན་ཉིད་ཀྱི་ཆོས་འབྲེལ་དངོས་ཐོབ་ཀྱི་བླ་མས་བསྐོར་བ་གཅིག །ཡི་དམ་རྡོ་རྗེ་འཇིགས་བྱེད་ལ་ཡི་དམ་གྱི་ཚོགས་ཀྱིས་བསྐོར་བ་གཅིག །དཔལ་ལྡན་དམ་ཟོར་མ་ལ་ཆོས་སྐྱོང་གི་ཚོགས་ཀྱིས་བསྐོར་བ་གཅིག་དང་བཅས་པ་རྣམས་ཚད་ལྡན་ཤིན་ཏུ་ཟུང་བར་བཞེངས་འཇུག་གནང་དང་། ཁོང་གཤམ་ཡང་ཁོས་

བཟང་བསྒྲིགས་ཁྱད་འཕགས་ཤ་སྟག་ལས་བསྒྲུན་པར་མཛད་དེ་གྲུབ་བསྟུན་རབ་གནས་སོགས་ཀྱང་ལེགས་པར་བསྐྱངས་ཏེ་ཐུགས་དམ་གྱི་རྟེན་དུ་འཛོག་པར་མཛད་དོ། །དེ་ནས་ཧོར་ཟླ་དྲུག་པ་གསར་མཚམས་སུ་བདེ་སྐྱིད་གླིང་དུ་ཆབ་བཞེས་ཕེབས་བསྐྱོད་ཀྱིས་ཞག་འགའ་བཞུགས་འཛགས་མཛད། ཚེས་བཅུའི་ཉིན་རྟེར་ཕེབས་བསྐྱོད་ཀྱིས་རྒྱལ་དབང་མཆོག་དང་ལྷན་རྒྱས་མཛད་ཅིང་། བསམ་ཡས་ཆོས་སྐྱོང་ཆེན་པོའི་དབྱར་གསོལ་སྤྱན་འདྲེན་སོགས་མཛད་རྗེས་སྣར་ཡང་ཀུན་གླིང་དུ་ཕྱིར་ཕེབས་མཛད། ཚེས་བཅོ་ལྔ་སྐར་ལ་སྐྱོར་མོ་ལུང་གྲྭ་ཚང་སོགས་ཁྲི་ཕེབས་ལེགས་འབུལ་ཞུ་མི་དང་། དབྱར་མཇལ་བ་ཁག་སོགས་ལ་མཇལ་ཕྱག་དང་། དཔལ་འབར་སྤྲུལ་སྐུར་དཀར་ཤོད་ཆོས་འཁོར་དགོན་གྱི་བླ་མའི་བཀའ་བསྒྱུར་སོགས་མཛད། ཚེས་ཉི་ཤུ་སྐར་ལ་བཤད་གླིང་མཆོག་སྤྲུལ་རིན་པོ་ཆེ་སྟ་སོར་བཀྲས་ལྷུན་དུ་བསྙེན་རྫོགས་བཞེས་པར་ཕེབས་བསྐྱོད་གྲུབ་པས་ཕྱིར་འཁོར་འགྲོར་ཕྱག་ཏུ་ཕྱིན་པར་མཇལ་འཕྲད་དང་། ཚེས་ཉེར་ལྔ་ནས་བཟུང་སྟར་རྒྱན་ཆོས་སྐྱོང་ཁག་ལ་གཟབ་གསོལ་ཉིན་ལྔའི་བར་དུ་ཚུགས་པའི་ཚོགས་དབུས་སུ་ཕེབས་བསྐྱོད་ཀྱིས་འཕྲིན་བཅོལ་གནད་སྨིན་དུ་མཛད། ཧོར་ཟླ་དྲུག་པ་ཕྱི་མའི་ནང་དཔལ་འབར་སྤྲུལ་སྐུ་སྟོན་འཁོར་རྣམས་ཁམས་སུ་ཕེབས་གཏོང་ཕོན་ཕྱག་གནང་སྨིན་དང་བཀའ་སློབ་སོགས་རྒྱ་ཆེར་སྩལ། འདི་གོང་ཙམ་ནས་སྟ་སོར་རྒྱ་བོད་ཀྱི་དོན་སྐོར་གཞི་ཆེའི་སྐོར་ཡང་མགོན་པོ་ཉིད་ཀྱི་ཐུགས་རྗེ་དང་འཕྲིན་ལས་ཚད་མེད་པའི་མཐུས་གོང་མ་ཆེན་པོའི་གསེར་སྣན་སྒྲོན་པའི་ཕྱིར་ཕེབས་སོགས་སུ་བཀའ་བཟང་གཞན་འགྲན་མ་མཆིས་པ་ཕེབས་པར་བརྟེན། དོན་སྐོར་ལེ་འགྲིག་འཐུས་ཚང་ལྷིང་འཛགས་སུ་གྱུར་པས་ཚང་མ་སྤྲོ་སེམས་བདེ་བའི་རོ་ལ་གཞོལ་བར་གྱུར་ཅིང་། དེའི་ཕྱིར་

ཆོས་བཅོ་ལྔ་སྐོར་ལ་ཡོངས་འཛིན་རྣམ་གཉིས། ཞབས་པད་བཞི། སྤྱི་ཁྱབ་མཁན་པོ། ཇོ་མདའ། མཁན་སྟེ་ཆེ་ཆུང་སོགས་ལས་ཚན་པ་དང་། དྲུང་བྱིངས་ཚང་མས་ལེགས་དར་ཕུལ། གཞན་ཡང་སྤྲུལ་སྐུ་ཆེ་ཁག་དང་། སེར་འབྲས་དགེ་གསུམ་གྱི་བླ་མ་ལས་སྣེ་གྲྭ་དམངས་སོགས་ཕལ་མོ་ཆེས་གཏང་རག་ལེགས་སྐྱེས་ཀྱི་རིམ་པ་རྒྱ་ཆེར་ཕུལ་བ་རྣམས་སོ་སོར་མཇལ་ཕྱག་དང་བཀའ་སློབ་སོགས་ཀྱང་ལེགས་པར་སྩལ་བ་སོགས་རྨད་དུ་བྱུང་བའི་མཛད་པ་རླབས་པོ་ཆེ་རྣམས་རིམ་སེལ་དུ་གྲུབ་པར་མཛད་དོ། །དེ་བས་ན་མགོན་པོ་འདི་ཉིད་ཆོས་སྲིད་ཀྱི་ཁྲིར་ཕེབས་པ་ནས་བཟུང་བསམ་པར་དཀའ་བའི་མཛད་པ་སྤྱི་དང་། ཁྱད་པར་རྒྱལ་བའི་རྒྱལ་ཚབ་ཀྱི་གསེར་ཁྲིར་འཁོད་ནས་ཀྱང་རྒྱལ་དབང་དེ་ཉིད་ཀྱི་ཕྱི་རྗེས་དགོངས་རྫོགས་དང་། དེ་རྗེས་ཡང་སྲིད་ངོས་འཛིན་གདན་ཞུ་སོགས་ཀྱང་འབད་རྩོལ་དང་ངལ་བ་མེད་པར་མ་བསམ་ལྷུན་གྲུབ་ཀྱི་ཚུལ་དུ་འགྲུབ་པ་དང་། ཆོས་སྲིད་ཀྱི་མཛད་པའི་བར་སྐབས་རྣམས་སུ་ཡང་གདུལ་བྱ་རྣམས་ལ་གཟབ་རྒྱས་ཆོས་ཀྱི་འཁོར་ལོ་བསྐོར་བ་སོགས་ཀྱི་མཛད་པ་རྨད་དུ་བྱུང་བ་འདི་རྣམས་ལ་བསམ་ཡོད་དག་གིས་བློ་རྣལ་དུ་ཕབ་ནས་བསམ་ན། གངས་ལྗོངས་བསྟན་འགྲོ་ཡོངས་ལ་ཐུགས་རྗེ་དང་བཀའ་དྲིན་བླ་ན་མ་མཆིས་པ་ཉིད་དུ་ཡིད་ཆེས་ཀྱི་ངེས་པ་སྐྱེད་པར་གདོན་མི་ཟའོ། །

འདིར་སྨྲས་པ། མགོན་ཁྱོད་གངས་ཅན་ཆོས་ཀྱི་རྒྱལ་པོའི་ཁྲིར། །ཞབས་སོར་འཁོར་ལོས་མཚན་པ་ལེགས་བཀོད་ནས། །གཅིག་ཏུ་བསྟན་འགྲོར་ཕན་པའི་མཛད་འཕྲིན་གྱི། །ཁུར་ཆེན་འདི་ལྟར་འདེགས་བཟོད་ཨེ་མ་ཧོ། །རྣམ་འདྲེན་གཞན་གྱིས་ཡལ་བར་དོར་བ་ཡི། །སྙིགས་དུས་བདག་སོགས་འགྲོ་རྣམས་ཕན་བདེ་ཡིས། །ཡང་ཡང་དབུགས་དབྱུང་མཛད་པའི་ངོ་མཚར་

གྲངས། །བསམ་སྐྱིན་གཞལ་དུ་མེད་པའི་བཀའ་དྲིན་དྲན། །ལུགས་གཉིས་
འཕྲིན་ལས་བཟང་པོའི་ཆུ་སྐྱུང་རྒྱུན། །ཆད་མེད་ལུས་ཅན་རྒྱ་མཚོར་འབེབས་
བཞིན་དུ། །དམ་ཆོས་ལེགས་བཤད་ཟ་རླབས་ཕྲེང་བ་འཁྱུམ། །གདུལ་བྱའི་
ཡིད་མཁར་འགོག་མེད་འཐོར་བར་མཛད། །ལོག་སྐྱོད་ཆར་སྤྲིན་ནག་པོས་རྒྱལ་
བསྟན་གྱི། །ཉིན་བྱེད་དབང་པོའི་འོད་སྟོང་ལ་འཆེ་བའི། །སྦྱོར་བ་རྩོམ་ཡང་
གང་གི་ཐུགས་རྗེ་ཡི། །དྲི་བཞིན་གཅིག་གིས་ག་ཤེད་ཉིད་དུ་བྲོས། །ཐུབ་
བསྟན་རྒྱུ་སྐར་ཕྲེང་བའི་དབུས་ནས་ཀྱང་། །སྙིང་པོར་གྱུར་པ་ཞྭ་སེར་རིང་
ལུགས་ཀྱི། །བསིལ་ཟེར་ཅན་འདི་མངོན་པར་མཛེས་བྱེད་པའི། །སྟོན་མེད་རི་
དྭགས་མཚན་མ་ཁྱོད་ལས་གང་། །དགའ་ལྡན་བསྟན་སྲིད་པུཎྜ་རི་ཀའི་ཚལ། །
འཕེལ་ཞིང་རྒྱས་པའི་གེ་སར་ཕྲེང་བ་ལ། །རྗོགས་ལྡན་བདེ་སྐྱིད་སྦྲང་རྩི་སྐྱུགས་
འདི་འང་། །གང་གི་ཐུགས་རྗེ་འོ་མའི་རྫིངས་ཀྱི་མཐུ། །དེ་སོགས་ཁྱོད་ཀྱི་
མཛད་པའི་ཆ་ཤས་ཚུན། །བོད་ལྗོངས་བསྟན་འགྲོར་སྨན་པ་འབའ་ཞིག
ལས། །ཞར་ཡང་སྲིད་པ་མིན་ཕྱིར་དུས་ཀུན་ཏུ། །བསམ་ཤེས་ཡོངས་ཀྱི་གུས་
པ་བསྐྱེད་པའི་འོས། །ཞེས་པ་ནི་བར་སྐབས་ཀྱི་ཚིགས་སུ་བཅད་པའི་ཕྲེང་
བའོ། །ཞེས་དཔལ་ལྡན་བླ་མ་དམ་པ་རྒྱལ་བའི་རྒྱལ་ཚབ་ཆེན་པོ་རྗེ་དྲུང་ཧུ་ཐོག
ཐུ་ནོ་མི་ཧན་ས་མ་ཏི་པཀྴི་ཏུ་ཐུང་ཆན་ཤྲི་རིན་པོ་ཆེ་ཡེ་ཤེས་བློ་བཟང་བསྟན་པའི་
མགོན་པོའི་རྣམ་པར་ཐར་པ་ངོ་མཚར་དད་པའི་པདྨོ་འཛུམ་བྱེད་ལེགས་བཤད་
ཉིན་བྱེད་དབང་པོའི་ཕྲེང་བ་ལས་མཛད་པ་བཅུ་གཉིས་ཀྱི་ནང་ནས་ཆོས་ཀྱི་
འཁོར་ལོ་བསྐོར་བའི་མཛད་པ་དང་འབྲེལ་བར་གཞན་དོན་འཕྲིན་ལས་ཀྱི་
འཇུག་པ་གཙོ་བོར་སྟོན་པའི་བྱ་བ་ལས་ཀྱི་འཁོར་ལོས་ཆོས་སྲིད་ཀྱི་གདུགས་
དཀར་ཕྱིན་དུ་འདེགས་པའི་ཚུལ་ཇི་ལྟར་སྐྱོང་བའི་རིམ་པ་སྟེ་བརྒྱད་པའོ།། །།

༄ དེ་ལྟར་མགོན་པོ་མཆོག་འདི་ཉིད་སྤྱི་སོར་ས་བཅུ་པོར་ཆོས་ལྡན་རྒྱལ་པོའི་ཁྲི་ལ་དབང་བསྒྱུར་བ་ནས་བཟུང་སླར་འོག་ཏུ་བརྗོད་པར་འགྱུར་བ་ལྟར་སྐུ་ཚེ་མཐའ་མའི་མཛད་པ་བསྟན་པ་ལ་མངོན་དུ་ཕྱོགས་པའི་བར་འདིར་ཆོས་སྲིད་ཟུང་དུ་འབྲེལ་བའི་མཛད་པ་རླབས་ཆེན་ངོ་མཚར་ཅན་མཐའ་ཀླས་པ་ཞིག་བསྟན་མོད་ཀྱང་དེ་ཐམས་ཅད་རི་མོའི་ལམ་དུ་སྤྱིལ་བའི་ངལ་བ་ནི་སུས་ཀྱང་བསྟེན་པར་མི་ནུས་ལ། དེའི་ཕྱིར་རྣམ་པར་ཐར་པ་འདིར་ཡང་དམིགས་བསལ་གལ་ཆེའི་རིགས་རྣམས་རགས་བསྡུས་མདོར་བསྒྲིལ་བའི་ཚུལ་གྱིས་བཀོད་པ་དང་། དེ་ཡང་སྤྱིར་བདག་ཉིད་ཆེན་པོ་འདི་ལྟ་བུ་རྣམས་ཀྱི་སྐུ་གསུང་ཐུགས་ཀྱི་མཛད་པའི་ཆ་ཕྲ་མོ་ཙམ་ཆད་ཀྱང་སྔར་གོང་དུ་ལན་དུ་མར་བརྗོད་པ་ལྟར་འགྲོ་ལ་དོན་དུ་འགྱུར་བ་འབའ་ཞིག་ལས་མ་འདས་པས་ན། རྣམ་དཀར་ཆོས་ལྡན་མ་ཡིན་པའི་མཛད་པ་ནི་སྐད་ཅིག་ཙམ་ཡང་ག་ལ་སྲིད། དེ་ལྟ་ནའང་ཐུན་མོང་གདུལ་བྱའི་སྣང་ངོར་ཐོས་བསམ་སྒོམ་གསུམ་དང་འཆད་རྩོད་རྩོམ་གསུམ་ལ་སོགས་པས་རྒྱལ་བའི་བསྟན་པ་ལ་བྱ་བ་མཛད་ཚུལ་དང་། གཞན་དོན་དུ་སྲིད་སྐྱོང་གི་མཛད་པ་ལ་སོགས་པ་འཇིག་རྟེན་དང་མཐུན་པ་ལྟར་བསྟན་པའི་ཚུལ་གཉིས་ཡོད་པའི་ནང་ནས་ཀྱང་། འདིར་སྐབས་སུ་བབ་པ་ནི་རྣམ་པར་ཐར་པ་བཀོད་པ་ལ་བརྟེན་ནས་གང་གི་གསང་བ་གསུམ་གྱི་ཡོན་ཏན་མཐོང་ཐོས་ཀྱི་གདུལ་བྱ་རྣམས་ཀྱི་རྒྱུད་ལ་དད་པ་དང་གུས་པ་བསྐྱེད་ནས་དེའི་རྗེས་སུ་འཇུག་པར་འགྱུར་བ་ཞིག་དགོས་དོན་གྱི་སྙིང་པོ་ཡིན་པར་མཐོང་ལ། དེའི་ཕྱིར་དང་པོར་རྒྱལ་བའི་བསྟན་ལ་ཐོས་བསམ་སྒོམ་གསུམ་མཛད་པའི་ཚུལ་རྣམས་ཅུང་ཟད་རྒྱས་པར་བཀོད་པ་དང་། ཆོས་སྲིད་ཀྱི་ཁྲི་ལ་འཁོད་ནས་ཀྱང་རྣམ་དཀར་རླབས་ཆེན་གྱི་མཛད་པ་འབའ་ཞིག་རྒྱལ་དུ་བཏོན་ཅིང་རྒྱས་པར་བཀོད་ནས

ཞར་ལ་སྲིད་སྐྱོང་གི་མཛད་པའི་ཚུལ་གཞན་རྣམས་མདོར་བསྡུས་མགོ་སྨོས་ཙམ་གྱི་ཚུལ་དུ་བཀོད་པ་ལས། ཧ་ཅང་ཞིབ་གསལ་ནི་ཡི་གེས་ཀྱང་འཇིགས་པར་མཐོང་ནས་མ་བཀོད་ཅིང་། ཆོས་དང་སྲིད་ཀྱི་མཛད་པ་ཇི་ལྟར་བསྟན་པ་དེ་ཐམས་ཅད་ཡའང་སྔར་གོང་དུ་ཐོས་བསམ་སོགས་མཛད་པའི་སྐབས་དང་མཚུངས་པར་མཛད་པ་སོ་སོ་ནས་རྒྱལ་སྲས་ཀྱི་སྤྱོད་པ་རྨད་དུ་བྱུང་བ་དེ་དང་དེར་མཐུན་བཤད་དུ་སྦྱར་ནས་འགོད་དུ་ཡོད་མོད་ཀྱང་མཛད་པ་འཕྲིན་ལས་ཧ་ཅང་རྒྱ་ཆེ་བའི་དབང་གིས་རེ་རེ་ནས་འགོད་པར་ཇོ་མ་ཐོགས་ལ། དེའི་ཕྱིར་སྐབས་འདིར་མཇུག་བསྡུས་སྤོམ་བཤད་ཀྱི་ཚུལ་དུ་ཆོས་སྲིད་ཟུང་འབྲེལ་གྱི་མཛད་པ་རྣམས་ལམ་གྱི་རིམ་པའི་འགྲོས་དང་མཐུན་ཚུལ་དང་། རྒྱལ་བའི་སྲས་ཀྱི་སྤྱོད་པ་རླབས་པོ་ཆེ་དང་སྦྱོར་ཚུལ་སོགས་དད་ལྡན་རྣམས་ལ་དང་བ་བསྐྱེད་ཕྱིར་ཅུང་ཟད་ཙམ་ཞིག་འགོད་ན། དེ་ཡང་ཇི་སྐད་དུ། རྟོགས་བརྗོད་དཔག་བསམ་འཕྲི་ཤིང་གི་ཡལ་འདབ་གོ་དྲུག་པར། ཟླ་བའི་ཀུན་དགའ་ཉི་མའི་རབ་གསལ་དང་། །མེ་ཡི་ཚ་བ་རླུང་གི་འགྱོགས་པ་དང་། །སྙིང་རྗེ་ལ་དགའ་སྐྱེ་བོ་ཆེ་རྣམས་ཀྱི། །འགྲོ་ལ་ཕན་པ་ལྷན་སྐྱེས་རང་བཞིན་ཡིན། །ཞེས་ཇི་ལྟར་གསུངས་པ་ལྟར་སྔོན་ཀའི་དུས་ཀྱི་ཟླ་བའི་དཀྱིལ་འཁོར་རྣམ་པར་དག་པ་དྲི་མ་མེད་པ་དག་གིས་སྐྱེ་བོ་ཀུན་གྱི་ཡིད་ལ་དགའ་བ་བསྐྱེད་པའི་བྱེད་ལས་དང་། ཉིན་མོར་བྱེད་པ་སྣང་བྱེད་ཀྱི་བདག་པོས་ཀྱང་རང་འོད་ཀྱི་སྒྲོན་མེ་ཐོགས་ནས་འཇིག་རྟེན་གྱི་མུན་པ་རབ་ཏུ་གསལ་བར་བྱེད་པ་དང་། དེ་བཞིན་དུ་མེའི་ཚ་བའི་རེག་བྱ་དང་། རླུང་གི་འགྱོགས་པའི་བྱེད་ལས་སོགས་ཀྱང་རྒྱུ་རྐྱེན་རྟེན་འབྲེལ་ཚོགས་པའི་དབང་གིས་འབད་རྩོལ་དང་དཀའ་བས་ཆེད་དུ་གཉེར་མི་དགོས་པར་རང་ཉིད་གྲུབ་ཙམ་གྱི་དུས་ཉིད་ནས་རང་ཆས་སུ་འབྱུང་བ་ཇི་ལྟ

བར། སྙིང་རྗེ་ཆེན་པོ་ལ་གཅིག་ཏུ་ལྷག་པར་དགའ་བའི་བདག་ཉིད་ཆེན་པོ་རྣམས་ཀྱི་གཞན་ལ་ཕན་པའི་མཛད་པའང་ལྷན་ཅིག་ཏུ་སྐྱེས་པའི་ཚུལ་གྱི་འབྱུང་བ་ནི་ཆོས་ཉིད་ཡིན་ལ། དེའི་ཕྱིར་ཆོས་དང་སྲིད་སྐྱོང་ལ་སོགས་པའི་མཛད་པའི་རྣམ་གྲངས་མི་འདྲ་བ་ཇི་སྙེད་ཅིག་བསྟན་པ་འདི་ཐམས་ཅད་ལ་རྣམ་དཔྱོད་དང་ལྡན་པ་དག་གིས་བརྟགས་ཤིང་དཔྱད་ཤེས་ན་བཤེས་གཉེན་བསྟེན་ཚུལ་ནས་བཟུང་འཇུག་གི་བར་གྱི་ལམ་གྱི་རིམ་པ་ཡན་ལག་དང་བཅས་པའི་ཡོངས་སུ་གཏོགས་ཤིང་གཞན་ཕན་དུ་དམ་པའི་སྤྱོད་ཚུལ་འབའ་ཞིག་གི་རྒྱ་ལས་མི་འགོངས་པ་ཞིག་ཡིན་ཏེ། ཇི་ལྟར་ཞེ་ན། མགོན་པོ་ཉིད་ས་སྐྱོང་རྒྱལ་བསྟན་ཡོངས་ཀྱི་བདག་པོར་བཞེངས་གྲུབ་ནས་ཀྱང་རིགས་དང་ཡོངས་སྤྱོད་སྟོབས་འབྱོར་སྐན་གྲགས་མཁས་རློམས་སོགས་ཀྱི་རྒྱགས་པ་དང་དྲེགས་པའི་ཆེ་འགྱིངས་ཚུང་ཟད་ཀྱང་མི་མངའ་བར་གཙོ་བོར་འཕགས་མཆོག་གངས་རིའི་མགོན་པོ་ལྷ་མཆོག་ཕྱག་ན་པདྨོའི་ཞབས་མཐིལ་ཟུར་ཕུད་ཀྱི་རྒྱན་དུ་བཀོད་དེ་ཅི་གསུངས་དང་དུ་བཞེས་པའི་སྒོ་ནས་མཛད་པ་མཐའ་དག་༄རྒྱལ་དབང་མཆོག་གི་དགོངས་བཞེད་དང་མཐུན་པ་འབའ་ཞིག་ལྷུར་བཞེས་པ་དང་། ༄གོང་ས་མཆོག་མྱ་ངན་ལས་འདས་ཟིན་ནས་ཀྱང་སྐུ་གདུང་ལ་སྲིད་ཞུ་དང་ཕྱི་རྗེས་ཀྱི་དགོངས་རྫོགས། ཡང་སྲིད་གདན་ཞུ་སོགས་གོང་དུ་ཇི་ལྟར་བཀོད་པ་ལྟར་བླ་མའི་བཀའ་དྲིན་རྗེས་སུ་དྲན་པའི་སྒོ་ནས་སྐུ་གསུང་ཐུགས་ལ་ངལ་བ་ཅི་ཙམ་བྱུང་ཡང་དང་དུ་བཞེས་ཏེ་དཀའ་བ་བརྒྱ་ཕྲག་གི་སྒོ་ནས་འབད་པར་མཛད་པ་དང་། དེ་བཞིན་དུ་པཎ་ཆེན་ཐམས་ཅད་མཁྱེན་པ་དང་། ལྕང་སྐྱ་རྡོ་རྗེ་འཆང་ཆེན་པོ། ཡོངས་འཛིན་པཎྜི་ཏ་ཆེན་པོ། རྒྱལ་སྲས་རྡོ་རྗེ་འཆང་། གྲུབ་དབང་ཀློང་རྫོལ་རིན་པོ་ཆེ། ཁྲབ་བདག་འཇམ་དབྱངས་བཞད་པ་སོགས་ཆོས་འབྲེལ་

དངོས་ཕྱོགས་ཀྱི་དམ་པ་རྣམས་དང། མདོ་སྔགས་རིག་གནས་སོགས་ཀྱི་གསན་བཞེས་མཛད་ཡུལ། ཐ་ན་གློག་པའི་སློབ་དཔོན་ཡན་ཆད་ཐམས་ཅད་ལའང་སངས་རྒྱས་དངོས་ཀྱི་འདུ་ཤེས་དང་མི་འབྲལ་བའི་སྒོ་ནས་རྣམ་པ་ཀུན་ཏུ་དེ་དག་གི་སྐུ་གསུང་ཐུགས་ཀྱི་ཡོན་ཏན་བརྗོད་པ་དང། བསྟོད་ཅིང་གསོལ་བ་འདེབས་པའི་རིམ་པ་བཀའ་རྩོམ་དུ་མཛད་ནས་རྒྱུན་ཆགས་སུ་ཞལ་འདོན་དུ་བསྒྲུངས་པ་གསུང་འབུམ་དུ་གསལ་བ་ལྟར་དང། དམ་པ་དེ་དག་ཞལ་བཞུགས་པའི་ཚེ་ན་ཡང་དེ་དག་ལ་རྟེན་པ་ཟང་ཟིང་གི་ཞབས་ཏོག་དང། བཀུར་བསྟི་རིམ་གྲོ་མཛད་པ་དང། བཀའ་བཞིན་སྒྲུབ་པའི་མཆོད་པ་གསུམ་གྱི་མཉེས་པར་མཛད་པ་དང། དེ་དག་དྲུང་དུ་ཕྱིན་པའི་ཚེ་ནའང་ལྷང་བ་མཛད་པ་དང། ཕྱག་མཛད་པ་དང་བྱིན་རླབས་ཞུ་བ་དང། ཆོས་ཀྱི་བདུད་རྩི་ངོམས་མེད་དུ་གསོལ་བ་དང། མྱ་ངན་ལས་འདས་སུ་ཟིན་ཀྱང་སྐུ་གདུང་སོགས་ཀྱི་དྲུང་དུ་དངོས་སུ་ཕྱིན་ནས་མཆོད་པ་རྒྱ་ཆེན་པོ་འབུལ་བ་དང། དེའི་དགོངས་པ་རྫོགས་པའི་ཕྱིར་དུ་སྐུ་གསུང་ཐུགས་ཀྱི་རྟེན་བཞེངས་པ་དང། ཕྱི་རྗེས་སྐྱོང་བའི་སློབ་འཁོར་རྣམས་ལའང་འཕྲལ་ཕུགས་སུ་དགེ་བའི་བཀའ་སློབ་ལན་གཅིག་མིན་པར་མཛད་པ་དང། དམ་པ་དེ་དག་གི་གདན་ས་སོགས་ལའང་ལོ་རེ་དང་ཟླ་རེ་བཞིན་དུ་མང་འགྱེད་སོགས་ཀྱི་བསྙེན་བཀུར་མཛད་པ་དང། སྐྱོང་བ་པའི་སྡེ་འགའ་ཞིག་ལ་ནི་ཇི་སྲིད་ཀྱི་བར་དུ་འཚོ་བའི་མཐུན་རྐྱེན་སྩལ་ཏེ་བླ་མའི་རྣམ་ཐར་སྐྱོང་དུ་འཇུག་པ་དང། དམ་པ་དེ་རྣམས་ཀྱི་སྐུའི་སྣང་བརྙན་བཞེངས་ཏེ་ཐུགས་དམ་ཕྱག་མཆོད་ཀྱི་རྟེན་དུ་འཛིན་པ་དང། གསུང་འབུམ་ལ་སོགས་པ་པར་དུ་བསྒྲུན་ཏེ་གཞན་དག་ལ་ཆོས་ཀྱི་སྦྱིན་པ་རྒྱ་ཆེར་འགྱེད་པ་དང། དེ་དག་གི་ཞལ་སྐྱིན་ལས་འོང་བའི་དམ་པའི་ཆོས་ཀྱི་བདུད་རྩི་རྣམས་གདུལ་བྱའི་

ཚོགས་ལ་དགའ་སྟོན་དུ་སྤེལ་བ་ལ་སོགས་པ་མདོར་ན་དམ་པ་རྣམས་ཀྱི་འཕྲིན་ལས་སྤེལ་བ་ལྷུར་ལེན་དུ་མཛད་པ་ལ་སོགས་པ་ནི་ལན་རེ་ལན་གཉིས་ཙམ་མིན་པར་རྣམ་པ་ཀུན་ཏུ་རྒྱུན་ཆགས་སུ་མཛད་པ་ནི་སྒྲོ་བཏགས་ཙམ་མིན་པར་ཀུན་ལ་མངོན་སུམ་དུ་གྱུར་པ་ཉིད་ཡིན་ལ། དེ་བས་ན་དེ་དག་ནི་རྗེ་ཐམས་ཅད་མཁྱེན་པས། ཡོན་ཏན་ཀུན་གྱི་གཞིར་གྱུར་དྲིན་ཅན་རྗེ། །ཚུལ་བཞིན་བསྟེན་པ་ལམ་གྱི་རྩ་བ་རུ། །ལེགས་པར་མཐོང་ནས་འབད་པ་དུ་མ་ཡིས། །གུས་པ་ཆེན་པོས་བསྟེན་པར་བྱིན་གྱིས་རློབས། །ཞེས་དང་། སློབ་དཔོན་ཤེས་རབ་གོ་ཆས། དཔེར་ན་སྐྱེས་བུ་ཆུ་བོར་རྐྱལ་བྱང་ཡང་། །གཟིངས་མེད་རྒྱ་མཚོར་བརྒལ་བར་མི་ནུས་ལྟར། །དེ་བཞིན་ལུང་དོན་ཙུང་ཟད་ཤེས་གྱུར་ཀྱང་། །བླ་མ་མེད་པར་གང་ཡང་ནུས་པ་མེད། །ཅེས་གསུངས་པའི་དོན་ལ་བཅོས་མིན་གྱི་ངེས་ཤེས་ནང་ནས་འཁྲུངས་པས་མདོ་རྒྱུད་ནས་ཇི་ལྟར་གསུངས་པ་ལྟར་གྱི་བཤེས་གཉེན་བསྟེན་ཚུལ་གྱི་རིམ་པ་མཐའ་དག་ཚིག་ཙམ་དུ་མ་ལུས་པར་ཕྱག་ལེན་དུ་ཐེབ་པར་མཛད་པ་ཡིན་པས་ན། གཞན་དག་ལྟར་ལམ་རིམ་སྐྱོང་བ་སོགས་ཀྱི་ཚེ་བཤེས་གཉེན་བསྟེན་ཚུལ་ལ་བློ་སྦྱོངས་པ་སྐད་བྱས་ནས་ལག་ལེན་གྱི་ཚེ་རང་ཉིད་ཀྱི་འདོད་ཞེན་ཁེངས་མ་ཁེངས་ཁོ་ན་གཙོ་བོ་སྟོན་ཏེ་མི་ལ་བརྙས་དམོད་སོགས་གང་ཐུབ་བྱེད་པ་བློ་ཕྱུགས་གཏིང་ནས་རུལ་བའི་ཆོས་པར་རློམས་པ་རྣམས་དང་ཆ་ཙམ་ཡང་མཚུངས་པ་མ་ཡིན་ཏེ། ཚུལ་འདི་དག་ནི་སྔར་གོང་དུ་བརྗོད་པ་ལྟར་རྟག་ཏུ་ངུ་དང་། གཞོན་ནུ་ནོར་བཟང་སོགས་ཀྱིས་དགེ་བའི་བཤེས་གཉེན་བསྟེན་ཚུལ་དང་མཚུངས་པ་སྟེ་དམ་པའི་མཛད་པ་ཤིན་ཏུ་རྨད་དུ་བྱུང་བའི་གནས་ཡིན་ལ། དེ་བཞིན་དུ་རྣམ་པ་ཀུན་ཏུ་གཞུང་དོན་བྱ་གཞག་ཆོས་སྲིད་ཀྱི་མཛད་པ་ཤིན་ཏུ་རྒྱ་ཆེ་བ་ལ་ཁོར་མོ་ཡུག་ཏུ་འདའ་བས། གཞན་

དག་ལྟར་ན་ཞལ་འདོན་དགེ་སྦྱོར་སོགས་ཀྱི་ལོངས་སྐབས་མེད་པ་ལྟ་བུར་མཆིས་ནའང་། བདག་ཉིད་ཆེན་པོ་འདི་ནི་དེ་ལྟ་བུའི་གཡེངས་པའི་རྐྱེན་གྱིས་ཐུགས་ཀྱི་རི་དབང་ཙུང་ཟད་ཀྱང་བསྐྱོད་པར་མི་ནུས་པས་དུས་དང་གནས་སྐབས་ཐམས་ཅད་དུ་ཕྱག་མཆོད་མཎྜལ། ལྷག་པའི་ལྷའི་ལྗགས་བསྙེན། ངེས་འབྱུང་དང་བྱང་སེམས། ཡང་དག་པའི་ལྟ་བའི་ཉམས་བཞེས། དམ་པ་རྣམས་ལས་ཆོས་བཀའ་གསན་བཞེས། རིམ་གཉིས་ཟབ་མོའི་ཐུགས་དམ་བཅད་རྒྱ་སོགས་རྣམ་དཀར་དགེ་བའི་མཛད་པ་རླབས་ཆེན་ཐང་ལྷོད་མེད་པར་རྒྱུན་ཆགས་སུ་བསྐྱངས་ཤིང་། དེ་ཡང་རྗེས་སོར་རིམ་པར་མཛད་འཕྲིན་ཇི་ཙམ་རླབས་ཆེར་སོང་བ་བཞིན་གྱི་ཞལ་འདོན་དགེ་སྦྱོར་སོགས་ཐུགས་དམ་ཉམས་བཞེས་དང་རྣམ་དཀར་ཆོས་ལྡན་གྱི་མཛད་པ་རྣམས་ཀྱང་གོང་ནས་གོང་འཕེལ་དུ་གྱུར་པ་མ་ཟད་གདུལ་བྱ་གཞན་དག་ཀྱང་རྣམ་གཡེང་དང་འདུ་འཛིར་མི་སྦྱོར་བར་སོ་སོའི་བློ་ཚོད་དང་བསྟུན་པའི་དགེ་བའི་ཕྱོགས་ཕོ་ནར་ཐབས་མཁས་དུ་མའི་སྒོ་ནས་དཀྲི་བར་མཛད་པ་མཐུན་སྣང་དུ་གྱུར་པ་འདི་ཐམས་ཅད་ཀྱང་། དལ་འབྱོར་རྙེད་པར་དཀའ་བ་དང་། ནམ་འཆི་ལ་ངེས་པ་མེད་པ་དང་། འཆི་བའི་ཚེ་ཆོས་མ་གཏོགས་པ་གང་གིས་ཀྱང་མི་ཕན་པ་སོགས་དལ་འབྱོར་དང་མི་རྟག་པའི་ཆོས་སྐོར་ལ་ཐུགས་ངེས་དང་སྦྱོང་བ་གཏིང་ནས་འཁྲུངས་པའི་འབྲས་རྟགས་ཡང་དག་ཡིན་ཏེ། དེ་ལྟ་མིན་ན་རང་ཅག་ཕལ་མོ་ཆེ་ཀུན་ལ་རྙེད་བཀུར་སྙན་གྲགས་སོགས་སྲིད་པའི་ཕུན་ཚོགས་ཙུང་ཟད་ཅིག་བྱུང་ནའང་དེ་ཕོ་ནའི་གཞན་དབང་དུ་གྱུར་ཏེ་སྔར་ཡང་རྟག་འཛིན་གྱི་བློ་སྤར་བས་ཤུགས་དྲག་ཏུ་གྱུར་ནས་ཚེ་འདིའི་ཆེ་ཐབས་འབའ་ཞིག་ཉམས་པ་སོར་ཆུད་དང་མི་ཉམས་གོང་འཕེལ་གྱི་ཐབས་ཚུལ་འབའ་ཞིག་ལ་འབད་པ་ཞིག་ཡིན་ན། དམ་པ་འདི་བཞིན་དུ་ལྟ་

མིའི་དཔལ་འབྱོར་མཐའ་དག་མ་བོས་མགྲོན་དུ་ཁུག་ཅིང་ས་ཆེན་པོ་ལ་དབང་བའི་རྒྱལ་པོར་གྱུར་དུ་ཟིན་ན་ནི་རྣམ་གཡེང་དང་འདོད་པའི་ཡོན་ཏན་ཁོ་ན་དོན་དུ་གཉེར་བས་ཉིན་མཚན་འདའ་བ་ལས་ཆོས་བྱེད་པའི་བློ་ཙམ་ཡང་སྐྱེ་བར་འགྱུར་བ་མི་སྲིད་པ་ནི་རང་ཉམས་ལ་དཔགས་པ་ཉིད་ཀྱིས་ཤེས་པར་ནུས་སོ། །

དེར་མ་ཟད་ལས་འབྲས་ཀྱི་འདོར་ལེན་མཛད་ཚུལ་ལྷ་བུར་མཚོན་ནའང་། སྤྱིར་ངེས་པའི་དོན་དུ་ཤེས་བྱ་ཇི་ལྟ་བ་དང་ཇི་སྙེད་པའི་གནས་ཐམས་ཅད་མེ་ལོང་ནང་གི་གཟུགས་བརྙན་ནམ་ལག་མཐིལ་དུ་སྐྱུ་རུ་ར་བཞག་པ་བཞིན་དུ་མངོན་སུམ་དུ་གཟིགས་ཤིང་མཁྱེན་པའི་ཡེ་ཤེས་ཀྱིས་མངོན་དུ་མཛད་ཟིན་པར་གོང་དུ་ལན་དུ་མར་གྲུབ་པ་ལྟར་ལས་འབྲས་ཀྱི་འབྲེལ་པ་ཕྲ་ཞིང་ཕྲ་བ་ཚུན་ཆད་གནས་དང་གནས་མིན་མཁྱེན་པའི་སྟོབས་ཀྱིས་གཞལ་བར་ནུས་པ་མ་ཟད། ཐུན་མོང་གདུལ་བྱའི་སྣང་ངོར་ཡང་རྒྱལ་བའི་གསུང་རབ་རྒྱ་མཚོ་ལྟ་བུའི་ཕ་རོལ་ཏུ་སོན་པའི་དབང་གིས་རྒྱུ་འདི་ལས་འབྲས་བུ་འདི་འབྱུང་གི་ཕྲ་ཞིབ་མཐའ་དག་མ་འདྲེས་པར་འབྱེད་ནུས་པའི་མཁྱེན་རབ་དང་ལྡན་ཞིང་། དེའི་མཐུས་ཆོས་ལྡན་རྒྱལ་པོའི་གོ་སར་ཕྱིན་པའི་དུས་ཉིད་ནའང་དབང་ཕྱུག་དང་སྟོབས་འབྱོར་མངའ་ཐང་སོགས་ཡོད་པ་རྒྱུ་མཚན་དུ་བྱས་ནས་ཆབ་འོག་ཏུ་གཏོགས་པ་རྣམས་ལ་ངན་དབང་དང་། དོན་མེད་དུ་བཀོལ་བ་ལ་སོགས་པ་གཏན་ནས་མི་མཛད་པར་སྐུ་གསུང་ཐུགས་ཀྱི་མཛད་པ་ཅི་རྩོམ་ཡང་རྒྱལ་སྲས་ཀྱི་སྤྱོད་མཚམས་ལས་འགོངས་མི་འགོངས་ལན་བརྒྱར་བརྟགས་ཤིང་དཔྱད་པའི་སྒོ་ནས་འཇུག་པ་ལས། མ་བརྟགས་པ་དང་བབ་ཅོལ་དང་། གཞན་ཟེར་གྱི་རྗེས་སུ་འབྲང་བ་སོགས་དང་། རང་དོན་ཡིད་བྱེད་ཀྱིས་ཀུན་ནས་བསླངས་པའི་བགྱི་བའི་ཆ་ཕྲ་མོ་ཙམ་ནམ་དུ་ཡང་མི་འབྱུང་ཞིང་མི་སྲིད་པ་ཞིག་ཡིན་ཏེ། དེ་ཡང་འཇིག་རྟེན་

ཆོས་བཞིན་དུ་སྐྱོང་ཚུལ་གྱིས་མཚོན་པའི་རྒྱུན་གྱི་ཆོས་སྲིད་ཀྱི་མཛད་པ་རྣམས་སྐབས་འདིར་རགས་བསྡུས་ཙམ་ཟད་ཅིག་གླེང་ན། དེ་ལ་དགོངས་གཞི་དང་མཛད་པའི་གཙོ་བོ་ནི་འགྲོ་བ་ལྷ་དང་བཅས་པའི་ཡིད་ཅན་མ་ལུས་པ་སྡུག་བསྔལ་རྒྱུ་དང་བཅས་པ་ལས་སྒྲོལ་ཞིང་བདེ་བ་བླ་ན་མེད་པ་ལ་འགོད་པ་ཁོ་ན་ཡིན་ཅིང་། དེ་ཉིད་གང་ལས་འབྱུང་བ་ནི། ཇི་སྐད་དུ། རྗེ་ཐམས་ཅད་མཁྱེན་པས། བསྟན་པ་ཁོ་ན་ལྟར་བཅས་འགྲོ་བ་ཡི། །བདེ་ལེགས་ཀུན་གྱི་རྩ་བར་ཡིད་ཆེས་ནས། །ལུས་སྲོག་ཡལ་བར་འདོར་ཀྱང་མི་གཏོང་བར། །སྙིང་སྟོབས་ཆེན་པོས་དམ་ཆོས་འཛིན་པར་ཤོག །ཅེས་གསུངས་པ་ལྟར་བསྟན་པ་རིན་པོ་ཆེ་ཁོ་ན་འགྲོ་བ་ཡོངས་ཀྱི་ཕན་བདེའི་འབྱུང་གནས་གཅིག་པུ་ཡིན་པར་གཟིགས་ཤིང་། དེའི་ནང་ནས་ཀྱང་འཇམ་མགོན་རྒྱལ་བ་གཉིས་པ་ཤར་ཙོང་ཁ་པ་བློ་བཟང་གྲགས་པའི་བསྟན་པ་འདི་ཉིད་ནི། དུས་གསུམ་གྱི་རྒྱལ་བ་ཀུན་གྱི་བགྲོད་པ་གཅིག་པའི་ལམ་པོ་ཆེ། སྐལ་ལྡན་ཐར་འདོད་ཡོངས་ཀྱི་འཇུག་ངོགས་འགྲན་ཟླ་དང་བྲལ་བར་དགོངས་ནས་འདི་ཉིད་སྔོ་ཐམས་ཅད་ནས་མི་ཉམས་ཡུན་དུ་གནས་པའི་ཐབས་ཚུལ་སྤྱི་དང་། ལྷག་པར་དུ་རྗེ་ཐམས་ཅད་མཁྱེན་པའི་མདོ་སྔགས་ཀྱི་རིང་ལུགས་དྲི་མ་མེད་པ་འཛིན་སྐྱོང་སྤེལ་བར་བྱེད་པའི་གཙོ་བོ་གངས་ཅན་ཡོངས་ཀྱི་བསྟན་པའི་སྲོག་རྩ་ལྟ་བུ་དང་། མཐའ་དབུས་ཀྱི་འཛིག་རྟེན་གཞན་དུའང་བཤད་སྒྲུབ་ཀྱི་ཆུ་བོ་ཆེན་པོ་གང་ལས་འབྱུང་བའི་གཞི་མ་དྲོས་གཉིས་པ་ལྟ་བུ་ནི་གདན་ས་ཆེན་པོ་སེར་འབྲས་དགེ་གསུམ་དང་། རྒྱུད་གྲྭ་སྟོད་སྨད་སོགས་འཆད་ཉན་བཤད་སྒྲུབ་དང་ལྟ་སྒོམ་སྤྱོད་གསུམ་རྣམ་པར་དག་པའི་འདུས་སྡེ་རྣམས་འབའ་ཞིག་ཏུ་ངེས་པར་གཟིགས་ནས་གདན་ས་སོ་སོའི་སློབ་དཔོན་སོགས་ལ་སོ་སོའི་རང་འཁྲིས་ཀྱི་འཆད་ཉན་བརྩེས་བཞག་གཏོང་རྒྱུ།

དཔེ་ཆའི་འཛིན་སྐྱོར་དང་། རྩོད་གྲྭའི་རྟེང་བསྐུལ་སོགས་ནར་མར་ཐང་ལྷོད་མེད་པར་ཡར་ལྡན་དུ་དགོས་ཚུལ། མིང་བཏགས་སྟེར་སྦྱིན་སོགས་ཀྱང་བསྟན་པའི་གད་བདར་ལ་བསམ་སྟེ་སློབ་གཉེར་བཟང་རིམ་གྱིས་སྤྲོད་པ་ལས་ཉེ་འགའ་ཕྱོགས་ལྷུང་དང་ངོ་འཛིན་སྟེར་སྦྱིན་སོགས་ཀྱི་གཞན་དབང་དུ་མ་གྱུར་པ་དགོས་ཚུལ་གྱི་བཀའ་སློབ་དང་། དེ་འོག་དགེ་བསྐོས་སོགས་ལས་སྣེ་ཚང་མས་ཀྱང་སོ་སོའི་བགྲོ་འོས་ཀྱི་དགེ་འདུན་གྱི་ཞབས་འདེགས་མཐའ་དག་ལྷག་བསམ་ཆེ་བསྐྱེད་དང་། ནང་ཚན་དགེ་བསྐོས་སོགས་ནས་སྒྲིག་ལམ་གྱི་སྐོར་རྣམས་སོ་སོའི་བཅའ་ཡིག་ཆེན་མོ་དང་། དམ་ཆོས་འདུལ་བའི་དགོངས་དོན་གཞིར་བཟུང་བའི་སྒོ་ནས། རང་འདོད་ཕྱོགས་ལྷུང་དུ་མ་སོང་བར་ཚར་གཅོད་རྗེས་འཛིན་སོགས་དོ་དམ་གང་དྲག་གིས་ཉམས་པ་སོར་ཆུད་མི་ཉམས་ཡར་ལྡན་དུ་དགོས་ཚུལ། ལྷག་པར་དེང་སང་གནས་དུས་ཀྱི་བབ་དང་གྲོགས་ངན་གྱི་གཞན་དབང་ལས་ནག་ཆང་བཀྲུ་གསུམ་སོགས་ཀྱི་མཐོང་ཐོས་དོགས་གསུམ་ཡང་འབྱུང་དུ་ཉེ་བ་དང་། སློ་ལད་ཀྱི་རྩེད་མོའི་རིགས་ལ་ཡང་མཆོག་དམན་བར་མ་ཕལ་མོ་ཆེ་ངམ་ངམ་ཤུགས་ཀྱིས་འཇུག་པ་ཞིག་འདུག་པ་འདི་རིགས་ལ་བླ་མ་དགེ་བསྐོས་སོགས་ཚང་མས་མགོ་བྱར་མིག་གི་ཚུལ་དུ་དོ་དམ་བཀོད་ཁྲབ་མཐིལ་ཕྱིན་མ་བྱས་ཚེ་ནག་ཆང་བཀྲུ་གསུམ་སོགས་ནི་བསྟན་པ་རྨང་ནས་འཇིགས་པར་བྱེད་པའི་ཆོམ་རྐུན་བླ་ན་མ་མཆིས་པར་སྣང་བ་དང་། དེ་བཞིན་དུ་སློ་ལད་ཀྱི་རྩེད་མོ་ཤོ་མིག་མངས། ཤ་རྫར། མདའ་རྗེ་མཆོང་ས་གསུམ་སོགས་ནི་བསྟན་པའི་མིག་རྒྱན་ལ་གནོད་ཅིང་འཆད་ཉན་ཐོས་བསམ་ནམ་ལང་གི་སྐར་མ་བཞིན་དུ་གཏོང་བའི་རྒྱུ་གྱུར་པོར་མཆིས་པ་དང་། གཞན་ཡང་སེར་མོ་བའི་རིགས་ནས་ཐ་མི་ཁ་འཐེན་པ་དང་། ཕྱི་ནང་གང་དུའང་རབ་ཏུ་བྱུང་བའི་རྟགས་ཆ་ལུགས་དོར་

ནས་ཁྱིམ་པའི་གོས་ཕུ་དུང་ཅན་དང་། མདའ་གྱི་མདུང་གསུམ་སོགས་ལ་རྒྱན་དུ་འཛིན་པ། སྟོད་དང་རྒྱ་སོག་གི་ཡུལ་གྲུ་སོགས་ཀྱི་ཚོང་པ་དང་། མི་སྣ་སོགས་ཀྱི་སྙིར་གཡོག་དང་། ལག་རྟོར་འགྲོ་བ་སོགས་ནི་བྱེད་པ་པོ་རང་ཉིད་སྐྱེ་ཚོའི་ཕྲེང་བ་ཀུན་ཏུ་སངས་རྒྱས་ཀྱི་བསྟན་པ་དང་མི་མཇལ་ཞིང་རབ་ཏུ་བྱུང་བའི་མིང་ཙམ་ཡང་མི་གྲགས་པར་ངན་སོང་གཏིང་ཅི་ཟབ་ཏུ་སྡུག་བསྔལ་ཡུན་ཅི་རིང་མྱོང་བར་འགྱུར་བ་མ་ཟད། བསྟན་པའི་རྨ་འབྱིན་ཚབས་པོ་ཆེར་གྱུར་ཏེ་གང་ཟག་མང་པོ་ཞིག་དད་པ་ཉམས་པའི་ཆ་རྐྱེན་དུ་འགྱུར་བ་བཅས་དགག་བྱ་ཤིན་ཏུ་ཆེ་བ་དེ་རིགས་ལ་དོ་དམ་གང་ཆེ་མ་བྱུང་ཚེ་མགོ་ཡོད་སོ་སོར་རྗེས་ནོན་མིག་སྟོས་ལ་ཕན་པ་གཏོང་རྒྱུ་ཡིན་ཚུལ་སོགས་བསྟན་པ་རིན་པོ་ཆེ་འབའ་ཞིག་ཐུགས་ལ་དགོངས་པའི་བཀའ་ཁྱབ་བསམ་གྱིས་མི་ཁྱབ་པ་དངོས་དང་བརྒྱུད་པ་ཅི་རིགས་པའི་སྒོ་ནས་རྣམ་ཀུན་བར་མ་ཆད་དུ་སྩལ་བར་མཛད། དེའི་དབང་གིས་གདན་ས་གསུམ་གྱིས་མཚོན་པའི་འདུས་སྡེ་ཕལ་མོ་ཆེ་མཐའ་དག་གི་ཁྲིག་ལམ་འཆད་ཉན་སོགས་མི་ཉམས་ཡར་ལྡན་དུ་གྱུར་ཅིང་། ལྷག་པར་བར་སྐབས་སུ་བསྟན་དགྲ་གོར་ཁའི་བྱེད་ངན་ལ་བརྟེན་པས་ཆོས་སྡེ་ཁག་སོགས་ཕལ་མོ་ཆེའི་གྲྭ་རིགས་ན་གཞན་ཙོལ་ཆུང་གི་རིགས་ནས་ཁྱིམ་པའི་རྟགས་ཆ་ལུགས་ལ་དགའ་འདོད་དུ་བྱེད་པ་དང་། ཆང་དང་ཐ་མི་ཁ་ལ་ལོངས་སྤྱོད་པ། ཨ་ཙེ་ལྷ་མོ་རྩེ་བ་སོགས་མི་འོས་པའི་བྱ་བ་ཕལ་མོ་ཆེ་ལ་རང་ཤུགས་ཀྱིས་འཇུག་པ་ཞིག་བྱུང་ནའང་བདག་ཉིད་ཆེན་པོ་འདི་དག་གིས་ཐབས་མཁས་དང་ཐུགས་རྗེའི་ཚ་ཟེར་བར་མེད་དུ་སྤྲོས་པས་ལོག་སྤྱོད་སྨུན་པའི་ཚོགས་རྣམས་རང་འགགས་སུ་གྱུར་ཏེ་བསྟན་པ་རྨངས་ནས་བསོས་པར་གྱུར་ཅིང་། དེ་བཞིན་དུ་བསྟན་འཛིན་འདུས་སྡེ་དང་བཅས་པ་སྤྱི་དང་ནང་ཆེན་གདན་ས་ཆེན་པོ་གསུམ་ལ་སོགས་པ་ནི་འགྲོ་

པ་ཀུན་གྱི་ཕན་བདེའི་འབྱུང་གནས་བཀུར་བསྟི་སྲིད་ཞུ་བྱ་བའི་འོས་སུ་གཟིགས་ནས་དེ་དག་གི་མཆོད་རྒྱུན་ཕོགས་ཇ་ཚུལ་ལ་སོགས་པ་རྣམས་ཉམས་ཆག་ཏུ་མི་འགྱུར་བ་དགོས་ཚུལ་གཞུང་ལས་བྱེད་སོགས་དང་། གྲྭ་ས་སོ་སོའི་གཏོང་སྒོ་གཏོང་མི་སོགས་ལའང་བཀའ་ཁྱབ་དང་། དེ་དག་གི་དགེ་རྒྱུན་མཆོད་གཞིས་མི་སེར་རྣམས་ལ་ཁྲལ་རིགས་ཆག་ཡང་རིགས་ཀྱང་སྤྱན་གསལ་གྱིས་སྐྱུལ་བ་སོགས་གཟིགས་པ་བདག་རྐྱེན་ཚད་མེད་པས་གཟིངས་སུ་བསྟོད་དེ། མདོར་ན་རྒྱལ་སྲས་ཞི་བ་ལྷས། བསྟན་པ་སྙིང་དང་བཀུར་བསྟི་དང་། །བཅས་ཏེ་ཡུན་རིང་གནས་གྱུར་ཅིག །ཅེས་དང་། རྗེ་ཐམས་ཅད་མཁྱེན་པས། སྐྱེ་རྒུའི་འཕྲལ་དང་ཡུན་གྱི་ཕན་བདེ་རྣམས། །གང་ལས་འབྱུང་བ་ཐུབ་པའི་བསྟན་པ་ནི། །བཤད་དང་སྒྲུབ་པས་རྗེས་སུ་འཛིན་པ་རྣམས། །ས་ཡི་བདག་པོས་རྣམ་པ་ཏུ་མས་མཆོད། །ཅེས་གསུངས་པ་རྣམས་ཀྱི་དོན་ཚིག་ཙམ་དུ་མ་ལུས་པར་ཕྱག་ལེན་དུ་དངོས་སུ་སྒྱུར་བ་ལ་རྩལ་དུ་འདོན་པར་མཛད་པ་དང་། གཞན་ཡང་དེ་ཙམ་དུ་མ་ཚད། དཀོན་མཆོག་དང་། བསྟན་པ་རིན་པོ་ཆེ་ལ་སྲིད་ཞུ་མཛད་ཚུལ་གྱི་དབང་དུ་མཚོན་ན་ཡང་། སྔར་གོང་དུ་ལན་དུ་མར་བརྗོད་ཟིན་པ་དང་། འགའ་ཞིག་འོག་ཏུ་ཡང་བརྗོད་པར་འགྱུར་བ་ལྟར་འགྲོ་བ་ཡོངས་ཀྱི་བསོད་ནམས་ཀྱི་མཆོད་སྡོང་ཆེན་པོ་ལྷ་མཆོག་ཕྱག་ན་པདྨོའི་དགྱེས་ཞིང་གྲུ་འཛིན་གཉིས་པའི་གཞལ་མེད་ཁང་དང་། ལྷ་ལྡན་སྤྲུལ་པའི་གཙུག་ལག་ཁང་སོགས་ལ་ཞིག་གསོ་ཕུལ་ཕྱིན་དང་། དེ་དག་ཏུ་བཞུགས་པའི་ཇོ་ཤཱཀ་ཡིད་བཞིན་གྱི་ནོར་བུ་དང་། འཕགས་པ་ལོ་ཀེ་ཤྭ་ར་སོགས་ཀྱིས་གཙོ་མཛད་པའི་རྟེན་གསུམ་མཐའ་དག་ལ་ཉམས་གསོ་དང་སྲིད་ཞུ། དེ་བཞིན་དུ་ཁྲ་འབྲུག །བསམ་ཡས། ཆོས་འཁོར་རྒྱལ་སོགས་གངས་ཅན་གྱི་སའི་མེ་རྩ་དང་མཚུངས་པའི་གནས་གཞི་

གཙུག་ལག་ཁང་རྟེན་དང་བརྟེན་པར་བཅས་པ་ཀུན་ལའང་ཞིག་གསོར་སྐྱད་པ་ཙམ་ལས་གཞན་དུ་གསར་བཞེངས་དང་མཚུངས་པའི་བཀུར་བསྟི་ཉམས་གསོ་མཐའ་གླས་པ་རིག་པས་བསམ་པར་ཡང་མི་ནུས་པ་དུ་མ་ཞིག་མཛད་པའི་སྒོ་ནས་འགྲོ་བའི་བདེ་སྐྱིད་སླར་ཡང་གསོ་བར་གྱུར་པ་ནི་སྒྲོ་བཏགས་ཙམ་མིན་པར་སྐྱེ་བོ་མཆོག་དམན་ཀུན་ལ་མངོན་སུམ་དུ་གྱུར་པ་སྟེ་དེ་རྣམས་ཀྱི་ཚུལ་འགའ་ཞིག་ནི་གསུང་འབུམ་གྱི་ནང་ཚན་དཀར་ཆག་ཕྱོགས་བསྒྲིགས་སོགས་སུ་ཡང་ཤེས་པར་ནུས་ལ་དེ་དག་ཏུ་མ་འཁོད་པ་རྣམས་འདིར་དད་ལྡན་དང་བ་བསྐྱེད་པ་དང་ཕྱི་རབས་ཀྱི་མིག་རྒྱན་དང་ཕྱི་རྗེས་སྐྱོང་བར་ཕན་ཕྱིར་ཞིབ་གསལ་དུ་འགོད་དགོས་ཆེད་དུ་སྣང་རུང་ཏ་ཙང་ཡི་གེས་འཇིགས་པར་མཐོང་ནས་མགོ་སྨོས་ཙམ་ལས་འགོད་པར་མ་ནུས་ཤིང་། དེ་ལྟར་ཉམས་གསོ་མཛད་པ་རྣམས་ཀྱིས་མཚོན་པའི་གཞན་ཡང་མཐའ་དབུས་ཀྱི་གཙུག་ལག་ཁང་དང་། རྟེན་གསུམ། འདུས་པའི་སྡེ་ལ་སོགས་པ་མཐའ་དག་ཇི་སྲིད་ཐུབ་བསྟན་གནས་ཀྱི་བར་དུ་མི་ཉམས་ཡུན་དུ་གནས་ཕྱིར་དོ་དམ་གཅེས་སྲུང་སོགས་ཐུལ་ཕྱིན་དུ་དགོས་ཚུལ་མགོ་མི་ལས་བྱེད་སོགས་ཚང་མར་བཀའ་འཁོར་གྱིས་རྒྱུན་ཆགས་སུ་ཁྱབ་པར་མཛད་པ་སོགས་རྣམ་པར་དཀར་བའི་མཛད་བཟང་མཐའ་གླས་སོ། །

འདིར་སྨྲས་པ། ས་སྐྱོང་ཆོས་ཀྱི་རྒྱལ་པོར་མངོན་བཞེངས་ཀྱང་། །རྒྱགས་དང་དྲེགས་པའི་སྤྱོད་ཚུལ་རིང་བཏང་ནས། །ཐུབ་པའི་བརྟུལ་ཞུགས་ཁོ་ན་ལྟར་མཛད་པ། །ཨེ་མ་རྨད་བྱུང་དམ་པའི་ཚུལ་འདིར་ལྟོས། །སྐྱེ་རྒུའི་ཕན་དང་བདེ་བ་ཀུན་གྱི་གཞི། །བསྟན་པ་རིན་ཆེན་ཁོ་ནར་ལེགས་གཟིགས་ནས། །མི་ཉམས་འཕེལ་ཞིང་ཡུན་དུ་གནས་པའི་ཐབས། །འབའ་ཞིག་ལྷུར་ལེན་མཛད་པས་ཡུན་དུ་འདའ། །ལེགས་བྱས་ཀུན་གྱི་ནང་ནས་རབ་དང་ཕུལ། །མཆོག་

གསུམ་བཀུར་བསྟིར་བགྱི་ལས་གཞན་མེད་ཕྱིར། །ཞིང་གི་མཆོག་གྱུར་ཀུན་ལ་སྲིད་ཞུ་དང་། །ཕུ་དུད་རིམ་གྲོའི་མཛད་པས་འཁོར་ཡུག་འགེངས། །སྔོན་བྱོན་རྣམ་པར་འདྲེན་པའི་མཆོག་ཀུན་གྱིས། །འགྲོ་བའི་ཕན་བདེའི་གསོས་སུ་ཉེར་བསྒྲུབ་པའི། །བསོད་ནམས་མཆོད་སྡོང་རྟེན་དང་བརྟེན་པར་བཅས། །སླར་ཡང་མི་ཉམས་གསོ་བའི་ཁུར་ཆེན་འདེགས། །མཁྱེན་རབ་གསེར་ལྷུན་དགའ་མའི་མང་ལ་མཆོག་ནས། །ཐུགས་རྗེ་འཕྲིན་ལས་ལག་འགྲོའི་སྙིང་པོའི་ལྗོན། །དར་ལ་དྲག་པའི་དྲི་བསུང་མངར་པོ་ཡིས། །སྐལ་བཟང་བུང་བའི་ཚོགས་རྣམས་དགའ་བས་རྫེན། །རྒྱལ་བསྟན་སྙིང་པོ་རིང་དུ་གནས་འདོད་དང་། །སྐྱེ་རྒུའི་ཕན་བདེ་གོང་དུ་སྤེལ་འདོད་དང་། །རྒུད་སུན་རྒྱུ་བཅས་དྲུང་ནས་འབྱིན་འདོད་སོགས། །ཁྱེད་ཀྱི་ཐུགས་ལ་འགྲན་པ་ཇི་བཞིན་འཕེལ། །ཡང་ཡང་ཐུགས་བསྐྱེད་བཟང་པོས་ཉེར་བསྐུལ་བས། །ཡང་ཡང་འགྲོ་ལ་སྨན་པའི་མཛད་པའི་ཕྲུལ། །ཡང་ཡང་མངོན་པར་བསྟན་འདྲིས་འཛམ་བུའི་ལྗོངས། །ཡང་ཡང་དགེ་ལེགས་སྣང་བས་མཛེས་པར་གྱུར། །ཅེས་བྱ་བ་ནི་བར་སྐབས་ཀྱི་ངལ་བསོའི་ཚིགས་བཅད་དོ། །

གཞན་ཡང་ས་སྙིང་ཀར་འབྲུག་སོགས་རྒྱལ་བསྟན་རྣམ་པར་དག་པ་གང་ཡིན་ལ་ཕྱོགས་ལྷུང་གི་སྣང་ཞུགས་སོགས་གཏན་ནས་མི་མཛད་པར་དག་སྣང་ནོར་བུའི་འོད་ཀྱིས་ཁྱབ་པར་མཛད་པ་མ་ཟད། དེ་དག་ལའང་རང་རང་གི་ཆོས་ཀྱི་ལུགས་སྲོལ་དྲི་མ་མེད་པ་རྣམས་ལ་ཐོས་བསམ་སྒོམ་པ་ལྷུར་ལེན་དུ་བྱེད་དུ་འཇུག་པ་ལས་རྗེང་སྐྱོད་དང་། ཐོ་ཙོ་སོགས་རང་གཞན་ཀུན་གྱི་བསྟན་པའི་རྩ་འབྱིན་དུ་འགྲོ་རིགས་བྱེད་མི་ཆོག་པའི་བཀའ་འདོམས་དང་། ལོག་ཆོས་ཟློག་བཟླ་འདྲེས་འཆིར་གྱིས་བསླད་པ་དག་དང་། གསང་སྔགས་པར་ཁས་འཆེས་

ནས་ནག་ཆང་ལ་བག་མེད་དུ་ལོངས་སྤྱོད་ཅིང་དུད་འགྲོ་དང་གཉིས་སུ་མ་མཆིས་པའི་སྤྱོད་འགྲོས་ཀྱིས་རང་གཞན་ལྷག་པར་བྱེད་པ་རྣམས་ཞི་དྲག་ཐབས་མཁས་དུ་མའི་སྒོ་ནས་ཚར་གཅོད་དང་། སྐྱེ་བོ་གཞན་དག་ཀྱང་ལམ་གོལ་དེ་དག་ཏུ་འཇུག་ཏུ་འཆའ་བ་ལས་ཡོངས་སུ་བཟློག་པར་མཛད་པ་དང་། ལྷག་པར་འཇམ་མགོན་བླ་མའི་བསྟན་པ་དྲི་མ་མེད་པ་གསེར་སྒྲུངས་བཙོ་མ་ལྟ་བུ་འདི་ཉིད་ལ་ཞུགས་ནས་རིང་ལུགས་འཛིན་པར་རློམས་པ་དག་གིས་ནི་ཟོག་བརྫུ་སྒྱུ་བརྟོལ་ཅན་དག་ལ་སྐྱབས་སུ་འཆེལ་ནས། དེ་དག་གི་ངག་བཞིན་ཉན་པ་ལ་ཞུགས་པ་དང་། དེར་མ་ཟད་གདམས་ངག་ཟབ་ཟབ་མོ་དང་བཟང་བཟང་མོར་གྲགས་པ་དག་མཆོག་ཏུ་བཟུང་ནས་དེ་རྣམས་ལ་ཉམས་ལེན་བྱེད་ཁུལ་གྱིས་མྱུར་དུ་གྲུབ་རྟགས་ཐོན་པར་རློམས་པ་དང་། རབ་ཏུ་བྱུང་བའི་ཆོས་དང་རྟགས་ཆ་ལུགས་འདོར་ཞིང་། སྟོན་པ་ཐུགས་རྗེ་ཅན་གྱི་བཅས་པ་ལ་རྒྱབ་ཀྱིས་ཕྱོགས་ནས་རས་ཟན་དང་ཐོར་ཙོག་དང་མི་རྐང་འབུད་པ་སོགས་རང་སྣང་གང་ཤར་གྱི་ལུགས་སྤྱོལ་ལ་ཆེད་གཉེར་གྱིས་འབད་པ་སོགས་ནི་མྱུར་དུ་རང་ཉིད་ཀྱང་ས་ཏུལ་གྱིས་ཚུ་མི་ཐུབ་པའི་ངང་ཚུལ་སྟོན་པར་འགྱུར་བ་དང་། རྗེ་བླ་མའི་བསྟན་པ་དྲི་མ་མེད་པ་འདི་ཡང་དྲི་བཅས་རྙོགས་མར་བྱེད་པའི་ཆོམ་རྐུན་དུ་གཟིགས་ནས་ཚུལ་དེ་དག་སྒོ་དུ་མ་ནས་འགོག་པར་མཛད་པའི་སླད་དུ་སོ་སོའི་སྐལ་བ་དང་འཚམས་པར་ལ་ལ་དག་ལ་སྤྱིར་ཆོས་དང་མཇལ་བར་དཀའ་ཚུལ། དེའི་ནང་ནས་ཀྱང་འཇམ་མགོན་བླ་མའི་བསྟན་པ་དང་ཤིན་ཏུ་མཇལ་བར་དཀའ་ཚུལ། དེ་བཞིན་དུ་རབ་ཏུ་བྱུང་བ་ནི་ཚེ་རབས་དུ་མར་མིང་ཙམ་ཡང་ཐོས་པར་དཀའ་བ་དང་། དེ་ལམ་གསུམ་པས་དོར་བར་བྱེད་པ་ནི་བསྐལ་པ་དུ་མར་བསྟན་པ་རྣམ་དག་དང་མི་མཇལ་བའི་རྒྱུར་འགྱུར་ཚུལ། རབ་ཏུ་བྱུང་བའི་གང་ཟག་དང་།

རབ་ཏུ་མ་བྱུང་བའི་གང་ཟག་གཉིས་ཀྱིས་དུད་འགྲོ་ལ་ཟན་ཆང་གཅིག་ཐུན་མོང་དུ་སྦྱིན་པའི་ཚེ་ན་ཡང་རྟེན་གྱི་སྒོ་ནས་ཕྱི་མ་བས་སྔ་མ་ཕན་ཡོན་འབུམ་གྱུར་གྱིས་ལྷག་པ་ཐོབ་ཚུལ་སོགས་ལས་འབྲས་ཀྱི་བླང་དོར་འདོམས་པའི་ཚུལ་ལས་བརྩམས་པའི་སྒོ་ནས་ལམ་མ་ཡིན་པ་ལས་བཟློག་པར་མཛད་པ་དང་། ཞི་བའི་ཐབས་ཀྱིས་འདུལ་བར་མི་ནུས་པ་དག་ལ་ནི་བླང་དོར་ཚུལ་བཞིན་དུ་མ་སྤྱོད་ཚེ་རྒྱལ་ཁྲིམས་ཀྱི་ཆད་པས་ཚར་གཅོད་མཛད་རྒྱུ་ཡིན་ཚུལ་ལ་སོགས་པ་མཐུ་སྟོབས་དང་དྲག་པོའི་བཀའི་སྒོ་ནས་བཟློག་པར་མཛད་པ་སོགས་ཐབས་མཁས་དང་ཐུགས་རྗེའི་མཛད་པ་དང་བཀའ་དྲིན་བསམ་ལས་འདས་ཤིང་། གཞན་ཡང་འཆད་རྩོད་རྩོམ་གསུམ་གྱི་སྒོ་ནས་རྒྱལ་བསྟན་འཛིན་ཚུལ་གྱི་དབང་དུ་བྱས་ན་ནི་སྔར་གོང་དུ་ཡང་ལན་དུ་མར་བརྗོད་ཟིན་པར་མ་ཟད། རྗེས་སོར་བསྟན་སྲིད་ཀྱི་མཛད་པ་རླབས་ཆེན་པོས་ཡོངས་སྐབས་དང་བར་མཚམས་མེད་པ་ལྟ་བུར་གྱུར་པའི་དུས་ནའང་བསྟན་པ་ལ་བྱ་བ་མཛད་རྒྱུ་འབའ་ཞིག་ཐུགས་ལ་བརྣགས་པའི་དབང་གིས་སྐལ་ལྡན་གྱི་གདུལ་བྱ་རྣམས་ལ་དབང་ལུང་མན་ངག་ཁྲིད་སོགས་ཀྱི་ཟབ་ཆོས་རྒྱུན་མི་ཆད་དུ་སྩལ་བའི་སྒོ་ནས་སྨིན་པ་དང་གྲོལ་བ་དང་། གྲོལ་བ་རབ་ཀྱི་མཐར་ཕྱིན་པ་ལ་འགོད་པ་དང་། དད་ལྡན་རྣམས་ཀྱིས་གསོལ་བ་བཏབ་པ་སོགས་ཀྱི་ངོར་གསུང་རྩོམ་གྱི་རིགས་སུ་གྱུར་པ་ཡང་མཐའ་ཀླས་པར་མཆིས་པ་ལས་ཕལ་མོ་ཆེ་ད་ལྟ་གསུང་འབུམ་གྱི་པོད་དུ་འཁོད་པ་ལྟར། ཀློང་རྡོལ་གྲུབ་དབང་རིན་པོ་ཆེའི་རྣམ་པར་ཐར་པ་རྒྱལ་སྲས་སྤྱོད་པའི་རྒྱན་སོགས་རྣམ་པར་ཐར་པའི་སྐོར། གསེར་གདུང་དགེ་ལེགས་གཟི་འབར་གྱི་དཀར་ཆག་སོགས་དཀར་ཆག་གི་རིགས་དང་། ཡི་དམ་ལྷག་པའི་ལྷའི་སྒྲུབ་སྐོར་དང་། ཆོས་སྐྱོང་ཁག་གི་གསོལ་མཆོད་དང་། གདམས་ངག་ཟབ་མོའི་རིགས་དང་།

ཞབས་བརྟན་གསོལ་འདེབས་དང་། འཕྲིན་བཅོལ་སྨོན་ལམ་གྱི་རིགས་སོགས་ཕྱིན་སྒྲིལ་པོད་ཆེ་ངེས་ལྔ་དྲུག་ཏུ་ལོངས་པར་སྣང་བ་དང་། གསུང་རྩོམ་དེ་དག་མཛད་པའི་ཚེ་ནའང་བདག་དང་བདག་འདྲ་བ་འགའ་ཞིག་ལྟར་ཤོག་གྲངས་གཉིས་གསུམ་ཞིག་ལའང་ཉིན་མཚན་མང་པོར་ཧོར་མོ་ཡུག་ཏུ་བསམ་བློ་བཏང་ཡང་ད་དུང་མགོ་རྐང་མི་འགྲིག་པ་དེ་ལྟ་བུ་མིན་པར། བཀའ་རྩོམ་རྒྱས་བསྡུས་ཇི་འདྲ་ཞིག་མཛད་དགོས་ཀྱང་གསོལ་བ་བཏབ་འཕྲལ་ཉིད་ནས་ཐུགས་བསམ་བཞེས་པ་ལ་ཅུང་ཟད་ཀྱང་སྙོམས་མི་དགོས་པར་ཤར་མར་གསུང་གཅིག་མ་ཕོ་ནར་འགོད་པར་མཛད་པ་དང་། དེ་དག་ལ་ཡང་བསྐྱར་ཐུགས་ཞིབ་དང་རྩོམ་འཇུག་སོགས་གཏན་ནས་མ་མཛད་ཀྱང་དོན་དང་ཚིག་ལ་འགལ་འཁྲུལ་གྱི་ཆ་ཕྲ་མོ་ཙམ་ཡང་མེད་པར་མཁས་པ་མགུ་བ་བསྐྱེད་པའི་ཡན་ལག་འབབ་ཞིག་ཏུ་འགྱུར་ངེས་པ་ཞིག་ཡོད་པ་ནི་དྲུང་ན་འཁོད་པའི་ཞབས་འབྲིང་པ་སོགས་ཕལ་མོ་ཆེ་དག་གི་མངོན་སུམ་གྱི་ཡུལ་དུ་གྱུར་པ་བཅས་ཚུལ་འདི་རྣམས་ཀྱང་དམ་པའི་ཁྱད་ཆོས་བླ་ན་མ་མཆིས་པ་གཞན་གྱིས་བསྒྲུན་དུ་མེད་པའི་གནས་ཡིན་ལ། གང་གི་གསུང་ལས་སྐྱེས་པའི་སློབ་ཚོགས་ཐུན་ཚུལ་གྱི་དབང་དུ་བྱས་ན་ཡང་། ༧མགོན་པོ་ཉིད་དང་ཕན་ཚུན་ཆོས་ཀྱི་བདུད་རྩི་སྦྱལ་རེས་སུ་མཛད་པ་ནི་༧རྒྱལ་སྲས་རྡོ་རྗེ་འཆང་དང་། གྲུབ་དབང་སྟག་ཕུ་རིན་པོ་ཆེ་སོགས་དང་། སློབ་མའི་ཐུ་བོ་བསྟན་གླིང་དེ་མོ་ནོ་མིན་ཧན་ཆེན་པོ་དང་། མདོ་ཁམས་དཔལ་འབར་སྤྲུལ་སྐུ་སོགས་བསྟན་འཛིན་བདག་ཉིད་ཆེན་པོ་ཉི་ཟླ་ལྟར་གྲགས་པ་དུ་མ་དང་། གཞན་ཡང་གདན་ས་ཆེན་པོ་གསུམ་དང་། རྒྱུད་གྲྭ་སོགས་ཀྱི་སློབ་དཔོན་ཁྲི་གདན་ཟུར། བླ་སྤྲུལ། བཀའ་རམས་དགེ་བཤེས། ཆོས་འགྲིམ་བློ་གསར་བ་སོགས་དང་། ཕྱོགས་མཐའ་དབུས་ཀྱི་དད་ཅན་སེར་སྐྱ་ཕོ་མོ་གཞན་དག་ལ་

སོགས་པ་ནམ་མཁའི་སྐར་ཚོགས་ལྟར་བཀྲང་བ་ལས་བཀྲལ་བ་དུ་མ་ཞིག་བྱུང་བར་སྣང་སྟེ་མཐའ་དག་འདིར་འགོད་པར་མ་ལངས་སོ། །དེ་བཞིན་དུ་སྲིད་སྐྱོང་གི་མཛད་པ་ལྟ་བུར་མཚོན་ན་ཡང་། གཙོ་བོར་གཞུང་ས་དགའ་ལྡན་ཕོ་བྲང་པའི་ཆབ་སྲིད་འདི་ཉིད་མི་ཉམས་ཡར་རྒྱས་སུ་འགྱུར་བ་ཞིག་གལ་ཆེ་ཤོས་སུ་གཟིགས་པས་འཛིག་རྟེན་གྱི་ལུགས་སྲོལ་དང་མཐུན་པའི་བྱ་གཞག་ཐམས་ཅད་ཀུང་སྔོན་བྱོན་ཆོས་ཀྱི་རྒྱལ་པོ་རྣམས་དང་། ནང་ཚན་དགའ་ལྡན་བསྟན་སྲིད་ལ་བཀའ་དྲིན་ཆེ་བ་ཀུན་གཟིགས་ཡེ་ཤེས་ཀྱི་ཉི་མ་ལྔ་པ་ཆེན་པོ་སོགས་ཐམས་ཅད་མཁྱེན་པ་སྐུ་ཕྲེང་རིམ་བྱོན་དང་། མིའི་དབང་པོ་སངས་རྒྱས་རྒྱ་མཚོ་སོགས་ཀྱིས་རྗེས་འཇུག་རྣམས་ལ་སྤྱང་བླང་བྱ་འོས་ཀྱི་རིམ་པ་ཇི་ལྟར་ཁྲིམས་སུ་བཅའ་བར་མཛད་པ་རྣམས་ཀྱི་དགོངས་དོན་སོར་གནས་དང་། གཞན་ཡང་རྗེ་བླ་མ་ཉིད་ལ་ཐུག་གི་བར་སྲིད་སྐྱོང་རིམ་པར་བྱོན་པ་མཐའ་དག་གི་མཛད་པའི་ལེགས་ཆ་གང་ཡིན་རྣམས་ལ་གཞི་བཟུང་བར་མཛད་དེ་གནའ་བོའི་ལུགས་སྲོལ་བཟང་པོ་མི་ཉམས་པར་མཛད་པ་དང་། བཀའི་གུང་བློན་རྣམས་ཀྱིས་གཙོ་མཛད་པའི་གཞུང་ས་མཆོག་གི་ཞབས་འདེགས་པ་དྲུང་འཁོར་སེར་སྐྱ་ལས་ཚན་ཡོད་མེད་ཀུན་དང་ཕྱོགས་མཐའི་རྫོང་སྡོད་སོགས་བསྡུད་དང་སྣེ་མོར་མངགས་སླེབ་ཀུན་ལའང་གཙོ་བོར་ཕྱུག་ན་པནྡྷ་དང་གཞུང་ས་དགའ་ལྡན་ཕོ་བྲང་པའི་བཀའ་དྲིན་བསམ་ཤེས་ཀྱིས་བགྱི་བ་གང་ཅི་ལྷག་བསམ་རྣམ་དག་གིས་བཀའ་ཁྲིམས་དྲང་པོའི་དགོངས་དོན་གཞུང་བསྲུང་བའི་སྒོ་ནས་བྱེད་པ་ལས་ཉེ་དགའ་ཕྱོགས་ལྷུང་དང་། གཞན་ཟེར་སྟེར་སློན་སོགས་ཀྱི་རྗེས་སུ་འབྲངས་ནས་བཀའ་ཁྲིམས་ལ་བརྩི་མེད་རལ་བོར་བགྱིས་ན་མི་འཐུས་ཚུལ་དང་། མངའ་འབངས་མི་སེར་རྣམས་ལའང་འབབ་ངེས་ཀྱི་ཀང་འགྲོ་ལག་འདོན་གྱི་ཁྲལ་རིགས་གང་ཡིན་

ལས་རང་དོན་ཕྱུགས་བཅུག་གི་ཟ་སྐད་སྲུན་རྩེར་དང་བཟབ་གསིག་ཟྭོས་མ་བདེ་སོགས་གཏང་ན་རྒྱལ་ཁྲིམས་ཀྱི་ཆད་ལས་དྲག་པོ་ཐོག་ཏུ་འབེབ་ངེས་ཡིན་ཚུལ་སོགས་བཙན་བརྗོད་ཀྱི་བཀའི་འཁོར་ལོ་གནམ་ལྕགས་ཀྱི་ཐོག་ལྟར་ཤིན་ཏུ་ལྗི་བས་ཡོངས་སུ་ནོན་པར་མཛད་པ་ན་ཕལ་མོ་ཆེ་མཐའ་དག་གིས་ནི་བཀའི་ཚོད་པན་ཟུར་ཕུད་ཀྱི་རྒྱན་དུ་བཀོད་དེ་ཅི་གསུངས་དང་དུ་ལེན་པར་གྱུར་ཅིང་། རེ་གཉིས་ནས་ལམ་ངན་སྨྲ་འབྱམས་ཀྱིས་སྤྱོད་ངན་ལ་འཇུག་པ་དག་གཟིགས་པ་དང་གཞན་པའི་ཡུལ་དུ་གྱུར་པ་ན་ཡང་ཇི་མི་སྙམ་དུ་མི་འཇོག་པར་སྐྱེ་བོ་ཕལ་མོ་ཆེ་ལ་ཕན་པ་དང་བདེ་བའི་རྒྱུར་འགྱུར་བའི་སླད་དུ་སོ་སོར་ཕྱེད་བབ་ལ་གཞིགས་པའི་ལུས་སེམས་ལ་རྩ་ར་དང་ཉེས་འགེལ་སོགས་ཆོས་ཀྱི་རྒྱལ་པོའི་ལུགས་སྲོལ་དང་བཀའ་ཁྲིམས་བཟང་པོ་སོར་གནས་ཀྱི་ཆད་ལས་འབེབ་པའི་སྒོ་ནས་ཕྱིན་ཆད་ལམ་ངན་ལོག་ཤེས་ཀྱི་བླང་དོར་འཛོལ་མེད་དུ་སྤྱོད་པ་ལ་སྦྱོར་བ་དང་། ཆབ་འབངས་མི་སེར་རྣམས་ལའང་གཞུང་སའི་བཀའ་དྲིན་སྙིང་ལ་བཅངས་ཏེ་སོ་སོར་བབ་ཐོབ་ཀྱི་ཁྲལ་རིགས་སོགས་ལ་ཞ་ཆགས་ཐེང་ཁྱེམ་མེད་པར་སྒྲུབ་བླངས་དགོས་པ་དང་། སྲོག་གཅོད་དང་བརྐུ་འཕྲོག་སོགས་མི་དགེ་བཅུའི་ལས་ལ་དངོས་དང་བརྒྱུད་ནས་འཇུག་ཚེ་གནས་སྐབས་ཚེ་འདིར་ཡང་རྒྱལ་ཁྲིམས་ཀྱི་ཆད་པས་མཐོང་ཆོས་ཁོ་ནར་འབྲས་བུ་སྨིན་པར་འགྱུར་བ་དང་། ཕྱི་མ་ནི་ངན་སོང་མུ་མཐའ་མེད་པའི་གནས་སུ་སྡུག་བསྔལ་སྨྱོང་བར་འགྱུར་ཚུལ་དང་། དེ་ལས་ལྡོག་སྟེ་སྒོ་གསུམ་དགེ་བ་བཅུའི་རྒྱ་ལས་མི་འགོངས་པར་སྤྱོད་ཚེ་འདི་ཕྱི་ཀུན་ཏུ་ལེགས་ཚོགས་གོང་འཕེལ་དུ་འགྱུར་ཚུལ་དང་། རང་རང་གི་ཡུལ་གྲུར་འཁོད་པའི་གནས་གཞི་གཙུག་ལག་ཁང་དགེ་འདུན་གྱི་སྡེ་སོགས་བཀུར་འོས་ཕྱག་བྱའི་ཞིང་ཀུན་ལ་སོ་སོའི་ནུས་པའི་རྩལ་ཅི་ཡོད་ཀྱི་སྒོ་ནས་སྲིད་

ཞུ་དང་བཀུར་བསྟི་བགྱིས་ན་ཡུལ་ཁམས་ཐམས་ཅད་དུ་བདེ་སྐྱིད་ཀྱིས་ཁྱབ་པར་འགྱུར་བ་དང་དེ་ལས་ལྡོག་ན་བཀྲ་མི་ཤིས་པ་སོགས་མི་འདོད་རྐྱེན་ངན་དུ་མ་འབྱུང་ཚུལ་ལ་སོགས་པ་ལམ་དང་ལམ་མིན་འབྱེད་པའི་བཀའ་སློབ་དང་འབྲེལ་བའི་སྒོ་ནས་འགྲོ་འདུག་སྤྱོད་ལམ་གྱིས་མཚོན་པའི་བླང་དོར་མཐའ་དག་སྟོར་ལམ་གྱི་བཀའ་ཁྲིམས་བཟང་པོ་དང་། དམིགས་བསལ་རྩ་ཚིག་རིམ་ཕེབས་སོགས་ཀྱི་དགོངས་དོན་ལ་སོར་གནས་ཡོད་པ་བྱེད་པ་ལས་རང་སྣང་གང་ཤར་གྱི་སྤྱོད་ངན་རིགས་ཕྱི་ནང་གང་དུའང་བྱུས་ན་མི་འཐུས་ཚུལ་གྱི་བཀའ་རྒྱ་རྩ་ཚིག་སོགས་བར་མ་ཆད་དུ་སྤྲུལ་ཏེ་ཚུལ་བཞིན་མ་ཡིན་པའི་བྱ་བ་ལས་བཟློག་པར་མཛད་པས་རྒྱལ་ཁམས་མཐའ་དག་ཕན་བདེའི་སྣང་བ་དཀར་པོས་ཡོངས་སུ་ཁྱབ་པར་གྱུར་ལ། གལ་ཏེ་དེ་དག་ལས་འགལ་བའི་བླང་དོར་འཚོལ་བར་སྤྱོད་པའི་རིགས་དག་ལ་ནི་མི་རིགས་པའི་སྤྱོད་ལས་བཟློག་ཕྱིར་གོང་དུ་བརྗོད་པ་ལྟར་གྱི་ཐབས་མཁས་ཀྱི་ཆད་ལས་སོགས་ཀྱང་ཅི་རིགས་པར་སྤྲུལ་བར་སྣང་ཞིང་། དེ་ལ་འདིར་ངན་པའི་རིགས་རྣམས་ལ་ཚར་གཅོད་མཛད་ཚུལ་གླེང་བ་ན་བློ་ཆུང་འགའ་ཞིག་གི་བསམ་པར་དེ་ནི་ཉེས་པ་བྱེད་པ་པོ་རྣམས་ཀྱི་ལུས་སེམས་ལ་སྡུག་བསྔལ་བསྐྱེད་པར་འགྱུར་བས་ན་སྡིག་དང་འདྲེས་པའི་ལས་སུ་སྣང་བས་ཆོས་ཕྱོགས་ནས་གཞལ་ན་བྱ་བ་མ་ཡིན་པ་ཆེན་པོའི་སྐམ་དུ་ལོག་རྟོག་གིས་སྐུར་པ་འདེབས་པ་དག་ཀྱང་འབྱུང་སྲིད་མོད་ཀྱང་། དེ་ནི་རང་ཉིད་ལེགས་ཉེས་འབྱེད་པའི་བློ་གྲོས་ཀྱི་མཐུ་དམན་པའི་དབང་གིས་ཡིན་གྱི་དམ་པ་རྣམས་ལ་ནི་ཅི་མཛད་འགྲོ་བའི་དོན་དུ་མི་འགྱུར་བ་མི་སྲིད་དེ། ཅིའི་ཕྱིར་ན། ཆོས་སྐྱོང་བའི་རྒྱལ་པོ་རྣམས་ཀྱིས་ནི་སྙིང་རྗེ་ཆེན་པོའི་སྒོ་ནས་ཉེས་པར་སྤྱོད་པ་དག་ལ་ཚུལ་འདི་ལྟ་བུའང་མཛད་དགོས་པ་ཡིན་ཏེ། ཇི་སྐད་དུ། གསེར་འོད་དམ་པའི་

མདོ་ལས། བདག་དང་གཞན་ལ་ཕན་གདགས་ཕྱིར། །ཡང་དག་ཆོས་ཀྱིས་
ཡུལ་བསྐྱངས་པ། །གཡོ་སྒྱུ་བྱེད་པ་མཐོང་གྱུར་ན། །ཆོས་བཞིན་ཆད་པས་
བཅད་པར་བྱ། །ཞེས་དང་། རྗེ་ཙོང་ཁ་པ་ཆེན་པོས་མིའི་དབང་པོ་རྣམས་ལ་
གདམས་པ་ལས་ཀྱང་། མགོན་ཁྱོད་གཞན་མེད་ཉིད་ལ་སྐྱོས་གྱུར་པའི། །
འབངས་ལ་རྒྱལ་པོས་བྱམས་པའི་སེམས་བཟུང་སྟེ། །ཉེས་སྤྱོད་བུ་ལ་མཛངས་
པའི་ཕ་བཞིན་དུ། །མི་རིགས་སྤྱོད་ལས་བཟློག་པ་མཁས་པའི་ལུགས། །ཞེས་
གསུངས་པའི་ཕྱིར་དང་། གཞན་ཡང་སྔོན་སྟོན་པ་མཉམ་མེད་ཤཱཀྱའི་རྒྱལ་པོ་
དེད་དཔོན་སྙིང་སྟོབས་ཆེན་པོར་སྐྱེ་བ་བཞེས་པའི་ཚེ་མི་ནག་མདུང་ཐུང་ཅན་ལ་
ཇི་ལྟར་མཛད་པ་སོགས་ཀྱིས་ཀྱང་ཤེས་པར་ནུས་པ་ཡིན་པས་ན། བདག་ཉིད་
ཆེན་པོ་རྣམས་ཀྱིས་འགྲོ་བ་མང་པོ་ལ་ཕན་འདོད་ཀྱི་ཐུགས་བསྐྱེད་བཟང་པོས་
ཀུན་ནས་བསླངས་ཏེ་དྲག་པོའི་ཚད་ལས་སོགས་འགའ་ཞིག་མཛད་པ་ལ་ནི།
སྨན་པ་མཁས་པས་གཞན་ལ་ཕན་ཕྱིར་གཏར་བསྲེག་གི་སྦྱོར་བ་རྩོམ་པ་བཞིན་དུ་
ཉེས་པར་མི་འགྱུར་བའི་ཁར་ཕན་ཡོན་རྒྱ་ཆེན་པོ་དང་། རྒྱལ་སྲས་ཀྱི་སྤྱོད་པ་
རླབས་པོ་ཆེ་རྫོགས་པའི་ཆ་རྐྱེན་དུ་འགྱུར་བ་ཡིན་ཅིང་། དེ་ལྟ་ནའང་མགོན་པོ་
འདི་ཉིད་ཆོས་ལྡན་གྱི་རྒྱལ་པོར་སོང་བར་མ་ཟད་ཐུགས་བྱམས་པ་དང་སྙིང་རྗེའི་
གཞན་དབང་ཁོ་ནར་གྱུར་པའི་དབང་གིས་ནག་ཅན་ལོག་པར་སྨོན་པའི་སྐྱེ་བོ་
ཕན་བདེའི་སྲོག་ལ་རྐོལ་བའི་གདུག་པ་ཅན། ཁྲིམས་སྲོལ་ལྟར་ན་སྲོག་གི་ཆད་
ལས་འབའ་ཞིག་ལས་གཞན་དུ་སྐད་ཅིག་ཀྱང་འདའ་བར་བྱར་མེད་པ་དག་ཀྱང་།
ཇི་སྐད་དུ་རིན་ཆེན་ཕྲེང་བ་ལས། སྡོད་མེད་པ་ཡི་བུ་དག་ལ། །སྡོད་དུ་རུང་
བར་བྱ་འདོད་ལྟར། །སྙིང་རྗེ་ཡིས་ནི་ཚར་བཅད་བྱའི། །སྡང་བས་མ་ཡིན་
ནོར་ཕྱིར་མིན། །རབ་སྡང་གསོད་པར་བགྱི་བའི་མི། །བརྟགས་ཏེ་ལེགས་པར་

ཤེས་བགྱིས་ནས། །མི་གསོད་གནོད་པ་མི་བགྱིད་པར། །ཡུལ་ནས་བསྐྲད་པ་དག་ཏུ་མཛོད། །རང་དབང་ཡོད་པར་ཡུལ་ཀུན་ཀྱང་། །བྲ་མ་ཧ་ཡི་སྦྱིན་གྱིས་གཟིགས། །རྟག་ཏུ་བག་ཡོད་དྲན་ལྡན་པར། །ཆོས་དང་མཐུན་པའི་དོན་མཛོད་ཅིག །ཅེས་གསུངས་པ་ལྟར། གསོད་པ་དང་། བཅད་པ་དང་། བཅིངས་པ་དང་། རྡུང་རྡེག་ཆེན་པོ་དང་། ཀོ་རར་བཞུགས་པ་སོགས་ཆེར་མི་མཛད་པར་བདོག་པའི་དངོས་པོའི་སྟེང་ནས་ཉེས་འགེལ་གང་འཚམས་དང་། རྒྱང་ཕུད་སོགས་ཀྱི་ཆད་ལས་འགའ་ཞིག་ཙམ་ལས་ལུས་དང་སེམས་ལ་མནར་གཅོད་བཟོད་དཀའ་ཞིང་ཡུན་རིང་བ་སྦྱོང་དུ་འཇུག་པར་མི་མཛད་ལ། གལ་ཏེ་འགའ་ཞིག་ཐབས་ཀྱིས་བཟློག་ཏུ་མེད་པ་ལྟ་བུས་སྲོག་གི་བར་ཆད་དུ་སོང་ནའང་། རིན་ཆེན་ཕྲེང་བ་ལས། མི་བཟད་སྡིག་པ་བྱེད་པ་ཡི། །ལུས་ཅན་དག་ནི་ཐམས་ཅད་ལའང་། །རྒྱལ་པོ་ཁྱོད་ཀྱིས་རྟག་པར་ཡང་། །སྙིང་རྗེ་ཕན་སེམས་ཕོན་བསྐྱེད། །མི་བཟད་སྡིག་ཅན་གསོད་བྱེད་ལ། །ཁྱད་པར་དུ་ཡང་སྙིང་རྗེ་སྐྱེ། །ཞེས་གསུངས་པ་ལྟར། བཟོད་གླགས་མེད་པའི་བརྩེ་བ་ཆེན་པོ་གཉིང་ནས་འབྲུངས་ཏེ་དེ་དག་འདི་ནས་ཤི་འཕོས་མ་ཐག་ངན་སོང་ལོག་པར་ལྟུང་བའི་གནས་སུ་མི་སྐྱེ་ཞིང་བདེ་འགྲོ་ལྷ་མིའི་རྟེན་བཟང་ཐོབ་སྟེ་མགོན་པོ་གང་གི་གསུང་གི་གདུལ་བྱར་གྱུར་ནས་ཚེ་གཅིག་ཉིད་ལ་བྱང་གྲོལ་གྱི་སར་འགོད་པའི་ཐུགས་སྨོན་མཚམས་སྦྱོར་རྒྱུན་མི་ཆད་དུ་མཛད་དེ་འཁོར་བ་མཐའ་ཅན་ལ་སྦྱོར་བར་མཛད་པ་ཡིན་ཅིང་། མདོར་ན་དེ་ལ་སོགས་པའི་ཞི་དྲག་གི་མཛད་པ་ཅི་མཛད་ཀྱང་མཐའ་དག་སྡོམ་པ་གསུམ་གྱི་བཅས་པའི་ར་བ་ལས་མི་འགོངས་པ་ཤ་སྟག་ལས། དགེ་སྡིག་གི་ལས་འབྲས་ལ་ཁྱད་གསོད་ཀྱིས་གླང་དོར་འཆོལ་བར་སྤྱོད་པའི་གྱ་ཚོམ་གྱི་བྱ་བ་ནམ་དུ་ཡང་མཛད་པ་མི་སྲིད་དེ། དེས་ན་འདི་དག་ནི་

ལས་འབྲས་ལ་ཡིད་ཆེས་ཀྱི་ངེས་པ་བརྟན་པོ་ཐུགས་རྒྱུད་ལ་འཁྲུངས་པ་དང་། འཁྲུངས་པ་དེ་ཡང་གོ་ཡུལ་ཙམ་མིན་པར་རྣམ་པ་ཀུན་ཏུ་ཕྱག་ལེན་དུ་ཐེབས་པར་མཛད་པ་སྟེ་བསླབས་འོས་ཀྱི་མཆོག་ཏུ་ཤེས་པར་བྱས་ནས་ཚུལ་དེ་ལྟ་བུ་རྣམས་ལ་དད་པ་དང་གུས་པ་ཆེ་ཆེར་བསྐྱེད་པ་ལ་འབད་པར་རིགས་སོ། །

འདིར་སྨྲས་པ། སྲིད་དོན་ཆེན་པོའི་མཛད་པ་རྒྱ་མཚོའི་རླབས། །དུས་ལས་ཡོལ་བ་མེད་པར་འཇུག་བཞིན་དུ། །འཆད་རྩོད་རྩོམ་པའི་ཟེགས་མ་ཕྱོགས་ཀུན་ཏུ། །འཐོར་བས་གདུལ་བྱའི་རྒྱུད་ཀྱང་སིམ་པར་བྱས། །ཆེད་དུ་བསམ་དང་དགོངས་ལ་མ་ལྟོས་པར། །སྐད་ཅིག་རེ་རེར་ཆོས་ཚུལ་མང་པོ་ཡི། །ངོ་བོ་གྲངས་དང་གོ་རིམ་མ་ནོར་བར། །འདོམས་མཁས་འདི་ལྟའི་མཁྱེན་པར་སུ་ཡིས་བསྙོན། །ཁྱོད་གསུང་ནོར་བུའི་ཁམས་ལས་ཡོངས་གྲུབ་པའི། །སློབ་ཚོགས་ཉི་ཟླ་རྒྱུ་སྐར་ཇི་བཞིན་དུ། །ལུང་རྟོགས་འོད་སྣང་འཕྲོ་བས་གང་ལྗོངས་འདི། །ཁོར་མོ་ཡུག་ཏུ་དཀར་པོའི་དཔལ་ལ་སྒྱུར། །གནའ་བོའི་ལུགས་སྲོལ་གསེར་སྦྲུངས་འབར་བའི་གཟི། །མ་ཉམས་མཁྱེན་རབ་ཞུགས་ཀྱིས་སྦྲུངས་བྱས་ཏེ། །སྐྱེ་དགུའི་རྒྱན་དུ་སྤེལ་ཚེ་ལུགས་གཉིས་ཀྱི། །བཀའ་ཁྲིམས་བཙན་པོའི་ལུས་བཟང་མཛེས་པར་གྱུར། །ལོག་སྤྱོད་དུག་རྒྱུན་བཟུང་བའི་ལྟོ་འགྲོའི་ཚོགས། །དྲག་པོའི་ཚད་ལས་མཁའ་ལྡིང་ལྷུགས་ཀྱུ་ཡིས། །གཞོམ་པར་མཛད་འདི་འང་འགྲོ་ཀུན་ཕན་བདེའི་སྲོག །ཡོངས་སུ་བསྲུང་ཕྱིར་ཡིན་གྱི་སྡང་བས་མིན། །འཚོ་བྱེད་མཁས་པས་ཕན་ཕྱིར་གཏར་བསྲེག་བཞིན། །ཡུན་དུ་སྨན་ཕྱིར་འགའ་ཞིག་ལྟར་སྣང་གི །སྡུག་བསྔལ་ཙམ་གྱིས་ཐེག་ཏུ་མི་འགྱུར་ཁར། །དགེ་ཚོགས་རླབས་ཆེན་འབྲས་བུ་ཆར་དུ་སྤེལ། །སེམས་དཔའ་ཆེ་རྣམས་གདུལ་བྱ་འདུལ་སྐད་དུ། །ཞི་དང་དྲག་སོགས་སྣ་ཚོགས་ཐབས་མཁས་ཀྱི། །སྒྱུ་མའི་

ཐོས་གར་བསྒྱུར་བའི་ངང་ཚུལ་ལ། །བསམས་ཀྱིན་བསྔགས་པ་བརྗོད་ལ་མི་གུས་སྤྱ། །ཞེས་པ་ནི་བར་གྱི་ངལ་བསོའོ། །

དེ་བཞིན་དུ་སྲིད་འདིར་དྲེགས་ལྡན་གཞན་དག་ལྟ་ཅི་ཚངས་པ་དང་བརྒྱ་བྱིན་གྱི་དཔལ་དང་སྟོབས་འབྱོར་ལ་ཡང་འཕྱུ་བར་ནུས་པའི་གནམ་གྱི་ལྷ་གོང་མ་བདག་པོ་ཆེན་པོས་གཙོ་མཛད་པའི་མཐའ་དབུས་ཀྱི་སྐྱེ་བོ་མཆོག་དམན་བར་མ་མཐའ་དག་གི་གཙུག་གི་ལན་བུར་ཞབས་སེན་ཟླ་ཚེས་གསར་པ་ཅི་དགར་འགོད་ལ་དབང་བའི་གོ་འཕང་མཐོན་པོར་གཤེགས་ཤིང་། རྣམ་ཐོས་ཀྱི་བུའི་བང་མཛོད་ལས་ཀྱང་ལྷག་པའི་ལྷ་མིའི་འདོད་རྒུའི་ཆུ་ཀླུང་མ་ལུས་ཆར་བཞིན་དུ་འབབ་པའི་མངའ་ཐང་དང་སྐུ་བསོད་ཕུན་སུམ་ཚོགས་པ་དང་ལྡན་ན་ཡང་། སྲིད་པའི་ཕུན་ཚོགས་འདི་དག་ལ་སྙིང་པོ་དང་ཡིད་བརྟན་རྫུལ་ཙམ་ཡང་མེད་པར་ཐུགས་སུ་ཆུད་པའི་གཤིས་ཀྱིས་གོ་ས་དང་སྟོབས་འབྱོར་ལོངས་སྤྱོད་སྙན་གྲགས་སོགས་ཧི་ཙམ་ཞིག་བྱུང་ན་ཡང་གཅན་གཟན་གྱི་མདུན་དུ་རྩྭ་སྔོན་སྤྱུངས་པ་བཞིན་དུ་དགྱེས་པ་ཅུང་ཟད་ཀྱང་མེད་ལ། དེའི་དབང་གིས་ནོར་རྫས་ལ་བསོག་ཉུམ་དང་ཕྱི་ཆོས་དང་སེར་སྣ་སོགས་ནམ་དུ་ཡང་མི་མཛད་པར་ལོངས་སྤྱོད་མཐའ་དག་དགེ་བའི་ཕྱོགས་སུ་གཏོང་གང་ཐུབ་མཛད་པ་ནི་སྔར་གོང་དུ་མགོ་སྨོས་ཙམ་རིམ་པར་བརྗོད་པ་ལྟར། བླ་མ་རྣམས་ལ་ཟང་ཟིང་གིས་བསྙེན་ཅིང་བཀུར་བ་ཟད་མི་ཤེས་པ་ལྟ་བུ་རྒྱུན་མི་ཆད་དུ་མཛད་པ་དང་། ཛོ་ཤྲཱ་རྣམ་གཉིས་སོགས་ཕྱོགས་འདིར་བཞུགས་པའི་རྟེན་གསུམ་རྣམས་དང་། རྒྱ་རྟར་བོད་སོགས་མཐའ་དབུས་ཀྱི་ཡུལ་གྲུ་གང་ན་བཞུགས་སོ་ཅོག་གི་རྟེན་གསུམ་དང་གནས་ཆེན་ཁག་མཐའ་དག་ལ་མཆོད་པའི་སྦྱིན་གྱི་ཕུང་པོ་མཐའ་གླས་པ་ལོ་ལོ་བཞིན་རྒྱུན་མི་ཆད་དུ་སྒྲོ་བ་དང་། གདན་ས་ཆེན་པོ་གསུམ་གྱིས་མཚོན་པའི་

ཕྱོགས་ཀུན་གྱི་འདུས་སྡེ་ཁག་མ་ལུས་ཤིང་ལུས་པ་མེད་པ་ཐམས་ཅད་ལ་ལོ་རེ་བཞིན་དང་ཟླ་རེ་བཞིན་ལྷ་བུར་མང་འགྱེད་སྤྱི་འབུལ་སོགས་ཀྱི་བསྙེན་བཀུར་གྱི་ཉམས་པ་སྐྱོལ་བ་དང་། དབུས་གཙང་ཀུན་བདེ་གླིང་ལ་སོགས་པ་འགྲོ་བའི་བསོད་ནམས་ཀྱི་ཞིང་དུ་གནས་གཞི་གཙུག་ལག་ཁང་དགེ་འདུན་གྱི་སྡེ་དང་བཅས་པ་གསར་དུ་འཛུགས་པ་དང་། དེ་དག་ལའང་གསང་བདེ་འཇིགས་གསུམ་གྱིས་མཚོན་པའི་རྒྱུད་སྡེ་བཞིའི་ཡི་དམ་ཕལ་མོ་ཆེའི་ཆོ་ག་ཕྱག་ལེན་རྣམ་པར་དག་པ་གསར་དུ་བཙུགས་ཏེ་དེ་དག་གི་སྒྲུབ་མཆོད་སོགས་ཇི་སྲིད་བར་དུ་མི་ཉམས་པའི་སླད་དུ་གཏོང་ཐེབས་དགེ་རྒྱུན་སྦྱོར་འཛུགས་མཐའ་ཀླས་པ་མཛད་པ་དང་། གོང་དུ་བརྗོད་ཟིན་པ་ལྟར་ལྷ་ལྡན་དང་པོ་ཏ་ལ་སོགས་གནས་གཞི་སྙིང་པ་བྱིན་རླབས་ཅན་རྟེན་དང་བརྟེན་པར་བཅས་པ་ཀུན་ལ་ཞིག་གསོ་མཛད་པ་དང་། རྗེ་ཉིད་ཀྱི་གསུང་འབུམ་དཀར་ཆག་ཏུ་གསལ་བ་རྣམས་ཀྱིས་མཚོན་དབུས་གཙང་ཀུན་བདེ་གླིང་སོགས་སུ་བཞུགས་པའི་ཆོས་འབྲེལ་དངོས་ཐོབ་ཀྱི་བླ་མའི་སྣང་བརྙན་དང་། སངས་རྒྱས་བྱང་སེམས། ཡི་དམ་ཞི་ཁྲོ། བསྟན་སྲུང་ཐུན་མོང་མ་ཡིན་པ་རྣམས་ཀྱི་སྣང་བརྙན་རིན་པོ་ཆེ་སོགས་ལས་གྲུབ་པ་ཆེ་ཆུང་མཐའ་ཀླས་པ་དང་། རྒྱལ་བའི་བཀའ་འགྱུར་རིན་པོ་ཆེ་དང་། རྗེ་ཡབ་སྲས་ཀྱི་གསུང་འབུམ་སོགས་གསུང་རྟེན་ལེ་ལག་དང་བཅས་པ་དུ་མ་ཞིག་ཀྱང་གསར་དུ་བསྐྲུན་པ་དང་། ཡབ་ཡུམ་སོགས་ལའང་བྱས་པ་དྲིན་དུ་གཟོ་ཕྱིར་སོ་སོའི་ཚེ་གང་དང་རྗེས་འཇུག་གི་བར་དུའང་འཚོ་བའི་མཐུན་རྐྱེན་མཐའ་དག་སྦྱོར་བར་མཛད་པ་དང་། གཞན་ཡང་ངན་སྐྱོང་སོགས་ལའང་ཆོ་འཕྲུལ་གྱི་ཟླ་བ་དང་། ས་ག་ཟླ་བ་སོགས་དུས་ཆེན་ཁྱད་པར་ཅན་རྣམས་དང་དུས་རྒྱུན་པ་ཉིད་དུའང་ཟས་གོས་དར་དངུལ་སོགས་ཀྱི་གཏོང་སྦྱིན་ཕངས་མེད་དུ་སྐྱོལ་བ་

སོགས་ཟང་ཟིང་སྐྱུ་མའི་ནོར་རྫས་མཐའ་དག་སྐད་ཅིག་དང་སྐད་ཅིག་ལའང་
རྣམ་དཀར་རླབས་ཆེན་ཤ་སྟག་ཏུ་གཏོང་བར་མཛད་ལ། དེ་ལྟར་མཛད་པའི་
ལག་རྗེས་ལས། ཇི་སྐད་དུ། ཞེན་པ་མི་རོ་བཞིན་དུ་ལོག་གྱུར་ན། །འདོད་
ཡོན་ཁྲ་གོད་བཞིན་དུ་ལྡིང་བར་འགྱུར། །ཞེས་གསུངས་པ་ལྟར། ཟང་ཟིང་གི་
ལོངས་སྤྱོད་རྣམས་ཇི་ཙམ་དགེ་ཕྱོགས་སུ་གཏོང་བར་མཛད་པ་དེ་བས་ཀྱང་
འཕུམ་འགྱུར་གྱིས་ལྷག་པའི་སྲིད་ཞིའི་ཕུན་ཚོགས་དགོས་རྒྱུ་མཐའ་དག་མི་
འདོད་བཞིན་དུ་རྒྱ་མཚོ་ཆེན་པོ་ལ་ཆུ་བོ་ལྟར་འབབ་མེད་དུ་འདུ་བར་གྱུར་ཏེ་
ཟད་མི་ཤེས་པ་ནམ་མཁའི་མཛོད་ལ་མངའ་བརྙེས་པ་འདི་ལྟ་བུ་བྱུང་བར་སྣང་
ཞིང་། དེ་བཞིན་དུ་ཁམས་གསུམ་ཆོས་ཀྱི་རྒྱལ་པོར་གྱུར་ནའང་དེ་ཙམ་གྱིས་གོ
ས་ལ་ཆགས་ཞེན་དང་འདོད་ཞེན་སོགས་ཏིལ་འབྲུ་ཙམ་ཐུགས་རྒྱུད་ལ་མི་མངའ་
བར་མ་ཟད་རྗེས་སོར་སྐུ་ཚེའི་སྨད་རྣམས་སུ་ནི་གོ་ས་འདི་ཉིད་བཤོལ་ཏེ་དབེན་
པའི་གནས་སུ་རི་དྭགས་རྨས་མ་བཞིན་དུ་འདིར་སྣང་ལ་ཞེན་པའི་མི་དང་རྒྱབ་
ཀྱིས་སུ་མཛད་ནས་རྩེ་གཅིག་ཏུ་སྒྲུབ་ལ་གཞོལ་བའི་ཐུགས་འདུན་ནར་མར་
མངའ་བ་བཞིན། དེ་དོན་འགྲུབ་པའི་སླད་དུ་བླ་མ་དཀོན་མཆོག་ལ་གསོལ་བ་
འདེབས་པ་དང་། ཆོས་སྐྱོང་ལ་འཕྲིན་བཅོལ། ཐ་ན་རྟེན་གསུམ་དང་ཆོས་
སྐྱོང་ཁག་ལ་སྟན་ཤལ་གྱི་སྨོན་ཚིག་རྣམས་སུའང་གཡེང་བ་དང་འདུ་འཛིའི་ངང་
དུ་མི་འདའ་བར་སྐུ་ཚེའི་མཇུག་ཏུ་དབེན་པ་བསྟེན་ནས་དྲང་སྲོང་གི་བརྟུལ་
ཞུགས་ལ་གནས་པ་ཞིག་མཛད་རྒྱུའི་ཐུགས་སྨོན་ནར་མར་མཛད་པ་གསུང་
འབུམ་སོགས་སུ་འཁོད་པ་ལྟར་དང་། ལྷག་པར་རྗེས་སོར་ལྕགས་རྟ་ལོར་སྟོང་
གཞི་མ་བཞེངས་གོང་ཙམ་ནས་ལྷ་བླ་མ་སོགས་ལ་ལུང་བརྟགས་ཞུ་དང་། རིམ་གྲོ་
སོགས་རྒྱ་ཆེར་མཛད་དེ་གོང་མ་ཆེན་པོར་ཆོས་སྲིད་ཀྱི་ཐུགས་འགན་དགོངས་

འཁྲིལ་ཞུ་རྒྱུ་ཨམ་བན་སོགས་ལ་ནང་ཚགས་གནས་ཚུལ་ལན་མང་བཀའ་སྐྱོལ་ཀྱང་། ཇོ་ཉིད་སྤྱར་ཕན་བོད་ཀྱི་ལས་དོན་མཛད་པ་ནས་བཟུང་ད་བར་ལུགས་གཉིས་ཀྱི་མཛད་པ་གང་གི་ཐད་ལའང་སྐྱོན་ཆུང་ཟད་ཀྱང་གདགས་སུ་མེད་པར་ཕྱག་ན་པདྨོའི་ཞབས་འདེགས་དང་། བོད་ཁམས་ཀྱི་བསྟན་འགྲོར་སྨན་པ་སྤྱར་ལྷག་པོ་ནར་གྱུར་པས་གོང་མ་ཆེན་པོས་ཀྱང་གཟིགས་རྒྱང་ཚད་མེད་པས་བསྐྱངས་པར་མཛད་མུས་བཅས། དེར་བརྟེན་ཨམ་བན་སོགས་ནས་སྐབས་ཐོབ་དགོངས་ཞུ་མཛད་ཚེ་པོ་རང་རྣམས་ལའང་བཀའ་བསྒྱུན་འབྱུང་ཉེ་ཚུལ་སོགས་ཀྱིས་སྒོ་དུ་མ་ནས་བཟློག་ཐབས་པོན་ཞུས་པར་བརྟེན་ཇི་ལྟར་མཛད་ཀྱང་ཐབས་མ་རྙེད་པ་ལྟ་བུར་གྱུར་ཅིང་། དེའི་དབང་གིས་སྤྱིར་གྱིས་འཁོར་བའི་གནས་འདི་ལ་དུག་སྦྲུལ་གྱི་ཚང་ལྟར་ཐུགས་ཡིད་འབྱུང་བ་རྒྱུན་ཆགས་སུ་ཡོད་པའི་ཁར་སྙིགས་མའི་སྐྱེ་བོ་མི་སྲུན་པ་རྣམས་ཀྱི་བྱེད་སྤྱོད་ངན་པས་ཐུགས་ལྷག་པར་དུ་འབྱུང་ཞིང་བཞེད་དོན་ཀྱང་ཇི་བཞིན་ཐོག་ཏུ་མ་འཁེལ་བ་སོགས་ཀྱིས་རྐྱེན་བྱས་ཏེ་རིང་པོར་མ་ཐོགས་པར་སྟོང་ཚུལ་བསྟན་ཏེ་འོག་ནས་འབྱུང་བ་ལྟར་སྐུ་ཚེ་མཐའ་མའི་མཛད་པ་རྣམས་ཀྱང་བསྟན་པར་སྣང་བས་དེས་ན་རང་ཅག་རྣམས་ནི་འདི་ཙམ་གྱི་གོ་འཕང་ཐོབ་པ་ལྟ་ཅི་སྨོས། ལས་ཚན་དྲུག་པ་ལྟ་བུའི་གོ་ས་ཆུང་ཟད་ཅིག་ལའང་ཐབས་རྣམས་དང་གཡོ་སྒྱུ་དུ་མའི་སྒོ་ནས་སྒྲུབ་པ་དང་། འགྲུབ་ཟིན་ནས་ཀྱང་ཚོག་ཤེས་མེད་པར་དེ་ལས་དྲག་པ་ཞིག་ཡོང་རེ་འབའ་ཞིག་དང་། དེ་འདྲ་མ་བྱུང་ཡང་སྔར་ཡོང་དེ་ཉིད་ཁྱི་ཤན་རུས་བསྲུང་གིས་མ་ཤིའི་བར་དུ་ཤི་འཆང་རོ་འཆང་བྱེད་པ་དང་། སྡིག་སྡུག་གཏམ་ངན་ཁྲིད་དུ་བསད་ནས་ནོར་ལོངས་སྤྱོད་འབའ་ཞིག་སྒྲུབ་ཅིང་། ཆུང་ཟད་རྙེད་པ་རྣམས་ཀྱང་ཤི་དུས་འཁྱེར་རྒྱུ་ཡོད་པ་ལྟར་བྱས་ནས་བྱི་བ་བཞིན་དུ་གསོག་འཛོག་གང་ཐུབ་བྱེད་

པ་ནི་ རང་ ཅག་ ཚང་ མའི་ རྒྱན་ གྱི་ ཐུགས་ དམ་ ཉམས་ བཞེས་ སུ་ མཆིས་ སོ།
མགོན་པོ་འདི་ནི་བརྒྱ་བྱིན་གྱིས་ཀྱང་བསྔགས་པར་མི་ནུས་པའི་དཔལ་འབྱོར་དང་
གོ་འཕང་བརྙེས་ཀྱང་དེ་ལ་ཆགས་པ་མེད་པར་འདོར་གང་ཐུབ་མཛད་པ་འདི་
ཐམས་ཅད་ཀྱང་འཁོར་བ་སྙིང་པོ་མེད་པའི་རང་མཚང་གཏིང་ནས་མཁྱེན་པའི་
རྟགས་ཡང་དག་པའོ། །དེ་བཞིན་དུ་ཐེག་ཆེན་ལམ་གྱི་གཞུང་ཤིང་བྱང་ཆུབ་ཀྱི་
སེམས་ལ་སྦྱོང་བ་བཙོས་མེད་ཐོན་ཐེན་པ་ནི་སྔར་གོང་དུ་ཐོས་བསམ་མཛད་
སྐབས་སུ་བརྗོད་ཟིན་པ་མ་ཟད། རྗེས་སོར་སྐུ་ཚེ་མཐའ་མའི་མཛད་པ་མ་
བསྟན་གྱི་བར་དུ་དེ་ཉིད་ཐུགས་དམ་གྱི་མཐིལ་དུ་མཛད་ཅིང་དགེ་བ་ཅི་མཛད་
ཐམས་ཅད་ཀྱང་བྱང་ཆུབ་ཀྱི་སེམས་མ་སྐྱེས་པ་སྐྱེས་པ་དང་། སྐྱེས་པ་གོང་
འཕེལ་འབབ་ཞིག་གི་ཆེད་དུ་བསྔོ་བར་མཛད་པ་གསུང་རྩོམ་སོགས་ལས་ཤེས་
པར་ནུས་པ་དང་། དེར་མ་ཟད་མཛད་པ་ཐམས་ཅད་བྱང་ཆུབ་སེམས་དཔའི་
སྤྱོད་པ་ལས་མི་འདའ་བར་གོང་དུ་སྨྲས་ཟིན་པ་དེ་ཐམས་ཅད་ཀྱང་སྤྱོད་པ་
ཉམས་ལེན་གྱི་བྱ་བས་ཟིན་པ་ཞེས་བྱང་ཆུབ་ཀྱི་སེམས་ནམ་ཡང་ཉམས་པ་མེད་
པར་རྒྱུན་ཆགས་སུ་ཐུགས་རྒྱུད་ལ་མངའ་བའི་རང་མདངས་ཤ་སྟག་ཡིན་པས་
མང་དུ་སྨོས་མ་དགོས་ལ། དེར་མ་ཟད་སྤྱོད་པ་ཕར་ཕྱིན་དྲུག་དང་བསྡུ་བཞིའི་
ཉམས་ལེན་སོགས་ཀྱང་མགོན་པོ་འདིའི་མཛད་པ་རྣམས་ལ་ལེགས་པར་ཚང་
ཞིང་རྫོགས་པ་ཡིན་ཏེ། སྦྱིན་པ་རྣམ་བཞིའི་ནང་ནས་ཟང་ཟིང་དང་ཆོས་དང་
བྱམས་པའི་སྦྱིན་པ་ནི་གོང་དུ་གསལ་བར་བསྟན་པ་རྣམས་དང་། མི་འཇིགས་
པའི་སྦྱིན་ པ་ ནི་ སྲོག་ གི་ ཆད་ ལས་ ཐོབ་ པ་ རྣམས་ དབུགས་ དབྱུང་ བ་ དང་།
གཞན་ཡང་ནད་ཀྱིས་ཉེན་པའི་སྐྱེ་བོ་རྣམས་བྱམས་པས་བསྐྱངས་པ་དང་སྲོག་གི་
བར་ཆད་དུ་འགྱུར་ཉེའི་དུད་འགྲོ་རྣམས་ལ་དངོས་སུ་སྲོག་བླུ་དང་། རི་རྒྱ་ཀླུང་

རྒྱ་བསྒོམས་པ་ལ་སོགས་པ་བར་མ་ཆད་དུ་མཛད་པ་དེ་ཐམས་ཅད་མི་འཇིགས་པའི་སྦྱིན་པ་ཡིན། ཚུལ་ཁྲིམས་གསུམ་གྱི་ནང་ནས་སྡོམ་པའི་ཚུལ་ཁྲིམས་སོ་ཐར་བྱང་སེམས་སྔགས་དང་བཅས་པའི་སྡོམ་པ་ཀུན་ལ་ཉེས་པའི་དྲི་མས་མ་གོས་པ་དང་། དགེ་བ་ཆོས་སྡུད་ཀྱི་ཚུལ་ཁྲིམས་སྐབས་ཆེན་དགེ་ཚོགས་ཡོངས་སུ་བསྡུད་པར་མཛད་པ་དང་། སེམས་ཅན་དོན་བྱེད་ཀྱི་ཚུལ་ཁྲིམས་གཞན་གྱི་དོན་ལ་གཅིག་ཏུ་བརྩོན་པ་རྣམས་ཀྱང་ལེགས་པར་ཚང་བ་དང་། བཟོད་པའི་ཉམས་ལེན་གནོད་བྱེད་ལ་ཇི་མི་སྙམ་པའི་བཟོད་པ་ནི། སྐྱེ་བོ་མི་བསྲུན་པ་དག་གིས་སྐུར་པ་འདེབས་པ་དང་། གཤེ་བ་དང་། མཚང་འབྲུ་བ་དང་། བསམ་ངན་སྦྱོར་རྩུབ་ཀྱིས་སྐུ་གསུང་ཐུགས་ལ་རྙོལ་བ་སོགས་དངོས་སུ་གཟིགས་ཤིང་མཁྱེན་ནའང་དེ་དག་ལ་ལེ་ལན་མཛད་པ་ལྟ་ཅི་ཐུགས་ལ་ཁྲོ་བའི་གོ་སྐབས་ཙམ་ཡང་མི་སྲིད་པའི་ཁར་གནོད་ལན་དུ་ཕན་པ་བསྒྲུབ་པ་གཙོ་བོར་མཛད་པ་དང་། གཞན་ཡང་མགོན་པོ་འདི་ཉིད་དུས་འདི་འདྲ་ཞིག་གི་དུས་སུ། ཐུགས་འཁྲུག་པར་གྱུར་ནས་བཀའ་བསྐྱོན་འདི་ལྟར་མཛད་ཅེས་པ་ཙམ་ཞིག་ཀྱང་ཉེ་རིང་དུ་འཁོད་པའི་སྐྱེ་བོ་སུས་ཀྱང་སྣང་བར་བྱུར་མེད་པ་ནི་ཀུན་ལ་གྲགས་ཤིང་གྲགས་པས་ཐུགས་རྒྱུད་ཁོང་ཁྲོའི་རྒྱུ་བ་དང་གཏན་ནས་བྲལ་བ་ཞིག་ཡིན་པ་དང་། དེ་བཞིན་དུ་སྡུག་བསྔལ་དང་ལེན་གྱི་བཟོད་པ་ཆོས་ལྡན་གྱི་མཛད་པས་ནམ་དུ་ཡང་སྐྱོ་བ་མེད་པ་དང་། ཆོས་ལ་ངེས་སེམས་ཀྱི་བཟོད་པ་ཆོས་རྣམས་ཀྱི་རང་སྤྱིའི་ཚུལ་ལ་དྲི་མ་མེད་པའི་ཐོས་བསམ་སྒོམ་གསུམ་གྱི་མཛད་པས་མི་སྐྱོ་བ་རྣམས་ཀྱང་ཡོངས་སུ་ཚང་བ་དང་། དེ་བཞིན་དུ་འགྲོ་བའི་དོན་སྤྱོད་པ་ལ་ངལ་བ་མེད་པའི་གོ་ཆ་བརྟན་པོ་དང་ལྡན་པ་སོགས་བརྩོན་འགྲུས་རྣམ་པ་གསུམ་གྱི་ཉམས་ལེན་རྣམས་ཀྱང་ཡོངས་སུ་རྫོགས་པ་དང་། དངོས་སུ་དབེན་པ་བསྟེན་ནས་བས

མཐའི་བརྟུལ་ཞུགས་འཛིན་པར་མ་མཛད་ཀྱང་ཐུགས་དགེ་བའི་དམིགས་པ་ལ་ཇི་ལྟར་འདོད་འདོད་དུ་གནས་པར་ནུས་པ་གཡོ་མེད་རིའི་དབང་པོ་ལྟར་བརྟན་པའི་བསམ་གཏན་གྱི་ཕར་ཕྱིན་གྱི་ཉམས་ལེན་ཀྱང་རྒྱུན་ཆགས་སུ་མངའ་བ་དང་། ཤེས་རབ་ཀྱི་ནང་ཚན་གནས་ལྔ་རིག་པ་ཀུན་རྫོབ་མཁྱེན་པའི་ཤེས་རབ་ཀྱིས་རིག་པའི་གནས་ལ་སོགས་པ་གསན་པ་དང་གཟིགས་པ་ཙམ་གྱིས་ཐུགས་སུ་ཆུད་པར་ནུས་པ་དང་། ཆོས་རྣམས་ཀྱི་རང་དང་སྤྱིའི་མཚན་ཉིད་མཐའ་དག་མ་འདྲེས་པར་མངོན་སུམ་དུ་མཁྱེན་པ་དང་། ལྷག་པར་དུ་ཡང་གནས་ལུགས་རིག་པ་དོན་དམ་རྟོགས་པའི་ཤེས་རབ་ཀྱིས་གང་ཟག་དང་ཆོས་ཀྱི་བདག་མེད་པ་རྣམ་པ་གཉིས་ཀྱི་དོན་མངོན་སུམ་དུ་གཟིགས་ཤིང་རྟོགས་པས་ཡང་དག་པའི་ལྟ་བའི་གནས་ལ་སྒྲོ་འདོགས་གཏིང་ནས་ཆོད་པ་སོགས་ཤེས་རབ་ཀྱི་ཉམས་ལེན་རྣམས་ཀྱང་ཚང་མ་ལ་མ་ནོར་བར་མངའ་བ་དང་། དེ་བཞིན་དུ་གཞན་རྒྱུད་སྨིན་བྱེད་བསྡུ་བའི་དངོས་པོ་བཞི་པོ་རྣམས་ཀྱང་གོང་དུ་སྨོས་པའི་མཛད་པ་དེ་རྣམས་ལ་ཅི་རིགས་པར་ཚང་ཞིང་། དེ་ཡང་རྒྱས་པར་བྱེད་ན་སྔར་སྨོས་པ་ལྟར་མཛད་པ་རྣམས་དང་རྒྱལ་སྲས་ཀྱི་སྤྱོད་པ་ཕྱིན་དྲུག་བསྡུ་བཞི་སོགས་རེ་རེ་ནས་སྦྱར་ནས་བཤད་དུ་ཡོད་ཀྱང་རི་མོའི་ཁུར་གྱིས་འཇིགས་པས་སྤྲོ་བར་མ་ནུས་པས་རྣམ་དཔྱོད་དང་ལྡན་པ་རྣམས་ལ་དཔྱོད་པའི་སྣ་ཙམ་ཞིག་བསྟན་པ་ཡིན་ནོ། །དེ་ལྟར་ཐུན་མོང་བའི་ལམ་དུ་མ་ཟད་ཐུན་མོང་མ་ཡིན་པ་གསང་ཆེན་རྡོ་རྗེ་ཐེག་པའི་ལམ་བསྐྱེད་རྫོགས་ཀྱི་ཉམས་ལེན་རྣམས་ཀྱང་ཚང་ཞིང་རྫོགས་པ་ཡིན་ཏེ། གསང་བདེ་འཇིགས་གསུམ་ལ་སོགས་པའི་རྒྱུད་སྡེ་བཞིའི་ཡི་དམ་རྒྱལ་བ་རྒྱ་མཚོའི་ཚོགས་དང་བཅས་པ་རྣམས་བསྙེན་པ་དང་སྒྲུབ་ཅིང་མཆོད་པ་སོགས་བསྐྱེད་རིམ་ལྷའི་རྣལ་འབྱོར་གྱི་རིམ་པ་ལ་རྣམ་པ་ཀུན་ཏུ་རྒྱུན་ཆགས་སུ་བརྩོན་

པར་མཛད་པ་དང་། ལྷག་པར་དཔལ་གསང་བ་འདུས་པའི་རྫོགས་རིམ་ཡན་ལག་དྲུག་ལ་སོགས་པའི་གནས་རྣམས་ཞིབ་ཏུ་གསང་བའི་སྒོ་ནས་ཉམས་སུ་བསྐྱར་བ་སོགས་བསྐྱེད་རྫོགས་ཀྱི་ཉམས་བཞེས་ལ་གཅིག་ཏུ་བརྩོན་པར་མཛད་ལ། དེའི་མཐུ་ལས་དཔེ་དོན་གྱི་འོད་གསལ་དང་དག་མ་དག་གི་སྒྱུ་ལུས་ལ་སོགས་པ་རིམ་གྱིས་མཐར་ཕྱིན་ཏེ་མི་སློབ་པའི་ཟུང་འཇུག་རྡོ་རྗེ་ལྟ་བུའི་གོ་འཕང་མངོན་དུ་མཛད་པ་ནི་རྗེས་སོར་མྱ་ངན་ལས་འདའ་བའི་སྐབས་ཀྱི་མཛད་པ་སོགས་ཀྱིས་ཤེས་པར་ནུས་ལ། དེར་མ་ཟད་རྒྱུན་གྱི་ཐུགས་དམ་ཉམས་བཞེས་དང་སྐུ་གསུང་ཐུགས་ཀྱི་ཕྱིར་སོ་དང་མཛད་སྤྱོད་སོགས་ཕལ་མོ་ཆེ་ཞིག་རྡོ་རྗེ་ཐེག་པའི་བསྐྱེད་རྫོགས་ཀྱི་ལམ་གྱི་འཁྲིས་དང་བསྟུན་ནས་བཤད་པར་བྱར་ཡོད་མོད་ཀྱང་སྣོད་མིན་ལ་གསང་སྒྲིག་གི་ཉེས་པར་འགྱུར་ཉེ་བ་སོགས་དགག་བྱ་ཆེ་ཞིང་དགོས་པ་ཆུང་བར་མཐོང་བར་མ་ཟད་གསང་སྔགས་ཀྱི་ཆོས་རྣམས་ཁྲིམ་བསྒྲགས་ཀྱི་ཚུལ་དུ་སྤེལ་བ་ནི་ཟབ་ཆོས་སྲུང་མདོར་འདྲེན་པའི་བླུན་པོ་ལུག་ལྟར་ལྐུགས་པ་དག་གི་སྤྱོད་ཚུལ་ཡིན་གྱི་དགེ་ལྡན་བཀའ་བརྒྱུད་འདིའི་ཕྱག་སྲོལ་ལ་གསང་སྔགས་མིང་དོན་དང་མཐུན་པར་གསང་ཞིང་སྦས་པའི་སྒོ་ནས་ཉམས་སུ་ལེན་པ་འབའ་ཞིག་གཙོ་བོ་ཡིན་པས་ན་སྐབས་འདིར་ཡང་ཟུར་ཙམ་ལས་ཞིབ་ཏུ་སྤེལ་བར་མ་བྱས་སོ། །དེ་ལྟ་བས་ན་མགོན་པོ་འདི་ཉིད་དང་པོར་སྐུ་བལྟམས་པ་ནས་བཟུང་སྟེ་མཐར་མྱ་ངན་ལས་མ་འདས་བར་གྱི་རྒྱུན་དང་ཁྱད་པར་གྱི་མཛད་པ་མཐའ་དག་སེམས་དཔའ་ཆེན་པོའི་ངང་ཚུལ་ལས་ནམ་དུ་ཡང་འདའ་བའི་གོ་སྐབས་དང་བྲལ་བ་ཞིག་ཡིན་ནའང་། དེ་ལྟ་བུའི་གནས་ཚུལ་ཁོང་དུ་མ་ཆུད་པའི་སྐྱེ་བོ་དག་གིས་ཐ་མལ་རང་ག་བར་འཛིན་པར་འདུ་ཤེས་ཀྱིས་ཀུན་ནས་བསླངས་ཏེ་མཛད་པ་རྣམས་ལ་སྒྲོ་སྐུར་གྱིས་འཐད་མི་འཐད་སྣ་ཚོགས་སུ་སེམས་

པར་བྱེད་པ་རྣམས་ལ་ཕྱིན་ཆད་ལས་ངན་གྱི་འཕྲོ་ཆོད་པའི་ཕྱིར་དུ་ལུང་རིགས་ཀྱི་སྦྱོར་བ་ཙུང་ཟད་ཀྱི་སྒོ་ནས་སྨྲས་པ་ཡིན་པས་ཚུལ་དེ་རྣམས་ལ་ཞིབ་མོའི་བློས་བསམ་པའི་སྒོ་ནས་རྣམ་པར་ཐར་པ་ཀུན་ལ་དད་པར་བྱ། གུས་པར་བྱ། རྗེས་སུ་ཡི་རང་བར་བྱ། བསྔགས་པ་བརྗོད་པར་བྱ། རང་གཞན་ཀུན་ཀྱང་རྒྱལ་བའི་སྲས་ཀྱི་སྤྱོད་ཚུལ་ལ་རྣམ་པ་དུ་མའི་སྒོ་ནས་བསླབ་པ་སོགས་ལ་འབད་པར་བྱའོ། །

འདིར་སྨྲས་པ། ཇི་ལྟར་མ་ལ་ཡར་སྐྱེས་ལྡོན་པ་ལས། །བསྲུང་ཞིམ་མིན་པའི་རྒྱུ་བ་མི་སྲིད་ལྟར། །གང་གི་གསང་གསུམ་མཛད་པའི་ཆ་ཤས་ལའང་། །འཕྲུག་པོར་སྤྱོད་པའི་གོ་སྐབས་ག་ལ་སྲིད། །ཕར་ཕྱིན་དྲུག་དང་བསྡུ་བ་རྣམ་བཞི་སོགས། །སར་གནས་འཕགས་པའི་སྤྱོད་ཚུལ་ཕོ་ན་ལས། །ནམ་ཡང་འགོངས་པ་མད་འདི་ཚུལ་མིན་གྱི། །ཡིད་བྱེད་དྲི་མར་བཅས་པ་སྤངས་པའི་མཐུ། །ལྟར་སྣང་འཇིག་རྟེན་ཚུལ་བསྟུན་མཛད་པ་ཀུན། །ཕྲ་ཞིབ་བློ་ཡིས་ལན་བརྒྱར་བརྟགས་པ་ན། །སྲས་བཅས་རྒྱལ་བའི་ངོ་མཚར་མཛད་པ་རྣམས། །གཅིག་ཏུ་སྤུངས་པ་བས་ཀྱང་ཆེ་ཆེར་འཕགས། །མདོ་སྔགས་ཉམས་ལེན་རིམ་པ་འབྲས་བུར་བཅས། །ཚེ་གཅིག་ཉིད་ལ་ཚང་ཞིང་ཡོངས་རྫོགས་པའི། །རྣམ་པར་ཐར་པའི་ཚུལ་འདི་མཐོང་བ་ན། །ཡིད་རབ་མི་འཕྲོག་དཔྱོད་ལྡན་གང་དུ་མཆིས། །དེ་ལྟ་མོད་ཀྱང་སྙིགས་མའི་དུས་མཐའ་འདིར། །སྐྱེ་བོ་ཕལ་ཆེར་ལེགས་ཉེས་འབྱེད་པའི་མཐུ། །ལྷག་པར་དམན་པས་དམ་པའི་ངོ་མཚར་ཀུན། །མཐོ་དང་ཐོས་པའི་སྐལ་བ་ཆེ་ཆེར་ཕྲ། །དེ་མཐུས་དམ་པའི་དཔག་བསམ་ལྗོན་པའང་། །ཐ་མལ་ཆུ་ཤིང་ཙམ་དུ་འཛིན་པའི་བློས། །སྒྲོ་སྐུར་སྣ་ཚོགས་སྨྲ་བའི་ཁ་ཕྱེ་ནས། །རང་གཞན་ངན་འགྲོའི་གཡང་ཁར་འཁྲིད་པ་

མང་། །དེ་དག་རྣམས་ལ་སྨན་པར་བྱ་ཕྱིར་དུ། །ལྷག་བསམ་རྒྱ་མཚོའི་གློང་ནས་ཉེར་ཐོན་པའི། །ལུང་རིགས་འོད་དཀར་འཕྲོ་བའི་ཆུ་ཤེལ་འདི། །དཔྱོད་ལྡན་ཀུ་མུད་གཉེན་དུ་གསལ་བར་བྱས། །དེ་ལྟ་ནའང་ལེགས་བཤད་རིན་ཆེན་ལས། །ཉེས་བཤད་ཟོང་ལ་རྗེས་སུ་འཛིན་པ་མང་། །དེ་ཕྱིར་བདག་འདྲས་སྨྲས་ཀྱང་ལྐན་ཀའི་རྒྱུ། །འོན་ཀྱང་སེམས་དགེ་བ་ལ་ཉེས་པ་ཅི། །ཞེས་པ་ནི་བར་སྐབས་ཀྱི་ཚིགས་སུ་བཅད་པའི་འཕྲེང་བའི་རིམ་པ་དག་གོ །ཞེས་དཔལ་ལྡན་བླ་མ་དམ་པ་རྒྱལ་བའི་རྒྱལ་ཚབ་ཆེན་པོ་རྗེ་དྭང་ཏུ་ཐོག་ཐུ་ནོ་མི་ཧན་ས་མ་ཏི་པཀྴི་ཏུ་ཐང་ཅན་ཤྲི་རིན་པོ་ཆེ་ཡེ་ཤེས་བློ་བཟང་བསྟན་པའི་མགོན་པོའི་རྣམ་པར་ཐར་པ་ངོ་མཚར་དད་པའི་པདྨོའི་འཛུམ་བྱེད་ལེགས་བཤད་ཉིན་བྱེད་དབང་པོའི་ཕྲེང་བ་ལས་ཆོས་སྲིད་ཀྱི་ཁྲི་ལ་འཁོད་པ་ནས་བརྩམས་པའི་མཛད་པ་རྣམས་ཀྱི་སྐོམ་བཤད་ལུང་རིགས་ཀྱི་སྒྲུབ་བྱེད་དང་བཅས་པའི་སྒོ་ནས་འཕགས་ཆེན་དམ་པའི་སྤྱོད་ཚུལ་བླ་ན་མ་མཆིས་པ་ཉིད་དུ་སྣང་བའི་རིམ་པ་སྟེ་དགུ་པའོ།། ༎

༈ ད་ནི་ཆོས་སྲིད་ཀྱི་མཛད་པའི་མཇུག་དང་སྐུ་ཚེ་མཐའ་མའི་མཛད་པ་ཇི་ལྟར་བསྟན་པའི་ཚུལ་རྣམས་བརྗོད་པ་ནི། དེ་ལྟར་བསྟན་པ་དང་འགྲོ་བའི་དོན་རླབས་པོ་ཆེ་རྣམས་མཛད་ཟིན་ནས་སྐུ་ཚེ་འདིའི་དངོས་ཀྱི་གདུལ་བར་བྱ་བ་ཕལ་མོ་ཆེ་རྫོགས་པ་དང་། སེམས་ཅན་རྣམས་ལ་མི་རྟག་པའི་འདུ་ཤེས་ཉེ་བར་བསྐྱེད་པ་སོགས་ཀྱི་དུས་ལ་བབ་པར་གཟིགས་པ་ན། ཇི་སྐད་དུ་དཀོན་མཆོག་བརྩེགས་པའི་མདོ་ལས། ཞི་བའི་བློ་གྲོས་བྱང་ཆུབ་སེམས་དཔའ་རྣམས་ཆོས་ཀྱི་སྐུ་དང་ལྡན་པས་སྐྱེ་བ་དང་། འཆི་འཕོ་བ་དང་། འབྱུང་བ་ཡང་སྟོན་ཏོ། །ཞེས་དང་། གསེར་འོད་དམ་པའི་མདོ་ལས། སེམས་ཅན་ཡོངས་སུ་སྨིན་མཛད་ཕྱིར། །ཡོངས་སུ་མྱ་ངན་འདའ་བར་སྟོན། །སངས་རྒྱས་བཅོམ་ལྡན་

བསམ་མི་ཁྱབ། །དེ་བཞིན་གཤེགས་པ་རྟག་པའི་སྐུ། །སེམས་ཅན་རྣམས་ལ་
ཕན་པའི་ཕྱིར། །བཀོད་པ་རྣམ་པ་སྣ་ཚོགས་སྟོན། །ཅེས་གསུངས་པ་ལྟར་ངེས་
པའི་དོན་དུ་ཟུང་འཇུག་རྡོ་རྗེའི་སྐུ་ལ་མངའ་བརྙེས་ཟིན་པས་སྐྱེ་བ་དང་འཆི་བ་
སོགས་ཀྱི་འགྲོ་འོང་མཐའ་དག་དང་བྲལ་ཟིན་ནའང་། གདུལ་བྱའི་སྣང་ཚུལ་
ཙམ་དུ་བསམ་གྱིས་མི་ཁྱབ་པའི་འཆི་འཕོ་བའི་ཚུལ་བསྟན་པར་དགོངས་པ་དང་།
དེར་མ་ཟད་སྙིགས་མའི་འགྲོ་བ་རྣམས་ཧ་ཅང་དམུ་རྒོད་མ་རུང་ཞིང་འདུལ་བར་
དཀའ་བ་དང་། དུས་ངན་པའི་དབང་གིས་ལོག་པར་སྤྱོད་པའི་བྱ་བའི་ཚོགས་
རྣམས་ས་སྲུས་ཀྱི་མུན་པ་བཞིན་དུ་ཕྱོགས་ཀུན་ནས་ལྡང་བ་དང་། དགེ་བའི་བྱ་
བ་རྣམས་ནམ་ལང་གི་སྐར་མ་བཞིན་དུ་རིམ་གྱིས་རྗེ་ཉུང་རྗེ་ཡལ་དུ་འགྲོ་བ་དང་།
གཞན་ཡང་ཇི་སྐད་དུ། ཐམས་ཅད་མཁྱེན་པ་བློ་བཟང་བསྐལ་བཟང་རྒྱ་མཚོའི་
གསུང་ལས། གངས་ཅན་རི་ཡིས་བསྐོར་བའི་ཞིང་འདིར་ཐུབ་པའི་བསྟན་སྲོལ་
གནས་མོད་ཀྱང་། །ཆོས་བྱེད་ཕལ་ཆེར་ཚུལ་ཁྲིམས་གོས་བྲལ་གཅེར་བུ་ངོ་ཚ་
སྤངས་ནས་ནི། །ཁྱིམ་པ་རྣམས་ལ་བསྙེན་ཅིང་ངོར་བལྟ་དམ་པས་དམད་པའི་
ལས་ལ་འཇུག །ཀྱེ་མ་དམ་ཆོས་ཉི་མའི་འོད་ཟེར་རི་བོའི་ཕྲག་ཏུ་ནུབ་ལ་ཉེ། །
སྟོབས་དང་ལྡན་རྣམས་རང་འདོད་ལྷུར་ལེན་ཕན་ཚུན་རྩོད་ཅིང་དམའ་ལ་
འཆེ། །དམན་པ་རྣམས་ནི་རྟག་ཏུ་འཁོལ་ཞིང་གྱི་ནའི་ཟས་ཀྱང་རྙེད་པར་
དཀའ། །ཞེས་གསུངས་པ་ལྟར་བཟློག་པར་དཀའ་བའི་སྤྱོད་ཚུལ་ངན་པ་མཐའ་
ཀླས་པ་དུ་མས་ཐུགས་ཡིད་འབྱུང་བའི་ཁར། སྤ་སོར་ལྷུགས་ཧ་བླ་བ་དང་པོའི་
སྨོན་ལམ་ཆེན་མོའི་སྐབས་རྒྱ་བོད་ཀྱི་འཁྲུགས་ཟིང་དང་དེ་ལ་བརྟེན་པས་དོན་
སྐོར་གཞི་ཆེ་ཙམ་བྱུང་བ་དང་། རྗེས་སོར་མགོན་པོ་ཉིད་ཀྱི་ཐུགས་རྗེ་དང་
ཐབས་མཁས་རྨད་དུ་བྱུང་བའི་དབང་གིས་དངོས་གཞིའི་དོན་སྐོར་འཇམ་

ཚགས་སུ་གྱུར་ནའང་ནག་ཅན་དུ་མ་ཞིག་སྲོག་གི་བར་ཆད་དུ་གྱུར་པ་སོགས་ཀྱི་རྐྱེན་ལས་ཐུགས་སྐྱོ་བ་ལྷག་པར་དུ་འཕེལ་ཞིང་། དེ་ལ་བརྟེན་ནས་གོང་དུ་བརྗོད་པ་ལྟར་ཆོས་སྲིད་ཀྱི་མཛད་པའི་ཁུར་འདི་ཡང་བཞོལ་བའི་ཐབས་སྣ་དུ་མ་ནས་མཛད་ཀྱང་ཇི་བཞིན་ཐོག་ཏུ་མ་ཁེལ་བ་སོགས་ཀྱིས་ཀྱང་རྐྱེན་བྱས་ཏེ་ངེས་པར་རེ་ཞིག་ཞིང་ཁམས་གཞན་དུ་འགྲོན་རྒྱུའི་དགོངས་བཞེད་བཀློག་ཏུ་མེད་པར་གཏད་དེ་ལྕགས་རྟ་ཟླ་བ་དྲུག་པའི་ནང་ནས་སྙུང་ཟུག་སོགས་ཆེར་མི་མངའ་ན་ཡང་སྙུང་གཞིའི་བབ་ཆབ་ཀྱི་རྣམ་པ་ལྟ་བུ་ཡིན་པ་ལ། ལྷ་རྗེ་སྨན་པ་སོགས་ཀྱིས་ཀྱང་ངོས་ཇི་བཞིན་དུ་ཟིན་པར་དཀའ་བའི་གཞི་ཆེ་ཙམ་བཞེས་ཚུལ་བསྟན་ཅིང་། དེ་འཕྲུལ་མི་རྗེ་ཕྱུག་མཛོད་ཆེན་མོ་ཡེ་ཤེས་རབ་བརྟན་སོགས་ནས་ཐུགས་ཁུར་ཟླ་ལྷག་ཏུ་བཞེས་ཏེ། ལྷ་དང་བླ་མའི་ཚོགས་ལ་ལུང་བརྟགས་ཞུའི་དགོངས་དོན་དང་འབྲེལ་བར། སེར་འབྲས་དགེ་གསུམ་རྒྱུད་གྲྭ་སྟོད་སྨད་སོགས་ཕྱོགས་དང་རིས་སུ་མ་ཆད་པའི་འདུས་སྡེ་ཁག་ཕལ་མོ་ཆེར་མང་འགྱེད་ཀྱི་ཐོག་བཀའ་བསྟན་གསུང་སྒྲོག་གིས་མཚོན་པའི་ཞབས་བརྟན་འཕོར་ཆེ་བ་དང་། ཀུན་གླིང་གྲྭ་ཚང་རང་དུ་ཞབས་བརྟན་རྒྱུན་འཛུགས་དང་། རྟེན་གསུམ་ངོ་མཚར་ཅན་ཡོད་དོ་ཅོག་དང་། མཐའ་དབུས་ཀྱི་གནས་ཆེན་ཁག་རྣམས་སུ་མཆོད་འབུལ་སྙན་ཤལ་སོགས་རྒྱ་ཆེ་བ་དང་བསྟན་སྲུང་ཐུན་མོང་དང་ཐུན་མོང་མ་ཡིན་པ་ཀུན་ལ་བསྐང་འཕྲིན་ཁྲི་ཚར་དང་། འབུམ་ཐེར་སོགས་རྒྱུན་མི་ཆད་དུ་སྒྲུབ་པ་དང་། སྨན་པ་ཡང་ཕྱོགས་འདིར་མཁས་ངེས་སུ་གྲགས་པ་ཕལ་མོ་ཆེ་ཁུ་བསྡུས་ཀྱི་ཐོག་བློ་གྲོས་ཀྱི་རྩལ་བསྡུར་བའི་སྒོ་ནས་གསོལ་སྨན་འབུལ་དུ་འཇུག་པ་སོགས་སྣ་དུ་མ་ནས་འབད་འབུངས་སུ་མཛད་ཅིང་། དེ་བཞིན་དུ་༧གཞུང་ས་མཆོག་ནས་ཀྱང་གདན་ས་གསུམ་སོགས་ལ་སྤྱིན་གསལ་གྱི་མང་ཇ་དང་བཅས་

ཏེ་ཞབས་བརྟན་རྒྱ་ཆེར་སྒྲུབ་པར་མཛད་པ་དང་། ལྷག་པར་ཟླ་བ་བདུན་པའི་ཚེས་གཅིག་གི་ཉིན་༧གོང་ས་མཆོག་ནས་བཀས་མངགས་པའི་དོན་བཞིན་ཡོངས་འཛིན་རྣམ་པ་གཉིས་གཙོ་བོར་གྱུར་པའི་ཀུན་གླིང་འདུས་པ་དམངས་དང་བཅས་པ་ནས་མཁའ་འགྲོ་བསུ་བཟློག་གི་སྒོ་ནས་ཞབས་བརྟན་གྱི་རིམ་པ་རྒྱ་ཆེར་འབུལ་བའི་ཐོག་༧ཡོངས་འཛིན་རྒྱལ་སྲས་རྡོ་རྗེ་འཆང་ཆེན་པོས་མཇལ་གྱི་གསུང་བཤད་དོན་ཟབ་ཅིང་ཚིག་བསྡིང་བ་དང་བཅས་ཏེ་ཞབས་པད་ཡུན་དུ་བརྟན་པར་གསོལ་བ་རྩེ་གཅིག་ཏུ་འདེབས་པར་མཛད་རྗེས། གཞུང་ས་མཆོག་ནས་མཇལ་རྟེན་གསུམ་གྱིས་གཙོས་པའི་དངོས་འབུལ་རྒྱ་ཆེ་བ་དང་། གཞན་ཡང་ཡོངས་འཛིན་རྣམ་གཉིས་དང་། ཨ་ཁུ་ལགས། བཀའི་གུང་བློན་བཞི། སྲི་ཞུབ་མཁན་པོ། མཁན་སྡེ་ཆེ་ཆུང་། མདའ་དཔོན་རྩིས་དཔོན་སོགས་གཞུང་དྲུང་ལས་ཚན་པ་སེར་སྐྱ་ཚང་མ་དང་། འབྲས་སྤུངས་ཚོགས་ཆེན་དང་། གྲྭ་ཚང་ཁག་བཞིའི་བླ་མ་ལས་སྡེ། ཧར་གདོང་དང་། གུང་ཏུ་ཁམས་ཚན། སེ་ར་ཚོགས་ཆེན་དང་གྲྭ་ཚང་གསུམ་གྱི་བླ་མ་ལས་སྡེ་སོགས་གོང་གསལ་སོ་སོ་ནས་ཞིང་ཁམས་རྒྱ་མཚོའི་བཀོད་པ་དང་། རྟེན་གསུམ་ལྷ་རིག་སོགས་ཀྱིས་སྤྲ་དྲངས་པའི་དངོས་བཤམས་ཀྱི་འབུལ་བ་དང་བཅས་ཏེ་གསོལ་བ་རྒྱ་ཆེར་བཏབ་པ་ན་དེ་དག་ལ་བཀའ་བཞེས་སོགས་ཀྱང་མི་དམན་པ་ལྟ་བུར་ཕེབས་པར་མ་ཟད། བདག་སོགས་གདུལ་བྱ་རྣམས་ཀྱི་ངོ་འཛིན་ལྟ་བུར་སྐབས་ཐོབ་སྟོན་ཀྱང་ཅུང་ཟད་དྭངས་བསྐྱེད་བཞེས་ཁུལ་གྱིས་རེ་ཞིག་གི་བར་འཚོ་བརྟན་ལྟ་བུའི་ངང་དུ་བཞུགས་ཤིང་། རྒྱལ་སྲས་རྡོ་རྗེ་འཆང་ཆེན་པོ་ནས་སྔར་ཡང་ཚེ་དབང་དང་བྱད་འགྲོལ་སོགས་འབུལ་བཞེས་དང་། གོང་ཟླའི་ཚེས་བཅོ་བརྒྱད་ཀྱི་ཉིན་ཕྱག་མཛོད་ཆེན་མོས་གཙོ་མཛད་པའི་སྐུ་སྐྱེར་ཞབས་གྲས་རྣམས་ནས་མཁའ་འགྲོ་

བསུ་བཟློག་དང་འབྲེལ་བའི་བརྟན་བཞུགས་དང་། དངོས་བཤམས་ཀྱི་འབུལ་སྐྱེས་ཚད་མེད་པ་དང་བཅས་པའི་ཐོག་༸ཡོངས་འཛིན་རྒྱལ་སྲས་ནོ་མི་ཧན་ཆེན་པོ་ནས་ངོ་ཆེན་གྱི་ཚུལ་དུ་མཇལ་གསུང་བཤད་རྒྱ་ཆེན་པོའི་སྒོ་ནས་དྲང་སྲོང་བདེན་པའི་ཚིག་གིས་གསོལ་བ་འདེབས་པར་མཛད་པ་ན་རེ་ཞིག་མཆོག་གསུམ་གསོལ་བཏབ་ཀྱིས་ཡུན་འཚོའི་སྨོན་འདུན་མཛད་པར་ཞལ་བཞེས་བསྐྱངས་ཤིང་། མི་རྫེ་ཕྱག་མཛོད་ཆེན་མོ་དང་། གསོལ་གཟིམས་གཉིས། མགྲོན་གཉེར་དྲུང་ཡིག་རྣམས་དང་། གཟིམས་འགག་གཉིས་བཅས་པར་དངོས་སུ་མཇལ་ཕྱག་དང་། ཞབས་གྲས་ཕྱིངས་རྣམས་ཀྱིས་མཇལ་དར་གཟིམས་ཚུང་འགག་ནས་འབུལ་བཞེས་མཛད། ཆོས་ཉེར་ལྔའི་ཉིན་ཀུན་གླིང་གྲྭ་ཚང་ཚོགས་ཡོངས་ནས་བདེ་མཆོག་དཀར་པོའི་སྒོ་ནས་ཞབས་བརྟན་གྱི་རིམ་པ་རྒྱས་པར་ཕུལ་ཞིང་། དེ་ཉིན་ཡང་༸རྒྱལ་སྲས་རྡོ་རྗེ་འཆང་ཆེན་པོ་ནས་གསོལ་འདེབས་བདེན་པའི་ཚིག་གི་མེ་ཏོག་ལན་བརྒྱར་འཐོར་བར་མཛད་ལ། ཀུན་གླིང་སློབ་དཔོན། དབུ་ཆོས། གྲྭ་དམངས་བཅས་པར་ཕྱག་དབང་ཡང་སྩལ། གཞན་ཡང་རྒྱལ་བ་གཉིས་པའི་རྒྱལ་ཚབ་དགའ་ལྡན་ཁྲི་རིན་པོ་ཆེ་སོགས་བདག་ཉིད་ཆེན་པོ་དུ་མས་ཀྱང་དངོས་བརྒྱུད་ཅི་རིགས་པའི་སྒོ་ནས་བརྟན་བཞུགས་འབུལ་བར་མཛད་པ་རྣམས་ཀྱང་བདག་གིར་དུ་བཞེས་ཤིང་། འདི་དག་གི་སྐབས་སུ་ཡང་གདུལ་བྱ་རྣམས་ཀྱིས་གསོལ་བ་བཏབ་པའི་ངོར་སྙུན་བབ་ཙུང་ཟད་དྭངས་བཞེས་ལྷ་བུའི་འཚོ་བརྟན་གྱི་ངང་དུ་བཞུགས། ཧོར་ཟླ་བརྒྱད་པའི་ཚེས་བཅུ་སྐོར་ལ་སྤྱི་ལོ་༸གོང་མ་ཆེན་པོར་ལྷ་བཅུ་སྦྲ་ཡེར་འབུལ་མི་ཟློ་བཟང་དགེ་ལེགས་ཕྱིར་འགྱུར་གདོང་༸མགོན་པོ་ཉིད་ལ་༸གོང་མ་ཆོས་ཀྱི་རྒྱལ་པོས་གནང་སྐྱེས་བཟང་པོ་དང་བཅས་ཏེ་གསེར་གྱི་བཀའ་བཟང་ཕེབས་པ་ཆེད་དུ་འབུལ་མི་ཁུན་

ཨམ་བན་དང་། སྨྲ་ཡེར་མཁན་པོ་གཉིས་བཅར་བར་སྐུ་མདུན་དུ་གཏོང་གནང་གི་ཐོག་ལུགས་སྲོལ་གྱི་བཀུར་བསྟི་དང་བཅས་ཏེ་གསེར་ཡིག་སྙན་ལམ་དུ་གསན་པ་ན་འདི་ལྟར། ཚེ་རིང་གནམ་གྱི་ཤེ་མོང་བཙན་པོས་ས་སྟེང་ཡོངས་ལ་དབང་བསྒྱུར་བ་ཏང་ཏིའི་བཀའ། རྗེ་དྲུང་ཏུ་ཐོག་ཐུ་ལ་ཕབ་པ། ངེད་ནས་ས་སྟེང་ཡོངས་ལ་ཁ་ལོ་བསྒྱུར་ཞིང་། ཡུལ་ཁམས་ཐམས་ཅད་ཀྱི་སྐྱེ་བོ་ཀུན་སོ་སོར་བདེ་སྐྱིད་ཀྱིས་འཚོ་བར་བྱའོ་སྙམ་ནས་ཡིན། ད་གཟོད་ཏུ་ཐོག་ཐུ་ཁྱོད་ནས་མི་སྣ་སྨྲ་ཡེར་མངགས་ཏེ་ངེད་ཀྱི་དགུང་ལོ་ལྔ་བཅུ་པའི་དགའ་སྟོན་ཆེན་པོར་བསམ་པ་ཐག་པ་ནས་དགུང་ལོ་ཁྲི་ཕྲག་གི་བརྟན་བཞུགས་ཕུལ་ཏེ་ཞུས་པ་ངེད་ཀྱི་ཐུགས་ལ་ངེས་པར་མཆོག་ཏུ་བསྔགས་ཤིང་དགའ་བར་སེམས། ཏུ་ཐོག་ཐུ་ཁྱོད་ཀྱིས་ཏཱ་ལའི་བླ་མའི་སྤྲུལ་སྐུ་ལ་ཡོངས་འཛིན་གྱིས་ལེགས་པར་སྐྱོང་ཞིང་། སེམས་ཅན་ལ་ཕན་པ་དང་། སངས་རྒྱས་ཀྱི་བསྟན་པ་རྗེ་རྒྱས་སུ་སྤེལ་བ་སོགས་ངེད་ཀྱི་ཞྭ་སེར་གྱི་བསྟན་པ་སྲུང་སྐྱོབ་མཛད་པའི་དགོངས་བཞེད་མཆོག་དང་མཐུན་པར་བགྱིས། ཆོས་སྲིད་སྐུ་རིམ་གྱི་རིགས་ལ་བརྩོན་པ་དྲག་པོ་བགྱིས། ལོ་ནོར་མ་བགྱིས་ཤིག ། ད་ལམ་ཁྱེད་ཀྱི་མི་སྣ་སྨྲ་ཡེར་མཁན་པོ་ཕྱིར་འཁོར་གཏོང་ཁྱེད་ཀྱི་འཚམས་འདྲིའི་བཀའ་ཡིག་ཕབ་རྗེས་དངུལ་སྲང་སུམ་ཅུའི་ཕོར་ (མདོང་) མོ་གཅིག །གོས་སྐུད་བརྒྱད་མ་ཡུགས་གཅིག །ཁ་བཏགས་ཆེ་ཆུང་བདུན་རེ། བསྣན་ཏེ་གནང་བ་གཡང་ཏིའི་ཡུ་ཡེ་གཅིག །རྫོར་དྲིལ་གཉིས། ཤེལ་དུམ་ཀ། གུ་གུ་ཤའི་གཞོང་པ་ཀ། ཤེལ་ཕོར་ཀ། འབྲུག་གོས་སེར་པོ་ཡུགས་གཉིས། དཔྱད་ལྡན་སེར་པོ་ཡུགས་གཅིག །ཁུག་མ་ཆེ་བ་ཀ། ཁུག་མ་ཆུང་བ་ཆ་གཉིས་བཅས་མི་སྣ་སྨྲ་ཡེར་མཁན་པོ་བློ་བཟང་དགེ་ལེགས་ལ་སྤྲད་དེ་བསྐུར་ཡོད། དེར་འབྱོར་པ་ན་དང་དུ་ལོངས་ཤིག །ཆེད་དུ་བཀའ་ཕབ་སོ། །ཞེས་ཕེབས་

པར་བཀའ་ཡིག་དང་གནང་སྐྱེས་རྣམས་བཀུར་བཟོས་ཆེན་པོ་དང་བཅས་ཏེ་དགྱེས་བཞེས་མཛད་ཅིང༌། ཨམ་བན་ལ་ལེགས་སྐྱེས་ཀྱི་གནང་སྦྱིན་གྱི་དོམས་པ་དང༌། མི་སྣ་མཁན་པོར་ཡང་དབང་ཕྱོགས་སྐོར་གྱི་བཀའ་འདྲི་སོགས་ཞིབ་སྐུལ་དང་གསོལ་རས་གནང་སྐྱེས་རྒྱས་པར་སྐུལ། དེ་སྐབས་བཙན་པོ་ནོ་མི་ཧན་སོགས་བླ་སྤྲུལ་ཆེ་ཁག་རྣམས་དང༌། བཀའི་གུང་བློན་རྣམ་བཞི། སྤྱི་ཁྱབ་མཁན་པོ་ཇོ་མདའ་སོགས་གཞུང་དྲུང་ལས་ཚན་པ་དང་དྲུང་འཁོར་ཕྱིངས་སོགས་ཚང་མས་༧མགོན་པོ་ཉིད་ལ་ཞབས་བརྟན་དང༌། གསེར་ཡིག་པེབས་པའི་ལེགས་སྐྱེས་ཚབས་མཚུངས་སུ་བཀྲ་ཤིས་པའི་ལྷ་དར་སོགས་ཕུལ་བ་རྣམས་ཀྱང་དགྱེས་བཞེས་བཀའ་དྲིན་བསྐྱངས། དེ་མཚུངས་ཆོས་བཅུ་གསུམ་གྱི་ཉིན་ཕེ་ཅིང་མཁན་ནང་ངོ་གཡོག་འཁོར་སྐབས་སྐུ་གཟུགས་བབས་ཀྱིས་རྟེར་གསོལ་སྟོན་སོགས་ལ་པེབས་མ་ཐུབ་ཀྱང་གནང་སྐྱེས་དང་གསེར་ཡིག་སོགས་ཀུན་གླིང་གཟིམས་ཆུང་དུ་བཞེས་པར་མཛད་ལ། དེ་སྐབས་ཀྱང་ཞབས་པད་རྣམ་བཞི་སོགས་ལས་ཆེན་པ་རྣམས་ནས་སྣེར་མཇལ་ཕྱག་ལེགས་སྐྱེས་དང་འབྲེལ་བའི་ཞབས་བརྟན་གྱི་ལྷ་རིག་སོགས་འབུལ་བཞེས་བསྐྱངས། གཞན་ཡང་སྤྱི་ཕྱི་འདི་དག་གི་བར་སྐབས་སུ་སྣེར་མཇལ་ཞུ་མི་མཆོག་དམན་དུ་མར་འདུས་པ་རྣམས་ཀྱི་གལ་ཆེའི་རིགས་རྣམས་ལ་དངོས་ཀྱི་མཇལ་ཁ་དང༌། དེ་ཕྱིན་རྣམས་ལ་གཟིམས་ཆུང་འགག་ནས་མཇལ་དར་འབུལ་བཞེས་ཀྱིས་བཀའ་བསྒྱུར་སོགས་སྐུལ་བར་མཛད། དེ་བཞིན་དུ་ལས་ཁུངས་ཆེ་ཆུང་རྣམས་ནས་སྙན་ཞུ་སོགས་རིམ་པར་ཕྱུང་བ་རྣམས་ལའང་སོ་སོར་གང་ལ་གང་འོས་ཀྱི་བཀའ་བསྒྱུར་སོགས་ཀྱང་རིམ་སེལ་དུ་བསྐྱངས་པར་མཛད་དོ། །

འདིར་སྨྲས་པ། འཁོར་བའི་གཅོང་རོང་སྡུག་བསྔལ་བྲག་རིས་

གཏམས། །ཉོན་མོངས་ལྔ་ཡི་ཚོར་མས་ཀུན་ཏུ་ཟིངས། །ལོག་སྤྱོད་གཙན་གཟན་གཏུམ་པོས་གཙེས་གྱུར་པའི། །ངང་ཚུལ་དེ་ཡིས་ཁྱོད་ཐུགས་ཤིན་ཏུ་འབྱུང་། །ལྷག་པར་སྙིགས་འགྲོ་ལག་ལྡན་སྨྱོས་པའི་ཁྱུ། །ཐུགས་རྗེའི་ལྕགས་ཀྱུས་འབུལ་(འདུལ་)བར་མི་ནུས་པའི། །ཆྭངས་སྤྱོད་སྣ་ཞགས་བར་མེད་རྐྱང་བ་དེས། །གང་ཐུགས་དག་པའི་ཞིང་དུ་མངོན་པར་ཕྱུགས། །དེ་ཕྱིར་རེ་ཞིག་གཟུགས་སྐུའི་ཐིག་ལེ་ནི། །ཆོས་དབྱིངས་སྙིག་མོའི་ཕངས་པར་མནལ་བའི་ཕྱིར། །གཟུགས་སྐུ་ཟླ་བའི་དཀྱིལ་འཁོར་ཉེར་འཚེ་ཡི། །ར་རིའི་དྲི་མས་གོས་པའི་ཚུལ་ཡང་བསྟན། །དེ་ཚེ་ཐུབ་བསྟན་སྙིང་ལ་བརྟགས་པ་ཡི། །དཔྱོད་ལྡན་ཀུན་གྱི་ལྷག་བསམ་འོ་མཚོའི་ནང་བས། །ཕྱིན་དུ་ཕྱུར་བས་རྣམ་དཀར་རིམ་གྲོ་ཡི། །ཟེགས་མ་བརྒྱ་ཕྲག་འཐོར་བས་མཁའ་སྤྲིད་འགེངས། །བསླུ་མེད་བདེན་པའི་ཚིག་ལ་མངའ་བརྙེས་པའི། །རྣམ་འདྲེན་དམ་པའི་ཁྱུ་མཆོག་ཀུན་གྱིས་ཀྱང་། །བརྟན་བཞུགས་མེ་ཏོག་ཕྲེང་བ་སྤེལ་བཞིན་པར། །ཡང་ཡང་ཐུགས་རྗེ་བསྐུལ་ལ་རྣམ་པར་བརྗེན། །ཚུལ་དེས་མགོན་པོ་ཁྱོད་ཀྱང་བྱམས་བརྩེ་ཡི། །གཞན་དབང་གྱུར་པས་རེ་ཞིག་གཟུགས་སྐུ་ཡི། །སྣང་བྱེད་ནུབ་རིའི་ངོགས་སུ་མི་གཞོལ་བར། །གདུལ་བྱའི་མིག་གི་བདུད་རྩིར་ཆེ་བར་མཛད། །དེས་ཀྱང་བདག་སོགས་ཉམ་ངའི་སྐྱེ་བོ་རྣམས། །རུང་ཟད་ཡིད་ཀྱི་ངལ་བསོ་ཐོབ་གྱུར་ཏེ། །དགའ་བའི་བཞིན་གྱི་པདྨོ་འཛུམ་མདངས་ཀྱི། །བུང་བ་གཞོན་ནུས་ཀུན་ཏུ་མཛེས་པར་གྱུར། །ཅེས་པ་ནི་བར་སྐབས་ཀྱི་ཚིགས་སུ་བཅད་པའི་རིམ་པ་དགུ་པོ །

དེ་དག་གི་སྐབས་སུ་ཡང་གཞུང་སྐོར་མཐའ་དག་ནས་སེར་འབྲས་དགེ་གསུམ་སོགས་ཉེ་འཁོར་གྱི་འདུས་སྡེ་ཁག་དང་། ཆོས་འཁོར་རྒྱལ་དང་། འོན་

སོགས་ལྷོ་ཁ་ཁུལ་གྱི་དགོན་སྡེ་རྣམས་དང་། རི་ཁྲོད་ཕན་ཚུན་སོགས་སུ་༸ཞབས་བརྟན་སྒྲུབ་འོས་ཀྱི་རིམ་པ་ཇི་སྙེད་པ་ཞིག་ཀྱང་བར་མ་ཆད་དུ་མཛད། ཧོར་ཟླ་དགུ་པའི་ནང་ཆབ་མདོ་འཕགས་པ་ལྷ་ཐོད་ཕྱོགས་སུ་ཐུགས་གཉེར་ལ་ཕྱིན་རྒྱུར་རྒྱང་བསུར་འགྲོ་མི་སེ་ར་གཟིམས་ཁང་སྡེ་པ་ངོ་གཡོག་ཆེད་གནང་གདོང་མཆོག་སྤྲུལ་རིན་པོ་ཆེར་འཚམས་ཞུ་དང་བྲུར་ཆས་སོགས་འབུལ་བར་མཛད། གཞུང་ས་མཆོག་ནས་བསམ་ཡས་ཆོས་སྐྱོང་ཆེན་པོར་བཀའ་ལུང་ཞུས་པའི་དགོངས་དོན་བཞིན་ཆོས་དགུའི་ཉིན་ནས་བཟུང་༸ཡོངས་འཛིན་རྒྱལ་སྲས་ནོ་མི་ཧན་ཆེན་པོ་ཀུན་གླིང་དུ་ཕེབས་བསྐྱོད་ཀྱིས་ཞག་བདུན་གྱི་བར་དུ་སྒྲོལ་དཀར་གྱི་སྒོ་ནས་ཚེ་སྒྲུབ་དང་ཚེ་དབང་འབུམ་ཐེར་བཅས་འབུལ་བར་མཛད་ཅིང་། དེ་དག་གི་བར་སྐབས་རྣམས་སུ་དམ་པ་རྣམ་གཉིས་ལྷན་རྒྱས་ཀྱིས་ཆོས་དང་འབྲེལ་བའི་གསུང་མཆིད་སོགས་ཀྱང་རྒྱ་ཆེར་མཛད་ཅིང་། དེ་མཚུངས་གཞུང་ས་མཆོག་ནས་ཚེས་བཅུ་གསུམ་གྱི་ཉིན་དངོས་འཁོར་གྱི་འབུལ་བ་དང་བཅས་ཏེ་བདེ་མཆོག་དཀར་པོའི་སྒོ་ནས་མཁའ་འགྲོ་བསུ་བཟློག་གི་ཞབས་བརྟན་འབུལ་བཞེད་བཞིན། ༸ཡོངས་འཛིན་རྒྱལ་སྲས་རིན་པོ་ཆེས་དབུས་ཚོག་རོག་པ་ཀུན་གླིང་གྲྭ་པ་བཅུ་བཞི་དང་བཅས་པ་ནས་༸ཞབས་བརྟན་དང་གསོལ་འདེབས་ཀྱི་རིམ་པ་གནད་སྨིན་དུ་མཛད་ཅིང་། བཀའ་བློན་རྣམས་དང་། སྤྱི་ཁྱབ་མཁན་པོ་བཅས་ནས་ཀྱང་བཀྲ་ཤིས་པའི་ལྷ་རིག་དང་བཅས་ཏེ་སྙན་སྒྱུར་དུ་དྭངས་བཞེས་ཀྱིས་ཞབས་པད་བརྟན་པར་གསོལ་བ་རྩེ་གཅིག་ཏུ་འདེབས་པར་མཛད། འདི་སྐབས་ཆབ་མདོ་འཕགས་པ་ལྷ་ཡང་ལྷ་ལྡན་དུ་ཕེབས་པར་༸གཞུང་ས་ནས་ཐབ་བསུ་དང་ཆིབས་བསུ་སོགས་སྟར་ལྷག་དང་། སྐུ་སྒེར་ནས་ཀྱང་མགྲོན་གཉེར་ཆེད་གནང་གིས་འཚམས་ཞུ་དང་། བྲུར་ཆས་

སོགས་ཀྱང་གྱུ་ནོམས་སུ་སྩལ་ཞིང་། དེའི་རྗེས་སུ་ཡང་མཆོག་སྤྲུལ་རིན་པོ་ཆེ་དང་། བླ་ཆེན་གཉིས་སུ་སྐུ་དངོས་ཀྱིས་མཇལ་འཕྲད་མཛད་ཅིང་གསུང་གླེང་སོགས་ཞིབ་རྒྱས་དང་ཐུགས་གཉེར་སོགས་བསྟན་པར་སྨན་པའི་མཛད་པ་གང་ཅེར་ཐུགས་བསྐྱེད་རྒྱ་ཆེར་མཛད་དགོས་པའི་བཀའ་སློབ་ཀྱང་སྩལ་བར་མཛད། ཟླ་བ་འདི་ནང་དུ་ཡང་ལྷ་ཟླའི་ལུང་དོན་བཞིན། སྐུ་ཚེ་ཚེ་སྒྲུབ་དང་། སྐུ་ལྷའི་བསྐང་འཕྲིན་དང་མ་མོའི་འབྲུག་སྐོང་སོགས་ཟུར་ཚོགས་དང་། ཀུན་གླིང་ཚོགས་ཡོངས་ནས་ཆོས་སྲུང་སྤྱི་ལ་འཕྲིན་བཅོལ་དང་ཞལ་གྱི་བསྐང་བ། བཀའ་འགྱུར་གསུང་སྒྲོག ། མངའ་རིས་གྲྭ་ཚང་ཚོགས་ཡོངས་ནས་ཚེ་གཟུངས་དུང་ཕྱུར་སོགས་ཞབས་བརྟན་རིམ་གྲོ་ཆེ་ཆུང་མཐའ་ཀླས་པ་རྒྱུན་མི་ཆད་དུ་སྒྲུབ་པར་མཛད། ཧོར་ཟླ་བཅུ་པའི་ཚེས་གཉིས་ཀྱི་ཉིན་སྔར་ཡང་ཡོངས་འཛིན་རྒྱལ་སྲས་རྡོ་རྗེ་འཆང་ཆེན་པོ་ནས་མཁའ་འགྲོ་བསུ་བཟློག་གི་སྒོ་ནས་ཞབས་བརྟན་གནང་སྐྱིན་དུ་འབུལ་བར་མཛད་ཅིང་། འདི་སྐབས་སྐུ་སྟུན་དྭངས་བསྐྱེད་ཆེ་ཅམ་བཞེས་ཚུལ་བསྟན་པར་སྐུ་སྒེར་ཞབས་གྲྭ་རྣམས་ནས་ལེགས་སྐྱེས་ཀྱི་ལྷ་རིག་སོགས་ཀྱང་ཕུལ། ཚེས་གསུམ་ཉིན་ཆབ་མདོ་འཕགས་པ་ལྷའི་མཆོག་སྤྲུལ་རིན་པོ་ཆེ་ནས་འགྱུར་ཕྱག་གི་འབུལ་སྐྱེས་དང་བཅས་ཏེ་མཇལ་ཞུར་བཅར་སྐབས་སྤྲུལ་སྐུ་རིན་པོ་ཆེ་སྟོན་འཁོར་རགས་བསྡུས་ལ་ངོས་མཇལ་གྱི་ཐོག་བཀའ་མཆིད་གསུང་མོལ་སོགས་ཞིབ་ལྷིངས་དང་། སྐུ་འཁོར་ཚང་མར་གོ་བབ་ལྟར་གྱི་དཀར་སྒྲོ་གནང་སྦྱིན་སོགས་གཟབ་རྒྱས་སུ་བསྟར། ཚེས་བཅུ་གཅིག་ཉིན་འཕགས་པ་ལྷ་གྲྭ་སར་ཆིབས་བསྐྱོད་གདོང་སྣར་ཡང་མཇལ་ཞུར་བཅར་བར་མཇལ་འཕྲད་དང་ལྷན་རྒྱས་མཛད་ཅིང་། སྤྱན་གསལ་གྱི་གནང་སྐྱེས་སུ་རབ་དཀར་ལྷ་རྫས་ནང་མཛོད། གསེར་ཟངས་ཧྲིང་མའི་ཐུབ་སྐུ། དབུ་ཞྭ། སྐུ་འགག ། སྐུ་ཤམ།

ཆོས་གོས་སོགས་ཀྱིས་གཙོས་པའི་དངོས་འབུལ་རྒྱ་ཆེར་སྩལ་ཏེ་འཇམ་མགོན་བླ་མའི་བསྟན་པ་ལ་བྱ་བ་མཛད་རྒྱུས་མཚོན་སྐུ་གསུང་ཐུགས་ཀྱི་བགྱི་བ་མཐའ་དག་སྐུ་ཕྲེང་གོང་མ་རྣམས་ཀྱི་རྣམ་ཐར་གྱི་རྗེས་སུ་སློབ་པའི་ཐུགས་འདུན་མི་གཡེལ་བའི་སྒོ་ནས་ཐོས་བསམ་སྒོམ་གསུམ་སོགས་ལ་གཡེལ་བ་མེད་པར་ཐུགས་འགན་ཆེ་བཞེས་ཅི་ནས་མཛད་དགོས་ཚུལ་སོགས་ཀྱི་བཀའ་སློབ་ཞིབ་ཅིང་རྒྱས་པ་སྩལ་བར་མཛད། བཀྲས་ལྷུན་ནས་ལ་མོ་དུས་གསོལ་སྐབས་འཆར་ཅན་གཟིམས་འགག་བསྐྱོད་གདོང་ཀུན་གཟིགས་པཎ་ཆེན་རིན་པོ་ཆེར་ཞུ་འཕྲིན་འཚམས་ཞུའི་ཐོག་སྐྱབས་འཇུག་ཀྱང་ཞུ་བར་མཛད། འདི་དག་གི་སྔ་ཕྱི་ཞིག་ཏུ་བསྟན་གླིང་དེ་མོ་མཆོག་སྤྲུལ་རིན་པོ་ཆེ་སྐུ་ཚེའི་རྟེན་འབྲེལ་གྱི་རིམ་པ་འབུལ་བ་དང་སྟན་འདྲིའི་འཚམས་ཞུ་སྦྲགས་ནས་མཇལ་ཕྱག་ཏུ་ཕེབས་པར་རྒྱུན་རིང་ལྷན་རྒྱས་མཛད་ནས་ཆོས་དང་འབྲེལ་བའི་གསུང་མོལ་དང་བསྟན་སྲིད་ཡར་རྒྱས་སུ་སྤེལ་བའི་བཀའ་མཆིད་ཀྱི་རིམ་པ་མཐའ་ཀླས་པར་མཛད་ཅིང། ཕེབས་གདོང་༸སྐྱབས་མགོན་ཉིད་ནས་སྤྲུལ་སྐུ་རིན་པོ་ཆེར་རབ་དཀར་ལྷ་རྫས་དྲི་མེད་ཅིག་འབུལ་བར་མཛད་པར་སྤྲུལ་སྐུ་རིན་པོ་ཆེ་ནས་ཁ་བཏགས་ཕྱིར་འབུལ་མཛད་དེ་ད་རེས་ཞུ་མི་དགོས་པར་སླར་རྗེས་སུ་ཞུ་རྒྱུའི་རྟེན་འབྲེལ་བྱས་ཆོག་པ་ཞེས་ནན་གྱིས་འབུལ་བར་མཛད་པ་ན། ༸སྐྱབས་མགོན་ཉིད་ནས་དུས་རྒྱུན་དང་མི་འདྲ་བར་ནན་ཏན་ཆེན་པོའི་སྒོ་ནས་ད་རེས་རྟེན་འབྲེལ་གྱི་ཁྱད་བཅས་ཅིས་ཀྱང་ནས་བཞེས་དགོས་ཞེས་མི་བཞེས་དབང་མེད་ལྟ་བུར་འབུལ་བར་མཛད་འདུག་པ་ནི། ༸མགོན་པོ་ཉིད་ཡུན་རིང་ཞབས་པད་མི་བརྟན་པར་སྐུ་ཚེ་མཐའ་མའི་མཛད་པ་བསྟན་པར་དགོངས་པ་དང་། གང་གི་ཆོས་སྲིད་སྐྱོང་བའི་བྱེད་པོ་ནི་སྐུ་ཚེ་དུ་མ་ནས་ཐུགས་བསྐྱེད་དང་སྨོན་ལམ་གྱི་མཐུ་ཤུལ་དུ་ཕྱིན་པ་དང་ལྡན་པ་དཔལ་ལྡན་

དེ་མོ་ནི་མི་ཏྲན་ཆེན་པོ་ཉིད་དུ་སྒྲིབ་བྲལ་ཡེ་ཤེས་ཀྱིས་གཟིགས་ཤིང་མཁྱེན་པས་ན་སྤྲུལ་སྐུ་རིན་པོ་ཆེ་ཉིད་ནས་ཐུགས་རྗེ་དང་སྙིང་སྟོབས་ཀྱི་གོ་ཆ་ལྷག་པར་དུ་བཞེས་ཏེ་གངས་ལྗོངས་འགྲོ་བ་ཡོངས་ཀྱི་མགོན་སྐྱབས་དཔུང་གཉེན་དང་ཕྱག་ན་པདྨའི་འཕྲིན་ལས་སྤེལ་བར་མཛད་དགོས་སོ་ཞེས་འབྱུང་འགྱུར་ལུང་བསྟན་པ་དང་འབྲེལ་བར་བསྟན་སྲིད་ཀྱི་བྱེད་པོར་དབང་བསྐུར་བ་ཡིན་ལ། དེས་ན་ཚུལ་འདི་རྣམས་ནི་སྟོན་སྟོན་པ་མཉམ་མེད་ཤཱཀྱའི་རྒྱལ་པོས་འོད་སྲུང་ཆེན་པོ་ལ་བསྟན་པ་གཏད་དེ་རྒྱལ་ཚབ་ཏུ་དབང་བསྐུར་བ་དང་། འོད་སྲུང་ཆེན་པོས་ཀུན་དགའ་བོ་དང་། དེས་ཤ་ནའི་གོས་ཅན་ལ་གཏད་པ་སོགས་དང་མཚུངས་པ་སྟེ། སྤྱི་སོར་རྗེ་བཙུན་ཕྱག་ན་པདྨོ་བློ་བཟང་བསྟན་པའི་དབང་ཕྱུག་འཇམ་དཔལ་རྒྱ་མཚོ་དཔལ་བཟང་པོས་མྱ་ངན་ལས་འདའ་ཁར་ཆོས་སྲིད་ཀྱི་གདུགས་དཀར་མགོན་པོ་ཉིད་ཀྱི་ཕྱག་ཏུ་གཏད་པ་དང་། དམ་པ་ཉིད་ཀྱིས་ཀྱང་མཛད་པ་མཐའ་མ་བསྟན་པར་དགོངས་པར་༈དེ་མོ་ནི་མི་ཏྲན་ཆེན་པོར་ལུང་དུ་སྟོན་པར་མཛད་པ་སོགས་སྐྱེ་འཆི་ལ་རང་དབང་ཐོབ་པའི་བདག་ཉིད་ཆེན་པོ་རྣམས་ཀྱི་གསང་བ་བསམ་གྱིས་མི་ཁྱབ་པའི་མཛད་པ་སོ་སྐྱེའི་བློས་དཔགས་པར་དཀའ་བའི་གནས་ཡིན་ནོ། །འདི་ལོ་ལྷ་ལྡན་སྨོན་ལམ་ཆེན་མོའི་ཚོགས་ཁྲི་དང་། དེ་མཚུངས་སེ་ར་ཚོགས་ཆེན་དང་། སེར་སྨད་གྲྭ་ཚང་བཅས་ཀྱི་ཚོགས་ཁྲི་སོགས་གསར་བླུགས་མཛད་རྒྱུར་སྤྱི་སོར་ནས་ལས་ཁུངས་སོགས་ལ་བཀའ་ཁྱབ་དང་། དེ་མཚུངས་དོ་དམ་པ་དང་། བཟོ་པ་སོགས་ལའང་བྱེད་སྒོ་འཐུས་ཚང་དགོས་རྒྱུའི་བཀའ་འདོམས་སྙུལ་དོན་བཞིན་ཕལ་མོ་ཆེ་གྲུབ་པ་ལ་ཉེ་བར་གྱུར་ཅིང་། དེའི་རིང་དོ་དམ་པ་དང་། བཟོ་པ་དབུ་ཆེ་ཆུང་ཝུལ་མི་སོགས་ཀུན་ལ་གཞུང་སྒེར་སོ་སོ་ནས་འཛུགས་སྐང་གྲོལ་གསུམ་གྱི་སྟོན་མོ་དང་གསོལ་རས་གནང་སྦྱིན་

སོགས་རྒྱ་ཆེར་སྤྲུལ། ལྷ་མཆོད་གྲོལ་སྐབས་སེར་འབྲས་ཀྱི་བླ་མ་ལས་སྣེ་སོགས་
འཆར་ཅན་གྱི་མཇལ་ཁ་དང་། སྟོན་འདྲིའི་འཚམས་ཞུར་བཅར་བར་གཟིམས་
ཚང་འགག་ནས་མཇལ་དར་སོགས་འབུལ་བཞེས་དང་དཀར་སྤྲོའི་གསོལ་རས་
བཀའ་སློབ་སྤྲུལ་འོས་སོགས་རྒྱས་པར་གནང་། གཞན་ཡང་སྤྱི་ཕྱི་ཀུན་ཏུ་སེར་
འབྲས་རྣམས་ནས་༧སྐྱབས་མགོན་ཉིད་སྐུ་སྟོན་གཞི་མེད་སེངས་དྭངས་སུ་
འགྱུར་ཕྱིར་གྲྭ་ས་གྲྭ་ཚང་སོགས་ནས་༧ཞབས་བརྟན་གྱི་རིམ་པ་ཇི་འདྲ་ཞིག་སྒྲུབ་
དགོས་ཀྱང་ཚང་མས་འབད་འབུངས་བརྟོན་ཏེ་སྒྲུབ་བླང་ཞུ་རྒྱུར་འདི་དང་འདི་
སྒྲུབ་ཀྱི་བཀའ་གསལ་ཡོད་པ་དང་། ༧སྐྱབས་མགོན་ཉིད་སྟོན་ཚུལ་མི་བཞེས་
པར་བདག་སོགས་བསྟན་པ་དང་སེམས་ཅན་གྱི་མགོན་དུ་ཞབས་བྲུང་རྡོ་རྗེའི་
ཁམས་སུ་བརྟན་པ་ཞིག་ཐུགས་རྗེ་ཆེ་དགོས་ཚུལ་གསོལ་བ་ནན་ཆེར་བཏབ་པར་
དེ་དག་ལའང་བདག་ཅག་རྣམས་ཀྱི་ངོ་འཛིན་ལྷ་བུར་༧ཞབས་བརྟན་སྒྲུབ་འོས་
འགའ་ཞིག་ཙམ་བཀའ་ཕེབས་དང་སྟོན་གཞིའི་སྐོར་ཀྱང་ཉེས་སྐྱོན་ཆེར་མི་ཡོང་
ཚུལ་སོགས་བཀའ་བཟང་གིས་དབུགས་དབྱུང་བར་མཛད། དེ་སྐབས་ཁུན་
ཨམ་བན་པི་ཅིང་དུ་ཕྱིར་ལོག་ཆོག་པའི་གྲལ་རྗེ་ཕེབས་དོན་བཞིན་མགྱོགས་མྱུར་
བསྐྱོད་གདོང་མཇལ་ཞུར་བཅར་བར་ངོས་མཇལ་མཛད་དེ་གསུང་མཆིད་ཞིབ་
རྒྱས་དང་། གནང་སྐྱེས་བཀའ་སློབ་སོགས་ཀྱང་རྒྱ་ཆེར་སྤྲུལ་བས་ཡིད་ཀྱི་དབང་
པོ་དགའ་བའི་བདུད་རྩིས་ཚིམ་པར་མཛད། འདི་གོང་ཙམ་ནས་བཀྲས་ལྷུན་
གྱིས་བླ་སྨན་པ་མཁས་མྱོང་ཆེ་ངེས་སུ་གྲགས་པ་ཞིག་ཡོད་པའང་ཆེད་དམིགས་
ཀྱིས་འགུགས་པར་མཛད་ནས་ཉིན་ལྟར་སྐུའི་གམ་དུ་བཅར་ཏེ་གསོལ་སྨན་དང་
ཟས་བཅོས་སོགས་སྣོ་གང་ཟབ་ཀྱི་སྣོ་ནས་འབུལ་དུ་འཇུག་པར་མཛད་ཅིང་།
༧ཞབས་བརྟན་རིམ་གྲོ་སོགས་ཀྱང་རྣམ་པ་དུ་མ་ནས་ཆག་མེད་དུ་སྒྲུབ་པར་

མཛད་པ་དང་། ཡང་ཡང་མཆོག་དམན་ཀུན་གྱིས་གསོལ་བ་བཏབ་པ་སོགས་ཀྱི་མཐུ་ལས་རེ་ཞིག་འགྲོ་བ་རྣམས་ཡིད་ཀྱི་ངལ་བསོ་ཐོབ་པའི་ཕྱིར་དུ་སླར་དྭངས་བསྐྱེད་བཞེས་མུས་ཀྱི་ངང་དུ་འཚོ་བརྟན་ལྷ་བུར་བཞུགས་པར་མཛད་དོ། །དེ་དག་གི་བར་སྐབས་ཐམས་ཅད་དུའང་གཞུང་བསྟན་སྲིད་ལར་རྒྱ་དང་༧གངས་ལྗོངས་ཀྱི་ བདེ་ ཐབས་ ཐུགས་ ལ་ དགོངས་ པས་ ཆབ་ སྲིད་ སྐོར་ གྱི་ བཀའ་ ཁྲབ་ གནང་འོས་དང་ལས་ཁུངས་སོགས་ནས་བྱེད་སྒོའི་སྐོར་གྱི་སྙན་ཞུ་རིང་ཐུང་གི་བཀའ་ལན་དང་དམ་ཞུ་བསྐྱངས་འོས། ཆབ་འབངས་མི་སེར་སོགས་ནས་སྐྱིད་སྡུག་ གནས་ ཚུལ་ ཞུ་ མི་ སོགས་ ལའང་ གང་ འོས་ ཀྱི་ བཀའ་ བསྒྱུར་ སོགས་ ཐུགས་ཁུར་ཆེ་བཞེས་ཀྱིས་འཚེམ་ལུས་མེད་པར་བར་མ་ཆད་དུ་བསྐྱངས་ཤིང་། དེ་མཚུངས་སེར་འབྲས་ཀྱི་བླ་སྤྲུལ་ཁག །གཞུང་དྲུང་མི་དྲག་སེར་སྐྱ། ཕྱོགས་འགྲུལ་ཁག་དང་། ཉེ་འཁོར་གྱི་དད་ཅན་སེར་སྐྱ་མཆོག་དམན་སོགས་དུ་མ་ཞིག་སྙན་འདྲིའི་འཚམས་ཞུ་དང་། འཕྱོར་ཕྱག་སོགས་ལ་བཅར་མི་རྒྱུན་མི་ཆད་པར་བྱུང་བ་རྣམས་ལའང་གལ་ཆེའི་རིགས་རྣམས་ལ་ངོས་མཇལ་དང་། གཞན་མ་རྣམས་ལའང་གཟིམས་ཆུང་འགག་ནས་མཇལ་དར་སོགས་འབུལ་བཞེས་ཀྱིས་བཀའ་བསྒྱུར་གནང་སྦྱིན་སོགས་ཅི་རིགས་པར་སྩལ་ཏེ་རེ་བ་དོན་ལྡན་དུ་མཛད་དོ། །

ཨེ་མ་དུས་གསུམ་རྒྱལ་ཀུན་གྱི། །མཁྱེན་བརྩེའི་རྒྱ་མཚོ་སྤྲུལ་པ་ཡི། །སྙིང་པོ་གཟུགས་སྐུའི་ནོར་བུ་རུ། །ཡོངས་སྨིན་འགྲོ་བའི་དཔུང་གཉེན་བྱེད། །རིང་ མོ་ ཞིག་ ནས་ བདག་ འཛིན་ གཉིས། །དྲི་ མར་ བཅས་ པ་ སྤྱངས་ པའི་མཐུས། །སྡུག་བདེན་འཁོར་བའི་ཉེས་དམིགས་ཀྱིས། །ཞར་ཡང་དགོས་པའི་གོ་སྐབས་ཅི། །འོན་ཀྱང་འདིར་སྣང་ཞེན་པ་ཡིས། །བློ་མིག་ཡོངས་སུ་འགྲིབ་

གྱུར་པས། །ཆོས་ཀྱི་སྣང་བ་ཙུང་ཟད་ཀྱང་། །རྒྱུ་བར་དཀའ་བའི་རྟག་འཛིན་ཅན། །བདག་འདྲ་དག་ལ་སྨན་ཕྱིར་དུ། །གཞོམ་བྲལ་རྡོ་རྗེའི་སྐུ་མཆོག་ཀྱང་། །སྨིན་དང་བགྲེས་པ་ལ་སོགས་པའི། །སྣ་ཚོགས་རྣམ་པ་དུ་མར་སྟོན། ། དེ་ནི་སྟོན་ཆེ་ཉི་མའི་གཉེན། །རྟོག་ལྡན་ཞལ་འགྲོའི་རྒྱུན་གསོལ་བས། །སྨིན་པའི་ངང་ཚུལ་བསྟན་པ་དང་། །དབྱེ་བའི་ཁྱད་པར་གང་གིས་འབྱེད། །རྒྱལ་རྣམས་གདུལ་ལ་བྱམས་པ་ནི། །འདོར་བའི་གོ་སྐབས་སྲིད་མིན་ཀྱང་། །ཚུར་རོལ་མཐོང་བའི་ཡིད་ངོ་ཪུ། །ཐབས་མཁས་རོལ་མོ་ཅི་ཡང་བསྒྱུར། །དེ་སོགས་འདྲེན་པ་ཆེ་རྣམས་ཀྱི། །གསང་བ་བསམ་མི་ཁྱབ་པའི་ཚུལ། །རེ་རེ་ཡིད་ལ་འཛོས་པའི་མོད། །གུས་པས་སྙིམ་པ་བརྒྱ་ཕྲག་འཛུམ། །དེ་ལྟ་ནའང་རིང་མོ་ནས། །ཡོག་པའི་མལ་དུ་གནས་འཆའ་བ། །འདོད་ལྷའི་བྲན་དུ་གྱུར་རྣམས་ཀྱི། །ཨུ་ཙོར་སྨྲ་ལ་ཅི་ཆ་ཡོད། །ཉིན་བྱེད་དཀྱིལ་འཁོར་འོད་གསལ་ཀྱང་། ། དམུས་ལོང་དག་ལ་མུན་པ་ལས། །མཐོང་མི་ནུས་པའང་ལས་ཀྱིས་ནོངས། །དེ་ཕྱིར་བཙོས་སུ་དཀའ་བ་ཙམ། །དེ་བས་ཐར་པ་འདོད་རྣམས་ཀྱིས། །ཅི་མཛད་ལེགས་པར་མཐོང་བའི་བློས། །མོས་གུས་སྙིང་ཁུར་འཛུགས་ནུས་ན། །ཐུགས་རྗེས་བདག་རྒྱུད་རླན་པར་ངེས། །ཅེས་པ་ནི་བར་སྐབས་ཀྱི་ཚིགས་སུ་བཅད་པའི་རིམ་པ་དགུ་པོ། །

དེ་ནས་ཇི་སྐད་དུ། སངས་རྒྱས་ཕལ་པོ་ཆེའི་མདོ་ལས། སངས་རྒྱས་བཅོམ་ལྡན་འདས་རྣམས་ནི་འཇིག་རྟེན་མི་རྟག་པར་སྟོན་པ་དང་། སངས་རྒྱས་ཀྱི་འཕྲིན་ལས་རྒྱུན་མི་ཆད་པར་བརྗོད་པ་དང་། འཕྲིན་ལས་མཛད་པའི་མཐར་ཐུག་པར་བསྟན་པ་དང་། ཆོས་ཀྱི་རྒྱུད་ཉམས་པ་མེད་པའི་དངོས་པོར་བརྗོད་པ་དང་། སྲིད་པའི་ཚུལ་རྩ་བ་ནས་ཆད་པར་བརྗོད་པ་དང་། སེམས་ཅན་

ཐམས་ཅད་སྐྱོ་བར་བྱ་བ་བསྟན་པ་དང་། སྐུ་ཚེའི་མཐའ་ལྟ་བུར་སེམས་ཅན་རྣམས་ཀྱིས་ཤེས་པར་བྱ་བ་དང་། སེམས་ཅན་རྣམས་ཀྱིས་འཇིག་རྟེན་ཐམས་ཅད་དུ་དགའ་བར་བྱ་བ་མེད་པར་བསྟན་པ་དང་། སེམས་ཅན་རྣམས་ལ་མ་ཕྱིན་པའི་སངས་རྒྱས་གཅིག་ནས་གཅིག་ཏུ་བརྒྱུད་དེ་མཉེས་པར་བགྱིས་ཤིག་པར་བསྟན་པ་དང་། ཞེས་པ་ནས། དེ་བཞིན་གཤེགས་པའི་སྐུ་གདུང་གིས་སེམས་ཅན་རྣམས་ཡོངས་སུ་བཟུང་བར་མཛད་པ་དང་། འཇིག་རྟེན་རྣམས་འཕྲུགས་པ་དང་དྲེགས་ཤིང་སྨྱོས་པའི་སེམས་ཅན་རྣམས་སྡོམ་པ་ལ་འགོད་པར་མཛད་ཅིང་། ཡོངས་སུ་མྱ་ངན་ལས་འདའ་བའི་ཚུལ་སྟོན་པ་འདི་ཡང་སངས་རྒྱས་བཅོམ་ལྡན་འདས་ཀྱི་འཕྲིན་ལས་དགུ་པའོ། །ཞེས་ཇི་ལྟར་གསུངས་པ་ལྟར། སེམས་ཅན་རྣམས་ལ་མི་རྟག་པ་དང་། སྡུག་བསྔལ་བ་དང་། སྟོང་པ་དང་། བདག་མེད་པ་ལ་སོགས་པའི་འདུ་ཤེས་ཉེ་བར་བསྐྱེད་ནས་ཆོས་ལ་སྦྱོར་བར་བྱེད་པའི་ཕྱིར་དང་། སྐྱེས་པའི་མཐའ་མ་འཆི་བ་ལས་མ་འདས་ཤིང་དེ་ཡང་ནམ་འཆི་ངེས་པ་མེད་པ་གློག་གསེབ་ཀྱི་མར་མེ་ལྟ་བུར་ཤེས་པར་བྱས་ནས་ད་ལྟ་ཉིད་ནས་ཆོས་ལ་འབུངས་ཤིག་པར་བསྐུལ་བ་དང་། རྟག་འཛིན་དང་ཕྱི་བཤོལ་གྱི་ལེ་ལོའི་གཞན་དབང་དུ་གྱུར་ཅིང་ཚེ་འདིའི་སྙེད་བཀུར་སྙན་གྲགས་ནོར་ལོངས་སྤྱོད་འཁོར་གཡོག་སོགས་ཀྱི་ཕྱིར་དུ་སྡིག་སྡུག་གཏམ་ངན་ཁྱད་དུ་བསད་ནས་ཤ་ཐང་ཐང་དུ་འབད་ཀྱང་འཆི་བའི་ཚེ་ཕན་པ་ཙུང་ཟད་ཀྱང་མི་འབྱུང་བས་ན་ཆོས་མིན་གྱི་བྱ་བ་རྒྱང་རིང་དུ་བསྲིངས་ཤིག་ཅེས་འདོམས་པ་དང་། འཁོར་ལོས་བསྒྱུར་བ་ལྟ་བུའི་དཔལ་འབྱོར་ལ་མངའ་བརྙེས་ཀྱང་མཐར་འདོར་དགོས་པ་ཆོས་ཉིད་ཡིན་པས་ན་སྲིད་པའི་ཕུན་ཚོགས་ལ་སྙིང་པོ་རྡུལ་ཙམ་མེད་པར་ཁོང་དུ་ཆུད་པར་བྱས་ནས་འཁོར་བ་འདི་ལ་དུག་སྦྲུལ་གྱི་ཚང་དང་།

མེ་འབར་བའི་ཀློང་དང་། བཙོན་ར་འདྲ་བའི་འདུ་ཤེས་བསྐྱེད་དེ་ངེས་པར་འབྱུང་བར་བྱེད་དགོས་སོ་ཞེས་མཚོན་པར་བྱ་བའི་སྐད་དང་། གཞན་ཡང་གོང་དུ་བརྗོད་པ་ལྟར་མགོན་པོ་ཉིད་ཀྱིས་སྐུ་ཚེ་འདིར་བསྟན་པ་དང་འགྲོ་བ་ལ་སྨན་པའི་དོན་རླབས་ཆེན་བསམ་ལས་འདས་པ་སྲས་བཅས་རྒྱལ་བའི་མཛད་པའི་ཕྱུར་ཆེན་མཐའ་དག་གཅིག་ཏུ་འཁྱེར་བ་ལྟ་བུར་མཛད་ཟིན་པས་ན་རེ་ཞིག་ཞིང་འདིའི་དངོས་ཀྱི་གདུལ་བྱ་ཕལ་མོ་ཆེ་རྫོགས་པར་གཟིགས་པ་དང་། གནས་སྐབས་སུ་གཟུགས་སྐུའི་བཀོད་པ་བསྡུས་ནས་རིང་མིན་སླར་ཡང་མཆོག་གི་སྤྲུལ་སྐུའི་ཞལ་བསྟན་པའི་སྒོ་ནས་གདུལ་བྱ་རྣམས་ལ་འཕྲིན་ལས་ཀྱི་འོད་སྟོང་ཟླ་ལྟག་ཏུ་འགྱེད་པའི་དུས་ལ་ཉེ་བར་བབ་པར་གཟིགས་པ་དང་། སྐུ་གདུང་དང་རིང་བསྲེལ་ལ་སོགས་པའི་སྒོ་ནས་མཐོང་ཐོས་དྲན་རེག་གི་སྐྱེ་བོ་རྣམས་འབྲེལ་ཚད་དོན་ལྡན་ལ་སྦྱོར་བ་དོན་ཆེན་པོར་འགྱུར་བར་གཟིགས་པ་དང་། སྟོན་པ་ཤཱཀྱའི་རྒྱལ་པོ་ལ་སོགས་པ་རྣམས་ཀྱི་ཚུལ་དང་མཚུངས་པར་མཛད་པ་བཅུ་གཉིས་པོ་མཐའ་དག་ཚང་ཞིང་རྫོགས་པར་བསྟན་པར་དགོངས་པ་དང་། དག་པའི་ཞིང་དུ་རྒྱལ་བ་སྲས་བཅས་དང་ཡི་དམ་ཞི་ཁྲོའི་ལྷ་ཚོགས་རྣམས་དང་ལྷན་ཅིག་ཏུ་གདན་འཛོམས་ནས་ཆོས་ཀྱི་བགྲོ་བ་མཛད་ཅིང་ཞིང་ཁམས་གཞན་དང་གཞན་དག་ལ་སོགས་པ་མཁའ་ཁྱབ་ཀྱི་སེམས་ཅན་མང་པོའི་དོན་མཛད་པའི་དུས་ལའང་བབ་པར་གཟིགས་པ་སོགས་དགོངས་གཞི་དང་དགོས་པ་མཐའ་ཀླས་པ་དུ་མ་ཞིག་གཟིགས་པའི་དབང་གིས། སླར་ཡང་མྱུར་དུ་ཞིང་ཁམས་གཞན་དུ་འགྲོན་པའི་དགོངས་བཞེད་བཟློག་ཏུ་མེད་པར་གཏད་དེ་ཧོར་ཟླ་བཅུ་གཅིག་པའི་ནང་ནས་ཕྱར་གྱི་སྙུན་གཞིའི་ཁར་མགུལ་ཚམ་དང་སྐུ་འཁྲུགས་ལ་བརྟེན་པ་ལྟ་བུའི་སྙུན་བབ་ཤིན་ཏུ་ལྕི་བའི་ཚུལ་བཞེས་ཤིང་། དེར་བརྟེན་ཟླ་

བྲང་ནས་སྔར་ཡང་ཞབས་བརྟན་གྱི་རིམ་པ་རྒྱུན་འཛུགས་ཀྱི་ཁར་སྤྱན་གསལ་དུ་ཡང་ལྷ་བླ་མར་ལུང་བརྟགས་ཞུས་ཀྱིས་སེར་འབྲས་དགེ་གསུམ་གྱི་གྲྭ་ས་གྲྭ་ཚང་སོ་སོར་མང་ཇ་སོགས་ཀྱི་བསྙེན་བཀུར་ཚད་མེད་པའི་ཐོག་རྒྱལ་བའི་བཀའ་བསྟན་རིན་པོ་ཆེ་གསུང་སྒྲོག་དང་། སྒྲོལ་མ། ཚེ་གཟུངས། གདུགས་ཤེར་སོགས་འབུམ་ཕྲག་མང་པོ་དང་། སྔར་བླ་རི་མདོ་ཚོག་ཡིད་བཞིན་དབང་རྒྱལ་སོགས་གྲངས་མང་དང་། གྲྭ་ས་རྣམས་ཀྱི་དགོན་ཁང་ཁག་སོ་སོར་ཡང་བསྐང་བ་འཕྲིན་བཅོལ་སོགས་གནང་སྐྱིན་དང་། ཀུན་གླིང་རང་དུ་ཡང་རྒྱུད་སྨད་ནས་བསྙེན་སོང་རིག་འཛིན་འདུས་པ་གྲངས་བཅོ་ལྔ་སྐོར་ནས་དྲུག་ཅུ་མ་བགྲངས་པ་སོགས་དང་། མགོན་པོའི་བསྐང་བཤགས་བསྟོད་བསྐུལ་དང་བཅས་པའི་སྒོ་ནས་ཤས་ན་འབུམ་ཐེར་བཅུ། ཁ་སྐོང་སྦྱིན་སྲེག་བཅས་དང་མགོན་པོའི་གཏོར་སྒྲུབ་སོགས་ཀྱང་གནང་སྐྱིན་དང་། ཀུན་གླིང་གྲྭ་ཚང་ཚོགས་ཡོངས་ནས་སྒྲོལ་མ་གཡུལ་མདོས། ཚེ་གཟུངས་དང་། རྣམ་རྒྱལ་མའི་ཚོ་ག །དྲུག་ཅུ་མ་སོགས་བགྲང་བ་སོགས། སེང་གདོང་མ་སོགས་ཀྱི་གཏོར་བཟློག །ཆོས་སྐྱོང་ཐུན་མོང་དང་ཐུན་མོང་མ་ཡིན་པ་རྣམས་ཀྱི་བསྐང་འཕྲིན་སོགས་བར་མཚམས་མེད་པར་མཐའ་ཡས་པ་སྒྲུབ་ཅིང་། དེ་མཚུངས་རྨེ་རུ་བཞི་སྡེ་བསྟན་གླིང་རྣམ་རྒྱལ་གྲྭ་ཚང་སོགས་སུ་ཡང་མང་འགྱེད་སོགས་ཀྱི་བསྙེན་བཀུར་དང་བཅས་ཏེ་ཆོས་སྐྱོང་འཕྲིན་བཅོལ་དང་། ལྷ་བསངས་སོགས་ཉིན་མང་པོ་དང་། རྒྱུད་གྲྭ་རྣམ་གཉིས་སོ་སོ་ནས་གདུགས་དཀར་གཏོར་ཆེན་དང་། དྲུག་ཅུ་མ་བཟློ་བཤམ། ཁྲིམས་ར་ཆེན་མོར་རྒྱ་ཁག་སྡེ་ཕྱིར་འབུམ་རྒྱས་འབྲིང་བསྡུས་གསུམ། བསྐལ་བཟང་། གསེར་འོད། འཁོར་ལོ་འབར་བ། ཚེ་མདོ་སོགས་ཆོས་ཚན་མཐའ་ཀླས་པའི་གྲངས་བསོགས་ཞག་གྲངས་མང་པོའི་བར་དང་། གནས་ཆུང་། དགེ་

འཕེལ། དཔལ་ལྷ་ལྡོག །གྲུང་ཐང་སོགས་ཆོས་སྐྱོང་ཁག་རྣམས་སུ་གསོལ་ཁ་འཕྲིན་བཅོལ་ཉིན་མང་པོ་དང་། ཉེ་འཁོར་གྱི་རི་ཁྲོད་ཁག་རྣམས་སུའང་༈ཞབས་བརྟན་སྒྲུབ་འོས་བསམ་ལས་འདས་པ་དང་། ཡོངས་འཛིན་རྒྱལ་སྲས་རྡོ་རྗེ་འཆང་དང་ར་སྒྲེང་ཁྲི་ཆེན་རིན་པོ་ཆེ། ཡོངས་འཛིན་དེ་མོ་རིན་པོ་ཆེ་སོགས་སྐྱེས་ཆེན་རྣམས་ནས་སྐུ་ཚེ་ཚེ་སྒྲུབ་གནད་སྨིན་དང་། ལྷ་ལྡན་ཇོ་ཤཱཀ་རྣམ་གཉིས་ཀྱི་དྲུང་དུ་སྟོང་མཆོད་ལན་མང་པོ་དང་འཕྲེལ་བར་བཟང་སྤྱོད་འཆི་བླུ་སོགས་དང་། གཞན་ཡང་རྟེན་གསུམ་ཁག་ཀུན་ལ་མཆོད་འབུལ་སྣན་ཞལ་གཏོས་ཆེ་བ་དང་། ངན་སྐྱོང་རྣམས་ལའང་སྤྱི་ཕྱིར་ཟས་གོས་དངུལ་སོགས་ཀྱི་སྦྱིན་གཏོང་དང་། གཞན་ཡང་ལམ་འཕྲང་བཟོ་བ་དང་། སྲོག་བླུ་མཛད་པ་སོགས་མདོར་ན་སྤྱི་སེར་སྐྱོང་གཞི་བཞེས་པ་ནས་བཟུང་༈ཞབས་བརྟན་རིམ་གྲོའི་རིགས་འདི་མ་སྒྲུབ་བྱ་བ་མེད་པར་སྒོ་ཐམས་ཅད་ནས་རྒྱུན་མི་ཆད་པ་སློས་བསམ་པར་དཀའ་བ་སྒྲུབ་པར་མཛད་པ་དང་། གཞུང་ས་མཆོག་ནས་ཀྱང་ཞབས་བརྟན་རིམ་གྲོ་ཚད་མེད་པ་དང་ལྷག་པར་༈སྐྱབས་མགོན་རྒྱལ་དབང་ཐམས་ཅད་མཁྱེན་གཟིགས་མཆོག་ནས་ཀྱང་སྤྱན་གསལ་གྱི་ཞབས་བརྟན་དངོས་འབུལ་དང་བཅས་ཏེ་ཕྱིར་དགའ་ལྡན་ཕོ་བྲང་པའི་ཆབ་སྲིད་དང་། བོད་གངས་ཅན་གྱི་བསྟན་འགྲོ་ཡལ་བར་མི་འདོར་བ་དང་། ནང་ཚན་བདག་ཀྱང་དེང་སྐབས་ན་ཚོད་ཕྲ་མོར་གྱུར་པས་ལུགས་གཉིས་ཀྱི་བློ་གྲོས་རྒྱས་པར་མ་གྱུར་པའི་དུས་འདིར་ཁྱེད་ཀྱིས་ཡལ་བར་མི་འདོར་བར་ངེས་པར་སྙུན་དྭངས་ཚུལ་བཞེས་ཏེ་ཞབས་པད་བརྟན་པ་ཞིག་དགོས་ཚུལ་སོགས་ཀྱི་བཀའ་མངགས་ནན་ཅན་སྤྱི་ཕྱིར་སྩལ་བ་དང་། དེ་མཚུངས་ཡོངས་འཛིན་རྒྱལ་སྲས་རིན་པོ་ཆེ་དང་། བསྟན་གླིང་དེ་མོ་ནོ་མི་ཧན་སོགས་བདག་ཉིད་ཆེན་པོ་ཀུན་གྱིས་ཀྱང་དངོས་

བརྒྱུད་ཅི་རིགས་པའི་སྒོ་ནས་ཡང་ཡང་དུ་གསོལ་བ་འདེབས་པར་མཛད་པ་དང་། བཀའི་གྲུང་བློན་རྣམ་བཞི་སོགས་གཞུང་ས་མཆོག་གི་མི་དྲག་སེར་སྐྱ་ཀུན་གྱིས་ཀྱང་དེ་དང་མཐུན་པར་གསོལ་བ་འདེབས་པ་དང་། མི་རྗེ་ཇོ་སག་ཟུར་པ་བསྟན་འཛིན་རྒྱ་མཚོ་དང་། ཕྱག་མཛོད་ཆེན་མོ་ཡེ་ཤེས་རབ་བརྟན་གཉིས་ཀྱིས་གཙོ་མཛད་པའི་སྐུ་སྐྱེར་ཞབས་གྲས་ཚང་མས་ཀྱང་ལྷ་ཕྱག་གྲངས་མེད་པ་དང་བཅས་ཏེ་མགོན་པོ་ཉིད་ཀྱིས་སྤྱིར་བསྟན་འགྲོ་ཐམས་ཅད་དང་། ཡང་སྒོས་བདག་ཅག་ཤུལ་ན་མཆིས་པ་རྣམས་ཁྱི་ཕྲུག་ཐང་བསྒྱུར་དུ་མ་སོང་བར་སྐྱུན་དྭངས་བསྐྱེད་བཞེས་པ་ཞིག་ཅི་ནས་ཐུགས་རྗེ་ཆེ་དགོས་ཚུལ་དང་། སྔར་ཕན་བདག་ཅག་རྣམས་ནས་མ་གོ་མ་རིག་པའི་དབང་གིས་བྱེད་སྤྱོད་ངན་པའི་རིགས་གྱུར་སོགས་ཀྱིས་གང་གི་སྐུ་གསུང་ཐུགས་དང་འགལ་རིགས་བྱུང་ཡོད་ཚེ་དེ་དག་ལ་སྔར་བྱས་ལ་འགྱོད་བཤགས་དང་ཕྱིན་ཆད་ཅི་གསུངས་ཀྱི་བཀའ་ཐོད་དུ་བཅིངས་ཏེ་ལུས་སྲོག་ཐེད་པོར་གྱི་ཞབས་འདེགས་སྒྲུབ་ཆོག་པ་སོགས་གདུང་ཤུགས་དྲག་པོས་མཆི་མ་འཁྱིན་བཞིན་པར་ཡང་ཡང་དུ་གསོལ་བ་རྒྱུན་མི་ཆད་དུ་འདེབས་པ་དང་། བདག་སོགས་སེར་འབྲས་དགེ་གསུམ་གྱི་བླ་མ་ལས་སྣེ་གྲྭ་དམངས་དང་བཅས་པ་ནས་ཀྱང་སྔ་ཕྱིར་གསོལ་བ་ལན་མང་བཏབ་ཅིང་༧ཞབས་བརྟན་སོགས་ཀྱང་སྤྱན་གསལ་གྱི་བཀའ་ཕེབས་མིན་ལ་མ་ལྟོས་པར་ཚང་མས་འབུང་གསུམ་བཏོན་ཏེ་ཚོགས་ཆེན་དང་གྲྭ་ཚང་སོ་སོའི་གྲྭ་ཇ་ཆོས་ར་སོགས་སུ་རྒྱུན་མི་ཆད་དུ་སྒྲུབ་པ་དང་། ལྷག་པར་འདི་ལོ་༧སྐྱབས་མགོན་ཉིད་སྐུང་གཞིའི་བབ་སོགས་ཀྱིས་སེར་འབྲས་ཀྱི་སྤོངས་རྒྱུར་དང་འབྲེལ་བའི་འཆར་ཅན་གྱི་ཞབས་བརྟན་ཀྱང་དུས་ཐོག་ཏུ་བཞེས་མ་ཐུབ་པས། ཧོར་ཟླ་བཅུ་གཉིས་པའི་ཚེས་བཅོ་ལྔ་སྐར་ལ་ལས་སྣེ་ཁག་དང་བླ་སྤྲུལ་ཆོས་མཛད་སོགས་རགས་

བསྡུས་ཀྱི་སྒོ་ནས་ཞབས་བརྟན་འབུལ་བཞེས་སྐབས་ཚང་མས་མགྲིན་གཅིག་ཏུ་བོད་ཁམས་ཀྱི་བསྟན་འགྲོ་སྤྱི་དང་། ཡང་སྒོས་བདག་ཅག་སེར་འབྲས་དགེ་གསུམ་གྱིས་གཙོས་པའི་ཞྭ་སེར་གྱི་རིང་ལུགས་འཛིན་པ་མཐའ་དག་བྱམས་པ་དང་སྙིང་རྗེའི་སྐྱོང་ནས་མི་འདོར་བ་ཞིག་དང་། ལྷག་པར་དེང་དུས་༧རྒྱལ་དབང་ཐམས་ཅད་མཁྱེན་གཟིགས་མཆོག་ཀྱང་གདུལ་བྱའི་སྣང་ངོར་སྐུའི་ན་ཚོད་ཆེ་ཆེར་ཕྲ་བའི་ཚུལ་བསྟན་པས་ཆོས་སྲིད་གཉིས་ལྡན་གྱི་བྱེད་པོར་བཞེངས་མ་ཐུབ་ཀྱི་བར་འདིར་མགོན་པོ་ཉིད་ཀྱིས་ཀྱང་བཏང་སྙོམས་སུ་ཡལ་བར་མི་འདོར་བར་སྐུ་ཚེ་དུ་མ་ནས་ཐུགས་དམ་ཇི་ལྟར་བཅས་པའི་དོན་བཞིན་སྟོན་དྲངས་བསྐྱེད་བཞེས་ཏེ་ཞབས་ཟུང་ཡུན་དུ་བརྟན་པ་ཞིག་དང་། བདག་ཅག་རྣམས་ནས་ཀྱང་འཁོས་ཀ་གང་ཡོད་ཀྱི་ཞབས་བརྟན་རིམ་གྲོ་སོགས་ཀྱང་གཡེལ་མེད་དུ་སྒྲུབ་ཆོག་པ་དང་། དེས་མཚོན་ཏེ་ཐོས་བསམ་འཆད་ཉན་སོགས་སྣང་ངོར་གང་ཅིའི་ཐད་ལའང་མགོན་པོ་གང་གིས་ཅི་གསུངས་ཐོད་དུ་བཅིངས་ཏེ་སྒོ་གསུམ་རྩལ་ཅི་ཡོད་ཀྱི་སྒོ་ནས་འབད་ཆོག་པ་ཞེས་ལྷ་ཕྱག་དང་བཅས་ཏེ་གསོལ་བ་ནན་ཆེར་བཏབ་ཀྱང་། བདག་ཉིད་ཆེན་པོ་རྣམས་ཀྱིས་དགོངས་པ་ལན་གཅིག་གཏད་ཟིན་པ་ནི་སུས་ཀྱང་བཟློག་པར་དཀའ་བ་ཞིག་ཡིན་པའི་དབང་གིས་གོང་གསལ་དེ་དག་སོ་སོ་ལ་བཀའི་ཕྱིར་ཕེབས་སུ་ཁོ་བོ་སོ་སོ་སྐྱེ་བོ་འཆིང་བ་ཀུན་ལྡན་ཞིག་ལ་ཁྱེད་ཅག་ཚང་མ་འདི་ཙམ་གྱིས་མོས་འདུན་ཆེན་པོས་གསོལ་བ་འདེབས་པ་དང་། ཡུན་དུ་འཚོ་བའི་ཞབས་བརྟན་དང་། རིམ་གྲོ་སོགས་བསམ་གྱིས་མི་ཁྱབ་པ་འདི་ལྟ་བུ་མཛད་པ་ནི་ཤིན་ཏུ་ནས་བཀའ་དྲིན་ཆེ་ཞིང་། ཁྱེད་རྣམས་ཀྱི་མཛད་སྤྱོད་མི་མཁས་པ་སོགས་ཀྱིས་ཁོ་བོ་ཡིད་འབྱུང་བ་སོགས་གཏན་ནས་མེད་པས་ཚང་མ་ཐུགས་མི་བདེ་བའི་རིགས་སོགས་མཛད་མི་དགོས་ཤིང་། རང་ངོས་

ནས་ཀྱང་སྔར་ཕན་སྲིད་སྐྱོང་གི་ཁྲི་ལ་འཁོད་ནས་གཙོ་བོར་ཕྱག་ན་པདྨོ་སྐུ་ཕྲེང་སྔ་ཕྱིའི་ཞབས་འདེགས་དང་དགའ་ལྡན་ཕོ་བྲང་བའི་ཆབ་སྲིད་ཡར་རྒྱས་ཀྱི་བྱ་བ་དང་། ཞྭ་སེར་གྱི་བསྟན་པའི་འཛིན་སྐྱོང་། བོད་ཁམས་སྐྱེ་འགྲོའི་བདེ་ཐབས་སོགས་གང་ཅིར་ལྷག་བསམ་མི་དམན་ཙམ་བྱེད་རྒྱུ་བྱུང་བ་དང་། ད་དུང་ཡང་རྒྱལ་དབང་ཐམས་ཅད་མཁྱེན་པའི་མཆོག་སྤྲུལ་རིན་པོ་ཆེ་འདི་བཞིན་ཆོས་སྲིད་ཀྱི་ཐུགས་འགན་མ་ཐེག་གི་བར་དུ་ཞབས་འདེགས་ཞུ་འདུན་ཆེ་རུང་ནད་བབ་ལྷི་ཙམ་མ་ཟད་སྐྱེ་འཆི་ལ་རང་དབང་མ་ཐོབ་པའི་བབ་ཀྱིས་ཡུན་དུ་འཚོ་བར་འགྱུར་ཞེས་སྨྲེ་བརྗོལ་བསྐྱེད་ནས་ཁས་ལེན་ཞུ་བར་མ་ཞུས་ཤིང་དེ་ལྟ་ནའང་མཆོག་གསུམ་ལ་གསོལ་བཏབ་ཀྱིས་སྨོན་འདུན་སོགས་གང་དྲག་ཞུས་ཆོག་པ་ཞེས་གསུང་གི་བབ་ཀྱང་ཤིན་ཏུ་ལྷི་བར་ཕེབས་པས་ཚང་མ་ཡིད་སློང་སློང་པོར་གྱུར་ནའང་བྱ་བའི་ཐབས་དང་བྲལ་བས་ཅི་བྱ་རྗོལ་མེད་ཀྱི་ངང་དུ་ལྷུང་བར་གྱུར་ཏོ། །དེ་ནས་རིམ་གྱིས་སྙུན་ཀྱང་ཇེ་ལོད་དུ་གྱུར་ཏེ་གསོལ་སྨན་སོགས་ཀྱང་ཆེར་མི་གསོལ་ཞིང་། དེ་བཞིན་དུ་གསོལ་ཟས་ཀྱང་ཇེ་ཉུང་ཇེ་ཉུང་ལས་གསོལ་བར་མི་མཛད་པས་ལྷ་རྗེ་སྨན་པ་སོགས་ཀྱིས་ཀྱང་བྱ་ཐབས་གཏན་ཟད་དུ་གྱུར་ཅིང་། ལྷག་པར་ཟླ་བ་བཅུ་གཉིས་པའི་ཚེས་བཅོ་ལྔ་སྐོར་ནས་བཟུང་སྐབས་སུ་སྐྱོམས་གསོས་ལྟ་ཏུར་ཆུ་ལ་འོ་མ་ཅུང་ཟད་ཙམ་བསྲེས་པ་འབའ་ཞིག་ལས་གཞན་གསོལ་ཟས་རགས་པའི་རྒྱུ་བ་གཏན་ནས་སྤང་བར་མཛད་ལ། དེ་དག་གི་སྐབས་སུ་དག་པའི་ཞིང་ཁམས་རྣམས་ནས་དཔའ་བོ་དང་མཁའ་འགྲོ་ཆོས་སྐྱོང་ལ་སོགས་པས་མཆོད་པའི་བྱེ་བྲག་དང་བཅས་ཏེ་བསུ་བ་དང་། སངས་རྒྱས་བྱང་སེམས་མང་པོའི་ཞལ་གཟིགས་པ་ལ་སོགས་པ་དག་པའི་སྣང་བ་མཐའ་ཀླས་པ་དུ་མ་ཞིག་རྒྱུན་མི་ཆད་དུ་བྱུང་ཚོད་སྣང་རུང་ཐུགས་ཤིན་ཏུ་སྐམ་ཞིང་བཀླིངས་པའི་

དབང་གིས་ཟུར་ཙམ་ཡང་གསུངས་པར་མི་མཛད་ལ། ཕྱི་རོལ་དུ་ཡང་སྐྱེ་བོ་ཀུན་གྱི་མཐུན་སྣང་དུ་གྲུབ་པར་འབྱུང་བའི་འཕྲུགས་པའི་ལྟས་དང་། དཀར་ཕྱོགས་ཀྱི་ལྷ་ཀླུ་རྣམས་མི་དགའ་བའི་ལྟས་མཚན་ལ་སོགས་པའང་ཇེ་སྐྱེད་པ་ཞིག་བྱུང་བར་སྣང་སྟེ། དེ་ཡང་སྔར་དུས་ས་སྲུལ་ཧོར་ཟླ་དང་པོའི་རྒྱལ་པོ་ལོ་གསར་གྱི་ཉིན་སྔོན་མེད་ཀྱི་ཁ་བའི་རྡུལ་ཆེན་པོས་ལྗོངས་འདིའི་ཁྱོན་ཀུན་ཡོངས་སུ་ཁྱབ་པར་གྱུར་པ་དང་། ལོ་སྟོ་མ་རྣམས་སུ་ལག་ལྡན་གླང་པོ་ཆེ་ཞིག་ཀྱང་སྨྲོས་པར་གྱུར་ཏེ་སྐྱེ་བོ་རྣམས་ལ་ཉེ་བར་འཚེ་བ་ལྷག་པར་ཆེ་བ་དང་། ལྷགས་ཏ་མོའི་དབྱར་དུས་ཟླ་བ་དྲུག་པའི་ནང་ཙམ་ནས་ཆུ་བོ་རྣམས་ཤིན་ཏུ་ཆེ་བ་ལྷ་ལྡན་ཕྱོགས་སུ་ཤོར་དུ་ཉེ་བ་ལྟ་བུར་རྒྱས་ཏེ་སྐྱེ་བོ་རྣམས་ཉམ་ང་བར་གྱུར་པ་དང་། ལྷ་མཆོད་སྐབས་དུས་མིན་གྱི་རླུང་འཚུབ་ཆེན་པོ་ལང་བས་གླིང་མེ་སོགས་ཀྱང་གཏན་ནས་མ་བཞེས་པར་ཕྱོགས་ཀུན་མུན་པར་བྱས་པ་དང་། དེ་ནས་བཟུང་སྟེ་མྱ་ངན་ལས་མ་འདས་ཀྱི་བར་དུ་རླུང་འཚུབ་ཆེན་པོ་སྔར་མི་གྲགས་པ་ལྟ་བུ་རྒྱུན་དུ་ལྡང་བ་དང་། སྐར་མ་མཇུག་རིང་ཤར་བ་དང་། ནམ་མཁའ་ལ་འཇའ་སྤྲིན་ཁྱད་དུ་མཚར་བ་རྒྱུན་མི་ཆད་དུ་འཁྲིགས་པ་དང་། རི་བྲག་རལ་ཞིང་དུ་བ་དང་། པོ་ཏ་ལ་སོགས་སུ་འུག་པ་ལ་སོགས་འབྱུང་པོའི་བྱ་རྣམས་བབས་ཤིང་སྐད་ངན་རྒྱུན་པར་འབྱིན་པ་ལ་སོགས་པ་མདོར་ན་ལོ་སྔ་ཕྱི་འདི་དག་ཏུ་མཚན་མ་ངན་པའི་རིགས་གྱུར་མཐའ་ཀླས་པ་ཞིག་མངོན་སུམ་དུ་བྱུང་སྟེ། དེ་དག་ནི་སྟོན་གྱི་བདག་ཉིད་ཆེན་པོ་རྣམས་མྱ་ངན་ལས་འདའ་ཁའི་ཚེ་ཡང་ལྟས་དེ་དང་དེ་དག་བྱུང་བ་དང་། ཕྱིས་སོར་ཡང་མིའི་དབང་པོ་སངས་རྒྱས་རྒྱ་མཚོ་གཤེགས་རྒྱུའི་ལོར་སྐྱིད་ཆུ་ཤིན་ཏུ་ཆེ་བར་རྒྱས་པ་དང་། གུ་ཤྲཱི་རྒྱལ་པོ་གཤེགས་པའི་ཚེ་ཡང་ལྷ་མཆོད་ཀྱི་གླིང་མེ་མ་བཞེས་པ་སོགས་དང་མཚུངས་པར་འགྲོ་བ་

ཡོངས་ཀྱི་མགོན་དང་སྐྱབས་དང་དཔུང་གཉེན་བླ་ན་མ་མཆིས་པ་ཕན་བདེའི་གྲིབ་བསིལ་ཆེན་པོ་དཔག་བསམ་ལྗོན་པའི་དབང་པོ་དུས་ཀྱི་རླུང་གིས་མི་གནས་པར་འགྱུར་དུ་ཉེ་བའི་ཚེ་སེམས་ལྡན་གྱི་ལྷ་མི་ལྟ་ཅི། སེམས་མེད་ཀྱི་འབྱུང་བ་རྣམས་ཀྱང་མྱ་ངན་གྱི་རྣམ་པས་ཡིད་དུ་མི་འོང་བའི་ལྟས་མཚན་ཇི་སྙེད་ཅིག་བྱུང་བ་ཡིན་གྱི། དེ་ལས་གཞན་དུ་སྐྱེ་བོ་ཕལ་པ་བརྒྱ་སྟོང་འབུམ་ཕྲག་ཇི་ཙམ་ཞིག་འཆི་བདག་གི་དབང་དུ་སོང་ན་ཡང་ངན་པའི་ལྟས་ཆ་ཙམ་ཡང་མི་འབྱུང་བ་ནི་བླུན་པོ་བ་སླང་རྫི་ཚུན་ཆད་ཀྱིས་ཀྱང་ཤེས་པར་ནུས་པས་ན་ཚུལ་འདི་དག་ཁོན་ལ་བསམ་ནའང་འཕགས་ཆེན་དམ་པ་ཡིན་པར་ངེས་པ་གཏིང་ནས་རྙེད་པར་སྣང་ངོ་། །

ཀྱེ་མ་ལྷར་བཅས་འགྲོ་བ་མ་ལུས་པའི། །གཏན་གྱི་གཉེན་གྱུར་ཕན་བདེའི་གྲིབ་བསིལ་ཅན། །དཔག་བསམ་ཡོངས་འདུའི་དབང་པོའི་ལྗོན་པའང་། །མི་རྟག་སྒྱུ་མའི་ངང་ཚུལ་སྟོན་པ་ཉེ། །དེ་ཚེ་སེམས་ལྡན་སྐྱེ་བོ་སྨོས་ཅི་དགོས། །སེམས་མེད་བེམས་པོའི་ཚོགས་ཀྱང་མྱ་ངན་གྱིས། །མི་འདོད་ལྟས་ཀྱི་མཚན་མ་རྣམ་མང་པོས། །བརྟན་པའི་འཇིག་རྟེན་ཁྱོན་འདི་མོག་པོར་བྱས། །དཀར་ཕྱོགས་སྐྱོང་བའི་ལྷ་ཀླུའི་ཚོགས་རྣམས་ཀྱང་། །མི་འདོད་ཤུགས་རིང་འཁྱེན་དང་ལྷན་ཅིག་ཏུ། །དམ་པའི་ཉི་མ་ཡུན་དུ་མི་གནས་ཞེས། །སྐྱེ་བོའི་ཚོགས་ལ་སྨྲན་ཕྱིར་ལྟས་མང་སྟོན། །ལྷ་ལམ་ཁྱོན་ཀུན་དབང་པོའི་གཞུ་རིས་ཀྱིས། །དོག་པོར་འགེངས་སོགས་དག་པའི་ཞིང་ཁམས་ནས། །དཔའ་བོ་མཁའ་འགྲོའི་ཚོགས་ཀྱིས་གར་དབང་བཅས། །བསུ་བའི་མཚན་མའང་ཀུན་ལ་མངོན་སུམ་གྱུར། །དེར་ནི་རྣམ་དཔྱོད་ལྡན་པའི་མཁས་རྣམས་ཀྱིས། །ཞིབ་མོའི་བློ་ཡིས་དཔྱད་ཚེ་མགོན་པོ་ཁྱོད། །འོད་གསལ་ཆོས་སྐུར་མནལ་བར་ཁོང་

ཆུད་པས། །སྨྲ་ངན་ཁྱུར་གྱིས་ལུས་སེམས་ལྷི་བར་ནོན། །

དེ་ནས་ཧོར་ཟླ་བཅུ་གཉིས་པའི་དམར་ཕྱོགས་ཀྱི་ཚེས་ཉེར་ལྔ་དྲུག་ཙམ་ལ་བབ་པ་ནས་བཟུང་གསང་སྔགས་ཀྱི་རིམ་གཉིས་ཟབ་མོའི་རྣལ་འབྱོར་ལ་གཅིག་ཏུ་གཞོལ་བར་མཛད་ཅིང་། ལྷག་པར་དུ་ཡང་འབྲུ་གསུམ་རྡོ་རྗེའི་བཟླས་པ་བར་མ་ཆད་དུ་མཛད་པ་སོགས་སྔོན་ཆོས་ཀྱི་རྒྱལ་པོ་ཙོང་ཁ་པ་ཆེན་པོ་སྨྱ་ངན་ལས་འདས་པའི་དུས་ཀྱི་མཛད་པ་དང་མཐུན་པར་བསྟན་ཅིང་། ཆོས་ཉེར་བདུན་ཙམ་ནས་ཨམ་བན་སོགས་ལའང་སྙན་ཞུས་ཀྱིས་གོང་མ་ཆེན་པོར་སྙུན་བབ་འདི་འདུག་དང་དགོངས་ཞུ་སོགས་དགོས་ཚུལ་གྱི་གནས་ཚུལ་འཚམས་ཞུ་དང་གསེར་ཟངས་སྙིང་མའི་སྐུ་བརྙན་ལྷ་རྫས་བཅས་ཁྲལ་རྗེའི་ལམ་ནས་འབུལ་བར་མཛད། དེ་ནས་ཆོས་ཉེར་དགུའི་ཉིན་ནས་ཕྱག་མཛོད་ཆེན་མོ་སོགས་ལ་རྗེས་འཇུག་གི་ཕྱི་རྗེས་སྐྱོང་རྒྱུའི་སྐོར་སོགས་ཀྱི་བཀའི་མཐའ་མ་ཞལ་ཆེམས་ཀྱི་རིགས་སུ་གྱུར་པའང་སྩལ་ཞིང་། སྔར་ཕན་སྙུན་གཞིའི་བབ་ཀྱིས་ན་བཟའ་སོག་ཆས་སུ་བཞུགས་པ་ལས། དེའི་ཉིན་ནས་སོག་ཆས་རྣམས་དོར་བར་མཛད་ནས་རབ་ཏུ་བྱུང་བའི་ན་བཟའ་ཆོས་གོས་རྣམ་གསུམ་ལ་སོགས་པ་ཤིན་ཏུ་ཁ་གསར་བ་རྣམས་གསོལ་ཞིང་། དེའི་ཚེ་སྙུན་ཟུག་སོགས་ཀྱང་མེད་པར་ཐུགས་བདེ་ཉམས་ཆེན་པོ་དང་བཅས་ཏེ་བཞུགས་པར་མཛད། གོང་ཆོས་ཀྱི་ཕྱི་ཆ་ཙམ་ལ་སྐྱེ་ཁྱབ་མཁན་པོ་བདེ་ལེགས་ཆེད་དམིགས་ཀྱིས་གདན་ཞུའི་ཐོག་༸རྒྱལ་དབང་ཐམས་ཅད་མཁྱེན་གཟིགས་ཆེན་པོར་སྙན་ཞུ་མཛད་རྒྱུར། ཕོ་བོ་རང་ནས་སྔར་ཕན་༸རྒྱལ་དབང་ཉིད་སྐུ་ཕྲེང་སྔ་ཕྱིའི་ཞབས་འདེགས་ལྷག་བསམ་མི་དམན་པར་ཞུ་རྒྱུ་བྱུང་བ་མ་ཟད། ད་དུང་ཡང་༸སྐྱབས་མགོན་ཉིད་སྐུ་ནར་མ་སོན་གྱི་བར་དུ་ཆོས་སྲིད་ཀྱི་ཞབས་འདེགས་ཞུ་འདུན་ཆེ་ནའང་། ད་རེས་ཀྱི་ནད་འདི་

བཞིན་གྱིས་བློས་གཏོང་བ་ཞིག་ཡོང་རེ་མི་འདུག་པས། དེས་ན་མགོན་པོ་ཉིད་སྐུ་ན་ཕྲ་ཡང་མཁྱེན་རབ་ཀྱི་སློང་ཤིན་ཏུ་ཡངས་པ་བཅས། ད་ཆ་ཐུགས་བསྐྱེད་ཀྱི་དཔུང་ཆེ་ཆེར་བསྐྱེད་དེ་སྔར་ནས་ཞལ་བཞེས་ལྟར་ཐུགས་གཉེར་གསན་བསམ་སོགས་ཀྱིས་མཚོན་མཛད་པ་གང་ཅིར་ཀུན་གཟིགས་ཡེ་ཤེས་ཀྱི་ཉི་མ་ལྷུ་པ་ཆེན་པོ་སོགས་སྐུ་ཕྲེང་གོང་མ་རྣམས་ཀྱི་རྣམ་ཐར་དང་མཚུངས་པར་འགྱུར་ངེས་པ་ཞིག་ཅི་ནས་ཐུགས་རྗེ་ཆེ་དགོས་དང་། ཕྲན་ཡང་ཚེ་རབས་ཀྱི་ཕྲེང་བ་ཐམས་ཅད་དུ་འབྲལ་མེད་རྗེས་འཛིན་གྱི་སྐྱབས་འཇུག་སོགས་ཐུགས་ཡུལ་ནས་མི་འདོར་བ་ཞིག་དགོས་ཚུལ་སོགས་ཀྱི་གསོལ་འདེབས་དང་བཅས་ཏེ། མཁྱེན་རབ་གོང་འཕེལ་གྱི་རྟེན་འབྲེལ་དུ་འཇམ་དབྱངས་ཀྱི་སྐུ་བརྙན་དང་། རབ་དཀར་ལྷ་རྫས་སོགས་འབུལ་བར་མཛད། དེ་ནས་ཇི་སྐད་དུ་བཞི་བརྒྱ་པ་ལས། བདག་ནི་འཆི་བ་སྙམ་སེམས་པ། །གང་ལ་ངེས་པར་ཡོད་གྱུར་པ། །དེས་ནི་འཇིག་རྟེན་ཡོངས་བཏང་ཕྱིར། །འཆི་བདག་ལ་ཡང་ག་ལ་འཇིགས། །ཞེས་དང་། སྐྱེས་རབས་ལས། གང་ལས་བདག་གི་ཡིད་ནི་འགྱོད་འགྱུར་བ། །དེ་ཉིད་བདག་གི་བྱ་བར་ཡོངས་མི་དྲན། །དཀར་པོའི་ལས་ཀྱང་རབ་ཏུ་གོམས་པར་བྱས། །ཆོས་ལ་གནས་ན་འཆི་བས་སུ་ཞིག་འཇིགས། །ཞེས་གསུངས་པ་ལྟར། བདག་ཅག་སོ་སོ་སྐྱེ་བོ་བདག་ཆད་དོགས་ཀྱི་འཇིགས་པས་བཅིངས་པ་རྣམས་ཀྱི་ངང་ཚུལ་ལྟར་འཇིགས་པ་དང་ཡ་ང་བ་དང་བག་ཚ་བ་སོགས་ཙུང་ཟད་ཀྱང་མི་མངའ་བའི་ཁར་དཔའ་བོ་མཁའ་འགྲོ་ལ་སོགས་པས་གདུགས་དང་རྒྱལ་མཚན་དང་བ་དན་ལ་སོགས་པ་མཆོད་པའི་བྱེ་བྲག་བསམ་གྱིས་མི་ཁྱབ་པའི་བསུ་བ་དང་བཅས་ཏེ་དག་པའི་ཞིང་དུ་ཕྱོན་ནས་རབ་འབྱམས་རྒྱལ་བའི་ཚོགས་དང་ལྷན་ཅིག་དཀྱིལ་འཁོར་གཅིག་ཏུ་ཡོངས་སུ་རོལ་བ་དང་། ཆོས་ཀྱི་སྐུ་ཟག་

པ་མེད་པའི་བདེ་བ་ཆེན་པོ་དང་སྟོང་པ་ཉིད་དབྱེར་མེད་པའི་འབྲས་དུས་ཀྱི་མི་སློབ་པའི་ཟུང་འཇུག་མངོན་དུ་མཛད་པ་ལ་ཉེ་བར་གྱུར་པ་སོགས་ཀྱིས་ཐུགས་རྒྱུད་ཡོངས་སུ་བསྐྱལ་བས་བུ་ཕ་ཁྱིམ་དུ་འཇུག་པའམ་འདོད་ལྡན་མཐོ་རིས་ཀྱི་དགའ་ཚལ་དུ་འཇུག་པ་ལྟ་བུའི་དགྱེས་པ་དང་སྤྲོ་བའི་ཉམས་ཚད་མེད་པ་དང་བཅས་པའི་ངང་ནས་ཞབས་སྐྱིལ་མོ་ཀྲུང་བཅས། སྐུ་དྲང་པོར་བསྲངས། དྲན་པ་མངོན་དུ་བཞག་པར་མཛད་པའི་སྒོ་ནས་ཐུགས་དམ་ལ་རྩེ་གཅིག་ཏུ་བཞུགས་ནས་གནམ་གང་གི་སྔ་ཆར་བབ་པ་ན་ཚད་མེད་པའི་ཐུགས་རྗེ་ཆེན་པོའི་འོད་སྣང་གིས་མཁའ་ཁྱབ་ཀྱི་འགྲོ་བ་ཡོངས་ཀྱི་སྡུག་ཀུན་གྱི་མུན་པ་ཀུན་ནས་སེལ་བར་མཛད་དོ་ཞེས་པའི་བརྗར་ཉིན་མོར་བྱེད་པའི་སྣང་བ་ཤར་གྱི་རི་བོའི་ཕྲག་པ་ནས་གསར་དུ་ཆེས་ཏེ་འཁོར་ཡུག་འཛིག་རྟེན་གྱི་ཕྱོགས་ཀུན་མངོན་པར་གསལ་བར་བྱས་མ་ཐག་པའི་དུས་སུ། ཇི་ལྟར་སྔོན་སྨོན་པ་མཉམ་མེད་ཤཱཀྱའི་རྒྱལ་པོ་གྲོང་ཁྱེར་རྩ་ཅན་དུ་མཐའ་མའི་གཟིམས་ཁྲི་ལ་མནལ་བར་མཛད་པ་ཇི་ལྟ་བར་གཟུགས་ཀྱི་སྐུ་མཆོག་ཟག་མེད་ཆོས་དབྱིངས་རྒྱ་མཚོ་ཆེན་པོའི་ཀློང་དུ་ཐིམ་པའི་ཚུལ་བསྟན་ཏོ། །དེའི་ཚེ་ངེས་པའི་དོན་དུ་ནི། ཇི་སྐད་དུ། འཕགས་པ་ཡོངས་སུ་མྱ་ངན་ལས་འདས་པའི་མདོ་ལས། དེ་བཞིན་གཤེགས་པའི་སྐུ་ནི་རྡོ་རྗེའི་སྐུ་ཡིན་ཏེ། དེང་ཕྱིན་ཆད་ཁྱོད་ཀྱིས་དོན་འདི་རྩེ་གཅིག་པའི་སེམས་ཀྱིས་ཡིད་ལ་བྱ་ཡི་ཟག་བཅས་ཀྱི་སྐུར་ནི་མི་སེམས་སོ། །ཞེས་གསུངས་པ་ལྟར་ཁ་སྦྱོར་ཡན་ལག་བདུན་ལྡན་ཟུང་འཇུག་རྡོ་རྗེའི་སྐུ་རིང་མོ་ནས་བརྙེས་ཟིན་པས་ན་ལུགས་འབྱུང་ལྡོག་གི་སྣང་བ་གསུམ་གྱི་འདུ་འགོད་དང་བྲལ་བའི་སྐུ་ཐུགས་ངོ་བོ་དབྱེར་མེད་པ་ནམ་མཁའ་མ་ཟད་ཀྱི་བར་གཞོམ་ཞིག་འཕོ་འགྱུར་ཐམས་ཅད་དང་བྲལ་བའི་བདེ་བ་ཆེན་པོའི་ངང་དུ་རྟག་ཏུ་གནས་པར་མ་ཟད། དྲང་དོན་དུ་ཡང་

རྫོགས་རིམ་ཟབ་མོའི་རྣལ་འབྱོར་ལ་ཐུགས་གཞོལ་བས་སྣང་མཆེད་ཐོབ་གསུམ་གྱི་སྟོང་པ་གསུམ་རིམ་གྱིས་ཐིམ་པའི་མཐར་ཐམས་ཅད་སྟོང་པ་འོད་གསལ་ལྷན་སྐྱེས་འདུས་མ་བྱས་པའི་བདེ་བ་ཆེན་པོའི་ཡེ་ཤེས་ཆོས་ཀྱི་སྐུ་མཆོག་མངོན་དུ་མཛད་པར་གདོན་མི་ཟ་ཞིང་། དེའི་རྟགས་སུ་ཕྱི་རོལ་གྱི་ལྟས་ཀྱང་ཀུན་གསལ་ནམ་མཁའི་ཁྱོན་ཀུན་སྤྲིན་དང་རྡུལ་དང་ཁུག་སྣ་སོགས་ཀྱིས་འགྲིབ་པ་ཅུང་ཟད་ཀྱང་མེད་ཅིང་བསེར་བུའི་རྒྱུ་བ་དང་བྲལ་བ་སྟོན་དུས་ཀྱི་ནམ་མཁའ་བཞིན་དུ་བཻ་ཌཱུཪྻའི་མདངས་དྲི་མ་མེད་པ་ཤིན་ཏུ་གཡའ་དག་པ་དང་། ཉིན་མོར་བྱེད་པའི་དཀྱིལ་འཁོར་ཡང་སྔར་བས་གཟི་མདངས་ལྷག་པར་དུ་གསལ་བ་དང་། སྐུ་གདུང་གི་བཞུགས་སྐངས་ཀྱང་མཉམ་མེད་ཤཱཀྱའི་རྒྱལ་པོའི་བཞུགས་ཚུལ་དང་མཐུན་པར་ཞབས་སྐྱིལ་ཀྱང་། ཕྱག་གཡས་ས་གནོན་དང་གཡོན་མཉམ་བཞག་གི་ཕྱག་རྒྱ་མཛད་པ། སྐུའི་མདངས་ཀྱང་སྔར་ཆོས་དབྱིངས་སུ་མ་མནལ་བའི་དུས་ལས་ཀྱང་ལྷག་པར་དུ་གཟི་མདངས་ཆེ་བ་གསེར་གཙོ་མའི་ཁ་དོག་ལྟ་བུ་ཀུན་ཏུ་མཛེས་པ། སྐུ་ལ་ཡ་ཡོ་དང་། འཁྲུག་འཁྱོག་སོགས་ཅུང་ཟད་ཀྱང་མེད་པར་དྲང་པོར་མདའ་ལྟར་བཞུགས་པ་སོགས་མཐོང་བའི་སྐྱེ་བོ་ཐམས་ཅད་ཀྱི་རྒྱུད་ལའང་དབང་མེད་དུ་འགྱུར་བ་ཤུགས་དྲག་པོ་ཐོན་པར་ནུས་པའི་ངོ་མཚར་རྨད་དུ་བྱུང་བ་དང་ལྡན་པ་དེ་ལྟ་བུར་གྱུར་ཅིང་། དྲུང་ན་འཁོད་པའི་ཞབས་འབྲིང་བ་མཐའ་དག་ནི་དམུས་ལོང་དམིགས་བུས་བོར་བའམ། ལམ་སྟོར་ས་མཁན་དང་བྲལ་བ་བཞིན་དུ་ཀྱེ་མ་ད་ནི་བདག་ཅག་རྣམས་ཀྱི་འདྲེན་པ་དམ་པ་ནི་ཞི་བའི་དབྱིངས་སུ་མནལ་བར་གྱུར་པས་འཇིག་རྟེན་འདི་མུན་པར་གྱུར་ཏོ་ཞེས་མྱ་ངན་དང་གདུང་བའི་སྨྲེ་ངག་འབྱིན་ཅིང་མཆི་མ་འཁྲུགས་པ་ལས་གཞན་དུ་ཅི་བྱ་བརྗོད་མེད་པ་ལྟ་བུར་གྱུར་ཅིང་། དེ་འཕྲལ་སྲིད་ཞིའི་གཙུག་རྒྱན་

ཡོངས་འཛིན་རྒྱལ་སྲས་རྡོ་རྗེ་འཆང་ཆེན་པོ་གདན་ཞུས་ལྟར་མྱུར་བར་སྐུ་གདུང་
གི་དྲུང་དུ་ཕྱིན་ནས་གསང་སྔགས་ཟབ་མོའི་བསྙུད་རིམ་གྱི་སྐབས་དང་མཐུན་
པར་རྟགས་རྟགས་ཅན་གྱི་འོད་གསལ་ངོས་འཛིན་ཚུལ་ལ་སོགས་པའི་ཐུགས་
དམ་གསལ་འདེབས་དང་བཅས་ཏེ་འོད་གསལ་ཆོས་ཀྱི་སྐུ་མངོན་དུ་མཛད་
དགོས་ཚུལ་དང་། འོད་གསལ་དེའི་ངང་དུ་ཡང་རྒྱུན་རིང་མོར་མི་བཞུགས་པར་
དེ་ལས་བཞེངས་ཏེ་མཚན་དཔེས་སྤྲས་པའི་ཁ་སྦྱོར་བདུན་ལྡན་གྱི་ལོངས་སྤྱོད་
རྫོགས་སྐུ་མངོན་དུ་མཛད་ནས་ནམ་མཁའ་ཇི་སྲིད་གནས་ཀྱི་བར་དུ་འགྲོ་བ་
སེམས་ཅན་མཐའ་དག་ལ་སྤྲུལ་པའི་རྣལ་རོལ་མུ་མཐའ་མེད་པར་འབྱམས་སུ
ཀླས་པའི་སྒོ་ནས་དོན་མཛད་པ་དང་། ལྷག་པར་བདག་སོགས་ཁ་བ་རི་བའི་
འགྲོ་བ་སྤྱི་དང་། ཡང་སྒོས་རྗེས་འཇུག་གི་གདུལ་བར་བྱ་བ་རྣམས་བརྩེ་བས་
ཐུགས་ཀྱིས་མི་བསྐྱུད་པར་སྔོན་གྱི་སྨོན་ལམ་དང་དམ་བཅའི་དོན་བཞིན་མཆོག
གི་སྤྲུལ་སྐུའི་རང་ཞལ་འཁྲུལ་མེད་མྱུར་དུ་སྟོན་དགོས་ཚུལ་སོགས་ཕྱག་དང་
བཅས་ཏེ་གསོལ་བ་འདེབས་པར་མཛད་ཅིང་། དེ་བཞིན་དུ་ཀུན་གླིང་སློབ་
དཔོན་བློ་བཟང་རིན་ཆེན་སོགས་ཀྱིས་གཙོ་མཛད་པའི་དགེ་འདུན་རྣམས་ནས་
ཀྱང་བླ་མ་མཆོད་པ་དང་བཅས་ཏེ་གསོལ་བ་རྩེ་གཅིག་ཏུ་བཏབ་པ་ན། ཇི་ལྟར་
གསོལ་བ་བཏབ་པ་རྣམས་ཀྱི་དོན་ལྟར་ཉིན་ཞག་ཕྲུག་གཅིག་གི་བར་དུ་འོད་
གསལ་ཕྱག་རྒྱ་ཆེན་པོའི་ངང་དུ་རྩེ་གཅིག་ཏུ་མཉམ་པར་འཇོག་པར་མཛད་ཅིང་།
ཉིན་ཞག་གཅིག་གི་མཚམས་ནས་འོད་གསལ་དེ་ལས་སླར་བཞེངས་ཏེ་རགས་
པའི་སྐུ་གདུང་བདག་སོགས་མོས་ལྡན་གདུལ་བྱ་རྣམས་ཀྱི་བསོད་ནམས་ཀྱི་
མཆོད་སྡོང་དུ་བཞག་ནས་ཡེ་ཤེས་ཀྱི་ལུས་འོག་མིན་གྱི་ཞིང་དུ་ཕྱིན་ཏེ་ལོངས་
སྤྱོད་རྫོགས་སྐུ་མངོན་དུ་མཛད་པའི་སྒོ་ནས་སྤྲུལ་པའི་རོལ་གར་བསམ་ལས་

འདས་པ་སེམས་ཅན་ཡོངས་ལ་སྦྱོ་བར་མཛད་ཅིང་། དེའི་རྟགས་སུ་ཉེན་ཞག་ཕྲུག་གཅིག་སོང་ནས་དབུ་ཅུང་ཟད་གུག་པ་དང་། སྐུའི་གཟི་མདངས་ཀྱང་ཡལ་ཞིང་། ཤངས་སྦུག་གཉིས་ནས་ཀྱང་བྱང་སེམས་དཀར་དམར་གྱི་རྒྱུན་གསལ་པོར་བབ་པ་སོགས་༧རྒྱལ་སྲས་རྡོ་རྗེ་འཆང་གིས་གཙོ་མཛད་པའི་ཉེ་འཁོར་ན་བཞུགས་པ་ཀུན་ལ་མངོན་སུམ་དུ་གྱུར་པས་ཚང་མ་ངོ་མཚར་བ་དང་དད་པ་དང་གུས་པ་ལྷག་ལྷག་ཏུ་འཕེལ་བར་གྱུར་ཏོ། །དེ་ལྟར་དགོངས་པ་ཆོས་དབྱིངས་སུ་ཐིམ་ཚུལ་བསྟན་མ་ཐག་པ་ནས་བཟུང་རིམ་པ་བཞིན་དུ་གཙོ་བོར་༧གོང་ས་ལྷ་མིའི་འདྲེན་མཆོག་དམ་པ་ནས་ཀྱང་སྐུ་ཚབ་ཆེད་མངགས་ཀྱིས་གདུང་འབུལ་མཆོད་སྤྲིན་ཚད་མེད་པ་དང་། དེ་མཚུངས་ཡོངས་འཛིན་རྒྱལ་སྲས་རིན་པོ་ཆེ་དང་། དེ་སོ་ནོ་མི་ཏན་རྣམ་གཉིས་སོགས་བསྟན་འཛིན་བདག་ཉིད་ཆེན་པོ་རྣམས་དང་། བཀའི་གུང་བློན་རྣམ་བཞི་སོགས་གཞུང་ས་མཆོག་གི་མི་དྲག་སེར་སྐྱ་ལས་ཚན་པ་རྣམས་དང་། སེར་འབྲས་དགེ་གསུམ་༧རྒྱུད་གྲྭ་སྟོད་སྨད། རྩེ་རྣ་བཞི་སྡེ་སོགས་འདུས་སྡེ་ཁག་གི་བླ་མ་ལས་སྣེ། གྲྭ་ས་གྲྭ་ཚང་ཁམས་ཚན་སོགས་དང་། སྐུ་སྐྱེར་ཞབས་གྲས་འབྲེར་ལྡན་དད་ཅན་ཁག་སོགས་མཐའ་དག་ནས་སྐུ་གདུང་རིན་པོ་ཆེར་མཇལ་རྟེན་གསུམ་སྣན་ཤལ་མཆོད་འབུལ་དང་བཅས་ཏེ་གདུང་མཇལ་དང་། དགོངས་རྫོགས་ཀྱི་ཞལ་འདེབས་སོགས་མཐའ་གླས་པ་ཡུལ་ཞིང་། གདན་ས་གསུམ་གྱི་འདུས་སྡེས་མཚོན་པའི་མཐའ་དབུས་ཀྱི་སྐྱེ་བོ་སེར་སྐྱ་མཆོག་དམན་ཁྲི་ཕྲག་ཏུ་མར་ལོང་བ་རྣམས་ནས་ཀྱང་རང་རང་གི་དངོས་པོའི་འབྱོར་ཚོགས་དང་བསྟུན་པའི་མཆོད་པ་དང་བཅས་སྐུ་གདུང་རིན་པོ་ཆེ་མཇལ་བ་དང་། གསོལ་བ་འདེབས་པ་སོགས་ལ་བཅར་མི་རྒྱུན་མི་ཆད་དུ་བྱུང་ཞིང་། སྐྱེ་བོ་མཆོག་དམན་དེ་དག་ཐམས་ཅད་ཀྱང་ཀྱི་མ་འཛེག་རྟེན

ཡོངས་ཀྱི་མ་འདྲིས་པའི་མཛའ་བཤེས་ཆེན་པོ། ཡངས་པའི་ས་ཆེན་ཆོས་བཞིན་དུ་སྐྱོང་བའི་ཐུགས་རྗེ་དང་སྙིང་སྟོབས་ཅན། ཕན་པ་དང་བདེ་བ་མ་ལུས་པ་འབད་མེད་དུ་སྩོལ་བའི་འགྲོ་བ་ཡོངས་ཀྱི་ཉི་མ་ཆེན་པོ་དེ་ཉིད་ཀྱིས་ཀྱང་བདག་སོགས་སྙིགས་དུས་ཀྱི་འགྲོ་བ་རྣམས་ངོར་ནས་དག་པའི་ཞིང་དུ་ཕྱིན་པའི་དུས་ངན་འདི་ལྟ་བུ་མཐོང་ཐོས་ཀྱི་ཡུལ་དུ་གྱུར་པ་ཞེས་བཞིན་གྱི་དཀྱིལ་འཁོར་མཆེ་མའི་ཆར་རྒྱུན་གྱིས་རླན་བཞིན་པར་གདུང་བའི་ཡིད་ཀྱིས་བསྐུལ་བའི་ཆོ་ངེ་ཆེན་པོ་འཁོར་ཡུག་ཏུ་སྒྲོག་པར་གྱུར་ཅིང་། དེའི་ནང་ནས་བློ་གྲོས་དང་ལྡན་པ་དག་གིས་ནི། ད་ནི་མྱ་ངན་གྱིས་སྨྲེངག་འདོན་པ་ཙམ་གྱིས་ནི་གར་ཡང་མི་ཕྱིན་པས། དེས་ན་ཇི་སྐད་དུ། ཕན་པའི་ལན་དུ་མཆོད་པ་བྱ་བ་ནི། །བསྒོ་བའི་ཚིག་བཞིན་ཉམས་སུ་ལེན་པ་ཡིན། །ཞེས་པ་ལྟར། བླ་མའི་བཀའ་དྲིན་བསབ་ཕྱིར་བཀའ་བཞིན་སྒྲུབ་པའི་མཆོད་པ་དང་། ཐུགས་དགོངས་ཟབ་མོ་ཡོངས་སུ་རྫོགས་ཤིང་། སླར་ཡང་མཆོག་སྤྲུལ་གསལ་དྭངས་མྱུར་དུ་ངེས་པ་རྙེད་པ་སོགས་ཀྱི་ཐབས་ལ་འབད་དགོས་སོ་ཞེས་དེ་དང་དེའི་སྒྲུར་བ་རྩོམ་པ་ལ་ཞུགས་པར་གྱུར་ཏོ། །

འདིར་སྨྲས་པ། ཀྱེ་མ་ཐུགས་རྗེའི་འོད་དཀར་འབུམ་འཕྲོ་ཞིང་། །འགྲོ་ལ་གཅིག་ཏུ་སྨན་པའི་ཆ་རྫོགས་པ། །འཕྲིན་ལས་རི་དྭགས་མཚན་མས་སྙིག་གྱུར་པའི། །འདྲེན་པ་ཟླ་བའི་མཆོག་དེ་ནུབ་རིར་གཞོལ། །མཁྱེན་བཟང་ཟེར་གྱིས་འཛིག་རྟེན་གསལ་མཛད་ཅིང་། །བདེ་སྐྱིད་སྣང་བས་འཁོར་ཡུག་ཁྱོན་ཀུན་འགེངས། །ཀུན་ལ་ཉེ་རིང་མེད་པའི་སྐྱེ་རྒྱུའི་གཉེན། །དམ་པ་ཉིན་བྱེད་དབང་པོ་དགུང་དུ་ནུབ། །ལུང་རྟོགས་ཡོན་ཏན་འབྲས་བུའི་ཕྲེང་གྱིས་བརྗིད། །ཕན་དང་བདེ་བའི་དགོས་འདོད་ཆར་དུ་བསྐྱིལ། །ཉོན་མོངས་ཚད་

པའི་གདུང་བ་སེལ་མཛད་པའི། །དཔག་བསམ་ལྗོན་པ་དེའང་དབྱིངས་སུ་ཡལ། །ཀྱེ་མ་དེ་ལྟའི་དུས་ངན་ཆར་སྤྲིན་ཞིག །མ་པོས་ཕྱོགས་འདིའི་མགྲོན་དུ་སླེབ་གྱུར་པས། །སྐྱེ་བོ་མཐའ་དག་ལམ་སྟོར་མགྲོན་བཞིན་དུ། །དམུས་ལོང་ཐང་ལ་འཁྱམས་པའི་སྡུག་བསྔལ་མྱོང་། །རྟག་པར་འགྲོ་ལ་ཤིན་ཏུ་བརྩེ་བ་ཅན། །བྱམས་པའི་མ་དང་མཚུངས་པའི་མགོན་དེས་ཀྱང་། །བདག་སོགས་མྱུ་ངམ་ཐང་དུ་བསྐྱུར་མཛད་ན། །རེ་བའི་སྐྱབས་གནས་གཞན་དུ་སུ་ཞིག་འཚོལ། །བདག་ཅག་སྐྱིགས་འགྲོའི་སྤྱོད་ངན་ཅུང་ཟད་ཀྱིས། །ཐུགས་ཡིད་འབྱུང་སྟེ་ཞི་བར་མནལ་གྱུར་ན། །ཉམ་ངའི་འགྲོ་ཀུན་བདག་གིས་བསྒྲལ་བྱ་ཞེས། །རིང་ནས་དམ་བཅའ་མཛད་པའང་མིང་ཙམ་ག །ཕྱོགས་འདིའི་སྐྱེ་བོ་མཐའ་དག་མྱུ་ངན་གྱིས། །བཞིན་གྱི་མདངས་ཉམས་ཤུགས་རིང་སྔོག་མར་འཁྲིན། །མཆི་མའི་ཆར་གྱིས་བཞིན་རས་དཀྲུས་བཞིན་དུ། །འཁོར་ཡུག་སྨྲེ་ངག་སྒྲོག་དེ་གཟིགས་སམ་ཀྱེ། །ཤུལ་ན་མཆིས་པའི་ལུས་ཅན་ཀུན་དོར་ནས། །རང་ཉིད་གཅིག་པུ་དག་པའི་ཞིང་གཤེགས་ན། །བདེ་བར་གཤེགས་དང་དེ་སྲས་སྤྱོད་ཚུལ་གྱི། །རྒྱུ་ལས་འགོངས་པ་ཉིད་དུ་མི་འགྱུར་གྲང་། །དེས་ན་ད་དུང་ཐུགས་རྗེའི་དཔུང་བསྐྱེད་དེ། །ཟག་མེད་ཆོས་ཀྱི་སྐུ་ལས་མ་གཡོས་བཞིན། །མཆོག་གི་སྤྲུལ་སྐུའི་ཟླ་ཚེས་གསར་པ་ཡི། །རང་ཞལ་རིང་མིན་མངོན་སུམ་སྟོན་པར་རིགས། །ཞེས་པ་ནི་བར་སྐབས་ཀྱི་ཚིགས་སུ་བཅད་པའི་ཕྲེང་བ་མངོན་པར་སྤེལ་བའོ། །

ད་ནི་ཕྱི་རྗེས་དགོངས་རྫོགས་ཀྱི་རིམ་པ་ཇི་ལྟར་མཛད་པ་སོགས་ཀྱང་རགས་བསྡུས་མདོ་ཙམ་ཞིག་གླེང་ན། དེ་ནས་ཐུགས་དམ་གྲོལ་བའི་རྗེས་སུ་སྐུ་གདུང་རིན་པོ་ཆེ་ཟུང་འཇུག་དབང་གི་རྒྱལ་པོ་དེ་ཉིད་དཀྱིལ་འཁོར་གྱི་གཙོ་བོའི་

ཆ་ལུགས་སུ་བཞུགས་པར་གསོལ་ནས་དགུང་ཞག་བདུན་གྱི་བར་དུ་རྒྱལ་སྲས་རྡོ་རྗེ་འཆང་ཆེན་པོ་ནས་རྡོ་རྗེ་སློབ་དཔོན་མཛད་དེ་ཀུན་གླིང་གི་རིག་འཛིན་འདུས་པ་རྣམས་ནས་དཀྱིལ་འཁོར་ཆེན་པོའི་བདག་འཇུག་གནང་སྨིན་དང་བཅས་ཏེ་མཆོད་པའི་རིམ་པ་རྒྱས་ཤིང་ཕུན་སུམ་ཚོགས་པ་དང་། དེ་ནས་བཟུང་སྟེ་དགུང་ཞག་ཞེ་དགུ་མ་རྫོགས་ཀྱི་བར་དུ་སྐུ་གདུང་རིན་པོ་ཆེའི་སྐུ་མདུན་དུ་བདག་འཇུག་སྒྲུབ་མཆོད་ཀྱི་རིམ་པ་དང་མཆོད་པའི་སྤྲིན་མཐའ་ཡས་པ་བར་མ་ཆད་དུ་མཛད་པ་དང་། ལྷག་པར་༧གོང་ས་སྐྱབས་མགོན་རྒྱལ་བའི་དབང་པོ་ཐམས་ཅད་མཁྱེན་ཅིང་གཟིགས་པ་ཆེན་པོ་དང་། ཀུན་གཟིགས་པཎ་ཆེན་ཐམས་ཅད་མཁྱེན་པ་རྣམ་གཉིས་སོ་སོར་དགོངས་རྫོགས་བསྔོ་རྟེན་གྱི་རིམ་པ་བཟང་ཞིང་དཔངས་མཐོ་བ་སྤྱི་ཕྱིར་འབུལ་བར་མཛད་ཅིང་། ༧གོང་མ་ཆོས་ཀྱི་རྒྱལ་པོར་ཡང་དགོངས་པ་ཆོས་དབྱིངས་སུ་ཐིམ་ཚུལ་སྙན་གྱི་གནས་ཚུལ་དང་། གསེར་ཟངས་སྙིང་མའི་སྐུ་བརྙན། ཕྱག་ཏཾ་ཛར་བཅས། རྡོར་དྲིལ། ལྷ་རྫས་སོགས་ཀྱི་དངོས་འབུལ་དང་བཅས་པ་ཨམ་བན་བརྒྱུད་དེ་གྲལ་རྩེའི་ལམ་ནས་འཕྲུལ་དུ་འབུལ་བར་མཛད། དགའ་ལྡན་ཁྲི་རིན་པོ་ཆེ། ཡོངས་འཛིན་རྒྱལ་སྲས་རྡོ་རྗེ་འཆང་དང་། དེ་མོ་ནོ་མི་ཧན་རྣམ་གཉིས། ར་སྒྲེང་ཁྲི་ཆེན་རྡོ་རྗེ་འཆང་། བཙན་པོ་ནོ་མི་ཧན། བཤད་གླིང་མཆོག་སྤྲུལ་རིན་པོ་ཆེ་སོགས་ཀྱིས་གཙོ་མཛད་པའི་ཡོངས་གྲགས་ཀྱི་བསྟན་འཛིན་བདག་ཉིད་ཆེན་པོ་རྣམས་ལའང་བསྔོ་རྟེན་རྒྱ་ཆེ་བ་དང་། གཞན་ཡང་སེར་འབྲས་དགེ་གསུམ་དང་། རི་ཁྲོད་ཕན་ཚུན་སོགས་སུ་བླ་སྤྲུལ་ཆེ་ཆུང་ཡོད་དོ་ཅོག་དང་། གདན་ས་གསུམ་དང་། རྒྱུད་གྲྭ་སྟོད་སྨད། ཚེ་ཏུ་བཞི་སྡེ་སོགས་ཀྱི་སློབ་དཔོན་ཁྲི་གདན་ཟུར་ཚང་མ་དང་། ཕྱོགས་མཐའ་དབུས་གཞན་དག་ཏུ་བཞུགས་པའི་རང་ལུགས་ཀྱི་

བླ་མ་ཅི་མཆིས་ཐམས་ཅད་དང་བཅས་པ་ལ་ཡང་གོ་བབ་ལྟར་གྱི་བསྔོ་རྟེན་དང་། དེར་མ་ཟད་ས་སྐྱ་བདག་ཆེན་རིན་པོ་ཆེ་དང་། འབྲུག་པ་ཐམས་ཅད་མཁྱེན་པ། ཀརྨ་པ། སྨིན་གྲོལ་གླིང་པ་སོགས་དབུས་གཙང་དྭགས་ཀོང་མདོ་ཁམས་སོགས་ཀྱི་ཡུལ་གྲུ་མཐའ་དག་ཏུ་མཆིས་པའི་ས་སྐྱོང་གར་འབྲུག་སོགས་གྲུབ་མཐའ་རིས་སུ་མ་ཆད་པའི་སྐྱེས་ཆེན་བླ་སྤྲུལ་ཁག་སོགས་ཀུན་ལ་བསྔོ་རྟེན་གྱི་འབྲེལ་བ་རྒྱ་ཆེན་པོ་འཛོག་པར་མཛད། ལྷ་ལྡན་སྨོན་ལམ་ཆེན་མོའི་སྐབས་༧གོང་ས་རྒྱལ་དབང་མཆོག་ཚོགས་དབུས་སུ་གདན་དྲངས་ཏེ་དངོས་བཤམས་ཀྱི་འབུལ་བའི་མཆོད་སྤྲིན་བཟང་ཞིང་ཚད་མེད་པ་དང་། དེ་མཚུངས་སྨོན་ལམ་གྱི་འདུས་པ་ཉེ་ཁྲིར་ཡོངས་པ་རྣམས་ལ་དགུང་ཞག་དང་བསྟུན་ཉིན་འཁྱོངས་གཉིས་ཀྱི་བསྙེན་བཀུར་མང་འགྱེད་དང་བཅས་པ་གྲུ་ཉོམས་པ་དང་། ངན་སློང་རྣམས་ལའང་སྦྱིན་གཏོང་གི་རིམ་པ་སོགས་རྒྱ་ཆེར་མཛད། སྨོན་ལམ་གྲོལ་ནས་ཀྱང་སེར་འབྲས་དགེ་གསུམ་སོ་སོར་མང་འགྱེད་གཏོས་ཆེ་བ་དང་། རྒྱུད་གྲྭ་སྟོད་སྨད་གཉིས་སུ་གསང་འདུས་དང་བདེ་མཆོག་གི་སྒྲུབ་མཆོད་ཉིན་བདུན་རེ་ལ་སོགས་པའི་ཐོག་འདུས་པ་རྣམས་ལ་མང་འགྱེད་བསྙེན་བཀུར་དང་། རྣམ་རྒྱལ་གྲྭ་ཚང་། བསྟན་གླིང་། ཚེ་ཏྲ། བཞི་སྡེ་སོགས་སུ་ཡང་ཉིན་མང་པོའི་བར་དུ་བསྙེན་བཀུར་དང་། དེས་མཚོན་པའི་ཉེ་འཁོར་གྱི་རི་ཁྲོད་ཁག་དང་། གཞན་ཡང་ལྷོ་ཁ་ཁུལ་དང་། གཙང་ཕྱོགས། དྭགས་ཀོང་། མདོ་ཁམས་སྟོད་སྨད་སོགས་ཡུལ་གྲུ་མཐའ་དག་ཏུ་མཆིས་པའི་ཞྭ་སེར་གྱི་དགོན་སྡེ་ཅི་མཆིས་པ་ཐམས་ཅད་དུའང་མང་འགྱེད་སོགས་ཀྱི་བསྙེན་བཀུར་དང་། དེར་མ་ཟད་ས་སྐྱོང་གར་འབྲུག་གི་དགོན་སྡེ་སོགས་གཞུང་སའི་དགོན་དེབ་ཏུ་གསལ་བ་དང་། དེར་མ་འདོད་པའི་རིགས་སོགས་མཐའ་དག་ལ་བསྙེན་བཀུར་གྱི་རིམ་པ་བསམ་པར་

དཀའ་བ་ལྷ་བུར་སྒྲུ་བར་མཛད། ལྷ་ལྷན་རྗེ་ཤཱཀྱ་ཡིད་བཞིན་ནོར་བུ་རྣམ་གཉིས་དང་། པོ་ཏ་ལའི་གསེར་གདུང་རིན་པོ་ཆེ་རྣམ་པ་གསུམ། འཕགས་པ་ལོ་ཀེ་ཤྭ་ར། དགའ་ལྡན་གསེར་གདུང་རིན་པོ་ཆེ་སོགས་ལ་མཆོད་པ་སྣ་ལྔ་སྟོང་ཚར་གྱི་རིམ་པ་དང་སྙན་ཤལ། ན་བཟའ། མཆོད་རྫས་སོགས་དང་། དེས་མཚོན་པའི་ལྷ་ལྡན། གྲུ་འཛིན་ཕོ་བྲང་བཅས་ཀྱི་རྟེན་གསུམ་མཐའ་དག་དང་། སེར་འབྲས་དགེ་གསུམ་སོགས་ཉེ་འཁོར་གྱི་འདུས་སྡེ་ཁག་དང་རི་ཁྲོད་པན་ཚུན་སོགས་ཀྱི་མཆོད་ཁང་ཚང་མར་ཡང་མཆོད་པ་སྣ་ལྔ་བརྒྱ་ཚར་སོགས་ཅི་རིགས་པ་དང་། སྙན་ཤལ། ན་བཟའ་སོགས་རྒྱ་ཆེ་བ་དང་། གཞན་ཡང་ཕྱོགས་མཐའ་དབུས་ཀྱི་གནས་ཆེན་དང་རྟེན་གསུམ་ཁག་མ་ལུས་ཤིང་ལུས་པ་མེད་པ་ཐམས་ཅད་ལའང་བརྒྱ་མཆོད་སྟོང་མཆོད་སོགས་གང་འོས་དང་། སྙན་ཤལ་དང་མཆོད་རྫས་འབུལ་སྒྲུར་སོགས་བགྲང་བར་དཀའ་བའི་གནས་སུ་སོན་པར་མཛད་དེ་མདོར་ན་དེ་སྐབས་བོད་ལྗོངས་འདིར་ཐུགས་དགོངས་རྫོགས་ཐབས་ཀྱི་རྣམ་དཀར་དགེ་སྒྲུབ་ཀྱི་རིམ་པ་ཇི་ལྟར་མཛད་པ་རྣམས་ཀྱི་ནང་ནས་དམ་པ་རྣམས་ལ་སྐུ་གསུང་ཐུགས་རྟེན་རིགས་འབུལ་སྒྲུར་མཛད་པ་སོགས་རིན་གོང་འབེབས་མི་འོས་པ་རྣམས་མ་གཏོགས། དེ་ཕྱིན་རྒྱ་འགྲོ་གང་སོང་རྣམས་ལ་ཡུལ་སྲོལ་གྱི་རིན་ཐང་དམའ་ཚད་བཟུང་སྟེ་ལམ་ཙམ་དངུལ་ཐོག་ཏུ་ཕབ་པར་དངུལ་སྲང་བཞི་ཁྲི་སུམ་སྟོང་བརྒྱད་བརྒྱ་ཞེར་གཉིས་ཞོ་བདུན་སྐར་ཕྱེད་གསུམ་བཅས་ཐོབ་ཅིང་། དབང་ཕྱོགས་ཀྱི་བརྒྱུད་དུའང་ཁལ་ཁ་རྗེ་བཙུན་དམ་པ་དང་། ལྕང་སྐྱ་མཆོག་སྤྲུལ་རིན་པོ་ཆེ་སོགས་ཀྱིས་གཙོ་མཛད་པའི་ཧུ་ཐོག་ཐུ་ཆེ་ཆུང་ཁག་ལའང་དགོངས་རྫོགས་བསྔོ་རྟེན་གྱི་རིམ་པ་བསམ་ལས་འདས་པ་དང་། དེ་མཚུངས་ཡུ་ཏ་དགོན། ཤར་སུ་མེ། ཙཎྜན་སི། རི་བོ་རྩེ་ལྔ་སོགས་ཀྱིས་མཚོན་

པའི་དབང་ཕྱོགས་ཀྱི་དགོན་སྡེ་ཁག་ཆེ་ཆུང་ཐམས་ཅད་དུ་བསྙེན་བཀུར་གྱི་ཉོམས་པའི་ཐོག །རིན་ཆེན་གཉིས་པའི་འགྱེད་དང་བཅས་པ་སྤྲུལ་ཞིང་། ཙན་དན་སེའི་ཇོ་བོ་དང་། ཟིང་ཧྲུ་སྒྲོལ་མ་ལྷ་ཁང་སོགས་ཀྱིས་གཙོས་པའི་རྟེན་གསུམ་གནས་ཆེན་ཁག་དང་བཅས་པ་རྣམས་ལ་མཆོད་འབུལ། སྙན་ཤལ་མཆོད་རྫས་འབུལ་སྒྱུར་སོགས་འབྱམས་སུ་ཀླུས་པར་མཛད་སྣང་སྟེ། གོང་གསལ་དབང་ཕྱོགས་ཀྱི་སྐྱེས་ཆེན་ཁག་ལ་བསྟོ་རྟེན་དང་། རྟེན་གསུམ་རྣམས་ལ་མཆོད་རྫས་འབུལ་སྒྱུར་སོགས་མ་འཐུས་པའི་ཕྱོགས་དེའི་འདུས་སྡེ་རྣམས་ལ་བསྙེན་བཀུར་སོགས་ཀྱི་རྒྱུ་སོང་ཁྲོན་བརྩིས་རྒྱ་དངུལ་སྲང་ལྔ་བརྒྱ་སྐོར་དུ་ལོངས་པར་སྣང་ཞིང་། གཞན་ཡང་དེ་དག་ཏུ་མ་གཏོགས་པའི་ཐུགས་དགོངས་རྫོགས་བྱེད་ཀྱི་རིམ་པ་སྣ་ཕྱི་ཀུན་ཏུ་བར་མ་ཆད་དུ་མཛད་མོད་ཀྱང་མཐའ་དག་འགོད་པར་མ་ལངས་པས་རགས་བསྡུས་མདོ་ཙམ་ཞིག་སྨོས་སོ། །

དེ་བཞིན་དུ་དགོངས་རྫོགས་དངུལ་གདུང་སོགས་ཀྱི་རིམ་པ་གསར་བཞེངས་མཛད་ཚུལ་ལྟ་བུར་མཚོན་ན། དེ་ལ་ཐོག་མར་སྐུ་གདུང་རིན་པོ་ཆེ་འདི་ཉིད་ཀྱང་ཞུགས་ལ་ཞེན་པ་དང་། རིལ་པོར་བཞུགས་པ་སོགས་ཀྱང་འཕྲུལ་ཡུན་དུ་ལེགས་ཚོགས་གང་ཆེ་དང་། དམ་པ་དེ་ཉིད་ཀྱི་ཐུགས་དགོངས་ཀྱི་གཏད་སོ་ཇི་ལྟར་ཡོད་སོར་ཚུལ་བཞིན་དུ་བརྟགས་པའི་སྐབས་སུ། མྱ་ངན་ལས་འདས་ནས་རིང་པོར་མ་ལོན་པར་སྐུ་གདུང་ཡིད་བཞིན་ནོར་བུ་ཉིད་དང་། ཐུགས་དམ་གྱི་རྟེན་ཡེ་ཤེས་པ་དངོས་སུ་བཞུགས་པ་རྣམས་ཀྱི་སྐུ་མདུན་དུ་མི་ཚད་པའི་ཚོགས་དང་བཅས་ཏེ་མི་རྗེ་ཇོ་སག་ཟུར་པ་དང་ཕྱག་མཛོད་ཆེན་མོ་རྣམ་གཉིས་གཙོར་གྱུར་གྱི་སྐུ་འཁོར་ཞབས་གྲས་ཚང་མས་ཐུགས་འདུན་རྩེ་གཅིག་པའི་སྒོ་ནས་བརྟགས་བསྒྲིལ་ཕུལ་བར་རིལ་པོར་བཞུགས་པ་ཉིད་བབ་

པས་དེ་ཕོ་ན་མཛད་པར་ཀུན་ཐུགས་འདུན་གཅིག་ཏུ་གྱུར་ཅིང་། དེར་བརྟེན་ཐུགས་དམ་འོད་གསལ་ལས་བཞེངས་པའི་སྐད་ཅིག་གཉིས་པ་ནས་བཟུང་སྟེ་ཉིན་རེ་བཞིན་དུ་ལན་ཚྭ་ལ་སོགས་པའི་སྐུ་མཉེ་དང་། སིནྡྷུ་ལ་སོགས་པ་སྐུ་ཤ་སྐེམ་བྱེད་ཀྱི་བྱུག་པ། སྐབས་སུ་དྲི་བཟང་གི་ཆུས་སྐུ་ཁྲུས་གསོལ་བ་སོགས་མདོར་ན་དངུལ་གདུང་རིན་པོ་ཆེར་གདན་འདྲེན་པ་ལ་མངོན་དུ་ཕྱོགས་པའི་བར་དུ་བཀུར་བསྟི་དང་སྲིད་ཞུ་གཅེས་སྤྲས་ཉིན་མཚན་ཀུན་ཏུ་གཡེལ་མེད་དུ་མཛད་ཅིང་། དེ་ཡང་སྤྱིར་སྐུ་གདུང་རིལ་པོར་བཞུགས་པ་འདི་རིགས་ལ་ཐ་མལ་པའི་མིག་ངོར་འབུ་སྲིན་དང་། རུལ་སུམ་སོགས་ཀྱི་གནོད་པ་འཇུག་ཏུ་ཉེ་བ་མ་ཟད། རྗེ་དེ་ཉིད་སྤྱི་སོར་སྐུ་ཤ་འཁྱོར་པ་དང་། ནམ་དུས་ཀྱི་བབ་སོགས་གང་ཅི་ནས་དང་པོའི་དུས་ཚང་མ་གློ་གཡེངས་སུ་གྱུར་ནའང་། ༄སྐྱབས་མགོན་ཉིད་ཟུང་འཇུག་རྡོ་རྗེའི་སྐུ་ལ་མངའ་བརྙེས་པའི་རང་རྟགས་ཀུན་ལ་ངོམས་ཕྱིར་སྐུ་གདུང་ཡང་འགྱུར་མེད་རྡོ་རྗེའི་ཁམས་སུ་བྱིན་གྱིས་བརླབས་པའི་དབང་གིས་དྲུང་ན་འཁོད་པ་རྣམས་ཀྱིས་ངལ་བ་བསྟེན་པ་སོགས་ལ་ལྟོས་མི་དགོས་པར་མྱུ་ངན་ལས་འདས་ནས་ཞག་བཅོ་ལྔ་སྐོར་ཙམ་ནས་སྐུ་གདུང་སྲ་མཁྲེགས་རྡོ་རྗེའི་ཁམས་ལྟར་དུ་གྱུར་པ་དང་། ལྷག་པར་དབྱར་དུས་སུ་བབ་པ་ན་རུལ་སུམ་སོགས་ཀྱི་ཉེས་པས་གོས་པ་ལྟ་ཅི་སྨོས་ལས་ལྷག་པའི་གཟི་བརྗིད་དང་། དྲི་ཞིམ་པོའི་ངད་པ་འཕྲོ་བ་དང་། མདངས་ཀྱང་གསེར་གཙོ་མ་ལྟ་བུ་མཐོང་བ་ཙམ་གྱིས་ཡིད་འཕྲོག་པ་དང་། རྣམ་པ་ཐམས་ཅད་དུ་ཞབས་རྡོ་རྗེའི་སྐྱིལ་ཀྲུང་དང་། ཕྱག་ས་གནོན་མཉམ་བཞག །སྐུ་ལུས་དྲང་པོར་བཞུགས་པ་སོགས་ཆེད་དུ་བྱ་མི་དགོས་པར་སྣང་ཞིང་དུ་ཕེབས་མ་ཐག་པའི་དུས་ཀྱི་རྣམ་འགྱུར་ལས་ཅུང་ཟད་ཀྱང་གཡོ་བ་མེད་པར་གྱུར་པས་སྐུ་གདུང་རིན་པོ་ཆེ་མིག་ལམ་དུ་སོན་པའི་

བདག་སོགས་སྐྱེ་བོ་མཐའ་དག་ཀྱང་དད་པ་དང་གུས་པའི་སྤུ་ལོང་དབང་མེད་དུ་གཡོ་བར་ནུས་པ་ཞིག་སྣང་སྟེ་འདི་དག་ཀྱང་དམ་པའི་ངང་ཚུལ་རྨད་དུ་བྱུང་བའི་རྣམ་པར་ཐར་པའོ། །དེ་ལྟ་བུའི་སྐུ་གདུང་བཞུགས་ཡུལ་གྱི་དངུལ་གདུང་རིན་པོ་ཆེ་དང་། འདྲ་སྐུ་མཐོང་བས་རྣམ་གྲོལ་ལེ་ལག་དང་བཅས་པ་དང་། བཞུགས་གནས་གཙུག་ལག་ཁང་སོགས་གསར་བཞེངས་མཛད་རྒྱུའང་ལྷུགས་ལུག་རྫོར་ཟླ་དང་པོའི་ནང་ཉིད་ནས་དབུ་འཛུགས་པར་མཛད་ཅིང་། དེ་དག་གི་ཆེ་ནའང་ཐོག་མར་ས་བརྟགས་པ་དང་། བཟོ་བོ་དང་ལག་ཆ་ཕྱིན་རླབས། མཆོད་རྟེན་གྱི་ཐིག་རྩ་སོགས་ནས་བཟུང་རྒྱུད་དང་མན་ངག་གི་དགོངས་དོན་བཞིན་གྱི་ཕྱག་ལེན་གང་ཡིན་རྣམས་མ་ཆུག་ཅིང་མ་ཆད་པ་དང་། བར་དུ་གཟུངས་ཀྱི་རིམ་པ་ལ་སོགས་པའང་གཙོ་བོར་རྒྱལ་སྲས་རྡོ་རྗེ་འཆང་ཆེན་པོ་ནས་བཀའ་སློབ་ཀྱིས་ཁྱབ་པར་མཛད་པ་བཞིན། བདག་ཅག་ལས་སུ་བྱེད་པ་པོ་ཀུན་གྱིས་ཀྱང་རང་བཟོ་དང་སླ་བཅོས་ཀྱི་དྲི་མས་མ་གོས་པར་བརྒྱུད་ལྡན་བླ་མ་དམ་པའི་ཕྱག་ལེན་སོར་གནས་ཀྱི་སྒོ་ནས་ཤིན་ཏུ་དྲང་བར་བསྒྲིས་ཤིང་། དེ་མཚུངས་གསེར་དངུལ་ཟངས་ལྷུགས་རྡོ་ཤིང་གི་བཟོ་པ་དབུ་ཆེ་ཆུང་སོགས་མཐའ་དག་ཀྱང་མཛངས་ཤིང་གསལ་ལ་ཡིད་གཞུངས་པའི་བློ་གྲོས་ཅན་ཤ་སྟག་པའི་ཁར་དོ་དམ་པ་རྣམས་ཀྱང་མཁྱེན་རབ་ཀྱི་རྣམ་དཔྱོད་དང་ལྷགས་བཀོད་ཤིན་ཏུ་ཕུལ་དུ་བྱུང་བའི་དབང་གིས་ལས་རྒྱུན་སོགས་ཀྱང་ཏ་ཅང་མ་འགོར་བ་མ་ཚད། བཟོ་ཁྱད་ཀྱི་བཀོད་པ་སོགས་ཤིན་ཏུ་རྨད་དུ་བྱུང་བ་མིག་གི་བདུད་རྩིར་འོས་པར་གྱུར་ཅིང་། དེ་ལྟར་རྟེན་དང་བརྟེན་པར་བཅས་པ་ཕལ་མོ་ཆེ་ཚགས་སུ་ཚུད་པར་གྱུར་ནས་གཟའ་ཆེས་ཕུན་སུམ་ཚོགས་པའི་ཉིན་སྐུ་གདུང་རིན་པོ་ཆེ་རབ་ཏུ་བྱུང་བའི་ཆ་ལུགས་དང་། དབང་རྫས་སོགས་ཀྱིས་ལེགས་

པར་ཀླུབས་ནས་སྲིད་ཞུ་ཆེན་པོ་དང་བཅས་ཏེ་དཔྱལ་གདུང་གི་ནང་དུ་གདན་དྲངས་པ་དང་། གཟུངས་འབུལ་ལ་སོགས་པའང་ཤིན་ཏུ་རྒྱང་ཞིང་ཕུལ་དུ་ཕྱིན་པར་བྱས་ཏེ་ཧོར་ཟླ་ལྔ་པའི་ཚེས་བཅུ་སྐོར་ནས་དཔྱལ་གདུང་ཕུན་ཚོགས་མཐོང་གྲོལ་གཟི་འབར་དང་། འདྲ་སྐུ་རིན་པོ་ཆེ་རྣམ་གཉིས་ལེ་ལག་དང་བཅས་པ་དང་། བཞུགས་གནས་གཙུག་ལག་ཁང་སོགས་ལེགས་པར་འབྱོངས་པར་གྱུར་ཅིང་། དེ་དག་གི་སྐབས་སུ་དོ་དམ་བཟོ་རིག་པ་སོགས་ཀྱིས་མཆོད་པའི་ལས་བྱེད་པ་ཀུན་ལ་འཛུགས་སྣང་གྲོལ་གསུམ་གྱི་སྟོན་མོ་དང་གནང་སྦྱིན་སླ་ཐོབ་ལ་སོགས་པ་གཟབ་རྒྱས་ཀྱི་ངོམས་སུ་སྤྱལ་བར་མཛད། དེ་ནས་རྒྱལ་སྲས་རྡོ་རྗེ་འཆང་ཆེན་པོ་དཀྱིལ་འཁོར་གྱི་གཙོ་བོར་བཞུགས་ཐོག །བདག་ཅག་རྣམས་དང་ཀུན་སློང་འདུས་ཚོགས་ཚང་མ་དང་བཅས་པ་ནས་ཚེས་བཅུ་གསུམ་གྱི་ཉིན་རབ་ཏུ་གནས་པའི་སྟ་གོན་གྱི་རིམ་པ་དང་། བཅུ་བཞིའི་ཉིན་དངོས་གཞི། བཅོ་ལྔའི་ཉིན་མཇུག་ཚོག་དང་བཅས་པ་འཇིགས་མཛད་རྡོ་རྗེའི་རྣལ་འབྱོར་གྱི་སྒོ་ནས་དགེ་ལེགས་ཆར་འབེབས་ཕྱག་ལེན་རྒྱས་པའི་ནང་བཞིན་སྦྱིན་སྲེག་གཉིས་དང་བཅས་པ་ལེགས་པར་མཛད་དེ་ཇི་སྲིད་མེ་ཆུ་རླུང་གསུམ་གྱིས་བསྐལ་པ་འཇིགས་པ་མ་གྱུར་པ་དེ་སྲིད་རྟག་བརྟན་རྡོ་རྗེའི་ཁམས་སུ་བྱིན་གྱིས་བརླབས་ཤིང་། མཇུག་ཏུ་ཡོན་བསྔོའི་རིམ་པ་ལ་སོགས་པའང་ཕྱག་ལེན་ལྷུར་ཞིབ་རྒྱས་སུ་མཛད། དེའི་ཚེ་ནའང་རྒྱལ་དབང་ཐམས་ཅད་མཁྱེན་གཟིགས་གཙོ་བོར་གྱུར་པའི་བདག་ཉིད་ཆེན་པོ་རྣམས་ནས་རབ་སྟོན་དང་། གཞུང་དྲུང་མི་དྲག་སེར་སྐྱའི་རིགས་དང་། སེར་འབྲས་སོགས་ཀྱི་གྲྭ་ས་གྲྭ་ཚང་སོ་སོ་བཅས་ནས་ཀྱང་མཆོད་སྟོང་ཆེན་པོར་མཆོད་འབུལ་སྣན་ཤལ་སོགས་རྒྱ་ཆེར་འབུལ་བར་མཛད་ལ། ཀུན་སློང་བླ་བྲང་ནས་ཀྱང་རྒྱལ་སྲས་རྡོ་རྗེ་འཆང་གཙོ་བོར་གྱུར་

པའི་རབ་ཏུ་གནས་པ་མཛད་པ་པོ་ཀུན་ལ་རབ་སྟོན་དངོས་འབུལ་སོགས་ཀྱང་མཐའ་ཡས་པ་སྤྲོ་བར་མཛད་ཅིང་། དེ་ལ་སོགས་པ་དངུལ་གདུང་རིན་པོ་ཆེའི་ཐོག་མཐའ་བར་གསུམ་གྱི་སྐོར་ཞིབ་པ་ནི་ཕོ་བོ་ཅག་ནས་བཀོད་པའི་དངུལ་གདུང་དཀར་ཆག་ཏུ་གསལ་བས་ཞིབ་མོའི་བློ་གྲོས་ཅན་དག་མཆིས་ན་དེར་གཟིགས་པས་མཁྱེན་པར་འགྱུར་བས་འདིར་ནི་མགོ་སྨོས་ཙམ་ལས་མ་བཀོད་ལ། དེ་ལྟར་དངུལ་གདུང་དང་། འདྲ་སྐུ་རིན་པོ་ཆེ་ལི་ལག་དང་བཅས་པ་གསར་བཞེངས་ཀྱི་སྔ་ཕྱིའི་རྒྱུ་འགྲོ་མཐའ་དག་ཡུལ་སྒྲོལ་རིན་ཐང་ལམ་བརྩིས་ཀྱི་དངུལ་ཐོག་ཏུ་ཕབ་པར་སྲང་ཁྲི་ཕྲག་གཅིག་དང་སྟོང་ཕྲག་བདུན་བརྒྱ་ཕྲག་བདུན་དང་གྲངས་བརྒྱད་བཅས་ཐོབ་པར་སྣང་ངོ་། །

དེ་བས་ན་རྗེ་བླ་མ་ཉིད་མྱ་ངན་ལས་འདས་པའི་རྗེས་སུ་ཡང་གཙོ་བོར་མི་རྗེ་ཕྱག་མཛོད་ཆེན་མོ་བློ་བཟང་དཔལ་ལྡན་ཞེས་སམ་ཡེ་ཤེས་རབ་བརྟན་ཉིད་ནས་བླ་མའི་བཀའ་དྲིན་འབའ་ཞིག་ཐུགས་ལ་བརྟགས་པས་བདོག་པའི་དངོས་པོ་རྣམས་ལ་སེར་སྣ་དང་འདོད་ཞེན་གྱི་ཀུན་དཀྲིས་ཙུང་ཟད་ཀྱང་མེད་པར་ཕངས་མེད་དུ་རྣམ་དཀར་གྱི་ཕྱོགས་སུ་གཏོང་བར་མཛད་པའི་སྒོ་ནས་གཞན་དག་གིས་ཡིད་ལ་བསམ་པར་ཡང་མི་ནུས་པའི་ཐུགས་དགོངས་རྫོགས་བྱེད་ཀྱི་རིམ་པ་དང་མཆོག་སྤྲུལ་མྱུར་འབྱོན་གྱི་གསལ་ཐབས་སོགས་མཐའ་ཡས་མུ་མེད་པ་འདི་ལྟ་བུར་མཛད་པ་དང་། དེ་བཞིན་དུ་རྗེས་འཇུག་སྐུ་འཁོར་སློབ་ཚོགས་ཐམས་ཅད་ཀྱིས་ཀྱང་རྗེ་བླ་མ་ཉིད་ཀྱི་ཕྱོགས་སུ་བློ་སེམས་ཅིག་བསྒྲིལ་གྱིས་ཟང་ཟིང་དང་སྒྲུ་ལུས། བཀའ་བཞིན་སྒྲུབ་པའི་མཆོད་པ་ཅི་རིགས་པའི་སྒོ་ནས་ཐུགས་དགོངས་རྫོགས་ཤིང་མཆོག་གི་སྤྲུལ་སྐུ་གསལ་དྭངས་མྱུར་རྙེད་ཀྱི་ཐབས་ཕོན་ལ་གཞོལ་བ་འདི་དག་ཀྱང་ཕྱོགས་དུས་རྒྱལ་བ་སྲས་བཅས་མཐའ་དག་

དགེས་ཤིང་མཉེས་པར་འགྱུར་བའི་སྤྱོད་ཚུལ་རླབས་པོ་ཆེ་ཡིན་པས་ཚུལ་འདི་རྣམས་ལ་ཡང་བློ་གྲོས་དང་ལྡན་པ་དག་གིས་རྗེས་སུ་ཡི་རངས་བསྒོམ་པ་ལ་བརྩོན་པ་ལྷུར་ལེན་དུ་བྱ་བར་རིགས་སོ། །

ལྷག་བསམ་རྣམ་དག་ཀུན་ཁྱབ་ཡངས་པོའི་ངོས། །དད་དང་གཏོང་ཕོད་རྒྱུ་སྐར་འབུམ་དུ་བཀྲ། ལེགས་བྱས་ཀུ་མུ་ཏ་གཉེན་གྱུར་ཆེས་གསལ་བ། །ཕུན་ཚོགས་དཀར་པོའི་འོད་བརྒྱ་ཕྱོགས་བཅུར་འཁྲོ། །ཕུལ་བྱུང་ཞིང་མཆོག་དམ་པ་མ་ལུས་པར། །བཀུར་བསྟི་སྲིད་ཞུ་བགྱིས་པའི་ངོ་མཚར་གྱི། །ཕ་མཐའ་གལ་ཏེ་གཟུགས་སུ་མཆིས་སྲིད་ན། །སྟོང་གསུམ་ཡངས་པའང་སྣོད་དུ་ཆུད་པར་ངེས། །རླབས་ཆེན་རྣམ་དཀར་ཚངས་པའི་བློ་ཡིས་ཀྱང་། །དཔགས་པར་དཀའ་བའི་ངང་ཚུལ་འདི་ལྟ་བུ། །ཕྱིན་དང་ཕྱིན་འགྱུར་འདྲེན་པ་མ་ལུས་པ། །དགེས་བྱེད་མཆོད་པའི་མཆོག་ཏུ་ཅིས་མི་འགྱུར། །བདོག་པའི་དངོས་ཀུན་ཞེན་པས་མ་བསླད་པར། །འདྲེན་པ་མཆོག་དེའི་ཐུགས་དགོངས་རྫོགས་ཕྱིར་དུ། །ཕངས་མེད་གཏོང་བར་ནུས་པའི་སྙིང་སྟོབས་ཅན། །འདི་ལྟའི་དཔེ་ནི་ས་གསུམ་ཁྱོན་འདིར་དཀོན། །དེ་ནི་སྲིད་ཞིའི་ལེགས་ཚོགས་མ་ལུས་པ། །ཁྱབ་བདག་བླ་མའི་བྱིན་མཐུར་རག་ལས་པར། །ཐུབ་གཞུང་ཀུན་ནས་ལན་བརྒྱར་གསུངས་པ་ལ། །ཡིད་ཆེས་ངེས་པ་སྐྱེད་པའི་ལས་སུ་སེམས། །ཞེས་པ་ཡང་བར་སྐབས་ཀྱི་བསྡུ་བའི་ཚིགས་སུ་བཅད་པའོ། །ཞེས་དཔལ་ལྡན་བླ་མ་དམ་པ་རྒྱལ་བའི་རྒྱལ་ཚབ་ཆེན་པོ་རྗེ་དྲུང་ཏུ་ཐོག་ཐུ་ནོ་མི་ཏན་ས་མ་ཏི་པཀྴི་ཏུ་ཐུང་ཅན་ཤྲཱི་རིན་པོ་ཆེ་ཡེ་ཤེས་བློ་བཟང་བསྟན་པའི་མགོན་པོའི་རྣམ་པར་ཐར་པ་ངོ་མཚར་དད་པའི་པདྨོ་འཛུམ་བྱེད་ལེགས་བཤད་ཉིན་བྱེད་དབང་པོའི་ཕྲེང་བ་ལས་མཛད་པ་བཅུ་གཉིས་ཀྱི་ནང་ནས་མྱ་ངན་ལས་འདས་པ་དང་མངོན་པར་

བྱང་ཆུབ་པའི་མཛད་པ་ཟུང་དུ་འབྲེལ་བ་གཙོ་བོར་གྱུར་པ་ལས་བརྩམས་ཏེ་སྐུ་ཚེ་མཐའ་མའི་རྣམ་པར་ཐར་པ་དང་ཕྱི་རྗེས་ཐུགས་དགོངས་རྫོགས་ཐབས་སོགས་ཇི་ལྟར་སྒྲུབ་པའི་ཚུལ་ཆ་ཙམ་སྤྲོང་བའི་རིམ་པ་སྟེ་བཅུ་པ་རྫོགས་སོ།། །།

༄ དེ་ལྟར་རྗེ་བཙུན་བླ་མ་དམ་པ་འདི་ཉིད་ཀྱི་སྐུ་ཚེ་འདིའི་ཐུན་མོང་བའི་མཛད་པ་རྣམ་ཐར་རྒྱ་མཚོ་ཆེན་པོ་ལྟར་གཏིང་ཟབ་པ། ལྷ་ལམ་གྱི་ཁྱོན་ལྟར་མཐའ་རྟོགས་པར་དཀའ་ཞིང་བརྗོད་པའི་ཡུལ་ལས་འགོངས་པ་ཞིག་ཡིན་ནའང་། གངྒའི་བྱེ་མའི་ཀློང་ནས་རྡུལ་ཕྲ་རབ་གཅིག་གི་ཆ་ཤས་བདག་གིར་བྱེད་པ་དང་མཚུངས་པར་ཚུར་རོལ་མཐོང་བའི་མོས་ངོ་དང་འཚམས་པར་བསྟན་པ་རྣམས་ཀྱི་ནང་ནས་རགས་རིམ་གལ་ཆེ་ཉུང་ཟད་ཙམ་འགའ་ཞིག་ཕྱི་རབས་ཀྱི་གདུལ་བྱ་རྣམས་ཀྱི་དད་པའི་རྒྱ་མཚོ་གྱེན་དུ་ཕྱུར་བའི་སླད་དུ་ལེགས་པར་བཀོད་ཟིན་ནས་སླར་ཡང་འདི་སྐད་ཅེས་སྨྲ་བར་བྱའོ། །

ཨེ་མ་མི་མཇེད་ཞིང་གི་ནང་ཚན་འཛམ་བུས་མཚན་པའི་ལྗོངས་ཀྱི་མཆོག་གྱུར་ཁ་བ་ཅན་ཞེས་ཡོངས་སུ་གྲགས་པའི་ར་བ་འདིར། །ཨེ་མ་རབ་འབྱམས་རྒྱལ་བ་ཀུན་གྱི་མཁྱེན་བརྩེ་ནུས་གསུམ་གཅིག་ཏུ་བསྒྲིལ་བའི་རང་གཟུགས་ལྷ་ལྡན་སྙིགས་མའི་མགོན་དུ་ལེགས་ཤར་བ། །ཨེ་མ་རྣམ་འདྲེན་ཡེ་ཤེས་བློ་བཟང་བསྟན་པའི་མགོན་ཞེས་སྙན་པའི་སྒྲ་དབྱངས་སྲིད་པ་གསུམ་གྱི་ཁོངས་པ་ལས་ཀྱང་རབ་བརྒྱལ་བའི། །ཨེ་མ་འདྲེན་མཆོག་བླ་མ་མཆོག་དེའི་གསང་གསུམ་མི་ཟད་རྒྱན་གྱི་འཁོར་ལོའི་ངོ་མཚར་སྟེང་ལ་ཡང་ཡང་བསམ་ཞིང་ཕྱག་བགྱིའོ། །རྣམ་འདྲེན་ཀུན་གྱི་ཡབ་གཅིག་འཇམ་དཔལ་དབྱངས། །རེས་འགའ་ཟུར་ཕུད་ངོར་ནས་ངར་སྒྲིག་གི །བློ་གོས་མནབས་པའི་བརྟུལ་ཞུགས་འཛིན་དེ་ལ། །རྒྱལ་བ་ཡོངས་ཀྱི་རྒྱལ་ཚབ་མཆོག་ཏུ་གྲགས། །ཁྱོད་ཀྱིས་སྐད་ཅིག་རེར་ཡང་

རབ་འབྱམས་ཀྱི། །ཞིང་ཁམས་ཀུན་ཏུ་བཅུ་གཉིས་སྒྱུ་མའི་གར། །དུས་གཅིག་བསྟན་ན་མཛད་པའི་ཕ་མཐའ་ཀུན། །ཇི་བཞིན་གཞལ་བར་ནུས་པའི་བློ་ལྡན་སུ། །ཚུར་མཐོང་བྱིས་པའི་མོས་བསམ་དྭངས་པའི་མཚོར། །འཆར་བའི་གསང་གསུམ་རོལ་མོ་མཐའ་དག་ཀྱང་། །རོ་འཛིན་སྟོང་དུ་སྤྲུལ་ནས་བར་མེད་དུ། །བརྗོད་ཀྱང་ཆ་ཙམ་མཛད་པའི་གོ་སྐབས་ཕྲ། །འོན་ཀྱང་རྒྱ་མཚོའི་གློང་ནས་སྐྲ་རྩེའི་ཐིགས། །གནྡྷའི་རྡུལ་གྱི་གྲངས་ནས་ཕྲ་རབ་བཞིན། །ཅུང་ཟད་ཙམ་ཞིག་ཐར་པ་འདོད་རྣམས་ཀྱི། །ཡིད་དབང་གུས་པའི་ནོར་གྱིས་གཏམས་ཕྱིར་བྲིས། །སྦྱངས་དང་སྤོབས་པའི་འདབ་མ་ཆེས་ཕྲ་ཞིང་། །ལུང་དང་རིགས་པའི་ཁོ་ལག་མ་རྫོགས་ཀྱང་། །རྟོགས་བརྗོད་ལེགས་བཤད་སྦྲང་རྩི་སྐྱུགས་པ་འདི། །དམ་པའི་བྱིན་རླབས་ཟིལ་མངར་གཞིབ་པའི་མཐུ། །དོན་བཟང་ནོར་བུའི་ཁམས་ལས་ཡོངས་གྲུབ་ཅིང་། །ཉམས་འགྱུར་ཚིག་གི་གཟི་བྱིན་ཀུན་ཏུ་འཁྲོ། །ལུང་རིགས་གླིང་བཞིའི་མཁའ་ལ་བསྐོར་བ་ཡི། །རྣམ་ཐར་པདྨོའི་གཉེན་མཆོག་དུས་འདིར་ཤར། །དམ་པའི་མཛད་བཟང་བརྒྱད་ལྡན་ཆབ་ཀྱི་རྒྱུན། །གྲོང་ཚིག་རྡུལ་གྱི་རྙོག་མས་མ་བསླད་པར། །དཔྱིའི་ཚིག་རྒྱན་ལས་འོངས་ཀོ་ཏ་ཀས། །གྲུང་པར་བྱས་འདི་འགྲོ་བའི་གདུང་སེལ་རྒྱུན། །ལེགས་པར་སྤྱོད་པའི་འོ་མའི་རྫིང་བུ་དང་། །ཉེས་སྤྱོད་དུག་གིས་སྦགས་པའི་རྙོག་རྫས་ཆུ། །མ་འདྲེས་སོ་སོར་འབྱེད་ཕྱིར་དགག་སྒྲུབ་ཀྱི། །ཚིག་གི་ཕྲེང་བ་སྤེལ་བའང་མཁས་པའི་སྲོལ། །དེ་ཡང་མཁས་ཕྱིར་མ་ཡིན་གྲགས་ཕྱིར་མིན། །རྙེད་ཕྱིར་མ་ཡིན་སྣང་ཞུགས་ཀྱིས་མིན་ཏེ། །གཞན་དག་ལེགས་ཉེས་འབྱེད་པའི་བློ་གྲོས་ཀྱིས། །འཁྲུག་པོའི་ལམ་ལས་བཟློག་པའི་ཆེད་ཁོ་ན། །དེ་སོགས་ལྷག་བསམ་ཨཾ་ཤུའི་སྐྱེད་ཚལ་ནས། །ལེགས་བཤད་བཻ་ཌཱུར་མདངས་འཛིན་གཞན་

གསོལ་ཀྱུ། །རྟོགས་བརྗོད་མགྲིན་པའི་རྫ་རྔ་བསྒྱུར་བ་ཡིས། །ཐུབ་བསྟན་
དཔྱིད་ཀྱི་ལང་ཚོ་རྒྱས་པར་བྱས། །འདིར་འབད་དགེ་བ་ཀུནྡའི་ཕུང་པོ་ལྟར། །
རྣམ་པར་དཀར་བའི་དགེ་མཚན་ཆེས་འབར་བ། །རྒྱལ་བསྟན་སྙིང་པོ་གསེར་
མདོག་འཆང་བའི་བསྟན། །འཕེལ་རྒྱས་ཡུན་དུ་གནས་པའི་རྒྱུ་རུ་བསྔོ། །རྣམ་
ཐར་གཙང་མ་དགེ་ལྡན་བཀའ་བརྒྱུད་ཀྱི། །ལུགས་བཟང་བདུད་རྩིའི་ཐིགས་
པས་འགྲོ་ཀུན་རྒྱུད། །བརླན་པར་བྱས་ཤིང་ཕན་བདེའི་ལོ་ཏོག་གིས། །འཛམ་
གླིང་ཡངས་པོའི་ཁྱོན་འདི་འགེངས་གྱུར་ཅིག །བདག་སོགས་དེང་ནས་ཚེ་
རབས་ཐམས་ཅད་དུ། །གཅིག་ཏུ་བཤེས་གཉེན་དམ་པ་མཉེས་བྱས་མཐུས། །
ས་དང་ལམ་གྱི་ཡོན་ཏན་ནམ་མཁའི་མཛོད། །མཐའ་དག་རིང་མིན་མངོན་དུ་
བྱེད་གྱུར་ཅིག །ཐོས་པའི་གྲུར་ཞུགས་བསམ་པའི་རྒྱ་མཚོར་བགྲོད། །སྒོམ་
བྱུང་རིན་ཆེན་གླིང་དུ་ཕྱིན་བྱས་ཏེ། །ཟུང་འཇུག་སྐུ་བཞིའི་ཡིད་བཞིན་དབང་
གི་རྒྱལ། །ཡིད་ཅན་ཡོངས་ཀྱི་ལག་རྟེར་སྨིན་གྱུར་ཅིག །ཐུན་མོང་ལམ་གྱིས་
ཤེས་རྒྱུད་སྦྱངས་བྱས་མཐར། །གསང་ཆེན་ཐེག་པའི་ཐེམ་སྐས་ལ་བརྟེན་
ནས། །ཚེ་གཅིག་སངས་རྒྱས་ས་ལ་འགྲོ་བ་ཀུན། །རིག་པའི་སྐལ་བཟང་དགའ་
སྟོན་འབར་གྱུར་ཅིག །མདོར་ན་སྔོན་བྱོན་སེམས་དཔའ་ཆེ་ཀུན་དང་། །ཁྱད་
པར་ཀུན་ཏུ་བཟང་དང་འཇམ་དབྱངས་ཀྱིས། །ཇི་ལྟར་སྨོན་པའི་བཞེད་དོན་
མ་ལུས་པར། །བདག་ཀྱང་སྨོན་ན་དེ་བཞིན་འགྲུབ་གྱུར་ཅིག །བསླུ་མེད་རྣམ་
པར་དཀར་བའི་ལེགས་བྱས་དང་། །ལྷག་བསམ་སྟོན་ཟླར་མཚུངས་པའི་བདེན་
པའི་མཐུས། །ཡིད་ལ་རེ་བའི་འདོད་དོན་མ་ལུས་པ། །བདེ་བླག་སྨིན་ཅིང་
འགྲུབ་པ་ཉིད་གྱུར་ཅིག །ཅེས་ཁྱབ་བདག་བླ་མ་དམ་པ་རྒྱལ་བའི་༧རྒྱལ་ཚབ་ཆེན་པོ་རྗེ་
དྲུང་ཧུ་ཐོག་ཐུ་ནོ་མི་ཧན་སམ་ཏི་པཀྴི་ཐུང་ཆན་ཤྲཱི་རིན་པོ་ཆེ་ཡི་ཤེས་བློ་བཟང་བསྟན་པའི་

མགོན་པོའི་རྣམ་པར་ཐར་པ་ངོ་མཚར་དད་པའི་པདྨོ་འཛུམ་བྱེད་ལེགས་བཤད་ཉིན་བྱེད་དབང་པོའི་ཕྲེང་བ་ཞེས་བྱ་བ་འདི་ཉིད་ནི། སྔ་སོར་སྐྱབས་མགོན་རྒྱལ་བའི་རྒྱལ་ཚབ་ཆེན་པོ་དེ་ཉིད་མྱ་ངན་ལས་འདས་རྗེས་རྒྱལ་སྲས་རྡོ་རྗེ་འཆང་ཆེན་པོར་རྣམ་ཐར་གྱི་རིམ་པ་བཀའ་རྩོམ་ཐུགས་རྗེ་ཆེ་དགོས་ཚུལ་དམ་པ་དེ་ཉིད་ཀྱི་འཕྲིན་ལས་ཀྱི་ཁ་ལོ་བ་མཁྱེན་སྤྱོད་འགྲན་ཟླ་དང་བྲལ་བ་༧མི་རྗེ་ཕྱག་མཛོད་ཆེན་མོ་ཡེ་ཤེས་རབ་བརྟན་སོགས་ཞབས་འབྲིང་པ་རྣམས་དང་། ཁོ་བོ་ཅག་ནས་ཀྱང་གསོལ་བ་ནན་ཆེར་བཏབ་པར་རྡོ་རྗེ་འཆང་ཆེན་པོ་ནས་ཀྱང་ལམ་ཙམ་ཞལ་བཞེས་མཛད་པ་དེ་ལྟར་རུང་། བསྟན་འགྲོ་ཡོངས་ཀྱི་བསོད་ནམས་ཀྱི་བགོ་སྐལ་ཆེ་ཆེར་དམན་པས་༧རྒྱལ་སྲས་རྡོ་རྗེ་འཆང་ཡང་རིང་མིན་དག་ཞིང་དུ་གཤེགས་པར་བརྟེན་རེ་ཞིག་དེ་ལམ་དུ་ལུས་པར་སྣང་ཡང་༧མི་རྗེ་ཕྱག་མཛོད་ཆེན་མོ་ནས་ཐུགས་ཁུར་ཆེ་བཞེས་ཀྱིས་ད་ཆ་རྣམ་པར་ཐར་པ་ཚང་འགྲིལ་གླེགས་བམ་དུ་འཁོད་པ་ཞིག་ངེས་པར་མེད་ཐབས་མ་མཆིས་པས་ཁོ་བོ་ཅག་ལ་སྒྲིག་རྩོམ་ཅི་ནས་ཀྱང་བྱེད་དགོས་ཀྱི་བཀའ་ནན་ལྷི་བར་ཕེབས་པར་བརྟེན། རང་ཉིད་སྐྱེས་སྦྱངས་ཀྱི་ཡོན་ཏན་གང་གི་ཆ་ནས་ཀྱང་ཤིན་ཏུ་དམན་པས་འདི་ལྟར་འགོད་པའི་སྤོབས་པ་གཏན་ནས་མ་མཆིས་རུང་བཀའ་ནན་གྱེན་དུ་བཀློག་པར་མ་ནུས་པར་དང་དུ་བླངས་ཏེ་རྣམ་ཐར་གྱི་ཟིན་བྲིས་རྙིང་པ་འགའ་ཞིག་རྣམས་དང་། ལྷག་པར་ལུགས་གཉིས་ལ་མཁྱེན་སྤྱོད་རྨད་དུ་བྱུང་བ་མི་རྗེ་དཔལ་ཤོད་ཛ་སག་བླ་མ་ཟུར་པ་བསྟན་འཛིན་རྒྱ་མཚོ་དང་། སྒོམ་བརྩོན་མང་ཐོས་ཆོས་སྤྱན་ལྡན་པ་ཀུན་གླིང་རྡོ་རྗེ་སློབ་དཔོན་བློ་བཟང་རིན་ཆེན་གཉིས་ནས་ཟིན་བྲིས་མཛད་པ་སོགས་ལ་གཞི་བྱས། གཞན་ཡང་༧མི་རྗེ་ཕྱག་མཛོད་ཆེན་པོ་ཉིད་གཙོ་བོར་གྱུར་པའི་སྐུའི་གམ་བཅར་བའི་ཞབས་གྲས་རྒྱུས་ཅན་རྣམས་ལའང་གསུང་མོལ་གོ་བསྡུར་སོགས་ཞུས་ཏེ། རྗེ་བཙུན་བླ་མ་རྣམས་ཀྱི་བཀའ་དྲིན་གྱིས་འཚོ་བའི་སློབ་བུའི་ཐ་ཤལ་སེར་སྤྱོད་མཁན་མིང་འཛིན་པ་རྒྱལ་དབང་སྤྲུལ་སྐུ་བློ་བཟང་འཕྲིན་ལས་རྣམ་རྒྱལ་གྱིས་དབུས་གཙང་ཀུན་བདེ་གླིང་དུ་ཆུ་སྤྲེལ་ལོའི་ཧོར་ཟླ་གསུམ་པའི་ནང་ནས་མགོ་བརྩམས་ཏེ་ལོ་དེ་ཉིད་ཀྱི་ཆུ་སྟོད་ཟླ་བའི་གྲལ་ཚེས་དགེ་བར་མཇུག་ཡོངས་སུ་གྲུབ་པར་བགྱིས་པའི་ཡི་གེ་པ་ནི་རྣམ་དཔྱོད་ཡངས་པ་དྲུང་ཡིག་གོ་རེ་ཞབས་དྲུང་དང་ཆོས་

མཛད་རྒྱ་མཚོ་ཡར་འཕེལ་སོགས་ཀྱིས་བཀྱིས་པ་སྟེ་འདིས་ཀྱང་བདག་སོགས་འགྲོ་ཀུན་ཁྱབ་བདག་དཔལ་ལྡན་བླམ་རྡོ་རྗེ་འཛིན་པའི་གོ་འཕང་རིང་མིན་མྱུར་དུ་ཐོབ་པའི་རྒྱུར་གྱུར་ཅིག །

༄༅། །ཨོཾ་སྭསྟི། རབ་འབྱམས་རྒྱལ་བའི་ཡེ་ཤེས་ཛམྦུའི་འབྲས། །རྣམ་འདྲེན་རིན་ཆེན་ཁམས་སུ་སྨིན་པ་ལ། །བློ་བཟ༵ང་བསྟ༵ན་པ༵འི་མགོ༵ན་པོ༵ར་ཡོངས་གྲགས་པའི། །འདྲེན་པ་མཆོག་དེར་གུས་པས་ཕྱག་འཚལ་ནས། །ཁྱོད་ཀྱི་མཛད་འཕྲིན་རྒྱ་མཚོའི་རྟུལ་གྲངས་ལས། །མཆོག་གྱུར་གསུང་གི་མཛད་པ་རྨད་བྱུང་དང་། །བསྟན་འགྱུར་གཅིག་ཏུ་སྨན་པའི་གསང་གསུམ་གྱི། །རྣམ་ཐར་ཉིན་བྱེད་དབང་པོའི་ཕྲེང་བ་བཅས། །རིས་མེད་འགྲོ་ལ་ཆོས་སྦྱིན་སྤེལ་ཕྱིར་དུ། །མཛོད་བརྒྱའི་མངའ་བདག་ཡེ་ཤེས་རབ་བརྟན་ནས། །མཁོ་དགུའི་དངོས་འབྱོར་འབད་མེད་བཀྱེ་མཛད་དེ། །འཛད་མེད་པར་གྱི་དངོས་པོར་ཡོངས་སུ་བསྒྲུབ། །དེ་ལྟའི་དགེ་བས་སྲིད་ཞིའི་འདྲེན་པ་མཆོག །ཕྱག་ན་པདྨོ་ཡབ་སྲས་མཆོད་ཡོན་རྣམས། །ཞབས་ཟུང་མི་ཤིག་རྡོ་རྗེ་ལྟར་བརྟན་ཅིང་། །ཆོས་སྲིད་འཕྲིན་ལས་ས་གསུམ་ཁྱབ་གྱུར་ཅིག །ས་ཆེན་ཆོས་བཞིན་སྐྱོང་བའི་མི་ཡི་རྗེ། །གནམ་བསྐོས་འཛམ་དབྱངས་ཆོས་ཀྱི་རྒྱལ་པོ་ཡི། །སྐུ་ཚེའི་རྒྱལ་མཚན་སྲིད་མཐར་བསྒྲེངས་པ་དང་། །ཚན་རྟུས་མངའ་ཐང་ཡར་ཟླ་ལྟར་རྒྱས་ཤོག །ཐུབ་བསྟན་སྤྱི་དང་སེར་མདོག་འཆང་བའི་བསྟན། །དར་རྒྱས་ཡུན་གནས་དེ་འཛིན་སྐུ་ཚེ་བརྟན། །ཁྱད་པར་རྣམ་འདྲེན་རྒྱལ་བའི་༧རྒྱལ་ཚབ་ཆེའི། །དགོངས་ཟབ་ཅི་མཆིས་མྱུར་དུ་རྫོགས་པར་ཤོག །མགོན་དེའི་མཆོག་གི་སྤྲུལ་སྐུའི་ཟླ་ཆོས་གསར། །ང༵ག་ད༵བང་བློ༵་བཟ༵ང་བསྟ༵ན་པ༵འི་རྒྱ༵ལ་མཚ༵ན་མཆོག །བསྐལ་བརྒྱར་ཞབས་ཟུང་བརྟན་ཅིང་གསང་གསུམ་གྱི། །མཛད་འཕྲིན་རྒྱལ་བ་

ཀུན་དང་མཉམ་འཇུག་ཤོག །གང་གི་འཕྲིན་ལས་སྤེལ་བའི་རྣམ་དཔྱོད་ཅན། །མཛོད་སྐྱོང་མི་ཛེ་ཡེ་ཤེས་རབ་བརྟན་གང་། །སྐུ་འཁོར་འབངས་བཅས་ཚེ་བསོད་མངའ་ཐང་འཕེལ། །ཅི་མཛད་མགོན་དེ་མཉེས་པའི་རྒྱུར་གྱུར་ཅིག །ཀུན་ལ་ཕན་བདེ་འབྱུང་བའི་གླིང་མཆོག་གི །ངུར་སྨྲིག་འཛིན་པའི་འདུས་པ་འདིས་མཚོན་པའི། །དགེ་འདུན་སྡེ་རྣམས་ཆོས་སྤྱོད་གོང་འཕེལ་ཞིང་། །བསླབ་གསུམ་ཁྲིམས་ཀྱིས་འཛམ་གླིང་འགེངས་གྱུར་ཅིག །རྣམ་དཀར་འདིའི་ཚེད་སྒོ་གསུམ་གྱིས་འབད་པའི། །དོ་དམ་ཡིག་མཁན་པར་བརྐོས་ལས་བྱེད་སོགས། །ཀུན་ཀྱང་གནས་སྐབས་ཚེ་བསོད་དཔལ་འབྱོར་རྒྱས། །མཐར་ཐུག་རིང་མིན་སྐུ་བཞི་མངོན་གྱུར་ཤོག །འཇིག་རྟེན་ཀུན་ཏུའང་ནད་མུག་འཁྲུག་རྩོད་སོགས། །དུས་ཀྱི་རྒུད་པ་མ་ལུས་རབ་ཞི་ཞིང་། །རྫོགས་ལྡན་དབྱར་གྱི་ལང་ཚོ་མགྲིན་ཁྱུག་པའི། །བཀྲ་ཤིས་དགའ་སྟོན་ཆེན་པོས་ཁྱབ་གྱུར་ཅིག །

ཅེས་དཔལ་ལྡན་བླ་མ་དམ་པ་རྒྱལ་བའི་༧རྒྱལ་ཚབ་ཆེན་པོ་དཔལ་ལྡན་ནོ་མི་ཧན་ས་མ་ཏི་པ་ཀྴི་རིན་པོ་ཆེ་ཡེ་ཤེས་བློ་བཟང་བསྟན་པའི་མགོན་པོ་དཔལ་བཟང་པོ་ཞེས་མཚན་གྱི་དབྱངས་སྙན་སྲིད་པ་གསུམ་གྱི་ཁོངས་པ་ན་འབར་བ་གང་དེས་བསྟན་འགྲོར་སྨན་པའི་མཛད་པ་ཀུན་གྱི་ནང་ནས་རབ་དང་མཆོག་ཏུ་གྱུར་པ་གསུང་གི་མཛད་པ་རྨད་པོ་ཆེ་ཧི་སྙེད་ཅིག་མཆིས་པ་ལས་སྔ་སོར་པར་དུ་འཁོད་གྲུབ་ཀློང་རྡོལ་གྲུབ་དབང་རིན་པོ་ཆེའི་རྣམ་ཐར་སོགས་དང་། པར་དུ་མ་འཁོད་པ་གསེར་གདུང་དགེ་ལེགས་གཟི་འབར་གྱི་དཀར་ཆག་སོགས་མང་དུ་ཡོད་པའི་ནང་ནས་ད་རེས་གསུང་འབུམ་ཕོར་བུའི་རིམ་པ་ཕྱོགས་བསྒྲིགས་པོད་གཉིས་དང་། དེ་མཚུངས་སྐུ་ཚེ་སྔོན་མ་རྣམས་འགྲོ་བའི་དོན་སྤྱོད་ཚུལ་མདོ་

ཚམ་གླིང་བའི་འབྲུངས་རབས་གསོལ་འདེབས་དང་། དེའི་ནང་ནས་སྐྱེས་རབས་ཡོངས་གྲགས་རགས་རིམ་རྣམས་ཀྱི་རྣམ་ཐར་མདོར་བསྡུས། སྐུ་ཚེ་འདིའི་ཐུན་མོང་བའི་མཛད་པ་རྣམ་ཐར་རྒྱས་པ་པོད་གཅིག་བཅས་ཕྱོགས་བསྒྲིལ་པོད་གསུམ་དུ་ཡོངས་པ་རྣམས་ཕྱི་རབས་ཀྱི་གདུལ་བྱའི་ཚོགས་ལ་སྨན་པའི་རྒྱུར་འགྱུར་བའི་སླད་དུ་༧མགོན་པོ་མཆོག་དེའི་འཕྲིན་ལས་སྤེལ་བ་ལ་སྐྱེ་དང་སྐྱེ་བར་སྨོན་པའི་མཐུ་ཐུལ་ཕྱིན་དུ་གྲུབ་པ་མི་རྫེ་ཕྲུག་མཛོད་ཆེན་མོ་ཡེ་ཤེས་རབ་བརྟན་ནས་རྨད་དུ་བྱུང་བའི་ཐུགས་བསྐྱེད་བཟང་པོས་ཀུན་ནས་བསླངས་ཏེ་འཛད་མེད་པར་གྱི་མཆོད་སྦྱིན་ཆེན་པོ་སྤེལ་བར་མཛད་རྒྱུའི་དགོངས་བཞེད་གཏད་པ་བཞིན་སྤྱ་སོར་ཆུ་སྤྲེལ་ལོའི་ཟླ་བ་བདུན་པའི་ཚེས་གཅིག་ནས་ཟླ་བ་བཅུ་པའི་ཚེས་གཅིག་གི་བར་དབུས་གཙང་ཀུན་བདེ་གླིང་གི་བླ་བྲང་ལྷོ་བའི་རབ་གསལ་བདེ་ལྡན་ཀུན་གསལ་དུ་དོ་དམ་པ་གཟིམས་འགག་སྨན་གྲགས་ནས་བགྱིས་ཏེ་བྲིས་པ་དབུ་ཆེན་ཀརྨ་དོན་གྲུབ་དང་། ཕྱིངས་ཚེ་དབང་དགྲ་འདུལ། དར་རྒྱས་རྡོ་རྗེ་སོགས་མི་ལྔ་ནས་གཟབ་བྲིས་ཏུ་ང་བའི་སྒོ་ནས་གསུང་འབུམ་པོད་གཉིས་པར་ཡིག་ཏུ་ལེགས་པར་ཕབ་ཅིང་། དེ་ནས་ཆུ་བྱ་ཟླ་བ་གཉིས་པ་སྤྱ་མའི་ཚེས་གསུམ་ནས་བཟུང་ཀུན་གླིང་བླ་བྲང་ཞབས་མ་ལྷུན་གྲུབ་བདེ་ཆེན་གྱི་རྒྱུད་དུ་དོ་དམ་མིག་བལྟ་བྱེད་མི་གཟིམས་འགགས་དགེ་སློང་ཡེ་ཤེས་དོན་གྲུབ། ལས་གྲྭའི་གཉེར་པ་ཤོ་མདོ་བ་བཀྲ་ཤིས་ཕུན་ཚོགས། ཛ་མ་རང་གྲྭ་ཕྱུགས་རམས་པ་ཀླུ་སྒྲུབ་སྐལ་ལྡན་ཅན་གཡོག་དང་བཅས་པ་རྣམས་ནས་བགྱིས་ཏེ་པར་གྱི་བཟོ་གྲྭ་འཛུགས་སྐབས། པར་བཀོས་དབུ་ཆེན་བསམ་འགྲུབ་ཚེ་རིང་དང་། རང་ཞབས་དབུ་ཆེན་ཀརྨ་བསམ་འགྲུབ་གཉིས། དབུ་ཆུང་པ་སངས། ཕུན་ཚོགས་བསྟན་འཛིན། ཀརྨ་ཆོས་བརྒྱད། ཞི་བ་སྲི་ཐར་བཅས་མི་བཞི། ཕྱིངས་གྲས་

བློ་གྲོས་ལེགས་ལྡན། བྱམས་པ་ལེགས་པ། མི་འགྱུར། སྟོབས་རྒྱལ། ནོར་བུ་དབང་འདུས། འཕྲིན་ལས་རྡོ་རྗེ། ཚེ་དབང་ཕུན་ཚོགས། ཀརྨ་ཚེ་དབང་། ཚེ་བརྟན་རྣམ་རྒྱལ། དབང་འདུས། ཚེ་རིང་དར་རྒྱས། ཀརྨ་དོན་གྲུབ། ལྷ་མགོན་ཚེ་རིང་། བསོད་ནམས་རྡོ་རྗེ། པ་སངས་ཚེ་རིང་། ཚེ་རིང་དབང་རྒྱལ། ཕུན་ཚོགས། ཀརྨ་རྣམ་རྒྱལ་བཅས་པར་བཀོས་བྱིངས་ལག་བྱུང་མི་བཅོ་བརྒྱད། སློབ་མ་ཚེ་དབང་དོན་གྲུབ། ཀརྨ་ཚེ་རིང་། བཀྲ་ཤིས་ཡར་འཕེལ་སོགས་ཁྲིན་མི་བཅུ་ཐམ་པ། ཤིང་བཟོ་དབུ་ཆེན་དཔལ་འབྱོར་དང་། ཚེ་རིང་རབ་བརྟན་སློབ་བཅས་མི་བཞི་རྣམས་ནས་བགྱིས་ཤིང་། དེ་མཚུངས་རྣམ་ཐར་ཡང་པར་ཡིག་ཏུ་འབེབ་མི་དབུ་ཆེན་ཀརྨ་དོན་གྲུབ་དང་། བྱིངས་གྲུས་བསྟན་འཛིན་ཕུན་ཚོགས་གཉིས་ནས་ཟླ་ཚེས་ནས་བཟུང་གཟབ་བྲིས་སུ་བགྱིས་པའང་གོང་གསལ་དབུ་བྱིངས་སོགས་ནས་གསུང་འབུམ་དང་སྐབས་གཅིག་ཏུ་བཀོས་ཤིང་། སྤུ་ཕྱིའི་དབུ་ལྷ་འབྲི་མི་སྨ་རྗོང་རོང་ཆུང་མདའ་པ་དབུ་མཛད་ཚེ་རིང་ཕུན་ཚོགས་དང་། གཞན་ཡང་བཟོ་གྲྭའི་ལག་གཡོག་ནོར་བུ་རྡོ་རྗེ་སོགས་མི་གསུམ་བཅས་བཟོ་པ་ལས་བྱེད་སོགས་ཁྲིན་བསྡོམས་གཏན་སྡོད་མི་གྲངས་ལྔ་བཅུ་ང་གསུམ་དང་། སྐབས་ཐོབ་འཕར་མ་ངེས་མེད་བཅས་ནས་ལས་གྲྭ་ཚུགས་ཤིང་། གསུང་འབུམ་རྣམ་ཐར་དང་བཅས་པ་ཚང་མའི་མ་ཕྱི་དང་པར་ཡིག་སོགས་དང་། པར་དུ་འགོད་ཟིན་ནས་ཀྱང་འཛུགས་རྒྱག་འོས་སོགས་ཀྱི་སྤུ་ཕྱིའི་ཞུས་དག་དང་། སྤེལ་སྦྱོར་གསུམ་བསྒྲིགས་ཀྱི་ཕྲསྐ་རའི་ཕྲེང་བ་སྤེལ་བ་པོ་སོགས་ནི་ཕྲན་སེར་སྟོད་མཁན་མིང་པ་དང་། རིག་གནས་ཀུན་ལ་རྣམ་དཔྱོད་ཀྱི་འཇུག་པ་རྨད་དུ་བྱུང་བ་དྲུང་ཡིག་གེ་རེ་ཞབས་དྲུང་ཕུན་ཚོགས་རྣམ་རྒྱལ་གཉིས་ནས་བགྱིས་པ་སྟེ། དེ་ཡང་ལན་གཅིག་ཙམ་མ་ཡིན་པར་ཡང་ཡང་མིག་ལམ་དུ་བསྟར་བའི་སྒོ་ནས་

ནན་ཏན་ཆེན་པོས་གཏན་ལ་འབེབས་ཁུལ་ཞུས་ཤིང་། དེ་ལྟར་བཟོ་གྲྭ་ལས་བྱེད་པ་སོགས་ཀུན་ལའང་ཐོག་མར་སྐར་འཛིན་གྱི་ཉིན་རྟེན་འབྲེལ་ལེགས་ཚོགས་ཀྱི་སྒོ་འཕར་འབྱེད་ཕྱིར་སོ་སོར་གོ་བབ་དང་བསྟུན་པའི་བཀྲ་ཤིས་ཀྱི་རི་ཁས་རྣམ་པར་བཀྲ་བའི་ལྷའི་དུ་ཀུ་ལ་དཀར་པོས་མགྲིན་པ་མཛེས་པར་བྱས་པ་དང་སྟབས་མཚུངས་སུ་ཡུལ་སྲོལ་གྱི་ཞལ་བགྲོའི་རྟེན་འབྱུང་ཅི་རིགས་པ་སྤྲོ་བ་ནས་བཟུང་། རྒྱུན་པར་ཉིན་ལྟར་ཇ་ཐུག་བརྒྱད་རེ་ནར་གཏོང་གི་དགོས་ཆར་ཇ་མར། འབྲས། ཤ །གྲོ་ཞིབ་སོགས་དང་། བཟོ་པ་སོ་སོར་རྩམ་ཚང་གི་རྒྱུར་འབྲུ་གཙང་ལྷད་མེད། དབུ་ཆེ་ཆུང་སོ་སོར་གོ་བབ་ཀྱི་རྒྱུ་རི་དང་སྣ་(སྣོ་)ཆ་དངུལ་རྐྱང་དང་། ཟླ་ཐོབ་ཀྱི་པར་ཤིང་ལེན་སྐབས་བཟོ་པ་སོ་སོའི་ལག་རྩལ་དང་བསྟུན་པའི་ཡང་རིམ་གྱི་གནང་ཆར་ཁ་བཏགས། དཀར་ཡོལ། ཕོར་པ། རྒྱ་ཟམ། ལྟང་ལེ་སོགས་དང་། འཛུགས་སྐང་གྲོལ་གསུམ་གྱི་དགོས་ཆ་དང་། སྟོན་མོའི་དཀར་སྤྲོ། སྟོན་རྒྱབ་ཁ་བཏགས། གོས་ཆེན། ཇ། དངུལ་སོགས་དང་། གཞན་ཡང་པར་ཤིང་། སྨྱུག། པར་ཡིག་འབྲི་གཞིའི་སྐྱེམས་ཤོག་དང་འབྲུག་ཤོག་གི་སྦྱོར་ཁའི་ཡོ་བྱད་དང་། སྣག་སྤྱིན་སོགས་ལ་ཡུལ་ཐང་རང་གི་བརྩིས་གཞི་བཟུང་སྟེ་དངུལ་ཐོག་ཏུ་ཕབ་པར་ཏཾ་སྲང་ཉིས་སྟོང་དྲུག་བརྒྱ་ཉི་ཤུ་རྩ་བརྒྱད་དང་། ཞོ་ལྔའི་བརྩིས་ཐོབ་འདུག་པ་བཅས་རྒྱུ་སོང་གི་ཁྱད་པར་ལ་གཞིགས་ནའང་ཕལ་དང་ཕལ་གྱི་བློས་བསམ་པར་དཀའ་བ་ལྟ་བུར་མཆིས་ཟུང་། ཕྱུག་མཛོད་ཆེན་མོ་ཉིད་ནས་གཙོ་བོར་བླ་མའི་བཀའ་དྲིན་རིན་པོ་ཆེ་འབབ་ཞིག་ཐུགས་ལ་བརྣགས་པ་དང་། ཁྱད་པར་དུ་རྗེས་འཇུག་གི་སྐྱེ་བོའི་ཚོགས་ལ་སྨན་པར་འདོད་པའི་ཐུགས་བསྐྱེད་ཀྱི་གོ་ཆ་ལྷག་པར་དུ་བརྩན་པའི་དབང་གིས་བདག་པའི་དངོས་པོ་ལ་ཉུང་ཟད་ཀྱང་མ་བརྩེགས་པར་འབད་མེད་དུ་གཏོང་

བར་མཛད་པ་འདི་ལྟ་བུ་ནི་སྲས་བཅས་རྒྱལ་བའི་ཚོགས་ཀྱིས་ཀྱང་བསྔགས་པའི་འོས་སུ་གྱུར་པའི་ངལ་བ་དོན་ལྡན་གྱི་མཛད་པ་གཞན་དྲིང་མི་འཇོག་པ་ཡིན་པར་སྣང་ལ། དེ་དག་གི་བར་སྐབས་རྣམས་སུ་མི་རྗེ་བཀའི་གྲུང་སློན་ཟུར་ཁང་པ་དང་། རྗེ་སག་ཟུར་པ་བསྟན་འཛིན་རྒྱ་མཚོ་ཟུར་ནས་ཀྱང་༧མགོན་པོ་དེ་ཉིད་ཀྱི་བཀའ་དྲིན་གསབ་ཕྱིར་དང་རྣམ་དཀར་ལེགས་ཚོགས་ཀྱི་དགེ་བ་འཛད་མེད་དུ་སྤེལ་ཕྱིར། དོ་དམ་བཟོ་པ་ལས་བྱེད་ཚང་མར་ཉིན་འཚོངས་བཟོ་སྟོན་སྟོན་རྒྱབ་དང་བཅས་པ་གཟབ་རྒྱས་སུ་བསྐུར་ཞིང་། དེ་མཚུངས་འབྲས་གྲུང་ཏུ་ཁམས་ཚན། དོ་དམ་གཟིམས་འགག་དགེ་སློང་ཡེ་ཤེས་དོན་གྲུབ་སོགས་ནས་ཀྱང་བསྙེན་བཀུར་དང་། ཀུན་གླིང་གྲྭ་ཚང་ནས་ཞལ་འདེབས་ལྷ་རྫས་ཨ་ཤེ། དངུལ་ཏཾ་སྲང་ཉི་ཤུ་རྩ་ལྔ། བླ་བྲང་ཞབས་གྲས་སྤྱི་ནས་ལྷ་རྫས་བར་མཛོད། མཛོད་རྫུས་དམར་པོ་ཡུགས་ཆེན། རིན་གཉིས་ཏཾ་སྲང་བརྒྱ་ཐམ་པ་བཅས་འབུལ་སྐྱོར་ཞུས་པ་སོགས་ཀྱང་བར་མ་དོར་ཆུད་མི་ཟ་བར་རྣམ་དཀར་འདིའི་རྒྱུར་འགྲོ་ངེས་སུ་མཛད་ཅིང་། དེ་བཞིན་དུ་ལས་རྒྱུན་སོགས་ཀྱང་ཤོག་གྲངས་ཀྱི་འབོར་ལ་གཞིགས་ན་ཕྱེད་ཉིས་སྟོང་གདལ་བ་ཙམ་དུ་ལོངས་པ་བཅས་སྤྱིར་གཏང་ལྟར་ན་ལོ་ངོ་གཉིས་གསུམ་འགོར་ངེས་སུ་མཆིས་ཏུང་། གཙོ་བོར་མི་རེ་ཕྱུག་མཛོད་ཉིད་ནས་ཕྱི་ནང་བར་གསུམ་དུ་བཀའ་འཁོར་གྱིས་ཁྱབ་པར་མཛད་པའི་ཁར། དོ་དམ་རོགས་བྱེད་སོགས་ཀུན་གྱིས་ཀྱང་སོ་སོའི་བགོ་སྐལ་དུ་བབ་པའི་ལས་ལ་སྒོ་གསུམ་རྩོལ་བ་ཆེ་བསྐྱེད་ཀྱིས་འགྲུས་པར་བྱས་པ་དང་། ལྷག་པར་བཟོ་པ་དབུ་ཆེ་ཆུང་སོགས་ཚང་མས་བྱེད་པོ་དང་གྱི་ན་ལྟ་བུ་མ་ཡིན་པར་རང་རང་གི་སོར་མོའི་འདུ་བྱེད་ཀྱི་རྩལ་ཅི་ཡོད་ཀྱི་སྒོ་ནས་ཤིན་ཏུ་ཡིད་གཞུང་སྟེ་གཟབ་མགྱོགས་ཏུང་བར་འབད་པ་སོགས་ཀྱི་མཐུ་ལས་ཟླ་བ་བདུན་དང་ཞག་ཉི་

ཤུའི་ཁོངས་སུ་པར་ཚང་མ་ལེ་ལག་དང་བཅས་པ་ལེགས་པར་ཚགས་སུ་ཚུད་པར་གྱུར་ཏེ། སྟོན་འཁྲིང་ཧོར་ཟླ་བརྒྱད་པ་ཁྲུམས་སྨད་ཟླ་བའི་དམར་ཕྱོགས་ཀྱི་རྒྱལ་བ་གཉིས་པ་དབྱངས་ཀྱུ། གསལ་བྱེད་ཛྷ། འབྱུང་བ་མེ། འདོད་ཡོན་གཟུགས། རེས་གཟའ་ནམ་མཁའི་ནོར་བུ་རྒྱུ་སྐར་ནབ་སོའི་དགའ་མ་དང་ཅི་དགར་རྫེན་པ་ལས་འཕྲོད་ཆེན་རྒྱལ་མཚན་དང་། འཕྲོད་ཆུང་སྟོབས་ལྡན་གྱི་སྦྱོར་བ་བཀྲ་ཤིས་ལྷུན་གྱིས་འགྲུབ་པའི་དཔལ་གྱིས་མངོན་པར་མཛེས་པའི་སྤྱི་ཟླའི་ཚ། ཏ་བདུན་བདག་པོ་ཤར་རིའི་ཕྲག་པ་ནས་ཚེས་ཏེ་འཛམ་གླིང་ཡངས་པོའི་ཁྱོན་ཀུན་དགེ་མཚན་གྱི་སྣང་བས་ཁྱབ་པ་དང་དུས་མཚུངས་སུ་༸རྗེ་བཙུན་བླ་མ་གང་གི་གདན་ས་ཆེན་པོ་༸འཛམ་དབྱངས་༸གོང་མའི་ལུང་གིས་དབུས་གཙང་ཀུན་བདེ་གླིང་དུ་བསྟུགས་པའི་བླ་བྲང་ལྷུན་གྲུབ་བདེ་ཆེན་དུ་མཇུག་ཡོངས་སུ་རྫོགས་པ་ལེགས་པར་གྲུབ་པ་སྟེ། དེ་ལྟ་བུའི་པར་བྱང་སྨོན་ཚིག་དཀར་ཆག་མདོར་བསྡུས་དང་འབྲེལ་བ་ཞིག་དགོས་ཞེས་༸མི་རྗེ་ཕྱག་མཛོད་ཆེན་མོ་གང་ནས་བཀས་བསྐུལ་བ་བཞིན། ༸རྗེ་བླ་མ་རྣམས་ཀྱི་ཐུགས་རྗེས་འཚོ་བའི་སེར་སྟོད་མཁན་པོ་༸རྒྱལ་དབང་སྤྲུལ་མིང་བློ་བཟང་འཕྲིན་ལས་རྣམ་རྒྱལ་གྱིས་བྲིས་པ་ཛ་ཡནྟུ།། །།མངྒ་ལཾ།། །།

ཏ་ཚག་ཡེ་ཤེས་བློ་བཟང་བསྟན་པའི་མགོན་པོའི་རྣམ་ཐར། （སྟོད། སྨད།）

རྩོམ་པ་པོ།	བློ་བཟང་འཕྲིན་ལས་རྣམ་རྒྱལ།
རྩོམ་སྒྲིག་འགན་འཁུར་བ།	བསོད་ནམས་ཚེ་བརྟན།
དཔེ་སྐྲུན་ཚན་པ།	བོད་ལྗོངས་བོད་ཡིག་དཔེ་རྙིང་དཔེ་སྐྲུན་ཁང་།
འགྲེམས་སྤེལ་ཚན་པ།	བོད་ལྗོངས་ཞིན་ཧྭ་དཔེ་ཚོང་ཁང་།
པར་འདེབས་ཚན་པ།	ཁྲེན་ཏུའུ་ཀོར་ཐུའེ་དཔར་འདེབས་ཚད་ཡོད་སྤྱི་གཉེར་ཁང་།
རིབ་ཚད།	850 × 1168 1/32
པར་ཤོག	23.875
པར་གཞི།	2022ལོའི་ཟླ5པར་པར་གཞི1བསྒྲིགས།
པར་ཐེངས།	2022ལོའི་ཟླ5པར་པར་ཐེངས1བཏབ།
པར་གྲངས།	1－3,000
དཔེ་རྟགས།	ISBN 978－7－5700－0551－2མི་ཡིག(བོད།)
རིན་སྒོར།	54.00 སྟོད་སྨད།